Paris

Vordergründe – Hintergründe – Abgründe

Klaus Schüle

PARIS

Vordergründe – Hintergründe – Abgründe

Stadtentwicklung, Stadtgeschichte
und sozialkultureller Wandel

ARIES

Reproduktionen: D2, Ilirska Bistrica
Satz: Aries Verlag München
Druck und Bindung: DAN, Ljubljana

ISBN 3-910041-78-X

Inhalt

Vorwort

Als Wilhelm von Humboldt 1789 das Pariser Zentralspital »Hôtel Dieu« besuchte, stellte er folgende Überlegungen an:
»Der Fremde, der in dies Haus tritt, fühlt nicht den zehnten Teil des unbeschreiblichen Elends dieser verderblichen Anstalt. Man läuft durch ein paar Säle, vermeidet gerade die Zimmer, worin der scheußlichste Anblick das Auge erwartet, und dann urteilt, raisonnirt man. Wie wenige studiren das menschliche Elend in seinem ganzen ungeheuren Umfang, und doch welches Studium wäre unter allen notwendiger? Aber die schändlichste und doch die gemeinste Weichlichkeit ist der Ekel, mit dem wir jeden Anblick des Unglücks von unserem Auge entfernen.
Es gibt kein schöneres Gefühl als die Sympathie, die uns anderen gleichsetzt (. . .) Das Gefühl des Mensch-Seins, der Gleichheit, der Verwandtschaft mit allen erstirbt nach und nach in dem, der nur so wenige menschliche Lagen aus eigener Erfahrung kennt, (. . .)« (Wilhelm von Humboldt: in Ziegesar 1986, 61).

Die Geschichte der Stadt Paris ist eine unendliche Geschichte der Idealisierungen und Überhöhungen. Deshalb ist es so wichtig, sich an die Worte Humboldts zu erinnern, der als einer der ersten eine kritische Wissenschaftsbetrachtung gefordert hat. Andernfalls nämlich läuft man »durch einige Säle« und meint, das Ganze beschrieben zu haben. Das Ganze kann man sich jedoch bestenfalls vorstellen. Und diese Paris-Geschichte möchte einige Bedingungen für diese Vorstellung bereiten.

Wie macht man das?

Wenn man sich etwa die Stadtentwicklung anschaut, so läßt sich in dieser Entwicklung eine Reihe struktureller Tendenzen erkennen, Entwicklungsphasen werden sichtbar, Faktoren, die die Stadtentwicklung vorantrieben, treten hervor.

Ich möchte einigen dieser strukturellen geschichtlichen Entwicklungen auf die Spur kommen. Die Paris-Historiographie krankt ja nicht an Einzeldarstellungen. Das Tafelsilber der Könige ist sorgsam gezählt. Es fehlen vielmehr die übergreifenden Gesichtspunkte, die Gesamtdarstellungen. Karlheinz Stierle meint wohl dies, wenn er schreibt: »Bis heute ist die Geschichte der Stadt eine Domäne lokalen Interesses geblieben, das nie zu einer großen, maßgeblichen Darstellung fand, obwohl gerade Paris zur Herausforderung einer neuen Kulturgeschichtsschreibung hätte werden können« (Stierle 1993, 186).

Infolgedessen bestand eine wesentliche Aufgabe bei dieser Arbeit im Versuch, die vielen zerstückelten Einzelstudien zusammenzufügen, sie auszuwerten und sie mit anderen Zusammenhängen zu verbinden. Es ging darum, ein Netz zu knüpfen, welches die unerhört disparaten thematischen und zeitlichen Teilstücke zusammenbindet.

So war es zum Beispiel notwendig, architekturgeschichtliche Forschungsergebnisse auf dem sozialgeschichtlichen Hintergrund zu betrachten. Mich interessierte weniger die bloße Form einer Fassade, viel wichtiger war mir ihre soziale Funktion.

Es ist ja kein Zufall, daß die beiden bedeutendsten deutschen Paris-Studien aus der letzten Zeit, Stierles literaturwissenschaftliche und Willms geschichtswissenschaftliche Arbeit in der Enge der fachspezifischen Betrachtung blieben.

Ich habe mich bei dieser Arbeit auf die großen geschichtsträchtigen Disziplinen bezogen, ohne die eine Stadt-Geschichte nicht zu schreiben ist: die Geschichtswissenschaft, die Soziologie, die Kulturwissenschaft im weitesten Sinn, die Literaturwissenschaft, die Ökonomie und die Sozialgeographie. In diesem »Anthroporama« fehlt, wie man sieht, die Kunstgeschichte, und zwar deshalb, weil sie für unser grundsätzlich sozialgeschichtliches Interesse wenig hilfreich gewesen ist. Auch scheinen mir die Versuche von Autoren wie Sansot oder Stierle, auf psychologischer oder zeichentheoretischer Basis ans »Stadtbewußtsein« heranzukommen, nur eine sehr begrenzte Reichweite zu haben. Dieses Buch jedenfalls erhebt nicht den Anspruch, eine »neue« geschichtswissenschaftliches Methode zu liefern; es versucht indes, die in der Stadtforschung selten erreichte Interdisziplinarität zu realisieren. Der Fokus, um den sich alles dreht, ist die Stadt. Die Einheit ist der Ort, aber eben auch der Vor-Ort, die Agglomeration und die Region Ile-de-France. Dabei werden hier eher die strukturellen Verhältnisse

in den Bereichen Stadtentwicklung, Architektur, Wohnen, Umwelt und Arbeit dargestellt.
Eine der erstaunlichsten Entdeckungen während der Arbeit war, daß offensichtlich selbst auf den Trampelpfaden der Paris-Geschichte (also etwa im Zeitraum des 2. Kaiserreiches) enorme Forschungslücken bestehen, und so ergab es sich, daß nach dem Studium des entsprechenden Materials einige grundlegende Probleme der Paris-Forschung ins Blickfeld gerückt sind, die auch in der französischen Forschung nicht gesehen worden sind; an anderen Stellen hat die Neuordnung des Materials und die begriffliche Klärung, so hoffe ich, den Blick auf die Stadt verändert.
Paris ist ja über lange Zeit hinweg als Modell-Stadt betrachtet worden, so läßt der Blick auf diese Stadt oft verallgemeinernde Schlüsse auf andere europäische Städte zu, d. h. ich wünsche mir, daß die umfassende Perspektive, die ich anbiete, Anregungen für die Stadtforschung überhaupt geben wird.
Das Buch wendet sich an den allgemein Frankreich-Interessierten, es will indes auch ein verständlich geschriebenes Hand- und Sachbuch sein, welches im Schul/Hochschulbereich gelesen wird. Daraus ergaben sich erhebliche Darstellungsprobleme. Die Zitate und Anmerkungen sind reduziert, Fußnoten entfallen, der »Apparat« ist geschmälert.
Weil nicht stets in extenso Gegenurteile eingeholt werden, mögen die Verallgemeinerungen hier und da erstaunen. Da der Anschaulichkeit größte wissenschaftliche Aufmerksamkeit gewidmet wurde, mag dem Kenner zuviel »gedeutet« werden. Ich habe auch auf wissenschaftliche Posen zu verzichten versucht.
Neben den drei wissenschaftlichen Organisationsprinzipien der Arbeit: eine Struktur sichtbar werden zu lassen, sie in ihrer Entwicklungsdynamik darzustellen und sie in eine Beziehung zur Lebenswelt der Menschen zu bringen, ist die Anschaulichkeit das vierte Arbeitsprinzip gewesen – eine Anschaulichkeit, die sowohl den Stil als auch die bildlichen Darstellungen, Tabellen und Skizzen betrifft.
Ich hoffe, daß damit in einer Zeit, in der immer weniger Menschen die Lage anderer »aus eigener Erfahrung kennen«, dieses Buch dazu beiträgt, »das Gefühl der Verwandtschaft mit allen« zu mehren – auch dann, wenn dies eine Verwandtschaft im Leid ist.

Klaus Schüle, Oktober 1996

Kapitel 1
Stadtentwicklung

Paris von oben

Die Vorgeschichte
Ungefähr 300 vor Christus

Stellen Sie sich vor, Sie stehen auf der Anhöhe und sehen ins Seine-Tal hinab auf die Insel. Hin und wieder ziehen Reisende über den Fluß und queren die Insel. Manchmal läßt sich ein Völkchen, welches sich »Pariser« nennt, blicken. Es jagt und fischt hier und auf den umliegenden Inseln. Wenn Hochwasser droht, zieht es auf die südlichen Höhen, dorthin, wo Sie stehen – das Nordufer nämlich ist zu sumpfig (s. Abb. 1).

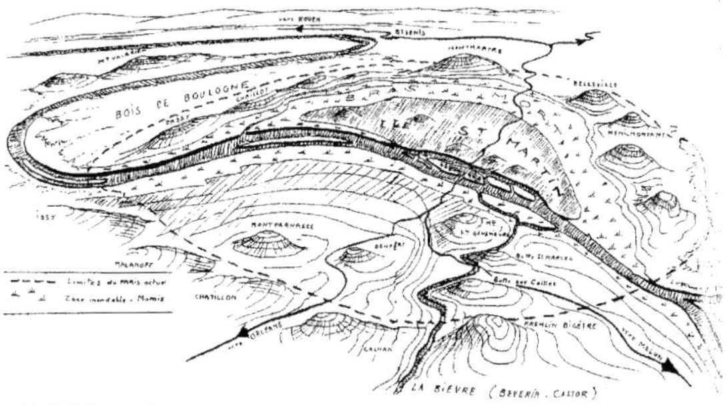

Abbildung 1
aus: Cettek 1987, 6/7.

Ab ungefähr 50 vor Christus

300 Jahre später stehen Sie wieder auf der Anhöhe und sehen: die Römer haben die vorher recht idyllische Gegend vollständig umgekrempelt. Die alten gallischen Gebäude aus Holz und Lehm blieben zwar, aber jetzt erst ist so etwas wie eine Stadt geschaffen. Man nennt sie Lutetia (s. Abb. 2). Es ist eine Stadt mit Tempeln, mit Brücken, mit Verwaltungsbauten und mit allem, was so zu einer römischen Ansiedlung gehörte, also mit Foren, mit Arena, Theatern und Bädern – dies alles auf dem linken, dem südlichen Flußufer. (Unten am Boulevard Saint-Michel sind noch heute die Thermen gut sichtbar).

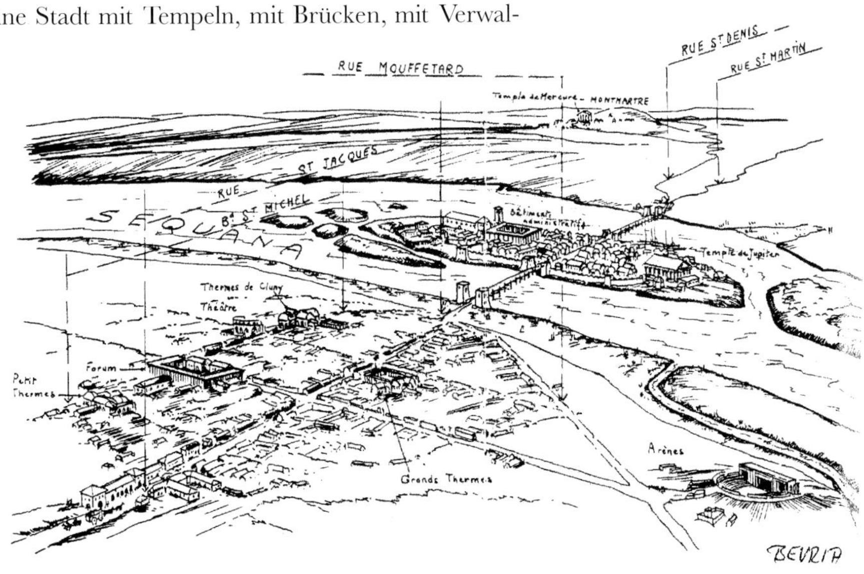

Abbildung 2
aus: Cettek 1987, 8/9.

Abbildung 3
aus Cettek 1987, 10.

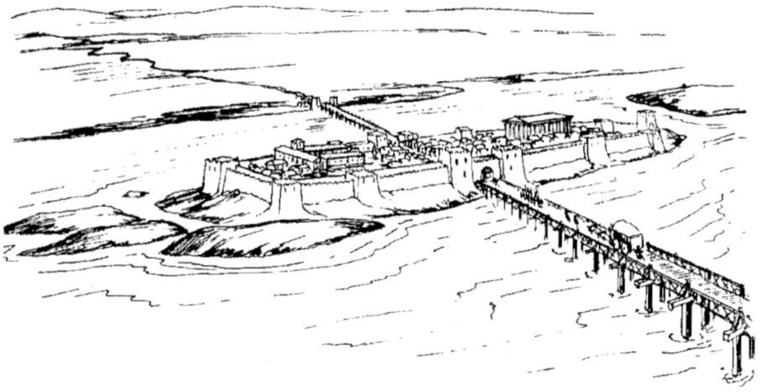

Circa 250 nach Christus

Die gallo-romanische »City« hat sich gefestigt und ist nun mit einer ersten Stadtmauer umgeben. Die Insel bietet den Bewohnern mehr Schutz als das südliche Ufer. Sie bleibt ein wichtiger Knotenpunkt des Nord-Süd-Verkehrs (s. Abb. 3).

Nach dem 10. Jahrhundert

Wenn Sie nun hinabschauen, sehen Sie auf der Hauptinsel bis zu 16 Abteien, Kirchensprengel und Klöster. Auf dem linken Ufer haben sich bedeutsame ökonomische und kulturelle Zentren gebildet. (In gewisser Weise strahlt der spirituelle Glanz des lateinischen Viertels –»quartier latin«– bis heute). Die südlichen Hänge mit ihren Äckern und Weinbergen blieben freilich noch ganz landwirtschaftlich geprägt; Handel und Handwerk siedelten hingegen eher am flachen Nordufer (s. Abb. 4).

Abbildung 4
aus: Cettek 1987, 70/71.

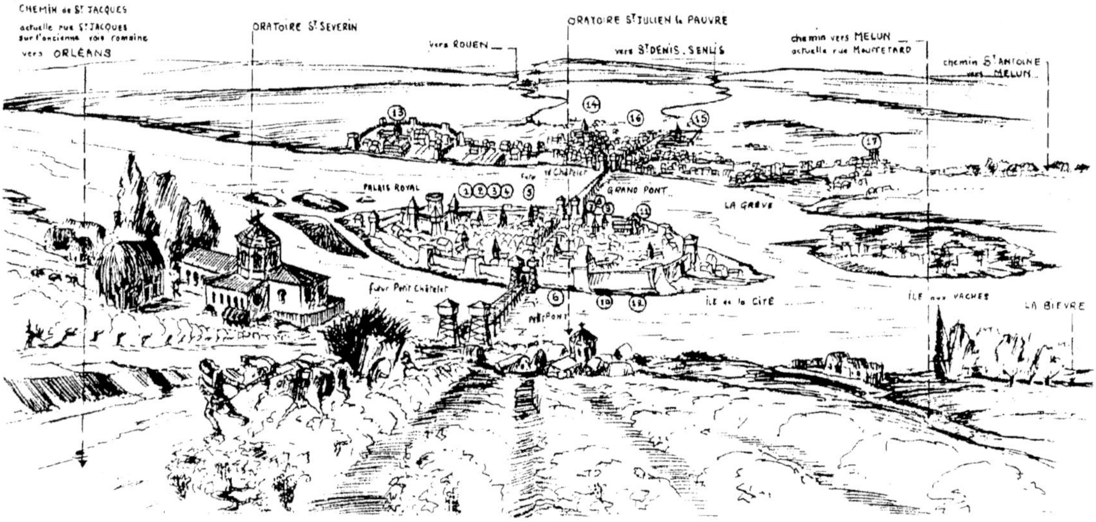

1. Saint-Eloi,
2. Saint-Barthélémy,
3. Saint-Germain le Vieux,
4. Sainte-Croix,
5. Saint-Pierre des Arcis,
6. Sainte-Geneviève des Ardents,
7. Saint-Denis de la Chartre,
8. Synagogue,
9. Saint-Pierre aux Bœufs,
10. Saint-Christophe (et l'hospice),
11. Saint-Etienne — future Notre-Dame
12. Saint-Denis du Pas,
13. Saint-Germain l'Auxerrois,
14. Notre-Dame des Bois,
15. Saint-Martin,
16. Saint-Merri,
17. Saint-Gervais et Saint-Protais.

16. Jahrhundert

Die ersten Karten von Paris aus der Vogelschau entstanden im 16. Jahrhundert (s. Abb. 5); man erkennt diese frühen Stiche daran, daß sie nicht die gängige Nord-Süd-Ausrichtung zeigen.
Bei genauem Hinschauen fällt die hohe soziale und wirtschaftliche Bedeutung des Flusses ins Auge: man sieht Mühlen und Waschhäuser auf dem Fluß, Schiffe und Anlegeplätze, insbesondere links von der Cité-Insel, in der Nähe des Rathausplatzes (»La Grève«). Alle Brücken sind bebaut bzw. bewohnt. Deutlich auch die Wegeachse (Nord-Süd) von links nach rechts über den Fluß.

Bemerkenswert ist weiter die Umfriedung der Stadt, die ab 1190 von Philippe-Auguste vorgenommen wurde und die fast durchgehend dem alten Flußlauf folgt. Rechts im Vordergrund die Kirche von Saint-Germain, links die Prunkbauten des Louvre-Palastes. Gut zu erkennen sind die Tore und Türme an der Stadtmauer und die jetzt schon dichte Bebauung im Kerngebiet der Stadt.

Abbildung 5
Ausschnitt aus dem Plan von Arnoullet

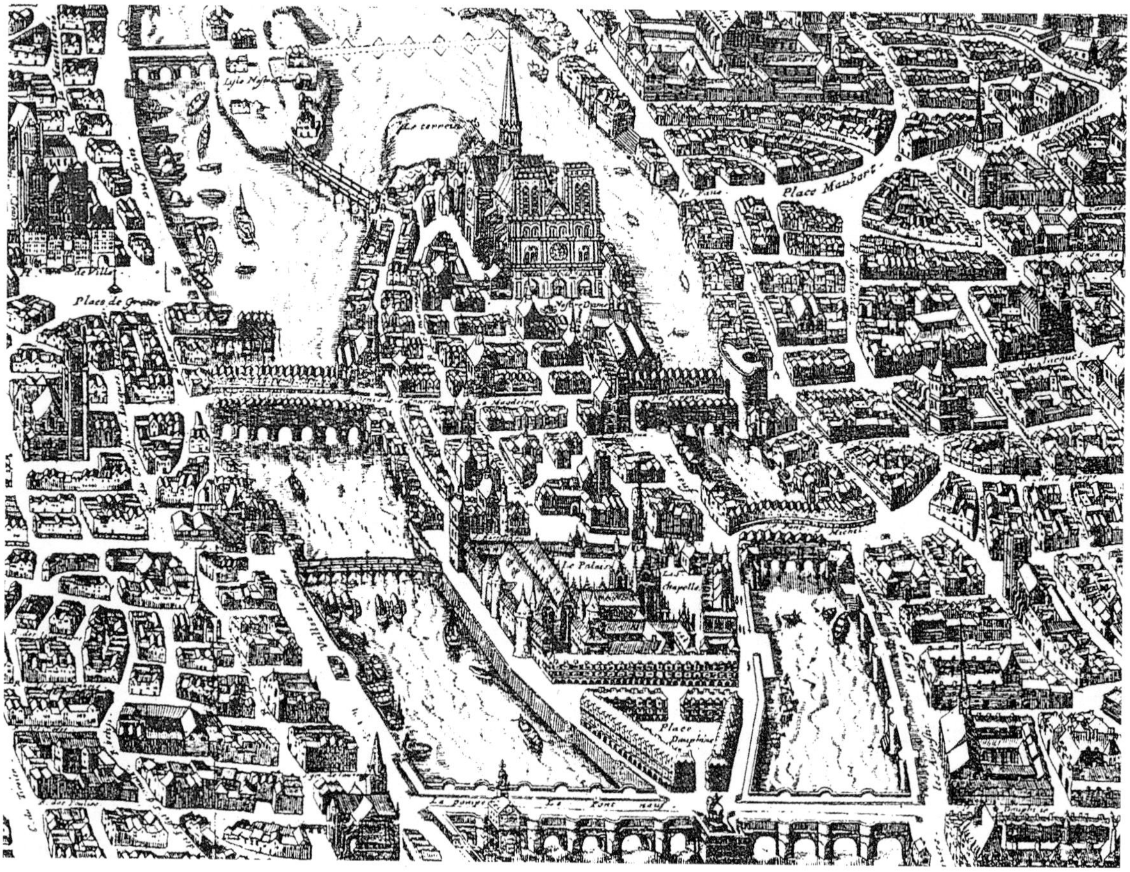

Abbildung 6
Ausschnitt aus dem Plan Tavernier (1630)

Der Plan Tavernier (Abb. 6) ist einer der schönsten und genauesten Pläne von Paris. Auffällig ist die große Zahl von Kirchensprengeln im ganzen Stadtgebiet, die nun umfriedet und trotz der schon dichten Bebauung noch mit Gärten ausgestattet sind.

In den Städten des Spätmittelalters waren »der Hof« (»la cour«) und »die Stadt« (»la ville«) sehr oft sozialräumlich getrennte Welten. Nicht ohne Grund legt Tavernier seinen Plan jedoch mit der Dreiteilung »Ville«, »Cité« und »Université« als Merkmale an.

1. Rechts von der Cité-Insel bis hinauf zur Kirche der Heiligen Genoveva: die »Université«.
2. Auf der Insel das geistige und religiöse Herrschaftszentrum: die »Cité«.
3. Links auf dem Plan, nur in Teilen sichtbar: »La Ville«, die Bürgerstadt.

Aus der Vogelperspektive erscheint die gesamte Stadt nun schon relativ kompakt, einheitlich und mit gleichen Bauformen bestückt. Das täuscht, denn diese Einförmigkeit hat erst Haussmann im 19. Jahrhundert hergestellt. Wohl gibt es gleichförmige Haustypen, wie z. B. ganz offensichtlich auf den Brücken, aber der staatliche, herrschaftliche Gestaltungswille ist erst in Ansätzen zu erkennen:

Zum Beispiel der Pont Neuf an der Spitze der Seine-Insel, die gerade keine Häuser trägt, und auch hinter der Brücke, die Place Dauphine.

Diese Bauten sind nicht nur Palastbauten des Herrschers. Heinrich IV. hat mit ihnen sehr bewußt den herrschaftlichen Gestaltungswillen auf die gesamte urbane Wirklichkeit und Öffentlichkeit ausgedehnt: auf Plätze, Brücken und Wohnbauten. Der Herrscher markierte seinen Stadtraum.

Abbildung 7
Der Plan Turgot (1739)

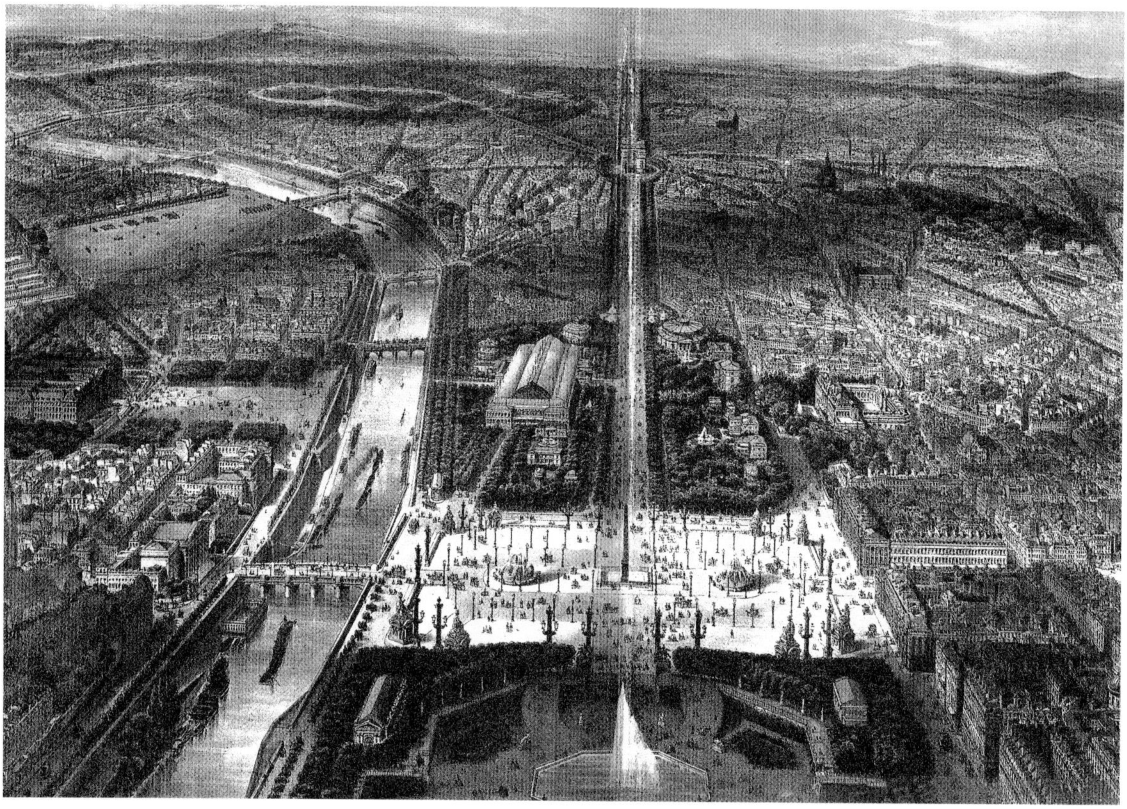

18. Jahrhundert

Im 18. Jahrhundert füllen sich die Parzellen der Innenstadt, selbst die »Kuh«-Insel hinter der City füllt sich (s. Abb. 7). Insbesondere die Nordstadt wächst. Nur die Königsplätze, die Paläste und die herrschaftlichen Gärten (Tuilerien und der Garten des Palais Royal) bilden große Flächen. Die Stadt quillt über – selbst die Boote drängen sich überall . . .

Abbildung 8
Paris aus der Vogelschau von Fichot (1860)
aus: Lavedan 1975, 237/238.

Die Stadt aus der Vogelschau von Fichot (1860)

Die Stadt ist voll (s. Abb. 8). Das Bild verweist darauf, in welche Richtung ab 1850 die Reise geht: nach Westen. Die Magistrale steht. Die gesamte Stadtlandschaft scheint sich nach Westen hin auszurichten.

Paris heute

Heute, da die Menschen tatsächlich Paris aus der Vogelschau betrachten können, scheint die Ansicht der Stadt merkwürdig starr und undynamisch. Hat sich die Dynamik der Stadtentwicklung in die Vororte verlagert?

Die drei Vorphasen

Durch welche Maßstäbe lassen sich Phasen der Stadtentwicklung ausmachen? Durch demographische Veränderungen? Durch Migrationsbewegungen? Durch ökonomische Zuwächse mit ihren sozialen Folgen? Heißt Stadtentwicklung die sozialräumliche Erweiterung der Stadt? Findet sie durch staatliche, königliche oder private Planungen statt? Durch kunsthistorische Stile?
Nimmt man alle diese Gesichtspunkte zusammen, so lassen sich grob gesagt fünf Phasen der Stadtentwicklung von Paris erkennen: drei Vorphasen und zwei Hauptumbrüche der städtischen Entwicklung.

1. Spurenlegung (bis 1000 nach Christus)

Urbanisierung und Stadtentwicklung im oben genannten Sinne haben selbstverständlich die Römer betrieben. Und doch ist die Stadt Lutetia nicht direkt als Vorform von Paris zu betrachten. Als koloniales Camp hatte sie andere Voraussetzungen als die im Jahrtausend nach Christus entstandene Stadt. So wechselvoll das Schicksal der Stadt unter den Karolingern und Merowingern war (Hauptstadt Karls des Großen wurde schließlich im Jahre 800 Aachen!), so sehr die Normanneneinfälle auch immer wieder die ausgebaute Nordstadt zerstörten: die Spurenlegung, d. h. einige wichtige Trassen und Durchläufe, wesentliche sozialräumliche Besiedlungszonen, entstanden in dieser Zeit und legten – vage – den Kernbereich der Stadt rund um die Cité-Insel fest.
Auf dem »vage« muß man bestehen, denn so sehr sich die Gesamtstruktur in jener Zeit festigte, so wenig zwangsläufig sind diese Entwicklungen. Als zum Beispiel Hochwasser, Feuer oder Krieg einige Brücken zerstörten, sind diese »festen Verbindungen« keineswegs immer an gleicher Stelle wieder entstanden.
Vage ist die Spurenlegung indes auch, weil eine »Spurensicherung« in dieser Zeit schwierig ist. Die Häuser, in der Regel aus Lehm, Holz oder Ziegel gebaut, existieren nicht mehr; der Alltag vieler tausender von Stadtbewohnern ist daher nicht mehr ohne weiteres rekonstruierbar. Die Menschen müssen damals unbeschreiblich dicht gewohnt haben. Die Bebauung war kleinräumig, nur ein bis zwei Meter breit die Gassen; eine Versorgung war schwierig und sie war sehr vom Fluß, von der Seine abhängig.

2. Image-Bildung (bis ca. 1350 nach Christus)

Als Mittler zwischen den flandrischen und den oberitalienischen Wirtschaftszentren habe Paris, so wird immer wieder gesagt, im 13. Jahrhundert seine Hoch-Zeit gehabt. Das Wirtschaftswunder im Pariser Becken sei Voraussetzung gewesen für die magistralen Bauten der Gotik in Paris und im weiten Umkreis. Zudem sei der Stadt zugute gekommen, daß sie endlich (und seit 987 kontinuierlich) von den Kapetinger-Königen als Hauptstadt angenommen worden ist (so etwa Mollat 1971).
Das alles ist sicher richtig, nur erklärt es nicht ganz, warum gerade im 13. Jahrhundert jener rasante Aufschwung zustande kam. 200 000 Einwohner füllten nun die Stadt – fast 20 000 davon sollen Studenten gewesen sein; 5000 soll allein Abélard, jener vom Berufsverbot bedrohte und später kastrierte Theologe, um sich versammelt haben. Die letzten

Abbildung 9
Reiterstandbild Heinrich des IV.
Photo: Schüle

Abbildung: 10
Pont Neuf,
Place Dauphine
und Reiterstandbild
Heinrichs des IV.
Ausschnitt aus dem
Plan Turgot

Angaben weisen die Richtung: Die »Université de Paris« hatte nicht nur in ganz Europa einen hervorragenden Ruf, das gesamte bewohnte südliche Ufer war praktisch zum Ort der Universität geworden. Das lateinische Viertel bildete neben der Bürgerstadt im Norden und der Herrscherstadt auf der Cité-Insel den dritten Teil der Stadt. Es war räumlich ein relativ kleiner Stadtteil und mitunter übel beleumundet (weil die Studenten aus aller Herren Länder mächtig soffen und sich prächtig keilten), aber ein Stadtteil, zu dem mancher Student aus den östlichen Provinzen tausend Kilometer weit zu Fuß hinwanderte. Alle drei Teile der Stadt begründeten das »Image« der Hauptstadt.

3. Die Königsstadt (ab 1550)

Die französischen Könige waren sich ihrer Hauptstadt im Grunde nie sicher. Unter anderem deshalb gerieten ihre Paläste so wuchtig, aus diesem Grunde flüchteten manche Könige hinter die festen Mauern der Bastille.

Auch dann, als die bürgerliche Herrschaft das Ancien Régime ablöste, und bis weit ins 19. Jahrhundert hinein blieb die Angst vor den »gefährlichen und arbeitenden Klassen« (Chevalier 1958). Noch heute bezeichnet die Pariser Bourgeoisie den Plebs als »Faune«. Kein Wunder also, daß die Demonstration der Macht in der Stadt deutlich ausfallen

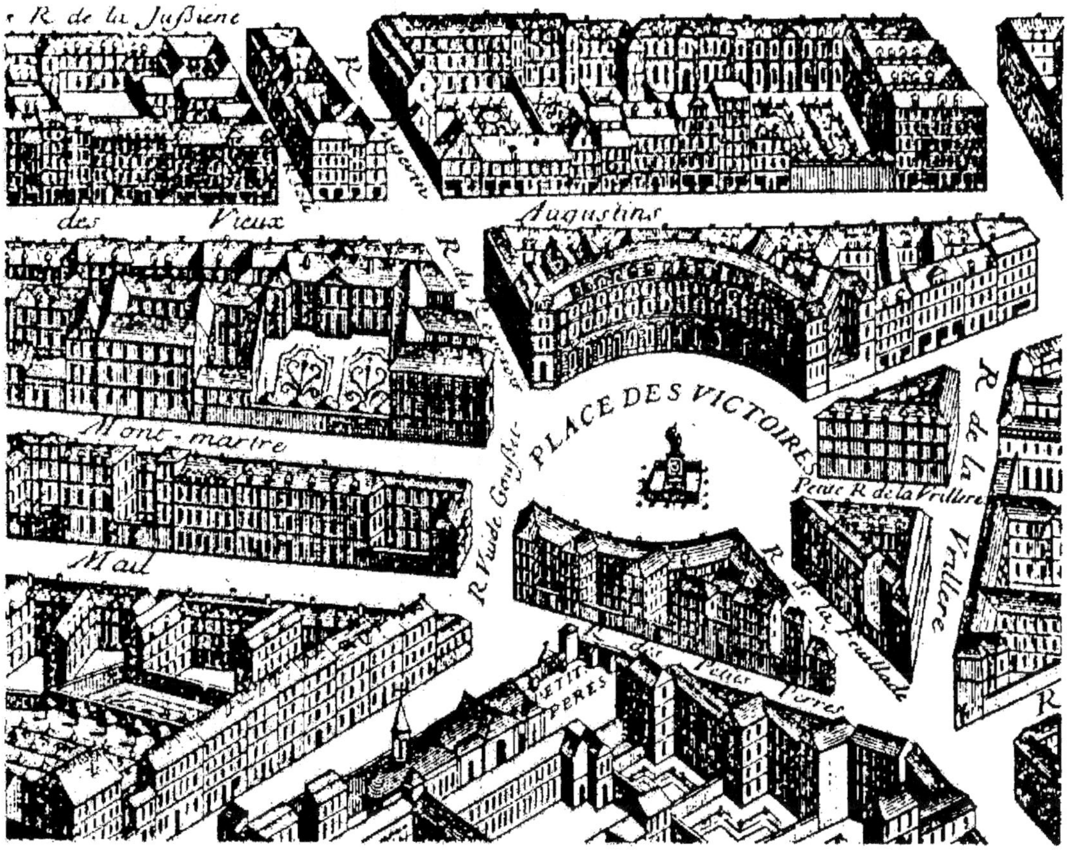

Abbildung 11
Place des Victoires
Ausschnitt aus dem Plan Turgot

mußte, da nach und nach bis 1789 ungefähr eine halbe Million Einwohner Paris bevölkerten. Die Darstellung der Macht in der Öffentlichkeit schuf nun aber geradezu eine neue Öffentlichkeit: der Platz, wo königliche Waffenkraft protzte, konnte leicht zum Platz des Aufruhrs werden. Wir stehen also in jeder Hinsicht an einem Wendepunkt in der Geschichte der Urbanisierung. Nun, da staatliche Intervention (als Polizeigewalt, als Steuergewalt usw.) sich immer stärker sichtbar machte und die städtischen Verhältnisse zu regulieren begann, entstand zur gleichen Zeit ein differenzierter privater und ein öffentlicher städtischer Raum.
Selbstinszenierungen blieben die baulichen Maßnahmen, die die verschiedenen königlichen Herrscher vorantrieben. Das zeigt das Reiterstandbild Heinrichs des IV. (s. Abb. 9) ebenso wie das Königshaus und das Königinnenhaus an der Place des Vosges. Entscheidend ist freilich, daß diese Inszenierungen nun über den Standort des Grundherren hinausgetrieben werden und Brücken, Straßen, Plätze und Wohnhäuser erfassen – »die Kralle« (»la griffe«) des Königs ist nun im Stadtbild zu erkennen (s. Abbildungen 10 und 11).
In dieser Zeit entstand eine Reihe von Palästen und Gartenbauten, wahrscheinlich sogar die wichtigsten: die Erweiterung des Louvre, die Anlage der Champs-Elysées, der Bau des Tuilerien-Palastes, des Jardin

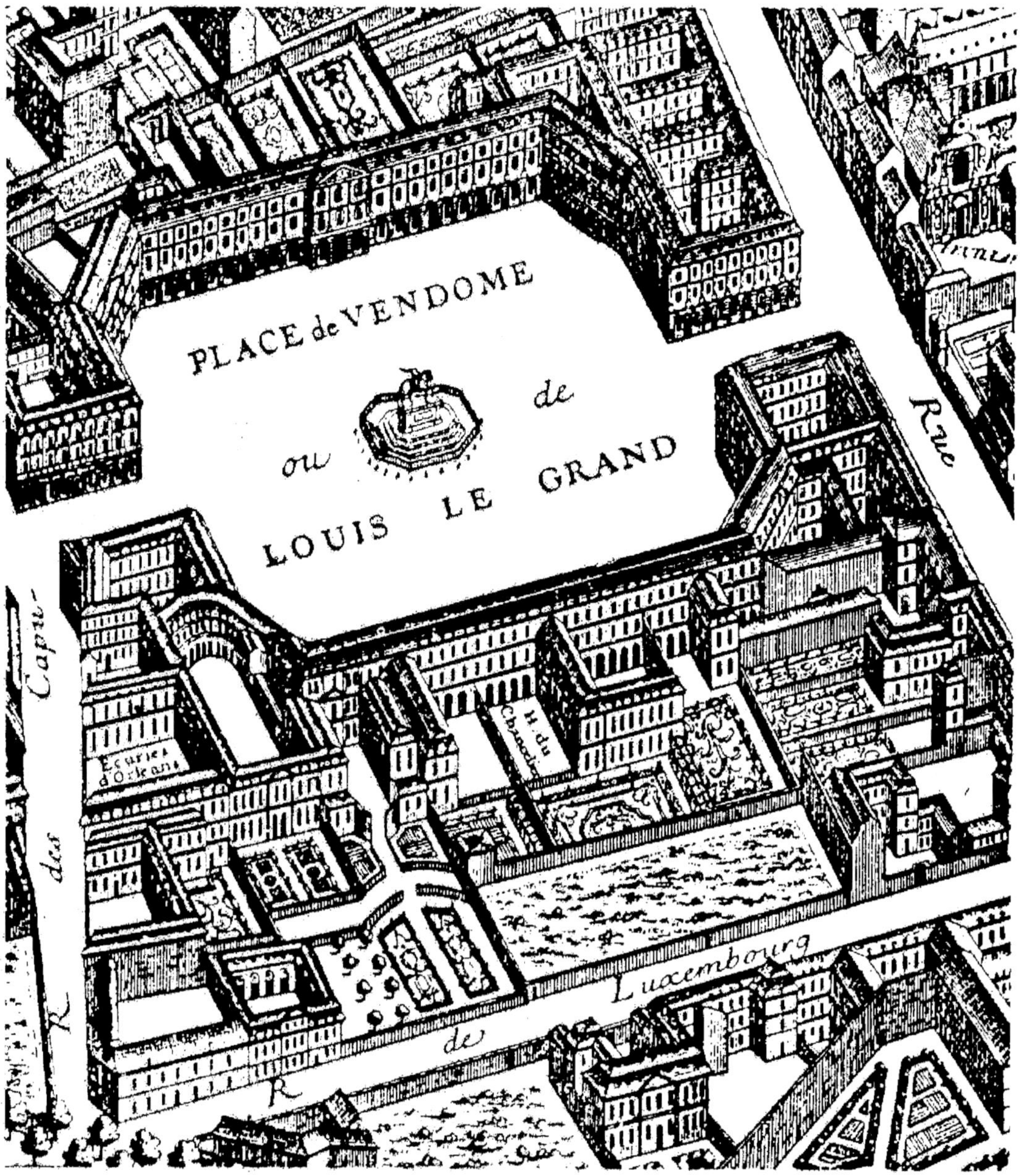

Abbildung 12
Place de Vendôme
Ausschnitt aus dem Plan Turgot

du Luxembourg, des Justizpalastes usw. Nicht zufällig aber entstehen nun und besonders unter Ludwig XIV. königliche Plätze: beispielsweise die Place Vendôme und die Place des Victoires (Abbildungen 11 und 12). Man tut folglich gut daran, sich diese Bauten nicht nur als bloße Zweckbauten vorzustellen, sondern auch als macht- und handlungsbesetzte Räume, wo sozial gehandelt und notfalls getötet wurde. Nicht umsonst zeigen alte Stiche die Plätze samt ihren königlichen »Inszenierungen« (s. Abb. 13)

Mit dem Machtzuwachs der absoluten Herrschaft im 17./18. Jahrhundert wird also die Kralle des Kö-

Abbildung 13
Königsaufzug auf der Place des Vosges
aus: Duby/Agulhon 1983, 132.

nigs überall sichtbar. Die Vasallen des Königs und die religiösen Grundherren zeigen freilich genauso ihre Kralle im Stadtbild. Eines der ältesten Adelshäuser von Paris, welches heute noch erhalten ist, das Hôtel de Cluny, befindet sich nördlich der Sorbonne, auf dem linken Seine-Ufer. Fast alle anderen älteren Herrenhäuser oder Hôtels finden sich dann aber auf dem rechten Ufer im Marais, so das Hôtel de Sens (um ca. 1500, s. Abb. 14), das Hôtel de Rohan (die staatlichen Archive), das Hôtel Carnavalet (heute Museum) und das Hôtel de Beauvais. All diese Bauten und eine große Anzahl von Bürgerhäusern sind bis heute erhalten. Es ist aber auch wichtig, sich klarzumachen, was nicht erhalten worden ist. Dieses Paris beschreiben in der Regel nicht Sozialgeschichtler, sondern Literaten, so auch Victor Hugo in »Notre-Dame de Paris«.

Die erste Hauptphase der Stadtumgestaltung (1848–1870)

In der Geschichte von Paris gibt es wenig Feststehendes. Einmütigkeit besteht allerdings in der Auffassung, daß die Zeit des 2. Kaiserreiches das Gesicht der Stadt grundlegend verändert hat. Einig ist man sich ferner, daß Paris um die Jahrhundertmitte sozial-räumlich, sozialpolitisch und was die Hygiene betrifft, kurz vor dem Kollaps stand. Und schließlich herrscht Einmütigkeit darüber, daß die Art der Trassenführung, die Festlegung der neuen Achsen, die Schaffung neuer gemeinnütziger Einrichtungen, ja auch die Ästhetik, der Stil der Gebäude, nichts genuin Neues darstellte. Die Vorgeschichte, so wird gesagt, habe alle Entwicklungen präformiert.

Abbildung 14
Das Hôtel de Sens (ca. 1500)
nach der Restaurierung
Photo: Schüle

Der Vorlauf (1789–1848)

Wenn man die Stadtentwicklung von Paris seit der Französischen Revolution von 1789 bis 1848 überschaut, dann überrascht es schon, wie wenig Spuren dieser Zeitraum im Stadtbild hinterlassen hat. Dabei hatten die Revolutionäre 1789 doch die besten Voraussetzungen: ein ungeheurer Grundbesitz inmitten der Stadt war ihnen zugefallen, denn der Besitz vieler religiöser Vereinigungen und vieler aristokratischer Emigranten wurde kurzerhand konfisziert. Was machten sie daraus? Pierre Lavedan bemerkt in seiner Paris-Geschichte lapidar:

»Unter den neuen Verhältnissen, die ihnen alles erlaubten, taten die Revolutionäre nichts.« (Lavedan 1975, 318)

Dafür gab es sicher triftige Gründe, u.a. war natürlich in Zeiten von politischen Wirren an eine geordnete Bautätigkeit nicht zu denken gewesen. Man muß sich aber sicherlich vor allem daran erinnern, daß das Privateigentum selbst eine Errungenschaft der Französischen Revolution war. Der private Besitz war doch – wenigstens für viele Bürger – gerade dem absoluten Herrscher abgetrotzt worden. Also wollte man, gerade der Kralle des Königs (oder der Feudalherren) entgangen, nicht erneut in die Fänge der staatlichen Macht geraten und sträubte sich gegen jede Form der herrschaftlichen Besitznahme. Jedenfalls ist auf Seiten der Revolutionäre ein überlegter, gemeinschaftlicher Umgang mit dem ihnen zugefallenen Besitz nicht erkennbar.
Genauso erstaunlich ist es, wie wenig Napoléon I. dann zu Beginn des 19. Jahrhunderts in die Stadtbaugeschichte eingegriffen hat.
Er, der Paris zur ersten und wirklichen Hauptstadt Europas ausbauen wollte, hat außer seiner Prunkstraße Rue de Rivoli wenig Akzente gesetzt (s. Abb. 15). Geradezu konservativ-mittelalterlich baute er sich überwiegend kaiserliche Denkmäler, aber keine

Abbildung 15
Die Rue de Rivoli
Musée Carnavalet.

städtischen Ensembles – so den Triumphbogen, die Vendôme-Säule und den Obelisk auf der Place de la Concorde (s. Abb. 16).

So mag man nach Restauration und Juli-Monarchie den Eindruck einer 60jährigen stadtgeschichtlichen Stagnation gewinnen. Sinnbild für diese Entwicklung ist die Stadtummauerung von Thiers: kaum war sie 1841–1845 mit den mächtigen Forts erbaut, war ihre strategische Funktion schon hinfällig.

Wie passen diese Feststellungen zu der Bemerkung von oben, Napoléon III. und Haussmann hätten im Prinzip »nichts Neues« geschaffen? Ist in der Zeit vor 1848 wirklich nichts geschehen? Nun, man kann zeigen, daß in fast allen wesentlichen städtebaulichen Domänen vorgearbeitet worden ist, wenn nicht in realer baulicher Form, so in der Planungsarbeit oder in der öffentlichen Diskussion.

So war zum Beispiel in den 40er Jahren des 19. Jahrhunderts eine heftige Diskussion über die Stadtveränderung und das »wandernde Zentrum« entbrannt. In dieser Debatte über das »Déplacement de Paris« sind die ökonomischen Verschiebungen und sozialen Veränderungen (auch die Ungleichheit der Entwicklungen auf dem linken und dem rechten Seine-Ufer) deutlich zur Sprache gekommen.

Im Gefolge dieser Diskussion wurden im Stadtrat und in der Département-Kommission die ersten Schritte zu einem Gesamtplan von Paris unternommen (Rapport Lanquetin). Die Schlußfolgerungen der verschiedenen Kommissionen lesen sich oft so, wie die spätere Realplanung von Haussmann dann wirklich war. Vorgearbeitet hatte natürlich auch die Revolutionsarchitektur mit ihren Bauten und hochfliegenden Plänen (Plan des Artistes), und insbesondere der Wohnbau der Restauration. François Loyer

zeigt in seinem Buch sehr genau, wie das fünf- bis sechsstöckige Haussmann-Haus aus dem etwas niedrigeren Stadthaus der Restaurationszeit hervorgegangen ist (s. dazu das Kapitel »Stadtgestalt«).
Vorgearbeitet wurde ferner durch die gesamten ordnungspolitischen Maßnahmen der städtischen Verwaltung. Es ist ja nicht so, als seien erst ab 1850 Produktionsstätten entstanden, Bahnhöfe gebaut oder Parks angelegt worden; Trottoirs, Brunnen, Laternen, das ganze städtische Mobiliar gab es lange vor 1848. Vorgearbeitet hatte aber schließlich auch und vor allem eine Gesetzgebung, die im Gefolge des Eisenbahnbaus (!) Enteignungen schon ab 1841 vorsah.
Wohl waren Enteignungen zunächst an den Beschluß des Parlaments gebunden, schon Anfang der 50er Jahre aber änderte sich dies. Haussmann konnte nun zupacken.

Die Herausbildung der Stadtmaschine

Gestritten wird schon seit über einem Jahrhundert, wie die Entwicklung in dieser ersten großen Stadtumgestaltungsphase zu deuten sei, und welche Voraussetzungen und Hintergründe bestimmend gewesen sind. Gestritten wurde natürlich auch über die Rolle der beteiligten Personen.
Nun hatte sich Louis-Napoléon tatsächlich gleich nach seiner Wahl zum Präsidenten der Republik im Dezember 1848 der Stadtumgestaltung verschrieben, lange bevor sein Palladin, Baron Haussmann, 1853 als Präfekt des Départements Seine eingesetzt wurde.
Erstaunlich bleibt für den Historiker aber sicher, wie stark beide Personen ihre Handschrift verwirklichen konnten. Johannes Willms beschreibt das Verhältnis der beiden treffend:

»Nichts illustriert den Anteil, den Napoléon III. und Haussmann an der Transformation de Paris hatten, besser als jene Anekdote, von der Haussmann in seinen Memoiren berichtet. Nachdem er am 29. Juni 1853 im Schloß von St. Cloud den Amtseid geleistet hatte, sei er vom Kaiser in ein Kabinett gebeten worden, wo ihm dieser einen Plan von Paris überreicht habe, 'auf dem von ihm selbst in Blau, Rot, Gelb und Grün entsprechend der Dringlichkeit ihrer Ausführung die unterschiedlichen neuen Straßen eingetragen waren, deren Ausführung er vorschlug'.
Mit anderen Worten: Der 'Grand Dessein' für die Transformation de Paris war von Louis Napoléon seit Antritt seiner Präsidentschaft entwickelt worden, und Haussmanns Anteil an diesem Werk bestand nicht nur darin, daß er es energisch verwirklichte, sondern auch darin, daß er einen definitiven Plan ausarbeitete, der als Anleitung für die Ausführung der Arbeiten dienen konnte. Dabei versteht es sich von selbst, daß bei diesem Prozeß teilweise erhebliche Modifikationen an den ursprünglichen Ideen vorgenommen wurden, Modifikationen, die so gut wie ausschließlich auf Anregungen Haussmanns zurückgingen« (Willms 1988, 349/50).

Was aber haben die beiden Persönlichkeiten geleistet? Wie sahen die Vorhaben genau aus? Benevolo beschreibt die Elemente der Umgestaltung in grobem Umriß:

»Diese Umgestaltung beinhaltet folgende Elemente:
a) Neugestaltung des Straßenverlaufs im Zentrum und in der Peripherie: Das alte Paris – innerhalb der Zollgrenze von 1785 – war von einem Straßennetz mit einer Gesamtlänge von 384 Kilometern durchzogen. Haussmann ließ mehrere Straßen von insgesamt 95 Kilometern Länge neu hinzufügen. Dadurch wurde der noch aus dem Mittelalter stammende Organismus zerteilt und insgesamt 50 Kilometer des alten Straßennetzes beseitigt. Die barocken Boulevards, die Haussmann mit den übrigen Straßen zu einem einheitlichen System verband, waren Teil dieses modernen Straßennetzes, das sich bis in die Peripherie ausdehnte, wo weitere – insgesamt 70 Kilometer lange – Straßen angelegt wurden;
b) die neuen primären Infrastruktureinrichtungen: Wasserleitungen, Kanalisation, Gasbeleuchtung und ein öffentliches Verkehrsnetz mit Pferdeomnibussen;
c) die neuen sekundären Infrastruktureinrichtungen: Schulen, Krankenhäuser, Kollegien, Kasernen, Gefängnisse und vor allem die öffentlichen Parks: der Bois de Boulogne im Westen der Stadt und der Bois de Vincennes im Osten;
d) die neue Verwaltungsstruktur der Stadt: Die aus dem 18. Jahrhundert stammende Zollgrenze wurde abgeschafft und eine Reihe von außerhalb der Stadtgrenze gelegenen Gemeinden wurden eingemeindet; damit dehnte sich Paris bis an die äußeren Befestigungsanlagen aus und umfaßte eine Fläche von 8750 Hektar; diese Commune de Paris wurde in zwanzig teilautonome Stadtbezirke – sogenannte Arrondissements – unterteilt« (Benevolo 1982, 837/38).

Abbildung 16
Die Prunkbauten Napoléons I.: Die Vendôme-Säule, der Obelisk auf der Place de la Concorde und der Triumphbogen
Photos: Schüle

Pletsch bezeichnet die Baumaßnahmen noch etwas genauer:

»Die wohl entscheidendste Umgestaltung von Paris erfolgte indessen unter Napoléon III., der schon bald nach seiner Machtübernahme im Jahre 1852 den Präfekten des Départements Seine, Baron Haussmann, mit der Neugestaltung der Innenstadt beauftragte. Der Kaiser selbst hatte per Dekret die Anlage großer Straßenachsen vorgeschrieben, so etwa die Verbindung vom Ostbahnhof zum Montparnasse, eine Nord-Süd-Achse (Boulevard de Strasbourg-Boulevard Sébastopol-Boulevard Saint-Michel), die seither die Ost-West-Unterteilung der Stadt augenfällig markiert. Auch die große West-Ost-Achse entlang der Champs-Elysées–Rue de Rivoli–Rue du Faubourg-Saint-Antoine wird in den Jahren 1852/53

ausgebaut. Das gesamte Wohnungswesen sollte im Zuge dieser Umgestaltung saniert werden, wobei die Bepflanzung der breit angelegten Straßen mit Bäumen, die Anlage von Grünflächen auf den Platzanlagen im Stadtinnern sowie von großzügigen Parkanlagen in den Randbereichen (Bois de Boulogne und Bois de Vincennes) nach dem Vorbild des Londoner Hyde-Parks wesentliche gestalterische Elemente darstellten.
Ein weiterer wesentlicher Aspekt der Haussmannschen Planung war die Anlage von Plätzen, von denen die Straßen sternförmig in die umliegenden Stadtbezirke ausstrahlen. Charakteristische Beispiele für dieses Konzept sind die Place Charles-de-Gaulle (Place de l'Etoile), die Place de la Nation, die Place de la Bastille oder die Place de la République.
Die Haussmannsche Stadtsanierung hat insbesondere im Westteil von Paris eine deutliche Vereinheitlichung der Bausubstanz bewirkt. Großbürgerliche Wohnhäuser mit klassizistischen Fassaden dominieren hier bis heute ganze Straßenzüge. Prachtstück der Städteerweiterung im Westen wurde die Avenue de l'Impératrice, die nach 1871 in Avenue du Bois-de-Boulogne, und nach dem Ersten Weltkrieg in Avenue Foch umbenannt wurde. Die 120 m breite Prachtstraße wurde zu einem der begehrtesten Wohngebiete im Westen der Stadt, während sich in den östlichen Stadtvierteln die Wohnmisere und das Massenelend in dramatischer Weise verschärften. Insgesamt mußten der Haussmannschen Sanierung rund 25 000 Gebäude weichen, dafür wurden vor allem im zentralen Stadtbereich und im Westen über 40 000 Neubauten errichtet. Auch die Sanierung der Repräsentativbauten des Stadtzentrums, etwa die gesamte Ile de la Cité einschließlich der Kathedrale Notre-Dame, wurden in den Maßnahmenkatalog mit einbezogen. Ein logisches Erfordernis des wachsenden Verkehrs war die Anlage weiterer Brücken über die Seine bzw. die Verbreiterung bereits bestehender Übergänge.
Schließlich sei auf eine der berühmtesten Baumaßnahmen des Zweiten Kaiserreiches, die 1854–1866 von V. Baltard aus Gußeisen, Stahl und Glas errichteten zehn Markthallen hingewiesen, die für etwas über ein Jahrhundert bis zu ihrem Abriß im Jahre 1969 den 'Bauch von Paris' und eine der interessantesten Touristenattraktionen darstellten.
Die Enceinte de Thiers war schon im Zuge dieser städtebaulichen Entwicklung überrollt worden, so daß im Jahre 1859 unter Haussmann elf Gemeinden, die außerhalb dieser Ummauerung lagen, eingemeindet wurden. Die erforderliche administrative Neuordnung führte zur Untergliederung des Stadtgebiets in 20 Arrondissements, die bis heute das Grundgerüst der Verwaltungsstruktur der Stadt darstellen« (Pletsch 1989, 39-41).

Abbildung 17
Zeitgenössische Karikatur
von Haussmann

Die Entstehungsbedingungen der Stadtmaschine

In einem gewissen Sinne kann man Paris als die »Frühgeburt einer Industriestadt« bezeichnen, und man weiß ja von »Frühchen«, wie ausnehmend gut sie geraten können. So wohlgeraten war Paris dann geworden, daß die Stadt einer Vielzahl von Städten als Modell gedient hat.
Im gesamteuropäischen Kontext gesehen, hat Paris in der Mitte des 19. Jahrhunderts seine Gründerzeit durchgemacht, so wie Deutschland sie nach der Einigung um 1880 erlebt hat. Anders als das weiter vorangeschrittene London freilich ist diese Industriestadtentwicklung erruptiv verlaufen und sie hatte durchaus ihre eigenen Züge. Wie alle Industriestadtentwicklungen sind die harten Hintergründe für diese Phase der Stadtgeschichte ökonomische und soziale Strukturen gewesen, und alle Versuche, die Haussmann-Zeit (oder die Zeit des Zweiten Kaiserreichs) vor einem anderen Hintergrund zu sehen, halte ich für ziemlich unsinnig.

Bis heute werden ja etwa die militärisch-strategischen Zielsetzungen, ästhetisch-stilistische Prinzipien oder persönliche Herrschaftsansprüche als vorrangige Antriebsmomente für diese Phase der Stadtentwicklung genannt.
Zu diesen Bemerkungen gibt es zwei Einschränkungen:
1. Wenn wir Paris als das Pilot-Projekt der europäischen Industriestadt bezeichnen, so heißt das nicht, daß die Stadt selbst direkt von der Großindustrie bewegt wird, sondern daß hier erstmals das kapitalistische Stadtmodell im Industriezeitalter zustandegekommen ist.
2. Stadtentwicklungen sind fast nie die Folge von nur einem einzigen Einflußfaktor gewesen. Wenn auch die sozialökonomischen Voraussetzungen dominieren, so zeigt doch die politische Situation um die Jahrhundertmitte eine sehr spezielle Konfiguration. Diese muß kurz beschrieben werden.

Die soziale und ökonomische Situation zur Mitte des 19. Jahrhunderts

Das Faszinierende und Verwirrende der Jahrhundertmitte ist, daß in Paris die Gleichzeitigkeit von günstigen Modernisierungsfaktoren in einer rasend kurzen Zeit sozial- und raumstrukturelle Formen ausbildeten.
Es gab eine relativ konservative Vorzeit, die eine »Aufbruchs«-Mentalität begünstigte; es gab eine demographische Zuwanderungsbewegung, die besonders junge Arbeitskräfte in die Stadt brachte;

Abbildung 18
Die Umwandlung der Montagne Sainte-Geneviève
(im »Quartier latin«)
Zeitgenössischer Stich

Abbildung 19
Madame Paris muß den Gürtel erweitern
aus: Le Monde illustré, 1860.

es gab eine Phase der industriellen Produktion, die gerade den Übergang zur Großproduktion erlebte (Eisenbahnbau, Maschinenbau, Bauindustrie); Handwerk, Handel und Finanzwesen bekamen seit der Regierungszeit Napoléons III. enormen Auftrieb, und ein riesiges Feld für Dienstleistungen öffnete sich.
Noch ersetzten die Warenhäuser nicht die kleinen Dienstleistungen (tausende von Wasserträgern und Nahrungsmittelverkäufern bevölkerten noch die Innenstadt). Aber schon gab es ein Klein- und Großbürgertum, welches sich Dienstpersonal leistete und öffentliche und gemeinschaftliche Einrichtungen besuchte (Cafés, Theater, Panoramas usw.).
Es gab, wie wir sahen, eine günstige Rechtslage für Enteignungen und zum ersten Mal wurde Stadtentwicklung mit ungeheuer umfangreichen Anleihen bestritten, d.h. ein neuer finanzpolitischer Weg war gefunden, die Stadtumgestaltung in Angriff zu nehmen. Die Schulden der Stadt betrugen 1842 ca. 163 Millionen Francs, 1870 war die Summe auf zwei Milliarden Francs angewachsen.
Auf diese günstigen sozialökonomischen Modernisierungsfaktoren traf nun eine politische Kraft, die sich gerade per Staatsstreich von ihrer parlamentarischen Kontrolle befreit hatte. Und – welche Potenzierung der Gleichzeitigkeit! – die Transformationsbewegungen der frühkapitalistischen Industriestadt trafen sich herrlich mit den Vorstellungen des Kaisers, seien sie ideologischer, strategischer oder auch ästhetischer Art.
Insofern ist Schivelbuschs Wunsch, »einmal exakt zu untersuchen, welche der Haussmannschen Straßendurchbrüche tatsächlich ausschließlich strategisch motiviert sind, wie sich die strategischen und die kommerziellen Interessen miteinander abstimmten, welche Konflikte, welche Übereinstimmungen, welche Kompromisse dabei entstanden« (Schivelbusch 1979, 214), wahrscheinlich schwerlich zu erfüllen, weil sich die Interessen, vor allem innerhalb der Bürokratie, gar nicht entmischen lassen.
Wir gehen also wohl nicht fehl in der Annahme, daß wir uns als Hintergrund dieser ersten markanten Umbruchsphase eine ganze Hierarchie einwirkender Faktoren vorstellen müssen, an deren Spitze die Veränderungen der kapitalistischen Warenwirtschaft und die sie tragenden bürgerlichen Schichten stehen, wo aber auch in charakteristischer Gleichzeitigkeit ästhetische Traditionen, Images, persönliche Aspirationen und politisch-strategische Intentionen verwoben sind.
Das gerade Angeführte kann man nun in seinem wirklichen sozialgeschichtlichen Kontext betrachten. Der Begriff »Stadtmaschine« ist dabei vielleicht ganz hilfreich. »Stadtmaschine« meint zunächst und vor allem, daß Wohn-, Arbeits- und Lebensverhältnisse der Stadtbewohner sich grundsätzlich neu formierten, und zwar in einer äußerlichen Form. Haus und

Straße waren bis dahin quasi »private«, oft organisch gewachsene, meist in Eigenarbeit erstellte Gebilde. Nun werden sie fremdbestimmte und vorfabrizierte Gehäuse. Genauso wird auch die Arbeit immer fremdbestimmter erfahren; Produkte werden weniger im Haus gefertigt; die Haushalte selbst werden immer stärker privatisiert in dem Sinne, daß die Grenzen zwischen privatem Bereich und Öffentlichkeit schärfer gezogen werden.

»Stadtmaschine« meint aber weiter auch die Industrialisierung des öffentlichen Raums. Nicht zufällig richtet sich das Augenmerk der Planer zuallererst auf eine Verbindung von Bahnhof und Stadtmitte. Die Zirkulation des Waren- und Personenverkehrs läßt örtliche Einzelregelungen nicht mehr zu (vgl. dazu vor allem Schivelbusch 1977).

Der Stadtbewohner bewegt sich nun nicht mehr »fußläufig«; eine neue Wahrnehmungs- und Erlebnisweise wird wirksam:

»Mit der Umgestaltung von Paris für den fließenden Verkehr, der Anlage von Straßen, die für sich genommen keine Bedeutung hatten, sondern wesentlich als Verbindungsglieder wirkten, widerfährt den mit dem alten Paris vertrauten Einwohnern ein ähnliches Schicksal wie den ersten Eisenbahnreisenden. Wie diese, gewöhnt an die Raum-Zeit-Wahrnehmung des Reisens in der Kutsche, die Eisenbahnreise als Vernichtung von Raum und Zeit erleben, so erscheint das für den Verkehr umgestaltete Paris seinen Einwohnern vernichtet, und zwar doppelt, physisch demoliert und zerschlagen in seiner räumlichen und historischen Kontinuität. Daß in beiden Fällen das Alte poetisch erst von dem Augenblick an erscheint, da die neue Technik sein Ende ankündigt, ist ein Zusammenhang, den die Zeitgenossen nicht erkennen« (Schivelbusch 1979, 163).

Damit nicht genug: Die Stadtmaschine kehrt buchstäblich in Haus und Straße ein als Aufzug, Wasserleitung, Gasversorgung, als Stadtomnibus, Bedürfnisanstalt, Baumgitter, Straßenlaterne, usw. Und sie beginnt immer stärker sowohl das emotionale Befinden als auch den alltäglichen Umgang der Leute zu beeinflussen. Am Beispiel des veränderten öffentlichen Verhaltens im Warenhaus, beim Kauf, kann man dies noch einmal gut veranschaulichen:

»Das Kaufhaus unterscheidet sich in drei wesentlichen Punkten vom traditionellen Einzelhandelsgeschäft. Es erzielt seinen Gewinn aufgrund hohen Umsatzes bei niedriger Profitrate, d. h. niedrigen Preisen; seine Preise sind fest ausgezeichnet; der Eintritt verpflichtet nicht zum Kauf. Die Verbilligung der Waren durch Massenumsatz macht das Kaufhaus zur industriellen Revolution im Einzelhandel. Versuche, den Einzelhandel an die neue industrielle Produktivität anzupassen, gibt es seit Beginn des 19. Jahrhunderts in den Magasins de Nouveauté und den Passagen, in denen sich mehrere unabhängige Einzelhandelsgeschäfte zu einer Art Bazar zusammenschließen. Dieses neue Arrangement ist jedoch nur eine Addition autonomer Geschäfte, keine neue Qualität der Organisation des Detailhandels. Im traditionellen Detailgeschäft treten sich Verkäufer und Käufer noch persönlich gegenüber. Das Betreten des Geschäfts impliziert, wenn nicht einen Kauf, so zumindest ein Gespräch zwischen Ladeninhaber und Kunden.

Damit macht das Kaufhaus Schluß. Es beendet das Verkaufsgespräch wie die Eisenbahn die Reiseunterhaltung beendet. Und wie die Reiseunterhaltung durch die Reiselektüre ersetzt wird, so das Verkaufsgespräch durch die Preisschilder, die fortan die festgesetzten Preise stumm mitteilen. Diese Veränderung ist die Folge des erhöhten Warenumsatzes. Die Erhöhung der Quantitäten erfordert neue Distributions- und Verhaltensformen, im Reise- wie im Verkaufsraum« (Schivelbusch 1979, 166).

Wie kann man angesichts dieser krakenhaft sich überallhin ausbreitenden Maschinerie die »Stadt als Kunstwerk« (Olson 1988) bezeichnen? Was ist das für eine herrschende Ästhetik, die uns dies einreden will? Wie konnte die Maschine so attraktiv werden? Wie sieht die architektonische Entwicklung genau aus?

Architekturgeschichte – »revisited« und revidiert

Die Märchen, die über Haussmann und sein Gesamtkunstwerk verbreitet werden, sind Legion. Sie reichen vom uneigennützigen, feinsinnigen Ästheten bis hin zum militär-strategischen »Bürokraten-Schädel«.

Da ist es vielleicht hilfreich, sich klar zu machen, auf welche planerischen Voraussetzungen er zurückgreifen konnte, und wie die Urbanisierungsvorhaben real verlaufen sind.

Es gab Mitte des 19. Jahrhunderts keine maßstabs-

getreuen Gesamtpläne von Paris, sondern nur einigermaßen detaillierte Quartiers-Pläne und seit dem 16. Jahrhundert eine Reihe von gezeichneten Ansichten der Gesamtstadt. Daher war die Neuvermessung der Stadt eine der ersten Aufgaben im Zweiten Kaiserreich. Aufgrund der neuen Maße wurde dann erstmals ein Gesamtplan der Straßen von Paris erstellt und die neuen Trassenführungen festgelegt.
Die staatliche Intervention umfaßte dann im wesentlichen: die Durchführung der Enteignungsverfahren, die oft umfangreichen Planierungsarbeiten, den Abriß der alten Gebäude und die Einrichtung der neuen Straßenführungen samt deren Infrastruktur (von der Abwasserführung bis zur Bepflanzung der Boulevards) und die Einrichtung der zur Straße gelegenen Gebäude. Alle baulichen Maßnahmen sind freilich an private Konzessionäre abgegeben worden und – weit wichtiger: der Großteil der Gebäude ist von der Stadt in Form von Anleihen im Vorgriff auf künftige Mieter/Nutzer geplant worden. Was Wunder, daß dabei beträchtliche Reibungsverluste und Planungsdefizite auftraten: So ist zwar der citynahe Boulevard Sébastopol frühzeitig prunkvoll mit Gebäuden versehen gewesen, die Rest-Verbindung zum Ostbahnhof aber, der Boulevard de Strasbourg, stand lange ohne Gebäude da; ähnlich erging es der Rue des Ecoles: noch Jahre nach dem Abriß der Häuser standen die Parzellen leer und wüst in der Landschaft.
Betrachtet man diese städtebauliche Entwicklung und bedenkt weiterhin noch, daß die Bauabschnitte (»réseaux«), die wir nicht im einzelnen verfolgen, in ihrer Dimension strikt von der Bewilligung des Parlaments abhingen, so kann man die Geschichten vom »Gesamtplan« des Baron Haussmann ruhig als Märchen weitererzählen; sie sind ebensowenig real wie die Vorstellung, »das neue Paris [sei] die Durchsetzung der persönlichen Obsession eines Diktators« (so Kampmeyer-Käding 1989, 23). Wohl gibt es Stadien und Phasen, wo staatliches Handeln der Entstehung des »Gesamtkunstwerks« förderlich ist, aber die neue Stadtstruktur war, aufs Ganze gesehen, eher ein pilzartiger Befall als schöpferisches, systematisches Bauen und Planen. Neidlos wird man freilich dem Bürokraten und Ingenieur Haussmann zubilligen können, daß immer dann, wenn in verschiedenen Zeitabschnitten die Probleme anstanden, er sie geradezu deutsch-totalitär bewältigte.

Es erstaunt also nicht weiter, daß keiner der Apologeten der Epoche auch nur den Hauch eines zusammenhängenden Konzepts von Napoléon III. oder Haussmann vorlegen kann. Es gibt eben nur ein paar Striche auf Karten und einige aufgeklaubte Zitate von handelnden Personen. Das erstaunt umso mehr, als ja schon die (italienische) Renaissance und der Barock weitentwickelte städtebauliche Vorstellungen hatten. Natürlich waren der Maßstab einer »idealen Stadt« auf Paris, eine bestehende Stadt, nicht übertragbar, dennoch erstaunt gerade das Fehlen einer zusammenhängenden Planung. Eine mehrschichtig dimensionierte, nach vorwärts weisende Stadtplanung, die wenigstens Gebäudeformen und Straßenführung aufs gesamte Stadtbild bezieht, gab es jedenfalls nicht. Die Kunst- und Architekturgeschichte hat also in der Regel irrtümlich Schlußfolgerungen aus den nachträglich angefertigten Gesamtplänen gezogen. Dabei verglich man etwa den berühmten, aus der Revolutionszeit stammenden »Plan des Artistes« mit der Summe der Haussmannschen Durchbrüche (vgl. Abb. 20 und 21).
Natürlich ist der Vergleich interessant. Der Artistenplan hat seinen Planungsschwerpunkt im Südosten der Stadt, als Rondell ist im Osten die Place de la Bastille erkennbar, die Straßendurchbrüche sind im wesentlichen einzeln gesetzt.
Demgegenüber ist der Haussmann-Plan auf den Westen der Stadt zentriert. Die strahlende Sonne im Westen bezeichnet die Place de l'Etoile; ganz deutlich ist auch die durchgängige Führung des Achsenkreuzes in der Stadtmitte. Die im Wortsinne »oberflächliche« Betrachtung führt in der Regel zu der Deutung, hier, am Haussmannplan, könne man ablesen, wie einseitig die kaiserliche Städtebaupolitik die bürgerlichen Schichten begünstigte. Das ist natürlich nur die halbe Wahrheit, und man umgeht das Problem, wenn man angesichts der massiven Straßendurchbrüche im Pariser Osten sagt: dort seien es eben die militärisch-strategischen Gesichtspunkte gewesen.

Lesen wir noch einmal Schivelbuschs Bewertung der Haussmannschen Planungen:

»Die Straßen, die Haussmann schafft, dienen allein dem Verkehr. Das unterscheidet sie von den mittelalterlichen

Gassen, die sie vernichten, und deren Funktion weniger der Verkehr war, als Schauplatz zu sein für nachbarschaftliches Leben. Das unterscheidet sie ebenfalls von den Boulevards und Avenuen des Barock, deren Linearität und Breite nicht so sehr Verkehrs-, als vielmehr Repräsentationsfunktionen erfüllten« (Schivelbusch 1979, 162).

Hier wäre eine stärkere Differenzierung wünschenswert. Sie müßte davon ausgehen, daß die Trassen vor allem den neuen Anforderungen des Personen- und Warenverkehrs genügen mußten, zugleich aber auch Elemente der Selbstdarstellung, der militärisch-strategischen Abwägung sowie der sozialen Dissoziierung enthielten. Aber: diese Wirkungsfaktoren sind schwerlich klar auseinanderzuhalten – daher die Beurteilungsschwierigkeiten der Forschung!
Die Schwierigkeit ist also, daß man historisch das Zusammenwirken der Faktoren schwer belegen kann. Halbwegs genaue Aussagen sind nur darüber möglich, daß *ein* Faktor allein wenig plausibel ist: Die Place de l'Etoile ist in ihrer geometrischen Klarheit mit Sicherheit nicht nur militär-strategisch zu sehen. Die »Umzingelung« des sozial schwierigen Gebiets um die colline Sainte-Geneviève im Südosten der Cité-Insel ist sicher nicht allein politisch zu motivieren – es gibt dafür auch topographische Gründe usw.

Die gerade Linie

»In sanitärer Hinsicht waren breite Avenuen wichtig, um unhygienische Viertel zu durchlüften, von Krankheiten durchsetzte Häuserblocks abzureißen und Straßenzeilen zu gewinnen, in denen die Hauptrohre der Kanalisation verlegt werden konnten. Was die Verkehrsverhältnisse betrifft, so war der Verkehrsfluß durch Paris nur zu beschleunigen, wenn man neue Straßen mitten durch das alte Zentrum baute – und zwar entweder einige wenige extrem breite, wie sie dann auch realisiert wurden, oder aber sehr viele, dafür aber weniger breite. Aus ästhetischer Sicht ergab sich angesichts der langen klassizistischen Tradition Frankreichs der selbstverständliche Wunsch nach gerader Linienführung, nach symmetrischen Figurationen, nach monumentalen Akzenten als Endpunkte perspektivischer Durchblicke und nach architektonischer Einheitlichkeit. In ökonomischer Hinsicht verlangten die Interessen der Grundeigentümer wie der Geschäftsleute in den älteren Vierteln, daß die Straßen mindestens ebenso breit und elegant anzulegen waren wie diejenigen der konkurrierenden neuen Viertel im Norden und im Westen« (Olson 1988, 68).

Olsons Aussage faßt sehr schön die geläufigen Auffassungen zur Formgebung der Stadt zusammen. Freilich wirft der Text Fragen auf: werden hier nicht die Märchen des 19. Jahrhunderts (kleinräumig = krank, großräumig = gesund) wiederholt? Gab es damals nicht eher ein Problem der Belegungsdichte? Hat die gerade Linie in ästhetischer Sicht nicht eher etwas mit den veränderten Bauweisen zu tun als mit den immer wieder angeführten klassischen Traditionen? Waren nicht die ersten geraden Schneisen in die Städte durch Eisenbahnlinien geschlagen worden? Haben die Symmetrie, das perspektivische Bauen, die Proportionen und Linienführungen nicht eher etwas mit der veränderten, nicht mehr fußläufigen Stadt zu tun? Wie ist schließlich der Widerspruch zwischen gerader Linie in Trassenführung, Gebäudeform und Fassade einerseits und klassizistischer Zierde andererseits zu verstehen?
Ich traue, was die letzteren Fragen angeht, da eher den Stadtsoziologen und Psychologen als den Kunsthistorikern, denenzufolge die technisch-totalitäre, fabrikmäßige Stadtgestalt zur »Ausschmükkung« geradezu gezwungen gewesen sei. So sehr übrigens, daß für die Innenraumgestaltung meist kein Geld mehr blieb. Mit anderen Worten: die technisch-industrielle nackte Form von Straße und Haus bedurfte der Tünche.
So kam es zum Straßenmobiliar, zum Stuck, zum Gesims usw., so aber auch zum Auswuchs ins Monumentale, und so würde sich auch die Inszenierung bei der Fertigstellung der Häuser erklären. Die Inszenierung leistete beides, die imperiale Herkunft sollte herausgestrichen, die industrielle Herkunft verborgen werden.
Aus diesem Blickwinkel erhellt sich auch das Jahrhunderte anhaltende Image der Stadt: als kapitalistische »Frühgeburt« hat Paris seine Industriefratze stets wirksam verschleiert, die verdeckte industrielle Form ist geradezu das Markenzeichen der Stadt geworden. Und sozialgeschichtlich gesehen hat man den Wolf, der sich mit dem Schafspelz der Fassade verkleidet hatte, nie wahrhaben wollen; er taucht später nur um so schonungsloser als der nackte Wolf in Form von Plattenbauten am Stadtrand auf

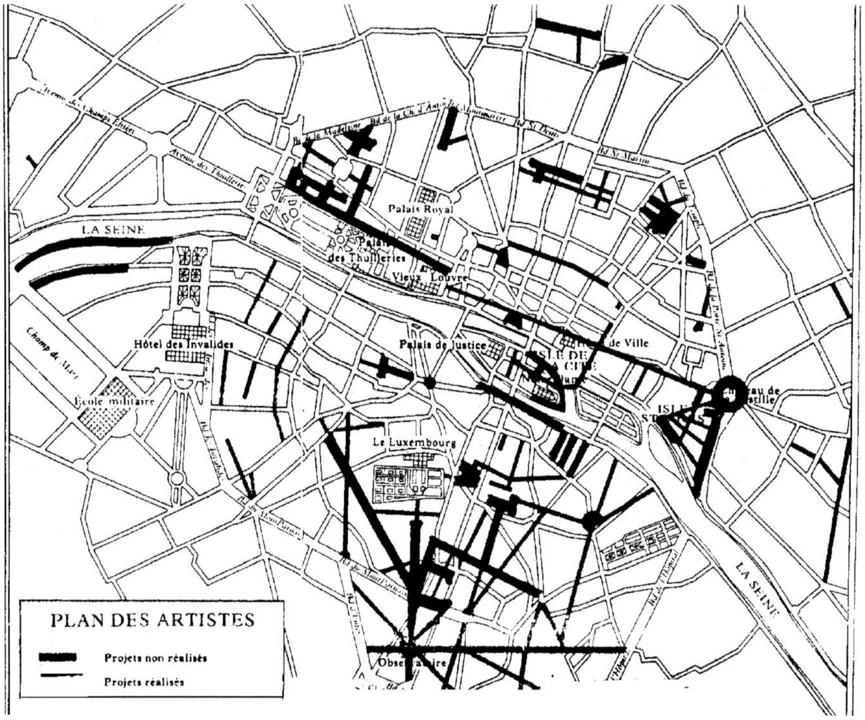

Abbildungen 20 und 21
Der »Plan des Artistes« (oben) aus den Jahren der Französischen Revolution und zum Vergleich (unten) die Haussmannschen Durchbrüche aus: Kimpel 1982, 18 und 34.

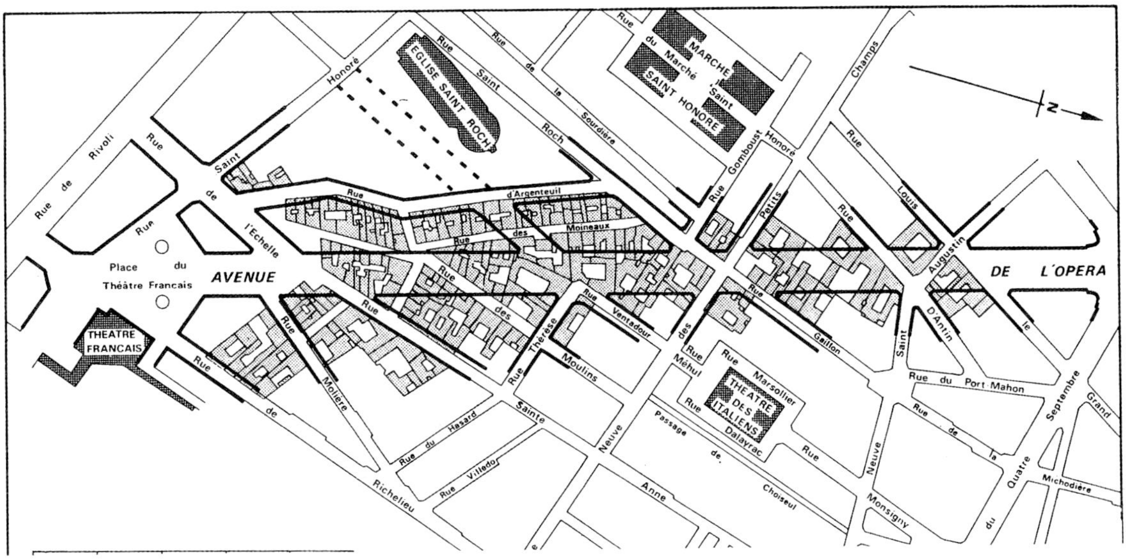

Abbildung 22
Durchbruch der Avenue de l'Opéra

– durch diese Fehlgeburten wurde »das Frühchen«, die Haussmann-Stadt, noch einmal verklärt. Von jenen aber, die die Kralle des Wolfes zu spüren bekamen, soll nun die Rede sein.

Politische und soziale Mutationen

Drei mentalitätsgeschichtlich wichtige Faktoren sind von heute aus, auf die Mitte des 19. Jahrhunderts gesehen, nur schwer zu erkennen und zu verstehen: Es ist erstens die Angst vor Krankheit und »unhygienischen Verhältnissen« (dazu muß man wissen, daß noch 1832 zehntausende von Stadtbewohnern in Paris durch die Cholera dahingerafft wurden); zweitens die Angst vor der technischen Maschinerie (vergessen wir nicht, daß die Menschen vor der ersten Eisenbahn schreiend davonliefen; man wird auch an die palastartigen Bahnhöfe denken, die nicht zuletzt dazu dienen sollten, eine Akkomodation hin zur unheimlichen industriellen Welt der Eisenbahn herzustellen); und drittens waren die bürgerlichen Klassen beherrscht von der Angst vor den »werktätigen und gefährlichen Klassen«.

Man schaue sich nur einmal die Karte der im Jahr 1848 von den Aufständischen kontrollierten Straßen an (s. Abb. 24). Die Stadt war mit Barrikaden gespickt, sie umfaßten quer über die Cité-Insel den gesamten Pariser Osten.

Heute, da die Klassenauseinandersetzungen weniger eklatant zu sein scheinen, ist die unsichere und unberechenbare Situation kaum mehr hinreichend zu beschreiben. Sie ist übrigens in Eugène Sue's »Mystères de Paris« hervorragend geschildert; der Schauer vor den gefährlichen Klassen war damals sicher für die Kleinbürger ein Anreiz zur Lektüre.

Die Aktionen der sich formierenden Arbeiterbewegung (Marx war 1843 nach Paris geflüchtet!) und die Aufstände von 1848 waren also sicher noch frisch im Gedächtnis, als sich das Zweite Kaiserreich installierte. Direkt gegen diese relativ breite Bewegung war also eine politische Herrschaft schon nicht mehr gut möglich. Das Wort »Bonapartismus« bezeichnet denn auch jene breite, schichtenübergreifende Bewegung, die einen durchaus gewaltförmigen Aktivismus aufweist.

Man wird folglich auch nicht in städtebaulicher Hinsicht sagen können, die Unternehmungen des Zweiten Kaiserreichs seien ausschließlich dem Großbür-

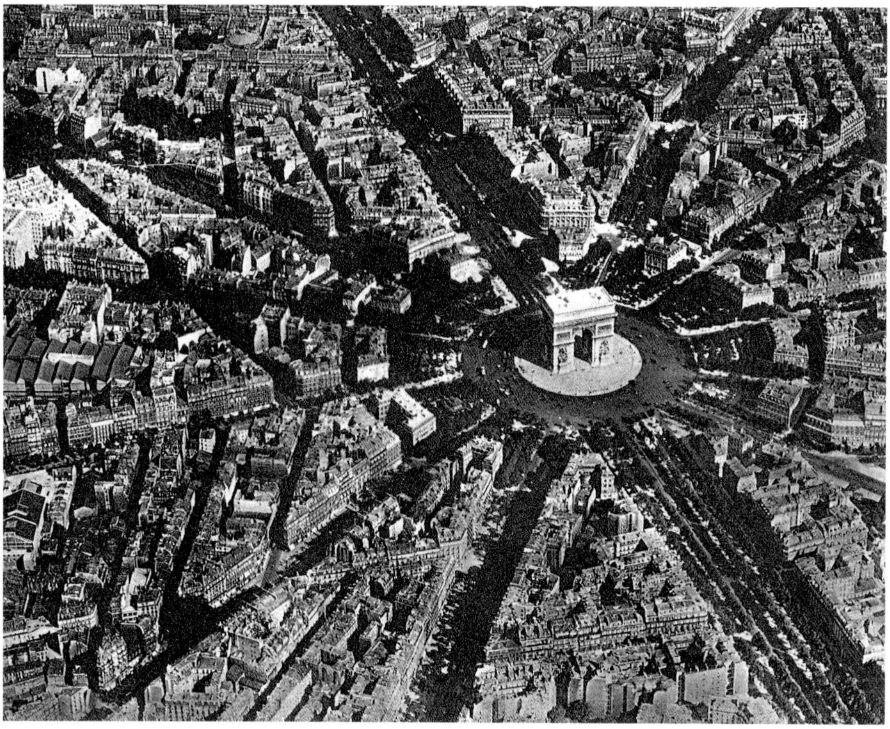

Die gerade Linie
Ästhetisch-städtebauliches Prinzip oder industrielle Notwendigkeit?

Abbildung 23
Luftaufnahme der Place de l'Etoile
aus: Benevolo 1982, 836 und 857.

gertum zugutegekommen. Viel zu sehr war das Regime auch dem Kleinbürgertum verpflichtet. Mit den Hallen hatte es gerade sein Denkmal bekommen – im »Bauch von Paris« beschreibt Zola diese politische Mentalität sehr authentisch.
Natürlich sind die Zugeständnisse an die werktätige Klasse verschwindend klein. Wer von den Arbeitern, die jeden Morgen, noch zu Fuß, die Hügel von Belleville und Ménilmontant herunterliefen, konnte sich denn abends nach vierzehnstündigem Arbeitstag im Park von Vincennes ergehen? War nicht die »Cité Napoléon«, das 1848 unter politischem Druck zustandegekommene Projekt des Arbeiterwohnbaus, das 1851 mit Pomp in der Rue Rochechouart eingeweiht wurde, ein Alibi-Vorhaben ersten Ranges? Immerhin, wie so viele andere pompöse Stadtinszenierungen, so zeigen auch diese Unternehmungen die notwendige politische Rücksichtnahme.
Charles Merriau, bis 1852 Generalsekretär in der Seine-Präfektur, gibt mit seiner Schilderung u. a. auch einen Hinweis darauf, wie die politische Pazifizierung der sozialen Bewegung durch Arbeitsbeschaffung aussah:

»Nach 1851 sah das Hôtel de Ville seine Besatzung wieder in die Kasernen zurückkehren, und die Politik räumte der Verwaltung den ihr angestammten Platz. Es waren nicht mehr Banden von Insurgenten, die durch die Stadt streiften, sondern Trupps von Maurern, Zimmerleuten und anderen Handwerkern, die zu den verschiedenen Baustellen eilten. Wenn das Pflaster aufgerissen wurde, dann geschah dies nicht, um Barrikaden aufzuwerfen, sondern um Gas- und Wasserleitungen zu verlegen. Der Häuserbestand wurde nicht mehr durch Artillerie oder Feuer bedroht, sondern lediglich durch die gut bemessenen Enteignungsentschädigungen. Der städtische Haushalt wuchs wie von selbst durch den stetigen Zustrom und den wachsenden Wohlstand der Steuerpflichtigen. Anleihen ließen sich leicht plazieren und brachten immer eine Rendite von wenigstens fünf Prozent; außerdem wurden sie nie für andere Zwecke ausgegeben als für jene, die bei ihrer Zeichnung genannt worden waren. Schließlich wurde man auch Zeuge der großen Arbeiten, die in ihrer großen Ära unter der Verwaltung von M. Haussmann die Kapitale veränderten, sie gesünder und größer machten. Aber, fragt man, welcher Preis für alle diese Wohltaten entrichtet werden mußte, dann lautet die Antwort, daß die Nation ihre Freiheit opferte und den Caesarismus akzeptierte.« (Willms 1988, 347).

»Vor dem Rathaus, im Abschnitt, der den alten Chatelet-Platz von dem unregelmäßigen Raum trennt, der Place de Grève genannt wird, wurde das Auge von furchtbaren Kloaken beleidigt: Von der Rue de la Tannerie, de la Vieille Tannerie, de la Vannerie, de la Vieille Place au Veaux, St. Jerôme, de la Vieille-Lanterne, de la Tuerie, des Teinturiers etc. etc. Letztere war so eng, daß die wurmstichige Fassade des verputzten Fachwerkhauses, welches mittendrin stand, vergeblich versuchte, herabzustürzen: Sie konnte sich nur auf die Fassade des gegenüberliegenden Hauses stützen. Und welche Leute da wohnten!« (Haussmann 1979, 27/28)

Dieser Abschnitt aus den Memoiren von Haussmann läßt deutlich die geradezu physische Abneigung erkennen, die der Präfekt vor seinem Amtssitz vielleicht täglich der Slumbevölkerung gegenüber verspürte. So direkt waren auch der Königspalast (der Louvre), der Bischofssitz, die Kaserne usw. vom Plebs und von der Armut umstellt. Das war eine psychische und zugleich politische Bedrohung. Schon der erste Bauabschnitt räumte mit diesen Zuständen gründlich auf. Um die Jahrhundertmitte wohnten noch 14 000 Menschen auf der Cité-Insel. Sie wur-

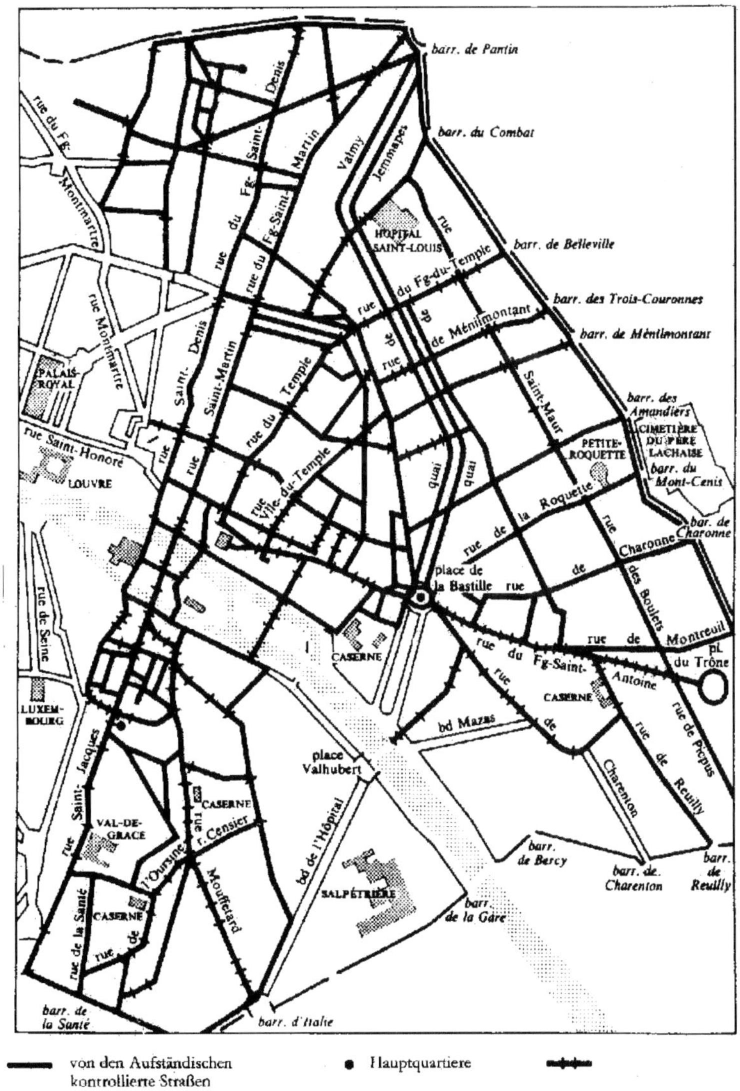

Abbildung 24
Die von den Aufständischen kontrollierten Straßen von Paris 1848
aus: Benevolo 1982, 835.

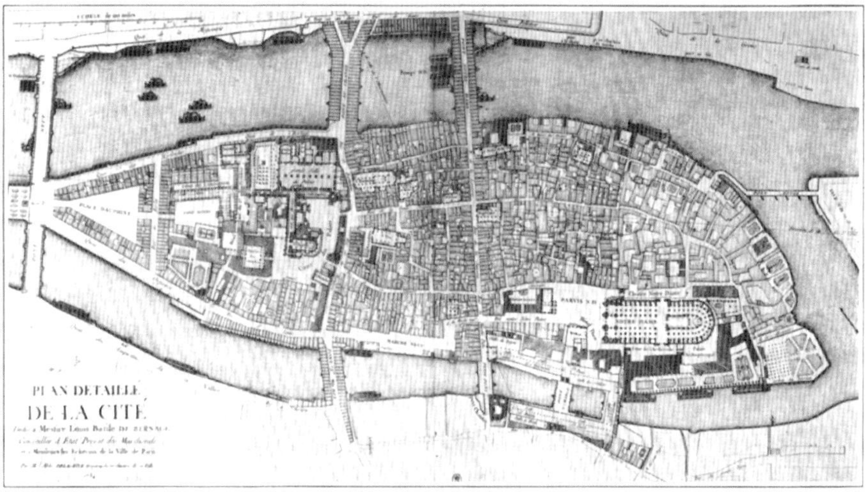

Abbildung 25
Die Cité-Insel
vor der Sanierung

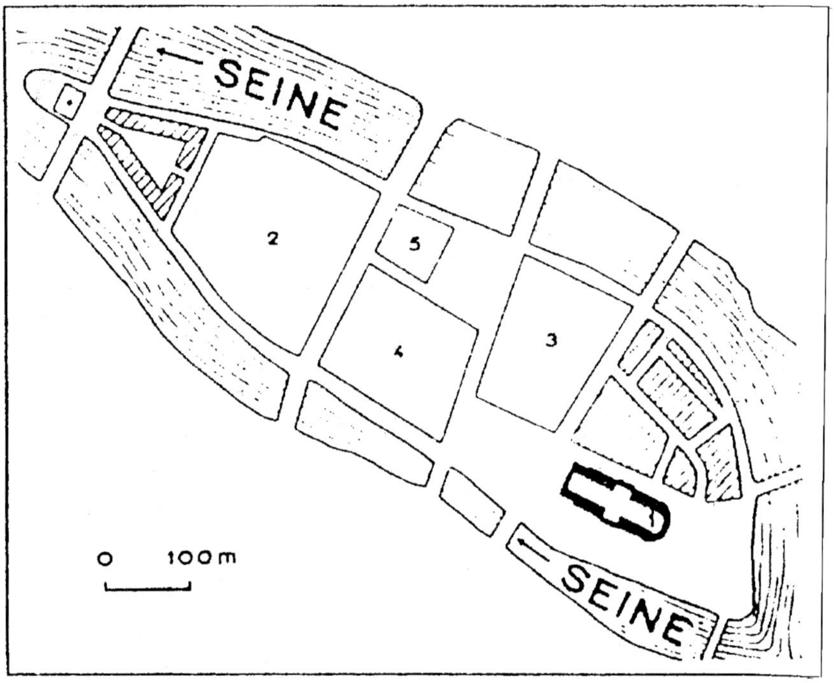

Abbildung 26
Die Cité-Insel nach der Haussmannisierung
aus: Lavedan 1975, 200 und 434.

den fast gänzlich vertrieben. Das Zentrum war keimfrei, die Verbindung zu den Bahnhöfen gesichert. Mit der Anlage der Croisée de Paris wurde buchstäblich dem alten Paris, dem Paris der Aufstände und der Unruhen, der Cholera und des Elends, das »Herz« aus dem Leibe gerissen, was Haussmann selbst mit folgenden Worten beschrieben hat:

»Man schlitzte dem alten Paris, dem Quartier der Aufstände und der Barrikaden, mittels einer großen, zentralen Schneise den Bauch auf, indem man Stück für Stück dieses fast unpassierbare Gewirr von Gassen durchbrach und Querverbindungen anlegte, deren Fortsetzung das derart begonnene Werk vollendeten« (Willms 1988, 354/355).

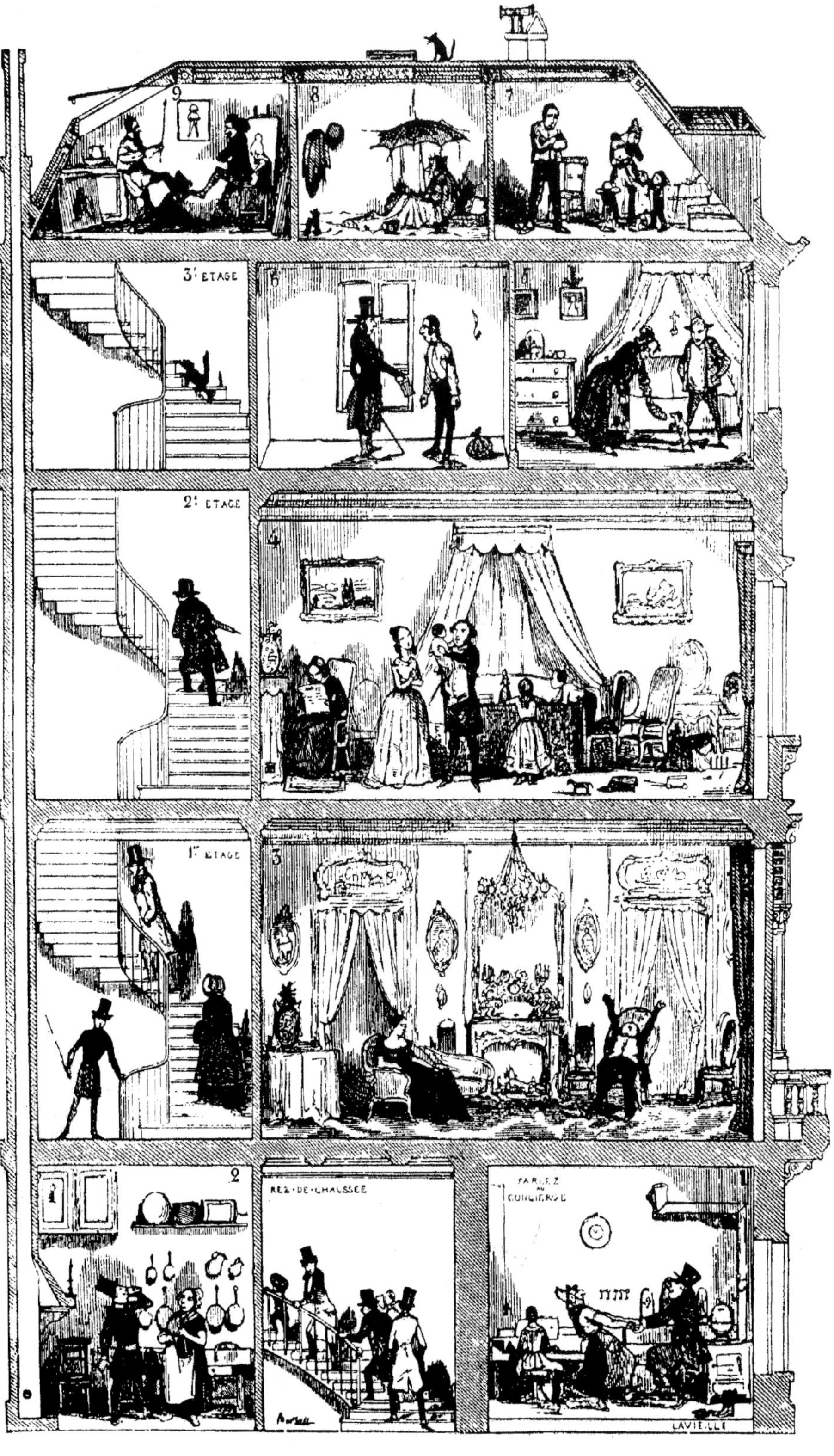

Abbildung 27
Karikatur über die Verteilung gesellschaftlicher Schichten in einem Pariser Wohnhaus
aus: Benevolo 1982, 849.

Der zweite Bauabschnitt hatte dann sehr viel deutlicher den Anforderungen der Industriestadt entsprochen und das Skelett für alle späteren Transformationen gebildet.

»Mit den Arbeiten des ersten Réseau wurde vor allem der alte, von den inneren Boulevards umschlossene Stadtkern mit seinen verwinkelten und übervölkerten Elendsquartieren, die ein schier unüberwindliches Hindernis für den Durchgangsverkehr in west-östlicher wie nord-südlicher Richtung darstellten, aufgebrochen und durchlüftet.
Die Arbeiten des zweiten Réseau stellten dazu eine durchaus zweckmäßige Ergänzung dar, insofern mit ihnen vor allem Straßen gebaut wurden, die in dem Stadtgebiet zwischen den inneren Boulevards und der Stadtzollmauer lagen. Der Bau dieser Straßen, die vornehmlich im Ostteil der Stadt weitere Slum-Quartiere durchteilten, schuf ein System von Verkehrswegen, die das Zentrum auf bequeme Weise mit den Außenbezirken der Kapitale verbanden, deren Entwicklung im Interesse einer demographischen Entlastung des innerstädtischen Bereichs dem Regime besonders angelegen war. Hinzu kam, daß die meisten dieser Straßendurchbrüche eine wesentlich größere denn lokale Bedeutung hatten, sei es, daß sie die innerstädtische Verlängerung wichtiger Überlandstraßen darstellten, sei es, daß sie als Verbindung zwischen den einzelnen Bahnhöfen, den »nouvelles portes de Paris«, wie sie Napoléon III. zu apostrophieren pflegte, fungierten« (Willms 1988, 353/354).

Der dritte Abschnitt schließlich verfestigte endgültig – sofern er nicht Parkanlagen betraf, wie Montsouris oder Butte Chaumont – die Verteilung der Stadtbewohner auf bestimmte Stadtgebiete. Das haben Zeitzeugen sehr früh gesehen:

»Mit der Urbanisierung des Pariser West-Ends wie mit der Transformation de Paris überhaupt wurde der das gesamte Stadtgebiet von Paris einschließlich der 1860 eingemeindeten Petite Banlieue umfassende Prozeß einer sozialen Abschichtung deutlich akzentuiert: den Vierteln der Wohlhabenden im Zentrum und im Westen der Kapitale mit ihrer vergleichsweise geringen Einwohnerzahl standen die dichtbevölkerten, überwiegend von Angehörigen der Classes laborieuses bewohnten Quartiere im Osten der Stadt gegenüber. 'Die Transformation de Paris', urteilte Anthime Corbon bereits 1863, 'hat die Arbeiterbevölkerung vom Zentrum an die Peripherie vertrieben, so daß innerhalb der Kapitale zwei Städte entstanden: eine reiche und eine arme; die eine umgibt wie ein Kranz die andere. Die bedürftige Klasse ist wie ein riesiger Gürtel, der die wohlhabende Klasse einschließt« (Willms 1988, 362).

Wohnten früher verschiedene soziale Schichten oft eng beieinander in einem Haus (s. Abb. 27), so zeichnet sich jetzt eine klare Schichtentrennung im Stadtgebiet ab, das Ost-West-Gefälle bildet sich heraus, die Segregation ist nun nicht mehr vertikal, sondern horizontal ausgebildet.
Die Industrialisierung der Stadt im Zweiten Kaiserreich hatte also die Menschen nicht nur von ihrer Nachbarschaft abgeschnitten; der Schnitt war weitreichender und trennte Wohnen von Arbeit, Wohnen von Freizeit, Wohnen von familiärer Umgebung und zerschnitt auch Haus und Straße.
Jetzt war das Wohnzimmer die Grenze zur Welt, so weitgehend transformierte die Stadtmaschine die sozialen Verhältnisse. Und das Besondere daran war in Paris die rasende Geschwindigkeit, die Koinzidenz der Entwicklung mit der imperialen Selbstdarstellung und Herrschaftssicherung, sowie eine kulturell-urbane Ausdrucksform, die zahllose Widersprüche enthielt. Davon wird noch die Rede sein.
Die Genauigkeit der sozialgeschichtlichen Betrachtung verlangt es am Ende dieses Abschnittes freilich, die Perspektive noch einmal zu wechseln. Denn bisher hat die Beschreibung allzusehr auf die vernichtende Wirkung der Stadtmaschine abgehoben. Die neuen Verhältnisse hatten aber selbstverständlich zugleich auch befreiende Folgewirkungen: viele Zeitgenossen erlebten genußvoll die neue Geschwindigkeit, die weiten Stadträume, den Glanz und den neuen Komfort z. B. einer Wasserleitung.
Die städtischen Verhältnisse prägten auch ganz neue Verhaltensweisen, die gegenüber den alten, im Grunde bäurisch-traditionalen Verhaltensregeln, damals ebenso wie heute als Fortschritt empfunden werden konnten.
Wohl ist es richtig, daß etwa das städtische Dienstpersonal in der Regel in menschenunwürdigen Behausungen, in Rumpelkammern unterm Dach wohnte oder überhaupt keine Behausung hatte, die Menschen waren gleichwohl nicht mehr der kleinbürgerlichen Moral und der sozialen Kontrolle des Dorfes ausgesetzt – und ähnlich differenziert wird man auch die Lebensverhältnisse der Arbeiterschaft betrachten müssen.

Die zweite Hauptphase der Stadtumgestaltung (1945 bis heute)

Der Vorlauf (1870–1945)

Gute Architekten und Stadtplaner wußten es schon immer: es gibt eine »Gnade der Unterentwicklung«, »das Glück des Nichthandelns«, es gibt einen Fortschritt, der im Unterlassen liegt. Etwas ähnliches meint wohl auch Norma Evenson, wenn sie sagt:

»Es ist nicht sicher, ob Paris zwischen 1890 und 1940 eine bessere Stadt geworden wäre, wenn es eine verständige Planung gegeben hätte« (Sutcliffe 1970, 180).

Übereinstimmend mit einer ganzen Reihe von Beobachtern stellt sie fest, daß die Stadtentwicklung von Paris im angegebenen Zeitraum stagnierte. Nun ist ihr Blick in besonderem Maße auf das Kerngebiet der Stadt gerichtet, und dort hat sich von heute aus gesehen geradezu ein Wunder ereignet: Angesichts der kapitalen Industrieentwicklung in diesem Zeitraum, der Hochhaus-Gigantomanie der Planer und Architekten und der Selbstdarstellungswut der Politiker ist es wirklich erstaunlich, daß die Pariser Innenstadt nicht stärker umgekrempelt worden ist. Sucht man nach Erklärungen für dieses Wunder, so darf man neben den ökonomischen Tiefgängen und den politischen Lähmungserscheinungen bestimmt nicht außeracht lassen, daß 1870/71, 1914–18 und 1940–44 drei deutsch-französische Kriege geführt worden sind, die Frankreich anhaltend schwächten. Man muß sich vor allem vergegenwärtigen, daß diese Aussagen die äußerliche, an die Bautätigkeit geknüpfte Stadtentwicklung betreffen. Die soziale und kulturelle Entwicklung kennt Höhen und Tiefen, die damit überhaupt nicht erfaßt sind.
Man darf schließlich nicht vergessen, daß sich in unserem Zeitraum des Vorlaufs bis 1945 im Bewußtsein breiter Bevölkerungsschichten die Wohnungsfrage als zentrales politisches Anliegen herausgebildet hat und der soziale Wohnungsbau seine Anfänge nimmt. Dies soll in einem besonderen Kapitel beschrieben werden (s. Kapitel 3).
Es gab aber auch in diesem Zeitraum sozialräumliche Entwicklungen, die von der Forschung und Berichterstattung übersehen wurden. Das betrifft weniger die neuen Stile, die sich ab der Jahrhundertmitte im Stadtbild bemerkbar machten, nämlich »art nouveau« (Jugendstil) und später der »internationale Stil«. Es betrifft vielmehr die Tatsache, daß sich eigentlich in diesem Zeitraum trotz baulicher Stagnation der »Makrocephalus«, der Wasserkopf von Paris, herausbildete.
Dazu nur folgender Hinweis: Die Bevölkerung Frankreichs hat zwischen 1840 und 1940 um insgesamt 4,9 Millionen Menschen zugenommen. 4,6 Millionen davon wanderten in die Metropole! In den Jahren des Vorlaufs hat sich also eine schleichende Auffüllung von Paris vollzogen, in einem Ausmaß, daß 1921 der einmalige Höhepunkt von fast drei Millionen Binnenstadtbewohnern erreicht wurde.
Seit der Bildung des Nationalstaats Frankreich im 16. Jahrhundert hört das Jammern nicht auf, Paris verschlinge das ganze Land. Zu keiner Zeit ist die Diskrepanz freilich größer gewesen als in der Epoche ab 1870. Frankreich wurde zu dem am dünnsten besiedelten Land in Europa und es weist im Raum Paris gleichzeitig die größte Verdichtung in Europa auf. Ende der 50er Jahre lebten die Menschen offensichtlich nur noch in Tokio dichter als in Paris.

Abbildung 28
Die Verdichtung einiger Großstädte 1962
nach: Beaujeu-Garnier 1964, 11.

Einwohner/km^2	
Paris	5 000
London	3 800
New York	2 900
Moskau	2 620 (geschätzt)
Tokio	6 900 (geschätzt)

Drei stadträumliche Entwicklungen haben das Erscheinungsbild der Stadt im Berichtszeitraum – trotz Stagnation – ganz deutlich geprägt:
1. Es gab das Auffüllen des Stadtbinnenraumes durch die Bebauung der Brachen, durch Füllung der Lükken, und durch hohe Bauten am Stadtbinnenrand.
2. Es erfolgte die Auflösung und Bebauung der »Fortifications«, der Forts, die Paris umsäumten, mitsamt dem 200 m breiten Gürtel, dem Schußfeld, das vorher nicht bebaut werden durfte. Dies war insgesamt eine nicht zu unterschätzende Fläche, umso mehr, als besonders die Bewohner der popu-

Abbildung 29
Freizeitgebiet auf den »Fortifications«
Photo: Atget

lären Viertel von Paris die »Fortifs« als ihre Erholungsfläche benutzten (s. Abb. 29). Damit war die grüne Ummauerung gesprengt und zugleich mit der Trassenführung für Verkehr, dem späteren »Périphérique«, eine neue unmenschliche Ummauerung geschaffen.

3. Schon während der heftig geführten Diskussion um die Bebauung der Befestigungen hatten sich freilich »Squatters«, Landbesetzer also, auf den Grünflächen um die Stadt herum eingenistet und dort ihre Parzellen, Nissenhütten oder Gemüsegärten angelegt. Der Bevölkerungsdruck drohte, chaotische Formen anzunehmen . . . In dieser Situation erließ die Regierung in den 20er Jahren ein Gesetz (»loi Loucheur«), welches über großzügige Kreditaufnahmen auch minderbemittelten Schichten den Hausbesitz ermöglichen sollte. Es entstand jenes System der »Lotissements«, welches bis in die 60er Jahre das Image der Banlieue, der Vorstadt ausmachen sollte.

»Lotissements« waren kleine, oft durch Spekulanten vermittelte Grundstücke oder Parzellenstreifen, auf denen sich Angestellte, Arbeiter oder Kleingewerbetreibende ihre »Taudis«, d. h. ihr Häuschen, ihre Gartenlaube, ihre Hütte oder ihren Holzverschlag bauten. Die politische Intention und der Effekt waren ähnlich wie der in der Bundesrepublik mit den »Häuslebauern« nach dem Zweiten Weltkrieg: beabsichtigt war eine politische Pazifizierung und eine soziale Bindung an Kapitalbeziehungen, nur daß in Frankreich die soziale und ökonomische Unsicherheit offensichtlich ungleich größer war. Die kleinen Angestellten stürzten sich in Arbeit und Schulden. Viele verelendeten. Noch heute heißt »mal loti« in übelster Behausung wohnen . . .

Die Banlieues und ihre Industrialisierung

Die drei geschilderten Entwicklungsprozesse hatten eine gemeinsame zentrifugale Stoßrichtung: ihr Angriff galt den Vorstädten. Und die stärkste Anziehungskraft dazu übten die Industrieansiedlungen im Umkreis von Paris aus.

Auf der beigefügten Karte der räumlichen Ausbreitung der Industrie kann man sehr gut erkennen, wie sich diese Entwicklung vollzogen hat: vor allem entlang der Flußläufe und der Eisenbahnlinien und massiv konzentriert im Osten der Stadt (s. Abb. 30). Die Situation in der Binnenstadt war natürlich meist der Ausgangspunkt der ökonomischen Entwicklung. Im Inneren der Stadt gab es seit Beginn des Jahrhunderts eine starke Bekleidungsfabrikation, das Bau- und Nahrungsmittelgewerbe sowie die traditionelle Fabrikation der »Articles de Paris«. Auf dem rechten Seine-Ufer fand sich eine ausgebaute Möbelfabrikation (die im Faubourg St.-Antoine noch heute stark vertreten ist), auf dem linken Ufer dominierten Druckereien (auch sie sind bis heute noch vorhanden). Die jahrhundertealte akademische Struktur des linken Seine-Ufers ist wohl mit ein Grund, warum sich die Industrialisierung eher nach Nordosten als gegen Süden ausbreitete. Wichtiger als dies war im Nordosten freilich die Verkehrsanbindung an Eisenbahn und an Kanäle (z. B. an den Canal de l'Ourcq). Für Industrieansiedlungen waren natürlich spezifische Bedingungen ausschlaggebend:

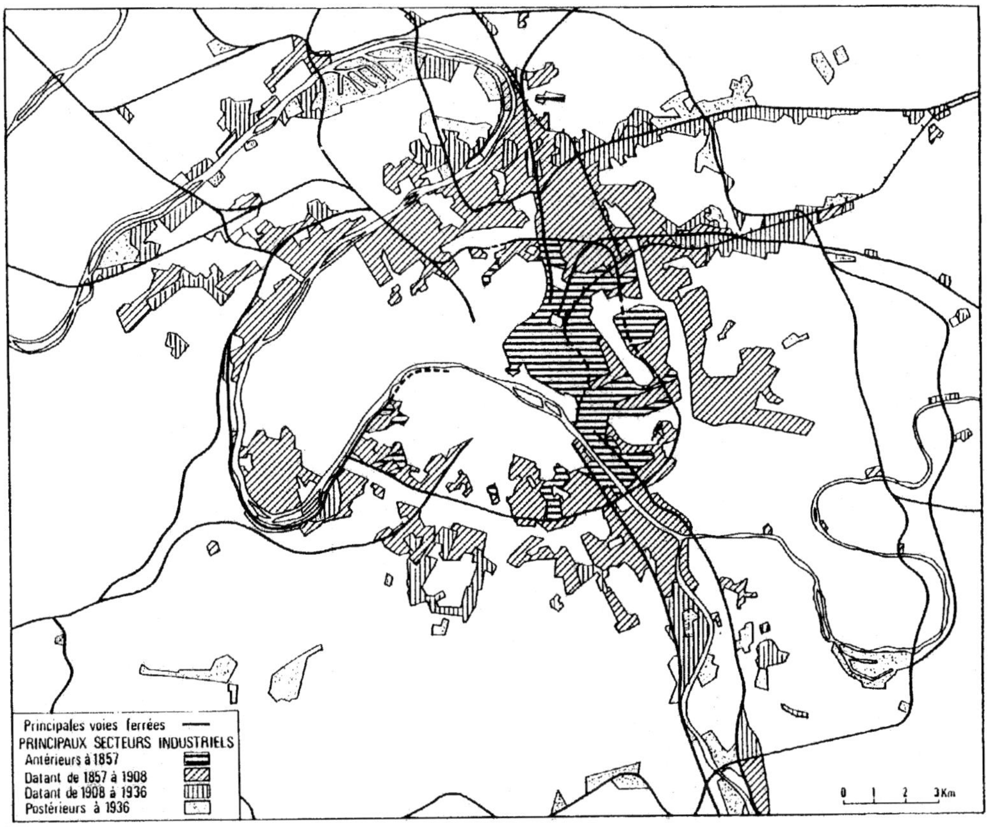

Abbildung 30
Die Eisenbahnlinien und die wichtigsten Industrieansiedlungen in Paris und seiner Umgebung
aus: Mollat 1971, 527.

St. Denis z. B. war dank seiner Lage am Seine-Bogen und am Kanal relativ früh industrialisiert. Die textil- und lederverarbeitende Industrie ist dort lange vor dem Zweiten Kaiserreich ansässig gewesen. Sie brauchte an diesem Standort das Wasser ebenso wie die Rohstoffe, die aus dem Schlachthof von La Villette im Norden der Stadt kamen. Ähnliches gilt für die Industrieansiedlungen von Ivry im Süden. In beiden Vororten hat sich später die Metall- und Chemie-Industrie sehr stark ausgebreitet.

Die Spezialisierung machte sich an ganz bestimmten Orten fest und manchmal hielt sich solche Monokultur bis heute: In Neuilly wurden Tapeten hergestellt, in Montreuil Glas und Porzellan, in Vanves gab es Färbereien, in Montrouge Essigfabriken und Destillerien usw.

Wohl sind die Industrieansiedlungen der Vororte überwiegend durch Auslagerung Pariser Betriebe oder Betriebsteile entstanden, dies bedeutete jedoch keineswegs immer eine radikale De-Industrialisierung im Stadtgebiet. In der heutigen Goutte d'Or etwa, östlich des Montmartre, blieben bis weit in das 20. Jahrhundert hinein wichtige Eisenbahnfabrikationen angesiedelt.

Die Transformation der Vororte durch die Industrie verlief zudem selbst im Pariser Osten sehr unterschiedlich. Ging sie in St. Denis im Norden relativ früh vor sich, direkt und intensiv, in Bobigny im Pariser Osten dagegen, wie die Tabelle in Abbildung 31 zeigt, relativ spät.

Die Ansiedlung der Industriearbeiterschaft erfolgte in Bobigny insofern indirekt, als die Gemeinde selbst erst sehr spät mit der Metall- und Chemieproduktion in Berührung kam. Nichtsdestoweniger hat sich dort ein sehr typischer sozialer Veränderungs- und

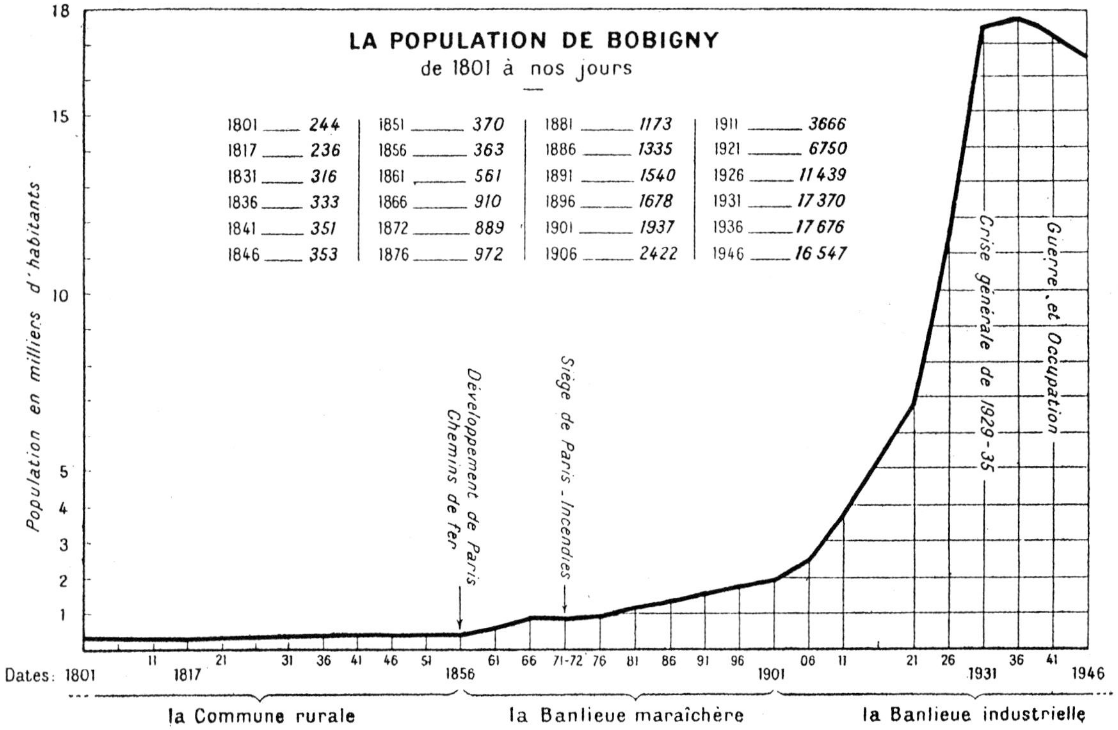

Abbildung 31
Die Bevölkerungsentwicklung von Bobigny 1801 bis 1946 aus: Georges 1950, 48.

Verdrängungsprozeß abgespielt. Bis hin zur Jahrhundertmitte wuchs Bobigny mäßig zur Gemüse-Speisekammer von Paris heran, wobei sich die Zahl der alteingesessenen Bauern durch die von Haussmann vertriebenen und neu hinzuziehenden Landwirte erhöhte. Ab 1900 wurde Bobigny dann Arbeitervorort für viele umliegende Gemeinden – jedoch streng getrennt von der traditionellen Bevölkerung der Gemeinde am Ort. Das System der »Lotissements« wirkte nach allem, was wir wissen, dort in den 20er Jahren offensichtlich durchschlagend. Maurice Agulhon beschreibt, wie man sich das Leben dort vorzustellen hatte:

»Das Elend steht schließlich jederzeit auf der Schwelle dieser auf Kredit gebauten Häuser, auf Parzellen, die in regelmäßigen Zahlungen beglichen werden müssen und wo die leiseste Veränderung der Ressourcen (durch Arbeitslosigkeit oder Krankheit), weil sie den Arbeiter außerstande setzt, seine Verpflichtungen zu erfüllen, die Drohung der Ausweisung mit sich bringt.« (Georges 1950, 43).

Die Gartenstädte (»Cités Jardins«)

Vom Arbeiterparadies zum Deportationslager und zurück

Menschliche Behausungen und auch deren Konzepte erfahren manchmal einen Wandel, der erstaunt und erschreckt. Dieses Bauernhaus war eine Nissenhütte und wird zum schicken Atelier; jenes Neubau-Ensemble wird von der Nobelherberge zur Absteige. Die ganze Geschichte der Gartenstädte steckt voller Widersprüche, und die Geschichte der »Cités Jardins« in der Pariser Region bildet diese Widersprüche ab.

Die Gartenstadtidee ist bekanntlich eine englische Erfindung, die dort noch vor 1900 Verbreitung gefunden hatte. Von dort übernommen wurde auch ihr sozialer Bezugspunkt, die Familie; und ihr räumlicher Bezugspunkt, das kleine Heim, ebenso wie die überzogene Bewertung der »guten Luft« (zu Lasten sozialer Bezüge) und der »grünen Lunge« (zu Lasten des »sozialen Grüns«, etwa in Form von Mietergärten). Wie in England, so ist auch in Frankreich die Gartenstadtidee durchaus im Kontext der

Abbildung 32
Die Standorte der Gartenstädte 1937
aus: Evenson 1983, 233.

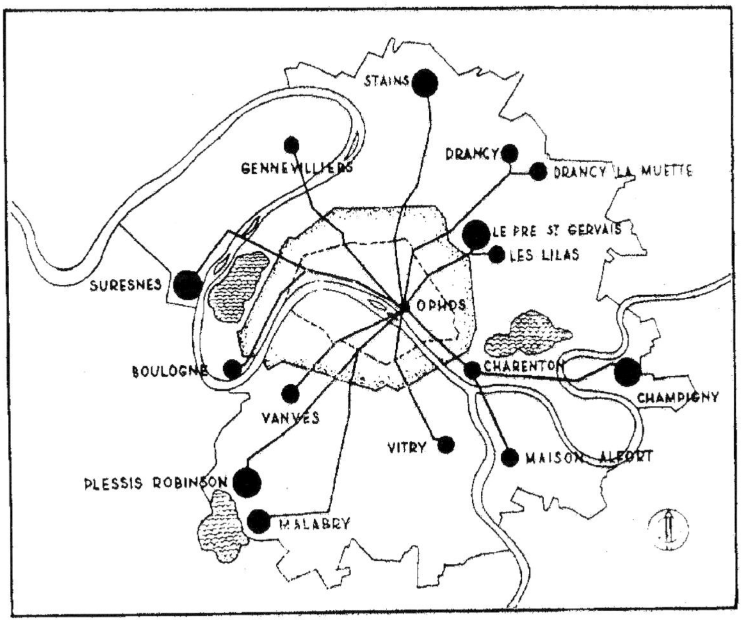

sozialreformerischen und sozialistischen Architekturkonzeptionen zu sehen, und diese beschränken sich keineswegs nur auf die Form, sondern betreffen alle Funktionen der Cités.
Schon im Jahre 1903 gab es in Frankreich eine Gartenstadtgesellschaft (»Societé des Cités Jardins«), der namhafte Architekten angehörten. Da der Bevölkerungszuzug in die Region anstieg und die soziale Lage der Unterschichten sich zunehmend verschlechterte, dachte man schon vor Ausbruch des Ersten Weltkriegs daran, in der Region Paris eine Gartenstadt zu bauen. Im Unterschied zu den englischen Vorbildern stand freilich in Frankreich von vornherein fest, daß nicht wirklich autonome Stadtzentren entstehen sollten, sondern an Paris angebundene Arbeitersiedlungen mit geringer Wohndichte. Henry Sellier, der 1919 das Amt für sozialen Wohnungsbau leitete, sagte dazu:

»Die Gartenstädte nach Howard und die Vorhaben von Letchworth sind vollständig geplante Städte, die durch sich selbst leben, unabhängig von jeder Agglomeration. Die Departementsbehörde ist nicht dazu geschaffen worden, ein soziales Experiment dieser Art zu initiieren; (. . .) sie hat ein genau umgrenztes und exakt definiertes Ziel: sie soll Behausungen schaffen, die Paris und die Vorstädte entlasten, sie soll so den Parzellenbehausungen, die seit 30 Jahren buchstäblich die Vorstadt zersetzen, als Vorbild dienen (. . .) und sie soll der arbeitenden Bevölkerung, den Hand- und Kopfarbeitern, die Möglichkeit aufzeigen, wie eine Wohnung zu schaffen ist, die ein Maximum an materiellem Komfort und hygienischen Bedingungen bietet, sowie ästhetische räumliche Verwirklichungen, die im direkten Kontrast zu den vorher praktizierten häßlichen Gebilden stehen sollen« (Evenson 1983, 232).

So sind in den 20er Jahren in Paris 16 Gartenstädte gebaut worden. Die bekanntesten waren die »Cités Jardins« in Plessis-Robinson und Chatenay-Malabry im Südwesten (mit 5 500 bzw. 1 573 Wohnungen), Champigny im Osten (mit 1 197 Wohnungen), Le Prés-St.-Gervais und Drancy im Nordosten (1 040 bzw. 1 060 Wohnungen), Stains im Norden (1 655 Wohnungen) und Suresnes im Westen (mit 2 735 Wohnungen) (s. Abb. 32).
Bei der Entwicklung der Gartenstädte kann man deutlich zwei ganz verschiedene Stile erkennen, die geradezu klassisch mit der Verschiebung im Grundstücks- und Immobilienmarkt zusammenhängen. Anfangs der strenger am englischen Niedrigbau orientierte Landhausstil (s. Abb. 34), dann die Billigbauweise im »internationalen Stil« mit wesentlich dichteren, höheren Bauten und wie in Chatenay-Malabry schon 1931 die ersten Türme (s. Abb. 33)! Und die nächsten Türme entstehen schon in der

Abbildung 33
Wohnblock in der Gartenstadt von Châtenay-Malabry
aus: Evenson 1979, 234.

»Cité de la Muette« von Drancy. Wir sind mitten in den noch heute verbreiteten Märchen, durch Höhe ließe sich mehr und mehr Grün gewinnen . . . 40 Jahre später werden die Türme in Drancy spektakulär gesprengt. Dazwischen liegt eine Geschichte, die hier kurz erwähnt werden muß.

Drancy La Juive

Diese Gartenstadt, die »Cité de la Muette«, entstand in der Vorstadt nordwestlich von Paris 1932. Schon nach einigen Jahren aber begann die Gartenstadt in Drancy innerlich und äußerlich zu verwildern. So stopfte man 1939 unter der Regierung Daladier die exilierten Deutschen in diese City. Die Umwandlung in ein Deportationslager war sehr leicht. Man schloß vorne die offene Seite des riesigen hofartigen Blocks mit Stacheldraht und stellte ein paar Baracken auf, fertig war das Ghetto (s. Abb. 35).
Später wechselte dann die Belegung. Drancy wurde zum Sammellager für ca. 100 000 Juden, die über dieses Lager nach Deutschland in den Tod getrie-

Abbildung 34
Ein Teil der Gartenstadt von Drancy
aus: Evenson, 237.

Abbildung 35
Drancy, die einst zum Deportationslager verwandelte Gartenstadt 1995.
Photo: Schüle

ben wurden. Die französische Verwaltung wechselte schließlich 1944 noch einmal die Bewohner. Im Lager wurden jetzt die Kollaborateure interniert.
Die Cité de la Muette ist mit geringem Aufwand heute wieder zur Gartenstadt verwandelt worden. Erinnerungstafeln und ein Denkmal verweisen auf die Geschichte.

Abbildung 36
Güterwagen aus dem Zweiten Weltkrieg, der an die Deportation jüdischer Bürger erinnert
Photo: Schüle

François Maspero schreibt über Drancy 1990:

»Mittags in Drancy. Ein Pfahl mit Richtungsangabe: 'Cité de la Muette' – Stadt am Befreiungsring – Gendarmerie. Und etwas weiter weg:
'Hier saniert das Amt für sozialen Wohnungsbau die Cité de la Muette mit 369 Wohnungen. Finanziert sind die Arbeiten unter Mithilfe des Generalrates des Staates und der Region. Hier investiert der Staat in Ihre Zukunft.'
Man hat alles veranlaßt: Alles ist in Ordnung.
'Früher', schrieb Max Jakob, 'hat mich niemand auf der Straße bemerkt. Jetzt spotten die Kinder über meinen gelben Stern. Glückliche Kröte! Du hast keinen gelben Stern.' Glückliche Kinder. Französische Kinder. Arische Kinder. Das Lager von Drancy ist ein französisches Lager, wenn es auch vom Oberkommandierenden der SS Dannecker abhängt, der sich in Frankreich im Namen des Reiches aller jüdischen Angelegenheiten annimmt, so ist es doch unter die direkte Verwaltung der französischen Polizeipräfektur gestellt, bezugnehmend auf das Dekret vom 1. November 1940, welches von Philippe Pétain unterschrieben wurde, wir haben es oben zitiert.
Die deutsche Anwesenheit im Lager von Drancy beschränkte sich immer auf fünf Leute, sie repräsentierten die 'A. A.', die Autorités Allemandes.
Hier hat die Zeit nichts verdeckt. Alles ist banal, weil alles immer banal gewesen ist. Man braucht gar keine Vorstellungskraft zu bemühen.
Das wiederum ist selten, eine solche Dauerhaftigkeit im Gebilde der Vorstädte, die sich ständig verändern« (Maspero, 1990, 170).

Die Transformation von Stadt und Vorstadt nach dem Zweiten Weltkrieg

Von den Hochhausvierteln bis zu den neuen Städten (»Villes Nouvelles«)

Im Grunde genommen ist Paris in seiner Geschichte nur zweimal radikal in seiner Struktur umgeformt worden: zur Zeit des Zweiten Kaiserreichs und 100 Jahre später, ab den 50er Jahren unseres Jahrhunderts.

Wie vor 100 Jahren kamen viele Transformationsfaktoren zusammen. Sie versetzten der Stadt einen Modernisierungsstoß, der für sie fast tödlich ausging. Wir sahen schon, daß der Vorlauf der städtischen Entwicklung 1870 bis 1945 gewisse Voraussetzungen für die durch den Zweiten Weltkrieg unterbrochenen Entwicklungen bot. Der Stadtring war durchbrochen, die Vorstädte waren angeknabbert, die Gesetzgebung erlaubte günstige Kreditaufnahmen, es waren Vorerfahrungen mit dem Bau von Einfamilienhäusern und im Hochhausbau (in den Gartenstädten) gemacht.

Hinzu kamen nun ein geradezu rasanter Aufbauwille und ökonomischer Aufschwung nach dem erdrückenden Krieg, ein Baby-Boom, wie es ihn noch nie gegeben hatte; dazu eine Immigrationswelle, die alles bisher dagewesene in den Schatten stellte; die Versprengten und Verdrängten aus den Kolonien drängten herein und sie trafen auf eine zu kleine und völlig überalterte Wohn- und Gebäudestruktur. Die Stadt explodierte und die Brocken flogen bis in die Vorstädte, auf eine Art, die uns heute noch erschreckt. Das Bild der Pariser von den Vorstadtbewohnern war bis dahin geprägt durch die kleine Parzelle, den Gemüsegarten, den lehmverschmierten Weg zur Hoftoilette, den Nachbarschaftsplausch am Gartenzaun usw. Diese Idylle wurde ersetzt durch das Bild von den riesigen Plattenbauten, den »Kaninchenställen«, den Hochhausghettos.

Natürlich ist dieses Bild falsch oder doch sehr einseitig, denn Brachflächen, Gewerbegebiete, Verkehrsflächen, Einfamilienhäuser und Teile von alten Dörfern prägten die Vorstadt ebenso. Richtig ist aber auch, daß zwischen 1954 und 1958 der individuelle Wohnbau nur noch ein Drittel der Neubauten ausmachte, ab 1958 betrug er nur mehr 15 Prozent!

»Die Wohnungsfrage ist unsere Schande«, schreibt ein Journalist in *Le Monde* im April 1958 und fährt fort:

»36,8 % der Franzosen, so belehrt uns die letzte Erhebung, wohnen in überfüllten Wohnungen: neun Millionen unter unwürdigen Bedingungen, 5 600 000 unter nur 'zeitweilig annehmbaren Bedingungen' (drei Personen in zwei Zimmern). Auf zehn Familien mit vier Personen entfallen wenigstens drei, die nur ein oder zwei Zimmer zum Leben haben . . . Man zählt, gering geschätzt, 450 000 bewohnte Nissenhütten und allein im Departement Seine veranschlagt man die Zahl der in hôtels meublés wohnenden Personen auf 400 000; oft bevölkert eine Familie ein einziges Zimmer (. . .) Hinzufügen könnte man die Komfortbedingungen, die durch die Erhebung von 1954 ans Licht kamen: 90 Prozent der Wohnungen haben weder Dusche noch Bad, 73 Prozent kein WC, 42 Prozent keinen direkten Wasseranschluß . . .« (Flamand 1989, 295/96).

Jean-Paul Flamand, der den Zeitungsartikel anführt, beschreibt dann die Situation 20 Jahre später:

»In der Erhebung von 1975 wird der vollzogene Wandel bei der Betrachtung der Wohnbedingungen überdeutlich: Fast alle Wohnungen im Hauptwohnsitz haben fließendes Wasser, drei Viertel besitzen warmes Wasser. 75 Prozent der Wohnungen haben eine vollständige Naßzelle (einschl. innerem WC); fast die Hälfte verfügen über alle Komfortbedingungen (. . .) Frankreich hat endlich im Wesentlichen das Niveau der anderen Industrieländer erreicht, wenn auch noch Rückstände erkennbar sind. Zwischen 1954 und 1977, also noch zwei Jahre dazugerechnet, sind 2 883 045 Sozialwohnungen gebaut worden; es handelte sich, alle Kategorien zusammengenommen, zu drei Vierteln um Mietwohnungen und zu einem Viertel um Wohnungen, die in Besitz übergehen. Dieser ersten Zahl muß man übrigens eine zweite hinzufügen: nämlich die 3 124 710 Wohnungen, die unter Mithilfe des 'Crédit Foncier de France' (der französischen Bodenkreditbank) gebaut wurden und die eigentlich zum sozialen Wohnungsbau gehören. So wären an die sechs Millionen Wohnungen in einem Zeitraum einer Generation gebaut worden. Dank einer Mobilisierung ohnegleichen von öffentlichen und halböffentlichen Mitteln ist eine soziale Grundausstattung im sozialen Wohnungsbau entstanden, die die Lebensbedingungen vieler Familien verändert hat. Welches Urteil man auch immer über die Qualität der Wohnungen fällt, und da gibt es eine Menge zu sagen, man muß erst einmal die absolut neue Situation und die beachtlichen Anstrengungen erkennen. Endlich ist es breiten, sozial bedürftigen, urbanen Bevölkerungsschichten ermöglicht worden, in annehmbaren Bedigungen zu wohnen und über ein modernes Komfortniveau zu verfügen« (Flamand 1989, 296).

Ohne Zweifel hat sich also ab den 50er Jahren ein tiefgreifender struktureller Wandel nicht nur in der Entwicklung der Stadt, sondern auch in der Gesellschaft vollzogen. Man spricht ja, ab 1945 gerechnet, von den »trente glorieuses«, den 30 Wirtschaftswunderjahren, die bis 1975 reichten.
Dieser Modernisierungsschub ist, wie vor 100 Jahren, einer ganz bestimmten Konstellation zu verdanken. Wie damals verbinden sich Migrationsbewegungen, ökonomische Hochphasen, kultur- und mentalitätsgeschichtliche Stimmungslagen und staatliches Handeln zu einem noch nie dagewesenen »take off«. Der Verlauf scheint chaotischer, weniger geplant als vor hundert Jahren – ein Haussmann ist nicht zu sehen . . .
Auch die soziale und räumliche Dimension ist eine andere. Flamand weist darauf hin: sozial sind von der Stadtentwicklung nicht mehr nur bürgerliche Schichten berührt, und räumlich ist die Entwicklung nicht bloß auf die Binnenstadt, sondern verstärkt zentrifugal auf die Vororte gerichtet. Von der Situation dort wollen wir nun berichten.

Die Großsiedlungen (»Grands Ensembles«)

»Die katastrophalen Wohnverhältnisse in den Arbeitervierteln und in der Banlieue von Paris führten zu jener Konzeption der Grands Ensembles, die heute fast zu einem Markenzeichen aller französischen Mittel- und Großstädte geworden ist. Fast über Nacht wurden riesige Wohnblocks aus dem Boden gestampft, die sich wie ein Ring um viele französische Städte legen. Eines der ältesten Beispiele für die diesbezügliche Umgestaltung der Stadtperipherie von Paris findet sich in dem nördlichen Vorort Sarcelles, und von daher bezeichnet man diesen Transformationsprozeß mit einem deutlich geringschätzigen Unterton als Sarcellisation« (Pletsch 1989, 42).

Die Beschreibung, die Pletsch hier gibt, ist vordergründig richtig, sowohl was die betroffenen Schichten, den Ort und was die soziale Stigmatisierung der Orte angeht. Aber: Haben sich die »Wohnverhältnisse« von alleine transformiert? Sicher nicht. Von Georges Pompidou ist der Satz bekannt: »Man muß die Stadt dem Automobil anpassen.« Und Paul Delouvrier, seines Zeichens Regionalpräfekt zu jener Zeit, berichtet:

»Ich bin mit der Stadtentwicklungsplanung der Pariser Region befaßt gewesen. De Gaulle sagte: Die Pariser Region, das ist doch ein Sauhaufen, es gibt da die unmenschlichen Vororte, schaffen Sie mir da Ordnung« (Flamand 1989, 284).

Und vielleicht könnte de Gaulle dabei gedacht haben: Befreien Sie mir Paris von dem Pöbel (»la pègre«). Explizit politische Ziele wie die Schwächung der Arbeiterbewegung in Paris mögen sich also mit Modernisierungsvorstellungen, Paris zu einem Dienstleistungszentrum für die »classes aisées« zu machen, getroffen haben. Dazu paßte eine konjunkturelle wirtschaftliche Phase, in der die Bauunternehmen nach Realisierungen im Großraum Paris suchten.
Da die Industriebetriebe und die Lotisseurs in der Banlieue Ansiedlungen in der Nähe von Gleisanschlüssen besetzt hielten, paßte es allen Beteiligten vorzüglich ins Konzept, daß die Großsiedlungen im wesentlichen als Autostädte auf freiem Feld geplant wurden. Und dazu wiederum paßte es gut, daß ab 1954 die staatlichen H.L.M.- Kredite (Kredite für den sozialen Wohnungsbau) aufgestockt und 300 000 Wohnungen pro Jahr anvisiert wurden.
Mit Neumann/Uterwedde kann man die Politik der Grands Ensembles durch folgende Charakteristika bestimmt sehen:
- Der Anstoß zur Urbanisierung war zentralistisch
- Das städtebauliche Konzept folgte »funktionalistischen« Prinzipien (Trennung der Funktionen Wohnen, Arbeit, Freizeit)
- Standardisierte Verfahren der Massenproduktion wurden angewendet (industrielle Fertigung)
- Die Grands Ensembles wurden in Billigbauweise errichtet (kostenbedingter Minimalkomfort)
- und der Standort der Bauten befand sich in der Regel außerhalb des Stadtkernes, wo billige Grundstücke zu erwerben waren (Neumann/Uterwedde 1993, 39/40).

Betrachtet man die Karte der in den 60er Jahren

Abbildung 37
Grands Ensembles in der Pariser Agglomeration
(1 000 bis 4 000 Wohneinheiten)
aus: Clerc 1967, 76.

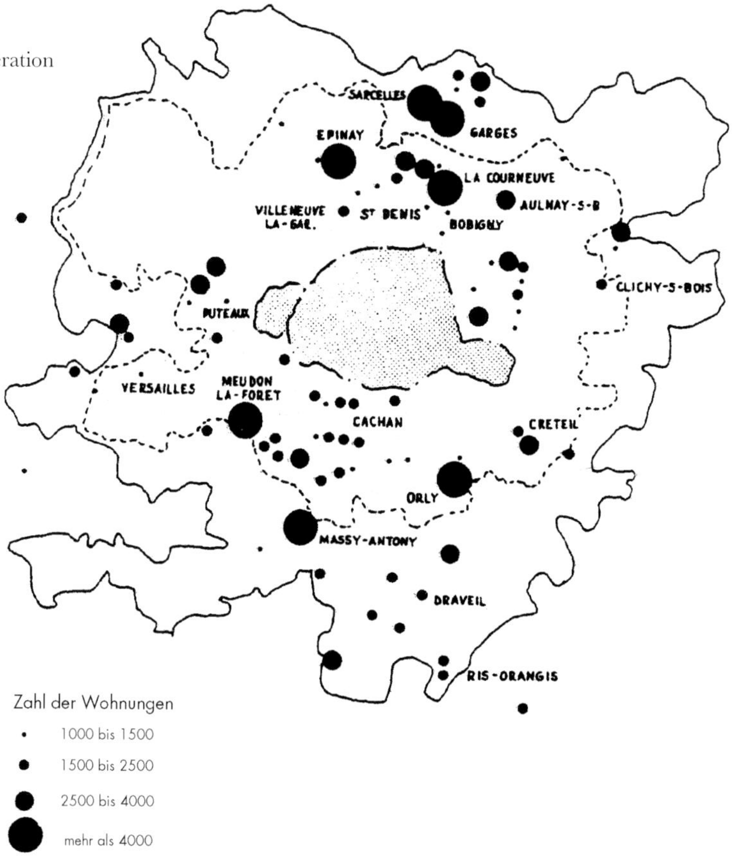

entstandenen Großsiedlungen (s. Abb. 37), so fällt auf, daß nicht nur im Osten, sondern eher in der nördlichen und südlichen Agglomeration gebaut worden ist, das heißt aber im Prinzip nichts anderes, als daß der verbesserte Wohnkomfort mit höherer Verschuldung, verschlechterter Infrastruktur und Kulturversorgung und wesentlich erhöhter Mobilität erkauft werden mußte.
Pointiert formuliert: Für das WC in der Wohnung mußte der »Durchschnittsbürger« eine Stunde länger zur Arbeit fahren, seine Kinder hatten einen doppelt so langen Schulweg, ein Kino war nicht zu Fuß erreichbar, der Weg zur Buslinie dauerte eine halbe Stunde und zum nächsten Krankenhaus brauchte er eine Stunde.
Nun sind besonders die infrastrukturellen Mängel der Grands Ensembles überall hervorgehoben worden. Wie konnte man Großsiedlungen, so wurde gefragt, mit acht- bis zehntausend Wohnungen bauen, für an die 50 000 Einwohner, ohne Einkaufszentrum, ohne Grundschule, Meldeamt, ärztliche Versorgung usw.?
Der Archetyp dieser wohnungspolitischen Dinosaurier ist tatsächlich Sarcelles geblieben, ein ca. 20 km nördlich von Paris gelegener Ort, der schon 1968 über 51 000 Einwohner umfaßte und der zum Symbol der Hochhausmisere geworden ist (s. Abb. 38).
Im Kontrast dazu steht die große Wohnzufriedenheit in den Großsiedlungen der damaligen Zeit. Norma Evenson etwa berichtet davon, daß die Bewohner mit den Grands Ensembles ganz überwiegend zufrieden waren (Evenson 1983, 251). Nun sind ihre Zahlen sicher nicht falsch – niemand setzt allerdings ohne weiteres seine in Not gewählte Behausung herab. Der Hintergrund aber ist vielleicht doch ein anderer: erst heute nämlich begreifen die Bewohner, was ihnen angetan worden ist.
Dazu zwei miteinander verbundene Anmerkungen:

Abbildung 38
Die Großsiedlung
von Sarcelles
aus: Evenson,
1983, 258.

Der eine, viel zu wenig beachtete Sachverhalt betrifft die geradezu katastrophale Blindheit der sozialen Bewegung gegenüber den Wohnungsverhältnissen. Anders als etwa die Labour Party in Großbritannien haben weder P. C. F. noch S. F. I. O. jemals die Kollektivierung des privaten Wohneigentums gefordert, sie akzeptierten folglich die Praxis der privaten Vermietung als gegebene soziale und ökonomische Realität. Das mit der Französischen Revolution anerkannte private Eigentum wurde also von der Linken nie wirklich in seiner doppelten Form als individuelles Recht und als soziale Verpflichtung gesehen.
Gerade in Frankreich, wo der Mietwohnungsbau so stark und der Eigenheimbesitz so wenig verbreitet war (1961: 32 Prozent Eigenheimbesitz), hätte man andere Haltungen erwartet. Insofern stimmt die Kritik von Roland Castro schon, der in Richtung Jean-Paul Sartre dem Sinne nach sagte, die Kultur habe gegenüber den Menschenrechtsverletzungen durch die Großsiedlungen geschwiegen (s. auch das Interview mit Roland Castro in: Le Débat 80/1994).
Der andere Sachverhalt betrifft jene geradezu totalitär-stalinistischen Architekturkonzeptionen, die sich seit Anfang des 20. Jahrhunderts fortschrittsgläubig, ästhetisch vielseitig, aber sozial blindwütig breitmachten und denen auch Le Corbusier aufgesessen ist. Die Grünideologie als Teil der funktionalistischen Idee feierte fröhlich Urständ und lieferte die Rechtfertigung für den Hochbau; die bewußte Zerstörung der Straßenlinie wurde als politische Tat gefeiert. Le Corbusier freute sich in Verkennung aller sozialen Funktionen von Straßen über das Ende der Korridorstraße (s. Abb. 40).
Die Atomisierung der Sozialbeziehungen im Hochhaus- und Massenbau, wie auch die sozialen Differenzierungen im Außenraum, wurden übergangen. Dort übrigens, wo nicht so hoch und nicht so gradlinig-kastenartig gebaut wurde, wie bei der »Grande Borne« in Grigny, übersah man gnädig die öde, DDR-ähnliche Plattenbauweise (s. Abb. 39) und die soziale Leere im Inneren der Siedlung. Selbst eine so kluge Beobachterin wie Norma Evenson sitzt hier mancher Täuschung auf. Sie liefert übrigens gleichzeitig den Beleg, daß die niedrige Bebauung nicht einer humanitären Planung, sondern der Rücksicht auf einen nahestehenden Sender geschuldet ist. Norma Evenson verkennt bei ihren Überle-

Abbildung 39
Das Grand Ensemble
»La Grande Borne«
Photo: DREIFF

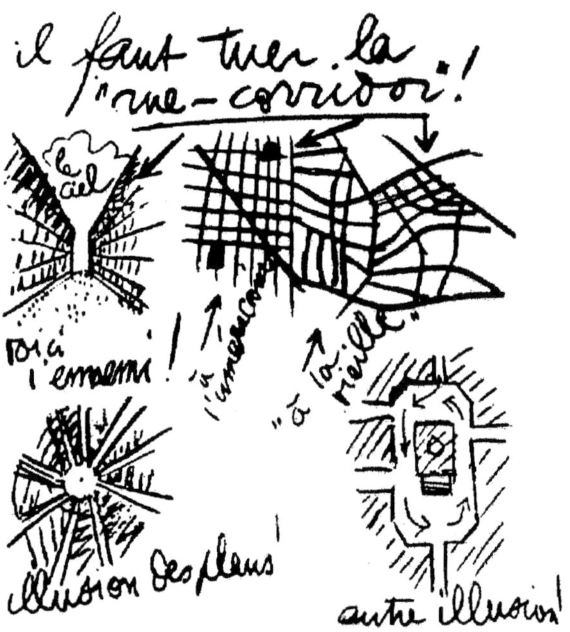

Abbildung 40
Der »blindwütige« Le Corbusier,
der gegen die Korridorstraße wettert
aus: Kostof 1992, 234.

gungen, daß »eine Wohnumwelt mit menschlichem Maßstab« nicht einfach damit zu erreichen ist, daß man das Auto verbannt und »Zonen der Intimität« schafft (Evenson 1983, 251/52).

Mit den »Grands Ensembles« hatte sich die industrialisierte Stadt ihr letztes, ungeschminktes, monumentales Denkmal gesetzt. Auf die Billigbauweise zugeschnitten, als radikale Autostadt angelegt, mit allen sozialen Zuschnitten brechend, gab es dort wirklich keinen menschlichen Maßstab und dieser konnte auch nicht durch Wohnwertverbesserungen nachträglich erreicht werden. Und dort, wo für die »reicheren Armen« (»pauvres prospères«) gebaut wurde, blieben die Bedingungen für die Sarcellitis erhalten. Aragon hatte das Krankheitsbild schon 1923 so beschrieben:

»Endlich ist Schluß mit den umgänglichen Architekturen, der Bewohner ist bei sich hinterm Eingang, er findet in der Steinwüste den Frieden. Alles mißt sich am Nützlichen, jeder Quaderstein spiegelt den Gebrauch, und wenn eine gewisse Vorstellung über das Gegenwärtige hinausgeht (...) und den gebauten Ort auf die heute gefeierten Proportionen von Fabrik und Montagehalle zurückführt, so kann man sich fragen, ob das nicht eine ganz pragmatische Anstrengung ist, eine Art Vergötterung der Arbeit und ihrer Eigenschaften, ein Prinzip durch Dürftigkeit gestärkt, wie ein Seufzer des Stahlbetons, eine hysterische Reaktion des Materials in Anpassung an menschliche Normen, an dessen zielgerichtete Kalkulationen, an seine Scheußlichkeiten . . .« (Passant 1986, 225).

Die Neuen Städte (»Les villes nouvelles«)

Ein Architekturführer aus dem Jahre 1970 bewertet die Siedlung in Sarcelles in folgender hoffnungsvollen Art und Weise:

»Die Großsiedlung Sarcelles wird für die Archäologen des Jahres 3000 das Musterbeispiel für das kulturelle, politische, architektonische und bürgerliche Chaos der Nachkriegszeit darstellen. Sie ist gleichzeitig das Ensemble, welches geradezu ein Motor für die Bewußtseinsbildung für junge Architekten, junge Verwaltungsfachleute und Politiker war. Sie haben beschlossen, daraus zu lernen und sie werden folglich nie wieder solche Fehlleistungen sich ausdenken und realisieren« (Evenson 1983, 257).

Eine Antwort auf die Fehlleistungen der ausgehenden 60er Jahre war der Bau von Einfamilienhäusern (»pavillons«). Die Kritik am großen kollektiven Massenbau, der übrigens regelrecht verboten wurde, führte hingegen keineswegs zu einer »neuen Urbanität«, sondern eher zum »urbanisme provincial« (Evenson), d. h. zu jener unseligen dörflichen Urbanisierung, die man ja auch in Deutschland gut kennt. Jetzt erst wurde in Frankreich die Eigenheimstruktur gesetzgeberisch großzügig unterstützt (etwa durch die »loi Barre«) und jetzt erst entstehen die Champignon-Städte in Massen:

Abbildung 42
Anteil der Einfamilienhäuser am Wohnungsneubau (aus: Evenson 1983)

Jahr	Einfamilienhaus-Anteil
1965	= 1%
1972	= 43%
1977	= 58%
1984	= 66%

Generell und im Blick auf ganz Frankreich stellen die »Villes Nouvelles« aber ein ganz spezifisches, im Pariser Raum befindliches Experiment dar. Es ist zudem ein höchst lehrreiches Beispiel für einen Planungs-Wahn-Sinn, bei dem durch die List der Geschichte doch wieder Sinn einkehrt.

Abbildung 41
Einfamilienhäuser in Saint-Quentin-en-Yvelines aus: Evenson 1983, 265.

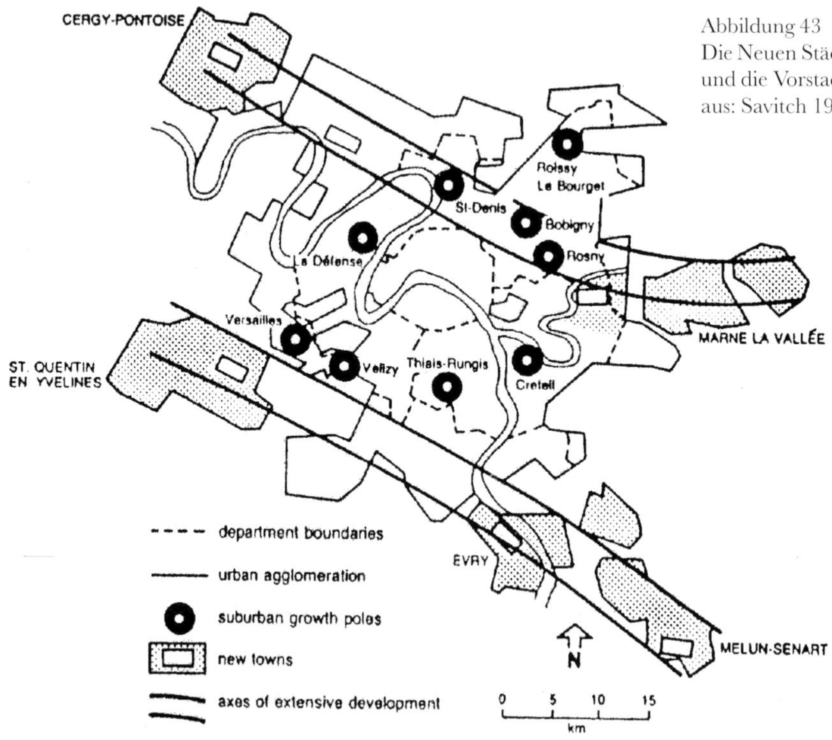

Abbildung 43
Die Neuen Städte, die Urbanisierungskorridore und die Vorstadtpole an der Peripherie von Paris
aus: Savitch 1991, 130.

Von heute aus gesehen können uns drei gewichtige Überbaufaktoren die Zeit und die Umstände der Planung besser verständlich machen. Es war
1. die Zeit der ungebremsten Wachstumsideologie. In der euphorischen Aufbruchstimmung Ende der 50er Jahre setzte man einfach Entwicklungstrends fort und kam so zu panikartigen Schlußfolgerungen und Planungszielen: Gegen Ende des Jahrhunderts würden unweigerlich 14 Millionen Menschen die Region bevölkern. Am Horizont des Jahres 2000 drohte das Chaos, irreversibel.

2. Mit den 60er Jahren begann die Planungsideologie um sich zu greifen (davon wird noch in der Geschichte des Plans die Rede sein). Das heißt, die staatlichen Organe begannen, sich der Dezentralisierung anzunehmen, und es entstand jenes unselige »zoning«, welches planmäßig – übrigens in fast ganz Europa – Zonen des Arbeitens, der Freizeit und des Wohnens festlegte. Nicht zufällig also kam 1964 das erste schlüssige Raumordnungskonzept der Region zustande (S. D. A. U. = Schéma Directeur de l'Agglomération Urbaine).

Abbildung 44
Die Daten der neuen Städte
(Finanzdaten nach: Moreau 1978, 83)

	Entfernung von Paris	Gemeinden	Bevölkerung in Tausend	Administration	Finanzhilfen des Staates bis 1978 in Mill.Francs
Cergy-Pontoise	25 km	11	69,5/169,2	Präfektur	715,4
Evry	25 km	4	22,5/73,4	Präfektur	618,1
Marne-la-Vallée	10 km	26	103,1/210,8	RER-Anschluß	950,2
Melun-Sénart	35 km	10	29,3/81,8	Präfektur	378,2
Saint-Quentin-en Yvelines	30 km	7	49,8/128,7	RER-Anschluß	736,1

Abbildung 45
Die »in den Sand gesetzte« Präfektur von Val-d'Oise in Cergy-Pontoise
Photo: La Documentation Française

3. Schließlich begünstigte das Klima von explodierender demographischer und wirtschaftlicher Entwicklung mittelalterliche Stadtgründungsutopien. Nun ist hier nicht der Ort, sich in jene ewige und tiefe Urbanisierungsdiskussion über die »richtige« Größe der Stadt einzulassen. Nur so viel: im Grunde glauben viele ja noch heute, daß eine »richtige Stadt« eine Million Einwohner haben müsse . . . In diesem geistigen Horizont also plante man Anfang der 60er Jahre acht neue Städte im Umkreis von 20 bis 30 km Entfernung, von denen jede etwa eine Million Einwohner haben sollte.
In Anlehnung an die alten Gartenstadt-Pläne, aber in Absetzung gegen die englischen Erfahrungen mit neuen Städten, die selten so groß dimensioniert waren, tobte sich französische Größe aus. Man mußte freilich recht bald die Dimension reduzieren, und so sind die heutigen »Villes Nouvelles« nicht nur kleiner, sondern auch weniger geworden. Geblieben sind:

Cergy-Pontoise im Nordwesten von Paris,
St. Quentin-en-Yvelines im Südwesten,
Evry und Melun-Sénart im Südosten und
Marne-La-Vallée im Osten (s. Abb. 43).

Die Grundidee der Raumplaner war, zwei Urbanisierungs-, Industrialisierungs- und Tertiärisierungsachsen zu schaffen. Die eine sollte nordöstlich des Seinebogens von Pontoise über St. Denis bis Meaux laufen, die andere südöstlich von Mantes über Palaiseau bis Melun. Die neuen Städte sollten, wie gesagt, groß, ohne festen Ortskern sein, jedoch direkte und schnelle Anbindung an Paris haben.
Die List der Geschichte und das Glück der Planer war nun, daß die in den 60er Jahren geplanten Räume in den 70er Jahren von Industrie, High-Tech- und Dienstleistungsunternehmen angenommen wurden, und die überdimensionierten Infrastrukturen der Bevölkerung gerade angemessen erschienen. 1990, als die fünf neuen Städte zusammengenommen ca. 654 000 Einwohner hatten, zählten sie, obwohl oder gerade weil sie die Planungsziele nicht erreicht hatten, zu den Wachstumspolen der Agglomeration.
Berücksichtigt man nun beim Betrachten der Tabelle, daß das Budget der ganzen Region erst ab ca. 1973 eine Milliarde Francs überschritten hatte, so waren die Finanzspritzen für die Neuen Städte bis 1978 gewaltige Teile davon, d. h. die staatlichen Leistungen für Landkauf und Erschließung sind für die »villes nouvelles« ganz erheblich gewesen. Man stelle sich vor: Die Grundstückskäufe umfaßten ungefähr das Zweifache der Fläche von Paris, nämlich 20 000 Hektar!

Abbildung 46
Terrassenwohnungen in Cergy-Pontoise
aus: Evenson 1983, 369.

Wie immer man mißt und rechnet, zweifellos hat sich in den neuen Städten die Sarcellitis nicht einfach fortgesetzt. Es bestehen hier ein gänzlich anderer Stil und andere Strukturen. Beachtlich ist zum Beispiel, daß auf zehn berufstätige Einwohner der Villes Nouvelles neun Arbeitsplätze kommen. Das heißt, die Menschen pendeln weniger und wohnen hier! Beachtlich ist weiter die gänzlich veränderte Infrastrukturausbildung: In den Städten ist die Administration präsent (Präfekturen sind in Cergy, Evry

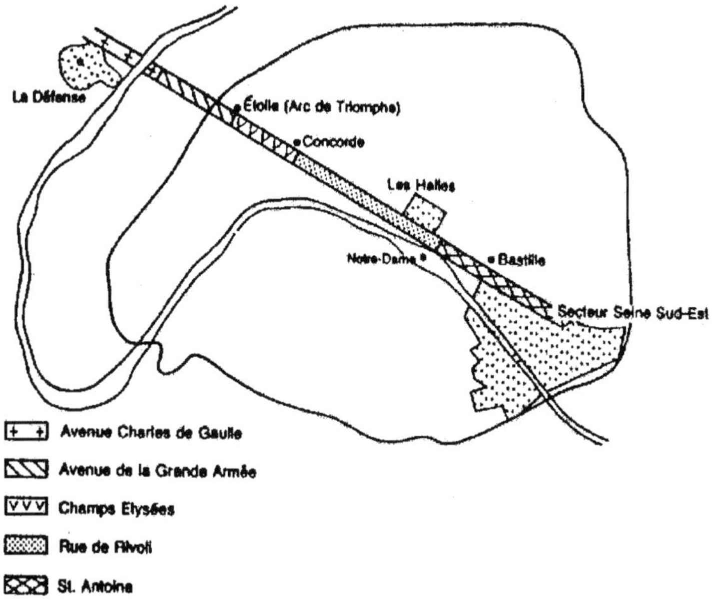

Abbildung 47
Das ökonomische Rückgrat von Paris
aus: Savitch 1991, 133.

und Melun-Sénart); die Städte haben Kaufhäuser, Handelszentren und Fußgängerzonen; teilweise (wie bei der »Agora« von Evry) sind sie verbunden mit Restaurants, Theatern, Sportstätten oder kommunalen Einrichtungen. Am bemerkenswertesten aber ist, daß sich die überwiegende Mehrzahl der Bewohner und der Anwohner mit den Städten identifiziert, sie als mögliche Standorte für eine städtische Lebensweise betrachtet.

Das hat mit den gerade genannten Bedingungen, aber auch mit sehr bestimmten ideologischen Momenten zu tun: Die Villes Nouvelles stellen in gewisser Hinsicht den amerikanisierten Life-style der kleinbürgerlich-mittelständischen Schichten dar. Schon der architektonische Mischmasch aus Pavillon und Wohnmaschine, Autowildnis und postmodernem Eckchen, City-Center und Shoe-shop ermöglichte vielfältige Anpassungen. Auch das grüne Stadtimage, welches sich die neuen Städte schufen, zählt dazu. Ebenso wichtig war die Anbindung an die Eisenbahn bzw. das S-Bahn-System, d. h. die Vorstellung, in 30 Minuten Paris zu erreichen, war attraktiv. Insofern machte es schon Sinn, daß sich 58 Gemeinden zu fünf Städten zusammenschlossen – ein einmaliger Vorgang.

Es bleibt freilich ein ganzes Bündel von Fragen offen; es sind Fragen, die selbst gute Kenner der Vorstädte nicht formulieren. Zunächst Jean Steinbergs Kritik an den Villes Nouvelles:

»Sie üben noch nicht genügend Anziehungskraft auf wohlhabende Schichten aus, es werden nicht genügend Eigentumswohnungen gebaut, die Bemühungen um neue Arbeitsplätze müssen fortgesetzt werden, viele gemeinschaftliche Einrichtungen sind noch zu bauen, die innerstädtischen öffentlichen Verkehrsmittel bedürfen ernsthafter Verbesserungen« (Steinberg in: Pletsch 1989, 118).

Ganz im Gefolge der »Identitäts-Diskussion« bemängelt Steinberg zudem die fehlende »Zentralität« der Städte, denn nur Cergy-Pontoise und Evry besitzen wirkliche Zentren.

Unsere Fragen freilich richten sich nicht allein auf solche immanente Faktoren (wobei wir allerdings grundsätzlich bezweifeln würden, daß sich künstlich sozial angenommene Zentralität planen läßt), sie zielen vielmehr auf Probleme, die auf einer anderen Ebene liegen: wie nämlich die neuen Städte eigentlich im Rahmen der gesamten Region zu sehen sind. Es fällt auf, daß kaum einer der französischen Forscher der Frage nachgeht, wie denn das Mißverhältnis dieser 58 äußerst begünstigten Gemeinden zu den 385 anderen Gemeinden der Region zu bewerten ist. Die neuen Städte werden mit – man möchte fast sagen – kolonialem Blick betrachtet, d. h. die Vorgeschichte und das Umfeld der Gemeinden kommt praktisch nicht vor! Ganz offensichtlich aber führte die Privilegierung der neuen Urbanisierungszonen zu Depravierungen, zu Vernachlässigungen in anderen, besonders in der ersten Krone gelegenen Gemeinden (dort sind auch die meisten Industriebrachen). Verschiebt sich so nicht der Elendsgürtel im Nordosten von Paris in die Peripherie? Oder bilden sich hier Wohlstandsinseln im Ghetto-Land? War das politisch gewollt?

Es fehlen bei fast allen Studien die gemeinschaftliche politische Perpektive und der Blick auf das, was historisch zuvor bestand, und, schlimmer noch, die Fortschrittseuphorie der 50er und 60er Jahre wird mit den strahlenden »neuen Städten« nur fortgesetzt. Vielleicht hat das damit zu tun, daß die Sozialgeographen, die die Region untersuchten, oft maßgeblich selbst in die Regionalplanung miteinbezogen worden sind. Aus deutscher Sicht jedenfalls erschreckt die Wachstumseuphorie, denn noch in den 90er Jahren vernichtet die Agglomeration alle zwei Jahre ein Prozent der Region. Die Stadt frißt sich weiter in das Land und hinterläßt eine merkwürdige Bouillon – die »neuen Städte« sind zweifellos die Fettaugen auf dieser Suppe . . .

Die Transformation der Innenstadt

Wie man die Stadt in den Würgegriff nahm und wie man ihr das »Herz« herausriß

Wir haben gesehen, daß die zweite wirklich tiefgreifende Transformation von Paris vor allem die Vororte betraf, aber die Einschnitte im inneren Stadtrand und in bestimmten Innenstadtvierteln waren in den 50er und 60er Jahren so grundlegend, daß die Leute dadurch physisch berührt wurden. »Il faut trancher sur le vif« (man muß energisch vorgehen) sagten die Stadtplaner manchmal, wenn sie diese Eingriffe vornahmen.

Abbildung 48
Die alten Hallen
Postkarte der Ed. Gendre

Aus wirtschaftspolitischer Perspektive kann man drei Pole im Pariser Stadtbild ausmachen, von denen ökonomische Transformationen ausgingen: La Défense, die Hallen und der Sektor »Seine Süd-Westen« (s. Abb. 47).

Entlang also der historischen Ost-West-Trasse entstanden postindustrielle Komplexe, die das »Rückgrat« der Entwicklung in Paris darstellen sollten. Trotz enormer Unterschiede in der Entstehungzeit, in der Ausdehnung und in der Funktion der Pole gibt es erstaunliche Gemeinsamkeiten: alle drei sind nicht auf einmal gebaut worden, sondern haben zum Teil völlig neue Transformationen, »Durchhänger« oder auch Glanzzeiten gehabt. Alle sind auch Paradebeispiele für das Zusammenspiel der staatlich-städtischen, korporativen Eliten und der privatwirtschaftlich orientierten Partner; alle drei schließlich repräsentieren Funktionsmischungen, d. h. Wohnräume, Wirtschafts- und Gewerberäume und Erlebnis-Restaurationsräume sind jeweils unterschiedlich verwirklicht.

Am wichtigsten ist natürlich die Dienstleistungsstadt La Défense, deren Planung Anfang der 50er Jahre entstand, wo inzwischen über 100 000 Beschäftigte auf 700 Hektar Fläche arbeiten (vgl. dazu den Abschnitt über die Monumente II in Kapitel 2). Flächenmäßig riesig, und, was die Dienstleistungs- und Büroflächen angeht, bedeutsam ist der Südwest-Sektor. Wenn auch wirtschaftlich wichtig, hat es noch heute eher das Image seiner alten Funktion »Depot« – das wird sich bald ändern, denn Anfang der 90er Jahre wurde dieses Viertel stark aufgewertet. Weder gegen La Défense noch gegen die Umstrukturierung des Südwestens, noch gegen den Wohnhaushochbau an der Peripherie und schon gar nicht gegen die Transformation der Vorstädte ist ein nennenswerter politischer Widerstand zustandegekommen. H. V. Savitch stellt lapidar fest:

». . . die Massenopposition gegen die politische Elite ist überraschend begrenzt« (Savitch 1991, 137).

Und Roland Castro, der »Medienmonopolisateur« der Ära Mitterand, hat nicht Unrecht: Es ist so, als ob die gesamte Linke die räumliche Kolonisierung der Metropole nicht wahrgenommen habe. Die demokratischen Vertreter der Kommune, der Stadtteile oder der Bürgerinitiativen wurden gekauft, einbezogen oder beschwichtigt. Es passierte nichts – außer bei der Umstrukturierung der Hallen.

Die Operation »Les Halles«
oder: Ein Exkurs zur städtischen Anatomie

Im städtebaulichen Diskurs wird gerne von »organisch gewachsenen Strukturen« geredet, Straßen sind die »Arterien«, Plätze »das Herz« der Stadt, Parks »die Lungen« usw. Aber: historisch gewachsene urbane Verhältnisse sind nicht per se erhaltenswert. Es ist tatsächlich manchmal nötig, »ins lebendige Fleisch zu schneiden« – um ein ganzes Viertel zu retten. Wissenschaftlich zu analysieren, zu bewerten und vielleicht auch zu bekämpfen sind freilich jene totalitären, menschenverachtenden und meist größenwahnsinnigen Unternehmungen, die »gesunde« soziale Verhältnisse wegen ihrer »kranken« räumlichen Struktur beseitigen wollen. Es gibt nämlich ein geradezu ehernes Gesetz der Stadterneuerung, welches besagt, daß nach jeder Stadterneuerung die sozial Schwachen den Kürzeren ziehen. Die Existenz dieses Gesetzes darf aber nicht so in konservativer Richtung verallgemeinert werden, daß demzufolge alles »Gewachsene« konserviert werden müsse. Das

Abbildung 49
Tiefgeschoß der Hallen
Photo: Schüle

Abbildung 50
Die Hallen 1993
Photo: Schüle

wäre furchtbar. Im Falle der Hallen freilich kommt hinzu, daß dort (wie oft auch anderswo) nicht nur ökonomische, soziale und kulturelle Beziehungen akkumuliert waren, sondern ganz wesentlich auch historisch-symbolische Werte.
Zur Restrukturierung des Hallenviertels gab es mindestens vier Gründe: die Wohnstruktur war relativ heruntergekommen, die unterirdische Verkehrszusammenführung in der Ecke Châtelet-Les Halles drängte auf eine Lösung, die oberirdische Versorgung und Wegeführung war prekär und die Struktur der Hallen als Großmarkt völlig veraltet. Die Verlegung des Marktes war ein altes Thema, welches dann Anfang der 60er Jahre ernsthaft verfolgt wurde.
1967 kam es zu den ersten Auslagerungen des Marktes in die neuen Marktanlagen von Rungis im Süden von Paris.
Zu diesem Zeitpunkt war der Abriß der alten Hallen noch nicht vorgesehen. Man erwog ein internationales Handelszentrum mit 90 000 m^2 Bürofläche zu bauen – die wildesten Spekulationen wuchsen heran. Und in der Zwischenzeit dienten die alten Hallen-Gebäude als Kultur- und Kunstzentrum mit Ausstellungen und Aufführungen. Zur selben Zeit aber plante die Stadtgemeinde schon das Centre Beaubourg ein paar Häuserzeilen weiter . . .

Als im Sommer 1971 der Abriß bevorstand, brach der Proteststurm in Paris los. Das Zukleistern der Stadt in anderen Bezirken und die langdauernde öffentliche Auseinandersetzung hatten vorgearbeitet – doch der Abbruch ist nicht verhindert worden. Das Ergebnis der Auseinandersetzungen war eine echte Augentäuschung und Bauernfängerei. Man bot den Parisern den ersten kleinen, neu gewonnenen Park seit Jahrzehnten – und baute in die Tiefe! Im Hallen-Quartier entstand jener »Erlebnisraum Innenstadt«, wie er in ganz Europa die Innenstädte formte: überwiegend Kaufhäuser und Boutiquen, ein wenig High-Tech-Geschäfte und Restauration und ein ganz klein wenig Kultur, wie etwa die Videothek von Paris im dritten Untergeschoß des Hallen-Ensembles.
Heute definieren viele Vorstadtbewohner ihren Wohnstandort in den Vororten oft durch den Abstand zu »Châtelet-Les Halles«: »Ich brauche nur 30 Minuten, um dort einkaufen zu können!« So wie das Centre Pompidou sind die Hallen sicher ein angenommener Erlebnisraum, und man kann sich fragen, was eigentlich der Unterschied zwischen einer Vorstadtbewohnerin, die sich dort mit ihrem Freund trifft, und dem »alten Pariser« ist, der von durchzechten Nächten und der Zwiebelsuppe an den alten Marktständen schwärmt. Jeder von ihnen hat

Abbildung 51
Der Restrukturierungsplan der Hallen 1978
aus: Evenson 1983, 321.

Abbildung 52
Der Bahnhof und der Turm von Montparnasse
Photo: RATP

seine sozialräumliche Erfahrung. Und auch der neue Ort kann wieder zu Nostalgie Anlaß geben. Es gibt keinen Grund, konsumptive Räume zu verteufeln. Es spielt sich – im Gegenteil – dort viel Verbindendes ab. Der Abriß der alten Hallen ist und bleibt dennoch ein Skandal.

Repräsentative Bauten

Beim Bau der Hallen waren die Pariser verstört, so ein riesiges Loch im Stadtinneren zu sehen. Es symbolisierte ein herausgerissenes Herz.

Als der Turm von Maine-Montparnasse gebaut wurde, trauten sie ihren Augen nicht; die »Verschandelung« des Stadtbildes war offensichtlich. Dieser 210 m hohe Turm war mit seinen 56 Etagen noch aus den Vororten zu sehen. Es war das höchste Bauwerk Europas. Beabsichtigt war zunächst nur (und schon seit den 30er Jahren) die Zusammenlegung der Bahnhöfe von Maine und Montparnasse. Daraus erwuchs 1958 die Planung eines neuen Bahnhofes, eines Geschäftszentrums und eben des Turms, der im wesentlichen Büroräumen beinhalten sollte. 1969 hatten sich die Promotoren geeinigt. Wie üblich bildete man eine S. E. M. (Société d'Economie

Abbildung 53
Das Rundfunkgebäude des O.R.T.F. Photo: Schüle

Mixte), nicht zufällig beteiligte sich eine New Yorker Firma an diesem Geschäft (s. Abb. 52).
Genau dies, die Amerikanisierung der Stadt, der Größenwahn, die Unverhältnismäßigkeit dieses Turmes wurde von der Kritik ins Feld geführt. Eine nennenswerte Bewohnerbewegung gab es aber nicht. Es blieb beim Grummeln der Rentner, die sich beim Aperitif über »das dunkle Ungeheuer« erbosten.
Grund zur Aufregung gab es in jenen Jahren noch und noch. Östlich der Cité-Insel türmte sich, kaum 1000 m von Notre-Dame entfernt, eine Scheußlichkeit nach der anderen: es entstanden die noch halbwegs ansehnliche Naturwissenschaftliche Fakultät im internationalen Stil nahe der Rue Monge, das klotzige Ungetüm der Universität Paris VI und VII direkt am Seine-Ufer, die unglaublich einfältigen Hochbauten am Arsenal, wo heute sinnigerweise das Stadtplanungsamt sitzt.
Im Übergang von den 60er zu den 70er Jahren und im Gefolge der Politisierung des Mai '68 ist natürlich eine gewisse Sensibilisierung gegenüber dem Hochbau zu verzeichnen. Nicht nur der Turm am Montparnasse, auch die Hochbauten bei La Défense unterlagen heftiger Kritik.
Andererseits gab es eine Reihe von Bauten, die, wenn nicht Bewunderung, so doch Achtung erweckten. Dazu zählte sicher die C. N. I. T.-Halle (Halle des Centre National des Industries et des Techniques) im oben genannten Défense-Viertel. Sie ist nur an drei Haltepunkten verankert und war zur Zeit ihrer Errichtung Mitte der 50er Jahre die größte freitragende Halle Europas.
Dazu zählte weiter das Haus des nationalen Rundfunks (O. R. T. F.) an der Seine im Westen (s. Abb. 53). An diesem Haus ist ab 1956 gebaut worden; es ist von Henri Bernard entworfen, und von vielen damals sicher als sensationell modern empfunden worden. Das Gebäude ist in keiner Weise der vornehmen Umgebung des 16. Arrondissements angepaßt, da es aber einen relativ weitläufigen Standort hat, markiert es mit seiner ringförmigen Gestalt das sonst eher langweilige Seine-Ufer ganz gut.
Ähnlich bewundert, ähnlich abseits hinter dem Champ de Mars und der Militärschule gelegen, und

Abbildung 55
Das Gebäude der KPF von Niemeyer / Photo: Schüle

Abbildung 54
Das Gebäude der UNESCO / Photo: Schüle

Abbildung 56
Der vorläufige Abschluß der historischen Achse an der Porte Maillot /aus: Evenson 1983, 58.

ungefähr zur gleichen Zeit wurde das UNESCO-Gebäude gebaut. Den relativ großen Komplex hat die Arbeitsgemeinschaft Breuer-Zehrfuss-Nervi 1958 errichtet (s. Abb. 55).
Zur Reihe repräsentativer Bauten im Westen der Stadt zählt auch der Sitz der kommunistischen Partei im Osten der Stadt, im 20. Arrondissement, ein Gebäude, das 1972 von Oskar Niemeyer entworfen wurde (Abb. 54).

Der Würgegriff um die Stadtperipherie

Ich erinnere mich an die Aussage einer älteren Dame, die mit ihrem Enkel in den 50er/60er Jahren folgendes Spiel spielte: Man mußte gewisse Straßenzüge und einen Park so durchlaufen, daß man die monströsen Türme von La Défense nicht zu sehen bekam.
Das Beispiel läßt erkennen, daß die Transformation von Paris sehr bewußt erlebt worden ist. Wenn auch größere Oppositionsbewegungen fehlten, so wurden die Veränderungen doch als einschneidend wahrgenommen. Und die Wahrnehmung war besonders dort geschärft, wo sich die Paradelinien und Paradeorte der Stadt befanden.
Nun ist die stadtplanerische Phantasie bekanntlich buchstäblich grenzenlos. Und so beschäftigten sich auch nach dem Zweiten Weltkrieg ganze Generationen von Architekten und Planern mit der Frage, wie die historische Achse von Paris, vom Louvre, den Tuilerien, über die Champs-Elysées, die Avenue de la Grande Armée usw. laufen sollte.
98 Prozent der Diskutanten dachten dabei an die Perspektive, zwei Prozent an die Menschen, die auf diesen Straßen gehen oder in ihnen wohnen sollten.
Le Corbusier nannte den Abschluß der Achse an den Tuilerien einen »Cul-de-Sac«, er hätte die »Sackgasse« ganz sicher gerne weggeräumt. Sein Vorschlag für das andere Ende der Achse, an der Porte Maillot nämlich, war dann auch wie viele andere Wettbewerbsvorschläge der Nachkriegzeit totalitär-monumental geraten (vgl. Evenson 1983, 51). Der Zeitgeist zielte aufs technisch Gigantische . . .

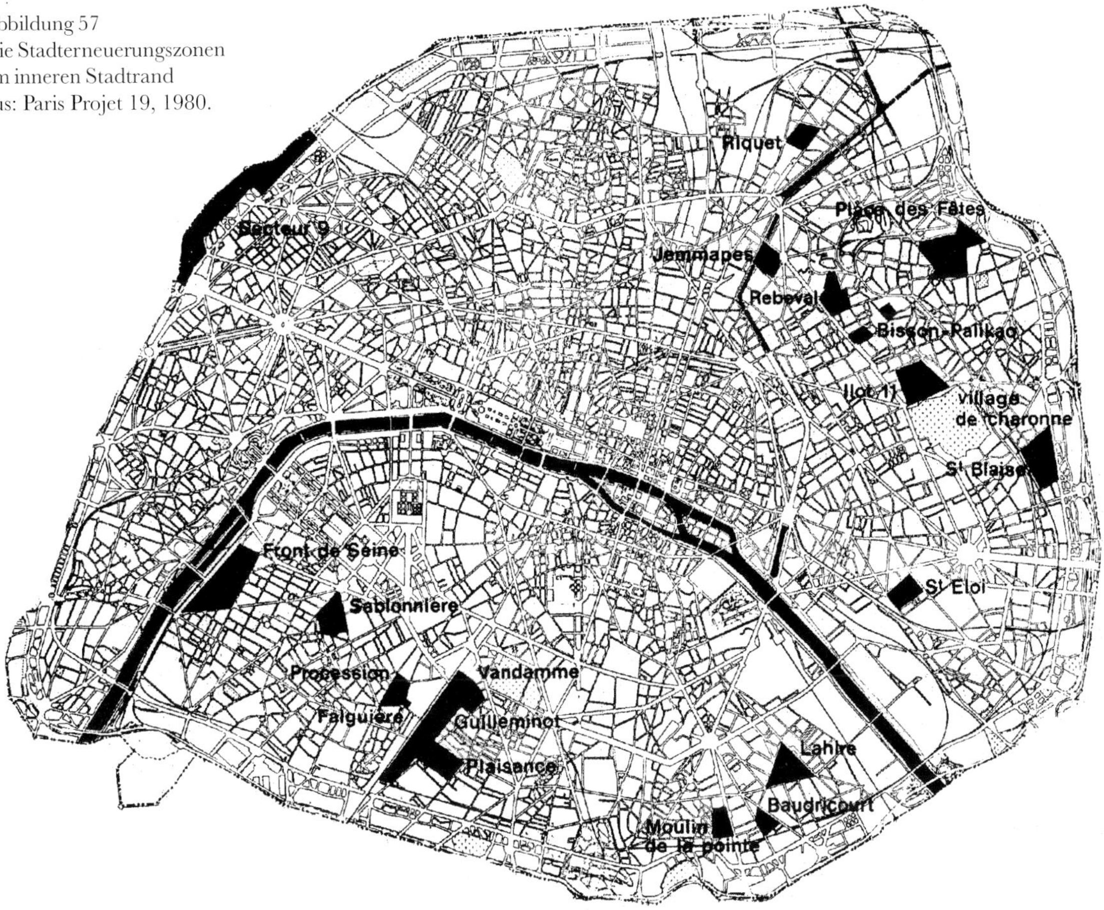

Abbildung 57
Die Stadterneuerungszonen am inneren Stadtrand aus: Paris Projet 19, 1980.

Wolkenkratzer oder riesige Monumente sollten eigentlich schon immer an der Peripherie stehen, so auch an der Porte Maillot, also am damaligen Abschluß der historischen Achse. Heute bildet die große Arche bei La Défense vier Kilometer weiter draußen den vorläufigen Abschluß.

In den 50er und 60er Jahren fand man indes für die Porte Maillot eine erstaunlich gemäßigte Lösung: einen Hotelturm und einen kleinen Komplex mit Kongreß- und Ausstellungshalle, die 1968 etwas abseits der axialen Linie angelegt wurden (s. Abb. 56). Die Mäßigung war aber vielleicht weder konservativer Stadterneuerung noch weiser Voraussicht geschuldet, sondern möglicherweise eher auf die Tatsache zurückzuführen, daß es sich über einem riesigen Autobahn- und Straßenverteilerkreisel nicht ganz so gut wohnen und wirtschaften läßt.

Das Beispiel der Porte Maillot lehrt, daß sich Autowahn und Hochhausirrsinn schon an bestimmten, seltenen Punkten neutralisierten. In der Regel aber haben beide Entwicklungen ganz wesentlich das soziale Leben in der Stadt verändert – und in der Regel abgewürgt.

Die neuen baurechtlichen Normen, die Anfang der 60er Jahre in Kraft traten, ermöglichten ganz neue Höhen, und die Stadtplanungsvorhaben von 1965 bis 1967 begünstigten jene riesigen Stadterneuerungskomplexe, die heute das Stadtbild der Außenbezirke stark prägen (s. Abb. 57).

Im Höhenplan der Stadt kann man die Stadterneuerungsquartiere noch einmal gut ausmachen (s. Abb. 58). Der Hochbau-Kreis um die Stadt ist fast geschlossen. Die Zubetonierung der Stadtperipherie wurde praktisch in den 80er Jahren abgeschlossen.

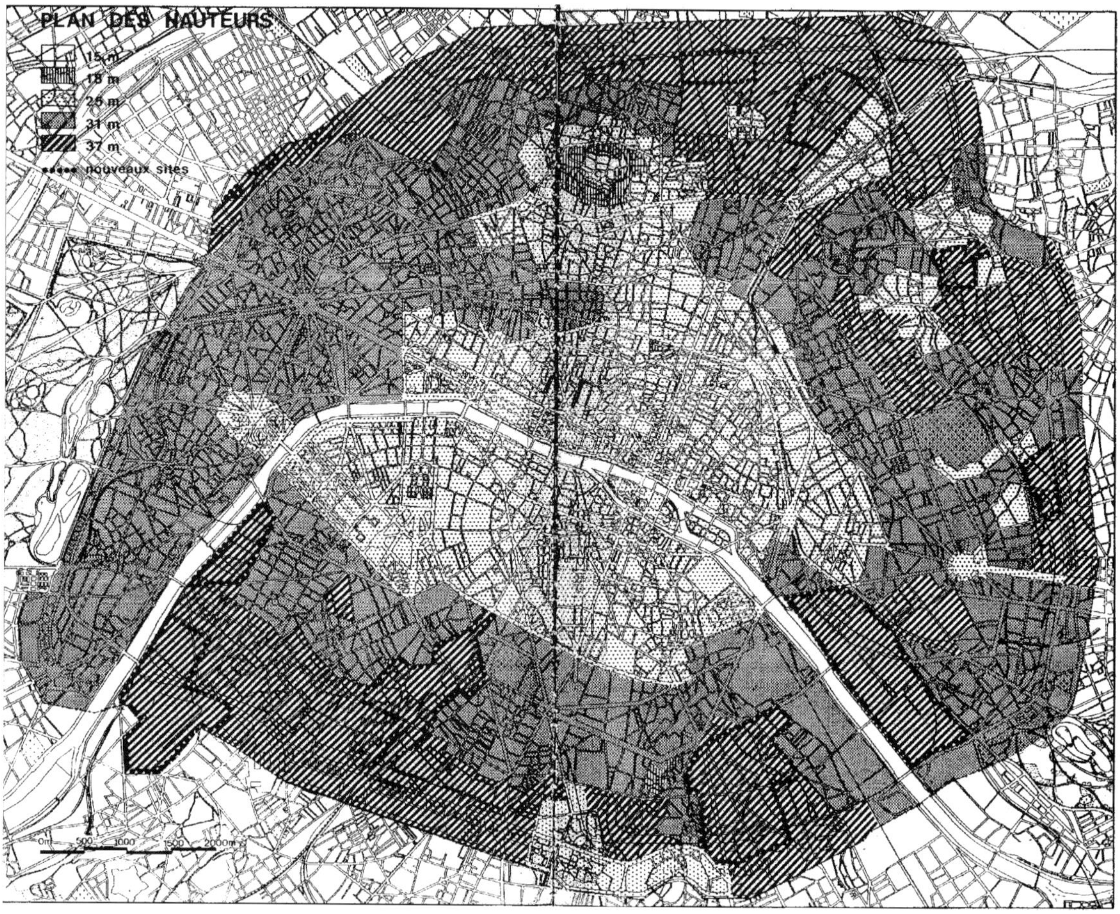

Abbildung 58
Der Höhenplan von Paris / aus: Paris Projet, 13, 1975.

Überwiegend wurden von der Sanierung die Unterschichten-Viertel betroffen, und zwar
- im Norden: der Sektor Riquet (Abbildung 60) und La Chapelle
- im Osten: die Höhen von Belleville und St.-Blaise
- im Südosten: der Sektor um die Place d'Italie
- und östlich der Sektor Gare de Lyon-Bercy, wo noch heute gebaut wird
- im Süden: der Sektor Montparnasse
- im Südwesten: die Front de Seine (Abbildung 59).

Es ist dies der Hauptschub für die Modernisierung der Stadt und auch für die Entproletarisierung der Innenstadt gewesen. Die Bauten dieser Zeit bestimmen die heutige Stadtgestalt an der Peripherie von Paris.

Rückblick: Zeit, Raum und soziale Schichtung

Seit dem ausgehenden Mittelalter hat sich die Stadt Paris zunehmend versteinert. Sandwege, Gärten, Felder und Parks verschwanden, die Stadt fraß sich ins Umland. Auf den ersten Blick, so könnte man meinen, unterschied sich die räumliche und soziale Entwicklung in nichts von der Entwicklung in zahlreichen anderen europäischen Großstädten (s. Abb. 61). Zu Beginn des 19. Jahrhunderts ist die Altstadt von der Vorstadt meist noch deutlich getrennt, das Umland ist landwirtschaftlich genutzt, die Dörfer liegen separat. Der stetige Zuzug im 19. Jahrhundert hat dann die Vorstädte getilgt, das Feld vor der Stadt vereinnahmt und die umliegenden Dörfer erreicht.

Zwei der großen Stadterneuerungszonen:
Abbildung 59 Der Sektor Front de Seine / Photo: Schüle

Abbildung 60 Der Sektor Riquet / Photo: Schüle

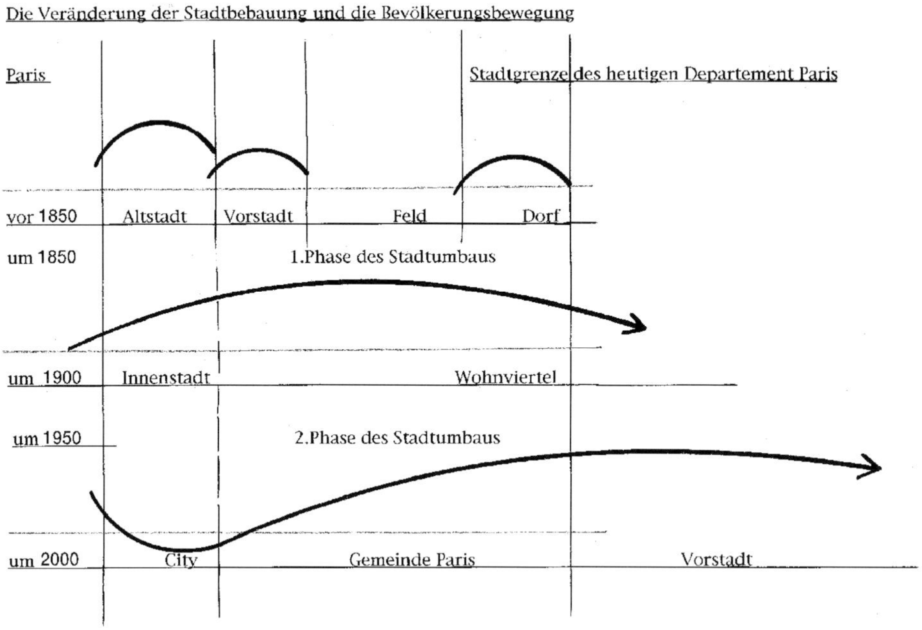

Abbildung 61
Die Entwicklung der Stadtbebauung und die Bevölkerungsbewegung / Graphik: Schüle

War vorher der städtische Raum relativ klar umgrenzt, so beginnt jetzt ein Aufweichungsprozeß, an dessen Ende die Ränder der städtischen Agglomeration nicht mehr klar auszumachen sind.
Der überfüllten Altstadt und Innenstadt beginnen die Bewohner auszuweichen. Mitte des 20. Jahrhunderts beginnt sich die City zu entleeren, die Randbezirke quellen über und heute halten sich City-Zuzug und City-Flucht die Waage. Soweit ist eine allgemeine Entwicklung der Stadt zu erkennen. Auf den zweiten Blick freilich kann man doch einige grundlegende Unterschiede erkennen:
Wir sahen schon, daß – gemessen an anderen Städten Europas – die 1. Hauptphase der Stadtumgestaltung von Paris Mitte des 19. Jahrhunderts relativ früh und explosionsartig erfolgt ist und daß die 2. Hauptphase Mitte des 20. Jahrhunderts relativ spät kam.
Weit wichtiger und geradezu sensationell ist, daß im Vergleich zu anderen Städten die Pariser Innenstadt vom Hochhausbau nahezu unberührt geblieben ist. Wir tun vielleicht gut daran, dies nicht weiser stadtplanerischer Voraussicht zuzuschreiben. Wahrscheinlicher ist, daß dies eher mit den politischen Umbrüchen und mit dem Neid der Land-Notabeln auf die Metropole zusammenhing. Bekanntlich ist die Urbanisierung in Frankreich im 20. Jahrhundert sehr viel langsamer erfolgt als in Deutschland, d. h. sehr viel länger mußte man mit ländlichen Mentalitäten rechnen. Man wollte, kurz gesagt, nicht noch einmal so viel Geld in die Hauptstadt stecken.
Genauso sensationell ist die Tatsache zu vermerken, daß es Paris gelungen ist, sich sozialökonomisch zweipolig zu entwickeln. Neben dem wirtschafts- und finanzpolitischen Zentrum im Westen der Stadt hat sich nämlich der Sektor von »La Défense« erstaunlich gleichrangig und stabil entwickelt. Schließlich muß man sehen, daß die relative Stabilität der Neuen Städte das ramponierte Bild von den Vorstädten sicher relativiert hat. In der Vorstadt aber entscheidet sich möglicherweise das Schicksal der gesellschaftlichen Eliten und das Schicksal der Republik. Im Rückblick hat die Vorstadt gewichtige Transformationen durchgemacht (vgl. auch Kapitel 5).
Die Vorstadt war zunächst (wie Abbildung 62 deutlich machen soll) der Raum außerhalb der Stadtmauer. Während in der Stadtmitte der weltliche und religiöse Grundherr saß, siedelten die Stadtbürger

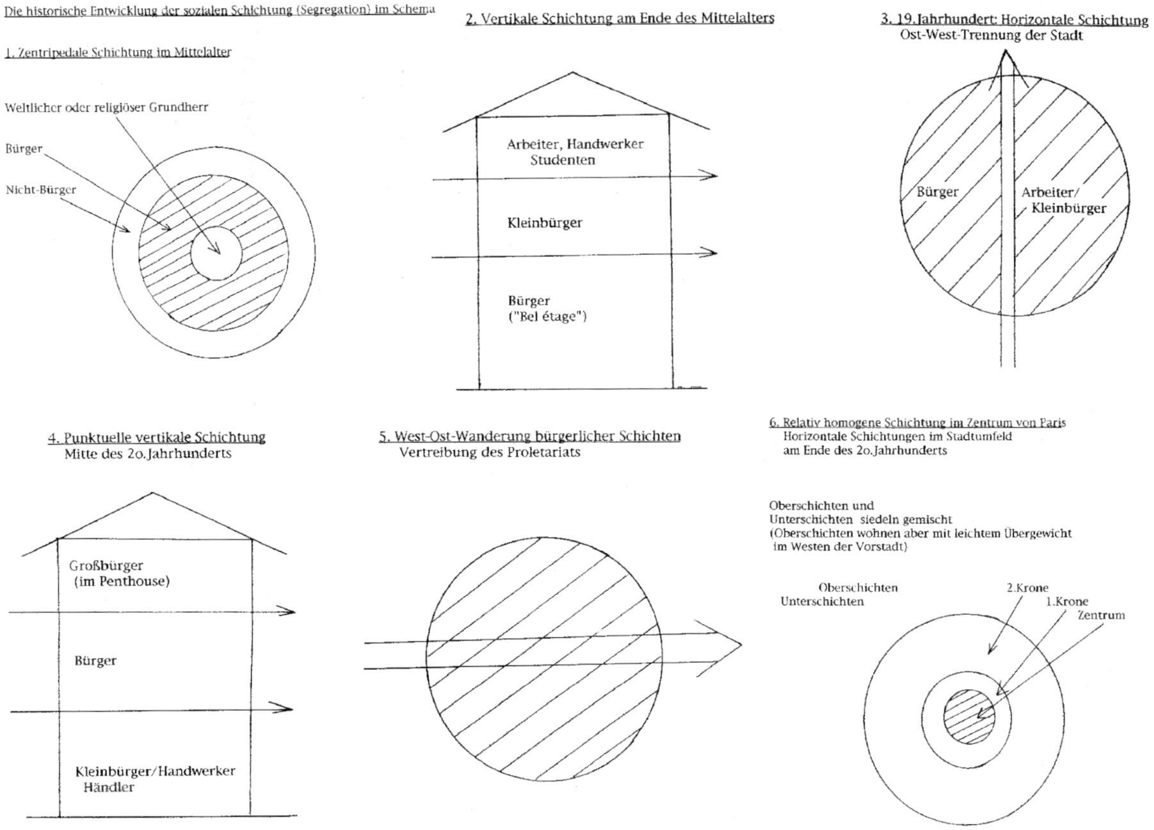

Abbildung 62
Die historische Entwicklung der sozialen Schichtung (Segregation) im Schema

rund um das politische und religiöse Zentrum. In der Bann-Meile (»ban-lieue«) befanden sich die Ausgestoßenen, jene, die keinen städtischen Schutz verdienten.

Die soziale Schichtung war in der Stadt zunächst bunt gemischt. Aristokraten, Stadtbürger und Tagelöhner siedelten dicht nebeneinander und, zunehmend vertikal sortiert, übereinander.

Die Stadtentwicklung der Moderne hat diese Schichtungsverhältnisse buchstäblich auf den Kopf gestellt: im Wechsel vom 19. zum 20. Jahrhundert ist vor allem durch die Verkehrsverhältnisse, wenigstens partiell, der Großbürger ins Penthouse und der Kleinbürger in die sozialen Niederungen, zur Straße hin, gezogen.

Weit wichtiger als die Umkehrungen im Stadthaus war aber natürlich die soziale Ost-West-Spaltung der Stadt Mitte des 19. Jahrhunderts und dann die Vertreibung des Proletariats aus Paris. Relativ eindeutig ist die soziale Schichtung heute eigentlich nur in der Innenstadt, wo die besserverdienenden Dienstleister noch immer den direktesten Zugriff auf die Infrastrukturversorgung haben. Die Vorstadt aber ist ein Brei geworden, in dem es Klöße und Wassersuppe gibt; die Vorstadt ist ein sozialer Fleckenteppich, wo alles zu haben, aber wenig Zusammenhang erkennbar ist. Die sozial Deklassierten sind in der Vorstadt in dreifacher Hinsicht ausgeschlossen:

- sie sind in der Regel aus dem Arbeitsprozess entfernt,
- sie sind sozialräumlich »vor der Tür« und
- es ist ihnen das sozial-kulturelle Milieu, welches sie früher eingebunden hatte, genommen worden.

Dagegen rebellieren sie.

Kapitel 2
Stadt-Gestalt

Bau- und Architekturgeschichte aus sozialhistorischer Sicht

Das formale Gerüst

Die Stadt hatte zwei bedeutende Bestimmungsgrößen (Operatoren), die ihre Form festlegten: Verkehrswege (Straßen) und Gebäude. Daneben gab es eine Vielzahl von kleineren Operatoren, nämlich Plätze, Parkanlagen, Brücken, Stadtmauern, Passagen, das Mobiliar der Straße usw.

Die alten Straßen

Nun läßt sich natürlich die Entwicklung vom Trampelpfad am Seine-Ufer bis zum Boulevard im 19. Jahrhundert nicht lückenlos nachzeichnen. Dennoch sind die alten Wegstrecken, wir sahen das schon im Kapitel »Spurenlegung«, ziemlich genau rekonstruierbar (vgl.Beaujeu-Garnier 1967, 57).
In der vorrömischen Zeit bildeten sich:
- die Nord-Süd-Achse: Rue St.-Jacques, Rue St.-Martin und einige Gassen auf dem linken Ufer (St.-Séverin, St.Julien le Pauvre, Rue du Petit Pont);
- die Italien-Passage: Rue Mouffetard, Av. des Gobelins, Av. de Choisy);
- die späteren Königsrouten: Rue de Vaugirard und Rue de Sèvres;
- die Italien-Route auf dem rechten Seine-Ufer: entlang des Rathauses Rue St.-Antoine und Rue de Charenton.

In der römischen Zeit entstanden:
- die Verdoppelung der Nord-Süd-Achse, mit der heutigen Rue St.-Denis im Norden und dem Boulevard St.-Michel im Süden;
- der Ausbau der Südzentrierung mit der Anlage der Rue Soufflot, der Rue Lhomond, die zur Italien-Passage führte und der Rue Cujas.

In der nachrömischen Zeit haben sich die Achsen und Besiedlungszonen differenziert, stark beeinflußt vom Wachstum der Kirchen und Klöster und abhängig von feindlichen Anstürmen. Der Nord-West-Abschnitt von Paris hat sich allerdings erst ab dem 12. Jahrhundert herausgebildet, und zwar mit der

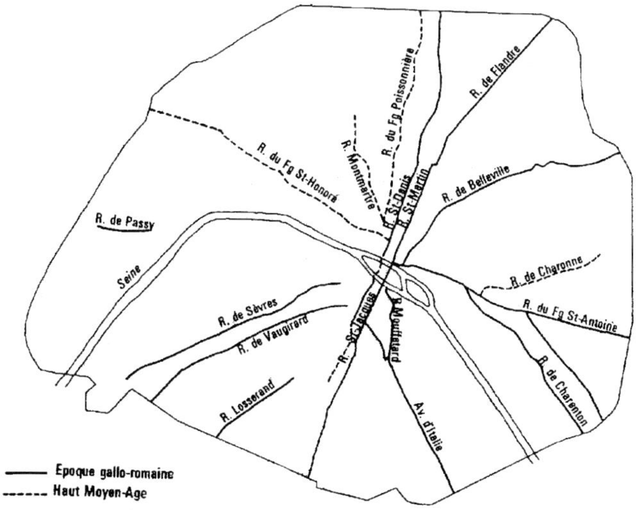

Abbildung 63
Die ältesten Wegeführungen von Paris
Gallo-romanische und hochmittelalterliche Wege
aus: Bastié 1984, 44.

Rue du Faubourg St.-Honoré, Rue Montmartre, Rue du Faubourg Poissonière (s. Abb. 63). Das Knochengerüst der Stadt (»L'ossature«) war also bis zum 12.Jahrhundert gelegt. Wie eine Schlange hat sich Paris aber noch mehrmals gehäutet. Und die Häute der Stadt waren damals die Mauern.

Die Mauern (»Les murs«)

Die Mauern der Städte waren niemals bloße Abwehrmauern, es waren immer auch soziale Mauern, Zollgrenzen, Hoheitsgebiete, Rechtsräume und die Form der Stadt bestimmende Operatoren.
Für Paris läßt sich sogar generell feststellen, daß fast zu jeder Zeit die Furcht vor fremden Anstürmen nicht ausschlaggebend war.

Die Mauerführung erfolgte unter den verschiedensten Gesichtspunkten: so wollte man zum Beispiel mit allen Mitteln komplizierte Enteignungsverfahren vermeiden. Andererseits folgte man sehr oft den natürlichen Grenzen, also etwa dem alten Lauf der Seine oder dem Rand des Sumpfgeländes. So bildete der Verlauf der Mauer Karls V. für das Marais-Viertel einen veritablen Wall gegen die Überschwemmungen der Seine, und diese Mauer ermöglichte im 14. Jahrhundert überhaupt erst Ansiedlungen in großem Maßstab. Und so hat die alte Mauerführung von Philippe Auguste durch das Contrescarpe-Grabensystem das Seine-Wasser kanalisiert.

Die älteren Mauerführungen sind zum großen Teil noch heute in der Stadt-Gestalt sichtbar. So im Norden der Kreis der Boulevard de la Madeleine, des Italiens, Poissonière, Bonne-Nouvelle, St.-Martin, du Temple und Beaumarchais (letzterer entlang der Mauer Karls V.) und im Süden der Straßenring Rue Mazarine, Rue M.-le-Prince, Rue des Fossés St.-Jacques, Rue des Fossés St.-Bernard.

Den sichtbarsten Abdruck der Mauer in der Stadt-Gestalt bildeten also ganz sicher die längs der Mauern oder an deren Stelle gebauten Straßen. Das gilt im Grunde für alle Mauern und Zollgrenzen, die Paris umgeben haben (s. Abb. 64).

Alle drei breiten Boulevard-Ringe um Paris zeugen vom alten Verlauf der Mauern: die sogenannten Grands Boulevards (Rive droite), die Boulevards Extérieurs und auch die Boulevards des Maréchaux (die den Namen von Marschällen tragen) zusammen mit dem danebenliegenden Ring des Périphérique.

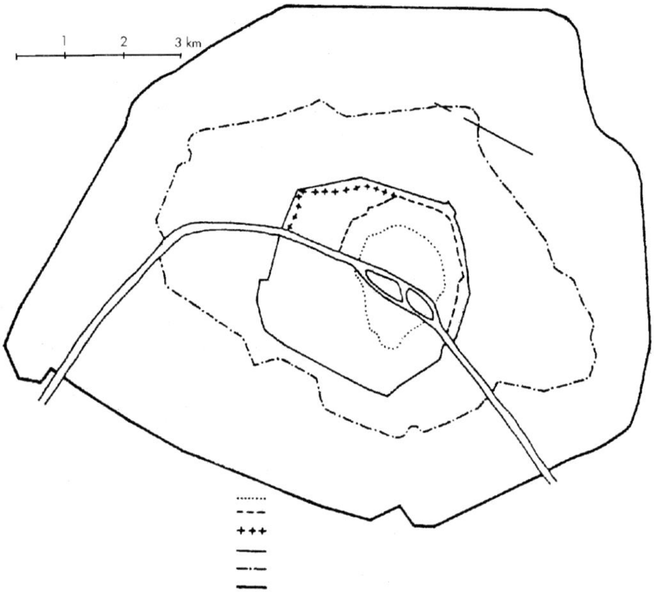

Abbildung 64
Die Mauern von Paris
aus: Bastié 1984, 40.

Die Mauer der Generalsteuerpächter, der vorletzte Ring, die bekannteste aller Mauern, war eine reine Steuerbarriere, einen Meter dick und drei bis vier Meter hoch. Sie wurde kurz vor der Französischen Revolution gebaut. Nach der Revolution ließen die Revolutionäre ihre Wut an ihr aus und setzten die Tore in Brand.

Strukturbildend waren neben den Mauern auch die Eingänge zur Stadt schon im Mittelalter gewesen: manche Straße wurde beim Mauerbau abgeschnitten, so die Rue Vaugirard. Manche Stadttore definierten ganze Stadtviertel neu, bildeten Straßen und schufen Märkte, d. h. eine Vielzahl der kreisförmigen oder zentrierten Straßenführungen von heute gehen direkt oder indirekt auf die Ummauerung zurück, denn natürlich definierten die Tore (»les portes«) in gewisser Weise auch die Wege in die Vorstädte. Andererseits entstanden manches Tor und manche Wegeführung auch je nach dem Wohlgefallen des Herrschers. Der Cours-la Reine entstand

zum Beispiel, um einen ungehinderten Zugang zur königlichen Residenz im Westen zu schaffen.
Strukturbildend waren auch die seit dem 17. Jahrhundert sich entwickelnden Plätze. Ihre Entstehung hing durchaus mit dem Mauerbau zusammen. Gemeint sind freilich nicht die Königsplätze, die strukturbildend eher für die Gebäudeformen gewesen sind, sondern jene Drehscheiben (»plaques tournantes«), die, grob gesagt, entlang der Steuerpächtermauer lagen: Places d'Italie, Denfert-Rochereau, du Trocadéro, de l'Etoile, de la Nation, die ja schon unter Ludwig XIV. gebaut wurde (s. Abb. 65).
Revolution und erste Kaiserzeit haben die Stadt-Gestalt wenig geprägt. Davon war schon die Rede. Die ersten gezielt geplanten Besiedlungsräume der Stadt, die »grands lotissements« sind erst unter der Restauration, in den 20er Jahren des 19. Jahrhunderts erfolgt. Wie zum Hohn geschah dies in den Stadträumen, die aus den Enteignungen der Revolutionszeit hervorgegangen waren.
Die Planungen der Stadtquartiere in der Restaurationszeit fanden auf den ungefähr 400 Hektar großen Grundstücken der »biens nationaux«, des Nationaleigentums, statt (vgl. dazu Loyer 1987). Dabei handelte es sich zum Teil um beträchtliche Stadtplanungen, deren Entstehung von einiger Bedeutung für die spätere großräumige Stadtplanung Haussmanns und der Zweiten Kaiserzeit waren. Im Sektor Grenelle, im Südwesten der Stadt, waren 105 Hektar in Planung, erste Gesellschaften treten auf, erste Gesamtplanungen für Platz und Straßen finden statt und ganz ähnlich dann die Planung und Besiedlung des Sektors St.-Vincent-de-Paul, des Quartier de l'Europe und rings um die Place Victor-

Abbildung 65
Die aus den Mauern hervorgegangenen Straßenringe
aus: Evenson 1979, 27.

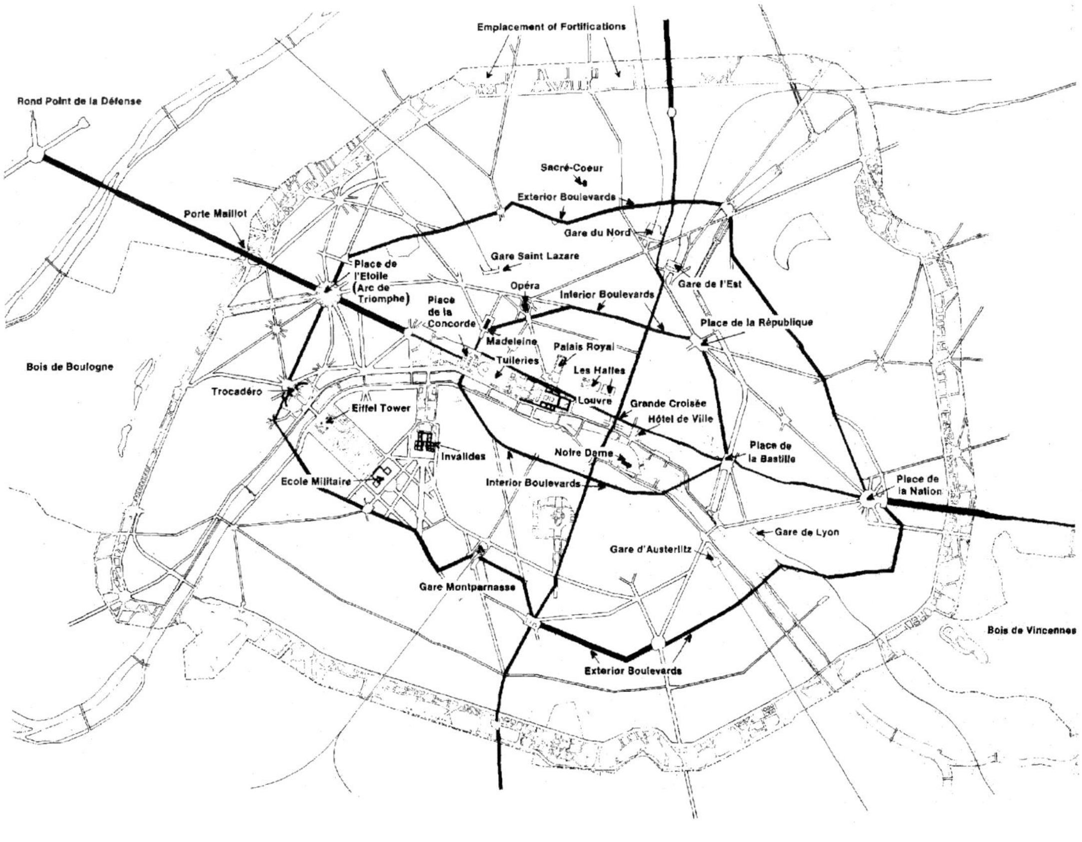

Abbildung 66
Zwei Passagen in Paris 1992
Photo: Schüle

Hugo. Die Form dieser Ansiedlungen wird sehr oft von jenen Sternplätzen bestimmt, die dann von Haussmann übernommen wurden.

Passagen und Galerien

In einer Zeit wie heute, in der man zunehmend vor dem Auto flieht und in der immer mehr Fußgängerzonen entstehen, erstaunt das Wiederaufleben von Passagen nicht so sehr. Dazu beigetragen hat freilich eine Nostalgie-Welle, die Walter Benjamin sicher eher betrübt hätte; das Wiederaufleben der Passagenphraseologie gehört heute zum ästhetischen Diskurs von Architekten, Literaten und Künstlern. Es ist sehr bezeichnend, daß kaum einer dieser Nostalgiker den wirklichen Entstehungsgrund für Passagen und Galerien genannt hat. Passagen und Galerien sind nämlich ganz einfach deswegen konstruiert worden, weil die Rentabilität pro Quadratmeter so wesentlich höher lag als bei der Errichtung einer Straße.
Wie auch immer, es ist kein Zufall, daß in Übergangszeiten Übergangsformen auftauchen – heute sehr bezeichnenderweise auf den Champs-Elysées, die vom Abstieg bedroht sind (Passage Matignon, Passage du Lido, usw.). Kein Zufall ist natürlich, daß Passagen und Galerien fast ausschließlich auf dem konservativen, rechten Seine-Ufer vorkamen, daß sie

in der Übergangszeit der Restauration entstanden und daß heute wie damals Passage und Kaufhaus eine Einheit waren, wie ihre Urform, das »Palais Royal«. Über ihren kulturell-sozialen Status soll an anderer Stelle berichtet werden.

Städtebauliche Normen

Die Herausbildung der baulichen Vorschriften hat die Form der Stadt sehr nachhaltig beeinflußt – mit teils ansehnlichen, teils grauenhaften Ergebnissen. Die Eingriffe betrafen vier wesentliche Bereiche:
1. die Straßenführung und die Breite der Straßen,
2. die Höhe der Häuser (genauer: ihre Traufhöhe),
3. die Fassadengestaltung und
4. das Volumen der auf dem Grundstück befindlichen Gebäude.

Es ist bezeichnend für das noch ungeklärte Verhältnis von privatem und öffentlichem Raum, daß der erste bekannte Eingriff den Bereich Fassadengestaltung betraf. Das erste Dekret Heinrichs II. 1554 untersagt die Überbauung des öffentlichen Raumes. Wie im Mittelalter üblich, wurde mit Erkern, Balkonen, Treppen usw. natürlich in die Straße hinein gebaut. Andere Bewohner wurden des öfteren dadurch behelligt, daher das Verbot.

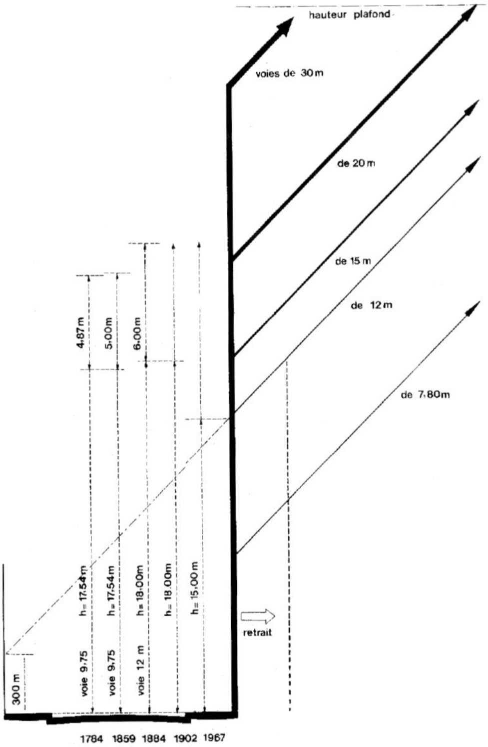

Abbildungen 67
Die Entwicklung der Traufhöhen bis 1967
aus: Paris-Projet 13/1975,32

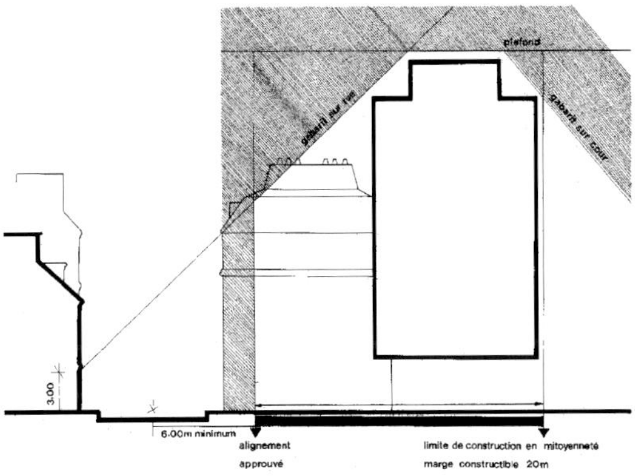

Abbildung 68
Die Auswirkungen des Reglements von 1967
aus: Paris-Projet 14/1975, 42.

In der Folge, also im 17. Jahrhundert, ergab sich »von selbst« die Regel, daß über den öffentlichen Raum, das heißt über die Straßenführung, nicht frei verfügt werden sollte.

Eine grundlegende städtebauliche Normierung neuer Qualität stellte dann freilich der königliche Erlaß von 1784 dar, weil er nun die Relation von Straßenbreite und Höhe der Häuser reglementierte, und zwar im Verhältnis 1:2.

Das bedeutete, daß nun in Straßen von 30 Fuß Breite 60 Fuß hoch (9,75 : 19,50 m), und in Straßen mit 24 Fuß Breite 48 Fuß hoch gebaut werden durfte.

Dieses Beziehungsverhältnis ist in der Folge mannigfach differenziert worden, aber es hat sich im Prinzip 100 Jahre lang gehalten (s. Abb. 67). Es ist unter diesem Blickwinkel interessant, daß sich die Stadtumgestaltung durch Haussmann vollzog, ohne diese städtebaulichen Normierungen zu sprengen! Wie war diese konservative Haltung möglich?

Die bisherigen Normierungen fußten auf der Enge der mittelalterlichen Stadt. Haussmann führte eine andere städtebauliche Dimension ein, die Weite, und kam so mit den Höhen nicht in Konflikt. Er arbeitete ganz einfach mit einem anderen Operator in der Stadt-Gestalt: mit den Grundstücksgrößen und Straßenbreiten.

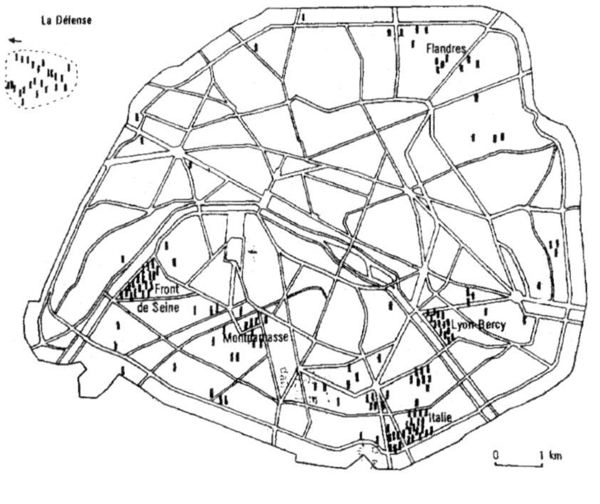

Abbildung 69
Der Hochhausbau (I.G.H.) in Paris
aus: Bastié 1984, 112.

Wir sahen, daß schon die Quartiersplanung der Restauration die zusammenhängende Planung über Einzelparzellen hinweg organisierte. Haussmann wandte dies in großem Maßstab an. Auch in dieser Hinsicht ist sein Paris eine Frühgeburt der Industrialisierung. Die Industrialisierung nämlich bemächtigte sich nach Haussmann ganz eindeutig der gesamten Stadt-Gestalt und griff nach mehr Höhe und Masse. Deshalb ab 1884 der unaufhörliche Streit um die Traufhöhen und, genauso wichtig im eng bebauten Paris, der Streit um den Ausbau der Giebel und Dachgeschosse. Es ging um die Renditen.
Der sozialräumliche Todesstoß ist der Stadt aber mit der Verordnung von 1967 gegeben worden. Obwohl vielleicht anders beabsichtigt, hat sie den Immobilienhaien und Promotoren massiv in die Hand gearbeitet, weil die Anbindung an die Straßenlinie aufgegeben wurde. Durch ein Zurücktreten vom Straßenrand konnten gehörige Höhen und Volumen gewonnen werden. Die Stadterneuerung artete direkt in Stadtzerstörung aus (s. Abb. 68).

An den neuen Hochhäusern (I.G.H. = »Immeuble de Grande Hauteur«), wie sie in Frankreich ab 50 m Höhe genannt werden, kann man die Katastrophe gut ablesen (s. Abb. 69).
Bastié berichtet:

»1958 sieht Paris sein erstes Hochhaus: 22 Etagen in der Rue Croulebarde im 13. Arrondissement. 1960 werden 26 Etagen in der Rue de Flandre erreicht, 1963 30 Etagen mit dem 'Tour Keller' an der Front de Seine, der allerdings erst 1973 fertiggestellt wurde. Er war der Vorreiter für über ein Dutzend Türme dieser Stadtsanierungsoperationen. 1967 aber gibt es einen Boom bei den Baugenehmigungen für Hochhäuser: erst sind es 18, 1970 wird die Spitze mit 42 erreicht, 1973 gibt es einen Rückgang auf acht und 1976 erlebt man schon 138 Hochhäuser in Paris und 46 in der Pariser Region« (J. Bastié 1984, 112).

Auf der Karte erkennt man leicht, wo die Ballungen sind: Flandres im Norden, Place d'Italie im Süden, La Défense im Westen und im Südwesten Front de Seine und Montparnasse. Fast alle diese Viertel sind Sanierungsgebiete gewesen. Das höchste der Ungetüme ist immer noch der Montparnasse-Turm mit 59 Stockwerken und 210 m Höhe.
Immerhin, der Höhenwahn der 60er und 70er Jahre ist zumindest in der Innenstadt gestoppt worden. Heute ist faktisch das gesamte Kerngebiet der Stadt geschützt. Unter Denkmalschutz steht das ganze Marais-Viertel und das 7. Arrondissement (zusammen 321 Hektar). Im Stadtinneren gibt es eine so große Anzahl von Auflagen und Regeln, daß man sie kaum mehr überschauen kann. Ausnahmen von der Regel sind üblich . . .

Abbildung 70
Wie die Parzellen gefüllt wurden (Schema)
aus: Paris-Projet 13/14/1975, 11.

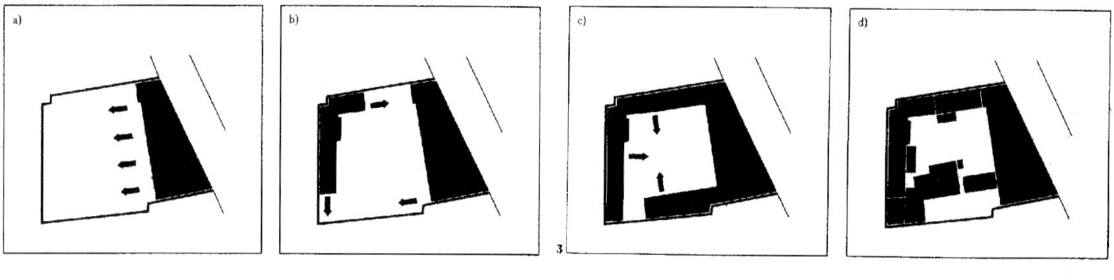

Straße, Block und Haus

Wie in vielen Städten Europas, z. B. auch in Berlin, dominiert in Paris die Blockbebauung. Ihre Entstehung läßt sich rasch skizzieren:
In der mittelalterlichen Stadt war das Leben direkt zur Straße hinaus organisiert. Der Straßenrand wurde bebaut, dahinter lagen die Gärten (s. Abb. 70). Mit zunehmender Warenwirtschaft und Verdichtung werden die der Straße zugewandten Grundstücksflächen bebaut, oft befinden sich schon Lagerräume oder Werkstätten auf den Freiflächen. Im 18. und 19. Jahrhundert schließt sich der Baublock, die Gärten verschwinden, die Blockrandbebauung setzt ein, da außer der Hauptstraße Nebenstraßen an Bedeutung gewinnen.
Die Innenhofnutzung nimmt zu. Man findet jetzt darin Pferdeställe, kleine Industriebetriebe, Drukkereien, Warenlager, kleine Geschäfte usw. Ende des 19. und im 20. Jahrhundert füllt sich der Block ganz, die wirtschaftliche Nutzung der Binnenhöfe wird zugunsten des Wohnbaus zunehmend aufgege-

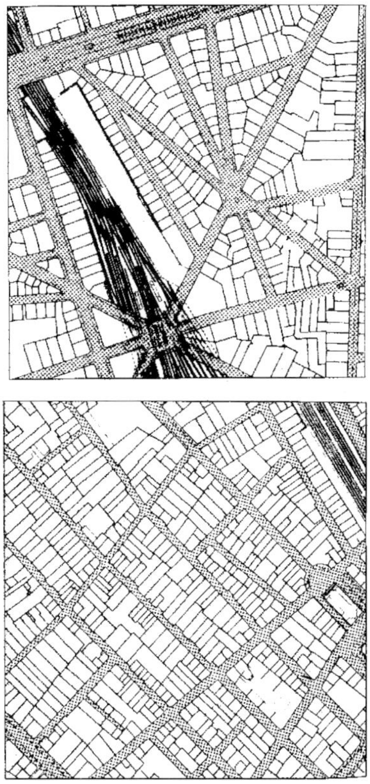

Abbildung 71
Oben: Der sternförmig angeordnete Bezirk Europa und der quadratische Bezirk Batignolles
aus: Paris-Projet 13, 14,1975.

Abbildung 72
Links: Kleinräumige Wohnparzellen in Belleville und Gewerbeparzellen am Ostbahnhof
aus: Paris-Projet 13/14/1975, 18-22.

Abbildung 73
Typischer Hinterhof eines
Pariser Wohngebäudes
aus: Paris Projet, 13 u. 14, 1975, 35.

ben. Das Wirrwarr im Blockinneren ist oft erstaunlich (s. Abb. 73 und 74).

Die Blockbebauung hat im übrigen keineswegs eine einheitliche Stadtstruktur ergeben. Nicht nur sind die Blöcke je nach Bezirk sehr unterschiedlich groß, sie werden auch ständig gebrochen oder unterbrochen von Neubauvierteln, öffentlichen Bauten oder wirtschaftlichen Einheiten.

Die großen Unterschiede fallen noch einmal ins Auge, wenn man die Grundstücksgrößen und Blökke in drei verschiedenen Arrondissements vergleicht. Industrielle und gewerbliche Ansiedlung, topographische Beschaffenheit und stadtplanerischer Gestaltungswille haben ganz unterschiedliche Wirkungen hinterlassen (s. Abb. 71/72). Und selbst dort, wo planmäßig und zeitgleich gebaut wurde, ergaben sich gewaltige Strukturunterschiede, weil man sehr oft der alten Straßenlinie folgte (vgl. die stern-

Abbildung 74
Parzellenfüllung in der
Rue Chénier
Photo: Schüle

förmigen und quadratischen Bezirke auf den Abbildungen). Die alten, ländlichen Strukturen sind daran buchstäblich ablesbar. Und auch die Straßennamen (z. B. Kaskadenstraße usw.) verweisen auf den Verlauf des Flüßchens, welches früher etwa Belleville und Ménilmontant verbunden hat.

Die Veränderung des Stadthauses

Vertraut man den Kunsthistorikern, Architekten und Urbanisten, so müssen die Menschen im mittelalterlichen Paris ein herrliches Leben geführt haben. Sie besaßen ihr Schloß auf dem Land, sie wohnten in schönen Stadtpalais, sie aßen von silbernen Tellern und Schüsseln und hatten parkartige Gärten und die geräumigen Zimmer waren mit Gobelins ausgestattet.
Die Kunst- und Architekturgeschichte von Paris ist zu 99 Prozent eine Geschichte von oben und außen. Diese Haltung ist freilich nicht nur auf Kurzsichtigkeit und Dummheit zurückzuführen, sondern zum Teil wenigstens auf die Vergänglichkeit der Baustoffe, die man im Mittelalter gebrauchte: im wesentlichen Holz und Stroh, Lehm und Ziegel.
Kurz, man hat seine Schwierigkeiten, im heutigen Paris – außer bei den herrschaftlichen oder sakralen Steinbauten – eine Wohnstruktur zu finden, die aus dem 15. Jahrhundert oder der Zeit davor stammt. Ganz selten sieht man – vor allem im Marais-Viertel – Fachwerkhäuser (s. Abb. 76). Dennoch gibt es in Paris viele Fachwerkhäuser, die man aber nicht als solche erkennt, weil die Fassaden verputzt wurden. Die alte, aus Holz, Lehm oder Ziegel gebaute Gebäudestruktur ist zerschlagen, verbrannt, vergangen oder unsichtbar.
Da also die alten erhaltenen Häuser überwiegend aus Stein sind, kam es zu der anfechtbaren Betrach-

Abbildung 75
Steinhäuser im Marais-Viertel
Photo: Schüle

Abbildung 76
Fachwerkhäuser im Marais
Photo: Schüle

tungsweise der Kunsthistoriker, und so beginnt die Geschichte der Pariser Stadthäuser in der Regel im 15. Jahrhundert, einem Zeitpunkt, als selbst die Bürgerhäuser immer zahlreicher aus Stein gebaut wurden (s. Abb. 75).

Man kann sich kaum vorstellen, welchen Eindruck das mittelalterliche Paris auf Neuankömmlinge gemacht hat: Der Reichtum der herrschaftlichen Bauten hat sie geblendet, der für sie unvorstellbar dichte Verkehr auf der Cité-Insel hat ihnen buchstäblich den Atem genommen und die zahllosen Fremden machten sie unsicher und verwirrt.

Will man sich die soziale Situation vergegenwärtigen, ist man auf literarische Quellen, wie zum Beispiel auf Victor Hugos Texte angewiesen, auf einige authentische Berichte oder Dokumente oder auf als »unwissenschaftlich« bezeichnete Rekonstruktionen.

Abbildung 77
Die Rue du Paon Blanc und die Rue Grenier-sur-L'Eau (von Martial)

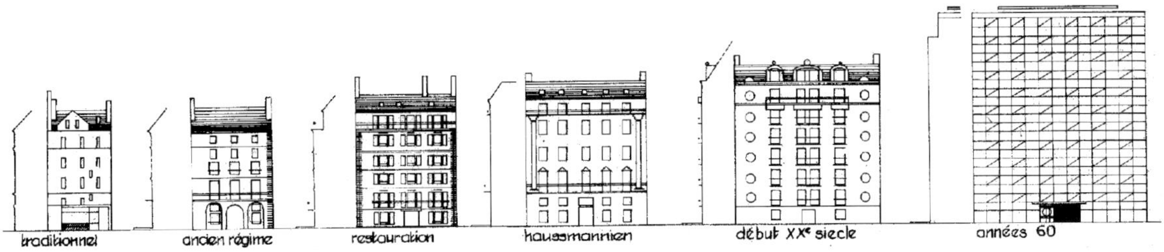

Haustypen

Kunsthistoriker und Architekten lieben es, die Entwicklung der Haustypen wie in der Abbildung 78 darzustellen:
Man kann an solchen Darstellungen die immer größer werdenden Bauten, die Veränderung der Höhen und auch die zunehmend monotonere Fassadengestaltung ablesen. Eine soziale und geschichtliche Betrachtung der Haustypen wird hingegen andere Typisierungen vornehmen.

Abbildung 78
Die Entwicklung der Haustypen
aus: Paris-Projet 13/14/1975, 33.

Das traditionelle Stadthaus

Die Form des Pariser Stadthauses war im ausgehenden Mittelalter sehr unterschiedlich. Es gab Ein-Raum-Häuser, zweigeschossige, dreigeschossige und (selten) noch höhere Häuser. Die Stadtgestalt war niedrig, die Menschen wohnten sehr dicht beieinander, die Straßen waren eng, oft nur ein bis zwei Meter, selten über sechs Meter breit (s. Abb. 77).
Noch waren zahlreiche Lebensformen der ländlichen Lebensart geschuldet, schon deutlich sichtbar waren aber die neuen städtischen Verhaltensweisen. Noch bewohnte jede Familie ihr eigenes Haus – natürlich mit Onkeln und Tanten, mit allen möglichen Vettern oder zugereisten Basen, mit Freunden und Verwandten. Noch wurde überwiegend zuhause produziert, noch wohnte der Herr Baron nebenan . . .
Im Unterschied zum Dorf organisierte sich das Leben faktisch zur Straße hinaus. Die sozial wichtigen Orte lagen nahe der Straße. Nicht nur hat sich der Kontakt zu anderen auf der Straße hergestellt, oft wurde auf der Straße gearbeitet, auf der Straße gekocht und gebraten, gehandelt und gefeiert.
Wichtige Bestandteile des Haushaltes waren noch nicht, wie später, ins Haus integriert: Man mußte täglich Wasser holen oder für Brennstoff sorgen. Die Lust auf Öffentlichkeit und die Notwendigkeit, öffentlich zu leben, bestimmte also eine Wohnform, die langsam die Stadt prägte: schmale Häuserfronten (bis 6 m), lange Parzellen (bis 47 m!).

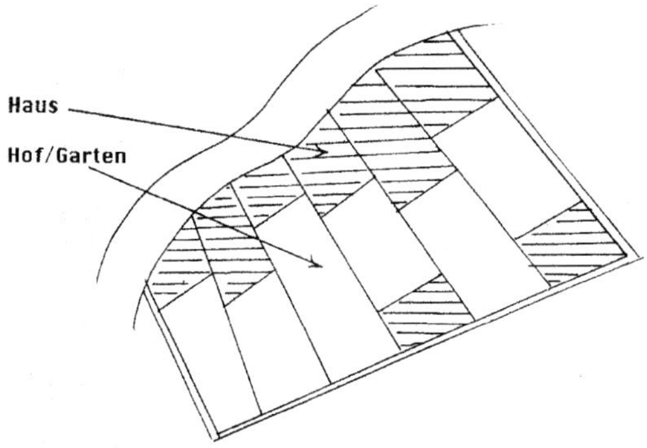

Abbildung 79
Die Parzellen von traditionellen Stadthäusern (im Schema)

Geradezu vorgeschrieben war im Stadtgebiet die Ummauerung der Grundstücke oder der Blöcke. Sozial geschieden waren nur Haus und Hof/Garten. Das Innere der Häuser war kaum differenziert. Pro Stockwerk konnte es ein oder zwei Zimmer geben, die Fenster waren klein, es war dunkel in den Häusern, und es gab wenig Einrichtungsgegenstände.
Schon sehr früh aber wurde in Paris auf die Parzelle ein zweiter Baukörper gesetzt, so daß der Hof ganz deutlich den privilegierten, zur Straße hin gelegenen Teil vom sozial geächteten am Hofende trennte (s. Abb.80).
Gemeinsame Höfe gab es historisch in Paris nur ganz selten, weil die baupolizeilichen Vorschriften eine

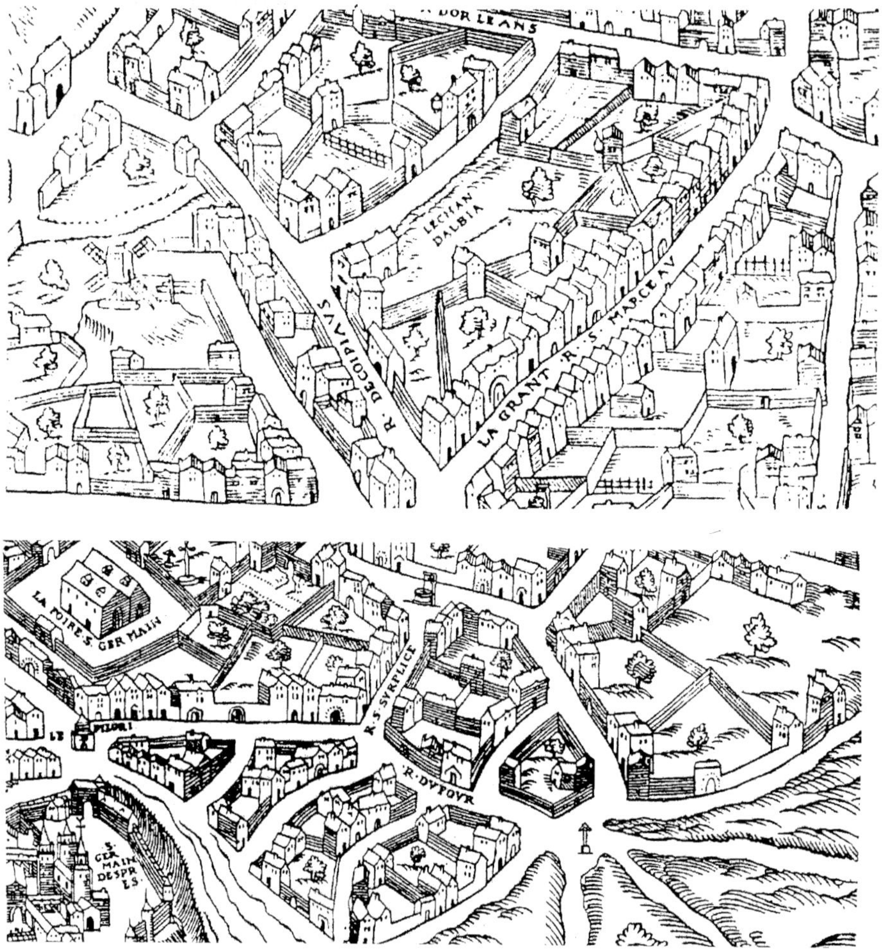

Abbildung 80
Ausschnitte aus dem Plan von Truchet und Hoyau

Verbindung der Baukörper über die Parzellen hinweg offensichtlich nicht zuließen.

Das Stadtpalais (»Hôtel particulier«)

Das soziale Gegenstück zum traditionellen Stadthaus war das aristokratische Stadtpalais. Es befand sich bis ins 18. Jahrhundert hinein durchaus nicht in der feinen Villengegend, sondern mitten unter dem »gemeinen Volk«. Genau deshalb war seine Gestalt prinzipiell anders strukturiert, der Übergang vom öffentlichen zu den privaten Bereichen grundlegend anders geregelt.
Zur Straße hin gab es meist nichts anderes als die Mauer – ein Überbleibsel der ländlichen Burgmauer oder des Hofes. Rechts und links im Eingangsbereich befanden sich Schuppen und Ställe (»remises« und »écuries«), oft auch die Behausungen der Dienerschaft. Die niedrigen, in der Regel nur zweistökkigen Gebäude waren durch Galerien verbunden. Nun erst kam das eigentliche Palais, quer zur Parzelle, mit weitläufigen Salons, »cabinets« und Zimmern. Im Erdgeschoß führten die Zimmer zum Garten hinaus, daher benannte man das aristokratische Wohnen auch als ein Wohnen zwischen Hof und Garten, »entre cour et jardin« (s. Abbildung 81)
Man sieht: diese Stadtpalais waren richtiggehende »Öffentlichkeits-Bremsen«, wahre Filter in noch nicht so trennscharf geschiedenen Verhältnissen von Privatem und Öffentlichem. In einer Zeit, da die Wohnungstür keineswegs die Grenze nach außen darstellte, versuchte sich die Aristokratie wirksam gegen diese Durchlässigkeit abzugrenzen. Ganz

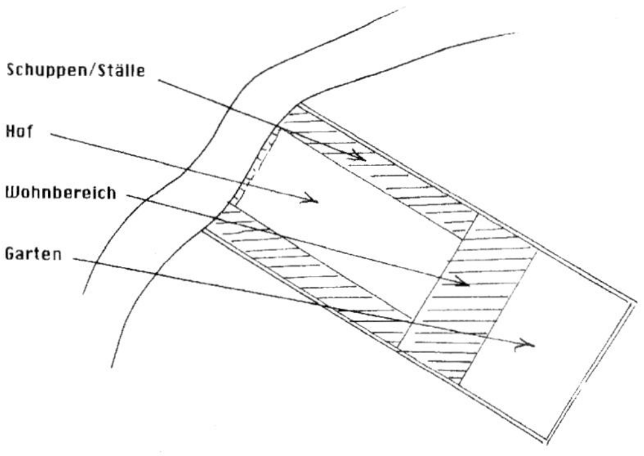

Abbildung 81
Die Anlage eines »Hôtel particulier« (schematisch)

deutlich ist deshalb die Opposition gegen die öffentliche Darstellungswut, den »Öffentlichkeitswahn« der bürgerlichen und der volkstümlichen Lebensstile. Von der Straße bis zum Garten gab es ein feines System der Übergänge bis hin zu den privaten Räumen. Und so sind gegen den Ansturm der bürgerlichen Zudringlichkeit auch die Binnenräume differenziert worden: man mußte antichambrieren, um an die Herren heranzukommen.
Solche Hôtels particuliers wurden schon relativ früh im Faubourg St.- Germain gebaut, bildeten ein »Villenviertel« und sie sind heute noch gut erhalten. Die aristokratischen Beutelschneider von damals sind freilich durch die Spesenritter von heute ersetzt. Beamte haben sich in den Palais fest eingenistet. Sind es nicht die französischen Beamten, wie beim berühmten Hôtel Matignon, dem Regierungssitz in der Rue de Varenne, so die fremdländischen, wie beim Hôtel de Beauharnais in der Rue de Lille, der deutschen Botschaft.
Natürlich sind in diesen Vierteln wie in anderen die verschiedensten Abwandlungen des oben skizzierten Typus des Hôtel particulier vorhanden. Manchmal bildet ein riesiger Park den Garten des Palais, so beim Hôtel Biron (1778), welches heute das Rodin-Museum beherbergt, und beim Palais du Luxembourg (s. Abb. 83).
Insgesamt jedoch verbürgerlicht das Hôtel particulier und fügt sich den Knappheitsbedingungen der Großstadt. Aus der zur Straße hinausgehenden Mauer wird zunächst ein fürstliches Portal, dann fügen sich Seitentürmchen an, denen kolossale Aufbauten und schließlich ganze Häuser folgen. Bei einer großen Zahl von Hôtels particuliers entfällt der klassische Garten (eine bequeme Lösung bot der Parc Monceau, auf den viele Hôtels hinausgingen). Kurz,

Abbildung 82
Straßenfassade, Gartenfassade und Plan des Hôtel de la Vrillière von Mansart
aus: Loyer 1987, 39.

1

2

3

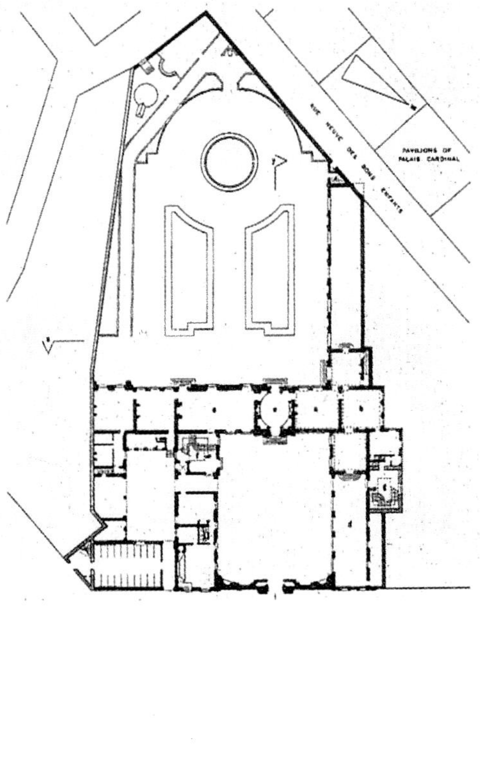

Abbildung 83
Das Palais du Luxembourg (1615)
Photo:
La Documentation Française.

die Parzelle verdichtet sich enorm, die Palais werden im 19. Jahrhundert zu sichtbaren Monumenten (s. Abb. 85). Sie fügen sich zwar in die Straßenflucht (»l'alignement est respecté«), die Individualisierungsabsicht jedoch macht die einst unauffälligen Gebäude oft zu plumpen Klötzen. Sie sind dann von den Mietskasernen oft kaum mehr zu unterscheiden.

In der Gegend unweit des Parc Monceau, etwa in der Rue Fortuny, gibt es andererseits kleine Stadtpalais, die nicht in diesem Maße monumental wirken. Sie sind viel stärker der Straßenlinie angepaßt, aber nicht unförmig; mit vielfältiger Ornamentik und Fassadenbrechung wird Individualität geschaffen. Auch im 16. Arrondissement, z. B. in der Rue de Longchamps, gibt es solche eindrucksvollen Straßenzeilen.

Von diesen kleinen Stadtpalais führt ein direkter Weg zu den Squares, den Stadt-Weilern (»hameaux«), Einfamilien-Villen (»villas«) und den »châlets«, die

Abbildung 84
Privatstraße im 16. Arrondissement
Photo: Schüle

Abbildungen 85
Hôtel particulier an
der Place Saint-Georges
aus: Loyer 1987, 85.

Abbildung 86
Villa im Châlet-Stil
im 16. Arrondissement
aus: Loyer 1987, 342.

es in demselben Viertel, dem 16. Arrondissement, häufig gibt. Ihnen gemein ist die Niedrigbauweise, der individuelle Lebensstil auf der Parzelle, der Grüngürtel vor dem oder um das Haus, sowie die private Nebenstraße. Für die Architekturgeschichte ist es bedeutsam, die verschiedenen Stilarten auseinanderzuhalten; für unseren Zusammenhang genügt es, die stadtsoziologischen Gemeinsamkeiten herauszuarbeiten. François Loyer hat sie, wie ich finde, ganz richtig als antiurbane Orte, »des lieux de l'anti-urbain«, geortet (Loyer 1987, 340). Und sie sind es genau mit der gleichen sozialen Differenzierungsabsicht wie die alt-aristokratischen Wohnsitze, die klassischen »hôtels particuliers«, die sich durch Abgeschlossenheit zur Straße hin sozial distanzierten. Bis in die Baumaterialien hinein wird in dieser Zeit die Ablehnung der Stein-Stadt dokumentiert: viel Backstein ist zu sehen, vor allem aber viel Holz nach Art der englischen Landhäuser (s. Abb. 86). Reich und mächtig ist im ausgehenden 19. Jahrhundert, wer sich diese niedrigen ruralen, grünen Sitze mitten in der Stadt leisten kann.

Wer heute im südlichen 16. Arrondissement den Hameau Boileau durchwandert, kann die extreme Segregation wohl spüren . . .
Die Mittel, den »Plebs« fernzuhalten, haben sich freilich stark verändert. Man wohnt nun unter sich, hat den öffentlichen Raum durch private Wege abgegrenzt, das Grün ist Zierde und Schutz zugleich, den Rest besorgen Hunde, Überwachungskameras, Sprechanlagen, Concierges und Wächter oder der Posten am Eingang zum kleinen »Dorf« in der Stadt (s. Abb. 84).

Das klassische Mietshaus

Das mehrgeschossige Wohnhaus und die Mietskaserne (»l'immeuble collectif« und »l'immeuble de rapport«)

Scheinwelten

Hin und wieder begegnet man Leuten, die sich lange in Paris aufhielten und erzählen, sie hätten Gott sei Dank keine einzige Mietskaserne gesehen; tatsächlich haben sie sich aber in einem Meer von Mietskasernen bewegt und dies garnicht wahrgenommen.
Ganz so erstaunlich ist das nicht, denn in einem gewissen Sinne hat das ganze 19. Jahrhundert mit falschen Wimpern und Schönheitspflästerchen gelebt. Mehr scheinen als sein galt allüberall. Wahr ist aber auch, daß die Form der sozialen Differenzierung eine viel größere Rolle spielte als heute. Und weil das so war, haben selbst die sozial Deklassierten mit viel Aufwand die Form gewahrt. Das ist der Grund, warum – von heute aus gesehen – die Verhältnisse auf den ersten Blick nicht immer zu erschließen sind. Der »Mann mit Stehkragen und Krawatte«, die »Frau mit blanker Schürze und Spitzenhäubchen« sind als Straßenarbeiter und Textilarbeiterin ohne diese Attribute heute nicht mehr ohne weiteres zu erkennen.
Zur Aufrechterhaltung von Scheinwelten und damit zur Mystifizierung von Paris haben aber auch Legionen von französischen und ausländischen Berichterstattern beigetragen, die von der Herkunft und den sozialen Kosten vor allem der Haussmannschen Veranstaltungen nichts wissen wollten. Ebenso scheinheilig wie nationalistisch haben z. B. französische Historiker, Kunsthistoriker und Urbanisten die evidenten ausländischen Einflüsse wenn nicht geleugnet, so doch gering geachtet. Dabei sind ganze Generationen von Studenten der Ecole des Beaux-Arts nach Italien gefahren und haben dort gelernt. Die Geschichte dieser Einflüsse ist ebensowenig geschrieben wie die über die Vorbildrolle Londons, einer Stadt, die Paris in allen wesentlichen Dingen im 19. Jahrhundert gewöhnlich gut 20 Jahre voraus war.

Die Entstehung des mehrgeschossigen Wohnens (»l'immeuble collectif«)

Das Wort »appartement« enthält schon in seinem Namen den Trennungsprozeß vom Ein-Familien-Wohnen. Diese Wohnstätte ist »à part«,»daneben«, bzw. gesondert, in der Regel übereinander gebaut. Und sie ist im ausgehenden Mittelalter durchaus etwas Neues.
Wie so oft kann man »das Neue« nicht so genau datieren. Sicher hat es schon im 14. und 15. Jahrhundert in Paris Häuser gegeben, in denen zwei Familien in zwei Stockwerken getrennt wohnten. Aber erst vor der Französischen Revolution unter Ludwig XVI. hat sich das Mietshaus wirklich durchgesetzt und verbreitet. Im Großen und Ganzen waren die Funktionen im Haus noch kaum festgelegt; selbst die Küche hatte nicht unbedingt einen festen Ort; unterm Dach schliefen zusätzlich vielleicht Studenten, Scherenschleifer oder Gesellen. Zum Teil sind die alten mehrgeschossigen Wohnhäuser noch heute erhalten – etwa in der Rue Bonaparte oder am Boulevard Beaumarchais.
Die Beobachter sind sich darin einig, daß diese ersten Formen des Mietshauses, die dann später die gesamte Stadtgestalt bestimmt haben, aristokratischen Ursprungs sind. Das ist auch sehr einleuchtend, denn die ersten übereinander gestapelten, hohen Wohneinheiten im Stadtbild waren die königlich-aristokratischen Zeilen, z. B. an der Place Vendôme oder an der Place des Vosges. Dort hatte man ja nicht einfach hôtels particuliers übereinandergepackt, die königliche Fuchtel hatte vielmehr den partikularen Hof, den partikularen Garten, die individuelle Fassade mit sanftem Zwang zu einem

Abbildung 87
Pont Neuf und Eingang zur Place Dauphine
aus: Beaudouin 1988, 160.

kompakten Ganzen gefügt (so an der Place Dauphine).
Es ist architektur- und stilgeschichtlich also sicher berechtigt, eine Entwicklungslinie vom Königsbau über das Mietshaus unter Ludwig XVI. zum Mietshaus der Restauration, der Juli-Monarchie und dann zur Haussmannschen Mietskaserne zu ziehen.

Stil, Maßstab und Proportion

Betrachtet man nun die Entwicklungslinie im einzelnen, so fallen gewichtige Unterschiede und Transformationen auf. Die Königsbauten hatten schon Anfang des 17. Jahrhunderts (und natürlich auch schon bei der Place Dauphine) mehrere Parzellen umfaßt, eine Zeile, ja die Dimension eines ganzen Blocks erreicht. Aber das war die Ausnahme. Erst langsam nämlich entwickelte sich jene strukturelle, auf das ganze innere Stadtgebiet bezogene Transformation, bei der die Planer erst zwei, drei Parzellen zusammenlegten, dann ganze Zeilen angingen, einen Block bebauten und schließlich, wie Haussmann, ein ganzes Viertel umstülpten. Die Ausweitung der Grundstücksgrößen, bei der die Fassaden breite einen Sprung von ca. 6 auf 20 m machte, hatte freilich ihre Grenzen im engen Stadtinnenraum. Als Ausweg blieb also nur der Neubau ganzer Blöcke oder Viertel »auf der grünen Wiese« oder der Abriß bzw. Durchbruch (»le percement«) der alten Viertel. Der Modus des Bauens und damit die Planungsperspektive hatte sich demnach grundsätzlich verändert. Für beide Veränderungen sind Restauration und Juli-Monarchie bedeutsame Schrittmacher gewesen: die Restauration, indem sie die ersten großen Quartieransiedlungen unternimmt (Saint Vincent-de-Paul etwa oder das »Europe«-Viertel); die Juli-Monarchie, indem sie, 1833 unterstützt durch den Präfekten Rambuteau, die ersten Durchbrüche im Hallen-Viertel vorexerziert. Es ist tatsächlich nicht so sehr die Gebäudehöhe, die die Stadtgestalt grundlegend verändert hat; eine viel größere Rolle spielte die Ausweitung der Parzelle. François Loyer schreibt:

»Weniger die Traufhöhe ist es also, die den architektonischen Typus des Pariser Wohnhauses bestimmt, als der Bruch zwischen traditionellem Stadthaus und dem eigentlichen Mietshaus auf der Ebene der Parzelle« (Loyer 1987, 89).

Die traditionelle Stadt-Gestalt war zwar ungemein flach, aber durch die große Dichte und die schmalen Fassadenbreiten doch wohlproportioniert. Da das Fachwerk, um dem Feuer zu wehren, in der Regel unter Putz lag und an der Fassade, zumindest in einfacheren Häusern, kaum Gesimse, Balkone oder Erker üblich waren, ergab sich trotz aller Höhenunterschiede ein zwar bisweilen vielleicht etwas

Abbildung 88
Ein Mietshaus aus der Zeit Ludwigs XVI. in der Rue de Buci
aus: Loyer 1987, 48.

monotones, aber doch harmonisches Bild. Diese feingliedrige Stadt-Gestalt ist durch die Mietshäuser nachhaltig verändert worden. Die parzellenüberschreitende Bauweise machte die Stadt-Gestalt breit, fett, monumental. Und dies wurde noch verstärkt in der Vorläuferzeit, etwa der Restauration, wo das strukturelle Netz der Bauten noch nicht hergestellt war, und wo die Fassade durch die wuchtige Betonung der »bel étage« oder durch eine Mauer aus behauenem Stein im Erdgeschoß die bürgerliche Behäbigkeit noch betonte (s. Abb. 89).

Paradoxerweise hat gerade das sechs- bis achtgeschossige Haussmannsche Haus dann die Behäbigkeit durch seine horizontalbetonte Stadt-Gestalt verändert. Da die Häuser höher wurden und die Straßen breiter, wirkten sie weniger schwerfällig. Die weniger scharfe soziale Ausprägung ergab eine Harmonisierung der Fassade; weil Maßstab und Proportion nicht mehr so stark auf das Einzelhaus bezogen waren, sondern auf den Block und das Quartier, wanderte die Monumentalität in eine andere Dimension: nämlich auf die ganze Stadt.

Fassaden

Die gerade sehr grob geschilderte Entwicklung der Gebäudeformen hatte zur Folge, daß durch die Fassade manche Disproportion des Gebäudes gemildert werden mußte. Das Haussmannsche Programm hatte den großen Vorteil, daß es – indem es dem Großbürgertum seine eigenen Stadträume zuwies – zunehmend die sozialen Schranken weniger deutlich vertikal in der Fassade zum Ausdruck bringen mußte, sondern horizontal im abgegrenzten, homogenen Stadtraum, wo man unter sich war. Das ist der Grund für die relative Homogenität der Haussmannschen Architektur, und nicht der oft bemühte »esprit classique«, der französische Rationalismus oder der traditionelle Ordnungssinn. Hinzu kamen die technisch-industriellen Umwälzungen: der komplette Zeilenbau mit mechanisierter Steinfertigung oder die Erfindung des Aufzugs, der die soziale Hierarchie im Mietshaus nivellierte, denn nun war jedes Stockwerk gleich gut zu erreichen.
Vergleicht man z. B. die Fassade eines Mietshauses der ersten Hälfte des Jahrhunderts mit späteren Haussmannschen Bauten, so werden die Unterschiede recht deutlich (s. Abbildungen 89 und 90): das Restaurationsgebäude markiert den Geschäftsbereich im Erdgeschoß deutlich abgesondert; die »bel étage« trägt noch alle Insignien der Herrschaftlichkeit: man hat in der Regel einen Balkon, die »bel Etage« ist durch ein Gesims herausgehoben, die zwei darüberliegenden »noblen« Etagen sind deutlich sozial minder ausgestattet; wenn eine Etage zurückgesetzt (im »retiré«) folgt, so war diese »Zurücksetzung« sicher auch sozial so gemeint.

Abbildung 89
Ein Restaurationshaus in der Rue La Fayette
Photo: Schüle

Abbildung 90
Links ein Restaurationshaus, rechts ein Haussmann-Haus
Photo: Schüle

Abbildung 91
Gebäude in der Rue Madame
Photo: Schüle

Beim Haussmannschen Haus sind alle Merkmale der sozialen Hierarchie selbstverständlich auch noch erkennbar, aber die bürgerliche »égalité« ist ganz deutlich. Am Ende können alle Etagen Balkone aufweisen, Fensterschmiedewerk überall, das »retiré« wird schon oft zum 6. Stockwerk.
Zum Gesichtsverlust des Haussmann-Hauses hatte ganz erheblich die Erfindung der zusammenklappbaren, eisernen Fensterläden beigetragen, die seitlich im Gesims verschwinden konnten. Das Haus hatte auf diese Weise sozusagen seine Wimpern verloren. Diese Anfang der 40er Jahre des 19. Jahrhunderts aufkommenden Läden sind bis heute ein Merkmal der Haussmann-Häuser geblieben.
Beim Restaurations-Haus hingegen sieht man, wie wichtige Strukturierungsmomente die Läden sind. Die waagrechten Sparren der Läden betonen zwar noch einmal die Horizontale, sie machen das Haus jedoch feingliedriger, und die Läden selbst verstekken ein wenig die plumpe Baumasse. Kurz, sehr viel deutlicher als der sich nach innen öffnende Fensterflügel oder die zusammenklappbaren Läden markieren und gestalten diese Fensterläden das Restaurations-Haus. Dessen waren sich die Baumeister der Zeit sehr wohl bewußt und sie haben daher die Fenster oft so eng gesetzt, daß die Flügel des einen Fensters jene des danebenliegenden Fensters fast berührten. Damit wurde die Wirkung der Fenster erhöht und ein unglaublich starker Eindruck von Transparenz erreicht (s. Abb. 91).
Nimmt man hinzu, daß diese Fenster eigentlich Türen waren (sie umfaßten in der Vertikalen durchgehend das ganze Stockwerk), so erklärt sich leicht, auf welch gelungene Weise der Eindruck eines plumpen Gebäudes vermieden werden konnte.

Exkurs zum Haussmann-Haus

In jeder Typisierung besteht die Gefahr der sträflichen Vereinfachung. Im Handumdrehen wird man zum »terrible simplificateur«. Man sollte sich also klarmachen, daß die Wohnfläche pro Wohnung im sogenannten Haussmann-Haus zwischen 30 m^2 und über 400 m^2 (so etwa am Boulevard Saint-Germain) schwanken konnte! Es gab auch bei diesem Typus vielfältige Abstufungen: von der ganz mit Quaderstein versehenen Fassade mit Skulpturen und Ornamenten über die Fassade mit Steinskelett und Ziegelausfachung bis hin zur »gemalten« Fassade, den vorgetäuschten Steinen, den (später) aus Zement geformten Nachbesserungen usw.
Große Verwirrung herrscht auch in der Namensgebung und Benennung der Gebäudeform. Mit großem Staunen sehen Paris-Besucher z. B. die »bel étage« im 3. Stock! Hatten sie doch immer gelernt, jener berühmte »Monsieur du Premier« wohne im 1. Stock? Das kommt z. B. daher, daß die »bel étage« sehr oft über dem »entresol«, dem Zwischenstockwerk liegt. Geschosse sollten also vom Erdboden an gezählt werden:
3. Geschoß
2. Geschoß
1. Geschoß

Bei den Etagen beginnt die Zählung, wie auch in anderen Ländern üblich, erst über dem Erdgeschoß:
2. Etage
1. Etage
Erdgeschoß

Wenn ein Zwischengeschoß vorhanden ist, beginnt die Etagenzählung also tatsächlich im 3. Geschoß:
1.Etage
Zwischengeschoß
Erdgeschoß

Abbildung 92
Drei Haussmann-Häuser im Vergleich
Oben links: Gebäude in der Rue Neuve-des-Mathurins (1860)
Oben rechts: Gebäude am Bd. de Sébastopol (1860)
aus: Loyer 1987, 250 und 134.

Abbildung 93
Rechts: Schematische Darstellung eines Haussmann-Hauses (1858)
aus: Benevolo 1990, 848.

Was aber ist ein Haussmann-Haus? Die Antwort lautet: Es gibt nicht ein einziges feststehendes Merkmal, nicht einmal eine bestimmte Höhe oder Fassadenbreite, aber ein dehnbares Bündel von Merkmalen, die zusammengenommen den Typus ausmachen. Schauen wir uns an, was die Kenner uns als Typus anbieten (s. Abbildungen 92 und 93):
Das Haussmann-Haus hat offensichtlich mindestens sechs Vollgeschosse; die Form der Gebäude hängt davon ab,

- ob im Erdgeschoß ein Laden ist,
- ob es ein Zwischengeschoß gibt,
- ob das 6. oder 7. Geschoß zurückgesetzt ist.
- Es gibt in der Regel einen Balkon, mindestens aber vor den Fenstern eine verzierte Eisenballustrade;
- das Haus hat in der Regel keine Fensterläden nach außen, sondern seitlich einklappbare Eisenläden;
- der größte Teil der Fassade ist aus Quaderstein,
- jedes Stockwerk zeigt ein auskragendes Gesims;
- das 7. Geschoß (oder die 6. Etage) kann sehr unterschiedlich gestaltet sein: manchmal gibt es Mansarden, manchmal nur Luken im Dachgestühl; ebenso können die Proportionen des Gebäudes variieren, je nachdem, ob die Häuserfront vier, fünf, sechs, sieben, acht oder neun Fensterzeilen enthält.

Das Haussmann-Haus hat dann eine Reihe von Veränderungen durchgemacht, die das Aussehen beträchtlich beeinflußten. Nachdem 1859 die 5. Eta-

Abbildung 94
Fin-de-siècle-Bau mit Dachhaube
Photo: Schüle

ge zur Straße hin endgültig abgesegnet worden war, konzentrierte sich das Interesse ganz auf den Dachstuhl (»le comble«). Die Bauvorschriften von 1884 und 1902 hatten zur Folge, daß oben bis zu drei (!) zusätzliche Etagen aufgesetzt werden durften und zwar entweder durch zurückgesetztes Übereinanderschichten oder durch jene beeindruckende Dachhauben des fin-de-siècle (s. Abbildungen 94 und 95). Die »réglements« erlauben nun auch eine weitergehende Fassadenausgestaltung. Es entstehen jene monumentalen Jahrhundertwende-Klötze, die entweder durch ihre Masse oder durch die Maßlosigkeit des Fassadenpomps glänzen.
Nicht nur Ornamente sprießen üppig, nicht nur Menschen und Tiere zieren zunehmend die Außenfronten der Gebäude, die Front selbst wird durch Erker und Absätze durchbrochen:

»Von 1880 bis 1914, und ganz besonders nachdem die Bauvorschriften von 1902 Vorbauten, Auskragungen und bow-windows zuließen, windet sich an den Fassaden geradezu ein zoologisch-botanisches Delirium, welches Ochse und Elephant zusammenfügt, Löwe und Spaghetti verbindet, männliche und weibliche Herkulesse vereint« (Beaujeu-Garnier 1956, 77).

Daneben gab es natürlich insbesondere an der Stadtperipherie jenes Gestrüpp aus echten und unechten Haussmann-Häusern, das die Stadt-Gestalt mitbestimmte. Ohne Zweifel ist dabei dennoch eine ein-

Abbildung 95
Dachstuhlverdoppelung in der Rue de l'Echelle
Photo: Schüle

Abbildung 96
Straßenlaterne und Toilettenhäuschen (Vespasienne)
aus: Loyer 1987, 308 und 109.

heitliche Wirkung des Stadtbildes erzielt worden, das fast 100 Jahre aufrechterhalten werden konnte.
Dies war nur möglich, weil das Haussmann-Haus eben nicht bloß ein Haus, sondern eine ganze Quartiersplanung umfaßte; man muß sich klarmachen, daß das gesamte städtebauliche Referenzsystem des Zweiten Kaiserreiches seine Wirkungen zeitigte. Es genügte dann oftmals ein Detail – ein Balkongitter, ein Stück Straßenmöblierung, ein Schild oder eine Laterne (s. Abb. 96) – um die Gesamtstruktur zu evozieren.
Das Haussmann-Haus zeigt, wie wir sahen, große Verschiedenheiten; sein Aussehen hat sich bis zur Jahrhundertwende stark verändert. Dennoch ist das Referenzsystem relativ gleich geblieben, der Maßstab nicht revolutioniert worden:

»Die Geschichte des Pariser Wohnhauses ist folglich die einer unglaublichen Verdichtung ohne allzu spektakuläre Veränderung der Gebäudegestalt: die Parzelle weitet sich, die Flächen füllen sich, die Stockwerke nehmen zu, aber die Fassaden-Gestalt bleibt gleich, gefangen in den traditionellen Proportionen der klassischen Ordnung« (Loyer 1987, 209).

Der Binnenraum

Unter »Binnenraum« versteht man gewöhnlich den Raum innerhalb eines Gebäudes. Ohne den Außenraum, ohne die Parzelle etwa, ohne das Verhältnis zur Straße zu berücksichtigen, läßt sich der Binnenraum freilich nicht betrachten.
Eine sozialhistorisch wichtige, den Binnenraum strukturierende Entwicklung ist natürlich die neue bürgerliche Orientierung zur Straße und zur Öffentlichkeit hin, die sich mit den alten städtischen Lebensweisen, die auch diese Orientierung aufwiesen, verband. Die Häuser an der Rue de Rivoli (1823) zeugen selbstverständlich schon von dieser neuen Orientierung.
Nun hat bürgerliches Wohnen stets aristokratische Wohnkultur nachgeäfft; es hat aber zugleich – und nicht zuletzt unter dem Druck ökonomischer Bedingungen – eigenständige Wege entwickelt. Bürgerliches Wohnen im Stadthaus hat zumeist sehr wohl die aristokratische Wohnweise zwischen Hof und Garten übernommen. Das ging aber nicht ohne »Prächtigkeits-Verluste« ab (s. Abb. 98). Als erstes wurde der Garten geopfert. Er fiel der städtischen Verdichtung zum Opfer, wandelte sich manchmal zum zweiten Hof (s. Abb. 99), schmolz zum in den

Abbildung 97
Fassadenschmuck und Balkongitter
Photos: Schüle

hintersten Winkel gepackten Misthaufenloch (s. Abb. 100) und fiel dann ganz weg (s. Abb. 104).
Der Hof wird bei dieser Entwicklung zum Hinterhof, er gerät immer stärker unter den Verdichtungsdruck. Aufgrund des Parzellenzuschnitts und der Bauvorschriften ist in Paris ja nie – wie in Berlin – ein ganzes System von Hinterhöfen entstanden. Gemeinschaftshöfe wie in Italien sind sehr selten. Der Hof wird folglich kleiner, wird zum Höfchen (»la courette«) oder verkommt zum bloßen Luftschacht. Der Orientierung zur Straße hin wird also alles untergeordnet, bis das Wohnen im Hinterhaus zu Anfang des 20. Jahrhunderts gegenüber dem lärmausgesetzten Vorderhaus eine soziale Aufwertung erhält. Jetzt gewinnt auch der Hof wieder an Bedeutung.
Schaut man sich nun den Binnenraum in engerem Sinne an, so sind dort ebenfalls tiefgreifende Veränderungen zu entdecken. Im Hinblick auf die Pläne ist die Trennung (Segregation) des Dienstpersonals vom bürgerlichen Wohnen am auffälligsten. Der ganze Bereich von Küche, Versorgung und Unterkunft des Personals ist sorgsam abgetrennt; das Personal erhält einen eigenen Aufgang (»escalier de service«). Bildete sich anfangs diese Trennung auf der Ebene der Etage heraus, so ist nach und nach, ab Mitte des 19. Jahrhunderts, das Personal in andere Stockwerke abgeschoben worden. Es logierte dann in unglaublich primitiven Verhältnissen und in größter Enge im 6. Stock, »dans les combles«.
Auf der Abbildung 101 kann man die unterschiedliche Wohndichte besonders gut erkennen. Was nun die eigentliche bürgerliche Wohnsphäre angeht, so sind drei sehr klare Entwicklungen auszumachen: Die gewichtigste sozialräumliche Besonderheit des Pariser Wohnens ist die Offenheit, das Ineinanderübergehen der Räume, »l'enfilade«, (ganz deutlich

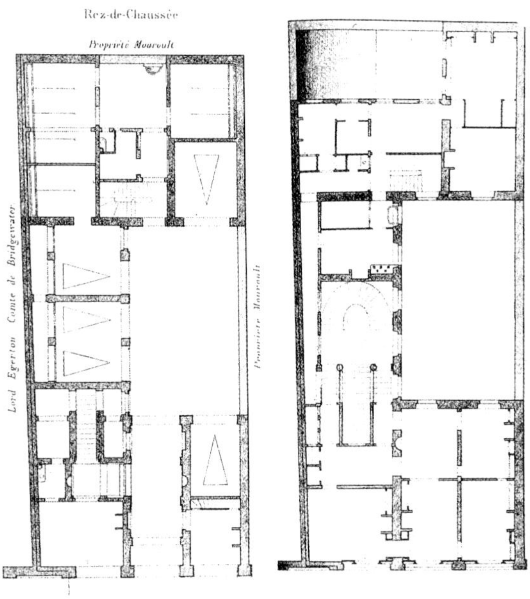

Abbildung 99
Zwei Stockwerke eines Hauses in der Rue de Rivoli
aus: Loyer 1987, 215.

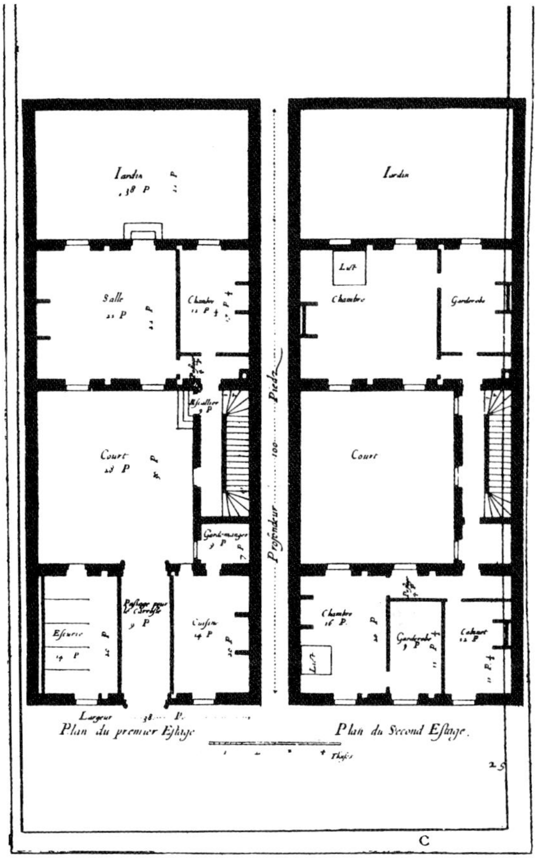

Abbildung 98 (rechts)
Zweistöckiges Bürgerhaus (17. Jahrhundert)
aus: Benevolo 1990, 731.

etwa bei Abbildung 101). Während in Italien die Zimmer sehr oft längs eines Flurs oder in Laubengängen liegen und in England abgeschlossene Einzelzimmer bevorzugt werden, hat die »Zimmerflucht« in Frankreich eine ganz eigene Tradition. Einerseits ist diese Wohnweise Abklatsch des repräsentativen aristokratischen Wohnens, andererseits ist sie aber auch einem ganz realen, neuen Wohnverhalten geschuldet. Olsen zitiert englische Zeitgenossen, die diese französische Sonderheit sofort wahrgenommen – und moralisch verurteilt haben:

»Eine französische Familie bedarf einfach keiner Ungestörtheit – sie sieht eben in einem Durchgangszimmer nichts Anstößiges, und ebenso wenig an Schlafräumen, die nicht nur unmittelbar an Wohnräume angrenzen und durch Türen mit ihnen verbunden sind, sondern einzig und allein durch letztere betreten werden können. Natürlich stört sie das gar nicht, denn anderenfalls würden sie eine derart anstößige Raumeinteilung nicht dulden. Aber sie dulden sie durchaus, und daß sie es tun, spricht nicht unbedingt für eine kultivierte Lebensart« (in: Olsen 1988, 155).

Richtig erkannt hat dieser englische Beobachter, daß die bürgerliche Pariser Schlafstätte offen und »multifungibel« gehalten wird – für Engländer mit ihren streng geschlossenen Schlaf-Kühl-Kammern in der Tat eine Horrorvorstellung. Und so fällt die englische Gesamtkritik denn auch herb aus:

»Was mit dem vornehmen Wort 'Vorraum' bezeichnet wird, ist nichts als ein dunkler Flur! – von neun auf vier Fuß –, der dem Eßzimmer vorgelagert ist, wobei letzteres in Wahrheit als der eigentliche und einzige Vorraum dient, insofern es unmöglich ist, irgendeinen der anderen Räume und selbst die Küche zu erreichen, ohne dieses Eßzimmer zu durchqueren. Öffnet man die Tür vom sogenannten 'Vorraum' zum Eßzimmer, stößt sie unmittelbar an den offenen Kamin, der zwischen dieser und

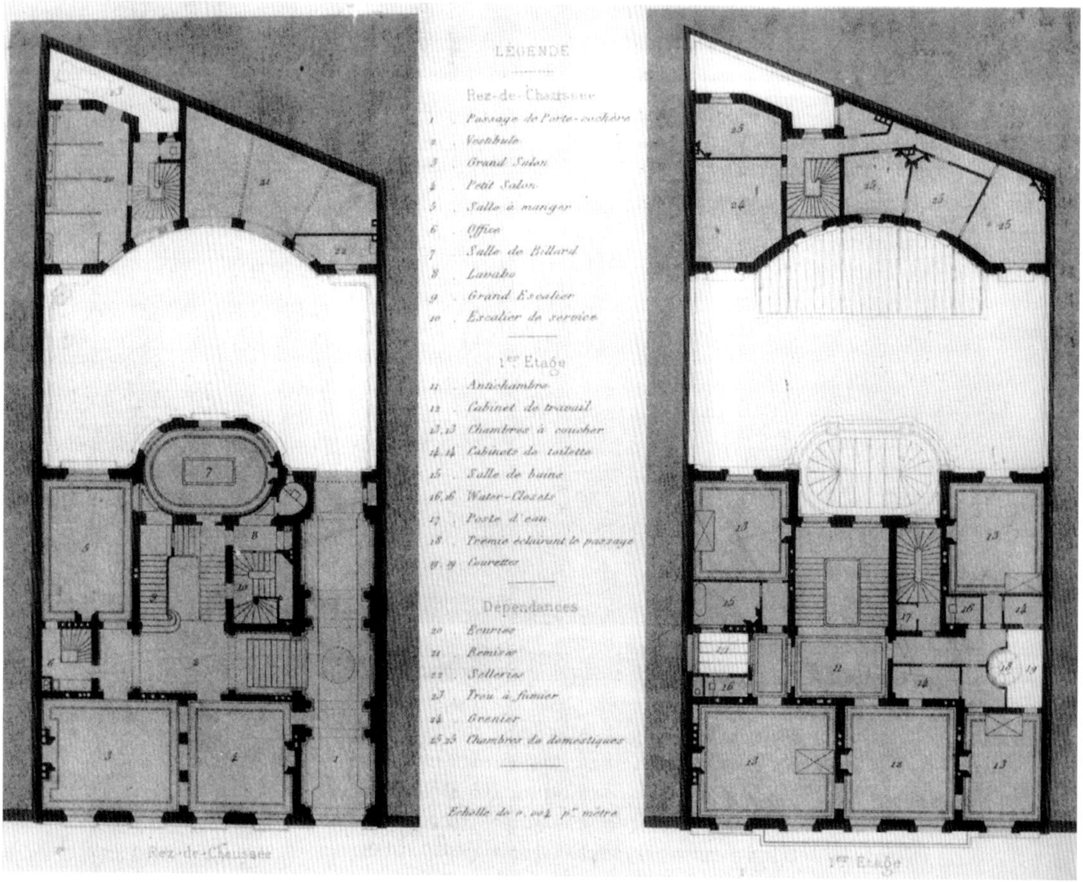

einer weiteren Tür eingequetscht ist, so daß an ein Sitzen 'vor dem Kamin' nicht zu denken ist. Und wo diese zweite Tür wohl hinführen mag? Wahrhaftig: geradewegs in die Küche . . . Nach der anderen Seite des Eßzimmers liegt der Salon (etwa 40 Fuß im Quadrat) und hinter diesem zwei Schlafräume, wovon das eine dem anderen als Durchgang dient, ganz wie schon der Salon als Durchgang zu beiden Schlafzimmern. Auf welch bewundernswerte Weise hier doch Anstand und Behaglichkeit gewahrt sind!« (in: Olsen 1988, 154).

Was die Zeitgenossen dabei in der Regel übersahen, ist, daß durch das Antichambre, durch das Vorzimmer, durch Vor-Salons, durch Büros usw. ein fein abgestuftes räumliches Übergangssystem hin zum Privaten geschaffen wurde. Und wo dies räumlich nicht möglich war, setzte man, z. B. gegenüber der Dienerschaft, soziale Grenzen. Zudem hatte diese Öffentlichkeit und Multifunktionalität durchaus

Abbildung 100
Gebäude in der Rue de Prony (1883)
aus: Loyer 1987, 336.

den Vorteil, die überall herrschende räumliche Enge zu kaschieren, denn man hatte ja für denselben Raum verschiedene Nutzungen.
Gegenüber dem gut ausgestatteten Londoner Stadthaus ist die Pariser Bürgerwohnung sicherlich weniger komfortabel gewesen – sie war kleiner, Wasser, Gas, Heizung usw. fehlten, zumindesten am Anfang –, aber die erlesene Innenraumgestaltung und vor allem die soziale Ingebrauchnahme machten sie zu einem angenehmen Ort für eine bestimmte Schicht. Schon früh sind freilich auch die Widersprüche dieser Wohnweise wahrgenommen worden. Man erkannte schon Mitte des 19. Jahrhunderts, warum Pariser so gerne ausgingen – eben wegen ihrer

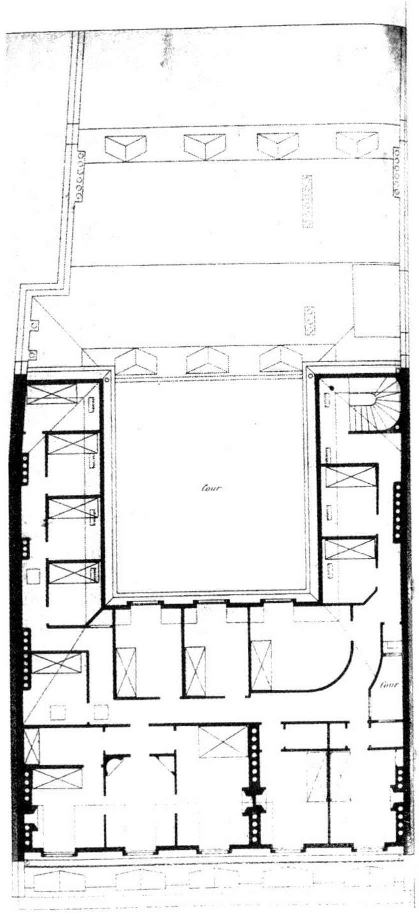

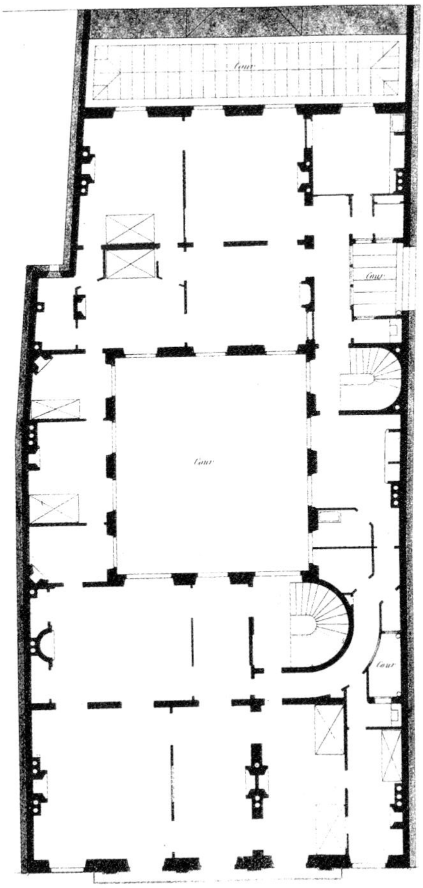

Abbildung 101
Haus am Bd. Sébastopol (ca. 1860)
aus: Loyer 1987, 216.

beengten Wohnverhältnisse! Es entsteht, oft noch durch puritanische Moral verdeckt, das Bild des Paris-Pittoresque:

»Hinter den aufgedonnerten Fassaden und großspurigen Räumen, die auf den Boulevard hinausgehen, liegen enge, dunkle Korridore, fensterlose Badezimmer, halsbrecherisch steile Dienstbotentreppen und ausnahmslos unter jedem Dach auch noch ein wahres Labyrinth aus lauter kleinen, nur mit Ziegelfußböden versehenen Zimmern, die ursprünglich weder Wasser noch Heizung kannten und wo die pariserischsten aller Pariser hausten – wie flinke Mäuse in den Ritzen eines für ein legendäres Riesengeschlecht errichteten Gebäudes« (in: Olsen 1988, 159).

Die oben beschriebene Offenheit der Räume und ihre nicht eindeutige funktionale Festlegung wird im Laufe des 19. Jahrhunderts freilich aufgegeben. Der Rückzug ins Gebäudeinnere, vor allem wegen des horrend zunehmenden Verkehrs, schafft – das ist die zweite wichtige Entwicklung – funktional neue Verhältnisse: Tendenziell werden die Küche, das Personal und der Aufgang im hinteren Drittel des Gebäudes verteilt (wobei das Personal immer mehr unter das Dach gedrängt wird); zum Hof hinaus liegen nun Schlafzimmer und die soziale Verteilerstätte Eßzimmer als Gemeinschaftsraum, während zur Fassade und Straße hinaus im wesentlichen die Repräsentation, der Salon liegt, sowie mitunter ein Zimmer oder Büro (so in Abbildung 104). Das Verhältnis von Öffentlichkeit und Privatheit, von innen und außen, ist somit grundlegend verändert worden, die

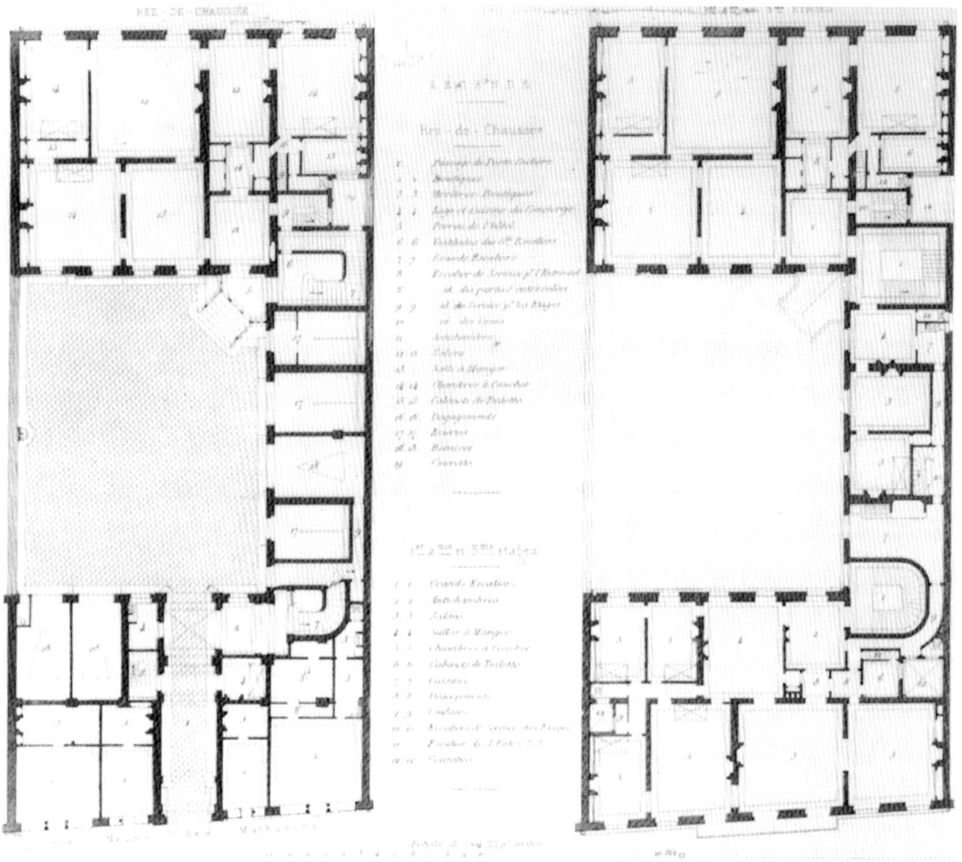

Abbildung 102
Haus an der Rue des Mathurins (1860)
aus: Olsen 1988, 150.

Abbildung 103
Unten und gegenüberliegende Seite:
Das Aufplustern des Binnenraumes
(Die Wohnung als »Futteral«),
Kacheln und Ofen
aus: Loyer 1987, 186 und 189.

Fassade zum Hof gewinnt an Bedeutung, dem öffentlichen Raum wurde der Rücken zugekehrt. François Loyer hat diesen Wandel mit großer Genauigkeit umrissen:

»Seit dem Zweiten Kaiserreich zeigen manche Zimmer wie Küche, Toiletten oder Bad nicht veränderbare bauliche Voraussetzungen; es sind Zwänge, die in der Baukonstruktion liegen (unumgänglich war etwa das genaue Übereinanderliegen der Abflußrohre). Die Wohnräume erfahren eine ähnliche Spezialisierung, weil sich je nach Funktionszuordnung auch die Ausstattung verändert – man erkennt auf einen Schlag den Unterschied zwischen Schlafzimmer, Eßzimmer oder dem Salon! Diese Systematisierung der Planungsgrundlagen geht mit der technischen Normierung, die die Industriegesellschaft erzwingt, einher. Sie macht aus der Haussmann-Wohnung um 1870 eine festgelegte räumliche Ordnung. Während

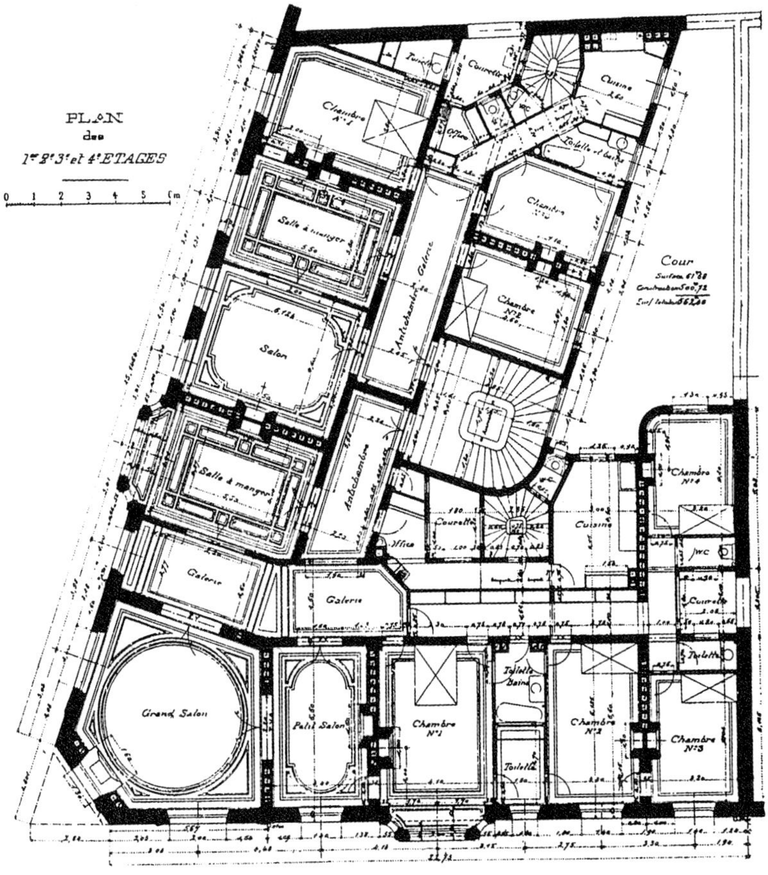

Abbildung 104
Bürgerhaus in der
Rue Théodore-Banville
aus: Loyer 1987, 212

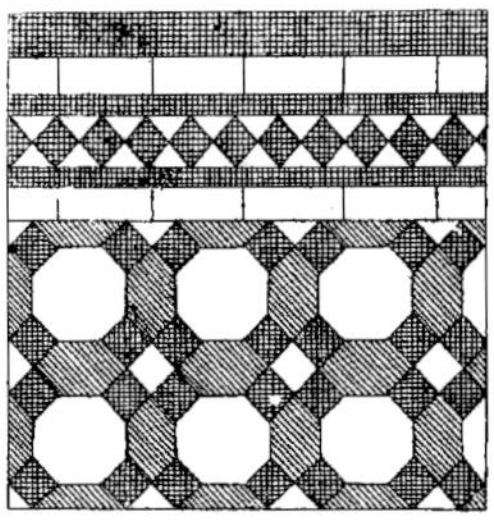

langer Zeit hatte sich die Funktionsverteilung nach der Entwicklung der Lebensweise und den Sozialbeziehungen der Bewohner gerichtet; der festgelegte Plan bürgerlichen Wohnens konditioniert aber nunmehr die Lebensweise der Bewohner. Er bringt sie schließlich dahin, schlecht in Räumen zu leben, deren Funktionsfestlegung nicht mehr mit der wirklichen Nutzung übereinstimmt« (Loyer 1987, 220).

Die Gestalt der Binnenräume hat sich noch in einer dritten Art und Weise verändert. Man denke an das extreme Aufplustern des Innenraums, an die Differenzierung der Einrichtungsgegenstände, an die Ausschmückung und Verfeinerung der Räume selbst (etwa durch Stuck). Noch trägt diese Differenzierung nicht gänzlich den Stempel industrieller Fertigung, zumindest wird versucht, das nackte Gesicht des In-

dustrieprodukts zu kaschieren. Ähnlich wie bei der Ausgestaltung der Fassaden versteckt die Verzierung die industrielle Herkunft. Deutlich sichtbar ist der Vorgang bis in die haustechnischen Gerätschaften hinein. Kacheln, Badewannen, Gasboiler, Kamine, Öfen, Herde sowie eine Vielzahl der Küchengeräte weisen noch Ornamente und Blümchen, Erkerchen und Winkelchen auf, und das Mobiliar erhält eine ganz ähnliche Aufplusterung (s. Abb. 103).
Die Verfeinerung reicht natürlich bis hin zu ausgearbeiteten Intarsien, Gobelins, verzierten Treppen usw. Walter Benjamin hat, als er die Entstehung bürgerlichen Wohnens beschrieb, das Bild des »Futterals« herangezogen und damit sicher diese extreme »Fütterung« nach innen bei gleichzeitiger Abschließung nach außen kennzeichnen wollen. Der private Innenraum war nun so scharf wie nie zuvor vom Außenraum getrennt. Die Leidtragenden dieser Entwicklung waren dabei sicher die Frauen.

Das moderne Mietshaus

Das Haussmannsche Mietshaus ist unter den verschiedensten Erscheinungsformen tradiert worden: bis zur Jahrhundertwende dominierte das neo-klassizistische Haus, angeknüpft wurde aber auch an Ludwig XIV., an neugotische Stile, seltener waren Jugendstil und Art-Deco vertreten (s. Abb. 105).
Die Beobachter sind sich jedoch einig darin, daß trotz der großen Stilvielfalt, die zu beschreiben eine eigene Architekturgeschichte erforderlich machen würde, im Grunde bis in die 60er Jahre des 20. Jahrhunderts »das System Haussmann« die Stadt-Gestalt geprägt hat.
Erst durch die sozial destruktiven baurechtlichen Vorschriften von 1967 hat sich das System grundsätzlich verändert. Der urbane Zusammenhalt der Stadt wurde durch dieses »règlement« buchstäblich gesprengt, es führte zur Zerstörung der Stadt-Landschaft (»éclatement du paysage urbain«), und zwar vertikal durch die Freigabe der Höhen und horizontal durch die Aufgabe der Baufluchtlinie:

»Wenn man berücksichtigt, daß der Bruch mit der Baufluchtlinie ermutigt worden ist – was man an Tiefe verliert, gewinnt man an Höhe –, so erkennt man, daß das Reglement exzessiv 'Haussmann-konträr' ist (Loyer 1987,457).

Abbildung 105
Jugendstilportal in der Avenue Rapp
Photo: Schüle

Wir haben im Kapitel Stadtentwicklung gesehen, zu welchen Exzessen und Fehlleistungen am Stadtrand und in der Vorstadt diese unter de Gaulle und Pompidou sich vollziehenden Veränderungen geführt haben. Die sozialräumlich entscheidenden Entwicklungen sind von François Loyer, dem wir nun wiederholt gefolgt sind, so beschrieben worden:

»Nicht allein die Straßenflucht verschwindet, sondern die Grenze zwischen 'öffentlich' und 'privat' wird undeutlicher – zahlreich sind die Überreste, deren Status ambivalent wird (nur ein Zeichen auf dem Boden markiert eine Besitzgrenze, die nur juristischen Wert hat). Alle tradierten Raumgrenzen geraten so sehr in Widerstreit, daß alle Barrieren – Mauern, Erhebungen, Gitter – wegfallen zu Gunsten eines undifferenzierten Raum-Kontinuums« (Loyer 1987, 456).

Die gigantische, sehr oft menschenverachtende Veränderung der Stadt-Gestalt in den 60er Jahren kann

Abbildung 106
HBM-Wohnungsbau
in der Rue Henri Becque
aus: Kolboom 1986, 154

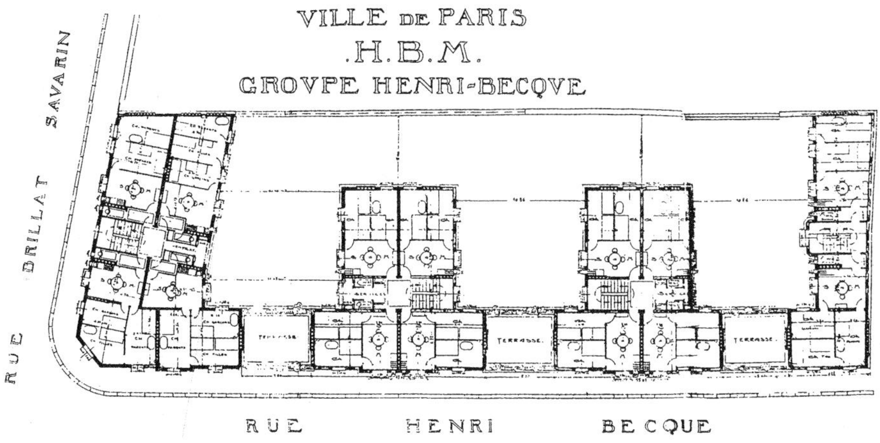

man vielleicht nur verstehen, wenn man genauer hinblickt und sieht, wie merkwürdig sich damals die gigantische Wohnungsmisere mit dem radikalkapitalistischen Aufbruch und dem philanthropisch-sozialen (auch sozialistischen) Fortschrittsglauben verquickt hatte. Dafür gab es im übrigen wichtige, historisch vorgängige und prägende Entwicklungen. Gemeint sind nicht nur die Stadtplaner, etwa der Kreis derjenigen, die die Charta von Athen unterstützten und die schon sehr früh die Funktionstrennung von Wohnen, Verkehr und Freizeit begrüßten. Gemeint ist eher das Unvermögen in allen Lagern, die grundsätzliche soziale Ambivalenz aller Planungsmaßstäbe zu erkennen.

So ist der Höhenwahn samt der Licht-Luft-Sonne-Ideologie entstanden (wobei man den sozialen Bruch mit der Nachbarschaft nicht wahrhaben wollte); so ist die Grün-Ideologie entstanden (wobei das Nutzlos- oder Ambivalentwerden der Grünflächen zwischen Hochhäusern garnicht gesehen wurde); so ist der Wahn von der autogerechten Stadt entstanden (und auch dort dauerte es lange, bis man sah, welche sozial-kulturellen Funktionen Straßen auch sonst noch erfüllen); so ist der Hygiene-Wahn aufgekommen (man sah lange Zeit nicht, welche antisoziale Folgen die nun hygienisierte Wohnung hatte); so ist vor allem der Machbarkeits- und Größenwahn im Bausektor entstanden (die Mieterinteressen blieben

Abbildung 107
HBM-Wohnungsbau in der
Rue Henri Becque 1997
Photo: Schüle

Abbildung 108
Sozialer Wohnungsbau am Péripherique aus den Zwanziger Jahren
Photo: Schüle

außen vor, die Veränderung der Wohnflächen durch die Mieter war kaum möglich, die Nachteile serieller Fertigung, z. B. die extreme Hellhörigkeit, wollte man nicht zur Kenntnis nehmen).
So eindeutig man übrigens eine Zäsur in der Stadtentwicklung für die 60er Jahre annehmen kann, so strittig ist die Periodisierung davor. Von der äußerlichen Betrachtung der Stadt-Gestalt her gesehen hat indes zweifellos zwischen 1870 und 1930 eine Veränderung stattgefunden. Man könnte von einer »Steinzeit« bis zur Jahrhundertwende, einer »Backsteinzeit« bis in die 30er Jahre, einer »Betonzeit« ab 1930 und vielleicht einer »Stahl-Glas-Kunststoffzeit« ab 1970 sprechen. Diese Bemerkung verweist auf die herausragende Rolle der Baustoffe und der Baukonstruktion in der Geschichte der Stadt-Gestalt.
In jedem Fall ist es interessant zu betrachten, in welcher Weise die Bauten der »Backsteinzeit« die spätere Entwicklung vorwegnahmen. Zudem sind diese Bauten besonders gut sichtbar, weil sie sehr oft in der Nähe des »Périphérique«, am inneren Ring, stehen (s. Abb. 108).
Zunächst ist bemerkenswert, daß sich zu Beginn des 20. Jahrhunderts die Gestalt von Sozialbauten (HMB oder HLM) nicht wesentlich von den bürgerlich/großbürgerlichen Häusern unterscheidet. Die Gebäude werden nun etwas höher als vorher (acht Etagen und mehr) und sie sind im Block gebaut.

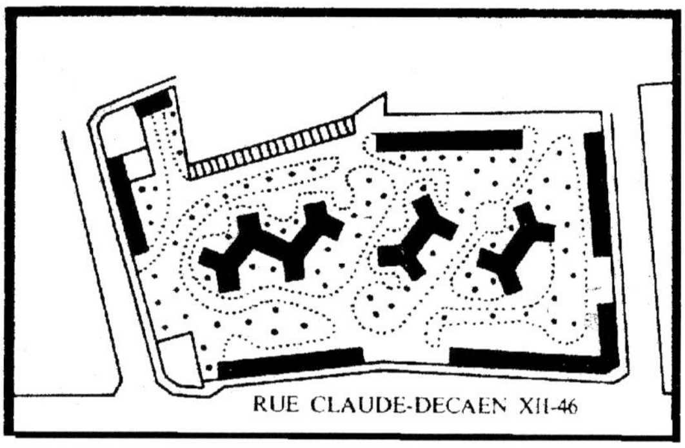

Abbildungen 109 (oben) und 110 (unten)
Hof- und Gartenmietshäuser am Bd. Brune und in der Rue Claude-Decaen, aus: Beaujeu-Garnier 1967, 78/79.

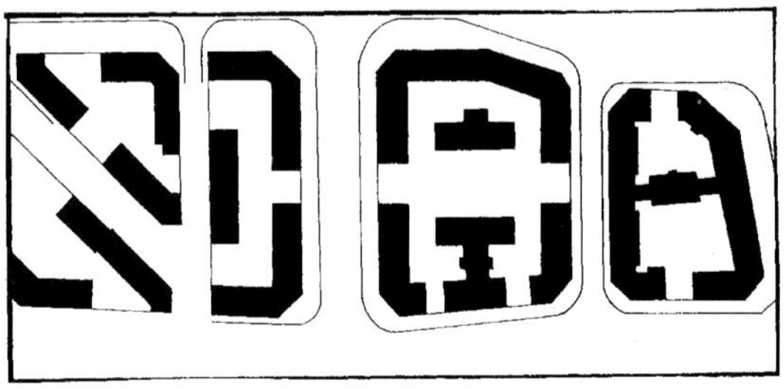

Grundlegend und neu ist aber jetzt der Umgang mit der Straßenlinie und die Gebäudeform. Viele der Sozialbauten, die vor 1914 geplant und oft nach 1918 gebaut wurden, sind »Hofbauten«, d. h. ganz

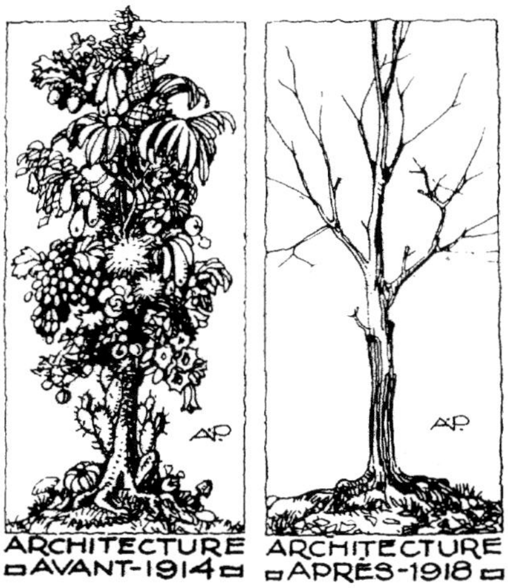

Abbildung 111
Architektur vor 1914 und nach 1918 (Antoine Pompe)
aus: Centre Pompidou 1984, 265.

der Licht-Luft-Sonne-Ideologie entsprechend sind entweder nach innen geräumige Höfe angelegt oder der Grundriß der Gebäude hat die Form eines Zahnrads oder Kamms. Diese Gebäudeform wird in den 50er/60er Jahren üblich.
Betrachtet man die Gebäude etwa in der Rue Henri Becque (Abb. 106), so erkennt man sofort, auf welch »hinterlistige« Weise die Architekten den Bruch mit der durchgehenden Fassade, der hier schon angelegt ist, verkleistert haben: mit einer kleinen verbindenden Mauer nämlich.
Blieb der soziale Anspruch der Planer in der »Backsteinzeit« auch oft bloß philanthropische Deklamation, so ist doch keineswegs zu übersehen, daß diese Häuser gegenüber späteren Großbauten (etwa in Sarcelles) geradezu sozialistische Paradiese waren. Die Zielsetzung war eine andere: der Hof als sozialer Ort im Blockinneren, die Wohnbarmachung und Begrünung der Dachterrassen, das problematische Verhältnis von privatem und öffentlichem Raum wurde hier ernstgenommen. Wichtiger noch: Die Wohnungen waren meist mit WC und Dusche ausgestattet, die zentrale Bedeutung der Küche (als Wohnküche) wurde häufig bedacht, einige der Wohnkomplexe waren mit Kindergärten, Gemeinschaftsbädern und Waschküchen ausgestattet usw.
Die »Backsteinzeit« kannte auch durchaus noch Schnörkel und Ornamente, Erker und Auskragungen, Eisengitter und differenzierte Dachabschlüsse. All dies schwindet langsam in den 30er Jahren.

Das normierte Haus

»Die neue Sachlichkeit« der »Betonzeit« mit Stahlbauten, mit den vorgefertigten Fassadenteilen und Platten hat jene neue Art von Normierung vorbereitet, die sich in den 60er Jahren durchgesetzt hat (s. Abb. 112). Es entsteht jenes moderne Mietshaus, dessen Gestalt heute auch die Vororte von Paris beherrscht. Diese Hochhäuser, wie sie seit den 50er Jahren errichtet wurden (s. Abb. 113 und 114), sind standardisierte Gebäude, sie haben keine Anbindung an die Straße mehr, kaum eine soziale Zentrierung, die Wohnungen sind normiert, die Stahlbetonfassaden sind gesichtslos, anonym. Vergessen wir aber nicht: viele Leute fühlten sich sehr wohl in dieser Anonymität.

Abbildung 112
Sozialer Wohnungsbau der Stadt Paris (1959) in der Rue du Maroc
aus: Lucan 1992, 155.

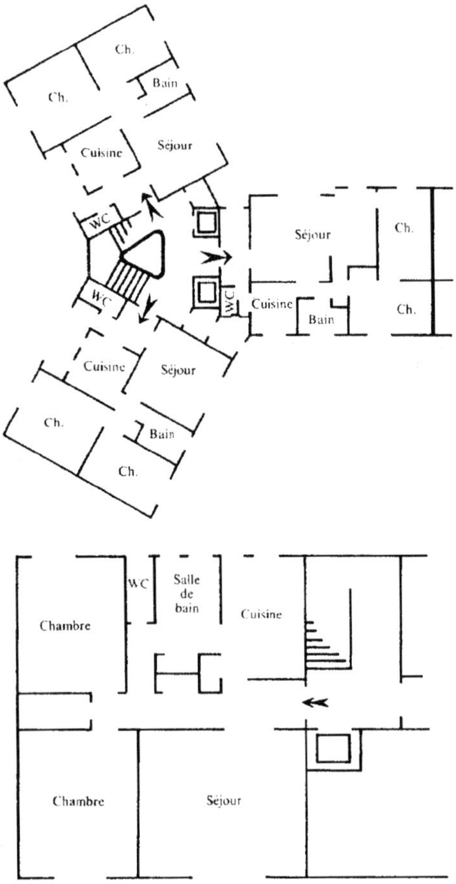

Abbildung 113
Sozialer Wohnungsbau in der
Rue Claude-Decaen
aus: Beujeu-Garnier, 1967, 79

Abbildung 114
Hochhäuser in der Nähe der Place du Maroc
aus: Loyer 1987, 459

Monumente I

Monumentenphilosophie

In allen Disziplinen ist oft und ausgiebig über die städtischen Monumente nachgedacht worden. Dabei wurde nach meiner Auffassung weder der historische Form-, noch der Funktionswandel der Bauten überzeugend behandelt; der Weg von der Kultstätte zum Kultur-Tempel ist dunkel geblieben. Und genauso dunkel blieb, was eigentlich »ein Monument« ausmacht.

Historisch gesehen sind Monumente in der Regel von den Herrschenden »gesetzt« worden. Monumentengeschichte ist also ganz wesentlich Herrschaftsgeschichte und schon dieser sehr einfache Tatbestand entgeht in der Regel den kunstgeschichtlichen Darstellungen. Hingegen haben diese immer wieder ganz richtig darauf hingewiesen, daß Monumente in eigentümlicher Weise resistent gegen Bedeutungszuweisungen sein können, und Roland Barthes meinte sogar, sie entzögen sich ganz der Vernunft.
Das ist nicht völlig von der Hand zu weisen, denn

Abbildung 115
Die Bastille und
die Porte St-Antoine
(Trocaz, 1740)

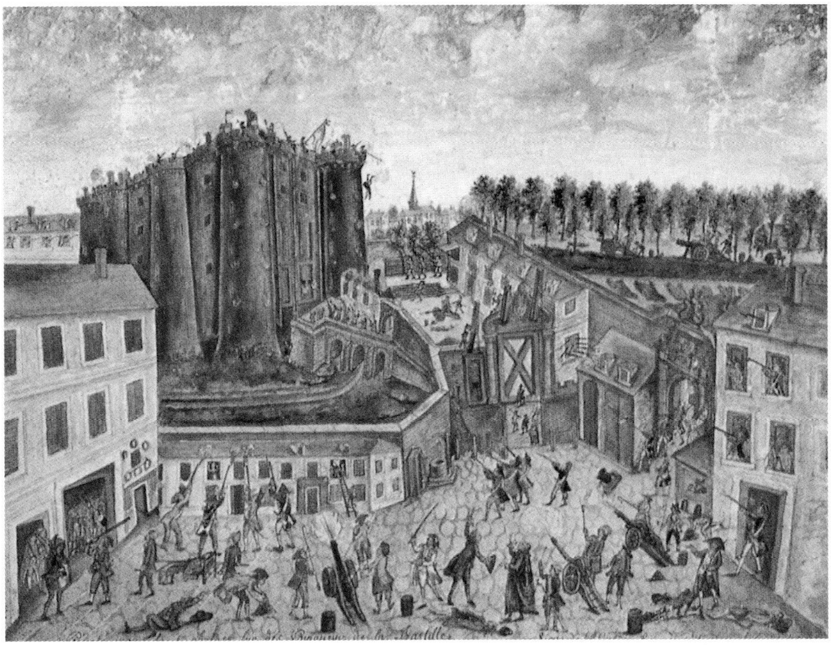

unzweifelhaft haben alle Monumente etwas Sakrales an sich und völlig zurecht hat Victor Hugo daran erinnert, daß mit dem Heiligen stets der Schrekken verbunden war. Ehr-Furcht sollte man vor diesen Denkmälern haben, die Tatze (»la griffe«) der Herrschenden mußte in der Form erscheinen. Nicht umsonst wurden an den Stadttoren und auf den öffentlichen Plätzen die Sinnbilder der Macht aufgestellt.
Ein schönes Beispiel dafür, wie sich das Monumentale mit dem Monströsen paart, war die Bastille (s. Abb. 115). Der furchteinflößende Bau demonstrierte die königliche Macht nach draußen, sie bot freilich gleichzeitig dem König Schutz vor seinem Volk nach innen.
Ambivalent gegenüber den Bedeutungszuschreibungen waren also Monumente schon immer; das mag wohl daher rühren, daß selbst die religiösen Kultstätten selten »reine« Kultstätten gewesen sind. Es waren zugleich Marktplätze, Zonen des Sozialkontakts, Orte der Bewirtung, Orientierungsmarken usw.
So kommt es, daß viele der alten Monumente ihre historische Bedeutung völlig verloren haben. Der Louvre ist nicht mehr Palast, der Eiffelturm nicht mehr Signum der industriellen Revolution, der Triumphbogen nicht mehr Siegesbogen (außer wenn die Veteranenverbände hindurchfahren), und selbst die Kirche Sacré-Coeur ist im Grunde ihrer religiösen Bedeutung beraubt. Die alten Monumente sind Kunst-Werke und Stadt-Zeichen geworden und deshalb sind die neuen Monumente, wie sie seit den 70er Jahren des 20. Jahrhunderts in Paris entstehen, gleich als Kunst- oder Wissenschafts-Tempel angelegt.
Die Gründe für diese Funktionsveränderungen sind durchaus zu rekonstruieren. Wir sahen schon, daß seit dem ausgehenden 16. Jahrhundert die Herrscher immer stärker das Stadtbild zu bestimmen begannen. Vom Palast griffen sie über zur Straße, von der Brücke auf ganze Gebäudezeilen (wie zum Beispiel an der Place Dauphine); Napoléon III. machte dann praktisch die ganze Stadt zum Monument. Im 20. Jahrhundert blieb folglich kein anderer Ausweg, als einzelne Gebäudestandorte künstlerisch aufzublasen, denn gewaltsame Durchbrüche à la Haussmann, ganze Quartiersneuplanungen waren mit demokratischen Mitteln nicht mehr durchsetzbar.
Es bleibt freilich dennoch eine Fülle von Fragen: Warum vollzieht sich überhaupt der Übergang vom Kult-Raum zum Kunst-Raum? Warum, zum Beispiel, hat sich Paris kein (großes) Demokratie-Mo-

Abbildung 116
Notre-Dame de Paris
aus: Musée Carnavalet

nument geschaffen? Wie identifiziert sich die Bevölkerung mit den Monumenten? Kann ein Monument das Image des Viertels verändern? Warum gibt es keine Banlieue-Monumente?
Wenn wir im folgenden die einzelnen Monumente betrachten, werden einige dieser Fragen zur Sprache kommen. Uns wird es bei dem kurzen Durchgang also nicht um die kunstgeschichtliche Einordnung, sondern eher um den stadtgeschichtlich-sozialen Stellenwert der Denkmäler gehen.

Notre-Dame de Paris

»So waren die Bauwerke in den ersten sechstausend Jahren der Geschichte, vom alleräItesten indischen Götzentempel an bis hinauf zum Kölner Dom, die großen Schriftzüge der Menschheit, und das in des Wortes vollster Bedeutung; denn nicht nur die religiösen Symbole sind darin ausgedrückt, sondern jeder menschliche Gedanke hat in diesem Riesenbuch seine Seite und sein Denkmal« (Victor Hugo 1977, 196).

Was Victor Hugo vor über 100 Jahren zu Notre-Dame sagte, war revolutionär. Wie kein anderer hatte er die gesamtgesellschaftliche Funktion der Kathedralen durchschaut. Und bekanntlich war er der Meinung, daß diese gesamtgesellschaftliche Funktion durch Monumente nie wieder erreicht werden würde. Die Baukunst ist tot, meinte er, die Schriftkunst habe sie abgelöst (Hugo 1977, 186f).
Und Victor Hugo hat wie kein anderer nicht nur das gesamtgesellschaftliche Erscheinungsbild der Kathedrale beschrieben, sondern ebenso das soziale Umfeld, welches dieses bedingte: den Handel und die Händel, den Alltag und den Feiertag, das Denken und Fühlen der Stadtbewohner.
Archetypen waren die Kathedralen ganz gewiß. Um sie herum organisierte sich die Stadt. Nicht so sehr die Burg (also die Krone) bestimmte in der Regel jahrhundertelang die Stadtkrone, sondern der Dom. In Paris hat weder die Burg auf der Cité-Insel, noch der »Donjon« des Louvre, noch die dickleibige Bastille-Festung jemals die Kathedrale in den Schatten stellen können. Furcht und Schrecken haben diese königlich-herrschaftlichen Bauten natürlich allemal auch symbolisiert.
Schon Le Corbusier hat zu Recht darauf hingewiesen, daß das neue Stilprinzip der religösen Gebäude sich ungeheuer rasch verallgemeinert hat:

»Als die Kathedralen weiß waren, waren die produktiven Arbeiten in Europa an den alles bestimmenden Anforderungen einer neuen, wunderbaren und verrückt-tollkühnen Technik ausgerichtet, deren Anwendung zu neuen, überraschenden Formsystemen führte – zu Formen, die einen Geist ausdrückten, der mit den Regeln der tausendjährigen Tradition brach und der nicht zögerte, die

Zivilisation und Kultur in ein unbekanntes Abenteuer zu stürzen. Eine internationale Sprache begünstigte den Austausch der Ideen, ein internationaler Stil hatte sich von West nach Ost und von Nord nach Süd ausgebreitet. Die Kathedralen waren weiß, weil sie neu waren. Die Städte waren neu: Sie wurden in allen Größen gebaut, geordnet und regelmäßig geometrisch nach einem festgelegten Plan. Das Bild der Stadt und ihrer Umgebung wurde jeweils durch die Wolkenkratzer Gottes dominiert. Sie wurden so hoch gebaut wie nur möglich, außergewöhnlich hoch. Gemessen am Gesamtbild waren sie damit disproportional. Aber nein, sie stellten einen Akt des Optimismus dar, eine Geste der Zuversicht, einen Beweis großen Könnens« (in: Benevolo 1990, 355).

Es ist ungemein interessant, die Grammatik des neuen Bauens zu studieren. So wie bei der Erfindung der Uhr an eine Unterbrechung der Erdanziehungskraft gedacht werden mußte, so verlangte auch das neue gotische Bauen eine Unterbrechung der Höhenkraftlinien durch Stützen nach außen. Ein ganzheitliches, systematisches Planen war notwendig geworden. Und dieses wiederum verlangte eine kollektive Organisation, in der spezialisiertes Wissen gemeinschaftlich durch Baumeister und Bauhütte angewandt wurde.
Im ganzen Früh-Mittelalter hatte man kleinflächig, abgeschottet und dunkel gewohnt. Hitze und Kälte wurden so in Schach gehalten. Demgegenüber erschienen die Kathedralen tatsächlich wie andere Welten: großflächig im Langhaus, mit fließenden Übergängen zum Quergang, hell und bunt in den Fenstern, lichtdurchflutet die Räume. Kein Wunder, daß den Menschen der Aufbruch wie eine Aufklärung erschien.
Es ist dies ein Wahrnehmen und Erleben, das es vergleichbar im Grunde nur noch einmal nach dem Zweiten Weltkrieg gab, als eine Vielzahl von Menschen in Bauten von großen Höhen wohnten. Heute wird leicht vergessen, daß die Mieter der »scheußlichen« Hochhäuser, etwa am Rande von Paris, eine außerordentlich hohe Wohnzufriedenheit zeigten. Es war fortschrittlich, modern, aufgeklärt, in großen Höhen zu siedeln. Sartre gab Interviews im hohen Turm von Montparnasse. Nicht ohne Grund haben deshalb die Promotoren in diesem Zeitraum der zweiten Umbauphase von Paris reichlich von der Lichtmystik Gebrauch gemacht. Wie im Luminismus des Mittelalters bedeutete Licht Aufklärung. Zum Unterschied von den mittelalterlichen Verhältnissen war durch das elektrische Licht und die Klimatechnik jedoch nun scheinbar eine völlige Naturunabhängigkeit erreicht – dennoch spielte das Licht eine bedeutsame Rolle. Mit der gotischen Kathedrale hatte sich übrigens der sakrale Charakter des Monuments an einem entscheidenden Punkt verändert. Die Auflösung der Grenzen nach oben beschädigte das Gotteserleben selbst:

»Was in den Kathedralen schwindet, ist die Differenz, das Gefühl unabsteigbarer Ferne, stattdessen wird mit dem sich aufrichtenden Bauwerk so etwas wie eine Technik des Aufstiegs, eine Himmelsleiter denkbar (und so liegt, keimhaft, bereits in den Kathedralen der Aufriß der künftigen sozialen Chiliasmen verborgen: nämlich sich das Paradies auf Erden zu schaffen). Der Himmel hat aufgehört, Todesdrohung zu sein. So ist es nur folgerichtig, daß alles, was dem Reich der Toten angehört, exstirpiert oder, in deutlich abgeschwächter, überwundener Form, an die Außenhülle des Bauwerks, an die Außenfassade des Bauwerks verbannt wird. Auch die Grüfte, über die sich, in einem hochsymbolischen Sinn, die herkömmlichen Kirchenbauten aufgerichtet haben, verschwinden. Sobald der Gläubige durch die Porta coeli, die Himmelspforte in das Innere des Gebäudes getreten ist, ist er symbolisch ins Paradies eingegangen. Es ist dieses Moment der Verklärung, welches die Erbauer des Bauwerks dazu bringt, sich der Fabrikation einer Illusion, ja im Grunde der Logik eines Gesamtkunstwerks zu unterwerfen: Das Paradies, das himmlische Jerusalem kann nur Ordnung sein, durchstimmt von einem waltenden Gesetz. Es kann und darf in einem solchen Bau nichts Ungefüges, nichts Deplaziertes geben; alles muß – ist doch der göttliche Wille einfach – auf die Einheitlichkeit des Ausdrucks gehen« (Burckhardt 1994, 29).

Der sakrale Raum wird – wie ersichtlich – stilisiert und gereinigt und er verliert damit auch etwas von seiner gesamtgesellschaftlichen Funktion. Der Tod wird ausgelagert und die Natursymbolik hereingenommen. Die neue Höhe, die Weite des Raumes und das Licht korrespondieren mit einer geschichtlichen Entwicklung, die dieser Metamorphose des Raumes entspricht:

»Im Verlauf des 12. Jahrhunderts bricht die starre Ordnung des Mittelalters auf, gerät, was von jeher Gesetz schien, in Fluß. Es sind nicht allein die Kreuzfahrer, die sich zur Eroberung der Heiligen Stadt aufmachen, nicht allein die Mönche, die in den Wäldern nach jener Weltabgeschiedenheit suchen, die allein ein wahres apostolisches Leben ermöglicht, und schließlich sind es auch nicht allein die Scholastiker, die, der Losung des Anselm von Canterbury folgend (fides quaerens intellectum), den Glauben erstmals auf die Suche nach der Vernunft geschickt, und sich damit dem Intellekt als Fortbewegungsmittel anvertraut haben – es ist etwas, was alle Lebensbereiche erfaßt, eine Art allgemeine Mobilmachung, welche die Dinge, aber auch das Denkgebäude der Zeit selbst erfaßt. Aus der apokalyptischen Starre erwacht, erfüllt ein frischer Wind die Luft, eine Experimentierlust, die, weil sie allein in einem religiösen Sinn sich äußern kann, sich auf ihren Ursprung besinnt« (Burkhardt 1994, 22/23).

So wird denn vielleicht aus der Entstehungsgeschichte ein wenig verständlich, warum diese Kathedrale heute ungefähr ein Drittel aller Paris-Besucher anzieht. Kein Museum und kein historisches Monument ist damit zu vergleichen.

Abbildungen 117
Der Arc de Triomphe / Photo: Schüle

Abbildung 118
Anzahl der Besucher von Sehenswürdigkeiten in Paris 1992
nach: Le Débat 1994, 294.

Monumente

Historische Monumente, die vom Kulturministerium abhängig sind	2 276 000
Eiffelturm	5 746 000
Notre-Dame	12 000 000
Invalides	1 920000

Museen

Nationalmuseen	9 250 000
MNAM	1 360 000
Museen der Gemeinde	1 250 000
La Villette	3 700 000

Der Arc de Triomphe

»In dem historischen Wörterbuch der Architektur von Quatremère de Quincy aus dem Jahre 1832 heißt es über die monumentale Baukunst: Unnötig zu sagen, daß es diejenige Architektur sein wird, die feste und großdimensionierte Materialien verwendet, die beeindruckende Massen auftürmt, die große Wirkungen hervorruft, eher freilich durch die Einfachheit der Mittel als durch die künstliche Kombination der wissenschaftlichen Erkenntnisse« (Pierre Saddy in: Pinon 1989, 91).

Diese Beschreibung paßt ziemlich gut auf den unförmigen Klotz, der zwischen 1806 und 1836 am Ende der Champs-Elysées, die damals wenig bebaut waren, entstand. An der Stelle des ehemaligen Zolltores wurde ein 50 m hohes, 45 m breites und 22 m tiefes Tor gebaut, welches den Abschluß der leicht ansteigenden Avenue bildete.
Die Geschichte dieses Monuments zeigt ziemlich deutlich die Wandlungsfähigkeit solcher Symbole und auch die Schwierigkeiten der republikanischen Idee, sich ein Denkmal zu setzen.
Nun waren die Tore der Stadt im Ancien Régime durchaus verachtete soziale Orte – diese Tore der Steuererpressung brannten während der Französischen Revolution. Das hinderte aber die Revolutio-

näre keineswegs, genau an der Stelle, an der die alte »Barrière de l'Etoile« gelegen war, lange vor Napoléon einen Triumphbogen zu planen, als Mahnmal der Revolution natürlich.
Wie ist ein so rascher Wechsel der Bedeutungszuschreibung zu erklären? Gerne unterschlagen wird der sakrale Charakter dieser Monumente. Vielleicht wollten selbst die fortschrittlichsten Geister der Zeit dieses Stück »Unsterblichkeit« nicht missen. Hinzu kam, daß die Hinwendung zur römischen Tradition von den Revolutionären geteilt worden ist.
Der »Ludergeruch« der Revolution störte Napoléon I. wenig. Im Jahre 1806 begannen die Planungen für dieses riesige Kriegsmonument, mit dem der Kaiser sich selbst feiern wollte. Der Ludergeruch des Emporkömmlings und falschen Kaisers hat freilich die Restauration sehr gestört und sie hat deshalb die Vollendung des Bauwerks hinausgezögert. Es wurde erst unter der Juli-Monarchie vollendet.
Lange Zeit stand dieser riesige Bogen auf der Wiese. Zwar war schon vor der Französischen Revolution La Butte de l'Etoile (»der Sternenhügel«) eingeebnet und die Straße weitläufig nach Neuilly geführt worden, die historische Achse aber erst schemenhaft herausgebildet, denn das heutige Gebiet des VIII. Arrondissements war nur im Osten dichter besiedelt. Im übrigen hatte das quer zur Achse stehende Tuilerien-Schloß noch nicht den Blick vom Louvre aus freigegeben.
Andererseits hat der kleine Triumphbogen auf dem Karussellplatz beim Louvre (noch vom Schloß verdeckt) sicher eher bei dem Entwurf eine Rolle gespielt, als die hohen, heute von den baulichen Massen ganz eingekreisten Triumphbögen der Porte St. Denis oder der Porte St. Martin (Pinon 1989, 97). Ein Vergleich der heute bestehenden Bögen Carrousel-Etoile-Defense enthüllt geradezu eine Geschichte der Monumentalität. Nicht nur in den anwachsenden Dimensionen, sondern natürlich auch in der deutlich erkennbaren »sakralen Verschlichtung« der Formen.
Bei seiner Entstehung hat der Triumphbogen übrigens genau deshalb große Diskussionen ausgelöst. Vorher war es üblich gewesen, am Triumphbogen hohe Säulen– zumindest im Halbrelief – anzubringen. Nun erschienen die nackten monumentalen Flächen, die kaum von den Plastiken kaschiert wurden, skandalös. Heute will die Linie hin zur schlichten Nacktheit der Form natürlich Modernität signalisieren . . .
Die Einreihung des Arc de Triomphe ins Stadtbild und das Einfügen in eine Monumentenkette hatte freilich im Grunde erst Haussmann besorgt. Das heißt, erst die Westwanderung des bürgerlichen Milieus hat dieses einsame Denkmal für die Stadt als Wahrzeichen verallgemeinert. Erst in den 50er Jahren des 19. Jahrhunderts wurde um den Bogen herum der Sternplatz angelegt, und er wurde nun geradezu Sinnbild für die Hauptstadt des 19. Jahrhunderts.
Für die Franzosen sind die Champs-Elysées und der Triumphbogen bis heute der soziale Ort der bürgerlichen-konservativen, der nationalen Selbstbesinnung (das Grabmal des Unbekannten Soldaten befindet sich hier, die Veteranenverbände marschieren hier auf, die Paraden werden hier abgehalten und die Demonstrationen gegen die Linken finden hier statt). Von vielen Fremden wird der Bogen hingegen oft als scheinbar neutrales »Metropolenpiktogramm« aufgefaßt.
So ist der Triumphbogen heute eine rechte Fehlgeburt der Französischen Revolution. Das Umfunktionieren des Feldherren-Insignums zu einem Zeichen republikanischer Kontinuität hat nicht funktioniert (so wie die »Macht-das-Tor-auf«-Kampagnen der CDU um die Berliner Quadriga nie völlig greifen konnten). Bis heute ist die gesamtgesellschaftliche Identifikation mit dem Monument nicht vorhanden. Schon vor über 100 Jahren wollte der Pariser Stadtrat Jobet-Duval deshalb die Statue der Republik vor diesen Bogen stellen:

»Der Rat würde so signalisieren, daß die Feldherren und Könige dort nicht mehr passieren sollen« (Anne Pingeot in: Pignon 1989, 119).

Der Antrag wurde abgelehnt. Warum sich, wann, welches Monument als Stadtzeichen freilich durchsetzt, das hat vielschichtige Gründe gehabt. Ganz selten ließen sich Wahrzeichen produzieren. Paris jedenfalls gehört zu den Städten, die für verschiedenen Symbolisierungsbedarf verschiedene Zeichen anbieten können: für den Käsefabrikanten den Eiffelturm, für den Krimiautor den Arc de Triomphe, für den Buchautor Notre-Dame, für das Rotlichtmilieu Sacré-Coeur usw.

Abbildung 119
Der Eiffelturm
Photo: Schüle

Der Eiffelturm

Seit dem Beginn der Stadtgründungen waren die Kirchen die Wahrzeichen der Stadt. Mit dem ausgehenden Mittelalter nahmen dann immer mehr die zivilen Architekturbauten Zeichencharakter an. Es entstanden, wie wir sahen, die großen Paläste, die Stadtpalais, die bürgerlichen Residenzen, bis im 19. Jahrhundert der Stadtraum als Ganzes Feld der Inszenierung geworden war. Damit, so schien es, war nun für ein neues Zeichen kein Platz mehr.
In dieser Situation hat der Eiffelturm buchstäblich neue Zeichen gesetzt und seine Vorgeschichte wie auch seine wandlungsreiche Wahrnehmung bis heute ist sozialhistorisch interessant, denn in seiner Gestalt bündelten sich schon früh technischer Machbarkeitswahn, emanzipatorischer Fortschrittsglaube, politisch-nationale Selbstdarstellungsinteressen und sakrale Identifikationen. Roland Barthes hat diese chamäleonhafte Bedeutungsflexibilität am eindeutigsten beschrieben:

»Der Eiffelturm zieht Bedeutungen an wie der Blitzableiter den Blitz. Für alle Bedeutungsliebhaber spielt er die verführerische Rolle eines rein Bedeutenden, d.h. einer Form, die die Menschen unablässig mit Bedeutung füllen (die sie ihrem Wissen, ihren Träumen, ihrer Geschichte nach Belieben entnehmen), ohne daß diese Bedeutung dort jemals endgültig festgelegt wäre (...) Damit der Eiffelturm diese große Traumfunktion, die ihn zu einer Art totalem Denkmal macht, erfüllen kann, muß er sich der Vernunft entziehen. Die erste Bedingung für eine solche siegreiche Flucht besteht darin, ein ganz und gar nutzloses Monument zu sein.
Die Nutzlosigkeit des Eiffelturms ist immer dunkel als ein Skandal empfunden worden, d. h. als eine kostbare, doch nicht einzugestehende Wahrheit. Noch bevor er gebaut wurde, warf man ihm vor, er sei nutzlos, was, wie man damals glaubte, genügen würde, ihn zu verdammen. Es lag nicht im Geist einer im allgemeinen der Rationalität und der Empirie der großen bürgerlichen Unternehmungen verpflichteten Epoche, die Idee eines nutzlosen Objekts zu ertragen (...) Deshalb führte Gustav Eiffel in der Verteidigung seines Projektes, mit der er selbst auf den Protest der Künstler anwortete, sorgfältig alle zukünftigen Verwendungsmöglichkeiten des Turms auf« (aus: Schüle 1992, 268).

Im Gefolge von Barthes sind dann alle möglichen Interpretationen versucht worden: Industriedenkmal, Phallussymbol, Revolutionsmahnmal, ästhetisches Monstrum, Kathedrale der Moderne usw.
Eine sozialgeschichtliche Sicht der Dinge hätte vielleicht einmal ernsthaft zu prüfen, wie es um seine Nützlichkeit steht – was schon von Barthes herausgestellt worden ist.

Und in der Tat, es ist das erste nicht nützliche Monument, reines Symbol sozusagen, denn alle schon damals aufgezählten Nutzungen (metereologische Station, Gelegenheit zur Materialprüfung, Telekommunikation usw.) sind, wie schon Barthes zeigte, nebensächlich gewesen. Was aber sollte versinnbildlicht werden?
Der historische Zeitpunkt seines Entstehens Ende der 80er Jahre des 19. Jahrhunderts gibt Aufschluß über die beiden wichtigsten Motive: Der 200 m hohe

Abbildung 120
Die berühmte Kanone auf dem Eiffelturm, die um 12 Uhr mittags abgefeuert wurde
aus: Bailhé/Sacriste, 1989,71.

Turm wird im Mai 1886 vom Minister für Handel und Industrie ausgeschrieben. Er sollte die politische Bedeutung Frankreichs symbolisieren. Gleichzeitig ist das Jahr 1889 der 100. Jahrestag der Französischen Revolution. Nachdem die Commune 1870/71 die Nation zutiefst gespalten hatte, gab es Anlaß zu einigenden nationalen Repräsentationen; das republikanische Erbe sollte in der 3. Republik von allen Parteien anerkannt werden.
Das zweite Motiv war also die Erinnerung an die demokratische Tradition. Viel deutlicher als heute wahrnehmbar ist der Eiffelturm in seiner Entstehungszeit indes auch als technisches Wahrzeichen geplant worden. In den Kommentaren wird er immer wieder mit einer Fabrik, insbesondere mit einem Schornstein verglichen.
Die aussichtsreichsten Konkurrenten von Gustave Eiffel, Bourdet und Sébillot, schlugen z. B. einen Lichtturm (»Tour Soleil«) vor, von dessen Spitze Paris kilometerweit erleuchtet werden sollte. Diese hohe, mit Eisen verkleidete Granitsäule glich einem Schlot (s. Abb. 121). Licht, Eisen und Glas konkurrierten also als Symbole des Fortschritts.
Daß Eiffel, ein Ingenieur, der sich bis dahin als Brückenbauer hervorgetan hatte, die Ausschreibung gewann, lag eher an den Ausschreibungsbedingungen. Sein Entwurf war pfiffig: seine Erfahrung mit Brückenbögen veranlaßte ihn, die gesamte Linienführung nach oben in eine dynamische Kurve zu bringen. Und diese Aufhebung des starren Verhältnisses von Stütze und Last entsprach wundersamer Weise in etwa dem Verlauf der Kraftlinien (s. Abb. 122). Die Form folgte klassisch der Funktion.
Im Zeitalter des übersteigerten Nationalismus und Imperialismus gab es indes keineswegs einhellige Zustimmung zu dem Vorhaben, im Gegenteil: insbesondere die konservative Seite kritisierte den Turm, ein Proteststurm brach los:

»Wir Schriftsteller, Maler, Bildhauer, Architekten (. . .) kommen zusammen (. . .) um im Namen der bedrohten Künste und der Geschichte Frankreichs gegen die Errichtung des unnützen und abgrundhäßlichen Eiffelturms zu protestieren. Im Herzen unserer Hauptstadt erdrückt er mit seiner barbarischen Masse Notre-Dame, die Sainte Chapelle und den Tour St. Jacques, damit sind alle unsere Monumente entwürdigt, alle unsere Bauwerte entwertet« (aus: Schüle 1992, 269).

Neben dem Erbauer der Oper, Garnier, war einer der bekanntesten Unterzeichner dieses Aufrufs Maupassant, der – so sagt man – auf dem Turm zu Mittag aß, um ihn nicht sehen zu müssen. Und gerade an seiner Stellungnahme läßt sich deutlich erkennen, daß es nicht nur die neue Ästhetik, sondern das politische Signal ist, welches ihn irritiert. Das egalitäre Moment in der Industrieentwicklung, wie er sie wahrnimmt, erboste ihn:

»Es gibt keine Kasten und Rassen, keine aristokratische Epidermis mehr« (Christoph Asendorf, Der Eiffelturm in: Kolboom 1986, 112).

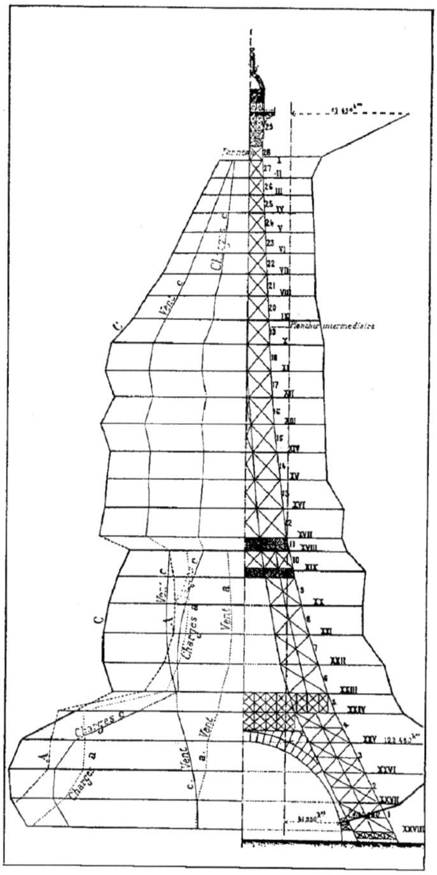

Abbildungen 121 und 122
Der Sonnenturm von Bourdais/Sébillot 1885 (links) und der Kraftlinienverlauf der Gitterkonstruktion des Eiffelturms (rechts).
Asendorf in: Kolboom 1986, 109 und 111.

Die Faszination, die die Errichtung des Turmes begleitete, ist heute kaum mehr zu begreifen. Erstaunt hat vor allem die Geschwindigkeit, mit der man die Höhe überwunden hat, bewundernd hieß man die Bauarbeiter »Zimmerleute des Himmels« (»les charpentiers du ciel«). In einem desakralisierenden Jahrhundert ist dieses Bauwerk zu einer Art von Heiligtum geworden. Der Boden für den Andenkenverkauf war geschaffen.

Beide Bedeutungszuschreibungen – Symbol für den industriellen Fortschritt und Zeichen der republikanischen Zukunft – sind in der nachfolgenden Zeit abgeschwächt worden. An politischer Bedeutung hat der Turm aber eigentlich nie verloren. Schon seine Entstehungsgeschichte war ja eng mit den imperialen Imponiergesten, vor allem gegenüber England verbunden. Sein Höhenmaß von über 200 m wurde sehr wahrscheinlich nur gewählt, um den Turm des englischen Eisenbahningenieurs Trevithick zu übertrumpfen. Die Eisenkonstruktion sollte das Symbol der britischen Empire-Macht, die Brücke von Forth, übertreffen (Asendorf in: Kolboom 1986, 107). Umso erstaunlicher ist von heute aus gesehen, daß man ernsthaft daran gedacht hat, den Eiffelturm wieder abzubauen. Und es war bezeichnenderweise wieder ein sehr politischer Grund, der sein Überleben sicherte: 1884 hatte England mit der Einrichtung des Greenwich-Meridians und der 24 Zeitzonen den universalen Raum bestimmen dürfen. Es war nun eine Sache des Prestiges, daß Frankreich Taktgeber der universalen Zeit werden durfte. Und so ist seit 1912 die Eiffelturmzeit in Frankreich maßgeblich geworden. 1913 gab der Eiffelturm den Takt für die Weltzeit an (Kern 1983, 13f).

Die Geschichte des Eiffelturms scheint paradox: Je mehr seine explizite Bedeutung verlorenging, desto stärker wurde er als Wahrzeichen der Metropole wahrgenommen. Nach Notre-Dame mit 12 Millionen Besuchern ist der Eiffelturm mit fast sechs Millionen Besuchern der wichtigste Attraktionspunkt von Paris. Weder der mächtige Turm von Montparnasse noch die pompösen Monumente von La Défense haben seine Attraktivität geschmälert. Dies hat natürlich auch ganz banale Gründe: von keinem Punkt in der flach bebauten Innenstadt läßt sich Paris so gut überschauen.

Monumente II

Die großen Bauvorhaben in Paris (»Les grands chantiers«)

»Paris ist eine Stadt, die in der Nachkriegszeit keine fünf Gebäude von internationalem Rang hervorgebracht hat. (. . .) General De Gaulle interessierte sich hauptsächlich für die Raumordnung; die Modernisierung der Hallen war die einzige Frage, die in Paris seine Aufmerksamkeit fand. Pompidou hatte nur ein einziges Vorhaben: Sehr schnell nach seiner Wahl im Dezember 1969 beschloß er den Bau des Centre Beaubourg (. . .); wirklich in Gang gekommen ist der Wettlauf zu den großen Bauvorhaben erst seit dem Regierungsantritt Valéry Giscard d'Estaings; François Mitterrand hat den Wettlauf dann auf ungleich höherer Stufe fortgeführt« (Marchand 1993, 347).

Wieder stoßen wir auf den eigenartigen Sachverhalt, daß ein ganz wesentlicher stadtentwicklungs-politischer Schwenk nicht durch die grundlegende Veränderung der politischen Landschaft zustandekommt. Zu einem Zeitpunkt ökonomisch krisenhafter Entwicklung begann Valéry Giscard d'Estaing eine Reihe kulturpolitischer Vorhaben durchzusetzen: nicht das internationale Handelszentrum wurde am Bahnhof von Orsay gebaut, sondern ein großes Museum für die Kunst des 19. Jahrhunderts; bei den Hallen wurden weder Geschäftshäuser noch Ministerien errichtet, sondern ein kleiner Park.

So hat Giscard bei vielen Projekten eingegriffen, auch bei den großen Vorhaben La Défense und La Villette.

Der vorausschauende Zeremonienmeister Mitterrand packte dann 1981 aber noch viel stärker zu. Eine ganze Reihe der von ihm initiierten oder fortgesetzten Vorhaben sollten 1989, zum 200. Jahrestag der Französischen Revolution, vollendet werden. Das Ganze sollte eingebettet sein in die einmalige, sensationelle Weltausstellung in Paris.

Die universale Ausstellung ist zwar gescheitert, aber die Inszenierung des Bicentenaire hat sich Mitterrand nicht nehmen lassen: Die Bastille-Oper wurde 1989 mit Pomp eingeweiht, die große Arche bei La Défense war vollendet, ebenso das Finanzministerium in der Südost-Stadt. Schon in den Vorjahren waren das Wissenschaftsmuseum La Villette (1986), das Musée d'Orsay (1986) und das Institut du Monde Arabe (1987) eingeweiht worden. Eine solche Massierung von einzelnen Großbauten in so kurzer

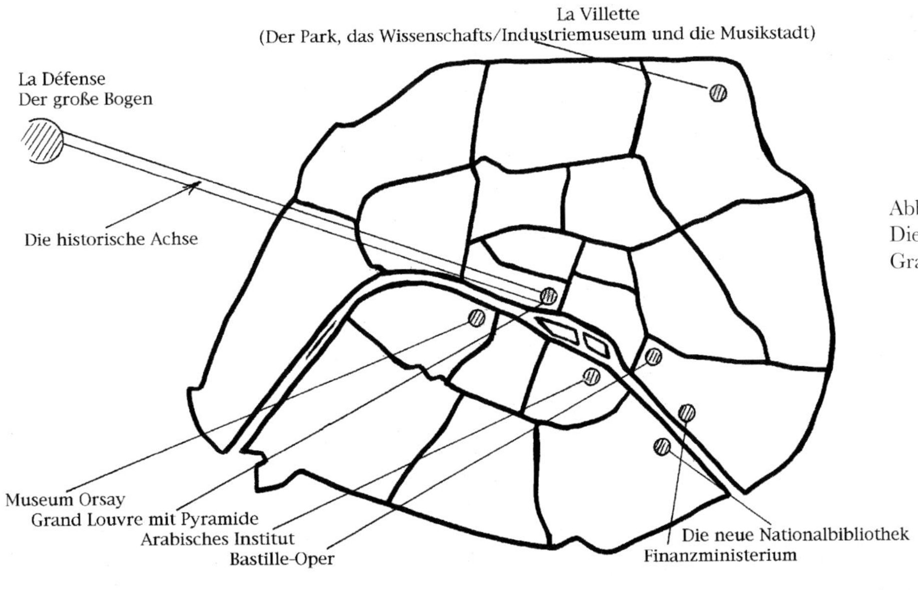

Abbildung 123
Die großen Bauvorhaben
Graphik: Schüle

Zeit hatte Paris bisher nicht erlebt. Sie haben das Bild, die Repräsentation der Stadt nachhaltig verändert. Es sind neue Signale gesetzt worden. Die Werbeplakate der Stadt zeigten nun die Louvre-Pyramide oder den großen Bogen der Arche von La Défense.

Obwohl keines dieser Vorhaben eine soziale, allgemeine urbane Dimension aufweist, haben sich die Stadtbewohner zweifellos mit dem neuen Image angefreundet – natürlich nicht unbeeinflußt von der oft nationalistischen Emphase der Medien:

»Paris – eine Renaissance, nein, eine Wiederauferstehung. Öffnet doch die Augen eine Woche vor dem Bicentenaire, die Hauptstadt ist wirklich keine schöne Alte, die sich herausputzt, sie ist eine triumphierende Schönheit, die ihre Vitalität, ihre Anmut und ihre Stärke wiedergefunden hat. In zehn Jahren hat sich Paris mehr verändert, als in einem Jahrhundert. Die ganze Welt hört seine Musik, besucht seine Ausstellungen, beneidet es um seine Gewagtheiten, strömt auf seine Straßen, träumt davon, sich darin zu verlieren« (Le Nouvel Observateur, 287/Juli 1989).

Dabei waren einige der aufwendigsten Projekte wie der Grand Louvre, das Centre des Conférences Internationales de Paris, die Bibliothèque de France zu diesem Zeitpunkt noch nicht fertiggestellt bzw. noch nicht einmal in Bau.

Mitterrands Eingriffe in die Stadtbaupolitik hatten wie bei Giscard durchaus politische Bedeutsamkeit und Signalwirkung. Das Finanzministerium aus dem Louvre-Flügel herauszuholen, brachte ganze Divisionen von Ärmelschonern in Wut. Mitterrand leistete sich aber auch durchaus eindeutige politische Sticheleien, die dann von den Medien fleißig kolportiert wurden. So hat er die »Géode« von La Villette (jene Kuppel mit vieldimensioniertem Filmtheater), die Giscard ins Museum integriert hatte, auf den »politischen Boden« vor das Gebäude gesetzt (s. Abb. 131). Die Frage ist natürlich, wieso jetzt gerade die Präsidenten so einmalige Eingriffe in die innere Stadtstruktur tätigen konnten, Eingriffe, die man oft (auch satirisch) mit göttlichen oder königlichen Zugriffen verglichen hat.

»Der republikanische Monarch ließ die königliche Perspektive, die 'Voie Triomphale', vom Louvre über die Champs-Elysées und Napoléons Triumphbogen, im fernen Hochhausviertel La Défense mit einem gewaltigen offenen Kubus, dem großen Bogen, abschließen. Er ließ am Platz der Bastille eine riesige Oper für das Volk errichten und entlang der Seine eine Reihe von Kultur- und Zweckbauten vollenden oder umbauen, wie das Museum für das 19. Jahrhundert im ehemaligen Bahnhof Orsay. Im Nordosten, in La Villette, entstand ein Volks- und Kulturpark mit dem größten Wissenschaftsmuseum der Welt« (Der Spiegel Nr. 28, 1989, 148).

Abbildung 124
Centre National des Art
et de la Culture
Georges Pompidou
Photo: Schüle

Abbildung 125
Das Centre Pompidou von den Türmen von Notre-Dame aus gesehen
Photo: Schüle

Die Antwort auf die oben gestellte Frage ist indes einfach: Die Kathedralen der 50er, 60er und 70er Jahre sind die Autobahnen, die neuen Städte, die Hochhäuser und Türme gewesen; mit ihnen identifizierten sich die Eliten und die Mehrzahl der Franzosen, der Gaullismus repräsentierte diesen Kurs. Im Unterschied zu dieser Zeit sind die großen Bauvorhaben von Paris in der Regel jedoch Direktinvestitionen des Staates, und genau deshalb hat die staatliche Führung so viel Einfluß auf die Gestaltung nehmen können. Bevor wir nun die entscheidende Frage stellen, ob diese immensen Investitionen sich gelohnt haben, schauen wir uns die einzelnen Projekte an.

Das Centre Beaubourg (»Centre National des Arts et de la Culture Georges Pompidou«)

Als Georges Pompidou 1969, nach den Mai-Unruhen 1968, an die Macht kam, lag ihm sehr daran, seine großkapitalistische Herkunft durch eine kulturelle Großtat zu kaschieren. Es ist erstaunlich, daß er dieses riesige 42 m hohe Ensemble im Stadtinneren durchsetzen konnte. Es wurde von den Architekten Renzo Piano und Richard Rogers gebaut. Giscard d'Estaing hat es 1977 eingeweiht – selten hat es freiere künstlerische Verwirklichungen gegeben (später wurde von den Präsidenten viel stärker in die Wettbewerbe eingegriffen).

Das Centre Pompidou enthält ein Museum für moderne Kunst, eine Bibliothek für jederman und eine Reihe von Forschungsstätten. Das provozierende Gebäude verursachte einen Aufschrei, nicht so sehr übrigens wegen der brutalistischen Fassaden, die die Eingeweide des Baus samt Rolltreppen von außen sichtbar machen, sondern wegen seiner aus dem Rahmen fallenden Höhe. Von der Spitze der Türme von Notre-Dame sieht der Kasten im Häusermeer denn auch wie ein gelandetes Raumschiff aus (s. Abb. 125).

Heute, nach über 15 Jahren, rosten zwar die Außenfronten, aber die Umgebung des Geländes ist nach wie vor ein sozialer und kultureller Treffpunkt. Und das Innere des Gebäudes ist benutzerfreundlich wie kaum ein anderes. Zwischen den Hallen und dem Centre Pompidou wandern wohl an die 20 000 Menschen täglich hin und her. Es ist ein »Erlebnisraum-Innenstadt« par excellence.

Das Musée d'Orsay (»L'OM«)

Das Musée d'Orsay ist bekanntlich aus dem alten, heruntergekommenen Bahnhof von Orsay entstanden. Und es ist kein Zufall, daß es, wie übrigens fast

Abbildung 126
Der alte Bahnhof von Orsay
Postkarte der RMN 1986

Abbildung 127
Das Musée d'Orsay
von innen 1992
Photo: Schüle

alle großen Bauvorhaben, auf Slums oder Ruinen entstanden ist. Das Schicksal dieses einzigen wirklichen Zentralbahnhofs von Paris ist bemerkenswert. In dieser Lage am Quai Anatole-France, unweit des glanzvollen Quai d'Orsay, wo Frankreichs Außenpolitik gestaltet wird, wirkte der Bahnhof über Jahrzehnte wie ein Fossil aus vergangenen Zeiten. Er wurde als Parkplatz mißbraucht, als Schießstand zweckentfremdet, als Filmkulisse von Orson Welles benutzt, bis 1973 sogar die Compagnie Renaud-Barrault für einige Zeit dort einzog. Warum hatte dieser günstig gelegene Zentralbahnhof sich nie richtig durchgesetzt?
Nun, er hatte das Pech der späten Geburt. Nachdem die Bahnhöfe von Montparnasse und von Lyon schon den südlichen Nah- und Fernverkehr organi-

sierten, kam dieser Bahnhof zu spät und er konnte auch nichts mehr gewinnen, als die Compagnie Orléans um die Jahrhundertwende diesen riesigen Komplex mit Bahnhofshotel (»Gare avec un hôtel important«) von Victor Lalou bauen ließ, die Gare d'Austerlitz setzte sich durch. Nach dem Ersten Weltkrieg gerieten alle privaten Linien in die Krise; 1939 ist der Bahnhof von Orsay stillgelegt worden.
Als François Mitterrand 1986 das Musée d'Orsay eröffnete, hatte er die Früchte von Valéry Giscard d'Estaing geerntet. Schon unter Pompidou aber wurde geplant, dort ein Museum zu bauen. Man erwog freilich gleichzeitig private Nutzungen, denn über die Kosten des Museums machte man sich keine Illusionen – sie verschlangen 1980 bis 1985 fast zehn Prozent des Kulturetats (Jenger 1986).
Das Museum ist heute in jeder Beziehung ein voller Erfolg. Die impressionistische und expressionistische Sammlung ist einmalig in der Welt und der Innenausbau, überwiegend von Gae Aulenti, ist bis auf einige Stellen im Untergeschoß überzeugend. Kein staatliches oder städtisches Museum außer dem Louvre hat so viele Besucher wie das Musée d'Orsay.

Das Arabische Institut (»Institut du Monde Arabe«)

»Von allen großen Bauvorhaben war es jenes, dessen Durchführung am meisten Zeit verschlang und dasjenige, welches am eindeutigsten sein Ziel verfehlt hat« (Marchand 1993, 351).

Für dieses Verdikt gibt es Gründe und Hintergründe. Ein ganz wesentlicher Hintergrund für die Entstehungsschwierigkeiten des Instituts und für die heutige schwache Ausstrahlung ist die Zerstrittenheit der arabischen Welt. So wie der Einfluß auf die große Moschee von Paris ein ständiger Anlaß von Reibereien war, so haben auch bald alle arabischen Länder, insbesondere aber der Irak, Syrien und Libyen versucht, ihren Einfluß geltend zu machen. Das Institut ist freilich eines der wenigen großen Bauvorhaben, bei welchem die öffentliche Hand nicht alleiniger Bauherr ist – 170 Millionen von 254 Millionen Francs wurden von den arabischen Ländern eingebracht.

Abbildungen 128
Die Nord-West-Fassade des Institut du Monde Arabe
Photo: Schüle

Als es 1987 nach jahrzehntelangem Zerren eingeweiht wurde, hörten die Probleme nicht auf. Schwer zu sagen im übrigen, ob das Institut mit seiner Bibliothek, seiner Mediathek und seinen Ausstellungen tatsächlich sein Ziel verfehlt hat. Offensichtlich

Abbildungen 129
Die Südseite des
Institut du Monde Arabe
Photo: Schüle

gab es Unstimmigkeiten und einen Kurswechsel in der Führung.
Aus städtebaulicher und architekturtheoretischer Sicht betrachtet, wird das Urteil aber anders ausfallen müssen. Sicher gibt es Disfunktionalitäten im Inneren des Baus. Sie reichen vom mickrigen Eingangsbereich bis zu den Folgen der ausgiebigen Verglasung. Insgesamt freilich ist der Bau ein formschönes Meisterwerk, welches seinen Inhalt auch nach außen symbolisiert. Der weite Platz und das Ausstellungszelt auf der Südseite sind sorgsam abgestimmt und das Fassadenmosaik ist nicht nur wegen seiner 242 Blenden, die sich je nach Sonnenstand öffnen oder schließen, wichtig, sondern wegen seiner funktional-inhaltlich stimmenden Proportionen. Das Gebiet westlich der Rue Monge zwischen dem Jardin des Plantes und dem Boulevard Saint-Germain war ja traditionell mit einem Fluch belegt. Es gehörte zu den düsteren Gegenden von Paris und, wie um diese Häßlichkeit historisch zu dokumen-

Abbildung 130
Die Wissenschafts- und
Museumsstadt La Villette
Photo: Schüle

tieren und zu vergrößern, hatte man die riesigen Gebäudeanhäufungen der Universität Paris VI und VII dort hingepackt. Umgeben von diesem Steinhaufen hat Jean Nouvel, der Architekt, das Beste aus der Situation gemacht. Die geschwungene Nordseite des Gebäudes ist harmonisch ans Seine-Ufer angepaßt, der ganze Bau wirkt wie eine Perle unter dem Talmischmuck der Umgebung . . .

Die Wissenschafts- und Museumsstadt La Villette (»La Cité des Sciences, le parc, la Cité de la Musique«)

In jeder Stadt gab es Orte des Unheils und der Verdammnis. Dort, wo sich die Schlachtereien, die Gerbereien, die Abdeckereien und Färbereien befanden, war nicht gut leben. Ein solcher Ort war La Villette. Wie in Ivry im Süden, so begünstigte die Nähe des Wassers auch La Villette im Norden. Nachdem das Schlachten aus den Quartieren verschwand, zogen die Großbetriebe Ende der 50er Jahre an die günstigeren Orte am Stadtrand. Man dachte an eine Großschlachterei, die die ganze Stadt versorgen sollte. Aber inzwischen waren Tiefkühlsysteme eingeführt, die Großschlachtereien überflüssig machten – La Villette wurde zum Milliardengrab. Acht bis zehn Milliarden sind dann anschließend in die Finanzierung des ca. 30 Hektar großen Parks (s. Kapitel 4), des naturwissenschaftlichen Museums, in die Rock-Halle Zénith und in die Musikstadt gesteckt worden. Angeschoben durch Giscard d'Estaing in den 70er Jahren, wurde die Cité von Mitterrand weiterentwickelt und 1986 eingeweiht. Die Investition hat sich immerhin soweit gelohnt, als der Modergeruch aus dieser Ecke von Paris entschwand. Alle Bereiche der Anlage sind von der Bevölkerung und den Touristen gut angenommen worden. Das gilt besonders für das Kultkino »Géode«, welches mit seinen glitzernden Edelstahlsegmenten von weitem sichtbar ist und in dem ein mehrdimensionales Kinoerlebnis versprochen wird.

Das Museumsgebäude, die Cité des Sciences et de l'Industrie wurde vom Architekten Adrien Feinsilber buchstäblich ins Wasser gesetzt. Die hohen Glasfronten vermitteln den Eindruck einer Burg, die im übrigen (außer im Norden) über Stege erreicht wird. Das Gebäudeinnere wird von der gigantischen Eingangshalle (270 x 110 x 47 m) her erschlossen, welche in mehrere Ebenen führt. Die Museumskonzep-

Abbildung 131
La Villette: Die Géode
Photo: Schüle

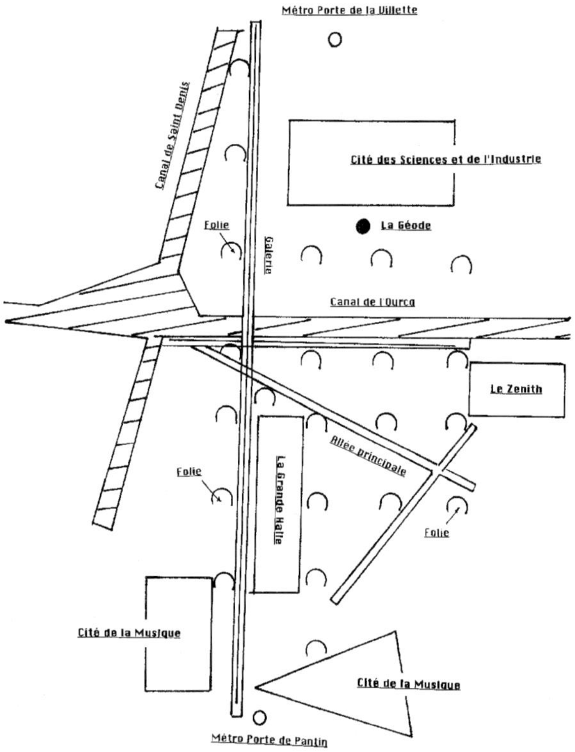

Abbildung 132
Die Gesamtanlage von La Villette
Graphik: Schüle

tion ist sehr unterschiedlich bewertet worden; viele Kritiker übersehen freilich, daß hier Wissenschaft und Industrie zusammen ausgestellt werden. Das entstandene Gemisch aus staatlich-nationaler Selbstdarstellung, Werbung und Industrie ist in seiner billigen Technikgläubigkeit stellenweise wirklich schwer zu ertragen. Die amerikanischen Museumsideale der 60er Jahre (Frank Oppenheimer) gingen mit französischer High-Tech-Gläubigkeit eine unheilvolle Symbiose ein.

»Die Stadt der Wissenschaft und der Industrie ist anders als alle anderen Museen. Gleichzeitig Erziehungsmedium und wirkliche Stadt, ist sie ein Ort, an dem die Besucher aktiv Wissenschaft, Technologie und Industrie erleben können, Spaß haben und ihr Wissen erweitern, um die Welt, in der sie leben, besser zu verstehen« (in: Geo 1, 1990, 115)

Zu kritisieren ist bei einer solchen Selbstbeschreibung des Museums nicht die interaktive Grundidee, die tatsächlich in fast allen naturwissenschaftlich-technischen Bereichen durchgehalten wird; sie ist es, die den Besuchern offensichtlich Spaß macht. Es ist eher das Fehlen jeder kritischen Perspektive und vor allem jeglicher historischer Plazierung oder sozialgeschichtlicher Einbettung.
Zu nationaler Überheblichkeit gibt es übrigens auf deutscher Seite keinen Anlaß: man schaue sich nur einmal die ganze Reihe der wunderschönen Automobile im Deutschen Museum in München an – Steinzeit pur.
Konzeptionell bemerkenswert sind auf dem riesigen Gelände, wo früher das Vieh zusammengetrieben wurde, die große Halle mit ihren alten Eisenglaskonstruktionen, der Zénith, die große Rock-Halle, vor allem aber die neue Musikstadt (Cité de la Musique).
Die Musikstadt im Süden des Geländes, zur Porte de Pantin hin gelegen, hat zwei Zentren. Der südwestliche Teil beherbergt das Konservatorium für Musik und Tanz mit Kursräumen, Vorführsälen, Wohnungen, Büros, Bibliotheken usw.; der östliche Teil birgt einen großen Konzertsaal, das Musikmuseum, das musikpädagogische Institut und weitere studentische Wohnungen. Man erkennt, daß die östliche Seite mehr dem Publikumsverkehr, die westliche eher der Forschung und dem Studium gewidmet ist. Von der Umgebung Giscard d'Estaings ersehnt, von Mitterrand 1983 initiiert, von Christian de Portzamparc im postmodernen Stil geplant und gebaut, wurde die millionenschwere Anlage 1996 funktionstüchtig.

Das Finanzministerium

Betrachtet man den riesigen Block des Finanzministeriums bei Bercy im Südosten der Stadt, welches weit in die Seine hineinragt, so entdeckt man, wenn man vom Quai d'Austerlitz herüberschaut, vor dem Gebäude in der Seine bisweilen ein Schnellboot. Man tuschelt, zum Ausgleich für den Hinauswurf aus dem Louvre habe der allmächtige Finanzminister dieses Boot bekommen, um schnell zur Nationalversammlung eilen zu können.
Um das Finanzministerium gib es Anekdoten, Geheimnisse und reale Geschichten, die zu denken

Abbildung 133
Das Finanzministerium
Photo: Schüle

geben. Im Grunde ist es erstaunlich, daß diese Behörde überhaupt aus dem rechten Louvre-Flügel herauszubekommen war. Als nämlich 1986 die Konservativen mit Chirac als Premierminister die Macht zurückgewannen, hat der scheidende sozialistische Wirtschafts- und Finanzminister Bérégovoy – um ein fait accompli zu schaffen – durch eine Baukolonne seine Amtsräume zerstören lassen. Der neue Finanzminister und spätere Premierminister Edouard Balladur ließ sich freilich nicht vertreiben und renovierte seine Räume mit Millionenaufwand. So nimmt es nicht wunder, daß das neue Ministerium mit an die vier Milliarden Francs zu den teuersten Baustellen der 80er Jahre zählt. Zudem kann man das Projekt zu den städtebaulich unsinnigsten, ästhetisch häßlichsten Gebäuden der Stadt rechnen. Es ist kaum nachvollziehbar, daß ein solches Monster ohne große Proteste entstehen konnte (s. Abb. 133).

Die Bastille-Oper

Die neue Bastille-Oper ist in jeder Hinsicht ein Trauerspiel geblieben. Schon die Voraussetzungen waren kläglich; am Anfang standen nämlich reine Rentabilitätsargumente: die alte Oper von Garnier im Stadtzentrum war zu klein, zu alt, zu teuer und hatte ganze 120 Vorstellungen pro Jahr zu bieten. Folglich ging es darum, eine moderne Oper mit weitläufigen Flächen, mit an die 200 Aufführungen pro Jahr und billigeren Plätzen zu schaffen.
Geradezu revolutionär war die Idee, diese Oper außerhalb der Mauern in Marne-la-Vallée oder auf dem Gelände des Défense-Viertels zu bauen; erwogen wurde auch das Citroen-Gelände im Südwesten und La Villette im Norden (im Zusammenhang mit der Musikstadt hätte das Sinn gemacht). Ausgewählt wurde schließlich 1982 aus historisch-politischen Gründen und mit Blick auf die Einweihung zum Bicentenaire die Place de la Bastille.
Das war eine denkbar schlechte Entscheidung Mitterrands, denn man wußte damals genau, daß dieses Haus nie eine Volksoper werden würde, und die Fläche war im engen Stadtgebiet viel zu klein. Herausgekommen ist dann auch ästhetisch ein fauler Kompromiß: ein funktionales Gebäude, welches zwar auf dem neuesten Stand der Technik ist, welches aber nicht einmal ein Foyer hat; im Stil eine Mischung, weder neoklassisch noch postmodern, wie der Architekt Carlos Ott selbst bestätigt (Marchand 1993, 353).
Die Querelen, die nach der Entscheidung 1983 dann

Abbildung 134
Die Bastille-Oper
Photo: Schüle

durch Chirac angeheizt wurden, hörten auch nach der Einweihung nicht auf. Sie betrafen dann vor allem die künstlerisch-konzeptionelle Führung. Frankreich hatte auch weiterhin kein symbolträchtiges, die Revolution repräsentierendes Gebäude, nicht einmal eine Freiheitsstatue ...

Das Défense-Viertel und die Grande Arche

Mit einer Statue versehen ist hingegen jenes Areal, welches zu den merkwürdigsten städtebaulichen Gebilden in Europa zählt.
Das Défense-Viertel, einstmals der Ort der Verteidigung gegen die deutsche Belagerung von Paris 1870, sollte auf dem »Butte de Chantecoq« (Hahnenschrei-Hügel) im Westen von Paris, jenseits des Seine-Bogens, gebaut werden.

Doppelt symbolträchtig ist der Ort, weil nicht nur die historische Achse von Louvre-Tuilerien-Champs-Elysées-Etoile-Avenue Charles de Gaulle hier ein vorläufiges Ende findet, sondern weil die historisch-soziale Westwanderung des bürgerlichen Paris hier einen Sprung aus den Mauern heraus gemacht hat. Sozialgeschichtlich und städtebaulich ist die Entstehungsgeschichte von La Défense zudem interessant, weil sie ein Paradebeispiel für ein »zusammengestoppeltes Gesamtkunstwerk« ist.
Anfang der 50er Jahre entstand die Idee eines selbständigen Geschäftszentrums außerhalb der Stadtmauer und fand die Billigung des Departementsrats. Eine öffentlich-rechtliche Gesellschaft, die EPAD (»Etablissement Publique d'Aménagement de la Défense«) wurde gegründet und von de Gaulle bestätigt. Auf den Standorten der städtischen Slums (»bidonvilles«) von Nanterre, zusammen mit den

Abbildung 135
Die Grande Arche
Photo: Schüle

Gemeindeflächen von Puteaux und Courbevoie fast 1000 Hektar groß, erwuchs langsam die neue Dienstleistungsstadt, die Beaujeu-Garnier so schilderte:

»... eine große freie Achse mit einer weiten Esplanade, von Grün gesäumt und von Wasserspielen unterbrochen; Zubringerwege, die untereinander durch vielfältige und komplizierte Verteiler verbunden sind und die zum Hochplateau streben; ein Oberflächenverkehr, der den Fußgängern vorbehalten ist, während die Verkehrswege und Autobahnen, die Gleisanlagen (Metro und RER) unterirdisch verlaufen; ein Wald aus Hochhaustürmen mit ganz verschiedenen Stilen und unterschiedlichen Materialien, verteilt in zwei Blocks auf jeder Seite der axialen Esplanade; das Ganze durch einen kreisförmigen Boulevard umschlossen« (Beaujeu-Garnier 1993, 426).

Man wollte zunächst eine ganze Reihe staatlicher Organisationen dorthin auslagern, und mit ELF-Aquitaine ließ sich auch tatsächlich das größte französische staatliche Unternehmen dort nieder. Aber eine ganz zentrale Rolle spielte natürlich die Ansiedlung privater Großunternehmen (wie etwa Esso). Nach außen aufsehenerregender war die frühe Er-

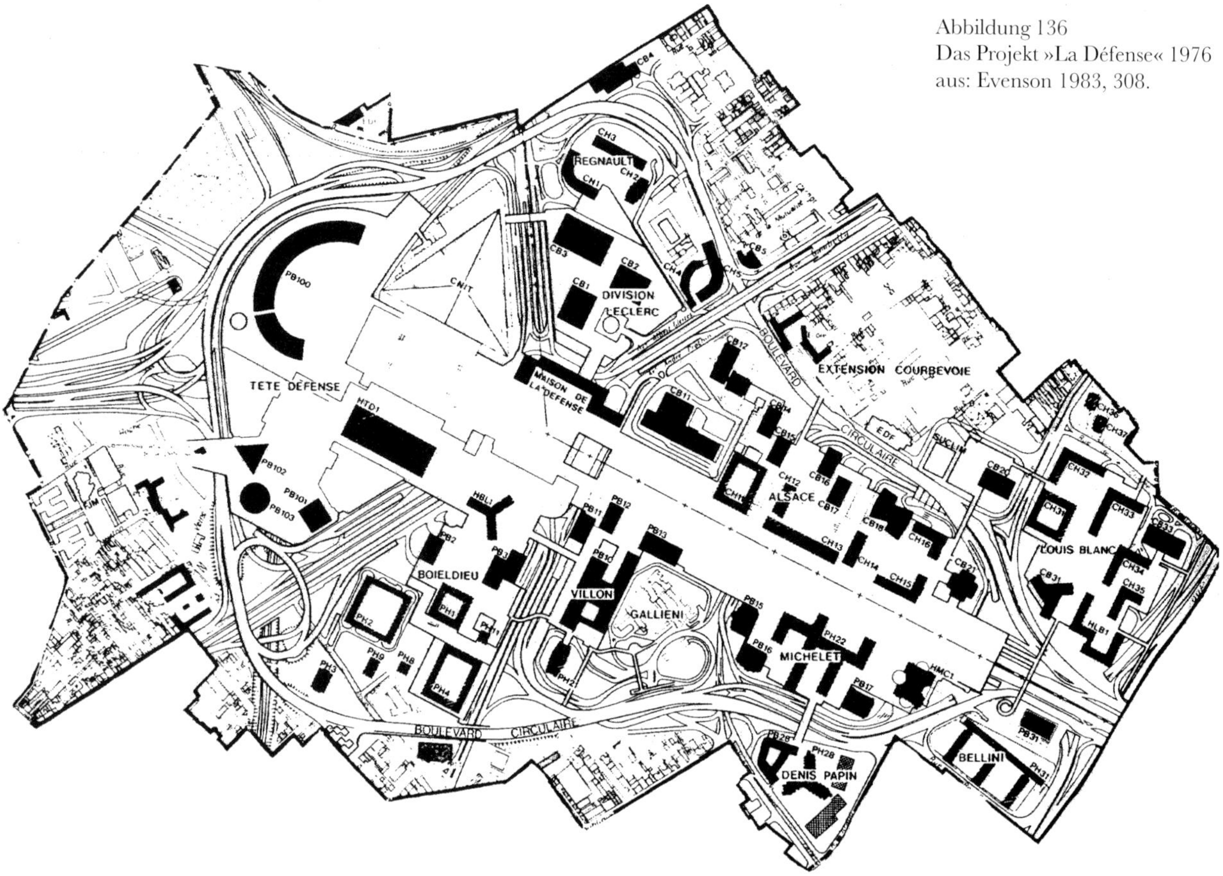

Abbildung 136
Das Projekt »La Défense« 1976
aus: Evenson 1983, 308.

richtung der CNIT-Halle im Jahre 1958 (CNIT = Centre International des Industries et des Techniques). Es war damals die größte freitragende Halle der Welt, bot 180 000 m² Ausstellungs- und Bürofläche auf zehn Ebenen mit Konferenzsälen, Hotels, Freizeitmöglichkeiten usw. Malraux nannte diese Halle »eine Kathedrale der modernen Zeit« (Beaujeu-Garnier 1993, 426).

Ursprünglich vielleicht eher als eine Art Ausweichquartier und Ausstellungsfläche für den Dienstleistungssektor gedacht, der im engen VIII. Arrondissement und im Opern-Viertel keinen Platz mehr fand, ist La Défense heute das attraktive Geschäftszentrum der Großstadt geworden. Wohl möglich, daß sich die große Anzahl der Firmensitze noch im VIII. Arrondissement befindet und daß im goldenen Dreieck westlich der Champs-Elysées mehr Umsatz gemacht wird (so noch 1988), aber das Geschäftsvolumen von La Défense ist inzwischen so groß wie das Bruttoinlandsprodukt von ganz Holland, es liegt mit 900 Milliarden Francs knapp unter dem französischen Staatshaushalt (Pellerin, o. J.). Heute wohnen nach Angaben der EPAD 80 000 Menschen in La Défense, es gibt zwei Millionen m² Bürofläche, 6000 Unternehmen, vor allem Chemiegiganten und Ölfirmen, Informatik, Versicherungen und industrielle Dienstleistungen dominieren auf dem Gelände.

Der Weg dahin war indes alles andere als gradlinig, denn nach euphorischen Anfängen in den 50er Jahren drohte das Viertel wieder zum Slum zu werden. Die Staatszuschüsse, insbesondere für den aufwendigen Unterbau, machten die Sache einfach zu kostspielig, das Defizit wuchs. Man ermutigte folglich die privaten Investoren, verdoppelte fast die Anzahl der Büroflächen und Wohneinheiten, förderte den Hochbau, so daß im Wald der bald 200 m hohen Türme an die 100 000 Beschäftigte Platz fanden. Die Schnellbahn führte nun auch hier her. Diese Aufbauphase traf Mitte der 70er Jahre wieder auf die Nachwehen der Ölkrise, auf den Schwenk in der Hochbaupolitik (Giscard) und auf die ökonomische Rezession. Das Blatt hat sich dann allerdings wieder gewendet. Jacqueline Beaujeu-Garnier schrieb 1993 euphorisch:

»Der Siegeszug ist brilliant: 2,2 Millionen m^2 Wohnungen sind gebaut worden; 90 000 Personen sind dort beschäftigt; 15 000 Wohnungen gewährleisten die Unterkunft von 30 000 Personen; 650 Gesellschaften sind dort angesiedelt, die Hälfte der 20 ersten französischen Unternehmen. Es ist schon ein Verkehrsknotenpunkt mit 26 000 Parkplätzen, einer Schnellbahnlinie, 18 Autobuslinien, zwei Eisenbahnanschlüssen und der Endstation der Metrolinie 1. Neben den Büros zeichnet sich die Vorform eines wirklichen Dienstleistungszentrums ab: das Handelzentrum der Vier Jahreszeiten, 100 000 m^2 Kleinhandel, vier Hotels; zahlreiche Restaurants, von denen rund zehn berühmt geworden sind. Insgesamt soll die Operation 16 Milliarden Francs an Investitionen von Seiten der öffentlichen Hand gekostet haben. Die Grünflächen umfassen zehn Prozent der Oberfläche des Quartiers, welches durch 22 km unterirdische Straßen und Wege, 100 Aufzügen und 20 Rolltreppen versorgt wird« (Beaujeu-Garnier 1993, 428/29).

Einen ganz entscheidenden Anteil am Aufschwung brachte die »symbolische« Verortung der neuen Stadt durch die »Grande Arche«. Der über 100 m hohe, breite und tiefe offene Kubus, der leicht aus der zentralen Achse verschoben ist, bildete nun den Kopf von La Défense (»Tête Defense«), und heute sieht die gesamte Anlage aus, als sei sie von vornherein so geplant gewesen (s. Abb. 137).
Giscard d'Estaing hatte bekanntlich den Abschluß der Achse durch eine glitzernde Sperre geplant. Mitterrand hat diese Sperre symbolisch durchbrochen, indem er den wirklich sehr gelungenen Kubus des Architekten Otto von Spreckelsen begünstigte. Die Arche wurde dann 1989 mit großem Pomp eingeweiht.
Der Bau ist übrigens nicht von der EPAD, sondern von einer gemischten Gesellschaft (»Societé d'Economie Mixte«) geplant und verwaltet worden und er beherbergt auch teils private teils staatliche Unternehmen (Ministère de l'Equipement). Er vermietet sich gut mit Preisen bis zu 3000 Francs pro m^2 (Beaujeu-Garnier 1993, 428). Die Plattform des Gebäudes ist für Besucher offen, die mit dem zwischen dem Bogen liegenden Aufzug die 35 Stockwerke hinauffahren. Im Bogen sind wegen der Fallwinde große Segel angebracht.
Die gesamte Anlage von La Défense ist heute als ökonomisches Zentrum relativ stabil verankert und als touristische Attraktion angenommen. Das große Tor fand sofort Eingang in die japanischen Reise-

Abbildung 137
La Défense:
Die Esplanade
Photo: Schüle

Abbildung 138
Die Eingangspyramide
des Louvre
Photo: Schüle

Abbildung 139
Der 1992 neugestaltete
Eingangsbereich im
Untergeschoß des
Louvre
Photo: Schüle

führer, die amerikanischen Führungen und die deutschen Schulbücher.

Das Wunder von La Défense besteht natürlich zunächst einmal in der im Grunde sehr späten Geburt. Es ist eine neue und moderne Angestelltenstadt, wo nichts Altes stört, und dort, wo es vorkam, wurde es beseitigt. Ein Wunder ist auch, daß trotz des Auf und Ab der Entwicklungsgeschichte ein sehr passables architektonisches Ensemble zustandekam. Die wunderbare Rolle von La Défense besteht schließlich darin, daß es die Pariser Innenstadt vor einem Manhatten bewahrt hat. Mit dieser doppelten ökonomischen Zentralität La Défense-VIII. Arrondissement steht Paris international ziemlich einmalig da.

Die Kritik an La Défense hat schon früh den gerin-

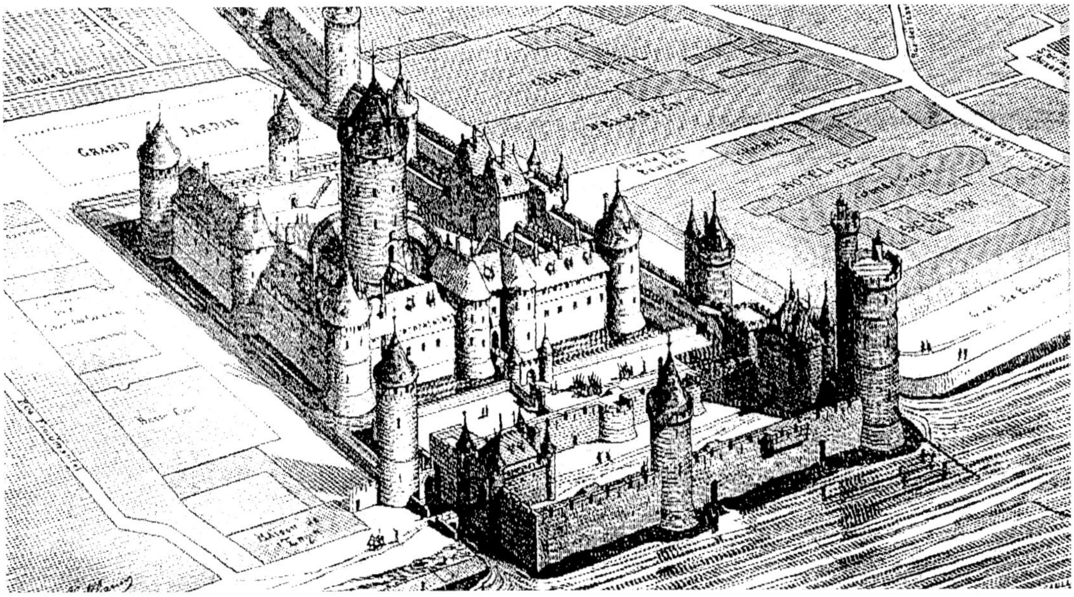

gen Wohnanteil moniert, vor allem aber ist die mangelnde Anbindung an den nationalen und internationalen Verkehr kritisiert worden, denn es gab weder eine direkte Verbindung zu den wesentlichen Bahnhöfen noch zu den Flughäfen. Das Hochhauskonzept ist natürlich ebenfalls ins Kreuzfeuer der Kritik geraten, obwohl die Höhe nicht weiter expandierte und die großen Türme wesentlich energie- und umweltfreundlicher gestaltet worden sind. La Défense, so wird dem Sinne nach gesagt (Sennett 1986), spiegelt mit seinen gläsernen Türmen eine soziale Transparenz vor, die nicht eingehalten wird. Die große Esplanade, so wird gesagt, ist kein Platz zum Verweilen, sondern eine schnöde Durchgangsschneise. Abends ist diese Stadt tot.
Lebendige Monumente sind eben selten. In einem gewissen Sinne ist das ganze Défense-Viertel ein Monument.

Der neue Louvre

An dem Punkt, wo heute der Louvre steht, mögen sich früher Fuchs und Hase gute Nacht gesagt haben. Jedenfalls verweist der Name offensichtlich auf

Abbildung 140
Der Louvre zur Zeit von Philippe-Auguste (vor 1362)
aus: Léri 1989, 18.

einen Wolf. Auf dem Nordufer gelegen, war der Louvre zuerst um 1200 wehrhafte Burg und Festung (s. Abb. 140) und wurde dann nach und nach zum heutigen Museums-Palais.
Zum Palast (»le Palais«) wurde die Burg nicht durch den dauernden Sitz des Herrschers. Die mittelalterlichen Könige residierten bekanntlich wie Nomaden; ihnen gefiel es besser an der Loire oder in Paris im Palais der Cité-Insel. So ist der Louvre eigentlich erst seit François I. (1528) Wohnsitz des Königs geworden. Versailles hat später diesen Ort wieder entwertet. Inzwischen aber hatte er sich durch die Sammlungen des Königs, durch die Sitzungen der Akademie, durch die Kunstateliers und Salons symbolisch aufgeladen.
Seit Ende des 18. Jahrhunderts also, seitdem die französischen Revolutionäre 1793 die neue Nutzung verfügten, ist die Burg ein Museum, seit der Zeit gibt es den Louvre des Arts. Herrscher und Volk sind in der Folge mit dem Palais nicht immer umsichtig umgegangen. 1871 haben die Communarden das Tuilerien-Schloß in Brand gesetzt, so daß sich nun die

langen Flügel – auf Seiten der Rue de Rivoli sind es 400 m ! – nach Westen hin öffneten. Insofern kann man sagen, daß die Revolutionäre der bürgerlichen Ausbreitungsbewegung nach Westen auf der historischen Achse überhaupt erst den Weg freigemacht haben.

Einem ganz anderen Sturm auf die Paläste war viel schwieriger zu entkommen: Im gesamten Stadtgebiet und eben auch im rechten Richelieu-Flügel des Louvre hatte die Bürokratie die Paläste vereinnahmt. An diesem Punkt beginnt die Geschichte des Grand Louvre, die 1981 von François Mitterrand autoritanen, nehmen die geometrische Form auf. Für das Museum und das ganze Viertel viel entscheidender waren natürlich der Auszug des Finanzministeriums aus dem Richelieu-Flügel und die großflächig unterirdische Neuorganisation des Museums und seiner Infrastruktur.

Die Höfe im Richelieu-Flügel wurden mit Glas überdacht, die Gebäude völlig entkernt und neu strukturiert. Der gesamte Unterbau des Museum wurde verändert, wobei wertvolle archäologische Funde zutage kamen. Der architektonisch-technische Trick des Louvre-Umbaus war recht einfach. Durch Un-

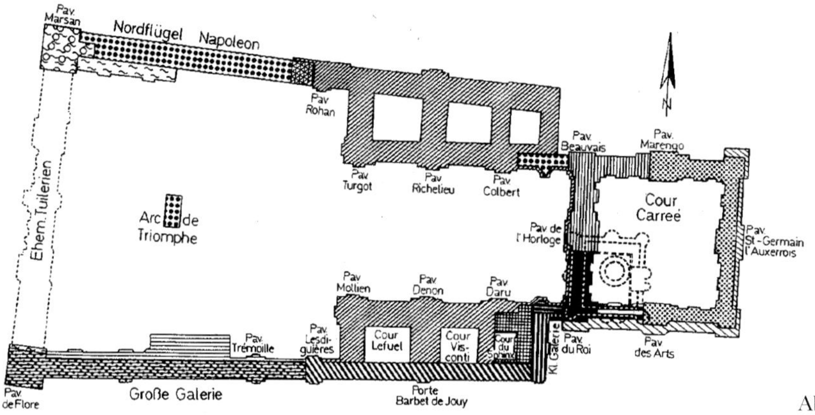

Abbildung 141
Der historische Plan des Louvre
aus: Léri 1989, 44.

BAUZEIT	BAUHERR	BAUMEISTER
12 /13 Jh.	Philipp August, Ludwig IX	
1546-1549	Franz I., Heinrich II	Pierre Lescot
1559-1574	Franz II., Karl IX, Heinrich III.	Pierre Lescot
1566	Katharina von Medici	Pierre Lescot
1595-1610	Heinrich IV	Louis Métezeau
1595-1610	Heinrich IV	J. Androuet du Cerceau
1624-1654	Ludwig XIII., Ludwig XIV	Lemercier
1653-1655	Ludwig XIV	Le Vau
1659-1664	Ludwig XIV	Le Vau
1661-1664	Ludwig XIV	Le Vau
1664-1666	Ludwig XIV	Le Vau
1667-1670	Ludwig XIV	Le Vau, Perrault, Lebrun
1806-1811	Napoleon I	Percier, Fontaine
1816-1824	Ludwig XVIII.	Fontaine
1852-1857	Napoleon III	Visconti, Lefuel
1861-1870	Napoleon III	Lefuel
1874-1880	Dritte Republik	Lefuel

tiv angestoßen wurde – autoritativ deshalb, weil die Beamten des Finanzministers anders nicht zu bewegen waren, ihre Arbeitstätte zu verlassen. Autoritär aber auch, weil kein Ausschreibungswettbewerb stattfand, und Mitterrand einfach den Architekten I.-M. Pei auswählte und die architektonische Verwirklichung festlegte.

So entstand jene 22 m hohe und 35 m breite Pyramide aus Stahl und Glas mitten im Cour Napoléon, unter der alle öffentlichen Dienste und der Haupteingang liegen. Weitere Pyramiden, welche als Lichtquelle in die tiefergelegenen Eingangsbereiche dietertunnelung – wir sahen das nun schon öfters – gewann man Ausstellungsfläche und Raum für Busbahnhof, Tiefgarage, für Kassen und Garderoben, für Restaurants, Buchhandlungen, Vortragssäle und Läden. Nun verfügte das größte Museum der Welt über 70 000 m² Ausstellungsfläche (vorher 35 000), über 1 500 Angestellte und 200 000 Kunstwerke. Jetzt gibt es auch Wechselausstellungen im Louvre, und das Museum öffnet sich dem Geschäft: Modepräsentationen finden statt, Luxusgeschäfte sind entstanden, ein Handelszentrum, zusätzliche Parkplätze usw. – alles unterirdisch, versteht sich …

Die Bibliothèque de France

Der Südosten von Paris ist stadtgeschichtlich gesehen eine schwierige Ecke, weil Lager, Weindepots und vor allem die Gleisanlagen von Gare de Lyon und Gare d'Austerlitz beidseitig der Seine die Neuordnung erschweren. Die neuesten Planungen sehen daher vor, auf 32 Hektar in dem Sanierungsgebiet »Linkes Seine-Ufer« (mit insgesamt 132 Hektar) die Gleisanlagen des Austerlitz-Bahnhofs zu überbauen.

In diesem schwierigen Raum, wo sich am Gare de Lyon die Bauwut der 50er Jahre noch einmal in den 80er und 90er Jahren austobte, wurde die Bibliothèque de France an einer eher ruhigen Ecke errichtet. Sie steht gegenüber dem Stadion von Bercy und dem Park von Bercy, und es soll auch einen Übergang über die Seine von der Bibliothek zum Park geben. Zusammen mit den umfangreichen Wohnbauten und dem Ausbau des Verkehrssystems (der Linie METEOR) werden damit tiefgreifende Veränderungen des ganzen Viertels Tolbiac vorgenommen (s. Abb. 143).

Die »Très Grand Bibliothèque« ist von den Fachleuten und der Öffentlichkeit seit langem gefordert worden, weil die alte Bibliothèque Nationale in der Innenstadt an der Rue Richelieu extrem veraltet und überfüllt war. Die Zusammenlegung der zahlreichen Sammlungen in einer Bibliothèque Nationale de France war also längst überfällig.

Kaum war der Entwurf von Dominique Perrault angenommen und die Arbeit 1991 begonnen, erhob sich jedoch ein Proteststurm der Forscher und Bibliothekare gegen das »spektakulär schlechte Vorhaben«:

»Die Unterzeichner drücken (. . .) ihre Mißbilligung gegenüber dem architektonischen und bibliothekarischen Vorhaben aus. Sie sind der Ansicht, daß der Plan des riesigen Gebäudes nicht dem entspricht, was eine Bibliothek sein soll, und daß die Form den Inhalt völlig verdrängt hat. Sie stellen darüber hinaus fest, daß in diesem unadäquaten Rahmen die Optionen, welche die Verantwortlichen gefunden haben, zu oft den Erfahrungen von Lesern und Bibliothekaren widersprechen« (BN: Commentaire Nr. 58, Sommer 1992, 484).

Was war geschehen? Als François Mitterrand 1988 dieses Vorhaben guthieß, war ein Wettbewerb ausgeschrieben worden, den Dominique Perrault 1989 gewann. Er hatte vier Türme geplant, die ca. 80 m hoch sein sollten und die in die Ecken eines Rechtecks gestellt, die Form von stehend aufgeschlagenen Büchern haben sollten. In der Mitte des Rechtecks

Abbildung 142
Eingangsbereich
und Garten der
Bibliothèque de France
Photo: Schüle

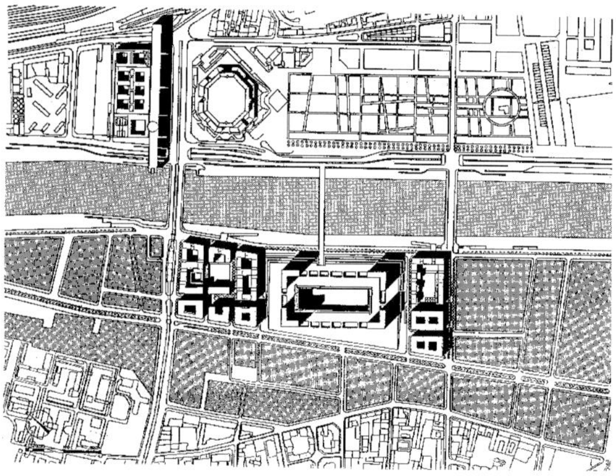

Abbildung 143
Schema der Bibliothèque de France
(darüber der Parc von Bercy)
aus: Techniques et Architecture 412/1994

sollte es einen Park-Garten geben, auf den hinaus in Gartenhöhe der öffentliche Benutzerraum liegt (mit 2 100 Plätzen), darunter auf Höhe des Parterre-Gartens liegt der Lesesaal der Forscher (mit 1 850 Plätzen). Jeweils ca. sieben Stockwerke sind für die Verwaltung vorgesehen, elf Stockwerke für die Lagerung der Bücher. Letzteres ist auch der wesentlichste Kritikpunkt gewesen: daß nämlich die Lagerung der Bücher in die Höhe ökologisch sinnlos, vom Ablauf her unrationell und für die Lagerung selbst katastrophal sei. Daher wurden hinter dem Glas Holzläden angebracht, um die Bücher zu schützen.
Nun werden freilich die alten, empfindlichen Bestände (Handschriften, Manuskripte, Pläne, Stiche usw.) ohnehin in der alten Richelieu-Bibliothek bleiben; die BNF wird vornehmlich Buch- und Zeitschriftensammlungen erhalten.
Die neue BNF wird indes dennoch ein einzigartiges Buch- und Medienzentrum sein, mit digitalisierten Beständen, wie sie zum Beispiel die Deutsche Bibliothek sicher nicht kennt. Natürlich wird die im Dezember 1996 eröffnete Bibliothek erst allmählich funktionstüchtig sein. Dann aber werden in der öffentlichen Bibliothek 380 000 Bücher und 5 000 Zeitschriften, in der Forschungsbibliothek 400 000 Bände zugänglich sein. Und gerade in dieser Mischung von öffentlicher und spezialisierter Bibliothek kann man das Besondere dieser Einrichtung sehen.

Abbildung 144
Die großen Bauvorhaben (»Les grands chantiers«) im Überblick

Vorhaben	Fertigstellung	Architekten	bebaute Fläche	Dimension Höhe/Länge/Breite	Besucher 1992	Gesamtkosten pro Jahr Francs
Centre Beaubourg	1977	Piano und Rogers			1 360 000	
Musée d'Orsay	1986	Bardon u.a. Gae Aulenti	50 000 m²	35/175/75	2 577 000	1,359 Mrd.
La Villette						
Cité des sciences	1986	Fainsilber	120 000 m²	47/270/110		5,414 Mrd.
Zénith	1984	Chaix u. Morel	20 000 m²			
Parc et folies	1989	B.Tschumi	30 ha			1,334 Mrd.
Cité de la musique	1990	C. de Portzamparc	80 000 m²			964 Mill.
Institut du monde arabe	1987	J. Nouvel	26 900 m²	32/77/35		254 Mill.
Ministère des Finances	1989	P. Chemetov	225 000 m²	375 m lang		3,920 Mrd.
Opéra -Bastille	1989	C.Ott	160 000 m²	50/350/110		2,807 Mrd.
Grande Arche de la Défense	1989	Von Spreckelsen	120 000 m²	110/105/100		3,750 Mrd.
Grand Louvre	1993	I. M. Pei	50 000 m²	22/35/35 (Pyramide)	4.276000	2,433 Mrd.
Bibliothèque de France	1996	D.Perrault	244 000 m²	79/45/14 (je Turm)		7,200 Mrd.
Centre de conférences internationales	1995	F. Soler	25 112 m²	220(L)/110(B)		2,750 Mrd.

Die Logik des Monumentalen

30 bis 40 Millionen Francs, über zehn Milliarden D-Mark also, waren es sicher (s. Abb. 144), die überwiegend vom Staat in die großen Bauvorhaben gesteckt worden sind. Wie ist ein so hoher Einsatz ökonomischer Resourcen zu bewerten? Oder mit Bernard Marchand gefragt:

»War es zu vertreten, in die Hauptstadt soviel zu investieren in einem Augenblick, in dem die Dezentralisation auf der Tagesordnung stand? Haben diese spektakulären Bauten das Leben in Paris verbessert?« (Marchand 1993, 355).

Auffallend ist eine ganze Reihe von Merkwürdigkeiten. Zu den Projekten gab es jeweils eine heftige Ästhetik-Debatte. So beim Centre Pompidou, bei der Louvre-Pyramide, bei La Défense usw. – es gab aber keine Grundsatzdebatte über die Richtigkeit des Konzepts. Marchands Kommentar dazu:

»Die Linke wagte nichts zu sagen. Was die Rechte angeht, so war ihr Nationalismus durch die Vorhaben geschmeichelt; sie zog es vor, eher die Ästhetik der Projekte als die Zielsetzung und die Auswirkungen der Bauvorhaben zu kritisieren« (Marchand 1993, 356).

Der Autor dieser Kritik hat ganz recht, wenn er einen Teil der Verwirklichungen als eine ziemliche »Regression«, eine Flucht in die Vergangenheit vor den anstehenden (Vor)stadtproblemen ansieht. Zweifellos haben die Großbauten das Image von Paris ungeheuer aufgewertet, wenn nicht sogar neu definiert. Ebenso eindeutig ist, daß sie zur Problemlösung in der Region wenig bis nichts beigetragen haben.

Die ideologische Wirkung der »grands projets« hingegen war so ungeheuer, daß selbst klarsichtige Fachleute sich blenden ließen.

Oft sind die Monumente mit den pharaonischen Unternehmungen oder mit dem Stadtumbruch Haussmanns verglichen worden. Manch einer verstieg sich sogar zu der Behauptung, allein die Bibliothèque Nationale käme den Stadtumbrüchen im Zweiten Kaiserreich nahe (so Lothar Albertini im Frankreich-Jahrbuch 1993, 46).

Im geschichtlichen Rückblick auf die Stadtentwicklung gilt es hier, die Dimensionen zurechtzurücken. In einer Zeit, in der »Kulturbetrieb« zunehmend ökonomisch interessant wird, wo die Ästhetisierung und Museifizierung der Innenstadt zunimmt, gerät man leicht in Gefahr, diese Einzelbauten für das ganze Paris zu nehmen. Die Großbauten sind aber weder in ihrer strukturellen Wirkung auf die Stadt noch in ihrer ökonomischen Dimension mit den beiden großen Umbrüchen der Stadtentwicklung von 1850 oder 1950 zu vergleichen. Die Bauten Haussmanns haben insgesamt einen ganzen Jahreshaushalt Frankreichs verschlungen – auf heute übertragen hieße dies, 1 400 Milliarden Francs für Paris allein auszugeben!

Die Bilanz ist also in jeder Hinsicht zwiespältig. So unterschiedlich man die einzelnen Bauten bewerten kann, so unterschiedlich und differenziert wird man auch bei der Gesamtbeurteilung sein müssen. Keines der Großvorhaben bezieht sich indes auf die Peripherie, nicht eine der neuen Städte ist bedacht, und so liegt es auf der Hand, daß die in gigantische ästhetische Formen gepreßte politische Machtdarstellung über die soziale Misere der Vorstadt hinwegtäuschen soll.

Kapitel 3
Stadtplanung, Wohnen und sozialer Wohnungsbau

Eine kurze Geschichte der politischen Administration von Paris

Das alte Regime

Paris war zu allererst eine römische Gemeinde (municipium) und hatte von daher in seinen Anfängen das römische Verwaltungssystem mitsamt seinen Statthaltern erhalten.
Die sich im Jahrtausend nach Christus herausbildenden Städte in Frankreich hatten sehr unterschiedliche juristische Statuten. In der Regel aber hatten die Grundherren des Mittelalters einen Vogt, Intendanten oder Präfekten (»prévôt«) eingesetzt, der die Geschicke der Stadt oder Gemeinde lenkte.
Von Anbeginn aber gab es zugleich anerkannte, autonome, lokale – heute würden wir sagen demokratische – Formen der Ordnung des Gemeinwesens. Und die ganze Geschichte der Verwaltung und der Verwaltungsgrenzen läßt sich als eine politische Geschichte lesen, nämlich als eine Auseinandersetzung zwischen lokalen, grass-roots-demokratischen und zentralistischen Herrschaftsansprüchen.

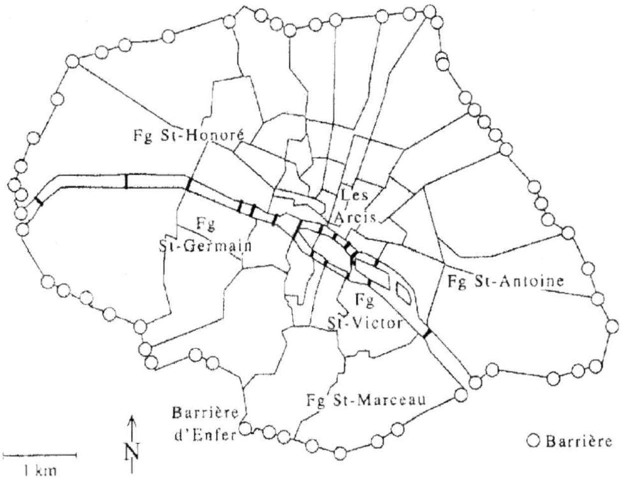

Abbildung 145
Die alten Pariser Stadtquartiere vor 1859 und das Pariser Stadtwappen
aus: Tulard 1990, 323 und 172.

Dies ist zugleich der Hintergrund für die oft gehörte Meinung, keine französische Regierung, egal welcher Couleur, habe je der Pariser Stadtbevölkerung vertraut.
Die erste lokale Korporation nun, die sich schemenhaft im frühen Mittelalter abzeichnet, ist die Vereinigung der Seine-Schiffer (»Nautae«) gewesen. Die dann erstarkenden bürgerlichen Korporationen trotzten der feudalen Herrschaft immer weitergehendere Rechte ab, es entstanden die Parlamente.
Die wichtigste bürgerliche Institution in der wechselvollen Geschichte von Paris war der Profoß der Händler (»le prévôt des marchands«). Und der bekannteste Konflikt während des Ancien Régime, der Aufstand der Händler und Bauern unter dem Profoß Etienne Marcel Mitte des 14. Jahrhunderts bezeugt nur, sozusagen wie die Spitze des Eisberges, den Kampf um das Recht und die Freiheit in der

maiſtre de pont

Abbildung 146
Ein Brückenmeister
aus: Beaudouin 1989, 34.

Stadt. Nach diesem Zwischenfall aber hat der König die ständischen Rechte der Bürger zunehmend beschnitten und ausgehöhlt, so daß ein Gemeinderat in Paris im Grunde nie zustande gekommen ist.

Die Französische Revolution

Viele französische Städte hatten Anfang des 18. Jahrhunderts schon entwickelte Gemeindeordnungen. Das kann man von Paris so nicht sagen. Die 16 Stadtteilräte oder Quartier-Chefs von 1789 konnten, bildlich gesprochen, gerade einmal über die Abfallordnung beschließen. Das änderte sich sehr schnell mit den revolutionären Ereignissen.
Die Revolutionäre drehten die politischen Verhältnisse geradezu um und machten die Gemeinden (»Communes«) zum Ausgangspunkt demokratischer Willensbildung. So eindeutig die antizentralistische Stoßrichtung zu erkennen war, so langsam und widerspruchsvoll war der Weg zur freien Gemeindeverfassung – keineswegs waren die Gemeinderechte schon eindeutig, keineswegs war der Wahlzensus gänzlich abgeschafft, keineswegs war das Verhältnis von Stadtquartier und Stadtgemeinde eindeutig beschrieben.
Zwar gab es nun 1790 einen Bürgermeister von Paris und es konstituierte sich die erste, ordentlich gewählte Gemeinde der Stadt Paris. Aber schon zeichnet sich der Grundkonflikt zwischen Stadt und Staat wieder ab: Im Mai 1790 beschließt der Nationale Konvent, die 60 Pariser Distrikte aufzulösen und stattdessen 48 Sektionen einzurichten. Es beginnt die »Schutzknechtschaft«, die Unmündigkeit (»tutelle«) der Stadt gegenüber dem Département.

Die historischen Unterteilungen von Paris

in 16 Stadtquartiere	bis 1789
60 Distrikte	bis 1790
48 Sektionen	bis 1794
12 Arrondissements	bis 1860

Eingemeindung mehrerer Gemeinden unter Haussmann
20 Arrondissements bis heute

Alle französischen Städte, so auch Paris, wurden der Rechtsaufsicht der Departemental-Behörde unterstellt. Damit war das Mittel gefunden, die Radikalität der Pariser Körperschaft durch die gemäßigten Voten in der übergeordneten Körperschaft, dem Departement, zu dämpfen. Ganz so, wie sich die nationale Körperschaft, der Konvent, das gedacht hatte, lief die Sache aber nicht, denn gerade die neugeschaffenen Sektionen wurden zu explosiven politischen Orten.

Die Bürgermeister von Paris:

1. Bailly, Jean Sylvain (gewählt) 15.7.1789–18.11.1791
2. Pétion, Jérome (gewählt) 14.11.1791–15.10.1792
   Borie, Philibert, (Interimbürgermeister) 6.7.1792 –13.7.1792
   Boucher, René, (Interimbürgermeister) 5.10.1792–2.12.1792
   Lefèvre d'Ormesson, Henri, (gewählt, verweigert das Amt) 21.11.1792
3. Chambon, Nicolas (gewählt) 30.11.1792–2.2.1793

Abbildung 147
Das Rathaus von Paris
Photo: Schüle

4. Pache, Jean Nicolas (gewählt)
   14.2.1793–10.5.1794
5. Fleuriot-Lescot, Jean-Baptiste (ernannt)
   10.5.1794–27.7.1794
6. Garnier-Pagès, Louis Antoine (ernannt)
   24.2.1848–5.3.1848
7. Marrast, Armand (ernannt)
   9.3.1848–19.7.1848
8. Arago, Etienne (ernannt)
   4.9.1870–15.11.1870
9. Ferry, Jules (ernannt)
   15.11.1870–5.6.1871
10. Chirac, Jacques (gewählt)
   25.3.1977–1995
11. Tiberi, Jean (gewählt)
   seit Juni 1995

Der Anstoß zu neuen politischen Taten kam nicht von den Vertretern des Konvents, nicht von den Jakobiner als politische Vereinigung, auch nicht von der »commune« selbst, d. h. es war nicht der Stadtrat, sondern vor allem die Sansculotten-Bewegung in den Pariser Sektionen, die im Grunde die entscheidenden gesellschaftlichen Veränderungen bewirkte.
Die »sozialrevolutionäre« Sansculotten-Bewegung kümmerte sich nicht im geringsten um Versammlungsverbote und Auflagen, die der Konvent verordnete. Sie stellte in den Sektionen Nationalgarden auf. Durch die revolutionäre Arbeit der Sansculotten in den Sektionen kam es zur zweiten Phase der Revolution, zur »commune insurrectionnelle«. Indem sie die letzten feudalen Prärogativen hinwegfegte, stellte eigentlich erst diese Bewegung »demokratische« Freiheit und Gleichheit her.
Als »Avantgarde«, d. h. ohne ausgebildete politische Tradition des demokratischen Handelns, waren sie freilich anfällig für jenen Terror, der dann die Demokratietradition gründlich diskreditierte. Der dezentralistischen sozialen Bewegung ist schließlich durch die zentralistische Fuchtel der Jakobiner das Rückgrat gebrochen worden:

»Das Regiment von Tugend und Terreur war damit endgültig zu einer blindwütigen Abschlachterei politischer Gegner entartet. Aber selbst hierin läßt sich noch ein verquerer Sinn finden: Mit Hilfe der Grande Terreur wurde nämlich das System einer dezentralen Demokratie, das die Sansculotten in Paris aufgebaut hatten und beherrschten, endgültig zerschlagen, wurden ihre Sektionen und Komitees in den Machtbereich der straff zentralistisch ausgerichteten jakobinischen Diktatur integriert und damit gleichsam verstaatlicht« (Willms 1988, 107).

Insofern gilt noch für die Revolutionszeit selbst der Satz, daß sich die Revolutionäre »die Stiefel des Königs angezogen haben« (Bourdet 1972, 58).
Im August 1794 schaltete der Konvent die Pariser Stadtgemeinden aus. 1795 wurden 12 Arrondissements gebildet. Das Direktorium besiegelt in den

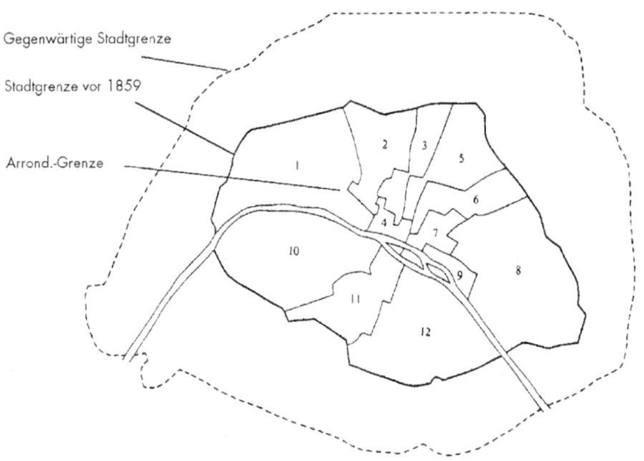

Abbildung 148
Die 12 Pariser Arrondissements vor 1859
aus: Beaujeu/Bastié 1967, 227.

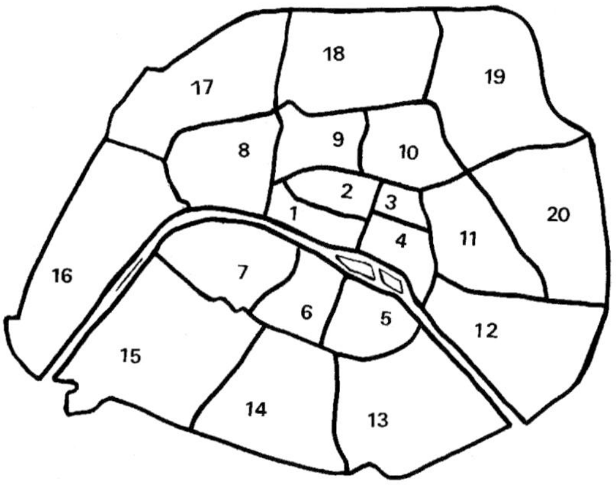

Abbildung 149
Die heutigen 20 Pariser Arrondissements
Graphik: Schüle

Jahren danach nur die Unmündigkeit der Stadtgemeinde, indem es den Sonderstatus des Doppelpräfekten für Paris erfindet: Nicht nur beherrscht das übergeordnete Departement Paris nun die Stadt durch den »Préfect de Seine«, zusätzlich gibt es noch den »Préfect de Police« als Überwachungsorgan.

Die »moderne« Administration

Napoléon I. hat bekanntlich den staatlichen Zentralismus noch stärker zementiert und kodifiziert. Aus dieser grundlegenden Fixierung hat sich Paris im Grunde bis 1964 nicht befreien können. Auf den drei politisch entscheidenden Problemebenen blieb Paris »sous tutelle«:

- es gab keine Mitsprache der Stadtbezirke (»arrondissements«)
- es gab keine autonome kommunale Mitwirkung
- es gab keine demokratisch befriedigende Lösung des Verhältnisses der Stadt zum Departement, zur Region und zur Nation.

Natürlich blieben die historisch-politischen Umwälzungen von 1830, 1848, 1871 usw. nicht ohne Auswirkung auf die Geschichte der Administration, aber die Veränderungen tangierten nicht dauerhaft die politischen Verhältnisse. So hat sich zwar schon in der Juli-Monarchie 1834 das Wahlrecht für den Gemeinderat verbessert (Zensus), es gab beispielsweise sowohl 1848 wie 1871 Bürgermeister von Paris – meist freilich nur für einige Monate, dann waren sie wieder verschwunden.

Als endlich am 5. April 1884 das Kommunalrecht für alle französischen Gemeinden eingeführt wurde, beharrte man jedoch auf einer Sonderregelung für Paris. Immer dann, wenn die politische Demokratisierung die kommunale Selbstbestimmung unausweichlich machte, umging man den Selbstbestimmungsdruck durch die Zentralisierung auf der nächsthöheren Ebene oder man verschob einfach die administrativen Grenzen zu Gunsten der jeweils regierenden Mehrheit.

Dieses Verfahren (einfach die administrativen Grenzen zu verschieben) hatte ja schon der Konvent der Französischen Revolution vorexerziert, als er die Pariser Distrikte in Sektionen umwandelte. Bei der Neugliederung der Pariser Region im Jahre 1964 sind, so scheint es, ganz ähnliche politische Opportunitäten und wahlarithmetische Erwägungen im Spiel gewesen (vgl. Bourdet 1972).

Die heutigen Verwaltungsgrenzen stammen aus dieser Zeit: das Gesetz vom 10. Juli 1964 machte aus Paris »eine territoriale Körperschaft mit besonderem Status, die gleichermaßen kommunale und departementale Kompetenzen umfaßt«.

Endlich also war die Verschmelzung von Gemeinde und Departement erfolgt; zugleich aber erfolgte die Neugliederung der ganzen Region! Im Umland von Paris schuf man drei flächenmäßig kleinere, aber bevölkerungsstarke Departements: Seine-St.Denis,

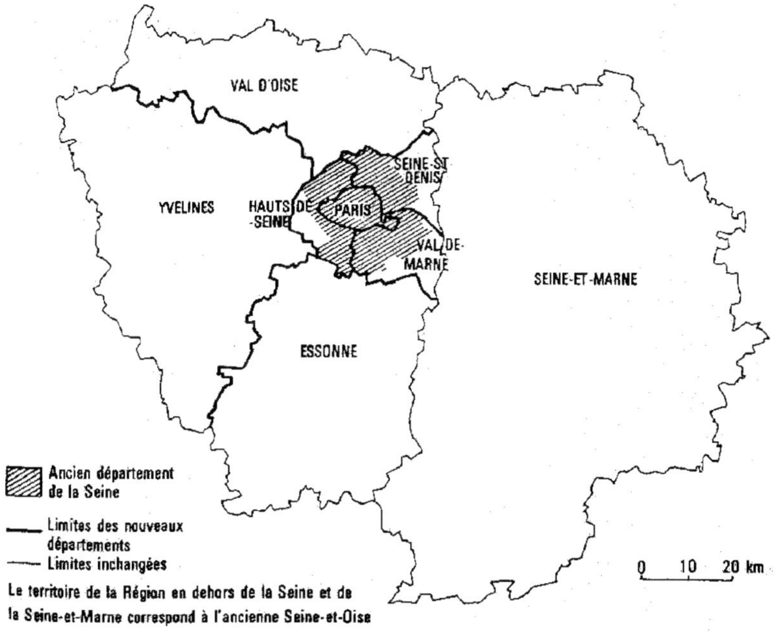

Abbildung 150
Die Neustrukturierung der Pariser Region von 1964 (schraffiert das alte Departement Seine) aus: Bastié 1984, 55.

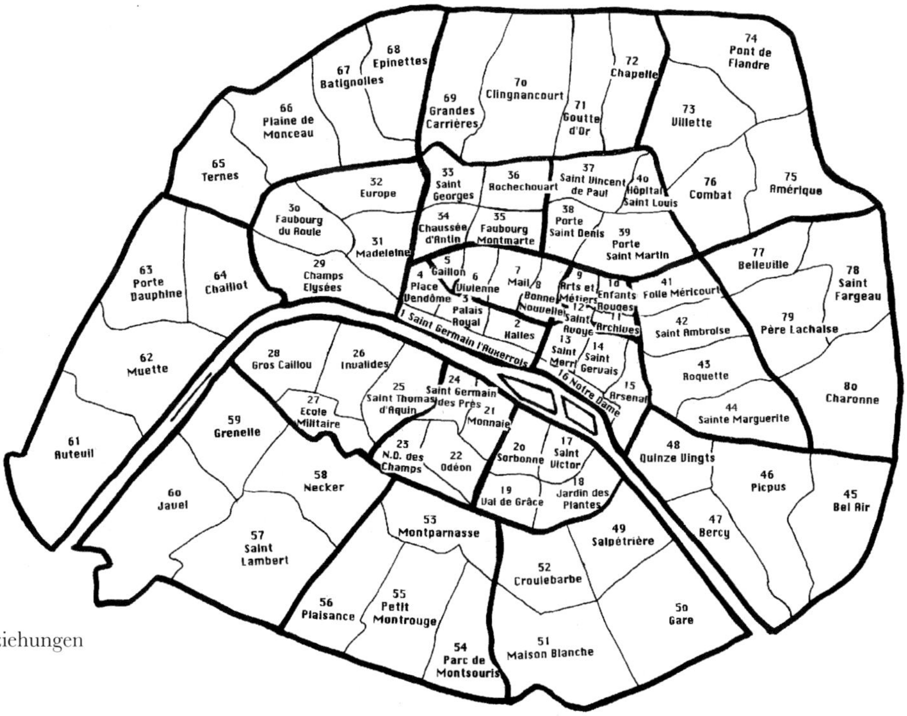

Abbildung 151
Die administrativen Grenzziehungen des heutigen Paris
Graphik: Schüle

Val-de-Marne und Hauts-de-Seine (die kleine Krone); und um diese herum weitere vier großflächigere Departements, nämlich: Seine-et-Marne, Val-d'Oise, Yvelines und Essone (die große Krone). Die Region Parisienne bestand also nun aus acht Departements (s. Abb. 150), die zunächst den Distrikt Paris und ab 1976 die Region Ile-de-France bildeten.

Wie ist diese politisch-administrative Entwicklung einzuschätzen? Klar ist, daß in den 60er Jahren schon

das entproletarisierte Paris für die regierenden Gaullisten immer weniger eine politische Gefahr bedeutete. Unangenehm wurde hingegen die linke Opposition auf Departements-Ebene, insbesondere in der kleinen Krone um Paris.
Die Neuregelung von 1964 brachte den Gaullisten insofern nur Vorteile, weil die politischen Karten in der Pariser Region neu gemischt wurden. Eher »zufällig« ist bei den Winkelzügen die wirkliche Gemeindeverfassung von Paris in den Grenzen des »périphérique« (»intra muros«) herausgekommen. Frei und autonom ist die Gemeinde Paris dadurch nicht geworden – und sie wird es wohl auch nie werden. Denn bis heute existiert der staatsunmittelbare Polizeipräfekt von Paris; zwangsläufig wird es, wie stets bei einer Metropole, Reibungen zwischen Stadt und Staat über Verkehr, soziale Versorgung, Recht und Finanzen geben.
Der Präsidentenwechsel zu Mitterrand 1981 hat den Status von Paris vielleicht differenziert, aber nicht unbedingt demokratisiert. Die Zentralisierungsreform der Sozialisten betraf ja nicht nur die Gemeinden, sondern auch die Departements und die Regionen. Das heißt, der Durchgriff der Zentrale wurde zwar relativiert, er blieb aber im Grunde bestehen.
Seit 1975, insbesondere aber seit 1982, gibt es freilich eine Tendenz, die Eigenständigkeit der Arrondissements zu stärken. Es gibt nun Stadtbezirksräte und Bürgermeister der Arrondissements. Diese haben freilich nur beratende Funktionen.
Hält man sich also vor Augen, daß etwa das 13., 15., 16., 17., 18. oder 19. Arrondissement jeweils so viele Einwohner haben wie Marburg, Herford, Konstanz, Neumünster, Wilhelmshaven, Flensburg oder Hildesheim, dann werden vielleicht die Dimension und auch das Demokratie-Defizit deutlich.
So erscheint denn im Rückblick auf die glorreiche politisch-administrative Geschichte der Stadt Paris die heutige Struktur eigentümlich irrational, politischen Wechselbädern unterworfen – gewiß nicht unbedingt eine Geschichte zunehmender Demokratisierung. Die politisch-administrativen Verhältnisse differenzieren sich ganz offensichtlich auf allen Ebenen, sie werden damit unübersichtlicher und den partikularen Interessen zugänglicher. Es ist sehr die Frage, ob auf diese Weise sozialstrukturelle Ungleichheiten gemildert werden konnten . . .

Der Plan, der Plan der Region und die regionale Dekonzentration

Ja mach nur einen Plan
sei nur ein großes Licht
und mach dann noch 'nen zweiten Plan
gehn tun sie beide nicht.
(Bertolt Brecht)

Die Geburt der Planungsidee

»Erinnern wir uns: Die städtische Umwelt hat keinen schlimmeren Gegner als die Stadtplanung, die ein strategisches Instrument des Staates und des Kapitalismus ist, die zersprengten urbanen Sphären in Gebrauch zu nehmen und einen kontrollierten Raum zu produzieren« (Lefebvre, Flamand 1989, 280).

Die Geschichte des Plans ist tatsächlich, wie Henri Lefebvre sagt, die Geschichte sozialer und räumlicher Kontrolle. Auf der anderen Seite überschätzte die marxistische Kritik die Ingebrauchnahme des Raumes und stellte den staatlichen Planungswillen als einen totalen Zugriff dar, was sehr selten der Fall war. Trotz der geradezu unglaublichen Differenzierung und Reglementierung der städtischen Umwelt herrschte ein Planungschaos, herrschten Interessenkollisionen und Durchstechereien, trat absolute Willkür neben rational-emanzipatorischem Planungswillen auf.
Freilich hat sich »der Plan« nirgends durchgesetzt, viel eher erst das private, dann das privatwirtschaftliche Interesse, welches sich mitunter mit dem Planungsinteresse einer Funktionärskaste traf. Noch einmal: der staatlich-demokratische Ordnungswille hat bestenfalls einige Schönheitspflästerchen im Gesicht der Stadt angebracht.
Zu welchem Zeitpunkt aber entstand der Plan? Wer machte den Plan? Wie setzte man den Plan um?
Für unseren Zusammenhang und für die Geschichte des Plans im Pariser Raum ist es wichtig, die gemeinschaftlichen Festlegungen zu erfassen (wie z. B. Straßenbreiten und Gebäudehöhen), die Herausbildung der gesamtstädtischen Infrastruktur zu verfolgen, die Herausbildung des Planungsstabes und die Entstehung der Planungswissenschaft.
Zunächst haben wir uns die Stadt Paris im ausgehenden Mittelalter äußerst chaotisch vorzustellen.

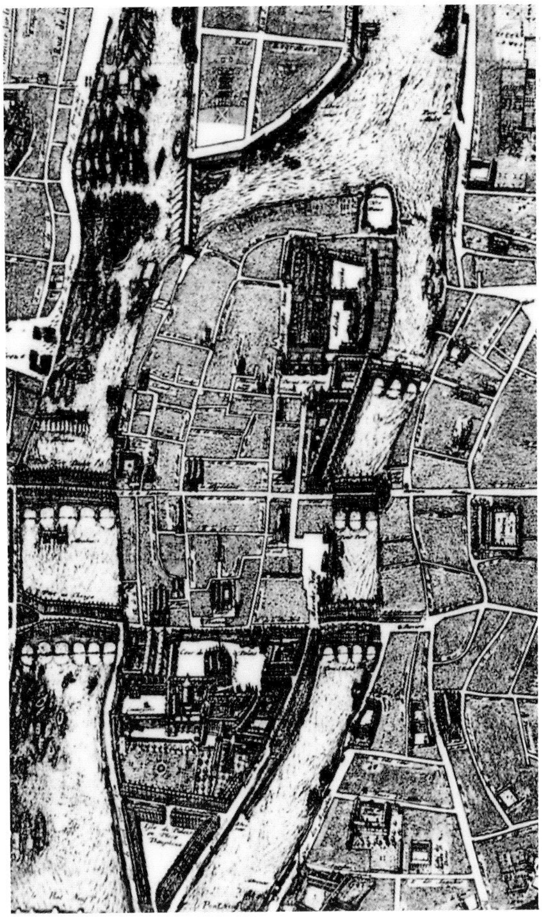

Abbildung 152
Pariser Stadtplan von 1653. Der Plan ist lebendig, aber nur die herrschaftlichen Gebäude werden hervorgehoben

Weder gab es allgemeine Regeln für den Wohnbau, noch für die Anlage der Straßen, weder für die Verkehrsführung, noch für den Warenverkehr, und dies für zehntausende von Menschen.
Das bedeutete freilich keineswegs, daß die Plätze für Handeln und Verkaufen, für Waschen, für Betteln oder Urinieren nicht in gewisser Weise reglementiert waren. Nur galten die selbstregulierenden Normen des sozialen Zusammenseins nicht für die gesamte Stadt.
So wie neben der vereinheitlichten Zeit regional sehr unterschiedliche Zeiten bestanden, bildeten sich erst langsam vereinheitlichte urbane Räume heraus. Grundsätzlich konnten beim Zustandekommen der Planregeln zwei Wege gegangen werden:
Die kommunale Vertretung verlangte eine Vorschrift,

- die in der Regel vom König bestätigt wurde (so bei den Höhenfestlegungen), oder
- der König selbst dekretierte eine solche (so beim Verbot der Brückenbebauung).

Am Beispiel von Paris kann man gut verfolgen, wie stark der König in der Stadt »seine Kralle zeigte«. Schließlich ist der Kernbereich ungeheuer stark durch die Königsmacht geprägt worden (s. Abb. 152). Nicht unterschätzen sollte man andererseits die Traufhöhenfestlegungen, die das Stadtbild fixiert haben. Seit 1793/94 die ersten Höhenlinien feststanden, ist die Höhe mit ungefähr 20 m bis 1967 relativ konstant geblieben.
Stadtplanung in unserem Sinne war also zunächst Herrschaftssignatur und zugleich vorsichtige, gemeinschaftliche, normative Festlegung. Dabei wirkten selbstverständlich die Normen und Ideale der barocken Stadt ebenso mit wie die weit entwickelten Architekturkonzeptionen der italienischen Renaissance. Mit der Entwicklung der bürgerlichen Stadt gingen vereinheitlichte Planung und Überwachung von Verkehr, Gesundheit, Kriminalität usw. einher.
Von einzelnen, herrschaftlichen Gebäuden, vom Palast oder von der Anlage ausgehend griff der Planungsanspruch um sich und erfaßte schließlich wesentliche Bereiche der vorher gewachsenen Stadtstruktur. Im gleichen Maß entwickelte sich der Plan selbst zum maßstabgerechten Gesamtplan von Paris. Von den vagen Innenstadtzeichnungen aus der Vogelperspektive (ab 1535) über die sehr klaren, trigonometrischen Pläne von Merian (1615) und Tavernier (1630) bis hin zum großdimensionierten axonometrischen Plan von Turgot (siehe die Abbildungen in Kapitel 1) wurden die Pläne räumlich immer genauer – und lebloser.
Erst ab dem 18. Jahrhundert gab es Pläne, die (geometrisch aufgenommen) den heutigen Lageplänen entsprechen (so z. B. der Plan Verniquet). Außer relativ genauen, einzelnen Quartiersplänen gab es jedoch bis zur Mitte des 19. Jahrhunderts keine für die Stadtplanung von Paris brauchbaren Bebauungspläne. Erst unter Haussmann änderte sich dieser Zustand.

»Außer auf die bereits begonnenen Arbeiten, die mit neuer Energie fortgesetzt wurden, verwandte Haussmann das erste Jahr seiner Tätigkeit als Präfekt darauf, die notwendigen technischen und organisatorischen Vorarbeiten zu leisten, die für die Realisierung eines derart beispiellosen Riesenprojektes notwendig waren. Neben der Bildung eines von ihm selbst ausgewählten Mitarbeiterstabes, in dem so fähige Köpfe wie Alphonse Alphand, der als der Schöpfer der großen Parkanlagen und Plätze gelten kann, oder der Ingenieur Belgrand, der das Pariser Kanalisationsnetz entwarf, vertreten waren, galt Haussmanns Hauptaugenmerk der Anfertigung einer genauen geographischen und topographischen Karte von Paris. Da man bei diesen kartographischen Arbeiten nicht auf ältere Pläne zurückgreifen konnte, mußte zunächst das gesamte Stadtgebiet innerhalb des »Mur d'Octroi« vermessen werden. Der auf der Grundlage dieser Vermessungen, die über ein Jahr Zeit in Anspruch nahmen, erstellte Stadtplan im Maßstab 1 : 5000, den Haussmann auf einer beweglichen Staffelei in seinem Büro aufstellen ließ und von dem für den praktischen Gebrauch bestimmte Karten im Maßstab 1 : 20 000 angefertigt wurden, war das wichtigste Instrument für eine exakte Planung der »Transformation de Paris«, deren Entwurf nach wie vor jene Skizze war, die Napoléon III. dem neuen Präfekten bei dessen Amtsantritt erläutert und ausgehändigt hatte« (Willms 1988, 351).

Man sieht: mit der ersten Stadtplanung in großem Maßstab entwickelte sich auch der Planungsstab, das ständig tätige administrative Organ. In einem letzten Schritt bildeten sich dann die »wissenschaftlichen« Planungsinstitutionen heraus. Natürlich hatten die »Artisten« der Kunstakademie (Ecole des Beaux Arts) in Urbanisierungfragen schon immer ein Wort mitzureden, aber erst Anfang des 20. Jahrhunderts wird die wissenschaftliche Stadtanalyse, »l'Urbanisme«, im interdisziplinären, sozialräumlichen Sinne betrieben. 1915 gründete Marcel Poëte sein Stadtforschungszentrum am »Institut für die Pariser Stadtgeschichte, Stadtgeographie und Stadtwirtschaft« und 1919 ein weiteres Forschungszentrum, das 1924 zum »Institut d'Urbanisme« und dann der Universität angeschlossen werden sollte.

Abbildung 153
Der »Carrefour de giration«
von Eugène Hénard (1906).

Richtig bleibt aber weiterhin, daß die wesentliche Dynamik des Stadtgeschehens von privaten und nur mittelbar von staatlichen Interessen bestimmt wurde.
Richtig ist aber auch: Im 20. Jahrhundert entsteht eine »Szene« der Stadtplanung, ein neues Bewußtsein von der Stadt. Um nur ein Beispiel herauszugreifen: die Projektplanung von Eugène Hénard etwa hat mit Beginn des 20. Jahrhunderts in der Diskussion der Urbanisten eine große Rolle gespielt (s. Abb. 153). Gefördert wurde diese Diskussion vor allem durch die Weltausstellungen, durch Ausschreibungen der Wettbewerbe und durch die zahlreichen »concours d'idées«.

Die Entstehung des Regional-Plans

So wie die Städte wucherten, wucherten auch die Planungsabteilungen aus. Das Wort »wuchern« darf man in diesem Zusammenhang ruhig gebrauchen, denn in kaum einem staatlichen Bereich ist das Gestrüpp so verwachsen wie hier. Dem Laien bleibt völlig verschlossen, wann ein Plan jeweils erdacht, gezeichnet, genehmigt, verbessert, im Parlament verabschiedet, zurückgenommen, wieder aufgelegt, in Teilen gebaut, mit Ausnahmegenehmigungen weitergebaut, ergänzt, heimlich erweitert oder wegen Besitzwechsels geändert worden ist. Nun ist Augenwischerei eine ganz natürliche Eigenschaft aller Verwaltungen; kaum eine jedoch betreibt dieses Geschäft mit so schönen Glanz-Papieren wie die Baubehörden von Paris (beispielhaft: das Windei-Großprojekt »Banlieue 2000«).
Schwer zu sagen also, wann eine Regionalplanung im engeren Sinne einsetzte, denn das Wasserkopf-Phänomen in Paris beschäftigte die Geister seit Jahrhunderten. Norma Evenson verweist nicht zu Unrecht auf das Jahr 1919, denn in diesem Jahr wurde jede Gemeinde mit mehr als 10 000 Einwohnern gesetzlich verpflichtet, einen Stadtentwicklungsplan vorzulegen. Das galt auch für Paris (dazu und zum folgenden Evenson 1983, 341f).
Merkwürdig indes ist schon: je weiter man die Geschichte des Plans zurückverfolgt, um so »moderner« werden die Pläne! Natürlich bewegten die Urväter der Regionalplanung zu allererst Verkehrs- und Transportprobleme. Ihre Lösungen aber sind geradezu revolutionär – ein preisgekrönter Stadtplanungsentwurf von Léon Jaussely aus dem Jahre 1919 sah zum Beispiel vor:
- die radialen Kopfbahnhöfe von Paris durch ein System von Tunnels aufzulösen und so Paris dem Durchgangsverkehr zu öffnen;
- die Schlachthöfe und Markthallen in die Vorstadt zu verlegen;
- die Forschungsstätten (Faculté des Sciences) nach Sceaux auszulagern, und
- den großen Vororten wirkliche Hauptstadtfunktionen zuzuordnen (Ausstellungspark bei St. Germain) usw.

Von all dem ist bis heute (fast) nichts verwirklicht. Im Gegenteil: die Zeit zwischen den Weltkriegen ist eher durch Planungschaos in den Vorstädten gekennzeichnet.
Schon Mitte der 20er Jahre aber, unter der Regierung Poincaré, wurde ein erstes »Komitee für die Raumplanung der Pariser Region« berufen. Und in diesem Komitee arbeitete der Chefarchitekt Henry Prost, dessen Regionalplan das erste wirklich ernstzunehmende Instrument übergreifender Planung gewesen ist (s. Abbildungen 154 und 155).
Der Innenminister Albert Sarrault hatte das »mot d'ordre« gegeben: Es sollte um Paris »eine Linie bestimmt werden, innerhalb derer gewisse Dinge, die anderswo erlaubt sind, nun verboten sein würden«.
Henry Prost nahm seinen Zirkel und schlug einen 35 km weiten Kreis um Paris, legte ein radiales Netz von fünf Autobahnen hinein und schlug einen weiteren Kreis von Umgehungsstraßen, definierte Freizeit- und Grünzonen und bestimmte vor allem Urbanisierungszonen, in denen die Gemeinden die notwendigen Infrastrukturmaßnahmen aufbauen sollten (Wegebau, Wasserversorgung, Elektrizität, Schulversorgung usw.). Der Plan war im wesentlichen ein Ordnungsversuch, der den Wildwuchs der 20er Jahre auffangen sollte. Die Ausweitung der Stadt, Satellitenstädte oder Wachstumszonen, waren im Plan nicht ausgewiesen. Der Plan Prost ist einer jener typischen Entwürfe »ex posterioris«, der Planung im nachhinein, die die anstehenden Urbanisierungsprobleme überhaupt nicht in den Griff bekamen.
Das grundlegende Problem nämlich, wie die wirtschaftlichen Wachstums-Ungleichheiten in den ein-

Abbildung 154
Der Plan Prost im Original
aus: Evenson 1983, 345.

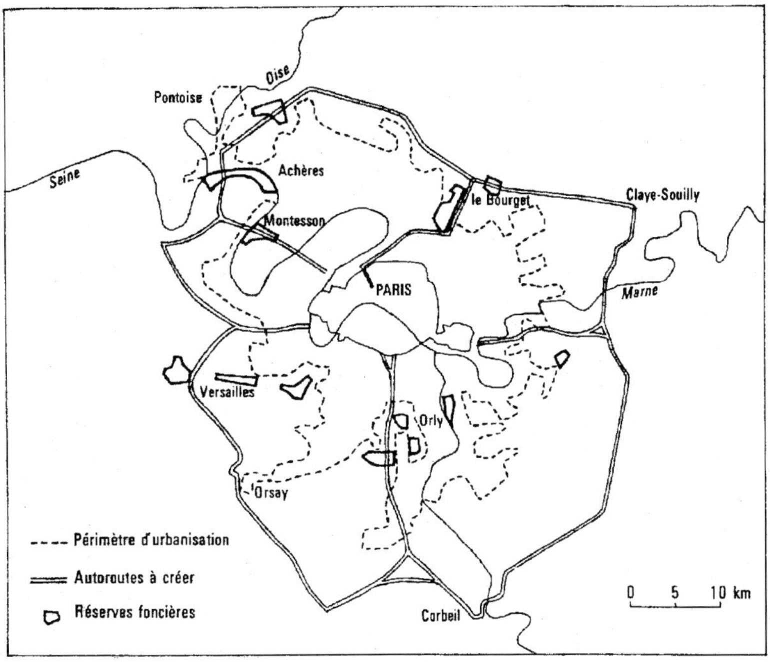

Abbildung 155
Der Plan Prost, schematisch
aus: Bastié 1984, 179.

zelnen Gemeinden halbwegs demokratisch ausgeglichen werden könnten, wurde nicht angegangen (und es ist auch nach der relativen Gemeindeautonomie unter Mitterrand nicht gelöst worden). Der Plan Prost fiel zudem in eine Periode der ökonomischen Krise und als er Mitte der 30er Jahre zur Diskussion stand, sah man, mit einigem Recht, in ihm ein Mittel der Entmachtung lokaler Mitsprache. Louis Dausset, der im Komitee den Vorsitz führte, zählt die Interessengruppen so auf:

»Die Ingenieure, die glaubten, Stadtplanung bestehe darin, viele Autos auf Straßen fahren zu lassen; die Juristen, die im Gesetzestext Argumente gegen und nicht für die Anwendung suchten; die Besitzer, die durch die Kritikaster eine Begrenzung des Besitzrechtes erwarteten; die Immobilienmakler, die auf Gelegenheiten warteten, mit den anvisierten Parzellen zu spekulieren; die Gemeinderäte, die Argumente für ihre Wiederwahl suchten; die Architekten, die auf kleinem Raum so viel Monumentales wie möglich bauen wollten« (Evenson 1983, 347).

Nach langem Geschrei in den Vororten wurde der Plan endlich 1941 Gesetz. Die Voraussetzungen aber hatten sich völlig geändert, das Anwendungsgebiet hatte sich wesentlich vergrößert – und natürlich auch die Anzahl der »Services d'Aménagement«, der Raumordnungsbehörden. Sie wurden dann nach dem Zweiten Weltkrieg dem Ministerium für Wiederaufbau und Stadtentwicklung angegliedert.

S. D. A. U. ! Z. A. D. ! Z. U. P. ! Z. A. C. ! Take off in die 60er Jahre

Wir sahen schon, daß die Disparitäten in Paris nach dem Zweiten Weltkrieg nach Abhilfe verlangten. Eine solche unverhältnismäßige Ballung von Industriearbeitsplätzen und Bevölkerung sowie der damit verbundenen Mobilitätsprobleme war so nicht zu meistern.

Dies war die Stunde des Staates. Und weil in den 50er und 60er Jahren diese starke staatliche Intervention stattfand, lassen manche die Geschichte des Plans erst jetzt beginnen.

Mit einem gewissen Recht, wie man sehen wird, denn die Administration wagte sich an das Allerheiligste: an die Bodenpreise und Industriestandorte.

Im Stadtinneren wurde 1962 besondere Raumordnungszonen, »Zones d'Aménagement Différé« (Z. A. D.) geschaffen, in denen die Bodenpreise und

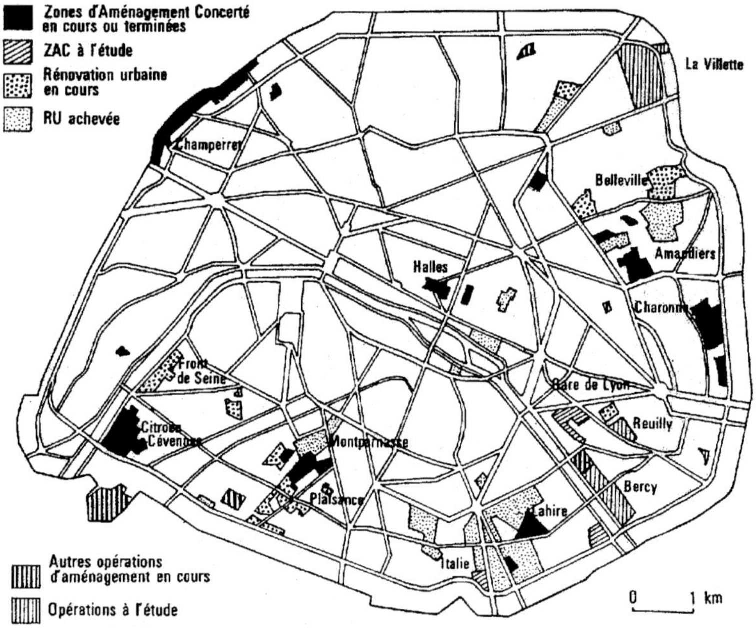

Abbildung 156
Die Zones d'Aménagement Concerté (Z.A.C) in Paris aus: Bastié 1984, 192.

ein Vorverkaufsrecht des Staates festgelegt waren. Die großen Stadterneuerungsvorhaben der Front de Seine, Place des Fêtes, Montparnasse usw. waren als solche Zonen ausgewiesen, und in gewisser Weise ist dort auch die unmäßige Bodenspekulation eingedämmt worden. Diese Zonen hatten freilich einen eigentümlichen Wandel durchgemacht: Waren es ursprünglich Stadtgebiete, in denen der Staat sogar enteignen durfte (etwa in den Z.U.P. = Zones à Urbaniser par Priorité), so sind es später Zonen geworden, wo das Bauordnungsrecht faktisch außer Kraft gesetzt wurde (Z. A. C. = Zones d'Aménagement Concerté). Den Promotoren und Architekten wurde der Höhenrausch gut bezahlt...

In der Region trägt die staatliche Intervention andere Züge. Hier ist das Ziel nicht die Reconquête de Paris (d. h. die Entproletarisierung von Paris), auch nicht, wie Prost es versuchte, die Ordnungsidee ex posterioris, sondern die sozialökonomische Transformation oder genauer die »industrielle Dezentralisation«.

Sie beginnt 1954 mit einem Dekret, welches besagt, daß Unternehmen, die mehr als 500 m^2 Fläche beanspruchen oder die sich um mehr als zehn Prozent ihrer Grundfläche erweitern, eine besondere Genehmigung brauchen. Ab 1960 wird zusätzlich eine gestaffelte Standortgebühr von bis zu 150 Francs pro Quadratmeter eingeführt. Später umfaßt die Restriktion auch den Dienstleistungssektor (Einschränkung der Büroflächen).

Aber schon ziemlich bald, eigentlich schon 1967, lockern sich die Bedingungen, die Villes Nouvelles bekommen Sonderregelungen, und Ende 1985 endet die Restriktionspolitik.

Um die Wirksamkeit der staatlichen Interventionen gibt es eine ausführliche Diskussion. Sie ähnelt der Diskussion um Haussmanns Stadtentwicklung und ist ein Streit um den Bart des Propheten, denn zweifellos hat im Pariser Binnenraum eine Dekonzentration der Industriebetriebe stattgefunden, das Wachstum ist gebremst worden. Die Zentralität der Hauptverwaltungen ist jedoch nicht geschwächt, sondern im Gegenteil (z. T. durch die Entwicklung neuer Kommunikationssysteme) gestärkt worden, und die Zahl der Industriebeschäftigten ist zum Zeitpunkt der größten Restriktion 1954 bis 1962 in der ganzen Region um fast 13 Prozent gestiegen (vgl. Brücher in: Pletsch 1989, 123f). Die staatliche Intervention paßte also durchaus zum wirtschaftlichen Strukturwandel, der ohnehin in die gleiche Richtung ging.

Und dieser Wandel ist gekennzeichnet durch die

Verlagerung zum Dienstleistungssektor einerseits und durch eine zentral-periphere Modernisierungsdynamik andererseits. Im Konzert dieser ökonomischen Kräfte spielte die staatliche Intervention sicher nicht die erste Geige. Die Rolle der Planungsbehörden aber wurde durch diese Entwicklung aufgewertet. Schon das Wort »Plan« und die Planungstätigkeiten waren in dieser Zeit eher positiv besetzt.
Planungsziel der staatlichen Bemühungen nach 1945 war freilich nicht so sehr der Pariser Raum, sondern die Minderung der regionalen Unterschiede in ganz Frankreich. Dies war denn auch die Hauptaufgabe des »Comissariat à la Construction et à l'Urbanisme«, jener Planungskommission, die 1955 den ersten Regionalplan – und zwar für Paris – ausarbeiten sollte. 1960 trat der Dezentralisierungsplan (PADOG = Plan d'Aménagement et d'Organisation Général de la Région Parisienne) in Kraft.
In diesem Plan war vorgesehen, das regionale Wachstum um 50 Prozent zu vermindern und die Paris umgebenden Städte zu stärken (Orleans, Reims, Troyes, Amiens, Le Mans und Rouen). Fast gleichzeitig mit dieser Planung erfuhr die Raumplanungsbehörde selbst eine Aufwertung: 1963 wird die Regionalplanung neu geordnet und direkt dem Premierminister unterstellt (Entstehung der D.A.T.A.R. = Délégation à l'Aménagement du Territoire et à l'Action Régionale).
In der Zwischenzeit, nämlich 1961, wurde die Raumplanung auf den ganzen Distrikt Paris ausgedehnt, und bald darauf wurde Paul Delouvrier Generaldelegierter des Distrikts. Paul Delouvrier, ein begnadeter Politfunktionär, gab der Planungsbehörde neue Impulse. Er initiierte zwei Maßnahmen, die die regionale Entwicklung bis heute prägen: 1964 erfolgte die Neuaufteilung der »Région parisienne« in 8 Departements, womit neue Rahmenbedingungen für die Planung geschaffen wurden, und 1965 wurde ein neuer Regionalentwicklungsplan vorgelegt (der bekannte S.D.A.U. = Schéma Directeur d'Aménagement et d'Urbanisme de la Région de Paris).
Die Furcht vor dem ausufernden Wachstum (die in die Zukunft verlängerte Vergangenheit), ist zwar noch in diesem Plan (dem S.D.A.U.) vorhanden, aber es geht schon eher darum, Ordnung in die Dinge zu bringen. Dieser regionale Leitplan legt, wie oben beschrieben (s. auch Abb. 158), die zentralen Urbanisierungszonen fest, bestimmt die Freiräume, die Verkehrslinien und auch den Raum für die »villes nouvelles«.

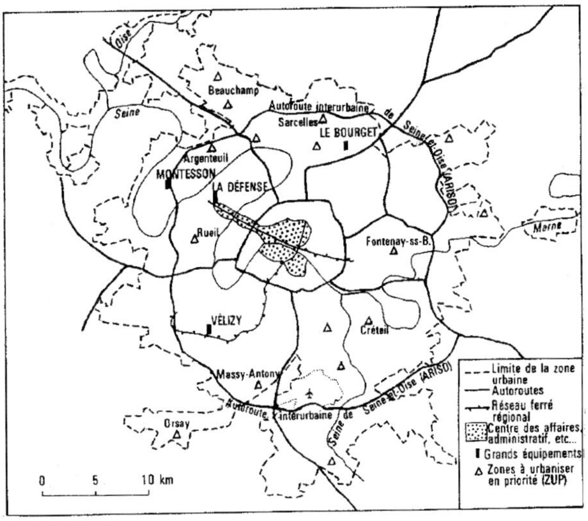

Abbildungen 157 (oben) und 158 (unten)
Der P. A. D. O. G. -Plan 1960 und
die revidierte, regionale Bauleitplanung
(S. D. A. U.) 1965-1976
aus: Bastié 1984, 182 und 184.

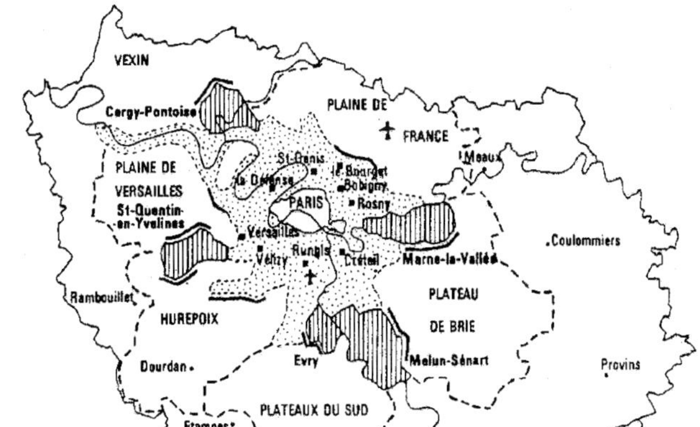

Die beschriebenen administrativen Entwicklungen und die Herausbildung der Planungstätigkeiten in

Paris sollen uns nun als Grundlage für die Schilderung der Wohnsituation dienen. Nach diesem doppelten Blick von oben geht es also darum, das Wohnen der Menschen in der Stadt, auch unter alltäglichen Bedingungen, zu betrachten.

Wohnen in der Stadt
Das alte Wohnen

»Die Überbevölkerung erlaubt keine soziale Absonderung. Es gibt weder ein Unterschichtviertel noch ein Bürgerviertel, vielmehr ein und dieselbe lärmende Menschenmasse, in der sich, bunt gemischt, all die verschiedenen Verhältnisse zusammenfinden. Ein und dasselbe Wohnhaus beherbergt am Ende eines friedlichen und ländlichen Hofes ein aristokratisches Stadtpalais, wo man vornehm lebt und zur Fassade hinaus, laut und dreckig, finstere Läden, Wohnungen, die etagenweise vermietet sind, die einen bürgerlich, die anderen ärmlich, oft miserabel jene unter den Dachsparren« (Ariès, in: Butler/Noisette, 1977, 55)

Der große französische Sozialhistoriker Philippe Ariès übertreibt hier natürlich ein bißchen, denn »soziale Absonderung« hat es sowohl im mittelalterlichen Dorf wie in der Stadt gegeben. Noch heute erinnern die »Tuchmachergasse« oder »Glasmacherstraße« an die »zünftige« Lebensweise.
Richtig ist freilich, daß die älteren Wohnverhältnisse eine völlig andere Qualität hatten als heute. Die verschiedenen Schichten waren viel stärker durchmischt – deshalb versuchten sie um so stärker, sich durch Kleidung, Sprache und Verhalten von anderen abzugrenzen.
Ein oft dargestelltes Beispiel für die Vermischung ist die »vertikale Segregation«, die Schichtenvielfalt im gleichen Pariser Wohnhaus von unten = vornehm bis oben = ärmlich.
Die wirklichen sozialräumlichen Veränderungen sind freilich im Zusammenhang noch kaum beschrieben worden, sie können deshalb auch nur angedeutet werden. Die Aufgabe ist nicht leicht, weil man unvermittelt in den allgemeinen, nichtssagenden, nicht sehr anschaulichen Berichtsstil verfällt, der die zahllosen Paris-Bücher ziert: »... Am Ende des 19. Jahrhunderts lebten im Pariser Westen mehr Dienstboten als Wohnungseigentümer« usw.

Abbildung 159
Das Aufplustern des Wohnungsbinnenraums
aus: Benevolo 1983, 851.

Abbildung 160
Lampenhändler (Atget 1900)
aus: Beaumont-Maillet 1992, 735.

Der wirksamste Operator bei der Umgestaltung der Wohn- und Lebensverhältnisse der Moderne war die Arbeit. Die Arbeitslosigkeit hatte viele Landbewohner in die Stadt geschoben; die Hoffnung auf Arbeit zog sie in bestimmte städtische Quartiere.
Und dort vollzog sich Anfang des 19. Jahrhunderts noch einmal ein Trennungsprozeß: Wohnen und Arbeiten zerfielen in zwei Sphären. Wurde Anfang des Jahrhunderts noch ganz überwiegend im Wohnhaus selbst gearbeitet, so hatte sich das Verhältnis gegen Ende des 19. Jahrhunderts umgekehrt. Fast alle Pariser arbeiteten nun außerhalb ihrer Wohnungen. Es ist klar, daß damit die Beziehungen der Menschen untereinander und zu den Dingen tiefgreifend verändert wurden. Das Verhältnis von Arbeitsort und Familie ist oft als Endfremdung beschrieben und auch so erlebt worden . . .
Die Auslagerung der Arbeit aus der Wohnstätte bewirkte die stark einsetzende Privatisierung des Wohnens. Der öffentliche und der private Raum wurden nun viel stärker geschieden – wozu ganz erheblich der rasant zunehmende Verkehr beitrug. Der Privatisierung zugearbeitet hatte zudem eine immer stärkere Ausdifferenzierung des Wohnbinnenraums.
Bis ins hohe Mittelalter blieben Topf und Truhe die wichtigsten Gegenstände des Ein-Zimmer-Hauses. Stühle hatte es dort im ganzen Mittelalter kaum gegeben. Tisch und Bett wurden oft weggeklappt, einen Löffel oder ein Messer trug man bei sich. Nun entstand insbesondere im 19. Jahrhundert das Inventar, vom Schlüssel bis zum Krug, vom Schrank bis zum Bild. Die Inneneinrichtung plusterte sich auf (s. Abb. 159).
Zugleich entstand in den bürgerlichen Haushalten die volle Ausdifferenzierung der Binnenräume: Küche, Eßzimmer, Salon, Bad, Toilette, Schlafzimmer, Kinderzimmer, Dienstbotenzimmer usw. Eine über-

Abbildung 161
Hofbrunnen (Atget 1902)
aus: Beaumont-Maillet 1992, 236.

aus wichtige und gern unterschlagene Rolle spielte dabei die Haustechnik und Installation. Gemeint ist nicht der Aufzug, der eine bedeutsame soziale Rolle für »hohes Wohnen« spielte, sondern der Anschluß an das Abwassernetz (in der Regel erst Ende des 19. Jahrhunderts), die Versorgung mit Gas oder Elektrizität und der Anschluß ans Wassernetz.
Man vergißt gemeinhin leicht, was die Veränderungen bedeuteten: Zehntausende von Wasserträgern stiegen früher jeden Tag mehrmals in die hohen Gebäude; Hunderttausende gingen mehrmals am Tag zum öffentlichen Brunnen oder zum Brunnen im Hof (s. Abb. 161); jeden Tag wurde Feuerholz benötigt, Kohlen herbeigeschleppt (noch in den 50er Jahren des 20. Jahrhunderts existierte eine Menge der alten Kohlenträger-Kneipen in Paris). Diese Bewegung der privaten Haushalte der Stadt in die Öffentlichkeit hinein vermischte sich mit jener Bewegung der kommerziellen Öffentlichkeit in die privaten Haushalte: »Les cris de Paris« hallten nämlich durch die Straßen. Straßenhändler, Bauchladenverkäufer, Vertreter, Musikanten – und natürlich auch Halunken – waren unterwegs und verkauften vom Kinderspielzeug bis zur Milch und von der Karotte bis zum Heu für Pferde alles, vom Wahrsagerspruch bis zur Limonade (s. Abb. 160).
Mit der Privatisierung des Wohnens also ist das Verschwinden all dieser Bewegungen gemeint – die Pariser haben diese Veränderungen der Öffentlichkeitserfahrung leidvoll gespürt und besungen:

Ausrufe
Man hört nicht mehr den Scherenschleifer
den Porzellankleber, den Stuhlflechter
man hört nur mehr die Radios,
die Plattenspieler, die Transistoren und Fernsehgeräte quäken
oder noch das schwache Oh! Oh! Aua! Aua!
eines Fußgängers
der gerade überfahren wird.
(Queneau, 1967, 186)

Mitte des 20. Jahrhunderts ist durch das Fernsehen und durch die Verkleinerung der Familie der Rückzug ins Private noch einmal potenziert worden – die Anzahl der Kneipen hat sich seit der Zeit halbiert. Hinter den Särgen der Stadtbewohner gehen oft nur mehr ein, zwei Menschen her . . .

Die Herausbildung der Wohnungsfrage

Indem die Französische Revolution den Erwerb und Besitz von Eigentum als Menschenrecht verankert hatte, ermöglichte sie nicht nur das Kleineigentum etwa von Ladenbesitzern, sie schuf vielmehr überhaupt erst den Handel mit der Ware Wohnung. Dies war die Voraussetzung für die Ausbreitung des Kleinhandels und Gewerbes in Paris und für das Anwachsen von Manufakturen und Industriebetrieben.

»Die Zunahme der Lohnarbeit, die Trennung von Wohnungsnutzer und Wohnungseigentümer, welche den Warencharakter der Wohnung konstituierte, und die im 19. Jahrhundert fortschreitende Enteignung der unabhängigen Produzenten – vor allem des arbeitenden Kleinbürgertums – von der Wohnung als Gebrauchswert (Valeur d'Usage) bis zur Entstehung des Rentenkapitals markieren die Eckpfeiler der Entwicklung des Pariser Wohnungsmarktes im frühen 19. Jahrhundert« (Sowa 1991, 25).

Es ist natürlich eine Binsenweisheit, daß eine »Wohnungsfrage« im Sinne von »Wohnungsnot« lange vor 1800 bestand. Aber erst im 19. Jahrhundert entwikkelt sich ein breiteres Bewußtsein dafür, daß es so etwas wie ein Recht auf Wohnen gibt. Und dieses Bewußtsein ist ganz klar durch die Entwicklung der sozialen Bewegung in Frankreich geprägt gewesen. Andererseits gibt es in Frankreich ein sozialgeschichtliches Paradoxon: Das Land in Europa, welches über lange Zeiträume hinweg die katastrophalsten Wohnverhältnisse aufwies, hatte die Wohnungsfrage eigentlich nie ernsthaft auf die Tagesordnung gesetzt. Jean-Paul Flamand schreibt dazu:

»Gleichwohl, die ersten Anstöße, die die Wohnungsfrage betreffen, kommen nicht von dieser in Herausbildung begriffenen Arbeiterklasse. Die Wohnungsfrage zählt nicht zu den vordringlichsten Sorgen der Volksmassen« (Flamand 1989, 39).

Man hat sich ausführlich mit diesem Paradoxon beschäftigt, und man hat zwei naheliegende Antworten gefunden:
1. Die Arbeiterführer und erst recht die bürgerlichen Vertreter der sozialen Bewegung seien als Hausbesitzer selbst »Partei« gewesen (Guerrand weist dar-

Abbildung 162
Mieterschicksale
»Das müssen drei Zimmer
und eine Küche werden ...«
Zeichnung von Honoré Daumier

auf hin, daß z. B. 1849 ca. 49 Prozent der Wähler Hausbesitzer waren!). Und
2. gebe es »ideologische« Gründe: In der marxistischen Denktradition sei das Mietverhältnis kein Ausbeutungsverhältnis, sondern so etwas wie ein Warenverkauf, ein Nebenkriegsschauplatz im politischen Kampf also, gewesen ...
Das mag beides zutreffen, es erklärt aber nicht, warum weder die sozialistische noch die kommunistische Partei jemals das Wohneigentum ernsthaft infrage gestellt haben. Wir glauben demgegenüber, daß die soziale Bewegung grundsätzlich seit der Revolution ein gestörtes Verhältnis zum Eigentum hatte. Das zu verteidigende Menschenrecht auf Eigentum ist nie genau gegenüber dem Knechtschaftsverhältnis von Mieteigentum abgegrenzt worden. Und wir sehen weiter, daß republikanische und rechte Bewegungen genau diesen schwachen Punkt ausnutzten: sie haben mit karitativ-philanthropischen Alibi-Aktionen ständig die revolutionären Schübe zu pazifizieren versucht. Schließlich spielte sicher eine Rolle, daß die starke private Einschränkung im Bereich »Wohnen« zu einem Ausleben in der Öffentlichkeit geführt hat, die auch genußvoll erfahren werden konnte. Hören wir noch einmal Jean-Paul Flamand:

»'Hereinspaziert in unser Haus', sagte Gavroche, als er aus dem Haus trat und die Straße vor sich hatte. In wenigen Worten drückt das Genie Victor Hugos die Lebensrealität der stadtproletarischen Schichten aus (...): Die Straße ist die Wohnung des Volkes, der Raum, in dem es lebt und sogar wohnt. Denn die Wohnbedingungen der Mehrzahl haben sich in einem Jahrzehnt so wenig verändert, daß die Straßen immer noch die natürliche Ergänzung, den unmittelbaren Wurmfortsatz des häuslichen Kabuffs darstellen« (Flamand, 1989, 50).

Die Mietverhältnisse

Vom Pariser Haus- und Wohnungsbesitzer sind alle Kniffe zur Wohnraumnutzung und Ausquetschung von Mietern angewandt worden, die man sich vorstellen kann. Deshalb wurde dieser Herr im 19. Jahrhundert gerne als »Monsieur Vautour« (»Herr Geier«) angesprochen. Nun gibt es Geier und Haie in allen Ländern der Welt, selten aber waren sie so findig wie in Paris.
Noch die kleinste Stadtparzelle wurde bebaut, noch der letzte Hinterhof einbezogen. Die Leute wohnten in den Hoftoiletten, in den Pferdeställen, in den Gartenhäuschen, in Kohlenschuppen und Werkstät-

Abbildung 163
Das Untergeschoß: »Na, Herr Gendrouillet, wie gehts Ihnen in Ihrer neuen Wohnung?« »Gar nicht übel . . . außer dem Rheuma und den Pilzen.«
Zeichnung von Honoré Daumier

ten. War auf der Parzelle kein Platz mehr und ließ sich auch im Hof nichts mehr hochziehen, teilte man den vorhandenen Raum selbst: Die Parzellierung umfaßte die ganze Wohnung (aus eins mach drei), aber auch einzelne Räume (aus einer großen Küche wurden Wohnzimmer, Küche Bad). Damit nicht genug: man parzellierte auch die Zimmerhöhen. Manchmal gewann man auf diese Weise eine zusätzliche Etage. Und weiter: man vermietete Keller, Besenräume, Flurteile, den Dachspeicher und sogar das Müll-Kabuff (s. Abb. 162).
Der zweite Trick der Hausbesitzer war die Verdichtung der Räume, d. h. man packte in die Zimmer und Wohnungen so viele Leute wie möglich. Nun gibt es, besonders für die weit zurückliegende Zeit, wenig verläßliche Angaben, und je nach dem, ob der Bezugspunkt die Stadt, ein Viertel, ein Gebäude, eine Wohnung oder ein Zimmer ist, ändert sich der Wert der Aussagen. Sicher ist, daß Paris bis weit ins 20. Jahrhundert hinein neben Berlin und Moskau (in Moskau zählte man vor der Revolution von 1917 bis zu elf Personen pro Wohnraum) zu den am dichtest besiedelten Großstädten Europas gehörte. Zu viert in einem Raum zu leben und zu wohnen, war in Paris auch nach dem Ersten Weltkrieg durchaus üblich. Die unerträglichen Spannungen und Konflikte, die daraus resultierten, sind oft beschrieben worden. Weniger Aufmerksamkeit wurde den sozialen Bindungen und freundschaftlichen Banden geschenkt, die damals strukturell begünstigt wurden. Ganz ohne Frage hat die große Wohndichte die Geselligkeit und den politischen Meinungsaustausch begünstigt.
Der dritte Kniff der Hausbesitzer war der häufige Mieterwechsel. Wohl gab es auch für Mieter häufig Gründe, den Wohnstandort zu wechseln (z. B. bei der großen Gruppe der Lehrlinge in der Stadt), andererseits aber wurde keine Gelegenheit ausgelassen, Mietern aus nichtigen Gründen zu kündigen und dann bei Neuvermietung die Miete zu erhöhen: wenn man ein Kind bekam, wenn man zu laut gesungen hatte, wenn man zu häufig Besuche empfing usw. Es stimmt folglich für damals wie für heute: Paris ist voller Vorbeiziehender (»gens de passage«, wie Alain Schifres sie nennt).

»Zwischen der Hauptstadt und der Außenwelt gibt es fließende Übergänge. Diejenigen, die sich einschiffen und die sich einrichten, stoßen auf jene, die abziehen und hinausgeworfen werden. Wenn alle Welt im Bett ist und man die Hotelgäste mit einbezieht, wird deutlich: sieben von zehn sind nicht von hier« (Schifres 1990, 11).

Dies alles sind Vorgänge, die in Paris vielleicht besonders eklatant zu beobachten, in vielen anderen Großstädten aber gleichermaßen anzutreffen sind. Das System der »Schlafgänger« (die Tag- und Nachtnutzung eines Bettes) gab es z. B. auch in Berlin. So ist es vielleicht interessanter, auf einige kulturspezifische Besonderheiten zu achten.
In Paris spielte zu jeder Zeit die Concierge eine bedeutende Rolle, und diese Rolle war sehr ambivalent besetzt. Die Concierge war einerseits der verlängerte Arm des Hausbesitzers, Sauberkeitspolizei, nicht selten Polizeispitzel und Sittenwächter in einem; andererseits war sie eine soziale Drehscheibe ganz besonderer Art. Niemand kam an ihr vorbei: die Post wurde dort abgeholt oder sortiert, Schlüssel hinterlegt, Informationen ausgetauscht, Auskünfte eingeholt – die Concierge war Kontrollinstanz und zugleich sozialer Puffer zwischen drinnen und draußen.
Als sichtbare, unvermeidliche und sozial deklassierte Institution hat sie sich an den Mietern oft hinterrücks rächen können, weil sie über eine kleine, fast unbegrenzte Machtposition verfügte. Wer z. B. das Trinkgeld vergaß, war übel dran (s. Abb. 164).
Der Nummern-Code und die Gegensprechanlage am Hauseingang haben heute die Concierge indes weitgehend verdrängt.
Eine weitere Eigenart der Pariser Wohn- und Mietverhältnisse bestand darin, daß nicht alle Räume einer Wohnung beieinanderlagen. Im Übergang vom 18. zum 19. Jahrhundert war es durchaus üblich, im 1. Stock eines Pariser Mietshauses eine Küche, im 2. Stock einen Salon und im 3. Stock ein Gästezimmer zu haben, d. h. erst langsam bildete sich die Etagenvermietung heraus. Wasserstelle und Toilette blieben lange Zeit im Hof (s. Abb. 161).
Am hartnäckigsten hielten sich, besonders im 6. und 7. Stock der Pariser Mietshäuser, die gemeinschaftliche Wasserstelle und Toilette im Flur oder im Treppenhaus. Noch heute bedingen diese altertümlichen Verhältnisse ganze Bekanntschaftssysteme und Ver-

Abbildung 164
Der Terror der Conciergen
»Was gibts? Was gibts? Ich komm schon . . . man könnte glauben, es brennt im Haus!«
»Lassen Sie mich mit Ihrem Feuer in Ruhe . . . ich friere. Seit zwei Stunden schlage ich mit dem Klopfer an die Tür!«
(Concierge, beiseite) ». . . so lernst Du, Dein Trinkgeld zu geben.«
Zeichnung von Honoré Daumier

Abbildung 165
»Gehen Sie bitte sofort wieder herunter . . . ich erlaube meinen Mietern keine Besuche, wenn ich gerade die Treppe geputzt habe!«
Zeichnung von Honoré Daumier

abredungsformen. Von den Mietern werden solche Verhältnisse freilich eher als ein Verlust an Komfort wahrgenommen.
Die spezifischen Vermietungsverhältnisse der Großstadt erzeugten im Inneren der Wohnungen ganz besondere Lebensbedingungen. Die Not machte buchstäblich erfinderisch. Beispielsweise mußte auf einer Fläche, die nicht größer war als der Eßtisch in einer großbürgerlichen Familie, eine Sitzbadewanne, Handwaschbecken, WC, ein Schränkchen und noch einiges mehr untergebracht werden. So entstanden der von der Decke herabzulassende Wäschetrockner und viele andere Geräte.
In den anderen Räumen herrscht selbstverständlich eine ähnliche Ökonomie der Einrichtung. Es gilt, den Platz für Essen, Schlafen und Fernsehen zu verteidigen. Jedenfalls hat die Ökonomie der Enge die Lebensweise der Pariser nachhaltig geformt. Jedem Deutschen fällt sofort auf, wie wenig »nach Hause« eingeladen wird. Die Enge treibt eher ins Bistro oder ins Restaurant, sie treibt zur Geselligkeit und auch ins Grüne.
Eine letzte, sehr wichtige Sonderform der Mietwohnungsverhältnisse war das »hôtel meublé«. Diese Art von Hotel-Pension mit Dauergästen gab es natürlich auch in anderen Großstädten. Aragon wohnte in Berlin in solch einer Pension. Die traditionelle Form der »hôtels-meublés« hat sich aber nirgends sonst so kontinuierlich herausgebildet wie in Paris. In den 20er Jahren soll es über 6 000 solcher Unterkünfte gegeben haben; jedes 13. Pariser Wohnhaus soll ein »meublé« oder »garni« gewesen sein (Sowa, 1991, 183).
Noch in den 70er Jahren des 20. Jahrhunderts gab es, wie die Tabelle 166 zeigt, 65 000 Zimmer in »hôtels meublés«.
Man sieht aber auch, daß sich die Anzahl der Hotel-Pensionen ständig verringerte. Diese personalaufwendige und oft an den Familienbetrieb gebundene Vermietungsform hatte sich überlebt.
Andererseits macht die Betrachtung der kulturspezifischen Ausprägungen und Sonderformen des Mietwohnbaus in Paris vielleicht auch deutlich, wie ein Stadt-Klima zustandekommen kann. Die meisten Besonderheiten legen eine nomadische, in die Öffentlichkeit gerichtete Lebensweise nahe; sie bedingen oder initiieren die Kontaktaufnahme mit Fremden (die Mehrzahl der »hôtels meublés«-Mieter waren Ausländer). Der Kosmopolitismus dieser Stadt hatte also beschreibbare Voraussetzungen.

Der soziale Wohnungsbau Voraussetzungen

Es lohnt sich schon, einmal nachzufragen, warum eigentlich das Recht auf Wohnung nie Verfassungsrang erhalten hat. Wie übrigens auch in Deutschland war das Recht auf Wohnung und Arbeit in Frankreich gesetzlich nie verankert. Bei der geradezu permanent katastrophalen Wohnsituation in Paris hätte man erwartet, daß hier etwas geschieht.
Zur revolutionierenden Tat waren eigentlich schon 1830 alle Bedingungen gegeben. Nach der Restauration schienen die politischen Bedingungen zur Reform günstig; die Zuwanderung hatte einen Höhepunkt erreicht; die Bevölkerung war wie elektrisiert, Zehntausende waren 1832 an der Cholera gestorben, der Zusammenhang zwischen schlechten Unterkünften und tödlichen Krankheiten wurde von jedem Einwohner wahrgenommen; das Armutsproblem, »le pauperisme«, war in aller Munde; die soziale Bewegung begann, sich zu formieren. Bis tief in katholisch-konservative Kreise hinein diskutierte man die soziale Frage.

Das konservative und das philanthropische Lager

Etwas überspitzt formuliert kann man sagen, daß bis 1914 eigentlich nur diese Bewegung eine Rolle gespielt hat. Ob in liberal-radikaler Ausprägung, ob eher autoritär, dem Ordo-Gedanken verhaftet (wie Frédéric Le Play) oder der katholischen Morallehre verpflichtet, sie alle haben natürlich am Eigentumsbegriff nicht rühren wollen. Und so wurde im Grunde jeder staatliche Eingriff in bezug auf das Wohnen als ein Angriff auf das Eigentum bewertet. Riancey, der Berichterstatter zur Wohnbausanierung 1850, schreibt:

»Der Staat hat weder die Mittel noch die Pflicht, alle Mitgliedern der Gesellschaft vor materieller Not zu bewahren« (Flamand 1989, 60).

Roger Henri Guerrand faßt die Haltungen so zusammen:

»Für den Bürger der ersten Hälfte des 19. Jahrhunderts ist der Proletarier nur ein Wilder ganz gefährlicher Art, sozusagen der Repräsentant einer untergeordneten Rasse« (Guerrand 1987, 15).

Ganz ähnlich Günter Sowa:

»Trunksucht, Promiskuität, Libertinage, Faulheit, Verschwendungssucht und Leichtsinn wurden als bestimmende Faktoren individuellen Elends angesehen, das sich in Unterernährung, Alkoholismus, kriminogenen Aufständen und elenden Wohnverhältnissen widerspiegele« (Sowa 1991, 33).

Trotz der erzkonservativen Grundhaltung sind die Impulse aus dem philanthropischen Lager wichtig, und zwar schon deshalb, weil diese positivistisch denkenden Herren in ihren zahllosen Kommissionen, Rapports, Gesetzesvorlagen und Artikeln Lagebeschreibungen veröffentlicht haben. Über die übermäßige Verdichtung, das Zusammenleben mit Tieren, die Verwilderung von Kindern, über offene Feuer, fehlende Fenster und Türen, unbedeckte Aborte, stehende Haushaltsabwässer vor den Gebäuden usw. war man durch sie leidlich unterrichtet. Man erkannte in den Verhältnissen ganz offensichtlich eine erhebliche gesundheitliche und politische Gefahr. Und man sah sich deshalb zum Handeln veranlaßt.

Dr. Villermé etwa hatte schon 1840 seine Erhebung zur Lage der Textilarbeiter vorgelegt, ein Werk, dessen Veröffentlichung zur ersten Sozialgesetzgebung überhaupt (1841 Einschränkung der Kinderarbeit) führte. 1848 beschreibt ein Schuhmachermeister die Arbeiterwohnungen so:

»Die Mehrheit der männlichen Arbeiter wohnt in Hôtel-Garnis. Damit die Kosten der Wohnung sinken, sind mehrere in einem Zimmer versammelt. Das nennen sie eine 'Zimmerladung'. Diese Wohnungen sind meist schlecht erhalten und strömen einen unangenehmen Geruch aus . . . Wenn sie verheiratet sind und sich Möbel besorgen, leben sie ohne Kinder ziemlich sauber, aber sobald sich die Familie zu ihnen gesellt und das Zimmer dann Vater, Mutter und zwei oder drei Kinder beherbergt, ist an die Sauberkeit des Haushalts nicht mehr zu denken« (Flamand 1989, 59).

Mitte des Jahrhunderts sind dann zwei »Marksteine des sozialen Wohnens« gesetzt worden. Angestoßen durch die Wohltätigkeitsvereinigung der Gebrüder de Melun 1847 (»Société d'économie charitable«) wird 1850 das erste Gesetz zur Kontrolle der Mietshäuser erlassen (»Loi Melun«). Bis 1853 wird die erste Pariser Arbeiter-Siedlung (»Cité Ouvrière«) in der Rue Rochechouart fertiggestellt; in dieser Siedlung, auch Cité Napoléon genannt, sind erstmals 200 Arbeiterwohnungen als Musteranlagen vereint. Beide Projekte sind in ihrer Art Halbheiten, Provisorien und Zwitter geblieben. Beide verdanken ihren »Schub« der Revolution von 1848, ihren »Hub« aber der konservativ-philanthropischen Bewegung. Die »Loi Melun« ist faktisch an den Ausführungsbestimmungen gestorben. Wohl fand sich etwa in Paris eine kompetente »Commission des logements insalubres« zusammen, aber Sanktionen gegenüber den Hausbesitzern waren natürlich nicht durchzusetzen, und das Gesetz blieb deshalb wirkungslos (Sowa 1991, 40).

In ihrer Bedeutung wirklich weitreichend war hingegen sicher die »Cité Napoléon« als erste »Cité Ouvrière« in Paris (s. Abb. 167). Bezeichnend ist schon ihr Zustandekommen. Als Reaktion auf die »Umtriebe« der Revolution wird auf konservativer Seite 1849 die »Société des cités ouvrières« gegrün-

Abbildung 166
Entwicklung der Zimmer in Hôtels meublés in Paris 1974-1987 (nach: Jean-Marie 1989, 35)

Jahr	Zahl der Zimmer
1974:	65 850
1975:	62 700
1976:	57 300
1977:	54 800
1978:	52 000
1979:	50 100
1980:	45 850
1981:	45 350
1982:	41 850
1983:	41 200
1984:	39 500.
1985:	37 600
1986:	37 700
1987:	36 200

Abbildung 167
Interieur der Cité Napoléon
Photo: Schüle

det, die die Planung des Vorhabens vorantreibt. Vorgesehen waren ursprünglich Arbeitersiedlungen in den 12 Pariser Bezirken, ein gigantisches soziales Unternehmen. Napoléon III. nahm sich der Sache an; die erste Musterstadt konnte sich sehen lassen – und den kaiserlichen Glanz erhöhen.
Das Projekt umfaßte separate, recht gut ausgestattete Arbeiterwohnungen, Arbeitsstätten und Gemeinschaftseinrichtungen wie Waschräume, Baderäume, Kinderkrippen usw. Es war in dieser Zusammenfassung von kollektivem Wohnen, Arbeiten und gemeinschaftlicher Fürsorge tatsächlich revolutionär und verglichen mit dem sozialen Wohnungsbau der 50er Jahre des 20. Jahrhunderts mit seinen Türmen und Barrieren sicher ein »Meisterwerk« an umsichtiger Planung.
Wie so vieles, was sich Napoléon III. zur »Ausrottung des Pauperismus« vornahm, blieb auch die »Cité Napoléon« Stückwerk, ein populistisch aufgeführter Propagandacoup. Und es ist hochinteressant zu sehen, in welcher Art die Widersprüche schon bei der Entstehung der Arbeitersiedlungen aufbrachen. So ist die kommunitäre architektonische Form, verkörpert z. B. in der Anlage der Gänge und des Innenhofs, durch ein starres Reglement konterkariert worden. Kinder durften dort nicht spielen!
Nicht zufällig sind dann gerade die Gemeinschaftseinrichtungen, und besonders die große Wärmehalle im Erdgeschoß der Cité, die auch als Ort von Arbeitsvermittlung und Austausch diente, von der konservativen Kritik aufgespießt worden. Nicht nur die Räume, die ganze Richtung, der massierte Arbeiterwohnbau überhaupt, paßte ihr nicht. Dr. Villermé beschreibt ganz offen die politisch entscheidenden Gründe:

»Stellen Sie sich ein Stadtquartier vor, so wie man es in manchen Projekten anzeigt, wo die Mieterschaft, die sich aus zahlreichen Junggesellen zusammensetzt, einen großen gemeinschaftlichen Saal hat, der als Wärmehalle während des Winters dient und der außerdem der Versammlungsort der Arbeiter des Viertels ist. Wäre dann nicht, vor allem in Paris, zu befürchten, daß sich dort Herde des Aufruhrs und der Verführung bilden, und dies umso mehr, als die Mitglieder der Versammlungen sich alle sehen , sich verständigen und hinter ihrer Schwelle Komplotte schmieden könnten, ohne daß die Polizei in der Lage wäre, es zu verhindern?« (Sowa 1991, 53).

Nach 1850 wurden dann laufend Ideen, Pläne und Projekte vorgetragen, insbesondere die Arbeiterwohnsiedlung in Mulhouse von 1835/36 diente als Vorbild. Realisiert wurden im Frankreich der III. Republik aber nur an die 60 kleinere Vorhaben, bei denen etwas über 1000 Pariser Wohnungen fanden.

Diesen 1000 Mietern standen 1866 442 000 Arbeiter und 106 000 Bedürftige in prekären Wohnverhältnissen gegenüber (Guerrand 1987, 106).
Der Trend war also das Nichtstun. Und wenn man etwas unternahm, dann waren es sehr kleine Einheiten: der »Pavillon«, das Einfamilienhaus zeichnet sich schon am Horizont ab.
Der Baron Haussmann hatte für die Arbeiterbevölkerung nichts vorzuweisen. Er vertraute, wie so viele, auf die Kräfte des Marktes. In den 80er und 90er Jahren des 19. Jahrhunderts verschärfte sich die Krise freilich dermaßen, daß nun deutlich wurde, »die Wohltat« allein würde es nicht schaffen.
So kam es, daß 1889 mitten auf den Freiflächen vor dem Invalidendom in wirklicher Größe mitten im bürgerlichen Paris, sieben Arbeiterwohnungen im Rahmen der Weltausstellung gezeigt wurden.
Etwas ähnliches hatte zwar schon Napoléon III. bei der Weltaustellung 1867 vorgezeigt, aber nun schienen die Lager vereint zu einem solidarischen Vorstoß: das soziale Wirtschaften war angesagt.
Der umfassende Charakter der Wohltat spiegelt sich auch in den Namen jener Organisationen, die sich den staatlich geförderten Wohnbau auf die Fahnen schrieben. Nicht um den Arbeiterwohnbau, sondern um den Billigwohnbau sollte es nun gehen. Jules Siegfried und Georges Picot gründeten am 2. Februar 1890 die »Société française à bon marché«. Mit dem Kürzel HBM (»Habitations à Bon Marché«) wurde dann bis 1950 der ganze soziale Wohnungsbau bezeichnet. Heute steht dafür das Zeichen HLM (»Habitations à loyer moderé«), und es ist dementsprechend negativ besetzt.
Nach dem Gründer der Gesellschaft, Jules Siegfried, ist auch die Gesetzesvorlage »Loi Siegfried« von 1894 benannt, die erstmals gewisse Steuererleichterungen für HBM-Maßnahmen vorsah. Ein erster Schritt war getan.
Das quälend langsame Vorankommen hatte seine Ursachen. Das konservativ-philanthropische Lager litt (!) nicht nur an der geringen finanziellen Größe seiner milden Gaben. Es gab nicht zuletzt den unauflösbaren Widerspruch zwischen dem angestrebten privaten Arbeiterwohnhaus und der kollektiven Mietskaserne – und nur letztere war bezahlbar. Genau diese Klemme benennt, sich windend, Jules Siegfried, wenn er sagt, daß zwar das Einfamilienhaus der Idealtyp des volkstümlichen Wohnens, das kollektive Haus aber »eine unausweichliche Notwendigkeit« sei (Flamand 1989, 81).
So kommt es, daß bis 1914 eigentlich nur drei Institutionen wirklich eine Rolle spielten: das Pariser Amt für sozialen Wohnungsbau (»Office parisien des HBM«) und zwei Stiftungen, die im Pariser Raum Akzente setzten: die »Fondation Lebaudy« und die »Fondation Rothschild«. Beides waren Schöpfungen der industriellen und finanziellen Großbourgeoisie. Die Gruppe »Arbeiterwohnbau«(»Groupe des maisons ouvrières«), wie die Stiftung Lebaudy erst hieß, wurde 1899 gegründet und eine ihrer ersten Verwirklichungen war 1903 ein Hofgebäude in der Rue Jeanne-d'Arc.
Das Kennzeichen dieses und vieler anderer Bauten der Gruppe war der wahrhaft experimentelle Charakter der Unternehmungen. Die Bauten waren nämlich für die verschiedensten Schichten und die vielfältigsten Zwecke errichtet worden, d. h. Arbeiterwohnbauten wie in der Rue d'Annam standen neben Angestelltenwohnungen in der Rue Daumesnil, es gab das berühmte Junggesellen-Hotel der Rue de Charonne, und es gab auch die Unterkünfte für Slumbewohner in der Rue de la Saïda.
Dem Anschein nach bedeutsamer schien die »Fondation Rothschild«, die 1904 gegründet wurde und deren Gemeinnützigkeit sogleich bestätigt worden ist. Zehn Millionen Francs warfen die Brüder Rothschild in den Stiftungstopf; die großen Geister des Wohnbaus waren in der Direktion versammelt (Siegfried, Picot, Cheysson). Schon ein Jahr später gab es einen Architekturwettbewerb für einen Niedrigwohnbau in der Rue de Prague, der alle Dimensionen sprengte und dessen vorbildliche sozialverträgliche Form dann später dem Bau den Namen »Louvre des Volkswohnungsbaus« einbrachte (s. Sowa 1991, 176). Die Stiftung hat zwischen 1907 und 1915 noch einige andere Musterbauten in der Rue de Belleville, Rue du Marché-Popincourt und, die größte, mit 420 Wohnungen, in der Rue Marcadet geplant.
Allein, die Leistungen der Stiftungen philanthropischer Gesellschaften und der kommunalen Organisationen sind zwar im Einzelfall vielleicht mustergültig, gemessen an den anstehenden Problemen aber eher vernachlässigenswert gewesen. Kein Wunder, daß die Stadt, als ab 1912 die Bebauung der Forts anstand und die kommunale Bautätigkeit ge-

Abbildung 168
Querschnitt durch das von Fourier entworfene Phalanstère
aus: Benevolo 1983, 806.

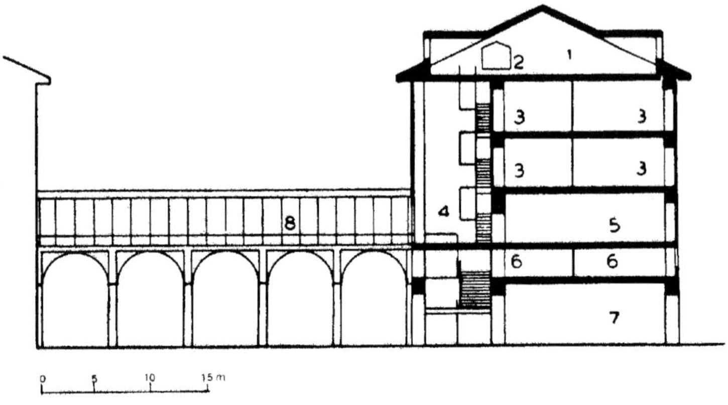

setzlich gesichert war, voll unter Handlungsdruck geriet.
Ausflüsse dieser hektischen Aktivität vor dem Ersten Weltkrieg sind die Sozialbauten in der Avenue Emile Zola, 133 Wohnungen für »integrierte« Arbeiter- und Angestelltenfamilien und in der Rue Henri Becque, 91 Wohnungen für »problematische Unterschichten« – wir haben von ihnen im Kapitel 2 (Stadtgestalt) schon gesprochen.
Insgesamt hat die konservativ-philanthropische Bewegung, die politisch und praktisch bis zum Kriegsausbruch den sozialen Wohnungsbau dominierte, eine enttäuschende Bilanz vorzuweisen. In ganz Frankreich waren ungefähr so viele Sozialwohnungen gebaut wie in zwei mittelgroßen Städten in Deutschland (Guerrand 1987).

Die linke Reformbewegung

»Den Dickwänsten erklären wir den Krieg,
als Feind haben wir: den Fabrikanten,
den Pfaffen, den Soldaten
aber gegen den Hausbesitzer
liefern wir wohlgemut die fröhlichste Schlacht,
eins, zwei, drei
mit festem Schritt
die Ritter der Holzglocke kommen
wir sind der Schrecken der Bürger.«
in: Flamand 1989, 75.

Wer gegen Ende des 19. Jahrhundert heimlich vor Zahlung der Miete auszog, tat dies »à la cloche de bois«, mit der Holzglocke, und dabei wurde das zitierte Lied gesungen. Vor allem beteiligt waren die anarchistischen Gruppen im Osten der Stadt, z. B. der »Panther von Batignolles«, Joseph Tortelier, nicht nur Mitglied in der »Liga der Antipatrioten«, sondern auch in der »Liga der Antihausbesitzer«. Es ist die Zeit der höchsten Mietsteigerungen (der Anteil der Miete am Familieneinkommen beträgt jetzt ca. 12%), es ist die Hoch-Zeit der französischen Anarchisten. Und, um es vorweg zu sagen, die Anarchisten bleiben die einzige Bewegung, die konsequent das Recht auf Mieteigentum in Frage gestellt hat. Denkt man in dieser Richtung weiter, ergeben sich folgende Fragen:
Warum hat dieses Recht auf Wohnen schließlich seine privilegierte Form im Recht auf Erwerb und Besitz eines Einfamilien-Wohnhauses gefunden? Und weiter, warum sind die Arbeiterorganisationen vom Verweigern der »Arbeiterkasernen« über die Forderung des immer-mehr-Hochhaus-Sozialbaus zu Verteidigern des Erwerbs von Eigentum geworden (Flamand 1989, 10)?
Dies sind in der Tat die Gretchen-Fragen an die Arbeiterbewegung. Dabei hatte alles so vielversprechend angefangen. Waren nicht gerade die französischen Frühsozialisten durch ihre krassen Anti-Eigentums-Positionen bekannt? Hatte nicht Pierre-Joseph Proudhon 1840 geschrieben, daß Eigentum nichts anderes als Diebstahl sei? Hatte sich nicht andererseits unter dem Einfluß der Utopisten (Saint-Simon, Cabet usw.) eine geradezu phantastische Modellierung von Wohn-Bau-Ideen herauskristallisiert? Hat nicht Charles Fourier mit seinen »Phalanstères« eine erste umfassende, gesellschafts- und baugeschichtlich aufsehenerregende Planung vorgelegt? Es

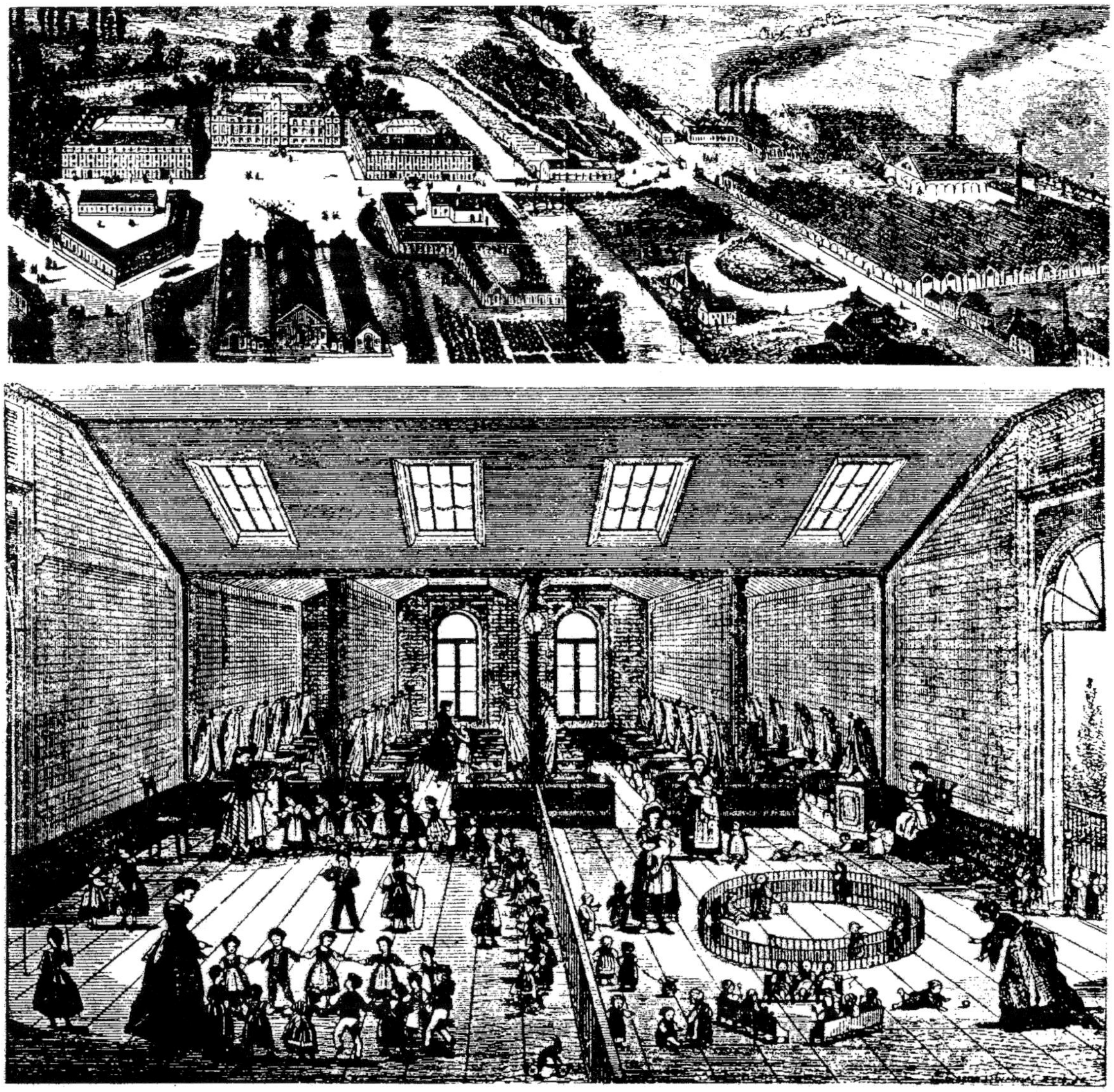

Abbildung 169
Das Familistère von Godin in Guise, Vogelperspektive und Ansicht des Kindergartens
aus: Benevolo 1983, 812.

gibt gute historische Gründe für die Annahme, daß die Lage auf Seiten der Linken so hoffnungsvoll und einheitlich nicht war.

Von Anfang an stritten die »Jakobiner«, die strikt auf die politische Machtergreifung setzten und erst danach Wohnungsprobleme lösen wollten (vertreten etwa durch Blanqui), mit den »Reformern«, die ausgearbeitete Reformmodelle vorlegten.

Zu letzteren gehörte auch Fourier, in dessen System jeder selbst Eigentümer sein sollte, und der im Grunde das Großeigentum nicht in Frage stellte. Dennoch ist sein Modell natürlich wegweisend gewesen, weil es in einem Maße gesamtgesellschaftlich umfassend angelegt war wie nie zuvor und wie später kaum wieder.

Die Idee der Assoziation war bei den Frühsozialisten natürlich grundlegend und Proudhon hatte mit seinem »mutuellisme« die politisch-ökonomische

Notwendigkeit des föderativen Zusammenschlusses postuliert. Kein anderer aber hatte Wohnen, Arbeiten und Leben in einer solch ganzheitlichen Art und Weise konzipiert wie Fourier. Gerade weil seine Ideen einer Kooperative (»le phalanstère«) so früh formuliert wurden, zu einem Zeitpunkt nämlich, als die bäuerliche Produktion noch stark dominierte, ist sein Plan vielleicht so weitreichend gewesen. Noch war der Zusammenhang zwischen Arbeit und Wohnen noch nicht völlig zerbrochen, noch wurde nicht, wie heute üblich, Unterbringung, sondern Zusammenleben geplant (s. Abb. 168).

Baulich realisiert wurde freilich in Paris kein »Phalanstère«. Weitab in Guise hat später Godin das berühmte »Familistère« gebaut, welches eine enorme Ausstrahlung hatte (Abbildung 169). Konzeptionell beeinflußt aber hat Fourier ganze Generationen: Die gemeinschaftlichen räumlichen Zonen im Haus, die explizite Hereinnahme von Arbeit oder der gemeinschaftliche Außenraum waren die Anknüpfungspunkte – sogar bei der »Cité Napoléon«, vielleicht sogar 100 Jahre später bei Le Corbusiers »Cité Radieuse« (so Flamand 1989, 34).

Bevor man nun freilich weiter der Frage nachgeht, wieso die linke Reformbewegung, die sich im Laufe des 19. Jahrhunderts immer stärker organisierte, so eklatant gescheitert ist, muß man unbedingt die reale Repression erwähnen, die Tausenden von Arbeitern und Angestellten, Arbeiterführern und Gewerkschaftskadern den Tod brachte oder sie ins Exil trieb, und dies nicht nur bei den markanten innen- und außenpolitischen Explosionen von 1830, 1848 und 1870/71. Kein Wunder also, daß Wohnungsbauinitiativen eigentlich erst wieder um 1880, als der Geist der Commune etwas verblaßt war, im großen Stil zustandekamen.

Wirklichen Druck übten in diesen Jahren – wir sahen es schon – im Grunde nur die Anarchisten aus. Sie organisierten in den Arbeitervierteln von Paris Miet-Streik-Aktionen, gründeten Zeitschriften wie »Le Revolté« und gegen Conciergen und Hausbesitzer, diese Herren Geier (»M. Vautour«) gerichtete Vereinigungen.

An der Petition zur Mietenfrage 1882 kann man die widersprüchliche Haltung der klassischen französischen Arbeiterpartei, der Guesdisten, ablesen. Die Sache war nicht ohne Brisanz, denn der linke Vorstoß sah eine Mietminderung für Kleinmieten bis zu 50 Prozent und für Ladenmieten bis zu 25 Prozent vor. Die Beobachter sind sich jedoch darin einig, daß diese Initiative, von 20 000 Parisern unterzeichnet, nicht die leiseste Chance der Durchsetzung hatte; und, wichtiger noch, sie wurde von den Guesdisten von vornherein als taktisches Manöver zur Mitgliedermobilisierung angestoßen (Guerrand 1987, 229). Die Wohnungsfrage ist also für die Arbeiterpartei ein Nebenkriegsschauplatz gewesen, und alle privaten und kommunalen Versuche, den Arbeiterwohnbau zu organisieren, bezweckten nach ihrer Meinung nur eines: die Kasernierung – und ganz abwegig war dieser Gedanke, wie wir sahen, ja nicht.

Die Possibilisten der »Fédération des Travailleurs Socialistes de France« vertraten demgegenüber »reformistische« Positionen. Sie begrüßten den kommunalen, kollektiven Wohnbau, sie dachten an die Besteuerung des Wohnbaus und sie propagierten den Mieterschutz. Mit diesen Positionen trafen die Sozialisten durchaus die Interessen der nun rasch mächtig werdenden Gewerkschaften. Die revolutionär-antistaatliche Haltung der Gewerkschaften hinderte sie nicht, nach und nach Kurs auf den kommunalen Wohnungsbau zu nehmen. Sicher hatte die Vereinigung der beiden sozialistischen Parteien 1905 zur SFIO dabei eine eher pazifierende Rolle gespielt.

Betrachtet man aber beide Lager im Abstand, so fällt auf, daß Rechte und Linke sich in mancherlei Hinsicht die Hand reichten. Die Rechte war antietatistisch aus dem liberalen »laissez-faire, laissez-aller«-Prinzip heraus; jede staatliche Reglementierung wurde daher abgelehnt. Auf »Teufel komm heraus« wurde etwa der Kampf gegen den Mülleimer (»la poubelle«) und insbesondere gegen den Anschluß der Häuser an die öffentliche Kanalisation (1894) geführt – was der Rechten freilich die erste Niederlage bescherte.

Für die marxistische Linke war jede Kollaboration mit dem bürgerlichen Staat ein Verstoß gegen die reine Lehre. Diese »Blockierung« in beiden Lagern würde erklären, warum so lange so schlimme Zustände herrschten. Und es ist verwunderlich, daß die französische Forschung dies bisher so nicht gesehen hat, ist doch die Blockierung bis in konkrete Einzelprojekte hinein zu verfolgen. Die »Cité Ouvrière« war ja zum Beispiel für die Linken eine Anstalt der Kasernierung und der polizeilichen Überwachung;

für die Rechten hingegen ein Schmelztiegel für revolutionäre Umtriebe. Kein Wunder also, daß die philanthropischen Alibi-Bauten, sozial gesehen, merkwürdige Zwitter gewesen sind.
Das um die Jahrhundertwende einsetzende Umschwenken beider Lager auf den reformistischen Kurs hatte sehr unterschiedliche Gründe. Für die lange Zeit maßgebende radikale Partei in Frankreich war es die einzige Möglichkeit des Machterhalts. Nicht zufällig taucht in der Zeit die Rede von der Französischen Revolution als »ein Block« auf, nicht zufällig werden soziale Probleme – wie heute – »nationalisiert«. Dieser nationalistischen und chauvinistischen Emphase, die durch das Konkurrenzverhältnis Frankreich – Deutschland, durch die Demographie-Diskussion und die massenwirksamen Inszenierungen der Weltausstellungen noch angeheizt wurde, konnten sich die Arbeiterparteien auf Dauer nicht mit »Weg-mit«- oder »Ohne-uns«-Parolen entziehen.
Im Verein mit anderen Faktoren (soziologischen, wie der kleinbürgerlich-rentierhaften Mentalität der Arbeiterführer; historischen, wie der grundsätzlich anderen Einstellung zum Eigentum; ökonomischen, wie der nie wirklich industrialisierten ökonomischen Struktur von Paris usw.) hat sich so bis Mitte des 20. Jahrhunderts die Vorstellung des »staatlichen Schiedsrichters« in der Wohnungsfrage gefestigt.
Obwohl beiden Lagern dabei nicht wohl war, ist nach dem Zweiten Weltkrieg daher ein ganz neues Kapitel im sozialen Wohnungsbau geschrieben worden.

Einige Eckdaten zum Sozialen Wohnungsbau bis 1914

1802 Gründung des Rats für das öffentliche Gesundheitswesen (»Conseil de Salubrité du Département de la Seine«)
1841 Erste Gesetzgebung zur Kinderarbeit
1850 »Loi Melun«: Erstes Gesetz zur öffentlichen Kontrolle von Mietshäusern
1851 Hygiene-Kommissionen in allen Pariser Stadtbezirken (»Commissions d'Hygiène et de Salubrité«)
1853 Fertigstellung der »Cité Napoléon« in der Rue Rochechouart, des ersten größeren Arbeiterwohnkomplexes in Paris
1870/71 Erstes Mietmoratorium der Commune
1882 Petition zur Mietminderung (bis zu 50 Prozent) durch die französische Arbeiterpartei (»Parti Ouvrier«)
1890 Gründung der »Societé Française des Habitations à Bon Marché« (HBM)
1894 »Lex Paris«: Anschluß alter und neuer Wohnhäuser an die Kanalisation
1894 Gründung des »Musée Social« als Diskussionsforum und erste Vorform für urbanistische Planungen
1894 »Loi Siegfried«: Erstes Gesetz, das Steuererleichterungen für den sozialen Wohnungsbau bringt
1905 Die Stadtgemeinde erkennt die ersten sechs Sanierungsgebiete an (»îlots insalubres«)
1906 »Loi Strauss«: Erweiterung der Loi Siegfried. HBM-Komitées werden für alle Departements obligatorisch
1910 Erste Mietervereinigungen in Paris (»Syndicat des Locataires«)
1912 »Loi Bonnevay«: Erste gesetzliche Festschreibung von kommunalen Bauinterventionen; sie wird von allen politischen Lagern gebilligt
1914 Allgemeiner Mietpreisstopp

Eckdaten zum sozialen Wohnungsbau seit 1914

1919 Das Mietmoratorium betrifft nun alle Mietverhältnisse
ab 1920 Kündigungsschutzgesetze, aber auch Erlaubnis der Kündigung wegen Eigenbedarf
1928 »Loi Loucheur«: Förderung der Eigentumsbildung durch Kredite für Eigenheime und für Mietshäuser
1938 (1950/1953) Gesetzliche Regelungen zur Copropriété (Gemeinschaftsbesitz) werden verabschiedet
1948 Das Mietmoratorium wird gelockert und neu strukturiert
1969 »Loi Vivien«: Das Gesetz sieht die Slumbeseitigung vor und begünstigt den Foyer-Bau
1972 Hochhaus-Baustopp unter dem Minister Guichard

1977 »Loi Barre«: Personenbezogene Wohnhilfe anstatt Wohnungsbau (»aide à la personne« statt »aide à la pierre«). Das Gesetz bedeutet einen grundsätzlichen Wandel im sozialen Wohnungsbau

1982 »Loi Quillot«: Neufestlegung des Kündigungsschutzes für Mieter und Festlegung der Mietdauer

1986 »Loi Méhaignerie«: Erleichterung des Erwerbs von Eigentumswohnungen im HLM-Bereich; die Preisbindung bei Neubauwohnungen ist aufgehoben.

Der soziale Wohnungsbau seit 1914

Ähnlich wie in Deutschland kannte man bei Kriegsausbruch 1914 »keine Parteien mehr«. Von der »Union Sacrée« war ja schon vor 1914 ein umfangreiches Programm des sozialen Wohnungsbaus verabschiedet worden. Als der Krieg dann ausbrach wurde der Mietenstopp von allen Parteien gutgeheißen. Trotz der weiter bestehenden und sich verschärfenden Wohnungskrise sind die politischen Kontroversen nach 1918 nicht im Wohnungsbausektor ausgetragen worden. Die Entwicklung des sozialen Wohnungsbaus wird von nun an freilich so komplex, daß sie hier nur in groben Linien angedeutet werden kann.

Einerseits differenzieren sich die Maßnahmen: Wohnhilfe wird auf andere Gruppen ausgedehnt, die Stadtgemeinde Paris ist nun in der Lage, selbst zu planen, selbst zu bauen und zu verwalten, der Mieterschutz wird ausgedehnt, Bauvorschriften werden normativer gefaßt; über die Mietpreise, die Mittelvergabe, die Steuern beginnen der Staat und die Gemeinden vielfältige Instrumentarien zu entwickeln. Andererseits wird der Wohnbau selbst spätestens seit den 30er Jahren immer stärker standardisiert: Bestimmte Wohntypen werden für bestimmte soziale Schichten oder bestimmte Zwecke vereinheitlicht; die Massenfertigung bestimmt immer mehr die Wohnform.

Auch hatte inzwischen ein tiefgreifender Wandel in den Besitzverhältnissen stattgefunden. Die im 19. Jahrhundert so bestimmende Klasse der »Rentiers« ist zum Teil von Gesellschaften abgelöst worden. Die Rendite der »Rentiers« lag seit 1914 etwa bei zwei Prozent; sie »rentierte« sich nicht mehr. Es bildete sich jener Dschungel staatlicher, halbstaatlicher nichtprivater Gesellschaften heraus, bei dem man kaum unterscheiden kann, wer, wann, wo Planung, Durchführung und Unterhalt gewährleistet hat.

Die »Société d'économie mixte« (SEM), also die Mischform von privater und öffentlicher Gesellschaft, ist geradezu der institutionalisierte Ausdruck dieser »Gemengelage«. Jedenfalls gibt es nach dem Ersten Weltkrieg kaum ein bedeutsames Vorhaben im Wohnungsbau, bei dem der Staat oder die Stadt Paris nicht federführend oder zumindest helfend eingegriffen haben, so

- bei der Stadtrandbebauung in der »zone« Anfang der 20er Jahre
- bei der Sanierung der »îlots insalubres«, den Slumzonen, im Stadtinneren

Abbildung 170
Ansiedlung (»lotissement«) bei Courneuve
aus: Evenson 1983, 238.

- bei der Anlage der ersten Gartenstädte
- bei der Erstellung der HLM-Hochhäuser im Stadtinneren, in der Vorstadt und in Sanierungsgebieten im Osten in den 50er Jahren
- bei den »villes nouvelles«
- und natürlich auch bei den Pavillon-Städten in den Vororten.

All dies war mit dem Wildwuchs der Stadtplanungs- und Urbanisierungsbehörden verbunden und ist in den Kapiteln »Stadtentwicklung« und »Stadtgestalt« beschrieben worden.

Nun war in der Zwischenkriegszeit der absolute Tiefpunkt im Mietwohnungswesen erreicht worden. Der Erste Weltkrieg hatte die Wohnbauentwicklung unterbrochen und die gesamte Infrastruktur beschädigt. 1921 hatte Paris den bis heute nicht wieder erreichten Höchststand von fast drei Millionen Bewohnern erreicht. In den städtischen Slums und den »lotissements« hausten allein 200 000 Leute; es gab buchstäblich keine freie Wohnung mehr (s. Abb. 170). Der Anteil der Miete am gesamten Haushalt war horrend gestiegen:

1878 = 14,6%
1912 = 18,8%
ab 1920 = bis zu 25%

1932 soll Paris eine Bevölkerungsdichte aufgewiesen haben, die um 250 Prozent über der in London und um 600 Prozent über der in New York lag (Sowa 1991, 187).

Allerdings konnten die kommunalen Behörden, wie wir im Kapitel »Stadtgestalt« gesehen haben, durchaus an die Vorkriegsplanungen anknüpfen. Am Boulevard des Maréchaux entstanden die Hochhäuser der »Backsteinzeit«. Gegenüber den katastrophalen Verhältnissen am Stadtrand und in der Vorstadt waren dies jedoch völlig unzureichende Planungen. In dieser Situation hat eine sehr bedeutsame gesetzgeberische Maßnahme Luft verschafft: die »Loi Loucheur« 1928. Erstmals wurden so umfassende kreditpolitische Entscheidungen getroffen, erstmals der Hausbesitz so grundlegend gefördert, und zwar sowohl der Pavillon-Besitz (das Einfamilienhaus) wie der Besitz im Hochhausbau. Das Gesetz zeigte Wirkung (ganz besonders im Bereich der »lotisseurs«) und löste eine beachtliche Bautätigkeit aus, so daß bis zur zweiten großen Phase der Pariser Stadterneuerung in den 50er Jahren an die 40 000 Sozialwohnungen entstanden sein mögen.

Abbildung 171
Handwerker- und Händlerbehausungen in der Cité Pilleux im 17. Arrondissement
Photo: Schüle

Auffällig sind in dieser sozial und politisch so zerrissenen und wechselhaften Zwischenkriegszeit die relativ einmütigen Grundüberzeugungen aller am Wohnbau Beteiligten. Im Bereich des Wohnbaus kann man sehr schön zeigen, wie richtig Jürgen Habermas mit seiner Aussage liegt, Emanzipations-Utopien seien mit Produktions-Utopien verkoppelt gewesen und hätten so die Geister »verhext« (Habermas 1985, 161). Wohl ist nach dem Ersten Weltkrieg eine Fülle produktiver Planungsideen entwickelt worden, aber fast allen gemeinsam war jener Machbarkeitswahn, der durchaus totalitäre Züge trug. Angelegt finden sich solche Ideologien durchaus auch in den Entrümpelungs- und Sauberkeitsprinzipien der Charta von Athen, was heißt, daß diese Ausrichtung durchaus keine französische Eigentümlichkeit war. Die Hochhaus-Wohnmaschine Le Corbusiers ist nur eine der sichtbarsten Seiten des fortschrittsgläubigen Technikwahns, der damals sehr verbreitet war. Und »die Verhexung« reichte bis weit ins linke Lager, wo z. B. die CGT voll auf die Wohnmaschinen gesetzt hatte. Für den sozialen Wohnungsbau war diese Eintracht der politischen Lager vielleicht noch katastrophaler als für den allgemeinen privaten Sektor, denn die sozial Schwachen litten besonders unter den »operativen Prinzipien«:

»Das Schwergewicht lag auf dem Individualverkehr und nicht auf dem öffentlichen Personennahverkehr; der öffentliche Raum wurde durch das Automobil strukturiert; die Straße ging verloren, und es erfolgte die 'freie' Setzung der Gebäude auf dem von der Parzelle befreiten Raum; das Zonieren wurde systematisiert, die urbanistischen Entscheidungen folgten der zentralen Autorität (...) Der Anti-Historizismus der modernen Bewegung hat der Anti-Kultur der heutigen Stadtplaner den Weg geöffnet, um nicht gar von Unkultur zu reden; da sie den zivilisatorischen Wert der historischen Stadt nicht kannten, war die Politik, die alles zum 'historischen Monument' klassifizierte, nur die andere Seite dieser Weigerung, den historischen Sinn der Stadt zu verstehen« (Flamand 1989, 223).

Flamands Argument, daß diese »reaktionäre, apolitische und gleichmacherische Willkür« der Vorkriegszeit ganz wesentlich die gräßliche Gleichheit im »internationalen Stil« der 50er Jahre mitverursacht habe, ist nicht von der Hand zu weisen. Um diese Linie weiter zu verfolgen, bleiben wir noch weiter bei Flamands Beurteilung. Er sagt zur Entwicklung der ZUP (»zones à urbaniser en priorité«), jenen staatlich festgelegten Urbanisierungszonen, die bis 1969 bestanden haben:

»Diese neuen urbanen Zonen haben nichts mehr gemein mit den alten Stadtrandgebieten, den Vororten, den Gartenstädten, den Stadtkolonien usw. Die Wirtschaft beherrscht jetzt völlig die getroffenen Entscheidungen und macht die historischen Formen städtischen Wohnens zu Orten der Vergangenheit, einschließlich des naturalistischen und antihistorischen Modells, welches die Gartenstädte in den vorangegangenen Perioden dargestellt haben. Die Notwendigkeit, schnell und mit geringstmöglichen Kosten zu bauen, macht die Bauleitplanung zur Verkehrsleitplanung und zwingt sie zur Errichtung der billigsten Verkehrsanbindungen; Leerstellen werden dann durch entsprechende Baukörper gefüllt. Der Verkehrsstadtplanung entspricht eine Architektur, die dem Lauf des Kranes folgt. So organisiert sich der Sinnverlust der Stadt und der historischen Stadtgestalt« (Flamand 1989, 282).

Die Maßnahmen während der Aufbaujahre nach dem Zweiten Weltkrieg haben die städtische Segregation also nur weiter verschärft:

»Die Verteilung der großen Funktionen innerhalb des bebauten Raums ist im wesentlichen durch die größtmögliche Wertschöpfung aus dem Boden bestimmt, und die ist wieder bedingt durch die mehr oder weniger große Nähe zum urbanen, neuen oder alten Zentrum. Auf die teuersten Böden kommen die rentabelsten Investitionen: Bürobauten und Wohnbau 1. Klasse; auf die billigsten Grundstücke der Massenwohnbau, kleine Unternehmen, Lager. Nur die großen Firmen entgehen dieser Rationalität und entwickeln ihre eigenen Strategien der Festsetzung: ihr Raumbedarf und ihr Bedarf an Investitionen sind zu spezifisch, um in den Rahmen der gewöhnlichen Planung zu passen.« (Flamand 1989, 283).

Die Rahmenbedingungen des sozialen Wohnungsbaus ändern sich also in den 50er Jahren grundsätzlich. In diesen Jahren paßt sich Frankreich den Entwicklungen anderer europäischer Länder an. Die Gründe für dieses verspätete Nachziehen nach dem Zweiten Weltkrieg lagen, wir sahen es schon, in den spezifischen innenpolitischen und außenpolitisch-kolonialen Verwicklungen.

Erst jetzt waren alle Faktoren des kapitalen Sprungs nach vorne vereint (Babyboom, Immigration, Geldschub usw.). Wie aber sah es im Inneren der Sozialwohnungen aus?

Ein Entwicklungsbericht über diese Zustände könnte die beständige Überbelegung und Unterversorgung facettenreich belegen – es gibt aber für diesen Bereich kaum brauchbare Quellen.

Eine nicht unerhebliche Rolle in der Wahrnehmung des Wohnungsnotstandes hat übrigens 1953/54 Abbé Pierre gespielt. Die »Compagnons d'Emmaus« mit ihrem klassisch philanthropischen, aber wirksamen Eintreten für die »mal logés« haben immerhin in der Pariser Region an die 50 000 Personen untergebracht (Sowa 1991, 237).

Wichtiger für unseren Zusammenhang ist aber vielleicht die Frage, inwieweit der soziale Wohnungsbau überhaupt den sozial Schwächsten geholfen hat. Betrachtet man z. B. die Slumsanierungen genauer, so sind Zweifel an der sozialen Wirkung angebracht. Anfang des Jahrhunderts hatte man mit einer gesundheitspolitischen Bestandsaufnahme der Gebäude (»casier sanitaire«) angefangen, und dabei wurden zunächst (1906) sechs und dann (1920) 17 Sanierungsquartiere festgelegt (mit 4 290 Gebäuden, worin 186 000 Personen wohnten). Von den allerersten, Ende der 20er Jahre im 9. Sanierungsgebiet errichteten Gebäuden heißt es, von 176 Einwohnern seien 101 wieder eingegliedert worden. In anderen Slumbezirken, so im 1. und 13. Arrondissement wurden die Pauper oft einfach vor die Tür gesetzt, die Fläche unbebaut gelassen oder die Neubauten standen leer, weil sie niemand bezahlen konnte (Sowa 1991, 225).

Erst in den 50er Jahren hat dann eine grundlegende, wirkliche Stadtsanierung begonnen. Sie ist noch heute im Gange. Die wenigen Angaben, die über in den 60er Jahren abgeschlossene Sanierungen vorliegen, weisen darauf hin, daß alle Sanierungen auf Kosten der Bewohner gingen. Das bedeutete freilich nicht, wie Henri Coing nachweisen wollte, daß alle Bewohner mit der Sanierung unzufrieden waren. Immerhin spricht es Bände, wenn bei der Sanierung an der Place des Fêtes im 20. Arrondissement nur zehn Prozent der Bewohner mit neuem Wohnraum versorgt werden konnten. Im 13. Arrondissement wird von zwei verschiedenen Bezirken berichtet, wo einmal drei Prozent (in dem einen Bezirk) bzw. 28 Prozent der Bewohner (in dem anderen Bezirk) relogiert worden sind (Sowa 1991, 255). Bedenkt man, daß diese Bauten im 13. und 20. Arrondissement in der Regel riesige Höhen erreichten, so wird ganz deutlich, wie sehr diese »rénovation sociale« auf kostenneutrale, wenn nicht am freien Wohnungsmarkt orientierte Maßstäbe reduziert worden ist.

Nimmt man hinzu, daß im »sozialen Wohnungsbau« von Anbeginn versucht wurde, die »besseren Arbeiter«, die Arbeitnehmer mit ständigem Einkommen (und ohne Kinder, die »Türklinken verscherbeln«!) anzusiedeln, so wird die soziale Leistung noch fragwürdiger. Genau diesen Punkt bestätigen Simon Nora und Bertrand Eveno in ihrem regierungsamtlichen Gutachten aus dem Jahr 1975. Sie kommen zu dem Schluß, daß die »wirklichen Armen«, also die Haushalte mit den niedrigsten Einkommen im HLM-Bestand, nur zu 15 Prozent vertreten sind, obwohl sie fast ein Drittel der Gesamtmieterzahl

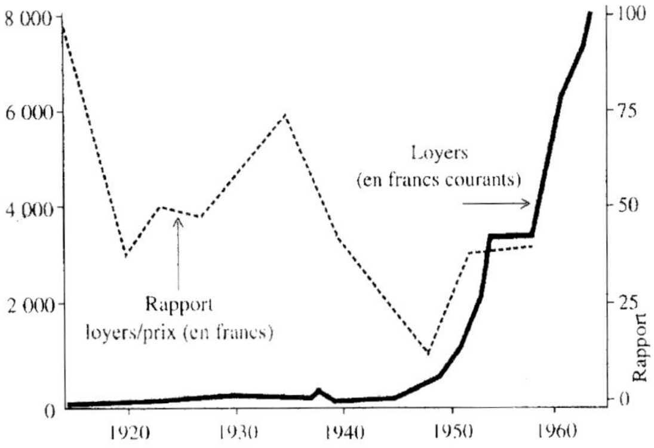

Abbildung 172
Die Entwicklung der Mieten in Paris
(dazu im Verhältnis Preise und Mieten in Francs)
aus: Marchand 1993, 252.

ausmachen. Die Mieten im sozialen Wohnungsbau, heißt es dort, sind tatsächlich moderat (»loyer modéré«), aber sie sind keineswegs »sozial«, und zwar schon deswegen nicht, weil zwischen 25 und 40 Prozent der Mieter ein höheres Einkommen beziehen, als sie angegeben haben. Die Autoren bestätigen im übrigen auch, daß besonders Arbeitslose und sehr alte Menschen eher ausgeschlossen sind (Nora/Eveno 1975).

Schaut man nun zurück auf die Entwicklung der Wohnungsfrage, so ist aus der Sicht der Arbeitnehmer in den 50er Jahren ganz sicher ein enormer Fortschritt zu verbuchen gewesen. Darin sind sich fast alle Beobachter einig.

Es nimmt von heute aus gesehen wunder, daß der Mietstopp mit geringfügigen Einschränkungen von 1914 bis 1948 aufrechterhalten werden konnte, und daß danach aus dem Stand solch rasante soziale Verbesserungen möglich waren. Der Preis indes, der dafür gezahlt wurde – wir haben es gesehen –, war sehr hoch.

Ab 1948 wurden die Mieten freigegeben und sie stiegen enorm an (s. Abb. 172). Der nun einsetzende Bauboom überformte stark die Anfang des Jahrhunderts durchaus noch vorhandenen sozialen Vorstellungen im Wohnungsbau.

Ungefähr ab 1975 überwog schon der Anteil der Haus-/Wohnungsbesitzer am Neubau den Mietwohnungsbau, der Trend zum Besitz spitzte sich zu, aber nach der 70er-Jahre-Krise geht der Wohnbau insgesamt zurück, und ab 1983 übertrifft der soziale Wohnungsbau sogar den privaten.
Das Ausmaß der gesamten direkten und indirekten Zuwendungen des Staates im Wohnungsbau (hier freilich für ganz Frankreich) muß man sich einmal klar machen:

1980 55 Milliarden Franc
1984 81 Milliarden Francs
1988 120 Milliarden Francs.

Das war (1988) ein Zehntel des Gesamtbudgets von Frankreich und davon waren 35 Milliarden für Bauförderungsmaßnahmen (»aide à la pierre«) angesetzt, 40 Milliarden Francs personenbezogene Hilfe (»aide à la personne«) und 30 Milliarden Steuererleichterungen (s. dazu: Marchand 1993).
Ganz außergewöhnlich in ihrer Entwicklung war, von heute aus betrachtet, eigentlich nur die Ära de Gaulle/Pompidou bis ca. 1970. Während die Zeit unmittelbar nach 1945 wohnungsbaupolitisch eher ein »Weiterwursteln« gewesen ist, setzte dann eine Art kapitalistisches Manchestertum ein, welches man im Nachhinein nur für unglaublich halten kann. Auch in seiner staatlichen Ausprägung sprengte es alles bisher dagewesene.
Bezeichnenderweise vollzieht sich die Rücknahme des absoluten kapitalistischen Wildwuchses nicht bei der Amtsübernahme Mitterrands 1981, vielmehr wird sie durch Valéry Giscard d'Estaing, angestoßen durch die ökonomische Krise, schon 1974 vollzogen. Großsiedlungen und Hochhausbau werden nun eingeschränkt, die »Loi Barre« 1977 hat mit ihrem Schwenk von der Unterstützung des Sozialbaus zur personenbezogenen Wohnhilfe die Wende noch einmal markiert.
Natürlich ging die Machtübernahme der Sozialisten nicht völlig spurlos am Wohnbau vorüber. Durch die Dezentralisierungsgesetzgebung ist indirekt und durch die Neuregelung des Kündigungsschutzes (»Loi Quillot« 1982) direkt Einfluß genommen worden. Unter der konservativen Regierung wurde dann die entsprechende Klientel versorgt, indem man etwa 1986 den Erwerb von privatem Hausbesitz und Eigentumswohnungen erleichterte (»Loi Méhaignerie«). Aber diese Scharmützel haben den grundlegenden Trend nicht verändert:

». . . nämlich, daß im Großen und Ganzen nur die Ansässigen (von der Wohnbaupolitik) profitiert haben und daß zudem diese Politik ihnen keine Wahlmöglichkeiten über die Art und Weise des Wohnens läßt« (Flamand 1989, 337).

Es gab in den 80er und 90er Jahren einige gezielte Versuche der Einflußnahme: Einige Hochhäuser wurden gesprengt oder abgetragen, einige Sozialbauten bekamen postmoderne Häubchen aufgesetzt, ein riesiges Projekt mit weitreichenden urbanistischen Zielen, »Banlieue 89« genannt, wurde angekurbelt.
Im Grunde aber waren das Seifenblasen. Den anstehenden Problemen waren diese Vorhaben in keiner Weise angemessen – im Gegenteil, die Vorstadtbevölkerung begann den Protestmarsch in die Stadt.
Heute bietet die Stadt Paris 26% ihrer Bewohner Unterkunft und sie kontrolliert an die 150 000 Wohnungen (Le Monde, 16.6.1995, S.8) Das ist ein riesiger, immer noch sehr ungleich verteilter Bestand. Der schleichend betriebenen Orientierung des (sozialen) Wohnbaus auf das Einfamilienhaus, auf den Hausbesitz, auf die Eigentumswohnung ist von keiner politischen Kraft widersprochen worden. Und nach der konservativen Wende wurde die konservative Wohnbaupolitik natürlich verstärkt:

»Ich glaube, es ist unbedingt nötig, daß die Franzosen zum Hausbauen zurückfinden und daß man den Zugang zum Eigentum erneut entwickelt« (Bauminister Hervé de Charette in: *Libération* 22.7.93).

Die französischen Werktätigen und Angestellten waren pazifiziert, auf Kosten der Ausländer und derer, die durchs soziale Netz gefallen sind. Diese sind weiterhin HLM-isiert, sarcellisiert und ausgeschlossen.

Die Wohnstruktur heute

Die Wohnverhältnisse der Pariser 1993

134 000 Personen leben in Sozialwohnungen
514 000 Personen wohnen zur Miete
310 000 Personen leben in ihren eigenen vier Wänden (mit erstem Wohnsitz)
(aus: Paris Journal 1993, 10)

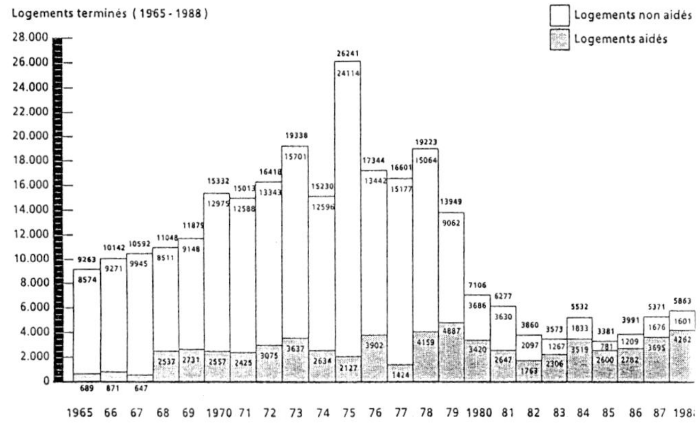

Abbildung 173
Der Wohnungsneubau in Paris
Fertigstellungen 1965–1988
(subventionierte und nichtsubventionierte Bauten)
aus: Jean-Marie 1989, 20.

Abbildung 174
Die Entwicklung des Wohnbestandes (1962–1990)
aus: Atlas des Franciliens 1/1991, 66.

Département	1962	1968	1975	1982	1990
Paris	43 024	69 001	125 437	165 330	209 338
Hauts-de-Seine	17 360	29 581	43 045	51 405	65 990
Seine-Saint-Denis	15 343	25 422	41 711	42 404	42 603
Val-de-Marne	16 025	25 910	34 676	32 842	39 051
Kleine Krone					
Seine-et-Marne	38 116	48 992	56 090	55 702	50 649
Yvelines	23 335	36 271	41 842	43 476	43 484
Essonne	24 492	32 824	35 908	34 666	33 295
Val d'Oise	38 641	25 648	30 219	30 166	27 632
Große Krone	104 584	143 735	164 059	164 010	155 060
Ile-de-France insgesamt	196 336	293 649	408 928	455 991	512 042

Neubauten

Wie man der Tabelle in Abbildung 173 entnehmen kann, ist die Zahl der durch die öffentliche Hand geförderten Wohnungen in Paris annähernd gleich geblieben. Zwischen 2 000 und 4 000 Wohnungen jährlich wurden gefördert – und das gilt auch für die Zeit nach 1988. Der frei finanzierte Wohnungsmarkt hingegen ist nach dem Boom in den 70er Jahren unverhältnismäßig stark zusammengeschrumpft, so daß der geförderte Wohnbau seit 1983 sogar den freien Wohnbau übertraf.

Der Rückgang der Neubauten betraf auch die ganze Region, das Zentrum jedoch am stärksten. Die Rezession berührte übrigens ebenso die Altbausanierung. Von der Rezession ausgenommen waren eigentlich nur die neuen Städte (»villes nouvelles«). Der Wohnungsbestand insgesamt also wächst zwar noch langsam an, und zwar sowohl in Paris als auch in der gesamten Region (s. Abb. 174), aber die Entwicklung hat sich verlangsamt.

Die genannten Größen muß man freilich auch einmal in Beziehung zu den jeweiligen Flächen setzen, dann sieht man nämlich erst, wie disparat diese Wachstumsgrößen sind:

Verteilung der Wohnungen 1990

Paris hat 1 304 000 Wohnungen auf 105 km²
Die kleine Krone hat 1 768 000 Wohnungen auf 657 km²
Die große Krone hat 1 721 000 Wohnungen auf 11 248 km²

Größe und Ausstattung der Wohnungen

Bestimmte strukturelle Bedingungen sind in allen Industriestädten, so scheint es, sehr ähnlich:

- je weiter man sich dem Zentrum nähert, desto kleiner werden die Wohnungen;
- desto weniger Zimmer enthalten die Wohnungen;
- desto kleiner werden die Familien;
- desto mehr Einzelpersonen wohnen dort;
- desto größer indessen werden die auf Einzelpersonen entfallenden Flächen (!);
- desto teurer sind die Mieten und Immobilienpreise.

Mögen diese Befunde auch tendenziell für Paris stimmen, so sollte man doch zugleich zwei Differenzierungen anfügen: in kaum einer anderen Stadt sind die Verhältnisses so stark polarisiert, und, das werden wir bei der Betrachtung der einzelnen Stadtviertel noch genauer sehen, die Größe und Ausstattung der Wohnungen können je nach Stadtviertel ungeheuer unterschiedlich sein. Die Polarisierung zeigt sich schon bei den Wohnungsgrößen.

Durchschnittsgrößen der Wohnungen 1990

Paris	56,5 m²
Region Ile de France	71,0 m²
Frankreich insgesamt	85,2 m²

aus: Paris Le Journal 1993, 10/11.

In Paris sind fast 60 Prozent der Wohnungen Ein- bis Zwei-Zimmer-Wohnungen, in der Region dagegen nur 33 Prozent. Solche Zahlen sagen wenig darüber aus, wie sich die Lebensbedingungen beispielsweise von Kindern bei diesen Wohnungsgrößen darstellen . . .

Zahlen sind sehr allgemeine Instrumente der Beschreibung. Das gilt natürlich auch für Angaben über die Ausstattung der Wohnungen. Was bedeutet es zum Beispiel, daß der Altbaubestand sich von 1954 bis 1982 von 1 180 000 auf 790 000 reduziert hat? Verschwinden die Haussmann-Häuser? Verändert Paris sein klassisches Aussehen?

Nicht unbedingt. Denn die Altersgrenze bildet in der Regel das Jahr 1949, und die Altbaureduzierung umfaßt vor allem den äußeren Kranz der Arrondissements. Dort und insbesondere im Ostring der Stadt waren ja auch die großen Profite bei der Sanierung zu erwarten. Nach der Sanierung konnte man die Miete bis auf das Doppelte erhöhen. So gefährlich die Bewegung auch ist, denn sie nagt am Image der Stadt, so sehr muß man sehen, daß im Vergleich zu anderen Städten Paris noch ungemein viel Wohnungen und ungemein viel Altbauwohnungen in der Innenstadt aufweist (70,5 Prozent).

Der Wohnkomfort in Paris, bis Anfang der 90er Jahre von Ausländern oft mitleidig belächelt, war eigentlich schon immer die Einschränkung im Glanz der Hauptstadt gewesen. Die Rückständigkeit, was z. B. die sanitären Verhältnisse angeht, gehörte noch in den 60er Jahren zu den stereotypen Beschreibungen von Paris. Und diese Stereotypen waren leider zutreffend. Vor allem wegen der gesetzlichen Mietfestlegungen wurde die Instandsetzung der Wohnungen sträflich vernachlässigt. Während in Deutschland nach dem Zweiten Weltkrieg der Wohnbau sofort neu einsetzte, vollzog sich die Erneuerung in Frankreich zeitlich versetzt und nicht notwendigerweise im Neubau. Noch 1982 waren ohne WC oder sanitäre Einrichtungen:

50,8 Prozent der Ein-Zimmer-Wohnungen
32,7 Prozent der Zwei-Zimmer-Wohnungen
18,1 Prozent der Drei-Zimmer-Wohnungen

Mit anderen Worten: ein Drittel des Wohnungsbestandes von Paris genügte 1982 nicht den grundlegenden Komfortansprüchen. Dennoch schreibt Jean Bastié stolz über Paris zwei Jahre später, nämlich 1984:

»Der Komfort hat einen großen Fortschritt gemacht. In der Agglomeration haben 99 Prozent der Wohnungen einschließlich der möblierten Wohnungen und unabhängigen Zimmer fließendes Wasser, 81 Prozent haben ein eigenes WC, 80 Prozent Stadtgas, 75 Prozent Bad oder Dusche, 70 Prozent Zentralheizung, 43 Prozent Telefon. Ein Viertel der Wohnungen von Paris hat nicht alle Komfortelemente« (Bastié 1984, 119).

Man sieht, wie beschönigend oder auch relativierend Aussagen werden können, sobald man das statistische Material oder den Maßstab (hier Paris-Agglomeration) wechselt.

Preise

Die Mietpreise steigen immer und sie steigen umso stärker, je näher man dem Zentrum kommt. Das scheint ein ehernes Preisgesetz zu sein, so wie bei Sanierungen die Wohnungen immer teurer werden und die nächsthöhere Schicht nach sich zieht. Für die durchschnittliche Wohnfläche von 52 m^2 mußte der Innenstadtbewohner also 1989 umgerechnet rund 1000.-DM bezahlen. Auf dem Land mußte er für die gleiche Fläche hingegen nur DM 340.- aufwenden.
Wie in anderen europäischen Großstädten auch, hat der Mietpreisanstieg in den 80er Jahren zu einem vermehrten Kauf von Kleinwohnungen, Studios

Abbildung 175
Entwicklung der Pariser Altbaupreise in Francs/m^2
nach: Jean-Marie 1989, 47 und 44.

			11 680 Franc/m^2
		8910	
	6930		
4570			
1979	*1982*	*1988*	*1988*

Abbildung 176
Durschnittsmieten auf dem freien Wohnungsmarkt 1989

Paris	Vorstadt	Region	Umgebung von Lyon	Kleinstadt Land
58F/m^2				
	50F/m^2			
		46F/m^2		
			26F/m^2	
				18F/m^2

und Appartements geführt. Ab ungefähr 1975 gibt es auf dem Wohnungs-Neubaumarkt mehr Käufer als Mieter.
Der Rückgang des Wohnungsneubaus hat dabei selbstverständlich den Druck auf den Bestand noch verschärft. In nur vier Jahren hat sich der Kaufpreis pro Quadratmeter faktisch verdoppelt. Paris drohte, ein Eldorado der Reichen zu werden, denn auch Mittelständler konnten die Mieten nicht mehr bezahlen und schon gar nicht Wohneigentum bilden. Die Tabelle in Abbildung 177 illustriert nicht nur die horrenden Preissteigerungsraten in diesen Spekulationsjahren, interessant ist vielmehr, zu sehen, daß trotz des Runs auf die Kleinwohnungen gerade die großen Wohnungen die schlimmsten Preissteigerungsraten aufweisen.
Wie ist der enorme Preisanstieg gerade der Mehrzimmerwohnungen zu erklären? Ganz einfach. Es gibt in Paris nicht viele Vier-Zimmer-Wohnungen; die Ware ist knapp und die Eigentümer/Mieter sind seßhafter als andere Gruppen.
Obwohl sich Anfang der 90er Jahre die Mietpreise und Wohnungskaufpreise »beruhigt« haben, ist für Familien mit Kindern die Stadt kaum mehr bezahlbar. Selbst in den allerärmsten Vierteln von Paris ist eine Drei- oder Vier-Zimmer-Wohnung nur zum (Minimal)Preis eines (deutschen) Einfamilienhauses

Abbildung 177
Entwicklung der Durchschnittspreise von Eigentumswohnungen in Francs
aus: Jean-Marie 1989, 42

Größe	1984	1988 1.Halbjahr	Entwicklung in Prozent
1 Zimmer	214 000	324 000	+51,4
2 Zimmer	304 000	472 000	+55,3
3 Zimmer	516 000	872 000	+69,0
4 Zimmer	834 000	1 552 000	+86,0
5 Zimmer	1 144 000	2 367 000	+104,9
6 Zimmer	1 592 000	3 908 000	+145,5
7 Zimmer	2 099 000	4 384 000	+108,9

Abbildung 178
Durchnittspreise pro Quadratmeter bei freien Altbauwohnungen 1987 und 1992 in den zwanzig Arrondissements und Neuilly
aus: Pinçon/Pinçon-Charlot 1989, 20 und *Le Monde* 4.3.1993

1. Arr.	20 374
2.	17 232
3.	19 989
4.	25 729
5.	24 766
6.	26 73
7.	30 316
8.	32 085
9.	16 734
10.	14 538
11	15 947
12.	17 178
13.	18 855
14.	19 424
15.	21 223
16.	25 432
17.	18 992
18.	14 424
19.	14 265
20.	14 685

(*Le Monde*, 4.3.1993)

(DM 300 000.-) zu bekommen. In guten Vierteln kostet diese Wohnung das Dreifache (s. Abb. 179).
Obwohl die Preissteigerungsrate Anfang der 90er Jahre zurückgegangen ist, sind die Preise in Paris dennoch (bei geringerer Wohnfläche!) in der Regel doppelt so hoch wie in den Städten der Provinz.
Um bis zu 40% fielen die Preise in Paris im Durchschnitt nach 1990, dennoch ist der durchschnittliche Quadratmeterpreis in Paris 1996 mit 15 500 F zweimal höher als im nationalen Durchschnitt (Nouvel Observateur, 6-12.3.97/II).
Die durchschnittliche Wohnungsgröße lag 1992 bei 53 m², der durchschnittliche Preis pro m² bei 76,50 F (1. Krone 58 m² bezw. ca. 60 F/m² -in: *Libération* 22.7.1993).
Hauseigentümer und Immobilienhändler gehen im übrigen davon aus, daß ein Mieter das Vierfache seiner Miete verdienen muß. Das bedeutet, daß nur wer über umgerechnet DM 4 000.- bis DM 6 000.- verdient, von ihnen ernst genommen wird.
In dieser Zeit des Preiswuchers und der Spekulation ist natürlich die Miete im sozialen Wohnungsbau nicht in gleicher Weise emporgeschnellt. Lag der Mietpreis im sozialen Wohnungsbau (HLM) Mitte der 80er Jahre zwischen 15 und 20 Francs pro Quadratmeter, so liegt er heute gewiß über 20 Francs. Und der soziale Wohnungsbau insgesamt nahm noch einmal stark zu. 1992 lag sein Anteil in der Agglomeration bei 21%, 8% der Mieter übrigens sind kostenlos untergebracht (*Libération*, 22.7.1993).
Halten wir fest:
- Die Mieten stiegen in den 80er Jahren fast dreimal stärker als die Inflationsrate;
- jede fünfte Wohnung in Paris wechselt pro Jahr ihren Mieter;

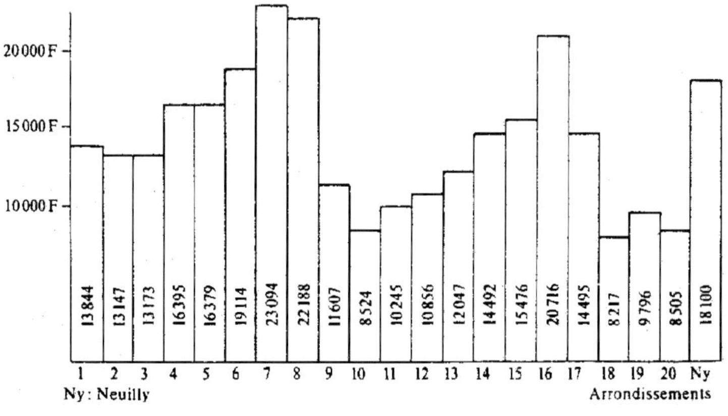

- fast jeder Mieterwechsel ist von einer Mieterhöhung begleitet;
- Neuankömmlinge in Paris bezahlen fast doppelt so viel wie Altmieter;
- kleine Wohnungen haben höhere Quadratmeterpreise;
- der Preis großer Wohnungen stieg dennoch stärker als der von kleinen Wohnungen;
- neue Wohnungen sind grundsätzlich teurer als Altbauwohnungen;
- die gleiche Wohnung kann bei gleicher Qualität innerhalb von Paris 50 Prozent teurer oder 50 Prozent billiger sein;
- Mieter sind gegenüber Besitzern (notgedrungen!) wesentlich mobiler, sie bewohnen in der Regel kleinere Wohnungen, die Wohnungen sind dichter belegt und weniger gut ausgestattet.

Die einzelnen Stadtviertel (»les quartiers«)

Erst wenn man sich die einzelnen Arrondissements anschaut, wird einem klar, in welchem Ausmaß in dieser Stadt die Disparitäten und Disfunktionalitäten auftreten.
Betrachtet man nämlich z. B. die Skala des Wohnungsneubaus an ihrem unteren und ihrem oberen Ende, so sieht man eine Schere, die weiter geöffnet nicht sein könnte: im Zeitraum 1970 bis 1988 sind im 2. Arrondissement 77 Wohnungen, im 15. Arrondissement hingegen 34 331 Wohnungen gebaut worden (s. Abb. 180)!
Während in dem einen Viertel fast nichts gebaut wird, legte man in einem anderen Teilgebiet der Stadt ein ganz neues »Versailles« mit 50 000 Bewohnern an. Der »Witz« an der Sache ist, daß auch dieses Viertel, das 15. Arrondissement, im genannten Zeitraum zehntausende von Einwohnern verloren hat! Nur zwei Arrondissements, nämlich das 19. und das 13., haben nach dem Zweiten Weltkrieg die Einwohnerzahl halten oder leicht steigern können.
Die Zahlen verweisen darauf, in welchem Ausmaß die äußeren Arrondissements 11 bis 20 durch den Wohnbau transformiert worden sind, obwohl – wie gesagt – die Einwohnerzahlen dort nach dem Krieg abnahmen. Der Wohnbau der 70er Jahre hatte ganz eindeutig im 13. und 15. Arrondissement seine Höhepunkte. In den 80er und 90er Jahren hat sich die Bewegung vor allem auf das 19. und 20. Arrondissement verlagert.
Weil im Pariser Süden und Osten so viel neu gebaut wurde, ist die Ausstattung dort im Durchschnitt relativ gut. Wirklich schlechten Wohnkomfort haben eher die Binnenarrondissements, d. h. das 1., 2., 3., 8., 9. und 10. Arrondissement. Von den Außenarrondissements ist natürlich das 16. am besten davongekommen. Dort, im feinen, großflächigen Stadtraum, wurde zwar viel gebaut, aber nicht so hoch und nicht so brutal.
In Frankreich besiedelte die Bourgeoisie die Metropole so stark wie in kaum einem anderen Land, und so nimmt es nicht wunder, daß die Unterschiede zwischen den feinen Wohnvierteln (»quartiers aisés«) und den Unterschicht-Vierteln (»quartiers populaires«) besonders groß sind, obwohl die Proletarier die Stadt faktisch verlassen haben. Betrachtet man beispielsweise, welche Flächen in den verschiedenen Arrondissements den Bewohnern zur Verfügung stehen, so wird die Diskrepanz noch einmal deutlich (s. Abb. 179).

Abbildung 179
Durchnittliche Wohnfläche von verkauften Wohnungen 1987
aus: Pincon/Pincon-Charlot 1989, 22.

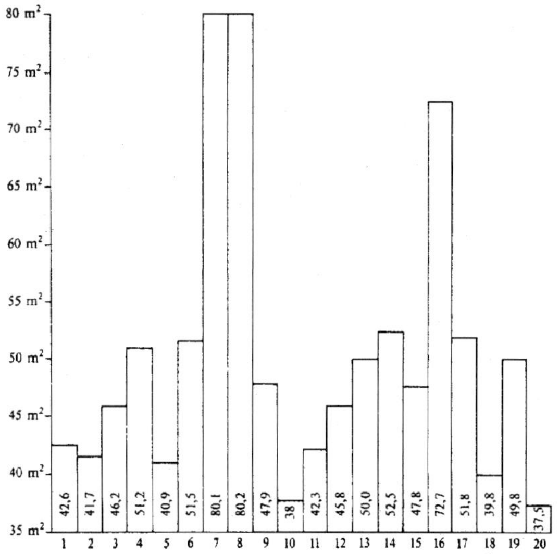

Abbildung 180
Der Wohnbau in den Arrondissements 1970–79 und 1980–88 / aus: Jean-Marie 1989, 22.

1970–1979

Arr.	1970	1971	1972	1973	1974	Total 1970–74	1975	1976	1977	1978	1979	Total 1975–79
1.	-	1	-	-		1	16	-	12	18	11	57
2.	-	-	-	-	3	3	-	-	1	-	27	28
3.	21	-	12	77	15	125	-	55	118	72	440	685
4.	159	8	59	-	79	305	3	184	131	100	52	470
5.	140	32	481	283	166	1 102	286	235	208	621	28	1 378
6.	-	156	5	287	282	730	172	96	41	525	78	912
7.	132	218	76	398	135	959	212	154	329	237	61	993
8.	37	117	1	-	194	394	145	27	20	42	326	560
9.	117	164	-	20	1	302	274	82	-	267	-	623
10.	117	58	264	200	105	744	899	908	23	430	138	2 398
11.	1 959	1 043	1 069	959	1 498	6 528	1 737	585	2 507	1 969	1 156	7 934
12.	809	785	1 621	1 462	964	5 641	1 883	8 545	1 781	1 085	1 834	7 437
13.	2 324	1 557	2 527	4 055	1 960	12 423	4 933	2 353	1 895	2 038	2 375	13 594
14.	788	1 758	1 239	1 106	579	5 470	1 286	1 310	1 187	1 032	1 500	6 315
15	2 150	3 509	3 292	3 508	2 501	14 960	4 057	4 017	2 277	3 038	1 473	14 862
17.	345	607	299	547	277	2 075	754	958	731	1 209	656	4 308
18.	1 548	1 113	1 029	1 185	625	5 500	1 523	743	1 351	1 047	761	5 425
19.	2 402	1 428	1 433	2 485	2 196	9 934	4 818	2 971	1 847	3 225	840	13 701
20.	1 423	1 474	1 868	2 018	2 897	9 680	2 399	1 071	1 382	1 698	1 948	8 498
Paris total	15 532	15 013	16 418	19 338	15 230	81 531	26 241	17 344	16 601	19 223	13 949	93 358

1980–1988

Arr.	1980	1981	1982	1983	1984	Total 1980–84	1985	1986	1987	1988
1.	-	81	-	218	167	456	-	-	-	31
2.	-	-	-	-	8	8	23	15	-	-
3.	17	1	353	7	-	378	51	-	46	3
4.	2	38	168	-	21	229	29	26	56	5
5.	439	124	36	34	15	648	45	34	-	107
6.	6	-	-	-	-	6	-	-	-	7
7.	2	39	25	46	51	163	1	18	18	1
8.	-	26	6	-	-	32	-	55	-	10
9.	166	14	-	-	9	189	-	13	18	139
10.	586	474	711	238	112	2 121	162	145	441	150
11.	373	178	118	529	396	1 594	251	263	419	335
12.	222	271	16	53	136	698	129	398	393	513
13.	764	426	413	492	475	2 570	166	457	983	499
14.	185	109	413	694	342	1 743	416	267	539	379
15.	958	604	60	180	924	2 726	496	354	459	474
16.	274	127	60	16	44	521	18	82	160	281
17.	423	337	24	75	263	1 122	405	101	323	731
18.	65	211	207	222	112	817	95	122	239	504
19.	1 476	1 810	704	339	394	4 723	473	339	384	550
20.	1 148	1 407	546	430	1 883	5 414	621	1 302	893	1 144
Paris total	7 106	6 277	3 860	3 573	5 352	26 168	3 381	3 991	5 371	5 863

Während die Bewohner im 7., 8. und 16. Arrondissement auf durchschnittlich 75 bis 80 Quadratmetern wohnen, haben die Bewohner des 10. und 20. Arrondissements durchschnittlich nur 37 bis 38 Quadratmeter zur Verfügung.
Es ist nun ziemlich müßig oder bestenfalls für die Stadtplanung interessant, die strukturelle Ungleichheit in allen Beziehungen hier weiter zu entfalten. Es käme nur immer wieder das gleiche zum Vorschein: die Bewohner der bürgerlichen Viertel
- haben im Schnitt ein Zimmer mehr,
- sie bezahlen dafür das Dreifache, die Wohnungen sind weniger stark belegt (pro Wohnung im 16. Arrondissement etwa 1,98, im 20. Arrondissement hingegen 2,04 Personen,
- die Wohnungen sind besser ausgestattet und das Viertel weist eine bessere Infrastruktur auf;
- auf der anderen Seite sind die »Quartiers populaires« dicht belegt, nicht ganz so teuer, schlecht ausgestattet usw.

Es ist aber auch zu bedenken, daß in den verschiedenen Schichten und Klassen die Wohnzufriedenheit von sehr unterschiedlichen Dingen abhängt, die Vorstellungen vom »guten« Wohnen liegen sehr weit auseinander.

Eine skandalöse Lage

Man muß sich natürlich fragen, ob es sich bei der strukturellen Ungleichheit im Pariser Raum nicht um eine Ungleichheit der Besserverdienenden handelt, d. h. die Wohn- und Lebensverhältnisse der Vorstadt und der Provinz sind als Vergleich heranzuziehen, und dort gibt es eine horrende Unterversorgung mit Infrastruktur.
Die wahnwitzige Disfunktionalität der Wohnstruktur in Paris und in der Region zeigt im übrigen nichts besser als die Zahl leerstehender Wohnungen. In einer Region Europas mit der schlimmsten Wohnungsnot, wo die Wohnungsmisere die Vorstadtbevölkerung zu Demonstrationen in nie gekanntem Ausmaß treibt, standen 1990 512 042 Wohnungen leer, Tendenz steigend! Auf vier Millionen Wohnungen in der Region Ile-de-France entfallen über eine halbe Million leerstehender Wohnungen! Allen Bewohnern der Großstadt Lyon könnte man in der Region leicht Wohnungen verschaffen (s. Abb. 181)!
Die größtenteils staatlichen Stadtplaner und Institutionen tun ihr Möglichstes, den Skandal zu be-

Abbildung 181
Entwicklung der leerstehenden Wohnungen in den Departements der Region Ile-de-France
aus: Atlas des Franciliens 1991, 66.

Département	1962	1968	1975	1982	1990
Paris	43 024	69 001	125 437	165 330	209 338
Hauts-de Seine	17 360	29 581	43 045	51 405	65 990
Seine-Seint-Denis	15 343	25 422	41 711	42 404	42 603
Val-de-Marne	16 025	25 910	34 676	32 842	39 051
Kleine Krone	48 728	80 913	119 432	126 651	147 644
Seine-et-Marne	38 116	48 992	56 090	55 702	50 649
Yvelines	23 335	36 271	41 842	43 476	43 484
Essonne	24 492	32 824	35 908	34 666	33 295
Val d'Oise	18 641	25 648	30 219	30 166	27 632
Große Krone	104 584	143 735	164 059	164 010	155 060
Ile-de-France total	196 336	293 649	408 928	455 991	512 042

schönigen: Sie teilen die üble Zahl der nicht belegten Wohnungen (»logements inoccupés«) ein in

Nebenwohnsitze (»résidences secondaires«)
Paris 23 228
Region 86 880

Vorübergehende Wohnsitze (»logements occasionels«)
Paris 68 549
Region 116 000

Leerstehende Wohnungen (»logements vacants«)
Paris 117 561
Region 309 162

Nun gibt es für den Leerstand sehr wohl triftige soziale und ökonomische Gründe. In den Entscheidungszentren der Industrie und der Dienstleister häufen sich »natürlich« vorübergehende Wohnsitze: Ingenieure, die zu Lehrgängen kommen; Hochschullehrer, die Zeitverträge haben; höhere Angestellte, die am Hauptsitz der Firma eine zeitlang beschäftigt werden usw. Kein Wunder also, daß die Mehrzahl der Nebenwohnsitze, wie auch der vorübergehenden Wohnsitze im Geschäftszentrum (1. und 2. Arrondissement), in den akademischen Vierteln (6. und 7. Arrondissement) und in den feinen Wohnvierteln (8. und 16. Arrondissement) zu finden sind. Ein gewisser Leerstand ergibt sich durch Reparatur, Rechtsstreitigkeiten, Rotation usw. All dies mindert freilich nicht den Skandal, daß innerhalb von Paris praktisch ein großes Arrondissement leerstehender Wohnungen vorhanden ist.

Es tröstet wenig, daß die Gesamtzahl der nicht belegten Wohnungen leicht abnimmt, daß nur Paris übermäßig viel leerstehende Wohnungen anhäuft (38 Prozent) – es hatte schon seinen Grund, warum Jacques Chirac 1993 für Paris das aus der Zeit nach 1945 stammende Requisitionsrecht für leerstehende Wohnungen wieder ausgrub.

Es tröstet aber vor allem nicht das blauäugige Resümee eines Stadtplaners, der meinte, »daß das Leerstehen ja ein vorübergehender Zustand im Leben einer Wohnung« sei (*Atlas des Franciliens*, 1/1991, 72).

Kapitel 4
Verkehr und Umwelt

Die zentralistische Ausgangslage

Vielleicht sollte man sich auf der Grundlage der Chaos-Theorie der Frage nähern, wie es in der Region um Paris herum und im Land zum heute herrschenden Zentralismus gekommen ist. Es ist nämlich zweifellos ein Netz von zeitlichen und räumlichen Bedingungen gewesen, welche schließlich dahin führten, daß Paris zu seiner dominanten Stellung kam. Keineswegs hat sich diese Zentralität schulbuchmäßig aus der Wegekreuzung am Fluß ergeben.
Wir müssen in langen Zeiträumen denken, wenn wir die Entstehungsbedingungen beschreiben wollen. So ist in der Frühgeschichte sicher der Zustrom aus Mitteleuropa bedeutsam gewesen, dann hat die römische Kolonisierung spezifische Räume geschaffen und schließlich haben politische Optionen natürlich eine Rolle gespielt.
Fernand Braudel bemerkt zu Recht, daß weder die kontinentale Orientierung noch der Standort der Hauptstadt selbst im Mittelalter präfiguriert waren: die Hauptstadt hätte auch eine Hafenstadt sein können, was ein völlig verändertes Regierungshandeln zur Folge gehabt hätte (Braudel 1989).
Natürlich waren die Raumvorstellungen der Zeitgenossen der Französischen Revolution noch sehr lokal gebunden, aber sie waren zugleich weit weniger auf Paris zentriert als heute. Frankreich – das war zunächst einmal vage das Gebiet der alten Provinzen um Paris, die »fünf großen Finanzpachten« (»les cinq grosses fermes«), und darin gab es mehrere Zentren. Nicht einmal das religiöse Zentrum war Paris – wer sich heute anschaulich ein Bild von der Gleichrangigkeit der Orte ganz in der Nähe von Paris machen will, gehe nach St. Denis oder Troyes. Die Kathedralen brauchen den Vergleich mit Paris nicht zu scheuen.

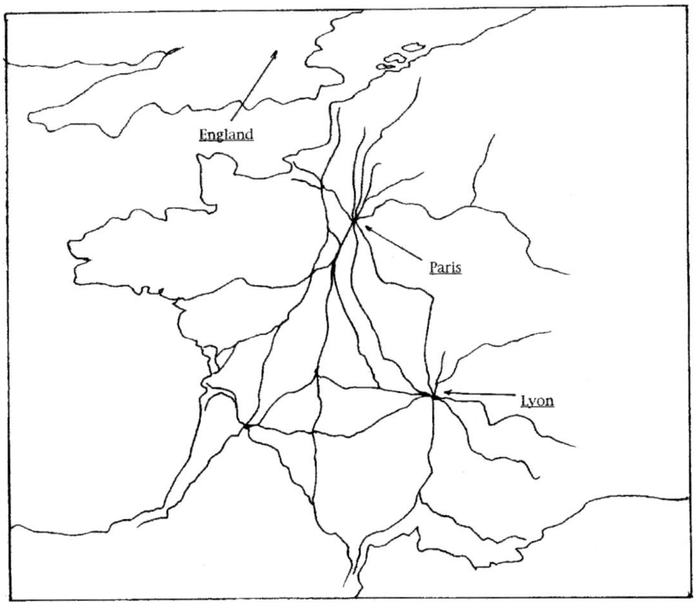

Abbildung 182
Die alte Postkutschenkarte von Frankreich
Graphik: Schüle

Abbildung 183
Abfahrt der Postkutsche
Photo: RATP

Am Tauziehen um die Vormachtstellung haben sich also mehrere Städte beteiligt und eine ganz bestimmte Konstellation begünstigte Paris.

Verkehrswege – Warenwege

Im Kapitel »Stadtgestalt« haben wir schon geschildert, wie das Skelett der Stadt durch die alten Wegeführungen von Norden nach Süden und von Osten nach Westen in gallo-romanischer Zeit geformt worden war.
Das Grundmuster des Stadtplanes war festgelegt. Es war aber dennoch ziemlich dynamisch. Stadt und Umland waren durch vielfältige Stränge verbunden und die Verbindungen waren keineswegs nur die Straßen, sondern – viel mehr, als wir heute wahrhaben wollen – die Flüsse.
Auch die Richtung der Fahrten auf den Straßen, Wegen und Flüssen war keineswegs ausschließlich zentripetal. Von außen betrachtet mochte dies allerdings durchaus so scheinen. Im Zentrum des Netzes saß ja jene Spinne Paris, die sich aus dem Umland vollsog.
Schon eine der ältesten Versorgungseinrichtungen, der römische Aquaedukt im Süden der Stadt, der

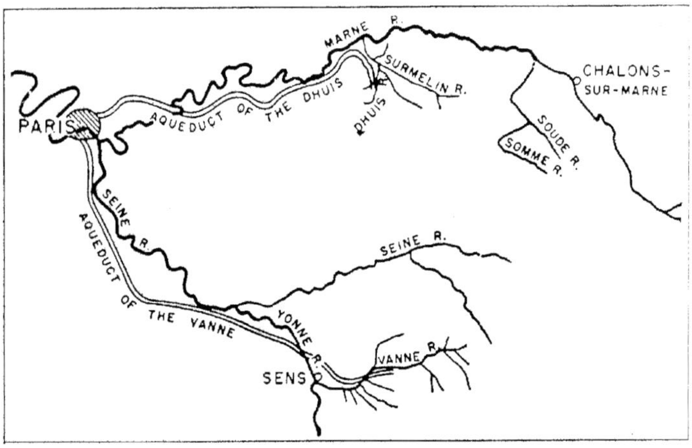

Abbildung 184
Die Wasserversorgung von Paris
durch Haussmann
aus: Lavedan 1975, 460.

Abbildung 185
Die Versorgungswege von Paris
im späten Mittelalter
aus: Braudel 1989, 261.

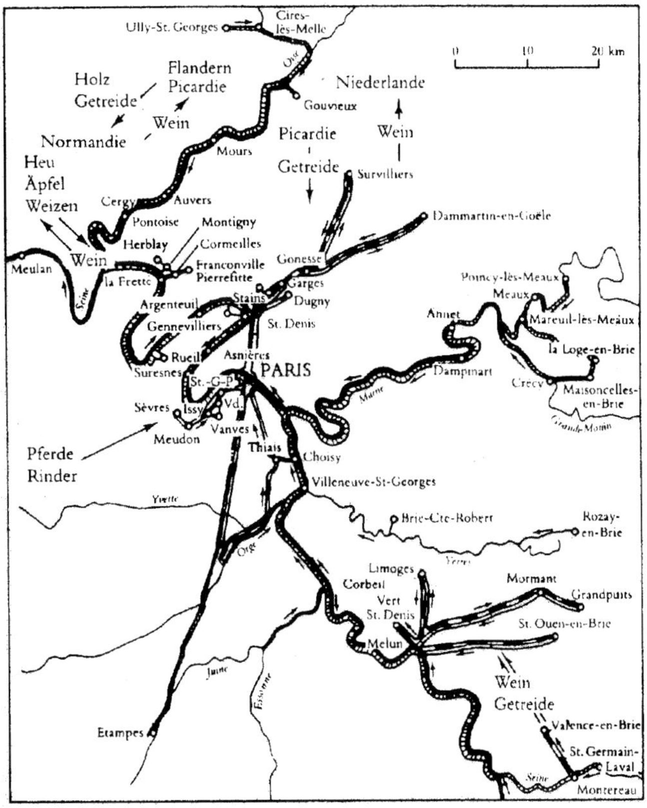

tausend Kubikmeter Wasser herbeigeführt haben soll, scheint dieses Bild zu bestätigen. Später haben die Quellen von Rungis (im Süden) und von Belleville (im Norden) die Stadt versorgt; im 14. Jahrhundert erst werden dann die ersten Brunnen auf dem rechten Seine-Ufer angelegt.
Die Grundversorgung mit Wasser haben natürlich Seine und Marne gewährleistet. Die Flüsse waren über Jahrhunderte hinweg buchstäblich Lebensader der Bevölkerung, nicht umsonst tauchen in alten symbolischen Darstellungen das Schiff und der Wassereimer auf – so auch im Pariser Stadtwappen. Auf und mit dem Wasser lebte die Hälfte der Bevölkerung, man ernährte sich aus dem Fluß, badete in ihm, versorgte sich über den Fluß und benutzte ihn als Abfalleimer.
Im Vergleich zu heute hatte der Fluß eine viel größere Bedeutung; das zeigt auch die Abbildung 185 sehr gut, und sie weist darauf hin, daß ein zentraler Versorgungsbereich der Stadt durchaus flußaufwärts im Süd-Osten der Stadt lag.

Der Versorgungsring um die Stadt hatte in späteren Zeiten natürlich auch noch andere Dimensionen:

»In einem unveröffentlichten Dokument aus dem 18. Jahrhundert wird z. B. einer dieser erweiterten Ringe skizziert, der von Pontoise über Mantes, Montfort, Dreux, Melun, Nemours, Meaux, Rozay-en-Brie, Coulommiers, Provins, Nogent, Montereau, Sens und Joigny bis nach Saint-Florentin reicht. Jede Stadt auf dieser Linie ist – mehr oder weniger – an der Versorgung von Paris beteiligt, indem sie Holz oder Heu, Vieh oder Holzkohle, Hafer oder Menschen und vor allem Weizen in die Hauptstadt bringt.
Man muß aber noch viel weiter gehen, um die Grenzen des 'Pariser Rings' zu überschreiten. Er reichte nämlich bis zu einigen größeren bzw. mittelgroßen Städten wie Orléans, Troyes, Châlons-sur-Marne (oder Vitry-le-François, ein wichtiges Sammelzentrum für das Getreide aus dem Barrois und aus Lothringen, das von hier aus per Schiff auf der Marne nach Paris wanderte), Reims, Compiègne, Amiens, Rouen und Chartres« (Braudel 1989, 262).

Abbildung 186
Verkehr auf der »großen Brücke«
aus: Lavedan 1975, 114.

24. Les troupeaux.

25. Enfants jouant à la bascule avec le haquet.

26. L'omnibus.

Braudel schlußfolgert:

»Die materielle Diktatur von Paris konzentriert sich also im Großen und Ganzen auf das Pariser Becken – zwischen Ärmelkanal und Loire – , d. h. auf die Picardie, Lothringen und die Normandie, bis hin zu den Ausläufern des armorikanischen Massivs« (Braudel 1989, 263).

Neuere Untersuchungen (etwa die von Marchand 1993) haben gezeigt, daß der »exzessive Parasitismus« oder die »Diktatur« von Paris, die Braudel hier anspricht, so nicht zutrifft, denn die positiven ökonomischen Rückwirkungen von Paris auf die Provinz sind dabei immer gerne unterschlagen worden. Zweifellos aber gab es Perioden im Ancien Régime oder auch während des 2. Kaiserreichs, in denen das Bild vom blutsaugenden Paris seine Rechtfertigung besaß (vgl. Kapitel 5).

Die Herausbildung der staatlich/städtischen Infrastruktur

Vom 13. bis zum 16. Jahrhundert haben sich in Paris die Grundlagen der staatlich/städtischen Infrastruktur herausgebildet. Unter der Fuchtel des Königs entsteht die städtische Verwaltung (vgl. auch den Abschnitt zur Pariser Verwaltung); jetzt blühen die verschiedenartigsten Bildungseinrichtungen auf; mit dem Hôtel Dieu gibt es eine (sporadische) Gesundheitsfürsorge usw. – dennoch, an den Abbildungen der großen Brücke von Paris (s. Abb. 186) kann man sehen, daß Paris auch noch im späten Mittelalter eine sehr ländliche Stadt gewesen ist: Vieh wird da über die Brücke getrieben, eine Herde Schafe zieht ein, mit dem Kahn wird Kohl in die Stadt gebracht. Auf dem zweiten Bild erkennt man den Warenverkehr mit der Karre (Kutschen querten selbverständlich auch die Brücken) und ein Reiter zieht ein; besonders interessant aber ist das dritte Bild, welches den berühmten, ältesten »Omnibus« zeigt – eine mit Pferden bespannte Kutsche, in der auf zwei Bänken je fünf Personen Platz nehmen konnten.

Abbildung 187
Der Pont Neuf und die Pumpstation »Samaritaine«
Raguenet, 1777

Was ist nun aber mit »Infrastruktur« gemeint? Wasserleitungen gab es doch schon früher? Verwaltungspersonal, etwa in der Justiz, auch; Wasserträger, Brückenwärter und Mauerwächter ebenso.
Nun, bis zum 16. Jahrhundert bildete sich eben systematisch das städtische Personal vom Strafvollzug bis zur Polizei, vom Profoß bis zum Marktaufseher heraus. Das Personal fand seinen institutionellen Ort (etwa im Rathaus an der Place de Grève), und mit der bewußteren Planung der Stadt und mit dem Eingriff in die Stadtgestalt änderten sich auch die Sozialbeziehungen und Lebensbedingungen.
Mit der Einrichtung der Stadtbrunnen und später mit der Wasserleitung (zum Beispiel durch Heraufpumpen des Seine-Wassers in der »Samaritaine« am Pont au Change) veränderten sich etwa die alltägli-

Abbildung 188
Eine Busstation im Stadtzentrum
aus: Bailhé/Sacriste 1989, 27.

chen Wege. Man begann, die Händler von den Straßen und Brücken zu vertreiben und zwang sie ins Hausinnere. Langsam verschwanden die Häuser auf den Brücken, Überbauungen wurden verboten, die ersten Höhenfestschreibungen wurden vorgenommen, den anfangs flexiblen Märkten feste Plätze zugewiesen. Auf der Straße kehrte Ordnung und Sauberkeit ein!

Anfangs warf jedermann Wasser und Abfall einfach auf die Straße, dann mußte man vor dem Hinauswerfen dreimal laut »Vorsicht Wasser!« rufen, dann wurde auch dies verboten; die Bürger mußten die Abfallbeseitigung durch Träger organisieren.

Der Pesthauch der Stadt, der Gestank der Abwässer und Gewerbeeinrichtungen, der Geruch der Fäkalien führte sehr früh dazu, daß um 1200 die Straßen eine Pflasterung bekamen oder mit Platten bedeckt wurden. Der erste (offene!) Abwasserkanal ist jedoch erst um 1400 vom Montmartre zum Bach von Ménilmontant angelegt worden.

Die aufwendigsten Infrastrukturmaßnahmen der Stadt betrafen die Straßenpflasterung, den Unterhalt der Stadtmauern und die Instandhaltung (oder den Bau) der Brücken.

Diese gewaltigen Kosten konnten die Städte nicht allein (etwa aus den Bußgeldern) bezahlen, deshalb mußte sehr oft der König selbst dafür aufkommen (so bei der Errichtung des Pont Neuf durch Henri IV.).

All diese Vorgänge zeigen deutlich eine Verbesserung des Wohnkomforts, eine Anpassung der Stadt an den Waren- und Personenverkehr, die mit einer sehr deutlichen Privatisierung der Haushalte, einem Rückzug ins Hausinnere erkauft worden ist.

Entstehung und Entwicklung des öffentlichen Personennahverkehrs

Was war das erste öffentliche Personennahverkehrsmittel? Die gemeinschaftlich genutzte Kutsche? Der erste Kurier? Die Fähre über die Seine? Oder der Omnibus, von dem schon die Rede war?

In jedem Fall zählen Kutsche und Boot, die zu gemeinschaftlichen Zwecken hergerichtet worden waren, zu den frühesten allgemeinen Fortbewegungsmitteln.

Sicher ist auch, daß die besitzenden Klassen der Stadt bis weit ins 19., ja bis ins 20. Jahrhundert hinein darauf Wert legten, ihr privates Fortbewegungsmittel zu haben – so wie sie ihren privaten Platz in der Oper, in der Kirche oder auf dem Friedhof, ihren privaten Handschuhmacher, Käselieferanten und Weinhändler hatten, so hatten sie auch ihre Kutsche und später ihren persönlichen Eisenbahnwagen.

Der Omnibus

Die Entstehung des Omnibus ist einer privaten Initiative zu verdanken; man sagt, Pascal habe den ersten regelmäßigen, bestimmte Straßen durchlaufen-

den Omnibus erfunden. Jedenfalls hat Ludwig XIV. 1661 die erste Omnibuskonzession erteilt, und das Geschäft mit den von Pferden gezogenen Großkutschen ließ sich gut an.
Bezeichnenderweise war die erste Linie in Paris eine Nord-Süd-Verbindung, und zwar zwischen der Rue St. Antoine und dem Luxembourg-Garten.
Zweifellos haben die Benutzer den Omnibus von Anfang an als einen Ort der Gleichheit erfahren. Und es gibt einige Anzeichen dafür, daß den Mächtigen dieser Ort zunächst ziemlich unangenehm erschien. Schon bald wurden bestimmte Berufe (livrierte und uniformierte Personen) von der Beförderung ausgeschlossen, die Preise wurden hochgesetzt, der öffentliche Verkehr sollte nur »Bürgern und ehrbaren Leuten« vorbehalten sein (Evenson 1983, 88). Der Omnibus verschwand schließlich 1675 aus dem Stadtbild und tauchte erst viel später wieder auf.
Mit der Zuwanderung nach Paris Anfang des 19. Jahrhunderts erreichte der Omnibus dann einen ersten Höhepunkt. Im Theater hörte man folgende Verse:

Die kleinen Leute werden nicht mehr Opfer
des hochmütigen, numerierten Landauers
denn 25 Centimes ermöglichen es,
daß der Arme nicht mehr mit Dreck bespritzt wird.

Refrain:
Hoch sollen sie leben, die Omnibusse!
Rollen wir unseren Buckel
in der Kutsche
cum iambis et pedibus
wir gehen nicht mehr zu Fuß.
aus: Guerrand 1986, 15.

Ein Netz verschiedener Linien und konkurrierender Unternehmen entstand. Noch immer war der Omnibus in gewisser Weise ein Ort egalitärer Erfahrungen – darin ist Karl-Heinz Stierle zuzustimmen –, aber er war keineswegs der große, soziale Gleichmacher, vielzusehr blieb er auch jetzt noch auf die »bourgeois et gens de mérite« beschränkt.
Haussmann hat dann das Omnibussystem vereinheitlicht und zentralisiert. 1854 existierten elf Gesellschaften, die mit 358 Wagen den öffentlichen Personennahverkehr bedienten. Das Monopol vergab Haussmann 1855 an die Omnibusgeneralgesellschaft (»Compagnie Génerale des Omnibusses« – C.G.O.), die alsbald 32 Linien mit 111 Millionen Passagieren pro Jahr aufweisen konnte.
Ungefähr zur gleichen Zeit setzte sich immer mehr die auf Schienen fahrende Pferde-Straßenbahn (»Tramway«) durch. Sie war schneller, konnte mehrere Wagen hintereinander ziehen und war beque-

Abbildung 189
Eine Omnibusstation
Photo: RATP

Abbildung 190
Motorgetriebene Tram auf dem Bastille-Platz
Photo: RATP

mer. Schon um 1880 versorgte sie vor allem die Vororte St. Denis, Genevilliers, Vitry usw. Erst in den 30er Jahren des 20. Jahrhunderts hatte sie ausgedient (vgl. dazu und zum folgenden Gaillard 1991).
Der Omnibus und auch die Tramway waren zunächst ein sehr offenes Verkehrssystem. Sie fuhren dort, wo eine maximale Nutzung zu erwarten war; sie hielten dort, wo die Benutzer dem Fahrer oder Schaffner ein Zeichen gaben; neben der C.G.O. konkurrierten auch noch Anfang des 20. Jahrhunderts ein Dutzend Gesellschaften im Pariser Raum, und weder die Wegeführungen noch die Systeme waren vereinheitlicht. So kam es, daß man am Schnittpunkt der technologischen Entwicklung Anfang des 20. Jahrhunderts alle Systeme auf einmal im Straßenbild sehen konnte: den Motorautobus, die elektrische Tramway, den Pferdebus, die Kutsche, den

Abbildung 191
Das Gegenüber im Autobus
Maurice Delondre, 1880

Abbildung 192
Motortramway mit Impériale
Photo: RATP

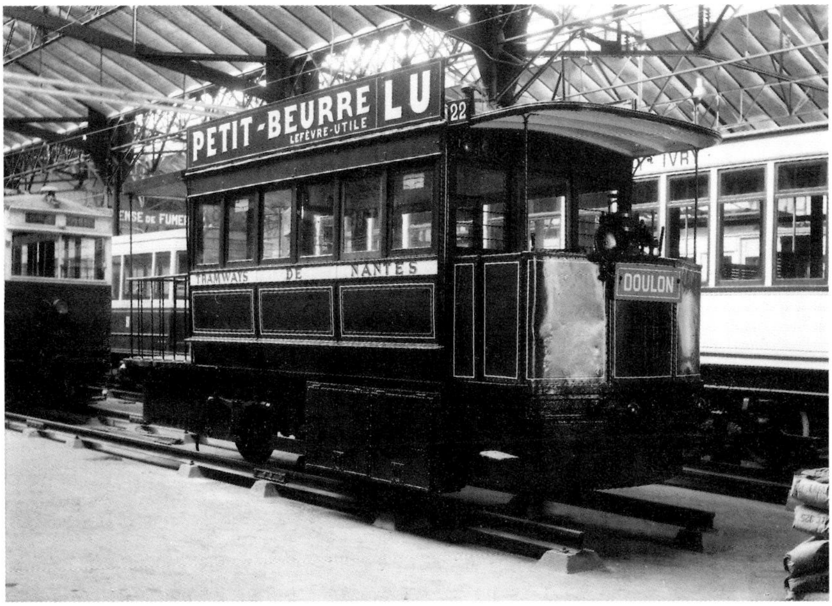

Karren und den von Hand gezogenen Wagen. Da es keine Leit- und Signalsysteme gab, herrschte auf der Straße oft brutal das Recht des Stärkeren. Sozialhistorisch gesehen hatte der Omnibus eine ganz ähnliche Entwicklung wie die Gebäudeformen oder die Fassaden durchlaufen: die öffentliche-kommunikative Funktion wurde immer stärker eingeschränkt und privatisiert.

Allerdings war die Gleichheit im Omnibus von Anfang an eine Zwei-Klassen-Gleichheit: oben, auf der »Imperiale«, im Freien, auf nach außen gerichteten Sitzbänken das Volk (es bezahlte die Hälfte); innen, regengeschützt auf gegenüberliegenden Sitzbänken die feineren Leute (s. Abbildungen 191 und 192). Aus »moralischen« Gründen blieben auch Frauen zeitweise von der »Imperiale« ausgeschlossen. Als die Tram dann den Bus zu ersetzen begann, hielt sich das Zwei-Klassen-System weiter, und selbst noch

Abbildung 193
Autobushaltestelle
der 50er Jahre
Photo: RATP

die motorisierte Tram und die motorisierten Busse (s. Abb. 192) gaben die Oben-Unten-Trennung nicht auf.
Freilich setzte sich ab 1911 immer mehr der einstöckige, geschlossene, motorisierte Bus durch. Dieser Bus behielt noch lange Zeit als eine Art kommunikativen Wurmfortsatz hinten die berühmte Busplattform (s. Abb. 193). Doch nach dem Zweiten Weltkrieg begann man diesen Typ zu ersetzen. 1971 war die Erneuerung abgeschlossen; heute durchquert nur noch eine nostalgische Plattformlinie die Stadt . . .
Die Bevölkerung hatte zu jeder Zeit den kommunikativen Wert auf der »Imperiale« oder auf der Plattform wahrgenommen. Die Orte wurden als »Vorsehung« für Liebende und als »Hölle« für Eheleute bezeichnet (Guerrand 1986, 21). Man kann aber ohne Übertreibung sagen, daß die Sachzwänge der Technikentwicklung stets über die sozialen Befindlichkeiten gesiegt haben. Und leicht verallgemeinernd läßt sich feststellen, daß solche Technikentwicklungen im Verkehrsbereich ein Hauptfaktor bei der Zerstörung kollektiver urbaner Lebensformen gewesen sind. Der Mobilitätsgewinn wurde sozial teuer erkauft: der Lebensraum Straße ging dabei verloren.
Auch dann, als 1921 alle privaten Konzessionäre aufgekauft wurden und die oberirdischen öffentlichen Verkehrsmittel unter dem Dach der »Societé des transports en commun de la région parisienne« (S.T.C.R.P.) vereinheitlicht waren, änderte sich wenig, der Zustand der Verkehrsmittel verschlechterte sich eher. Nach dem Zweiten Weltkrieg ist der Bus »das erste Opfer des Verkehrsstaus« geworden (Evenson 1983, 97). Der Bus transportierte

1950	450 Millionen Passagiere
1965	300 Millionen Passagiere
1970	180 Millionen Passagiere

und er war sehr langsam (Evenson 1983, 98).

Gegen die Konkurrenz des privaten Autos und gegen die Metro schien der Bus ohnmächtig zu sein.

Abbildung 194
Der Straßendurchbruch für den Boulevard Sébastopol
aus: Lavedan 1975, 231/232.

Abbildung 195
Die verschiedenen Eisenbahnlinien und die Trasse der Ringbahn
aus: Lavedan 1975, Abb.254

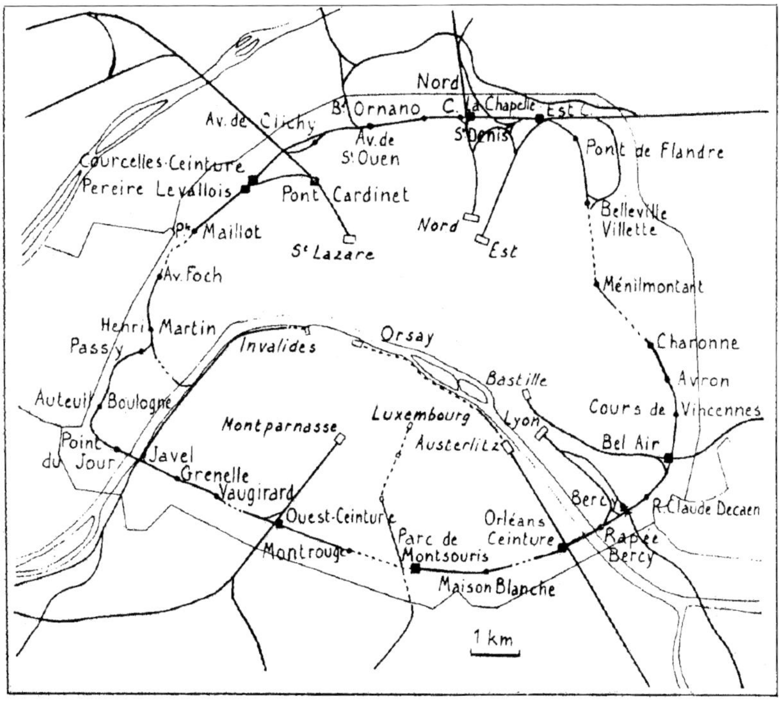

Und als nach dem Zweiten Weltkrieg, nämlich 1948, die beiden Konkurrenten Bus und Metro in der »Régie Autonome des Transports Parisien« (R. A. T. P.) zusammengeschlossen waren und 1968 der Bus seine eigenen (in Einbahnstraßen auch in der Gegenrichtung laufenden) Spuren bekam, änderte sich noch immer nichts an der Misere des Bus-Systems.
Erst die soziale Stigmatisierung (Clochardisierung nennen es die Pariser) der Metro in den 80er und 90er Jahren hat dem Bus einen neuen Schub gebracht. Schon vorher hatte der Bus seine größte Auslastung nicht zu den Hauptverkehrszeiten. Seine Klientel war eher bürgerlich. Er wurde von den feineren Dienstleistern für kurze Strecken benutzt (Paris Projet 8, 1972, 66). Genau dies: die »Clochardisierung« der Metro und die »Yuppiesierung« des Busses hat den Status des Busfahrens erhöht. Heute ist Busfahren chic.

Die Eisenbahn

Im ganzen 19. Jahrhundert leisteten noch überwiegend Busse und Tramways die Anbindung an die Vororte. Für den alltäglichen Personenverkehr sind die Mitte des 19. Jahrhunderts entstandenen Eisenbahnen noch nicht allzusehr von Bedeutung gewesen. Wir haben aber schon im Kapitel »Stadtentwicklung« gesehen, daß ihre städtebauliche Rolle nicht stark genug betont werden kann.
Im Haussmannschen Urbanisierungkonzept spielten die Bahnhöfe eine herausragende Rolle; nach ihrem Verlauf richteten sich Straßenlinien und Wegeführungen, der Zugang zum Bahnhof war maßgebend für die Führung der Durchbrüche. Die Lage der Bahnhöfe legte den Stellenwert ganzer Stadtviertel neu fest; Bahnhöfe waren die Visitenkarten der Stadt (s. Abbildungen 196 und 197).
Die erste Eisenbahnlinie von Paris wurde 1837 eingeweiht. Sie führte vom Tivoli-Bahnhof unweit des Europa-Platzes nach St. Germain (s. Abb. 198). Aus diesem Komplex entstand später die bekannte Gare St. Lazare. Schon zwei Jahre später, 1939, ist von dort aus eine zweite Linie nach Versailles eingerichtet worden.
Man sieht: die Anbindung der westlichen Vororte stand zunächst im Vordergrund, und der Weg führte mitten ins damalige Zentrum der Stadt. Bis zur Jahrhundertmitte hatte sich dann ein Kranz von Bahnhöfen um die Stadt gelegt und deren Zweck

Abbildung 196
Gare de l'Est
Photo: Schüle

Abbildung 197
Gare du Nord
Photo: Schüle

war nun vor allem, Fernverbindungen herzustellen. Die »Gare du Nord« (1846 eingeweiht) hielt Verbindung zur belgischen Grenze; die »Gare de l'Est« (1849 in Dienst gestellt) hieß erst Straßburger Bahnhof, stellte also die Verbindung nach Osten her, und die »Gare de Lyon», zur gleichen Zeit gebaut, führte nach Süden.
Allen diesen Bahnhöfen, und insbesondere der hinzugekommenen »Gare Montparnasse» und der »Ligne de Sceaux« fielen Anfang des 20. Jahrhunderts zusätzlich und immer mehr die Aufgabe zu, die Vororte zu versorgen (s. Abb. 199 und 200).
Die Verkehrsanbindung der Banlieue ist nach dem Ersten Weltkrieg zum Schlüsselproblem der Verkehrsplanung geworden. Die Zuwanderung in die Vororte hatte durch die »lotisseurs« enorm zugenommen. Die Arbeitnehmer hatten zwar durch die Erkämpfung des Acht-Stunden-Tages Zeit gewonnen, nen, sie verloren aber leicht wieder zwei Stunden in den überfüllten Vorortzügen. Die Wirtschaftskrise der 30er Jahre und der Zweite Weltkrieg verschärften den schlechten Zustand der Eisenbahn. Das unrentable Geschäft wurde 1938 vom Staat übernommen. Nun gab es keine privaten Linien mehr. Fortan regierte die Societé Nationale des Chemins de Fer (S. N. C. F.) .

Abbildung 198
Der Bahnhof von Saint-Germain (1837)
aus: Lavedan 1975, Abb. 196

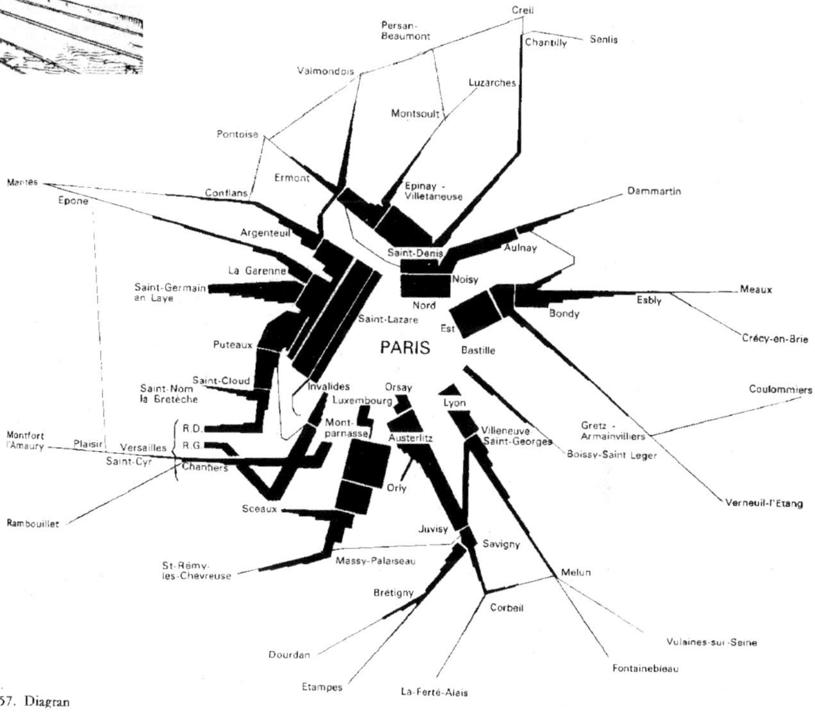

Abbildung 199
Verkehrsdiagramm der Pariser Bahnhöfe
aus dem Jahre 1963
aus: Evenson 1983, 99.

Abbildung 200
Die großen Pariser Bahnhöfe (1988) / aus: Beaujeu-Garnier 1993, 264.

Bahnhof	Erbaut	Reisende im Vorstadtverkehr pro Jahr	Reisende im Fernverkehr pro Jahr
Gare de l'Est	1849–52	48 138 000	13 363 000
Gare du Nord	1864	116 016 000	15 357 000
Gare d'Austerlitz	1869	60 099 000	17 832 000
Gare Saint-Lazare	1889	120 180 000	10 168 000
Gare de Lyon	1847–52	43 866 000	21 378 000
Gare d'Orsay	1848	heute Museum	– – –
Gare Montparnasse	1848	25 704 000	11 479 000

Die Metro – ein System für die Innenstadt

Die Geschichte der Metro verlief sehr paradox. Hatte die Gnade einer frühen Geburt die Pariser Architektur berühmt gemacht, so hat die Gnade der späten Geburt vielleicht gerade den Erfolg der Metro

»Ich bin sicher, die Metro wird das Zentrum unserer Stadt leerfegen, wie dies mit der City von London passiert ist.«

Und ein anderer 1895:

»Wozu soll Eure Metro gut sein? Sie wird aus dem Herzen von Paris, wo der Reichtum ist, eine Londoner Innenstadt

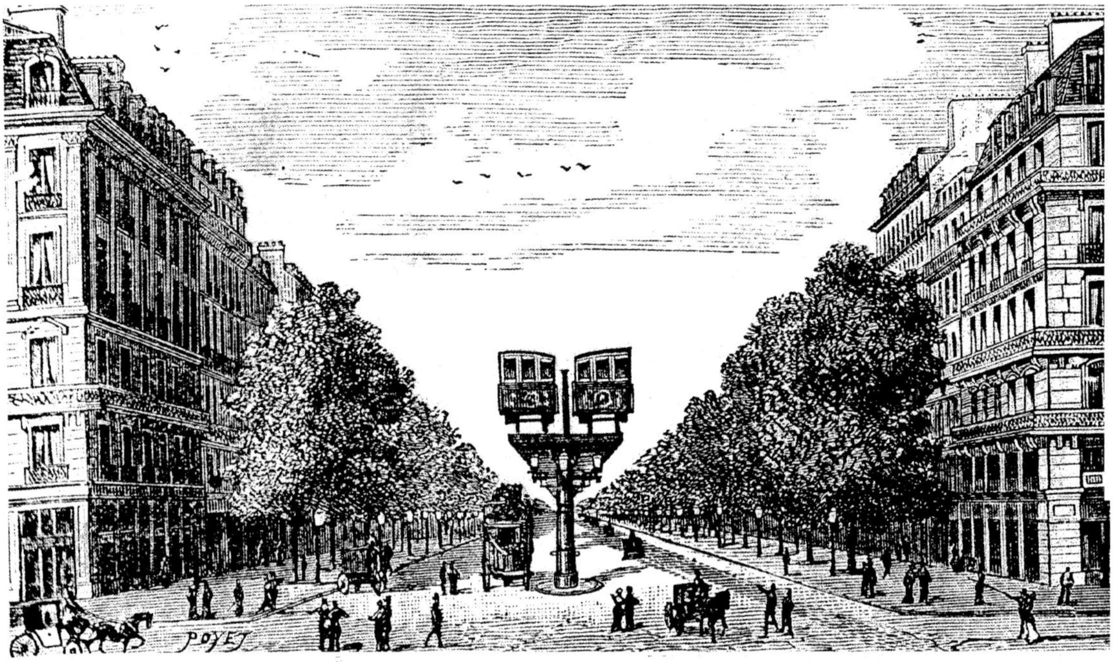

Abbildung 201
Eine der zahllosen Hochbahnplanungen (Jean Chrétien 1881) aus: Evenson 1983, 106.

herbeigeführt. Jedenfalls besaß London längst (seit 1863) seine U-Bahn, New York seine Hochbahn (1868), Berlin die Ringbahn (1871–77) und auch Wien seine Hochbahn, als Paris zur Weltausstellung 1900 seine erste Linie eröffnete.

Die Vorgeschichte der Metro ist oft beschrieben worden, sie strotzt von Widersprüchen (vgl. Guerrand 1986) und ist damit geradezu ein Paradebeispiel für die Irrationalität moderner Technikentwicklungen geworden.

Der Hauptwiderspruch bestand darin, daß die Gemeinde Paris an einer Anbindung ans äußere Eisenbahnnetz überhaupt nicht interessiert war, während die staatlichen Instanzen genau dies – die Anbindung der Vororte – anstrebten. Ein Stadtrat erklärt dazu 1892 in aller Offenheit:

machen: am Tage Stadt der Arbeit, am Abend leer und verlassen« (beide Zitate nach Lavedan 1975, 512).

Und noch deutlicher derselbe Rat:

»Die Stadtsteuer von Paris (l'octroi) bringt 150 Millionen; durch die Metro werden 30 Millionen zu Verlust gehen. Ein Großteil der Bevölkerung wird an dem Tag emigrieren, wo man für 0,40 F oder 0,50 F, ohne umsteigen zu müssen, leicht in die Vororte gelangen kann. Und das werden die reichen Leute sein, die auswandern, nicht die Arbeiter.«

Gegen all diese Stimmen hieß es auf Seiten des Verkehrsministeriums:

»Es geht nicht nur darum, der Pariser Bevölkerung ein neues Verkehrs- und Fortbewegungsmittel zu liefern, man muß auch bis ins Zentrum, wo sie arbeitet, eine große Zahl von Personen transportieren, die in der Umgebung von Paris wohnen« (Zitate nach Lavedan 1975, 513).

Dies also war der ökonomisch-politische Hintergrund der Kontroverse. Die Stadtbürger bangten um

Man muß sich sicher auch vergegenwärtigen, daß dieses riesige Bauvorhaben, wie alle technischen Realisierungen, Furcht und Faszination zugleich erweckte. In den Untergrund der Stadt zu gehen, bedeutete, ein Stück Hölle, ein Stück Schmutz und Arbeiterdasein zu erleben.

Abbildung 202
Metro-Bau an der
Place Saint-Michel
Photo: RATP

Einfluß und Geld, wobei wir noch nicht einmal über den ganz erheblichen Druck der privaten Eisenbahngesellschaften, die ihre Interessen in Paris durchsetzen wollten, gesprochen haben und auch nicht von den Interessen der städtischen Busgesellschaften.
Die zweite Kontroverse entbrannte über die Frage: Hochbahn oder Untergrundbahn? Das war eine Debatte, die, von heute gesehen, erstaunliche Züge trug, denn es ging im Grunde weniger um die technisch-konstruktiven Dinge und auch nicht um verkehrsplanerische Notwendigkeiten, sondern überwiegend um ästhetische Prinzipien. Es gründeten sich Pro- und Contra-Vereine, und es war für die schließlich realisierte Untergrundlösung sicher nicht gleichgültig, daß Garnier, der Architekt der Pariser Oper, Präsident der Gesellschaft der Pariser Monumente war, und Victor Hugo, deren Ehrenpräsident, so sehr für die Untergrundbahn plädierten.

Als dann 1900 die Arbeiten im großen Stil begannen, war ganz Paris eine Baustelle. Die Linien folgten größtenteils den Straßen, weil das französische Bodenrecht die Eigentümer fast bis ins Erdinnere absichert. Die Arbeit dauerte lange. Es gab eine große Zahl von tödlichen Unfällen bei den Bauarbeiten und bei den Tunnelfahrten. Die Seine bedrohte zu Beginn des Jahrhunderts die Stollen. Streiks lähmten das Vorwärtskommen – Anlaß zu Furcht und Schrecken gab es also ständig.
Dennoch war das Geschäft lukrativ und das »Ungeheuer« Metro wurde sozial angenommen. Das Metro-Netz von heute begann sich herauszubilden (s. Abb. 204). Die Stadtgemeinde schien bei all dem gewonnen zu haben.
Dabei geholfen hatte eine Gesetzgebungsreform, die ab 1880 kommunale Eisenbahnen mit privaten Konzessionären erlaubte. Zum guten Image der Metro

hatte die technische Ausstattung, vor allem aber die Gestaltung der Stationsausgänge durch Hector Guimard ganz erheblich beigetragen (s. Abb. 205).Wie bei der Pariser Stadtarchitektur, wie sie sich unter

Abbildung 203
Anzahl der Metro-Fahrgäste in Millionen pro Jahr:
aus: Guerrand 1986, 81 und Evenson 1983, 121.

1900	17,6 Millionen
1901	55,8
1905	149,0
1914	ca.400,0
1928	761,0
1929	865,0
1930	888,0
1933	838,0
1940	650,0
1941	1 035,0
1942	1 239,0
1943	1 320,0
1946	1 598,0

Haussmann herausbildete, entstand ein ganzes System von Zeichen. Und dieses »Zeichensystem Metro«, von der gelben Fahrkarte bis zum Treppengeländer, ist berühmt geworden. Es steht heute ganz außer Frage, daß das dichte Netz der Metro-Stationen für den öffentlichen Personennahverkehr in der ganzen Welt als Vorbild gedient hat und noch dient. Die Metro-Techniker haben in Montreal, Rio, Kairo, Lagos, Djakarta usw. ihre Dienste erbracht. In der Innenstadt von Paris bedienen 315 Stationen, die im Schnitt nicht mehr als 500 m auseinanderliegen, die Fahrgäste. Der liebenswerte Dinosaurier fährt durchschnittlich 22 km in der Stunde.
Aber dann wurde die Metro zum Stiefkind der Verkehrsplanung. Von 1939 bis 1970 ist das Metro-Netz nur um 4,5 km gewachsen (Bastié 1984, 147)! Die Nutzung der öffentlichen Verkehrsmittel blieb nur halbwegs konstant, obwohl die Vorstädte geradezu explodierten. Die Nationalisierung des öffentlichen Verkehrs und die Zusammenlegung der Dienste Metro und Bus hat die mißliche Lage kaum verändert. Dem Autoverkehr wurde in der 2. Stadtumgestaltungsphase alles untergeordnet, der Ausbau des Öffentlichen Personen-Nahverkehrs politisch bewußt vernachlässigt (s. Abb. 206 und 208).

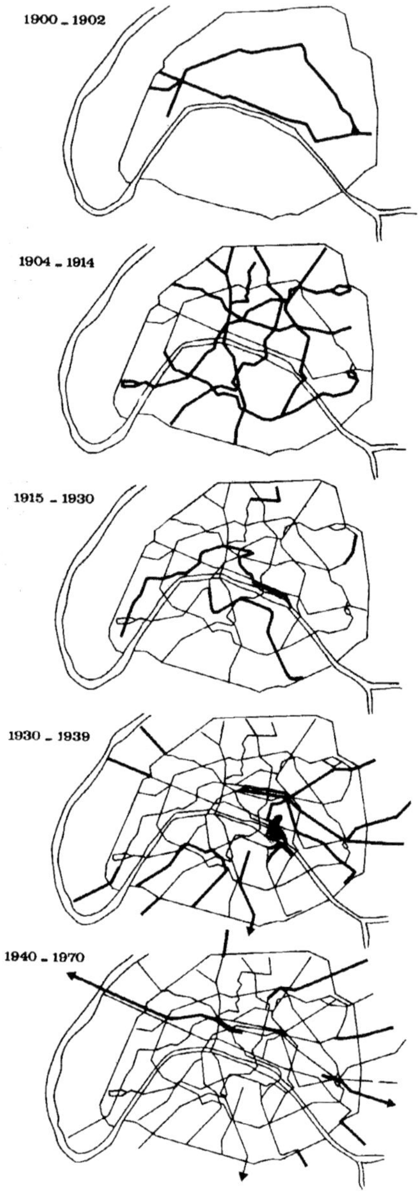

Abbildung 204
Entwicklung der Pariser Metro 1900–1970
aus: Evenson 1983, 120.

»Trotz der kurzen und wenigen Verlängerungen in die Gemeinden der nahen Vorstadt ist die Metro ein innerpariserisches Netz geblieben: ein schwerwiegender Fehler, der seit ihrer Entstehungszeit existiert« (Marchand 1993, 343).

Abbildung 205
Die berühmte Metro-Station
Les Abbesses von Guimard
Photo: Schüle

Die Paradoxe der Metro sind damit aber längst nicht erschöpfend behandelt. Eine der merkwürdigsten Planungen war sicher die Anlage der Nord-Süd-Trasse, vom Metro-Bahnhof Montparnasse zu den Hallen. Durch einen geheimnisvollen Planungsfehler endete nämlich die Rue de Rennes ganz plötzlich vor der Kirche von St. Germain des Prés. Als man nun, den Haussmannschen Linien folgend, die Metro über die Rue de Rennes hinausführen wollte, hinüber zu den Hallen, ergab sich ein Problem:

»Diese ziemlich logische Trasse wurde durch eine unvorhergesehene Opposition über den Haufen geworfen: Die Académie Française akzeptierte nicht, daß eine Metro unter dem Palais Mazarin hindurchfuhr, denn die Erschütterungen hätten ja die Abfassung des Wörterbuchs stören können. In dieser ehrwürdigen Republik hatten die Akademiemitglieder genug Gewicht, der Trasse den Weg zu versperren: die Strecke mußte bei Saint-Germain einen Bogen machen, verlief zum Odeon, sie mußte bei Saint-Michel die Seine überqueren, um dann die Hallen zu erreichen, nicht ohne nochmals einen Bogen zu schlagen« (Marchand 1993, 183).

Aber auch der gesamte Metro-Plan ließ ja nicht gerade eine sehr klare Logik erkennen (vgl. dazu Marchand 1993, 181). Man folgte stumpfsinnig den gro-

Abbildung 206
Das Metro-Netz 1914 und 1952 (mit seiner Ausdehnung in die Vororte) / aus: Lavedan 1975, Abb. 309/310

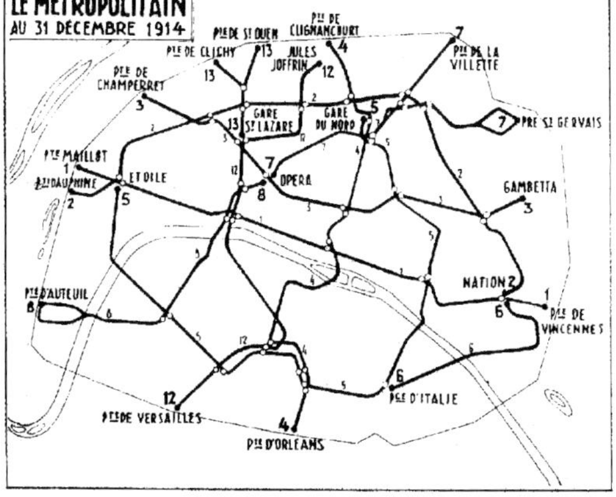

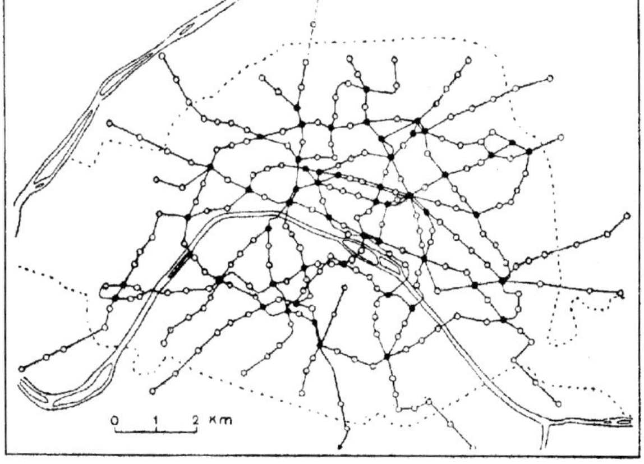

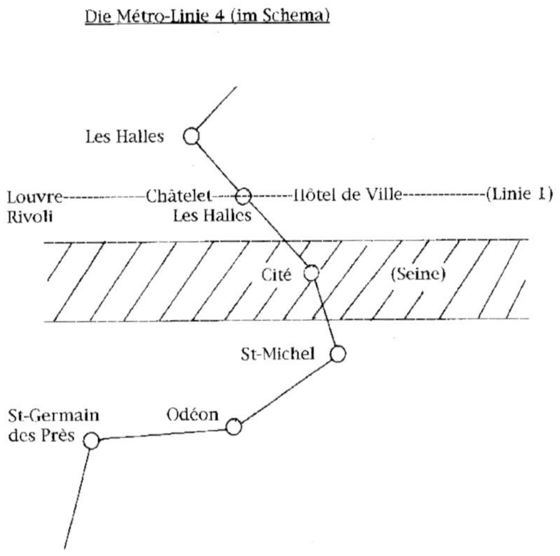

Abbildung 207
Die Macht des Geistes erzwingt Umwege
Graphik: Schüle

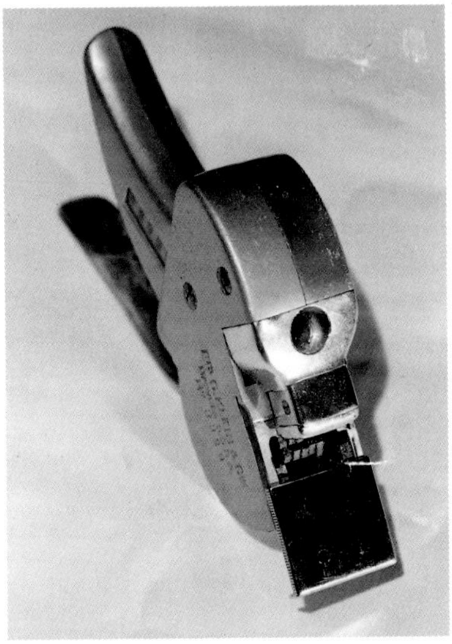

Abbildung 209
Billet-Knipser aus den 20er Jahren
aus: Guerrand 1986, 96.

ßen Straßenführungen des Zweiten Kaiserreichs und dachte gar nicht daran, verkehrsplanerisch neu zu beginnen (man hätte ja die Grundstückseigentümer entschädigen oder auch das Bodenrecht anders abfassen können).

So ist der Metro-Plan also eigentlich nicht einmal ein Plan, sondern viel eher eine bizarre Mischung aus überkommenen Wegelinien, möglichen Rendite-Erwartungen und einer althergebrachten bodenrechtlichen Form.

Das Metro-Netz ist den wahren Verkehrsbedürfnissen kaum je erfolgreich angepaßt worden. Die Disymmetrie der Stadt, die schon bei Haussmann angelegt war, wurde verstärkt; der Süden blieb chronisch unterversorgt. Zudem blieb fast das gesamte Marais-Viertel außen vor, und die Berg-Viertel wie die collines Sainte-Geneviève und die buttes Montmartre waren schlecht bedient. Natürlich war diese Unterversorgung mitunter durch die technischen Probleme bedingt (man konnte keine großen Steigungen überwinden). Aber nicht selten ist schiere Dummheit am Werk gewesen – so, als die Pariser Umsteigestationen, statt wie in London übereinander, hier in Paris nebeneinandergelegt wurden. Noch heute läuft man in der Metro viel zu viel . . .

Auch heute noch sind viele technische Probleme sehr einfachen Planungsfehlern geschuldet, so zum Beispiel, wenn an den zentralen Umsteigebahnhöfen wie Châtelet nicht die Möglichkeit eingeplant ist, auf der einen Seite ein- und auf der anderen auszu-

Abbildung 208
Die Motorisierung der Haushalte und der (geschätzte) Automobilbestand in der Pariser Region 1965 und 1976
aus: Paris Projet 19/20, 1980, 57.

Motorisierung (Fahrzeuge pro Haushalt)	1965	1976	Entwicklung
Paris	43	49	+14%
Region (ohne Paris)	58	84	+45%
Gesamtregion	52,5	74	+41%
Geschätzter Autobestand (in Tausend)			
Paris	500	520	+4%
Region (ohne Paris)	1 150	2 210	+92%
Gesamtregion	1 650	2 730	+65%

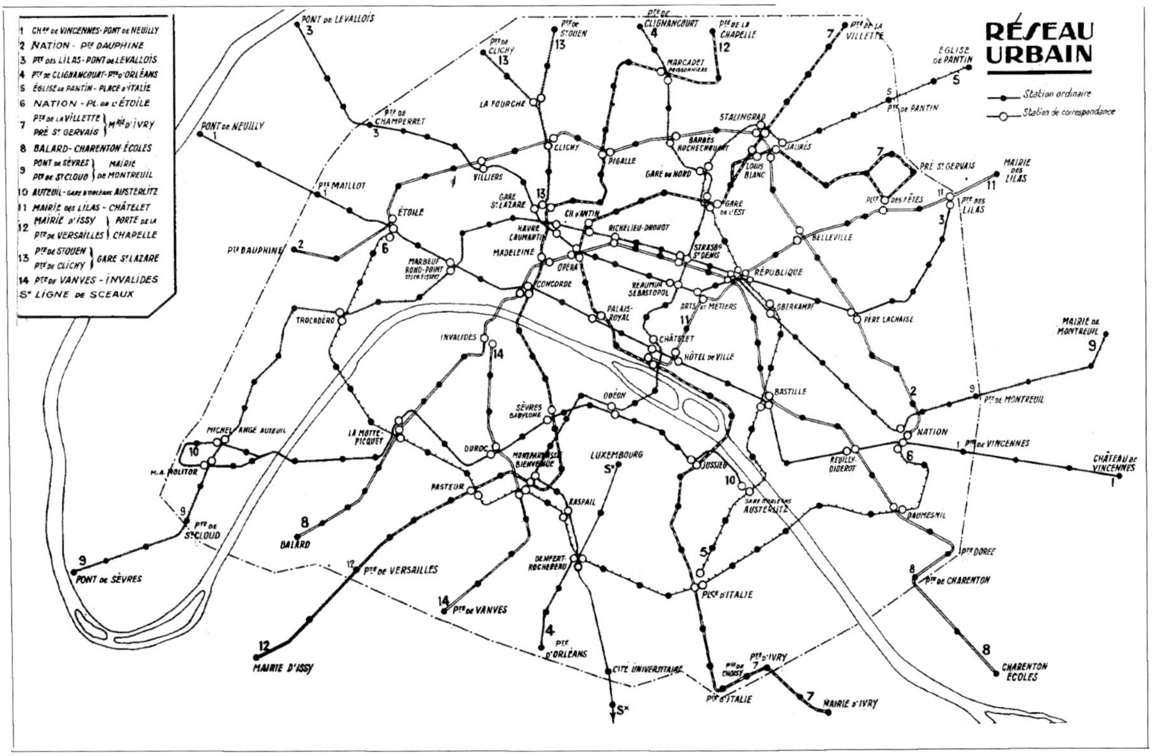

Abbildung 210
Das moderne Metro-Netz nach 1950
Graphik: RATP

steigen. Aber: der liebenswerte Saurier Metro wird in seinen Paradoxen kaum wahrgenommen.
Wußten Sie, daß die Metro rechts fährt, statt auf der linken Seite, wie die französischen Eisenbahnen nach englischem Vorbild? Planen Sie einmal einen Umsteigebahnhof für eine rechtsfahrende Metro mit einer linksfahrenden S-Bahn (R.E.R.)!

Die S-Bahn (R. E. R.)

Man begreift zunächst überhaupt nicht, warum ein S-Bahn-System eingerichtet werden mußte, wo doch der Ausbau des Metro-Systems dem gleichen Ziel besser gedient hätte. War es die Konkurrenz der Dienste R. A. T. P. gegen S. N. C. F. ? Waren es die Spurweiten? (Es war von Anfang an klar, daß die neue Vorortbahn großenteils auf den Trassen der alten Eisenbahnzubringer fahren würde). Oder war die Metro, wie die Planer vorgaben, »saturiert« und überaltert? Waren die Vorortzüge nicht reformierbar (Evenson 1983, 129)?
Die Expreßlinien sind meiner Meinung nach noch einem völlig anderen sozialen Umstand geschuldet: sie wurden überwiegend das Transportmittel der aufsteigenden Dienstleister aus den begüterten Vororten. Den Mief der Metro wollte man ihnen ersparen.
Seit den 20er Jahren des 20. Jahrhunderts plante man eine Schnellbahn. Aber bis nach dem 2. Weltkrieg gab es keine weiter hinausreichende als jene unsägliche »Ligne de Sceaux«, die, wie man spöttisch anmerkte, nichts anderes leistete, als die Her-

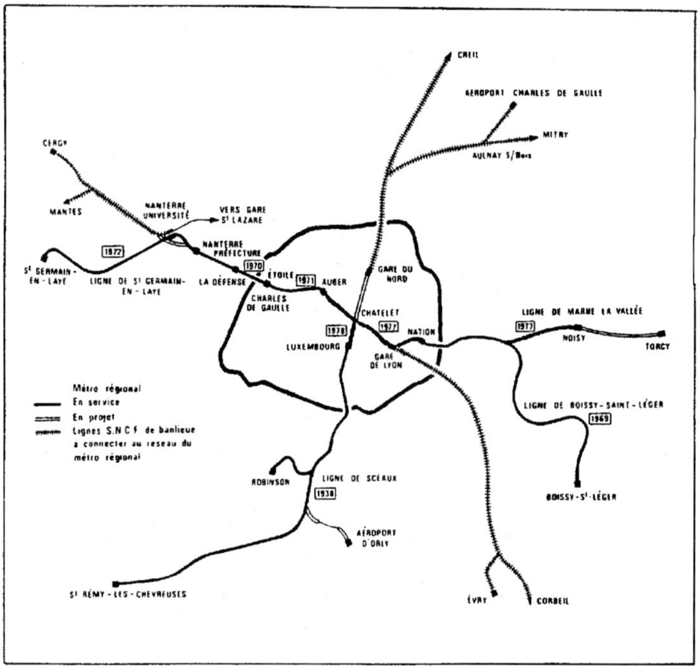

Abbildung 211
Schema des regionalen Expreßsystems in den 60er Jahren
aus: Evenson 1983, 129.

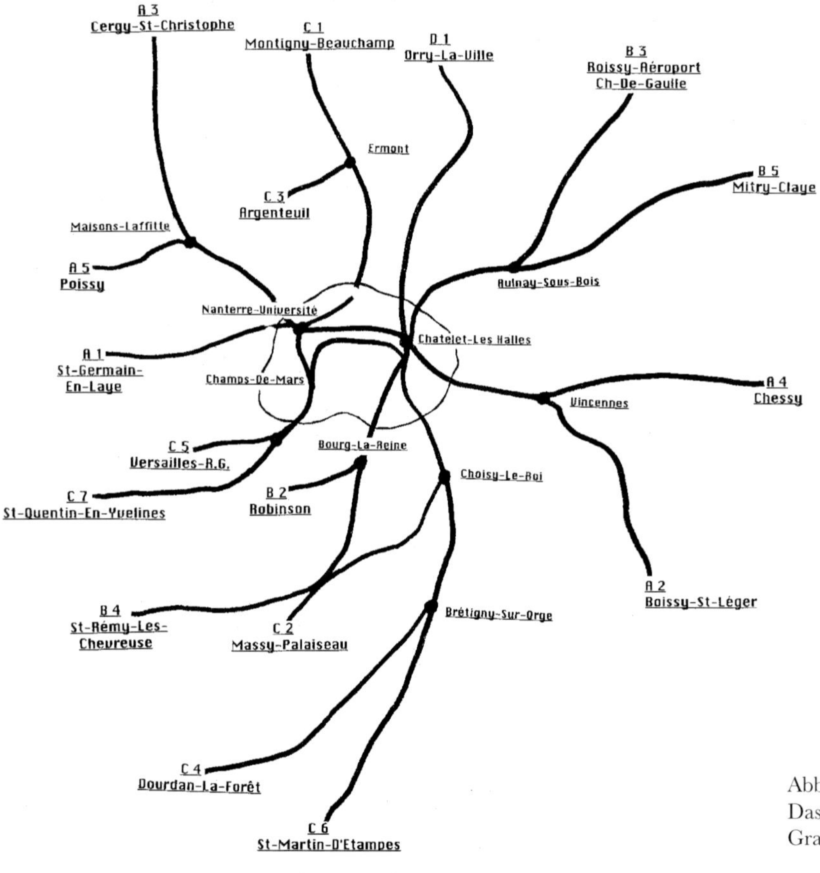

Abbildung 212
Das Schnellbahnsystem (RER) heute
Graphik: Schüle

ren Professoren vom Ausgang der Sorbonne bis zu ihren Eigenheimen im Süden der Stadt zu befördern.

1961 fiel dann der Startschuß zur Expreßbahn, und 1969 wurde der erste Abschnitt der Ost-West-Achse, (Linie A) von Boissy-Saint-Léger bis »Nation« eingeweiht. 1970 wurde der Abschnitt »La Défense-Etoile« eröffnet und heute verbindet diese Achse die beiden Dienstleistungszentren (und »villes nouvelles«) Marne-la-Vallée im Osten und Cergy Pontoise im Nordwesten. Gleichzeitig gehen Abzweigungen der Linie A bis nach St. Germain-en-Laye im Westen.

Linie B verband später Roissy und den Flugplatz Charles-de-Gaulle im Norden mit St. Remy tief im Süden auf der alten ligne de Sceaux (François Maspero hat die B-Linie herausragend beschrieben).

Linie C verband die Dienstleistungszentren im Südwesten am Bogen der Seine entlang bis nach Versailles und St.Quentin-en-Yvelines.

Linie D schließlich bahnte den Weg von Châtelet-Les Halles über St. Denis bis in den Norden nach Ory-la-Ville (s. Abb. 212).

Allein aus der Verbindung zu den neuen Städten den Schluß zu ziehen, gehobene Dienstleister würden hier vordringlich versorgt, wäre natürlich gewagt. Es gibt im Netz der R. E. R. heute genug »Banditen-Trassen«, Streckenführungen, auf denen Vorstadt-Randale angesagt ist. Aber aufs Ganze gesehen ist es sicher so, daß gegenüber der sozial immer stärker stigmatisierten Metro das R.E.R.- und das Bus-System vom upper-class-touch profitierten. Das Design der neuen Stationen wurde ganz offensichtlich danach ausgerichtet.

Auf den älteren R.E.R.-Darstellungen (s. Abb. 211) kann man gut ablesen, wie wenig innovativ die Streckenführungen der Schnellbahnen waren. Wohl sind im Inneren von Paris aufwendige Anschlüsse notwendig gewesen und neue Trassen gebaut worden (z. B. endlich die richtige über den Luxembourg führende Süd-Verbindung), im wesentlichen aber stützte sich der Ausbau auf bestehende Eisenbahnlinien. Alle großen Linien sind radial geführt. Bis heute besteht keine kreisförmige R. E. R.-Linie!

In die S-Bahn förmlich eingebaut ist eine Schwierigkeit, die jeder Benutzer sofort wahrnehmen kann: der Widerspruch nämlich, fernliegende Orte schnell zu bedienen und doch die Versorgung der Vororte einzeln vorzunehmen. Die Metro bedient jede Station. Die R.E.R., die S-Bahn also, kennt durchgehende und nicht-durchgehende Züge. Immerhin erreicht die S-Bahn eine Geschwindigkeit von 70 bis 90 Stundenkilometern, immerhin ist sie für eine große Anzahl der Bewohner der Region das erste funktionierende Banlieue-System!

Das süße Gift – Autobahn und Autowahn

»Das Automobil ist in Paris Himmel und Hölle zugleich; es ist die unverzichtbare Dienerin und gefürchtete Geliebte. Viele Technokraten sind bereit, ihm alles zu opfern und andere – ihre Zahl wird immer größer – wollen es bekämpfen, es jedenfalls ernsthaft einschränken« (Beaujeu-Garnier 1993, 249).

Man sieht an dieser Äußerung: ohne den Widerspruch ausdrückende Begriffe läßt sich die Entwicklung des Automobils in der Großstadt wohl nicht beschreiben.

Die Bedingungen für die Aufnahme des Automobils in der Großstadt waren leider in Paris ideal: breite Boulevards, weitläufige Plätze, prunkvolle Brükken. Das 19. Jahrhundert, so schien es, hatte für das Automobil geradezu »vorgedacht«. Und – da das Autofahren zu Beginn des 20. Jahrhunderts noch weitgehend eine Angelegenheit des großen Geldes war – bildete das Problem »Auto« bis weit in die 30er Jahre des 20. Jahrhunderts hinein nur ein Verkehrsproblem unter vielen anderen.

Abbildung 213
Die Anzahl der Automobile in Paris
aus: Beaujeu-Garnier 1993, 249
und Paris Projet 19/20, 1980, 57.

1914:	25 000
1925:	150 000
1930:	300 000
1965:	500 000
1976:	520 000
1983:	850 000

Nach dem Zweiten Weltkrieg setzte freilich eine Entwicklung ein, die in ihrer Dynamik nur mit dem baulichen Ausufern und Wuchern der Vorstadt zu vergleichen ist: die Ausdehnung des städtischen Raums verlangte auch nach einer Beschleunigung der Transporte; und das Mittel der Beschleunigung war im großen und ganzen das Auto.

Abbildung 214
Der Autopark der Region von Paris
aus: Paris Projet 19/20, 1980, 57.

1965:	1 150 000 = 58% der Haushalte
1976:	2 210 000 = 74% der Haushalte (+ 45%)

Der Périphérique

Die Entstehungsgeschichte des Périphérique, der Ringautobahn um Paris, ist ein schönes Beispiel für die Art und Weise, wie das Automobil sich durchgesetzt hat. Langsam, in »Salamitaktik«, Scheibe für Scheibe, ist den Parisern die einzig wirklich weitläufige und populäre Grünzone entzogen worden.
Wir haben schon im Kapitel »Stadtgestalt« gesehen, daß der Streit um die Bebauung der Befestigungsareale um Paris bis weit ins 19. Jahrhundert hineinreicht. Die Vertreibung der Zonenbewohner (»les zoniers«), die sich wild auf den Befestigungsstreifen eingerichtet hatten, war die Voraussetzung für die Neuplanungen.
Die Backsteinbauten, die zu Beginn des 20. Jahrhunderts dort entstanden, bildeten eine entscheidende Etappe hin zum Hochhausbau. Schon zeichnete sich jener Straßenbauappetit ab, der sich dann nach dem Zweiten Weltkrieg zum Landschaftsfraß ausweitete. Und dies, obwohl mit dem sogenannten »Boulevard des Maréchaux« ja bereits ein Umgehungsring an der Peripherie bestand.
Richtig ist freilich auch, daß eine geordnete Verkehrsplanung seit Jahrzehnten versäumt worden ist. Marchand schreibt:

»Die Achsen für den Autoverkehr waren überlastet. Der Staat und die Stadt wußten in 60 langen Jahren nichts anderes zu bauen als zwei Autobahnstücke mit zusammen 29 km Länge (die West- und Süd-Autobahn) und die Ligne de Sceaux; keine der Achsen drang ins Zentrum von Paris vor. Nach einem halben Jahrhundert der Unterlassungssünden mußte alles neu angepackt werden« (Marchand 1993, 309).

Im Vergleich zu Deutschland, wo während des Faschismus schon viel weitergehende Grundlagen für das Autobahnnetz gelegt worden sind, schien die Hauptstadt Frankreichs geradezu provinziell versorgt. Nur die West-Autobahn, die A 13, die nach Versailles führt, war vor dem Zweiten Weltkrieg angegangen und 1946 fertiggestellt worden. Dies wurde nun anders.
Mitte der 50er Jahre geplant, wurden die ersten Abschnitte des Périphérique 1960 eröffnet; bis 1973 war das Gesamtkunstwerk mit 35 km fertiggestellt. Der Aufwand war beträchtlich. Die Schneisenbreiten der Fahrbahnen betrugen zusammen 60 m. Allein dem Bagnolet-Kreisel mußten 200 Familien und 70 Firmen weichen (Cohen/Lortie 1991, 268). Noch aufwendiger war die Überführung über die Seine und über die Eisenbahnen bei Bercy.
Da der Périphérique bis heute der einzige vollständige Autobahnring um Paris ist, war und ist er ständig verstopft. Man fährt dort im Schnitt nur mit 34 km/h. Die Hälfte aller Staus in Paris gibt es auf dem Ring. In den am meisten frequentierten Abschnitten des Périphérique fahren jeweils 150 000 Autos täglich nach Osten und Norden. Kein Zufall, daß – kaum war er fertig – ein zweiter »Super-Péripherique« über oder unter dem ersten geplant wurde.
Ganz ohne Zweifel hat der Périphérique die Segregationstendenzen in zweifacher Hinsicht verstärkt. Einmal hat er die Grenze zur Vorstadt schier unüberwindlich gemacht, und alle Versuche (etwa der Planer von Banlieue 89), daran etwas zu ändern, indem man neue Symbolbildungen schafft oder Grüngürtel an den Ring heranführt, sind bis heute kläglich gescheitert. Zum anderen ist die alte Ost-West-Asymmetrie durch den Périphérique eher zementiert worden:

»Seine Führung bestätigt die Asymmetrie, die bereits zwischen den Kriegen beobachtet wurde, bei der Aufteilung der Wohnprogramme: Im Westen entfernt sich die Flut der Autos von den Luxusresidenzen, um unter dem Bois de Boulogne zu verschwinden, während er im Osten und Norden die bestehenden Viertel berührt – seien sie Wohn- oder Industrieviertel« (Cohen/Lortie 1991, 266).

Autobahnen

Zeitgleich und im Grunde mit denselben Methoden wie beim Périphérique sind in den 60er Jahren die Autobahnen meist auf der Grundlage der alten Straßenführungen entstanden:

- die »Sonnenautobahn« A 6 nach Süden über Lyon (1960)
- die Nord-Autobahn A 1 nach Brüssel (1966)
- die Südwest-Autobahn A 10 Richtung Orleans (1972)
- die Ost-Autobahn A 4 nach Reims (1976).

Heute ist das konzentrische Netz der Autobahnen ergänzt im Westen und Südwesten durch die A 13 und die A 11, im Südwesten durch die A 5 und im Nordwesten durch die A 15 und durch einige weitere Schnellstraßen (s. Abb. 215).

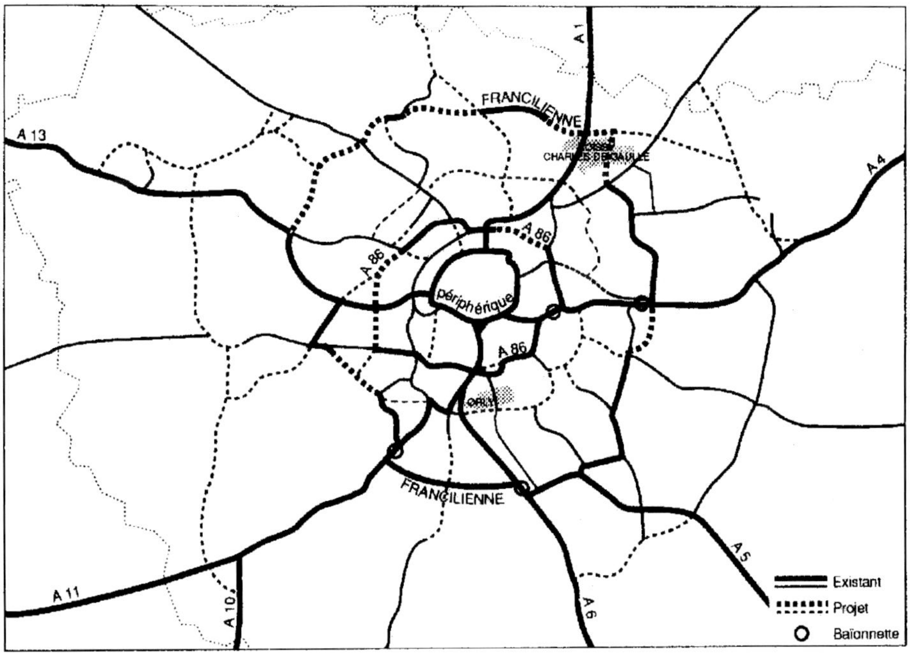

Abbildung 215
Schema des heutigen Straßennetzes (aus: Le Débat 80, 1994, 127)

Auf der Abbildung kann man sehr genau jene Struktur erkennen, die sich die Planer erhofften: Einen ersten Kreis, den der Périphérique bildet; einen zweiten Kreis, den im wesentlichen die A 86 bilden soll und einen dritten Kreis in über 20 km Entfernung, »La Francilienne« genannt, der die größeren Vororte verbinden und die weitläufige Umgehung von Paris gewährleisten soll. Von diesem Netzschema, welches in den Grundzügen auch schon 1934 durch Prost vorgesehen war, fehlen heute noch so viele Maschen, daß im Zweifel, bei Staus, der ganze Verkehrsfluß auf den innersten Ring zurückfällt.

Sicher, die Planungsschwierigkeiten sind erheblich: Es gilt, die verschiedensten Interessen zu vereinheitlichen (der Périphérique z. B. ist zu zwei Fünfteln von der Stadt, zu einem Fünftel vom Distrikt, also von der damaligen Region, und zu zwei Fünfteln vom Staat finanziert worden); es gibt aber auch enorme technische Probleme bei der Koordinierung der Verkehrsströme und bei der Baukonstruktion. Marc Desportes hebt indes mit Recht hervor, daß das alte »unangreifbare Schema« der Leitplanung von 1934 und 1965 jede »vertiefende Reflexion über eine Neukonstruktion des Netzes« verhindert habe (aus: Le Débat 80, 1994, 128).

Der eigentliche Hintergrund für die Fehlplanungen in den Vororten war jedoch der fehlende politische Wille, mit dem Autoverkehr anders umzugehen als bisher. So war die Flickschusterei nur natürlich . . .

Abbildung 216
Verteilerkreisel
von Bercy
Foto: La Documentation Française

Der Tiefenrausch

Die desolate verkehrspolitische Lage macht man sich am besten noch einmal klar, wenn man bedenkt, daß die bisher besprochenen Planungen reine Autobahnplanungen sind, d. h. es gibt fast keinen Bezug mehr zum gesamten bestehenden Straßensystem, welches immerhin noch 60 Prozent des Verkehrs bewältigt! Noch viel weniger gibt es einen sichtbaren Bezug zur bebauten Umgebung. Der urbane Kontext ist völlig nebensächlich geworden.
Was wunder, daß nun die Stunde der »tunneliers«, der Tunnelbauer, schlug. Vorgearbeitet hatte ihnen eine ganze Reihe von Tiefbauten mit geradezu pharaonischen Ausmaßen. Zum Beispiel La Défense, wo der gesamte Autoverkehr und die Trassen des öffentlichen Personennahverkehrs unter der Fußgängerplatte verlaufen; man denke aber auch an die RER-Metro-Stationen Auber oder Châtelet, sowie an den »Tiefkaufhaus-Freizeitkeller« Les Halles.
Das sind in die Tiefe reichende Komplexe, die das Centre Pompidou, welches die Stadtlandschaft überragt, in der Dimension weit übertreffen. Hinzu kommt eine Fülle von unterirdischen »Parkings«, insbesondere im Stadtzentrum, die zunehmend und bedenkenlos verstreut wurden. In der Umgebung des Rathauses etwa gibt es in der Tiefe keinen Raum mehr.
In dieser Situation entstanden in den 80er Jahren zahlreiche Untertunnelungspläne. Sie kamen von privater und staatlicher Seite, und bezogen sich sowohl auf lokal begrenzte Quartiere wie auch auf das gesamte Stadtgebiet. So etwa

- das Projekt »Laser« 1987
- »3 R« 1988
- »Hysope« 1988
- »ICARE« 1992

Die Grundüberlegungen bei diesen Vorhaben waren sehr einfach:
- ein unterirdisches Schnellbahnautonetz in großer Tiefe sollte das »Auftauchen« an bestimmten Punkten in der Innenstadt von Paris oder in der Vorstadt ermöglichen;
- das System sollte in der Regel mautpflichtig sein und sich daher langfristig selbst finanzieren;
- das System, so dachte man, würde den oberirdischen Verkehrs entlasten, den Nutzern erheblichen Zeitgewinn bringen und hinsichtlich Umweltver-

Abbildung 217
Straßenbauinvestitionen in der Region bis 1989 (in Milliarden Francs)
aus: Marchand 1993, 345.

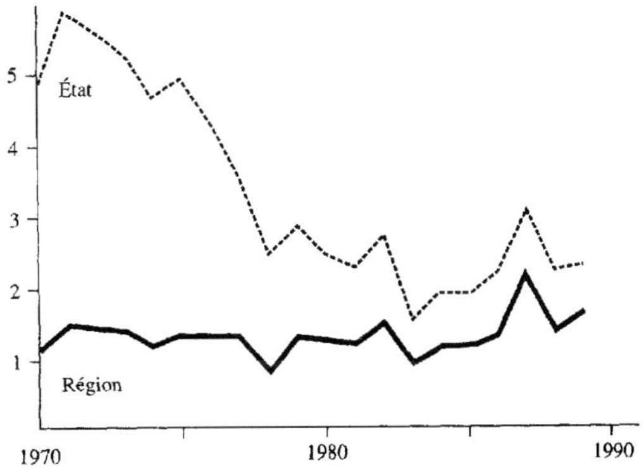

schmutzung und Lärm »verträglicher« sein. Diese in jeder Hinsicht sehr riskanten Projekte sind von der Stadt Paris abgelehnt worden; alle Autobahnvorhaben, die Eingänge oder Ausgänge in Paris »intra muros« haben würden, waren damit fürs erste zurück gestellt. Hingegen scheint es so, als sei die Doppelung des Périphérique im Süden eine beschlossene Sache.

Die Zukunft der Mobilität
Bestandsaufnahme und Ausblick

Es lohnt sich, zunächst noch einmal an einige Vorteile der Pariser Verhältnisse zu erinnern.
Für Paris gilt: Fast 72 Prozent der Berufstätigen haben ihren Arbeitsplatz in Paris, und das bedeutet, daß den Nutzern keine exzessiven Wege zugemutet werden. Natürlich muß man berücksichtigen, daß fast 60 Prozent der Arbeitsplätze in Paris wiederum von Arbeitnehmern aus der Region besetzt werden. Das Arbeitsplatzangebot ist enorm hoch:

Abbildung 218
aus: Atlas des Franciliens 2/1992, 132.

Beschäftigte in der Région Parisienne 1990	
insgesamt	5 075 974
davon Paris	1 815 345
- erste Krone	1 752 646
- zweite Krone	1 507 983

Für Paris gilt weiter, daß dort sehr wenig Haushalte ein Auto haben:

Abbildung 219
aus: Beaujeu-Garnier 1993, 251.

Anzahl der Autos pro Haushalt	
Paris	46%
Erste und zweite Krone	72%
Frankreich gesamt	74%

Für Paris gilt schließlich, daß ein enorm hoher Anteil der täglichen Wege mit den öffentlichen Verkehrsmitteln zurückgelegt wird, und zwar über 60%, mit dem Auto dagegen nur 36%.
Wer von der Mobilität spricht, muß indes auch vom Stillstand reden: vom Parken zum Beispiel. Im Unterschied zu Deutschland, wo die Stadtbewohner ihr Auto fast mit ins Bett nehmen, ist eine direkte Einbindung der Garage ins Wohnhaus in Paris sehr unüblich. Während die Bewohner in Deutschland und vielen anderen europäischen Großstädten das Erdgeschoß oder das Tiefgeschoß dem Auto öffnen (und durch Stellplatzverordnungen sogar noch dazu gezwungen werden!), ist diese strenge Zuordnung zumindest in Paris gottlob nicht erfolgt – es hätte das Stadtbild gänzlich verändert. Dafür sind die Innenhöfe in der Regel zum Bersten vollgeparkt, und das wilde Parken ist ebenfalls weit verbreitet.1989 kamen in Paris auf 718 000 vorhandene Stellplätze 833 000 private PKWs (Beaujeu-Garnier 1993, 258). Im übrigen nähert sich die Durchschnittsgeschwindigkeit mit dem Auto einem Tiefpunkt, mit 34,48 Stundenkilometern auf dem Périphérique, 14,3 km/h in den Geschäftsvierteln und mit 20 km/h für ganz Paris im Durchschnitt (Beaujeu-Garnier 1993, 252).
Angesichts solcher Werte im hypermobilen Stadtzentrum hat die Stadtverwaltung mit drakonischen

Parkgebühren reagiert: Im 1., 2., 3., 4., 6., 8. und 9. Arrondissement gibt es seit 1991 nur mehr gebührenpflichtigen Parkraum (Beaujeu-Garnier 1993, 258).
Mißt man die Fortbewegung von Tür zu Tür, so sehen die Zahlen noch ungünstiger aus:

Abbildung 220
Durchschnittsgeschwindigkeit für Wegstrecken in Paris 1983 in km pro Stunde (bei verschiedenen Fortbewegungsarten)
aus: Cahiers du Crépif 23/1988, 121.

PKW	16,9
SNCF	16,3
RER	14,4
Zweiräder	9,7
Metro	8,2
Vorortbus	7,7
Stadtbus	5,4

Ein gewisser Druck in Richtung öffentliche Verkehrsmittel ist sicher auch über den Preis erfolgt. So ist die Carte Orange, die 1975 eingeführt worden ist, ein voller Erfolg. Heute werden 650 000 Wochenkarten, 1 900 000 Monatskarten und 70 000 Jahreskarten verkauft (Evenson 1983).

Entzerrung und Verzerrung

Faßt man die Entwicklung für das Paris intra muros zusammen, so scheint die Situation nicht ungünstig: Paris ist Wohnstadt geblieben (trotz Minderung der Wohnbevölkerung in der Innenstadt). Das Netz der Verkehrsverbindungen ist relativ günstig, das Arbeitsplatzangebot enorm hoch. Pariser plagen sich relativ wenig mit dem Auto durchs Gewühl. Kein größeres Autobahnprojekt hat die Innenstadt auseinandergerissen. Für Paris gilt der Satz: je näher man dem Zentrum kommt, desto besser ist man mit Infrastruktur versorgt.
Die »Entzerrung« des städtischen Raumes, d. h. die Verlagerung der Betriebe und der Wohnviertel in die erste und zweite Krone hat gleichwohl tiefgreifende »Verzerrungen« im sozialen Gefüge verursacht.
Alle Beobachter des Verkehrswesens der Region sind sich darin einig, daß die Entwicklung grundlegende Disparitäten ausweist:

Schon sehr früh nämlich, in den 60er Jahren, wuchs der Autobestand in Paris zwar nicht übermäßig, aber in den Vororten explodierte er.
Zwischen 1965 und 1976 hat der Autobestand in Paris um ca. 4% zugenommen, im gleichen Zeitraum wuchs er indes in der Region, Paris ausgenommen, um 92%! (s. dazu Paris Projet 19/20/1980).
Schon sehr früh, nämlich auch seit Ende der 60er Jahre, hat sich der Hauptstrom der Automobile von Vorstadt zu Vorstadt, und nicht konzentrisch von der Vorstadt nach Paris bewegt.

Abbildung 221
Die täglichen motorisierten Wegstrecken in der Region 1992 in Prozent
nach: Cahiers de l'IAURIF 102/ 1992, 65.

	Paris–Paris	Paris–Banlieue	Banlieue–Banlieue
PKW	32,5%	36%	74,6%
Öff. Personen-Nahverkehr	61,0%	60%	14,4%
Andere	6,5%	4%	11,0%

Seit den 60er Jahren bis heute ist die Versorgung der Vorstädte untereinander mit dem öffentlichen Personennahverkehr gleichbleibend schlecht (1983 nur 14,3%).
Man schaue sich nur einmal die Tabelle mit der entsprechenden Entwicklung des öffentlichen Personennahverkehrs in der Region in den entsprechenden Aufbaujahren an (s. Abb. 222). Zum immensen Ansteigen der Bautätigkeit, zur rapiden ökonomischen Ausdehnung in der Region gibt es keine Entsprechung bei der Anzahl der beförderten Personen. Nur zum Vergleich: In dem dort angegebenen Zeitraum wächst die Bevölkerungszahl in der Region um rund 2,5 Millionen, beim öffentlichen Personen-Nahverkehr rührt sich indes nichts.
Von den 33 Millionen Wegstrecken (»déplacements«), die bis 1991 in der Gesamtregion zurückgelegt wurden, entfällt der Löwenteil auf die Vororte, und dort vor allem wächst die Mobilität ebenso konstant wie der Autoverkehr (Le Débat 80/1994, 124).
Die durchschnittlich zurückgelegte Wegstrecke ist von 1976 bis 1991 von 3,7 auf 4,7 km gestiegen, und die Verbesserungen der Infrastruktur des Ver-

kehrs haben diese Entzerrung keineswegs mitgemacht. Zum Beispiel ist die Zahl jener, die mehr als eineinhalb Stunden unterwegs sind, 1983–1991 von 300 000 auf 450 000 gestiegen.
Frauen verbringen übrigens etwas weniger Zeit auf den Wegstrecken zu – die durchnittliche Wegezeit in der Region beträgt für Frauen 29,9 und für Männer 36,3 Minuten. Doch die Nutzung der Verkehrsmittel ist immer noch sehr ungleich verteilt; im großen Stadtumfeld, in der Peripherie, ist sie zwischen Männern und Frauen am ausgewogensten (s. Annales de la recherche urbaine 50/1991, 95).
Man sieht: die Entzerrung hatte zur Folge, daß in der Peripherie Männer und Frauen gleichermaßen zum Gebrauch des Autos gezwungen waren. Zusammengefaßt ist dies, aus der Perspektive des Verkehrswesens betrachtet, der politische Skandal der Vorstadtplanung, und er spiegelt sich durchaus richtig in der allgemeinen Einschätzung, daß man nämlich in der Banlieue ohne Auto nicht existieren kann, während man sich in Paris noch gerade durchschlägt.
Ob die Zurückweisung regionaler Entwicklungspotentiale schon 1965 von den Planern des Leit-Schemas so beabsichtigt worden war, wie manche unterstellen, ist schwer zu beurteilen; wohl haben sie jedoch die Zentralität ganz bewußt gefördert und zugänglich gemacht mit dem Argument, man müsse den Städtern ein breites Angebot von Berufsmöglichkeiten, Konsum- und Kulturzugängen sichern (Le Débat 80/1994, 124).
Man bedenke jedoch: zur gleichen Zeit sind die »villes nouvelles«, also regionale Unterzentren, geplant worden. Man geht also vielleicht nicht fehl in der Annahme, daß hier, wie so oft, einfach dem ökonomischen Schub gefolgt wurde.
Warum aber hat man die Reparatur des ökonomisch wildwüchsigen Schubs erst so spät vorgenommen? Zu welchem Zeitpunkt kehrten Veränderung und Einsicht ein? Wie plant man die Reparatur heute?
Die katastrophalen Auswirkungen des Autoverkehrs bekamen natürlich nicht nur die Vorstadtbewohner zu spüren. Überall blieben die Caféhaus-Stühle auf den stark befahrenen Straßen leer; das Überqueren der Straßen wurde riskant; der Motorenlärm verstopfte die Ohren; die parkenden Wagen auf den Trottoirs ließen keine Menschen mehr durch; im Stau entlud sich der Zorn der Bewohner der Viertel. Unmerklich hatten sich Tankstellen, Autohäu-

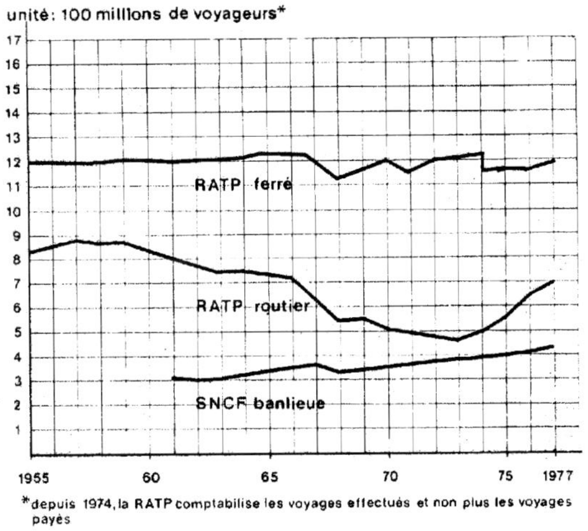

Abbildung 222
Personenbeförderung 1955-1977 in 100 Millionen
aus: Paris Projet 19/20/1980, 53.

ser, Garagen, Werkstätten, Versicherungen breitgemacht. Riesige Parkplätze, Schilderwälder, Signalsysteme bildeten sich in der Stadt – kurz, die ganzen Nachfolgeinstitutionen der Kfz-Industrie hatten sich im Stadtbild eingenistet.
Das soziale Zerstörungspotential des Autoverkehrs ist indes offensichtlich erst Ende der 60er, Anfang der 70er Jahre ins öffentliche Bewußtsein gedrungen. Auch die politische Revolte vom Mai 1968 tat ein übriges (nicht ohne Grund ließen die Studenten ihre Wut oft an den Autos aus!).
Es wurde deutlich, welche reale und symbolische Zerstörung die Umwandlung der Seine-Ufer in Autoschnellwege bedeutete, welche historischen Substanzverluste die neuen Trassen und Kreisel anrichteten und welche ökologischen Folgeprobleme man sich eingehandelt hatte.
Mit dem Ende der »trente glorieuses«, der dreißig glücklichen Nachkriegsjahren, begann tatsächlich eine Art Umdenken.

». . . Die öffentliche Meinung schwenkte von einem Extrem ins andere: Die Ökologie trat unvermittelt auf. Die Stadtplanungspolitik der Pariser Region änderte sich von Grund auf« (Marchand 1993, 321).

Ökologische Argumente bestimmten nun erstmals in großem Stil den Wahlkampf von 1974, so daß

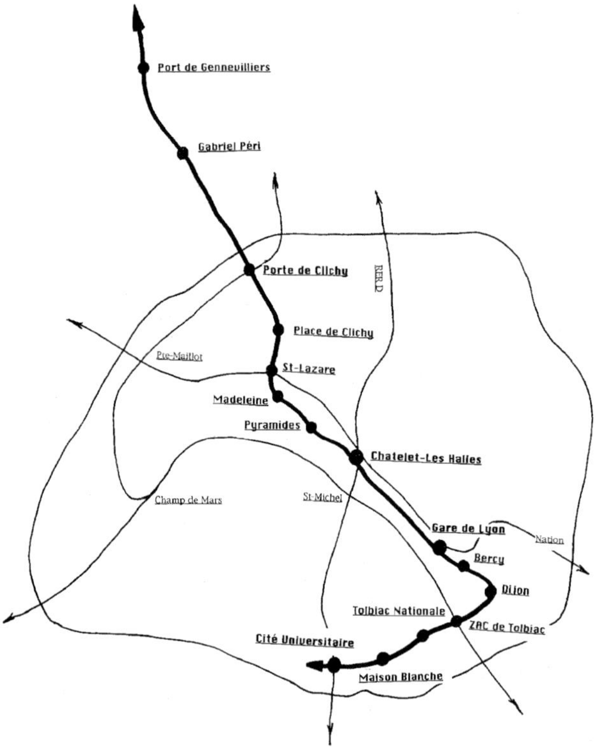

Abbildung 223
Météor – die zukünftige automatische Metro
Graphik: Schüle

selbst konservative Strömungen sich auf den fahrenden ökologischen Zug schwingen mußten. Giscard d'Estaing tat das mit einer Deutlichkeit, die die damaligen Gaullisten schockierte und die im Rückblick schon erstaunlich ist. In seinem Grundsatzprogramm heißt es:

»Punkt 7. Die Lebensqualität in den Städten verbessern, indem man überzogene Wohndichte vermindert, indem man die Weiterentwicklung des Hochhausbaus verhindert, indem man die urbanen Grünzonen erhält . . .
Punkt 9. Die Agglomeration vor dem Überhandnehmen des Automobils schützen, indem man den öffentlichen Personennahverkehr fördert und insbesondere Anstrengungen zur Entwicklung von Fußgängerzonen unternimmt (. . .)
Punkt 18. In der Pariser Region:
a) Erneute Prüfung der großen Stadtplanungsvorhaben unter besonderer Berücksichtigung des Umweltschutzes (. . .)
b) Uneingeschränkter Schutz der Wälder und Grünflächen von Paris und seiner Vorstadt« (Marchand 1993, 323).

Im wesentlichen hat Valéry Giscard d'Estaing viele dieser Leitlinien in Angriff genommen. Er hat den Hochhausbau gestoppt, die Stadtschnellwege eingeschränkt und eine neue Stadtbaupolitik eingeläutet, die nicht nur an der Vermehrung des Betons interessiert war. Und er hat zudem einige Großprojekte in Paris angestoßen. In der Folge wurde das Zentrum der Stadt beruhigt, der »Erlebnisraum Innenstadt« geschaffen.
Der Schwenk in der Stadtentwicklungs- und in der Verkehrspolitik erfolgte also nicht unter den Sozialisten, die erst im Mai 1981 an die Macht kamen, sondern viele Jahre früher. Als 1981 Charles Filterman, ein Kommunist, Verkehrsminister wurde, und die RATP von einem seiner Parteigenossen geleitet wurde, erwartete man tiefgreifende Veränderungen. Wohl setzte nach dem Regierungswechsel die sozialistisch/kommunistische Mannschaft den Akzent auf Wohnen und Verkehr (und in der Territorialreform ist damals einiges geschehen), von Giscards Plänen unterschieden sich die Sozialisten aber nicht grundlegend. Keine der Parteien hatte ein offensives Verkehrskonzept für die Versorgung der Vorstädte. Man wagte sich nicht an die heiligen Kühe der Automobilindustrie, am Statussymbol des kleinen Mannes wollte man nicht rütteln.
Rückblickend bleibt die Frage, warum trotz der offensichtlichen Zerstörung von Lebensqualität das Auto sich im städtischen Raum so leicht hat durch-

Abbildung 224
Eole – die zukünftige Linie RER E / Graphik: Schüle

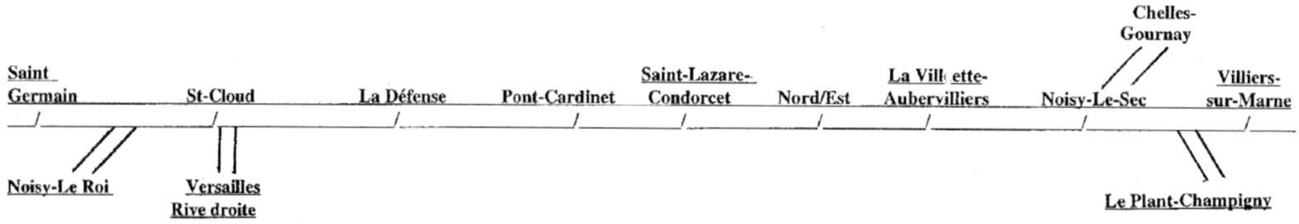

setzen können. Nun, abgesehen von ideologischen Einflußnahmen und strukturellen Begünstigungen, z. B. über die Steuern, ist das Auto wegen seiner scheinbar punktgenauen Ziele und seiner autonomen Verfügbarkeit mit unschlagbaren Vorteilen ausgestattet. Seltener allerdings wurde darauf hingewiesen, daß im Zeitalter zunehmender Privatisierung der Öffentlichkeit das Auto eine Verlängerung des Heimes, des Schutzes vor dem Fremden, des individuellen Verhaltens gewährleisten konnte.

Die Vorhaben der Zukunft

Es stellt sich von daher die Frage, ob die verkehrspolitischen Engpässe der Pariser Banlieue strukturell überhaupt lösbar sind. Vielleicht ist ein sehr enges Netz des öffentlichen Personennahverkehrs, welches die Mobilitätswünsche der Massen in den Vororten erfüllt, weder technisch machbar noch ökologisch sinnvoll. Ein weiterer Ausbau und die Begünstigung des Autoverkehrs hätten genauso wenig Perspektiven. Es ist gut möglich, daß nur über eine Veränderung der Arbeits-/Freizeitstruktur hier sinnvolle Wege zu finden sind, oder über eine andere Nutzungshäufigkeit des PKW (denn der PKW ist mit seiner überwiegenden Einzelnutzung ja extrem unökonomisch).

Aus diesen Gründen werden die drei Autobahnkreise um Paris (Périphérique, A 86 und Francilienne) auch dann den Anforderungen nicht gerecht werden, wenn sie fertiggestellt sind. Es fehlt darin eine überlegte Planung der Maschen und Knoten. Es genügt eben nicht, einen orbitalen, kreisförmigen Rundumschlag zu machen, um die Verkehrsströme anders zu lenken. Die regelmäßigen, kreisförmigen Netze werden nicht nur am Egoismus mancher kleinen Gemeinden im Umland scheitern (sie wollen mit Recht die großen Verkehrsströme von der Gemeinde fernhalten), sondern auch darin, daß sie am Bedarf der Nutzer vorbeiführen.

Demgegenüber ist es interessant, sich die vier großen Neuplanungen des öffentlichen Personennahverkehrs im Pariser Raum anzuschauen, weil in ihnen ganz unterschiedliche Planungsansätze erkennbar werden. Es sind dies die Projekte Météor, Eole, RER-D, Orbitale.

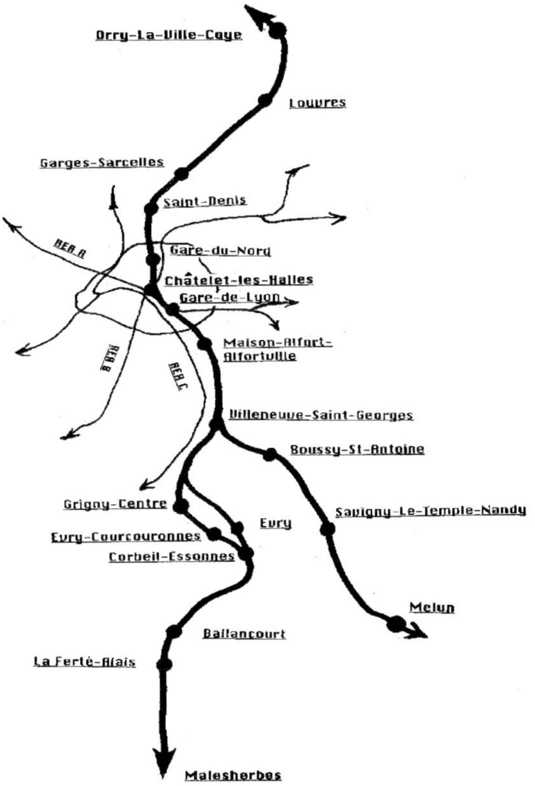

Abbildung 225
Die Linie RER »D«
Graphik: Schüle

Météor heißt eine neue, vollautomatische Metrolinie, die schon im Bau ist. Sie wird von der RATP, also den Metrobetrieben gebaut und soll von Süden, von Maison Blanche unweit der Porte d'Italie über den Gare de Lyon, Châtelet, Gare St.Lazare nach Nordwesten führen (s. Abb. 223).

Eole ist eine RER-Neufassung, eine Schnellbahn also, die von der SNCF, den Eisenbahnbetrieben, geplant wird. Von La Villette kommend, soll sie die drei Bahnhöfe Gare de l'Est, Gare du Nord und Gare St.-Lazare verbinden und dann nach La Défense führen (s. Abb. 224).

RER-D ist ein Lückenfüller. Diese S-Bahn soll durch einen Tunnel mit Météor und RER A die dritte Verbindung zwischen Gare de Lyon und Châtelet/Les Halles herstellen und die Vorstadtlinien ergänzen (s. Abb. 225).

Orbitale schließlich ist das einzige wirkliche Vorstadtnetz für die erste Krone. Es ist ein leicht verändertes

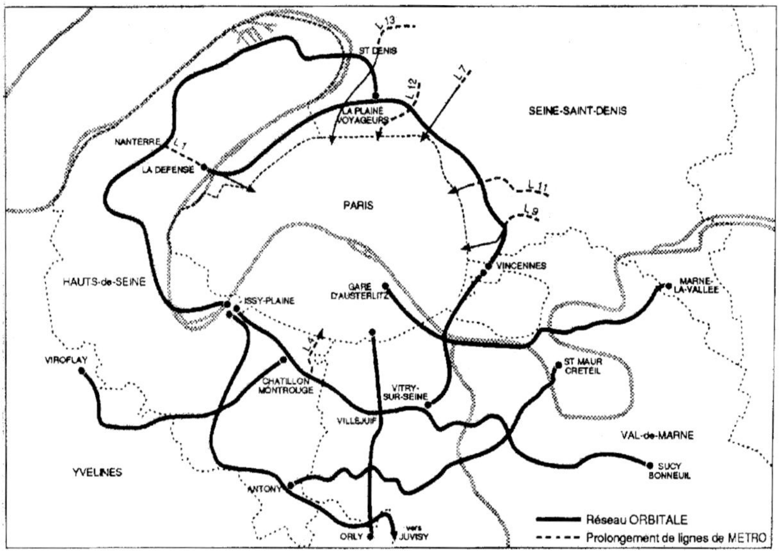

Abbildung 226
Das Projekt »Orbitale«
aus: Le Débat 80/1994, 136.

Metronetz aus radialen und orbitalen Linien von 170 km Länge, mit 170 Stationen und mit vielen Schnittpunkten zur RER, Metro und der Eisenbahn. Es wird erst nach der Jahrtausendwende unter der Federführung der RATP realisiert werden und die Stadtlandschaft so nachhaltig wie die Metro verändern (s. Abb. 226).

Die Zielsetzungen der verschiedenen Vorhaben sind leicht zu erkennen. Es ist erstens das Bestreben, dem ökonomischen Rückgrat von Paris, welches von Westen über Auber nach Châtelet zur Gare de Lyon läuft, die verkehrspolitische Verlängerung nach Südosten zu ermöglichen. Es ist zweitens der Versuch, überlastete Strecken zu entlasten – das trifft für die ziemlich zusammenhanglose RER-D-Strecke zu, aber auch für Eole, ein System, welches die klassische West-Ost-Achse (RER A) entlasten wird. Drittens soll der immer wieder erträumte Kranz von Bahnhofsverbindungen Wirklichkeit werden, und viertens geht es darum, vernachlässigte Vororte untereinander oder an Paris anzubinden. Météor z. B. soll endlich die nordwestliche Verbindung nach Asnières-Genevilliers herstellen.

Schaut man nun näher hin, so lassen die Konzepte eine Menge Fragen offen. Das Hauptproblem, die Vorortanbindung, ist nichts mehr als ein diffuses Vorüberlegen, sprich ein Planungschaos – denn nichts ist entschieden. Orbitale scheint zwar auf den ersten Blick bestechend: ein Banlieue-System, welches radiale und orbitale Strecken kennt. Es beruht auf ziemlich genauen Bedürfnisanalysen, und dies sieht man den Streckenführungen auch an. Es bedient die universitären, administrativen und kulturellen Zentren und berücksichtigt die Übergänge zu anderen Systemen. Es ist aber kaum in die großen Raumordnungsvorhaben eingepaßt und schon gar nicht mit den lokalen Instanzen – also z. B. den Gemeinden – abgestimmt (vgl. Desportes in: Le Débat 80/1994, 132). So ist denn auch Marc Desportes' Urteil über die neuen Systeme nicht ganz abwegig:

»Nachdem die Disfunktionalitäten erkannt waren, versucht man, schnellstmöglich dagegen zu halten und das Streckennetz dort zu verstärken, wo es zu dünn ist; so gewährleisten die Vorhaben eine sichere Rentabilität, es entsteht eine Akkumulationslogik, bei der Angebot und Nachfrage sich gegenseitig verstärken. Es ist aber auch ein anderes Planungsdenken möglich. Es würde durch eine vorhergehende Reflexion die gegenwärtigen und künftigen Bedürfnisse nicht ausschließlich nach der Gegenwart bemessen. Die Geschichte der ersten RER-Linien ist dafür ein Beispiel« (Desportes in: Le Débat 80/1994, 133).

Man mag bezweifeln, ob die RER-Planung, wie sie das Leitschema ab 1965 vorsah, jenes beispielhafte urbanistische Konzept war. Richtig ist sicher die Kritik, die besagt, daß jene Planung, die nur Störfälle beseitigt, natürlich nicht sehr überzeugt. Wichtig ist ferner auch der Hinweis von Marc Desportes, daß eine Veränderung der Situation nicht allein in den vorausschauenden urbanen Planungstätigkeiten zu sehen ist, sondern in der Besinnung auf eine »Kultur der langsamen Geschwindigkeiten« (Desportes, Le Débat, 137).

Die Flughäfen

Als Charles Lindbergh 1927 nach über 33 Stunden Flugzeit von New York kommend in Paris auf dem Flughafen Le Bourget landete, stand dort eine riesige Menge, um den Helden zu begrüßen: er hatte mit dem Flugzeug zum ersten mal den Atlantik überquert.
Das Datum markiert in gewisser Hinsicht den Übergang vom Mythos Eisenbahn zum Mythos Flugzeug. Flughäfen sind seit dieser Zeit für das Image der Städte zunehmend wichtig geworden, deshalb hat der Staat auch immer mehr in sie investiert. Der Entwicklungsplan für die Pariser Flughäfen sieht vor, daß von 1993 bis 1997 11 Milliarden Francs ausgegeben werden und daß die Vereinigten Pariser Flughäfen Le Bourget, Orly und Roissy-Charles-de-Gaulle sich nur zu 40% selbst finanzieren sollten (1991= 59%, Le Monde 13.3.1993).
Le Bourget, der älteste Flughafen, wurde 1914 gebaut. Auf den Geschäftsverkehr und die Flugschau eingeschränkt, spielt er heute keine große Rolle mehr – man sagt schon lange, daß er Grünfläche werden soll . . .
Roissy-Charles-de-Gaulle,1974 in Betrieb genommen, ist heute sicher der international gewichtigste Flughafen. Es ist der ausbaufähige internationale Umschlagplatz.
Orlys Bedeutung wird leicht unterschätzt, dabei geht über diesen Flughafen ein großer Teil des Binnenflugverkehrs und viele Charterflüge; im Jahr 1991 hatte er ein Passagieraufkommen von fast 25 Millionen (Beaujeu-Garnier 1993, 271).
Während die Kopfbahnhöfe der Eisenbahn noch heute auf eine vernünftige Anbindung warten, wurde der Hauptflughafen Roissy relativ schnell, nämlich 1994/95 an TGV und RER angeschlossen.

Trotz ungünstiger Gesamtlage haben die Flughäfen von Paris auch Anfang der 90er Jahre zugelegt:

1992 im Vergleich zu 1991		
Passagiere	50,4 Millionen	+11,2%
Fracht	980 000 Tonnen	+7,4%
Flugbewegungen	496 000	+11,4%

(Le Monde 13.3.1993)

Damit lagen die Pariser Flughäfen (»Aéroports de Paris«) 1992 hinter London (mit 67,3 Millionen Passagieren) und vor Frankfurt (mit 30,8 Millionen Passagieren) noch immer an zweiter Stelle in Europa. Die herausragende Rolle der Pariser Flughäfen im europäischen Konzert wird auch 1994 bestätigt (s. Abb. 227); es sind Unternehmen mit zusammen sicher an die 60–70 000 Beschäftigten, die riesige Flächen der Region (fast die Hälfte der Fläche des Departements Paris!) einnehmen – über die ökologischen Folgen auf die Dienstleistungsstadt Paris ist damit nichts gesagt.

Abbildung 227
Anzahl der Flugbewegungen 1994 in Tausend
nach: Der Spiegel 31/1995.

London Heathrow	334,2
Paris Roissy-Charles-de-Gaulle	280,9
Frankfurt	276,9
Amsterdam	266,0
Brüssel	202,6
Zürich	181,1
Kopenhagen	175,9
London Gatwick	148,4
Wien	114,2
München	112,7
Berliner Flughäfen	67,5

Perspektiven

Im Rückblick ist die Situation beim Verkehr so verworren wie beim Wohnbau. In einer Lage, wo Einzelanpassungen das Bild zeichnen, wächst der Ruf nach dem Gesamtkonzept. Das ist nur natürlich. Indes bestimmen Konkurrenz von privaten und öffentlichen Institutionen, von den Betriebsriesen RATP und SNCF, von Entscheidungsinstanzen kommunaler, regionaler oder staatlicher Art das Gesche-

Abbildung 228
Der Pont Neuf 1861/62
Gautrand 1989, 100.

hen. Und politisch ist dem Autowahn nicht beizukommen, weil davon ökonomisch viel abhängt, weil nach wie vor die Lenksäule die Denksäule beherrscht. Im Unterschied zum Wohnbau jedoch hat sich die alte Ost-West Dichotomie im Bereich des Verkehrs zu einer Dichotomie Stadt-Vorstadt verändert. Dies kann man vom Wohnbau nicht sagen.
Die Verkehrssituation stellt sich so dar: hier die hyperakzessiblen Räume im Zentrum, dort die schwer zugänglichen Vorstadtorte. Beide Mobilitätsaggregate scheinen übrigens gleichermaßen kontraproduktiv. Teile der Vorstädte verkommen oder werden, sozial gesehen, explosiv; Teile der Innenstadt verwildern. Sie verwildern durch das ökonomisch bedingte Massenaufgebot, d. h. das feine »Museum Innenstadt« zusammen mit den »erste-Sahne-Boutiquen« halten die Laufkundschaft nicht.
Zu sehen ist diese tendenzielle Verwilderung sogar auf den Champs-Elysées. Städtebaulich betrachtet hat sich die Verkehrsplanung von urbanistischen Gesamtentwürfen meilenweit entfernt; weder die Baulinienflucht noch die alten Trassen, und schon gar nicht das Sozialgefüge werden wahrgenommen. Das Wort Dekontextualisierung, das Abschneiden von Lebensräumen, trifft diese Entwicklung ziemlich genau (Desportes, Le Débat, 135). Und sie erreichte eine neue Qualität durch die Eroberung der städtischen Tiefen, wobei die sozialen und ökologischen Folgeprobleme von den »tunneliers« gnädig übersehen wurden. Es ist ziemlich sicher, daß im nächsten Jahrtausend der Luftraum erobert werden wird . . .
Zum Schwarzmalen ist hingegen nicht unbedingt Anlaß, denn die Überziehung der Geschwindigkeit hat zu Lähmungen geführt, die nicht ohne weiteres behoben werden können. Hinzu kommt, daß die realen Mobilitätsräume gewaltig überschätzt worden sind: zehn Prozent der Wegstrecken in der Stadt gehen nur über 500 m; 50 Prozent der Wegelinien liegen unter drei Kilometern.
Zudem ist die Sensibilisierung der Bevölkerung für zeiträumliche Mutationen gewachsen, und zwar so sehr, daß, wie wir gesehen haben, selbst konservative Regierungen, z. B. in den 70er Jahren, zu Kursänderungen gezwungen werden konnten. Die von Haussmann Vertriebenen hatten noch kaum eine Stimme – die Banlieue-Bewohner sind derzeit nicht mehr zu überhören.

Das ökologische Versprechen

Seit der Entstehung der großen europäischen Städte im 11./12. Jahrhundert ist die urbane Umgebung als »naturfremd« empfunden worden. Schaut man sich indes alte Stadtpläne an, so erstaunt diese Einschätzung, denn für unser heutiges Empfinden bilden die Karten sehr ländliche Gegenden ab. Wasser ist überall sichtbar, fast jedes Haus hat eine Umfriedung mit genutztem oder ungenutztem Garten, die Wege sind Landwege und selten befestigt.
Die Vertreibung der Natur aus dem Stadtbild und ihre künstliche Wiedereinfuhr in Form von Parks, Alleen und groß angelegten Gärten hat mehrere Stufen durchlaufen, die wir hier im einzelnen nicht wiedergeben können. Jedenfalls unterschätzen und unterschlagen wir heute gern diese lang anhaltende Geschichte der Vertreibung des Naturraums.

Abbildung 229
Holz- und Kohlenhandlung in Ménilmontant 1947
aus: Ronis 1991, 4.

Und doch stanken die Jauchegruben für das Vieh bis Ende des 19. Jahrhunderts in jedem Quartier; den Hinterhof mit Pferdefuhrwerken gab es bis weit ins 20. Jahrhundert hinein; die Heuwagen fuhren ins Zentrum der Stadt (s. Abb. 228); der Gärungsgeruch von Obst, Wein und Lebensmitteln erfüllte die Straßen, und diese Lebensmittel waren überall sichtbar.

Alain Corbain hat sehr schön geschildert, wie das Blut des täglichen Schlachtens erst langsam aus den Straßen verbannt worden ist, wie Großschlachtereien sich am Stadtrand ansiedelten, und wie dann nur noch »verpackte Natur« in die Stadt gelangte (Corbain 1992). Dies war auch ein Prozeß der Ent-Sinnlichung, der seine Ursachen in der Veränderung der Warenproduktion hatte.

Unterschätzt und unterschlagen wurden aber auch lange Zeit die ökologisch sinnvollen Entwicklungen der Stadt. So erging es den Pariser Straßenbahnen, die in der Zeit des Autowahns kaum wahrgenommen wurden; noch viel mehr gilt das jedoch für das Fahrrad, das ab 1900 eine ganz entscheidende soziale und verkehrspolitische Rolle gespielt hat (nur zur Erinnerung: die Frau auf dem Velo hatte sich damals durchgesetzt).

Bis kurz nach dem Zweiten Weltkrieg übrigens gab es in Paris noch einige »wilde« Gegenden: grüne Hänge und verlassene Depots – Holz- und Kohlenhandlungen waren im Stadtbild reichlich anzutreffen (s. Abb. 229).

So ist es denn auch kein Zufall, daß in dem Moment, als die letzten greifbaren Reste von Naturkontakt getilgt waren und die Folgen der Umweltverschmutzung durch Autoabgase, Hausbrand und industrielle Verwertung demgegenüber »spürbar« in der Luft lagen, eine ökologische Besinnung einsetzte. Das ökologische Versprechen der politisch Verantwortlichen lief auf eine Wiederherstellung der Natur hinaus (Seine-Wasser sollte wieder trinkbar werden). Und genau dieses Versprechen war nicht einzuhalten. Die Natur konnte nur noch künstlich, ästhetisiert oder virtuell hergestellt werden.

Der Park und das städtische Grün

»Der französische Park: planierte Ebene, Alleen, die in die Tiefe des Raums sich schnüren; Bäume, die wie Soldaten in regelmäßigen Abständen nebeneinander aufgepflanzt stehen, auch in Größe und Gestalt uniformiert, wodurch sie – wie die rotweiß gestreiften Meßlatten der Landvermesser – als Größenindizes gelten

Abbildung 230
Das Schloß und der Park von Versailles aus: Benevolo, 1990, 719.

können, welche im Maß ihrer perspektivischen Verkürzung die wachsende Ferne anzeigen. Wenn es eine Richtschnur gibt für dieses Bild, so das Gesetz der Serie – ein Eindruck, der bisweilen noch verstärkt wird von der Reihe versteinerter Göttergestalten, die sich dort in ebenso regelmäßigem Abstand postiert haben; wobei sie, Platzhalter des unbedingten Regelmaßes, so etwas wie eine Skalierung der Linie bewirken« (Burckhardt 1994, 184).

Diese Überlegungen von Martin Burckhardt sind in mehrfacher Hinsicht interessant. Zunächst verweist er einmal darauf, mit welcher Gewaltförmigkeit sich der Eingriff in die Natur vollzogen hat. Lange bevor Baron Haussmann die Pariser Stadtlandschaft umkrempelte, ist von den französischen Königen die Naturlandschaft als Ort königlicher Herrschaft und als Ort gesellschaftlichen Geschehens eingerichtet worden.

Abbildung 231
Der Garten der Tuilerien 1680
(nach Parelle) aus: Lavedan 1975, 293.

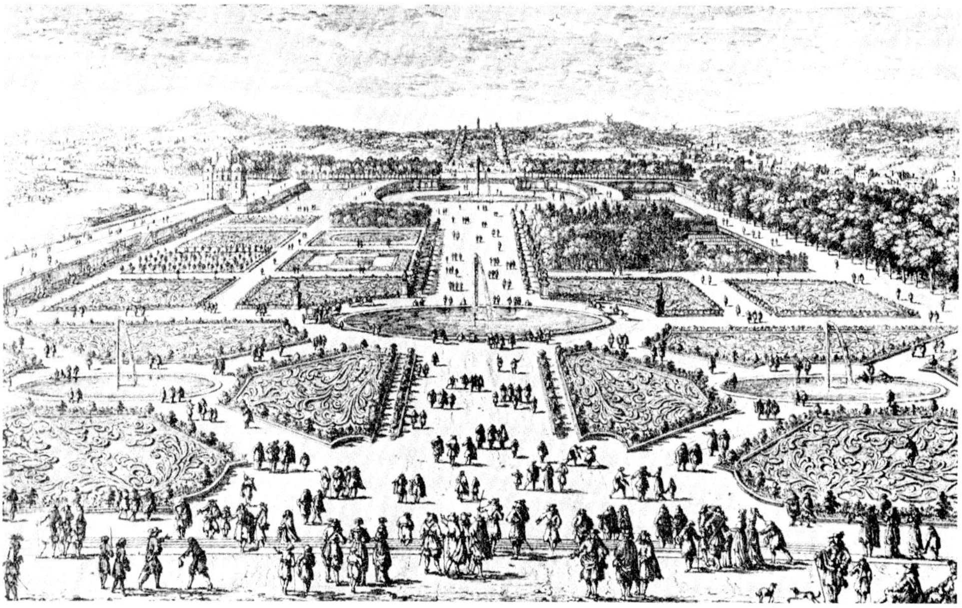

Abbildungen 232
Die Straße als Park und Theater
Die Theater am Boulevard du Temple (Provost 1862)

Im Unterschied zum Renaissance-Garten ist der französische Park tatsächlich zum Parkett, zum Ereignisort des feudalen Systems geworden. Er ist nicht nur ein geschickt inszeniertes Bild mit Fluchtperspektive und abgestuften optischen Markierungen (Wege, Hecken, Wasser) – hier hat sich erstmals der imaginierte gegen den wirklichen Raum systematisch durchgesetzt. Man muß bedenken, daß außer beim Bau von Kathedralen, Burgen und Schlössern kaum weitläufigere Anlagen realisiert worden sind. Jetzt erst löst sich das Planungsbewußtsein vom realen (einzelnen) Objekt, schwingt sich in die Vogelperspektive, in die Meta-Ebene also, was in den alten Stadtplänen seit 1600 ausgedrückt ist. Und jetzt erst wird – wie in Versailles – auch entgegen jeder natürlichen, topographischen Gegebenheit Raumland-

Abbildung 233
Die Straße als Park und Theater
Cafés am Boulevard Montmartre (Pelcocq 1869)

schaft produziert. Das Planungsdenken paßt sich nicht mehr dem Raum an, sondern unterwirft ihn dem Denken. So wie die Kathedralen sind die französischen Parks Gesamtkunstwerke, in denen sich eine Bildvorstellung manifestiert.
Die Gewaltförmigkeit sowohl der sakralen wie der feudalen Bauwerke ist übrigens oft empfunden und auch zu ihrer Entstehungszeit geschildert worden. Ein Zeitgenosse bemerkte etwa zur Entstehung der neuen Parkanlagen:

»Die Gewalt, die der Natur hier überall angetan worden ist, wirkt abstoßend und widert unwillkürlich an. Die Überfülle der gewaltsam und von überall hergebrachten Wasser macht diese grün, dickflüssig und schlammig; sie verbreiten eine ungesunde und empfindliche Feuchtigkeit, einen Gestank, der es erst recht ist« (St.-Martin in: M. Burckhardt 1994, 191).

Vielleicht beruht die Anziehungskraft auch der neuen großen Monumente gerade auf diesem Moment der Gewaltförmigkeit. Jedenfalls tragen fast alle älteren Parks, Schloßgärten und Großanlagen des 17. und 18. Jahrhunderts diese Charakteristika (selbst noch das spät gebaute Champ de Mars erinnert daran).
Nun sind freilich die Pariser Gartenanlagen und Parks von Anfang an sehr unterschiedlich geplant und gebaut worden. Die frühen Parklandschaften weisen noch italienischen Einfluß auf; vielleicht werden sie gerade deshalb bis heute so stark vom Publikum akzeptiert. Der Jardin du Luxembourg etwa wird zwar heute mehr und mehr als Fitness-Raum entfremdet, er war und ist aber nach wie vor ein Ort der sozialen Kontakte ohnegleichen. Ähnlich wird der Tuilerien-Garten noch heute wegen seiner zentralen Lage und wegen seiner schönen klassizistischen Ausformung (Le Nôtre, 1664) von der Bevölkerung viel besucht (s. Abb. 235). Dank der Intervention von Charles Perrault wurde der Tuilerien-Garten übrigens früh der Öffentlichkeit zugänglich.
Die Ende des 17. Jahrhunderts errichteten monumentalen Park- und Schloßanlagen von Versailles haben merkwürdigerweise allen europäischen Fürstenhäuser als Vorbild gedient, in Paris aber keine direkte Nachahmung gefunden. Das hat nicht ausschließlich mit dem beengten Raum im städtischen Umfeld zu tun. Viel eher ist es dem Umstand geschuldet, daß das bürgerliche und feudale gesellschaftliche Feld sich auf die Straße verlagert hatte. Der Park ist buchstäblich zur Straße gemacht worden, am deutlichsten sichtbar noch heute an der Cours la Reine zwischen Rond Point und der Place de la Concorde, die ein parkähnliches Gebilde ist. Aber auch fast alle anderen großen Boulevards tragen im 19. Jahrhundert parkähnliche Züge, nicht nur das Naturumfeld erinnert daran, sondern auch das kulturelle Umfeld mit seinen Kasperle-Theatern im Freien, seinen Akrobaten, den Musikdarstellungen, mit Cafés und Restaurants (s. Abb. 232 und 233). Ein späteres Beispiel ist die überbreite Avenue Foch, die vom Etoile zum Bois de Boulogne führt.
Aufgrund des sozialen Wandels sind in Paris auch wahre Mißgeburten entstanden wie Les Invalides. Das »Hôtel des Invalides«, eine alte Gründung Ludwigs XIV. (1670) hat eine herrliche weite Perspektive, aber sonst nichts zu bieten. Der Vorgarten ist eine zerquetschte Parkanlage, die weite, von Autos durchquerte Esplanade bis zur Seine ist eine »invalide« Vision, weder Park noch Boulevard und deshalb auch sozial nie sehr angenommen.
Ein ähnliches Schicksal hat die später errichtete und weitläufige Parklandschaft des Champ de Mars erlitten. Noch während der Französischen Revolution befand sich dort auf dem Feld der Altar des Vaterlandes, aber das Gelände wurde zunehmend von Museen, Messen, Ausstellungen und Märkten besetzt. Die Neugestaltung Anfang des 20. Jahrhunderts, zum Teil nach englischem Vorbild, hat diesen Raum zwischen Eiffelturm und Ecole Militaire jedoch keineswegs attraktiver gemacht (s. Abb. 236).
Ein ganz anderes und sehr viel interessanteres Schicksal hatte der Garten des Palais Royal. Der Charakter dieses Park-Gartens war natürlich wegen seines umbauten Raums von vornherein ein ganz anderer. Im 17. Jahrhundert erbaut, war er zunächst ein gesellschaftlicher feudaler Treffpunkt wie viele andere. Im 18. Jahrhundert wurde das Palais Royal dann geradezu der »Erlebnisraum Innenstadt« im durchaus heutigen Sinne. Wie heute bei Les Halles gab es eine große Anzahl von Läden und Boutiquen, daneben im Rundbau des Gartens eine Manege, die dann ein Ballsaal wurde, und ein Theater. Ringsumher gab es Galerien mit Schattenspielen, mit Wachsfigurenkabinetten, Restaurants und Cafés – es war ein ständiges Sehen und Gesehenwerden (s. Abb. 235). Kein Zufall, daß die Revolutionsführer hier ihre Reden hielten . . .

Abbildung 237
Le Jardin des Plantes
Abraham Bosse, 1641

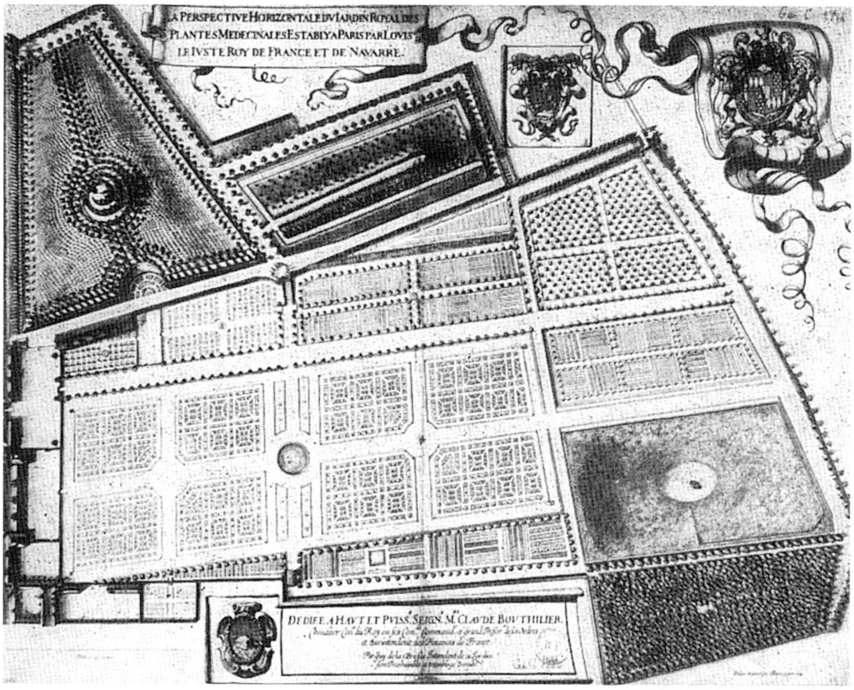

Abbildung 235
Die Tuilerien (unten) und das Palais Royal (rechts)
Photo: La Documentation Française

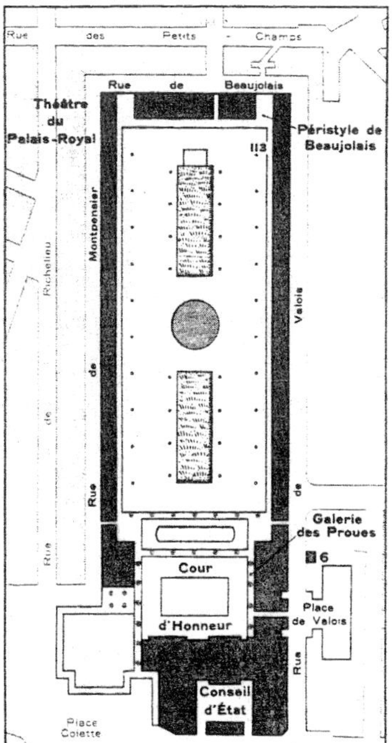

Abbildung 238
Die Hallen
Photo: La Documentation Française

Abbildung 236
Le Champs de Mars
Photo: La Documentation Française

Ganz anders der Jardin des Plantes, der sich vom einstigen königlichen Heilkräutergarten zum sehr populären Park wandelte. Er vereinigt in sich die unterschiedlichsten Funktionen, nämlich ein Museum, ein Forschungsinstitut, einen gradlinigen Alleenpark (Ende des 18. Jahrhunderts von Buffon geschaffen), einen verwinkelten botanischen Garten und einen Tierpark (dessen Tiere 1870/71 während der deutschen Belagerung verspeist wurden . . .). Er ist in seiner neuen Anlage eine recht lustige Mischung (s. Abb. 237).
In dieser Mischung des Jardin des Plantes sind nun freilich schon Stilelemente enthalten, die im 19. Jahrhundert einen grundlegend anderen Umgang mit dem städtischen Grün signalisieren. Die klassische Fluchtlinie des Parks mit seinem strengen Ordnungsschema der Wege, Grasflächen und Hecken, mit seiner strikten Skalierung von Bäumen, Wasser und Statuen verschwindet. Ausgehend von England und den unregelmäßigen Stadtstrukturen von Bath oder den geschwungenen Verbindungswegen zwischen Westminster und Regents Park in London wird in ganz Europa die gerade Linie nunmehr als »unnatürlich« empfunden. Englische Gärten werden in München wie in Paris zum Vorbild.
Im Frankreich des Zweiten Kaiserreichs wird die natürliche Umgebung nun nicht mehr wie im Ancien Regime eingeebnet und dem Plan unterworfen,

Abbildung 239
Die alte klassisch-gerade Parkanlage im Bois de Boulogne
Photo: Musée Carnavalet

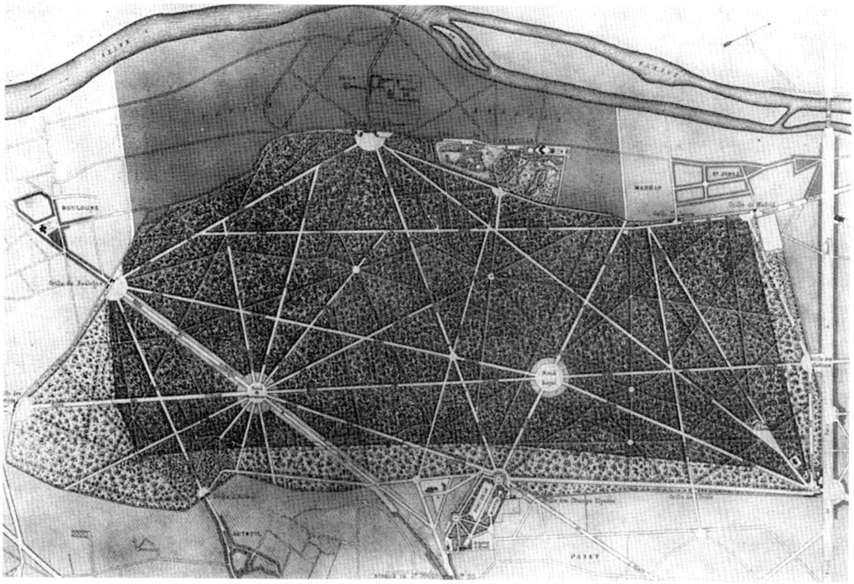

sondern vielmehr als Freizeitzone arrangiert und markiert. Die Gewaltförmigkeit und der herrschaftliche Ausdruck werden gleichsam vom Park auf die Trassenführung der Straßen übertragen. Geplant werden nun ganze Stadtviertel, nicht so sehr die sorgsam ausgesuchten Erholungsräume.

Die Umgestaltung der Stadt und die Zuweisung der Bevölkerung in nun besondere Wohnzonen war also begleitet von der Herausbildung ganz besonderer Erholungszonen, und letztere sollten »natürlich« sein. Das Zweite Kaiserreich unternahm die erste gezielte Gesamtplanung von Grünflächen in Paris, es projektierte 24 Grünflächenzonen (»squares«) in den einzelnen Stadtteilen. Das waren jene mit Gittern umgebenen Kleinanlagen mit Rasen, mit einigen Bäumen, mit Bänken und Spielplätzen. Der erste square entstand an der Tour St. Jacques auf dem Châtelet-Platz.

Zur Konstruktion von Natürlichkeit war die geschwungene Linie des englischen Parks gerade recht. Es entstanden Parks mit Seen und Inseln, mit Wasserfällen und riesigen Felsen. Vergleicht man etwa die Pläne des Parks Montsouris mit dem Park der Butte-Chaumont, so sieht man sofort die Ähnlichkeiten in der Wegeführung und der Anlage der Grünflächen, wobei übrigens gerade der Park der Buttes-Chaumont mit ungeheurem Aufwand »natürlich« gemacht werden mußte, weil u. a. beträchtliche Höhen begehbar zu machen waren (von der hohen Brücke zur Insel hinüber haben sich zahlreiche Selbstmörder hinuntergestürzt). Der Park im Norden von Paris, vom touristischen Treiben abgelegen, ist der heute populärste im französischen Sinne des Wortes. Der gleichfalls im Zweiten Kaiserreich als Gegenstück zum Bois de Boulogne im Südosten angelegte Bois de Vincennes ist hingegen niemals von der Bevölkerung wirklich angenommen worden. Schon damals rechnete man den Erbauern vor, wie denn ein Arbeiter dorthin gelangen sollte.

Nun hatte die Konstruktion des Natürlichen recht bald ihre Grenzen erreicht. Was wunder also, daß in vielen grünen Winkeln von Paris und an vielen Parks kleine Theater, Buden, Karussells, Spielecken, Kasperle-Theater und Bootsverleihe entstanden. In anderen Gegenden wurden exotische Räume oder romantische Ausmalungen angelegt (Grotten, Seen, Wasserfälle), die in der damaligen Zeit sensationell waren. Eine solche verzauberte Naturlandschaft war der Park Monceau, in dem es eine ägyptische Pyramide, einen römischen Tempel, chinesische Pagoden und eine große Zahl anderer Bauten gegeben hat. Damit schienen die Möglichkeiten, Natur zu arrangieren und zu inszenieren, ziemlich ausgeschöpft zu sein. Ähnlich wie die zur gleichen Zeit entstandenen Panoramas und Dioramas konnte man den Bildern keine neuen Reize mehr entlocken. Und

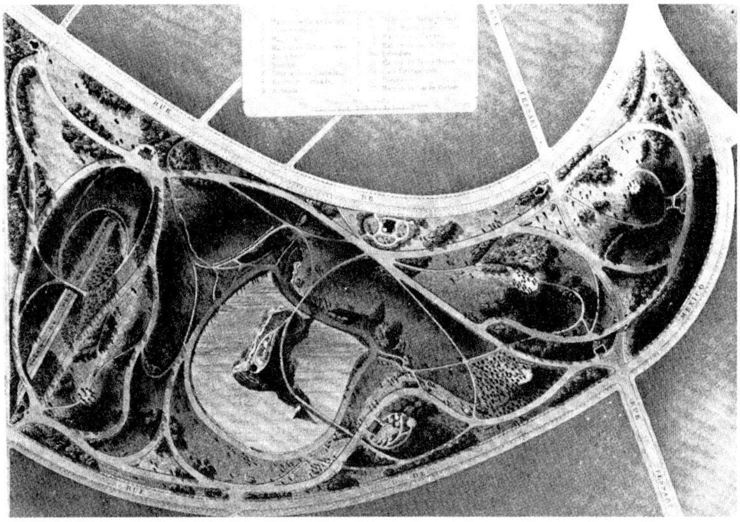

Abbildung 240
Die inszenierte und romantisierte Natur
Der Park der Buttes-Chaumont
aus: Lavedan 1975, Abb. 281

so wie auf der Ebene des Bildes der Film eine neue Wahrnehmungsqualität auslöste, so hatte der Autoverkehr Anfang des 20. Jahrhunderts eine neue Mobilität und ein neues Verhältnis zur Umwelt geschaffen.

»Für einen Menschen von heute, dessen Auge längst das eines Road-movie-Betrachters ist, der an plane Autobahnen, schnurgerade sich bis zum Horizont erstreckende Highways und Asphaltbänder gewöhnt ist, zu dessen Lebenswelt Häuserkuben, Würfel und Kugeln gehören, begradigte Flüsse, die schiefen Ebenen riesenhafter asphaltierter Aufmarschplätze etc. – der von Zwei-Mach-Überschallflugzeugen durch den Raum und die Zeit katapultiert wird, für einen solchen Zeitgenossen mag es einigermaßen schwierig sein, sich die Dynamik jenes Anblicks vorzustellen, wie ihn die Alleen von Versailles auf einen Betrachter des 17. Jahrhunderts ausgeübt haben mögen. Und doch sind diese Alleen in symbolischer Form Antizipationen reiner Bewegung, automobilisierte Blicke, genuine Vorläufer jener Straßen, auf denen nun wirklich Automobile verkehren« (Burckhardt 1994, 192).

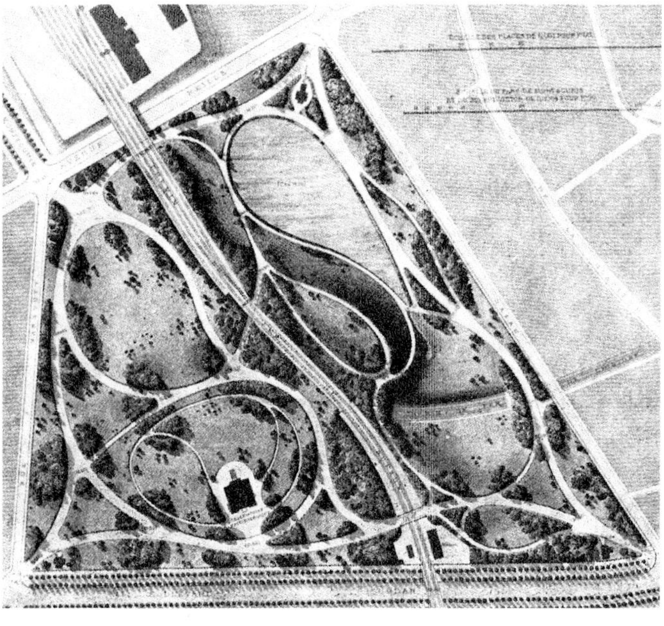

Abbildung 241
Die inszenierte und romantisierte Natur
Der Park von Montsouris
aus: Lavedan 1975, Abb. 282

Die Dynamik, von der hier die Rede ist, wurde – wie wir sahen – unter Haussmann auf die gesamte Stadtlandschaft übertragen. Das städtische Grün ist dabei in der Folgezeit schmückendes Beiwerk geworden oder verkümmert. Es sei nur an die unsägliche Diskussion um die Begrünung/Bebauung der Forts im Umfeld von Paris erinnert. Es gibt dort auch heute einiges »Grün« – Sportstätten, Spielplätze, Anlagen usw. Insgesamt aber ist es ein durchaus klägliches Ödland.

Die Lage ist freilich sehr verworren, denn das Zubetonierenund Zupflastern in Paris wurde ohne Nachdenken fortgesetzt. Jüngste Beispiele sind der Platz St. Sulpice, der Rathausplatz, der Platz der Sorbonne, der Vendôme-Platz und viele andere. Diese städtischen Orte lassen jede stadtplanerische Weitsicht vermissen. Das einzige Konzept scheint gewesen zu sein, Autofahrer durch Ketten abzuhalten und mögliche Demonstranten über städtisches Mobiliar stolpern zu lassen.

Abbildung 242
Planungsentwurf im Südwesten von Paris (Bois de Boulogne)

Von sozial ungemein höherer Bedeutung waren die unzähligen kleinen Anlagen, Miniparks oder Gärten (in der Regel squares), die oft von den Bewohnern sorgsam gepflegt und besucht worden sind. Man schaue sich nur einmal einen dieser Plätze, etwa den Square Maurice-Gardette im 11. Arrondissement, unter der Woche mittags an und man wird die Bedeutung dieses städtischen Grüns begreifen. Mit der dann einsetzenden Motorisierung der Stadt begannen die Einwohner mehr als bisher ins Grüne zu fahren. Teile der Stadtbevölkerung wandern nun in die Gartenstädte. Angestoßen durch Grüne (»écolos«) ist ein wirkliches ökologisches Umdenken jedoch erst in den 70er Jahren erfolgt.

Die hängenden Gärten von Panam

Nicht zufällig sind übrigens alle gerade genannten Plätze mit umfangreichen Garagensystemen unterbaut. Dies ist das Dilemma der neueren Plätze und Gartenanlagen: im städtischen Raum lassen sich horizontal keine Grünflächen mehr gewinnen und vertikal sind die Tiefen besetzt (die Decken der Parkebenen liegen in der Regel ca. 1.70 m unter der Erdoberfläche, für die Bepflanzung mit Bäumen würde man jedoch 2.50 m bis 3.00 m benötigen). Angesichts dieser Verhältnisse kommt es buchstäb-

Abbildung 243
Die Rasenflächen
am Stadion
vo Bercy
Photo: Schüle

lich zu aberwitzigen Lösungen. In der großen CNIT-Halle bei La Défense unweit der großen Arche wurde für Manager und höhere Angestellte im dritten Stockwerk unter dem Hallendach ein Golfplatz angelegt. Das Stadion von Bercy bekam trotz übersteilem Winkel den Grasbelag aufs Dach appliziert (s. Abb. 243). Die Dachbegrünung scheint zunehmend in Mode zu kommen – so soll bei einem Vorhaben im Raum Bastille-Vincennes die Begrünung über mehrere Häuser hinweg geführt werden.
Ganz folgerichtig sind alle größeren neueren Parkflächen und Grünanlagen in Paris hängende Gärten in dem Sinne, daß sie in der Regel unterbaut

Abbildung 244
Grünanlagen der Hallen
Photo: Schüle

sind – fast immer, um Parkplätze zu gewinnen. Das Rezept ist seit Jahren erprobt, beispielsweise bei der Begrünung der Terrassen an der »Front de Seine« im 15. Arrondissement und (sicher weit bekannter) die Anlage von Les Halles.

Die Hallen offenbaren durchaus einige Grundübel aller hängenden Gärten. Die kostbaren Grünflächen schwinden durch aufwendige Zu- und Abgänge, durch Abgas- und Lüftungsschächte, durch Sicht- oder Lärmblenden. Die Kunst im öffentlichen Raum nimmt sich noch ein Stück, und ein weiterer Teil ist nicht betretbare Blumenrabatte (s. Abb. 244).

Der »Jardin Atlantique«, der auf der Freifläche des Bahnhofs von Montparnasse entstand, ist noch ungünstigeren Bedingungen unterworfen. Dieser hängende Garten war in seiner Planung fast völlig vom bebauten Untergrund abhängig, denn die Tragfähigkeit des Untergrundes und die Lüftungsschächte der Eisenbahn bestimmten dort das Aussehen (Le Monde, 4./5.7.93).

Übrigens hatte man den Bewohnern des Viertels Tennisplätze versprochen, und so werden die Spieler ihren Beifall von den Bewohnern der umliegenden Hochhäuser bekommen – kurz, über dem TGV wird ein stiller, besinnlicher Ort entstehen . . .

Mit nicht wesentlich anderen Problemen wird der Park der Bibliothèque Nationale de France zu kämpfen haben. Zwischen den vier 80 m hohen Bibliothekstürmen pfeift der Wind durch. Immerhin ist der ein Hektar große Park bewaldet und der bewaldete Hügel nicht zu sehr von Zugängen unterbrochen. Es ist zudem vorgesehen, eine zur Seine hin reichende Verbindung zu schaffen und so den Übergang zum Park von Bercy auf der anderen Seine-Seite zu ermöglichen.

Ganz in der Nähe dieser düsteren südöstlichen Ecke von Paris will man übrigens 30 Hektar Land über den Gleisen der Gare d' Austerlitz gewinnen. Einen Park wollte man dort eigentlich nach den unguten Erfahrungen mit hängenden Gärten nicht haben. Trotzdem hat Jean Nouvel bei der Ausschreibung dort einen 40-Hektar-Park geplant.

Ein architektonisch durchdachtes Konzept ist bei den neueren Garten-Anlagen kaum zu erkennen. Dies gilt auch für den neu gebauten Park auf dem ehemaligen Citroën-Gelände.

Das kann man nun von den Parkanlagen im Wissenschafts- und Musikzentrum von La Villette nicht sagen. Hier findet man ein in seinen Proportionen sehr ausgeklügeltes und bewußt konstruktivistisches Konzept von Bernard Tschumi, sicher ein Sonderfall in der Reihe der Pariser Parks. Es mischen sich dort altklassizistische Parkvorstellungen (in den langen Hochgalerien und Baumalleen) mit bewußt dezentral geplanten und wandelbar gelassenen Einzelobjekten, die »folies« genannt werden. Im 30 Hektar großen Park ist freilich kaum Grün zu finden, und in diesem Sinne ist er keine Grünanlage – aber der Park läßt eben Raum für manche andere Überraschung, etwa für jenen Garten der Winde (»jardin des vents»), der bei Alt und Jung sehr beliebt ist.

Die Geschichte der Pariser Parks und Grünanlagen macht im Rückblick deutlich, wie diese Stadt ihre Umwelt erst unterworfen, dann segregiert und letzten Endes inszeniert hat. Heute wird die Landschaft nicht nur ästhetisiert, sondern wie der bebaute Raum regelrecht zum Erlebnisraum umgewidmet.

Diesen Funktionswandel zu erkennen, ist eine Sache. Eine andere ist es, zu sehen, daß heute ein sehr vielfältiger Gebrauch von den Anlagen gemacht wird. Bis heute haben sich ja selbst die alten Nutzungen der Gärten als Obst-, Gemüse- und Kräutergärten im privaten Bereich gehalten, und im öffentlichen Bereich dienen Grünanlagen als Fixertreff, als Joggingplatz, als Kinderspielplatz, als Schachspielecke oder Mittagspausentreff.

Die Entwicklung zeigt, daß Natur und städtisches Umfeld zunehmend ihrer natürlichen Grundlagen beraubt worden sind, nicht nur in dem Sinne, daß pflegeleichtere Platten, Asphalt und Beton verwendet werden, nicht nur, daß Grasflächen keine Tiefe und Weite mehr haben können – vielmehr hat die Umweltverschmutzung das städtische Grün inzwischen erheblich reduziert. Von den 23 000 Ulmen in Paris existierten heute nur noch wenige, und von den unzähligen Platanen, Kastanien und Linden (die 64 Prozent der Bäume ausmachen) ist die eine Hälfte schwer angegriffen und die andere kommt an die Altersgrenze (Beaujeu-Garnier 1993, 351).

Der grüne Baum, dieses verherrlichte Symbol der Französischen Revolution (s. Abb. 247) wird heute nur noch symbolhaft verehrt. Die Stadtpolitik, und hier besonders der seinerzeitige Bürgermeister Jacques Chirac, nutzte die Symbole weidlich aus, um Sauberkeit und Ordnung im sichtbaren Stadtraum zu signalisieren; nicht zufällig war das Sym-

Abbildung 245
Der »Atlantische Garten«
Photo: La Documentation Française

bol seiner Präsidentschaftskampagne ein Apfel: die Uniform der Straßenkehrer, die der Müllabfuhr, selbst die Besen der Straßenkehrer und die Kleidung der Hundekotaufnehmer sind grün.

Abbildung 246
Schaffung öffentlicher Gartenanlagen in Paris (ohne Bois de Boulogne und Bois de Vincennes)

1844–1879 -115 Hektar = in 35 Jahren
1880–1976 -128 Hektar = in 96 Jahren
1977–1992 -144 Hektar = in 15 Jahren
aus: Beaujeu-Garnier 1993, 351.

Das ökologische Versprechen in Stadt und Region

Paris ist also eine Stein- und Betonstadt. Um diese Tatsache zu beschönigen, ist den Stadtplanern und auch den in der Regel staatsabhängigen Wissenschaftlern kein Trick zu schnöde gewesen. Da wurden die Friedhöfe, die Sportplätze, Esplanaden, die Straßenrabatten und Verkehrsinseln stolz summiert, Gesamtflächen einfach zusammengerechnet, obwohl ganz offensichtlich große Teile dazwischen keine Grünflächen waren (so ist etwa der Bois de Boulogne von zahlreichen Straßen durchzogen und ziemlich großen Bereichen privat besetzt und durchaus nicht mit begrünten Anlagen versehen). Kurz, die Berechnungen sind so diffus wie die in Abb. 246. Solche Berechnungen sind so vage wie die zahllosen Vergleiche der Grünflächen von Paris mit anderen Städten. Die Zahlenangaben für andere Städte indes scheinen relativ gesichert:

Los Angeles 130 m^2 pro Einwohner
Washington 50 m^2 pro Einwohner
Wien 35 m^2 pro Einwohner
Berlin 13 m^2 pro Einwohner
Rom und London 9 m^2 pro Einwohner.

Für Paris schwanken die Angaben zwischen 1,4 m^2 pro Einwohner (Evenson 1983, 321) und 10 m^2 pro Einwohner (Bastié 1984, 139). Unabhängig von sta-

tistischen Spielereien dieser Art kann als gesichert gelten:
- daß Paris zu den absoluten Steinstädten zählt
- daß sich die privaten Grünflächen im 20. Jahrhundert um fast 75 Prozent drastisch verringert haben
- daß die öffentliche Parkfläche leicht zugenommen hat
- daß die bevölkerungsreichen, sozial benachteiligten Viertel noch immer am schlechtesten mit Grünflächen versorgt sind.

Man muß schon, wie Beaujeu-Garnier, den willkürlichen Kreis der Nutzer sehr weit ziehen (auch bei Bastié sind die Kreise bis an die 1 000 m weit), um ein befriedigendes Bild zu bekommen. Mit akrobatischen Rechenkunststücken kommt Bastié auch auf 25 Prozent Grünfläche in Paris. Das sind 2 650 Hektar »espace vert» (Bastié 1984, 139).

An der sozial unausgewogenen Verteilung des städtischen Grüns besteht indes überhaupt kein Zweifel. Und dies ist seit der Jahrhundertwende von den Stadtplanern (z. B. von Hénard) auch scharfsichtig erkannt worden. Schon damals wurde die eklatante Unterversorgung z. B. im Vergleich mit London angeprangert (s. Abb. 249).

Schaut man auf die Region, so ändert sich das Bild wenig. In der Region sind weite Teile des Baumbestandes gefährdet.

»So sind in Paris und der kleineren Krone ungefähr zwei Drittel des Territoriums nicht mit nahegelegenen Grünflächen versorgt (Einwohner, die im näheren Umkreis von 1 000 m Grünflächen nutzen können). Der Kranz der Wälder in der Pariser Agglomeration ist selbst auch ungleich verteilt. Wohl hat der Südwesten eine beträchtliche bewaldete Fläche, andere Teile hingegen entbehren der Wälder völlig. So sind die Unterbrechungen besonders auffallend im Sektor Nordosten (zwischen dem Wald von Montmorency und der Marne), im Sektor Nordwesten (zwischen dem Wald von St. Germain und dem Wald von Montmorency) und dem Sektor Süden (zwischen der Seine und dem Tal der Yvette)« (Agence des espaces verts 1992,15).

Das Departement Paris läßt sich mit der gesamten Region natürlich nicht ohne weiteres vergleichen, denn im äußeren Kranz der Region existieren noch vergleichsweise viele der alten königlichen Wälder und Jagden. Dort gibt es bewaldete Kirchengüter und private Forste. Man sagt, etwa 23 Prozent der Region seien noch bewaldet, was einen ganz passabler Wert gegenüber dem Landesdurchschnitt von 25 Prozent bewaldeter Flächen darstellt. Von den

Abbildung 247
Der grüne Baum auf dem »Champ de la Réunion« zur Zeit der Französischen Revolution

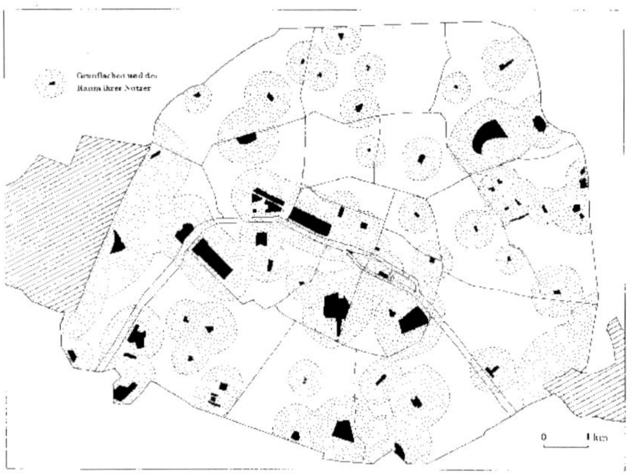

Abbildung 248
Grünflächen und der Raum ihrer Nutzer
aus: Beaujeu-Garnier 1993, 349.

Abbildung 249
Die Grünanlagen in Paris (oben)
und London (unten)
Hénard in: Evenson 1983, 280.

regionalen Wäldern gehören freilich 70 Prozent Privatleuten, 26 Prozent dem Staat und 4 Prozent anderen Institutionen (Bastié 1984, 137).

Das eigentliche Problem in der Peripherie ist aber der Landfraß, das langsame und stetige Aufgefressenwerden der grünen Stadtrandzonen durch die Urbanisierung.
Wenn es stimmt, daß der jährliche Zuwachs im ländlichen Raum in den letzten Jahren zwischen 4 500 und 6 500 Hektar liegt, so ist das eine Fläche wie der gesamte bebaute Raum im Departement Paris (5 500 Hektar, ohne Grünflächen, Straßen und Wasserwege).
Das Übel an dieser Entwicklung war, daß man die größte Ausbreitungsgeschwindigkeit gerade vor der ökologischen Neubesinnung zu verzeichnen hatte. Aber auch noch danach sind durch die Verkehrsverbindungen und die neuen Städte riesige Areale verlorengegangen (s. Abb. 246 in: Agence des espaces verts, 17).
Für staatliche oder kommunale Eingriffe stellt sich die Situation außerordentlich schwierig dar: durch Wildwuchs, Spekulationen und geplante Ansiedlungen, sowie wegen des Durcheinanders von großen und kleinen Betrieben, privaten Wohngebäuden und Wohnflächen von Gesellschaften ist die Raumordnung kompliziert.
Weil zudem die Besitzer der landwirtschaftlichen Flächen unter Druck geraten – die landwirtschaftliche Überproduktion, das Sinken der bäuerlichen Einkommen und das Heranrücken der Stadtlandschaft hat ihre Situation verschlechtert – setzen sie natürlich zunehmend auf die Erschließung ihres Grundbesitzes. Beim Verkauf machen sie nämlich Gewinne von 100 bis 200 Prozent. Die staatlich-kommunale Intervention ist darauf gerichtet

- zunehmend Wälder aufzukaufen
- die landwirtschaftlichen Flächen in bestimmten Zonen aufrechtzuhalten.

Angesichts der spekulativen Entwicklung im städtischen Randbereich ist das jedoch ein hoffnungsloses Unternehmen. Immerhin sind z. B. im Zeitraum 1977–1987 7 200 Hektar durch Staat und Gemeinden aufgekauft worden – überwiegend jedoch in ohnehin schon begünstigten Gebieten der »villes nouvelles» (Bastié 1984, 193). Der Grüngürtel um Paris ist ein regelrechter Fleckerlteppich geblieben.

Abbildung 250
Die öffentlich zugänglichen Grünflächen im Pariser Umland
aus: Bastié 1984, 138.

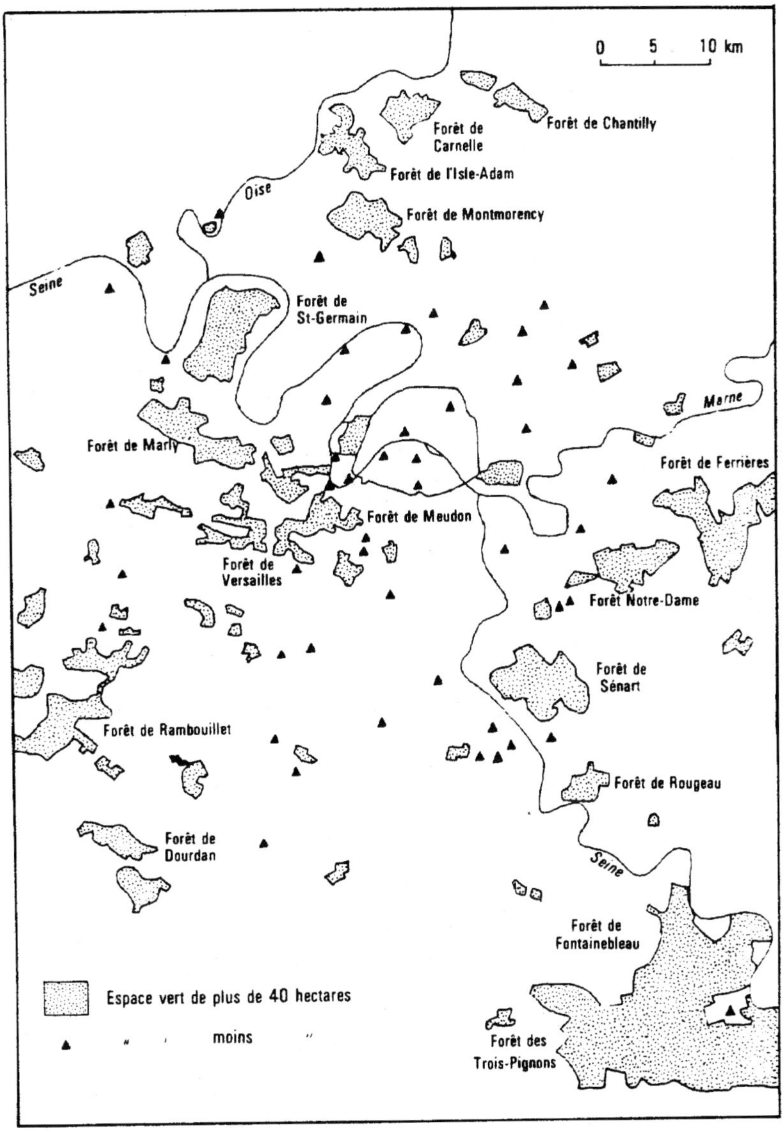

Das soziale Grün

In den Vorschlägen zur Veränderung von Paris der »Amis de la Terre» stand Ende der 70er Jahre nach einer langen Liste von Forderungen am Schluß der lapidare Satz »Le gouvernement quitte Paris». Ganz so hirnrissig, wie es schien, war diese Forderung der Freunde der Erde damals nicht gewesen, sie wollten darauf aufmerksam machen, daß ökologische Veränderung mit einer anderen Verkehrs-, Arbeits- und Wohnungsbaupolitik zusammenhängt und im Grunde eine Art politischer Selbstverwaltung in den städtischen Quartieren voraussetzt.

Die Beschränktheit der Forderungen bestand und besteht heute noch darin, daß im Grunde (wie auf Seiten der Konservativen) die Wiederherstellung der alten Stadt mit ihrem Grün und ihren Nachbarschaftsverhältnissen angestrebt wird. Dies ist – historisch betrachtet – ein unsinniges und angesichts der tatsächlichen widersprüchlichen Entwicklungen

Abbildung 251
Die großen Löcher in der bewaldeten Krone im Pariser Umland
aus: Agence des espaces verts 1992, 17.

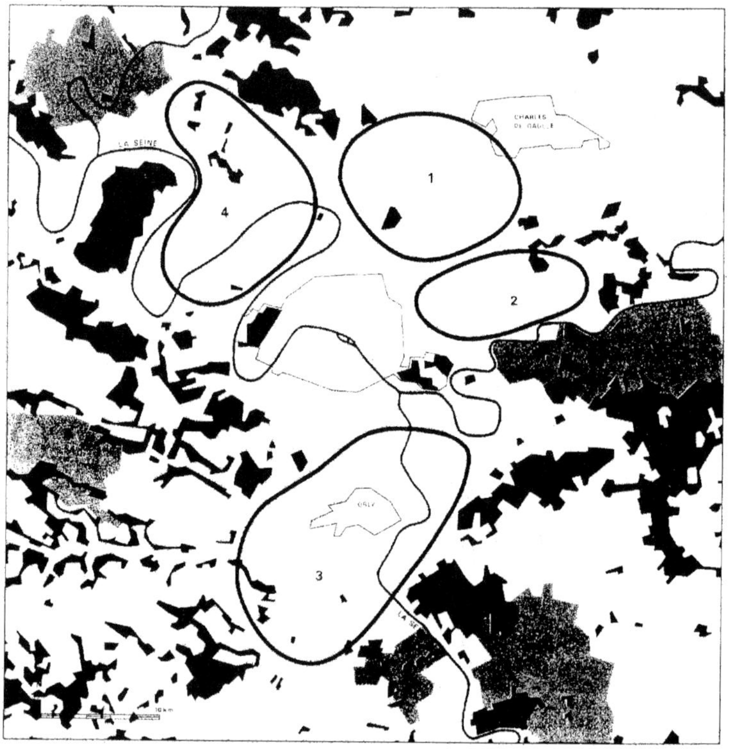

borniertes Konzept. Das auf zehn Jahre hin ausgelegte Programm »Saubere Seine« hat gezeigt, wohin solche Wiederbelebungsversuche führen. Das schöne Konzept wurde an einem einzigen Tage in Frage gestellt: Am 29.Juni 1990 hatte eine überdurchschnittlich starke Regenflut die Kanalisation zum Überlaufen gebracht. 80 Tonnen Fisch verendeten im Fluß. Zwei Jahre wird es dauern, um die Schäden wiedergutzumachen.
Durch die ökonomischen Entzerrungen und die neuen Verkehrsmittel steht die Transformation des gesamten besiedelten Ringes um die Stadt bevor. Da ist mit Sozialromantik wenig zu erreichen. Vielmehr müßte mit ökologisch orientierten Planungskonzepten gearbeitet werden, welche nicht nur auf staatliches Aufkaufen und landwirtschaftliche Begünstigungen setzen, sondern z. B. auf Preisbindungen in bestimmten Abschnitten, auf eine Nutzung von Brachen und auf eine veränderte Einflußnahme auf den Eigenheimbau.

Kapitel 5
Die politische und ökonomische Entwicklungsdynamik der Metropole

Das wandernde Zentrum

Zur sozialen Geographie bürgerlicher Eliten

Ohne Zweifel ist die Cité-Insel von Paris der geschichtliche Ausgangspunkt der Stadtentwicklung gewesen, die Parisii befanden sich in der vorchristlichen Zeit auf der Cité-Insel.
Aber schon für die römische Siedlung Lutetia ist das – wir sahen es – nicht mehr so sicher, denn die Siedlungsreste der Römer-Stadt befinden sich überwiegend auf dem südlichen Seine-Ufer, dem Rive Gauche.

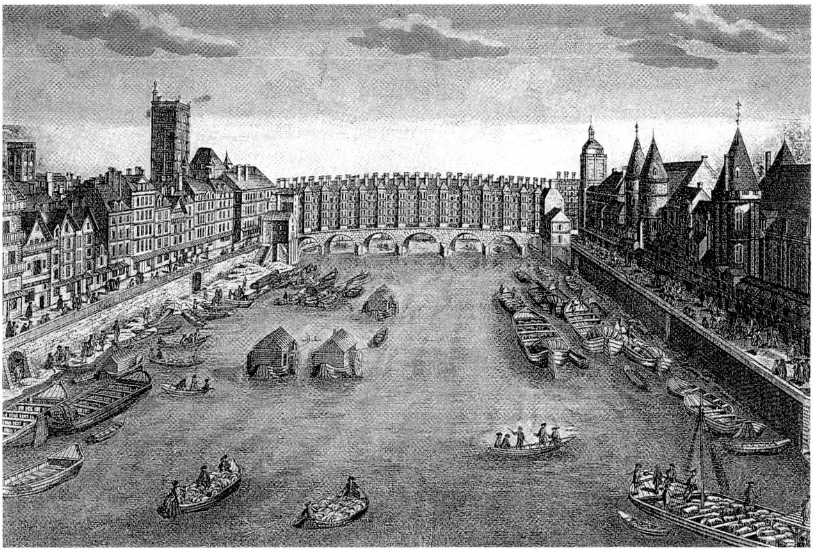

Abbildung 252
Der Pont au Change
aus: Beaudouin 1989, 49.

Im frühen Mittelalter aber war der Sitz der geistlichen und weltlichen Grundherren das Zentrum der Stadt, und in diesem Sinne war die Cité-Insel jahrhundertelang Zentrum der Stadt Paris.
Spätestens im ausgehenden Mittelalter freilich müssen wir uns entscheiden, welche Wanderungsbewegung wir betrachten wollen: die politische Bewegung der Herrschenden, von der Flußinsel auf Rathaus und Louvre hin; die wissenschaftliche Ausbreitung, im wesentlichen von der Cité-Insel auf das linke Seine-Ufer hin, wo sich der Stadtteil »université« festigte, oder die sozial-ökonomische Seite der Wanderungsbewegung, geknüpft an die bürgerlichen Eliten, auf dem rechten Seine-Ufer nach Norden und Westen, im Stadtteil »la ville«.
Für unseren Zusammenhang am aufschlußreichsten ist die sozialökonomische Perspektive und insbesondere das Verhältnis von bürgerlichem Wohnen einerseits und ökonomischer Entwicklung andererseits, es hat die Stadtentwicklung insgesamt am nachhaltigsten bestimmt.
Eine Brücke, der »Pont au Change«, gibt uns den ersten Fingerzeig für den Wanderungsbeginn nach Norden und Osten. Die »Wechslerbrücke« erklärt ein wenig die Frage, warum sich die Bürgerstadt gerade in Richtung »Sumpf« (»Marais«) entwickel-

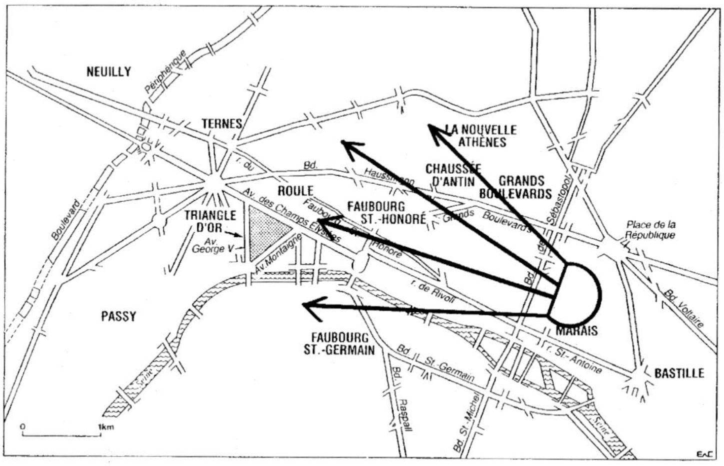

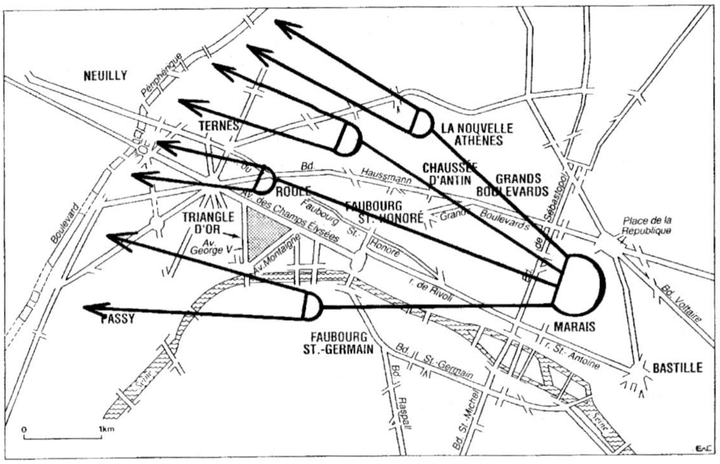

Abbildungen 253 und 254
Der Weg der bürgerlichen »Avantgarde« durch die Stadt. Bürgerliche Residenzen Anfang des 19. (oben) und Mitte des 20. Jahrhunderts (unten).
nach: Pinçon/Pinçon-Charlot 1992, 13.

te: diese Gegend war als Handels- und Verkehrsknotenpunkt, als Ort von Gewerbe und Versorgung sehr geeignet.

Bis Ende des 16. Jahrhunderts hatten sich die herrschenden Klassen ziemlich kompakt in steinernen Stadtpalais im Marais niedergelassen. Hier wohnte die Aristokratie ebenso wie die hohen Stadtbeamten oder die »Finanzmagnaten« der Zeit.

Im 17. und 18. Jahrhundert setzte dann jener oft beschriebene und noch heute anhaltende »West-Feldzug« (»Conquête de l'Ouest«) der herrschenden Schichten und Klassen ein.

Die Gründe für die Wende sind vielschichtig. Nicht nur waren dort im Westen günstige Siedlungsflächen und Bodenpreise, nicht nur ließen sich dort in der Ebene »Gartenstadt-Villen« ohne den Pesthauch der Innenstadt bauen; im Westen führten die Wege nach Versailles! Zudem gab es eine politische Westwärts-Wendung etwa durch die Anlage des Tuilerien-Palastes im Westen der Cité-Insel ab 1564, oder nördlich davon durch die Anlage des Vendôme-Platzes durch Ludwig XIV. Eher abstoßend mögen demgegenüber die unwirtlichen Hänge, die muffigen Stadtgräben und das Monstrum Bastille im Osten der Stadt gewirkt haben.

Kurz, das Marais-Viertel verfiel, die beiden neuen aristokratischen Lebensadern waren der Faubourg St. Germain auf dem linken Seine-Ufer und der Faubourg St. Honoré auf dem rechten (s. Abb. 253). Aus dieser feudalen Zeit stammen jene herrschaftli-

Abbildung 255
Der Weg der künstlerischen Avantgarde durch die Stadt
Die zur bürgerlichen Wanderung gegenläufige Bewegung der »Bohème« bis Ende des 20. Jahrhunderts
nach: Pinçon/Pinçon-Charlot 1992, 13.

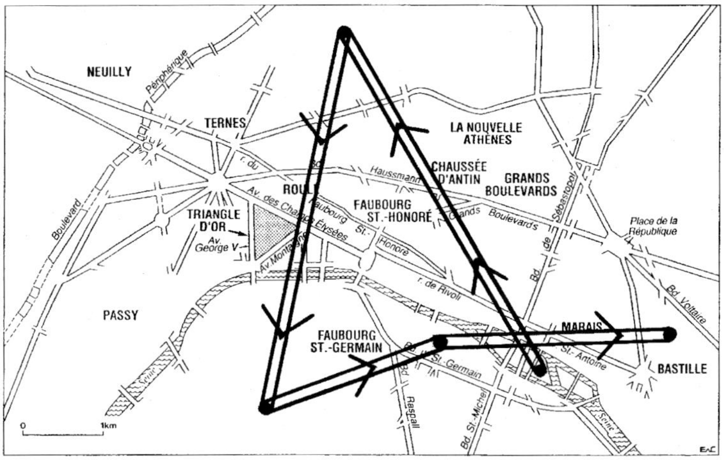

chen Bauten, in denen heute am Faubourg St. Honoré der Staatspräsident residiert (nämlich im Elysée-Palast, 1718 erbaut) oder im St. Germain-Viertel der Ministerpräsident, Rue de Varenne (Hôtel Matignon, 1721 erbaut).

Hatte zunächst der Faubourg St. Germain das Erbe des Marais angetreten und damit die besseren aristokratischen Karten (Proust beschreibt ihn später in leicht verrottetem Zustand), so ist seit dem 19. Jahrhundert ganz sicher das rechte Seine-Ufer Zentrum der Stadt geworden. Schon am Ende des 18. Jahrhunderts begannen aristokratische Familien, sich entlang der großen Boulevards und nördlich davon niederzulassen. Heute denkt man kaum mehr an »feine« Viertel, wenn man, grob gesprochen, von der Gegend zwischen Gare Saint-Lazare und Nord- bzw. Ostbahnhof spricht.

Zu Beginn des Jahrhunderts waren jedoch beispielsweise das »Quartier des Porcherons« östlich der Trinité-Kirche oder das St. Georges-Viertel gesuchte Adressen. In eigentümlicher Weise war freilich »vornehmes Wohnen« mit den durchaus neuen kulturellen Öffentlichkeitserfahrungen gemischt, d. h. die Grands Boulevards entwickelten sich gleichzeitig zu Orten der Freizeit mit Cafés, Theatern, Panoramas. Im weiteren Sinne kann man sagen, die Ausdifferenzierung der gesamten Stadt differenzierte auch die bürgerlichen Fraktionen: der alte konservative Adel befand sich eher am Boulevard St.-Germain, der protestantische Militäradel eher am Faubourg St.-Honoré, die Chaussée d'Antin war besetzt von Neureichen und vom Geldadel.

Nicht zufällig vielleicht kreuzte sich hier Mitte des 19. Jahrhunderts die Migration der bürgerlichen »Avantgarde« mit der künstlerischen Avantgarde, die nach ihrer Abnabelung von der Cité und dem linken Seine-Ufer in »Neu-Athen« (»Nouvelle Athènes«) ihre erste stadträumliche Bastion errichtete.

Sie zog dann freilich zum Montmartre, schwenkte ab zum Montparnasse, um nach dem Zweiten Weltkrieg über St.-Germain und das Marais-Viertel, heute im Osten von Paris, im Bastille-Viertel, zu landen (s. Abb. 255). Die künstlerische Avantgarde, auf billigen Wohnraum angewiesen, folgte oft nur den jeweiligen sozial Schwachen, nicht selten siedelte sie in der Nähe der Elendsquartiere oder Slums. Insofern erstaunt die »Eroberung des Ostens« durch diese Schichten heute nicht allzusehr.

Im Westen setzte sich Mitte des 19. Jahrhunderts das Abdriften fort; das IX. Arrondissement füllte sich, das VIII. wurde erreicht. Selbstverständlich hat die Umstrukturierung des städtischen Raums durch Haussmann der nun sehr klaren sozialen West-Ost-Trennung den entscheidenden Impuls gegeben.

Bis zur Jahrhundertwende erreichten die bürgerlichen Residenzen Räume, die auch heute noch das ökonomische Zentrum der Stadt ausmachen: die Avenue des Champs-Elysées, bzw. der Triangle d'Or. Relativ spät erst, nämlich ab den 20er Jahren, haben sich die Aristokratie und das Großbürgertum im XVI. Arrondissement und in Neuilly niedergelassen (s. Abb. 254).

Die feudalen Residenzen allein haben die Anziehungskraft des Raumes natürlich nicht ausgemacht.

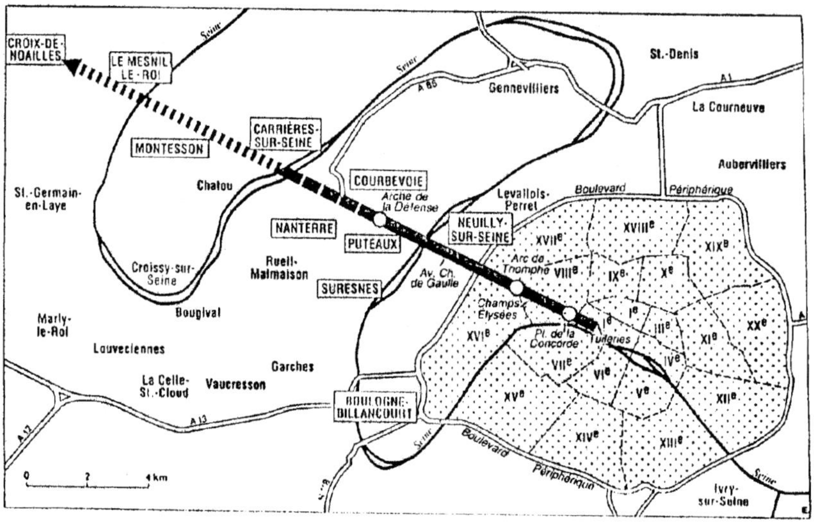

Abbildung 256
Die historische Achse und ihre Stoßrichtung im Übergang zum 21. Jahrhundert
aus: Pinçon/Pinçon-Charlot 1992, 12.

Abbildung 257
Die Enwicklung der Standorte von Großunternehmen in der Pariser Region (Arrondissements, La Défense und Vororte)
aus: Pinçon/Pinçon-Charlot 1992, 91.

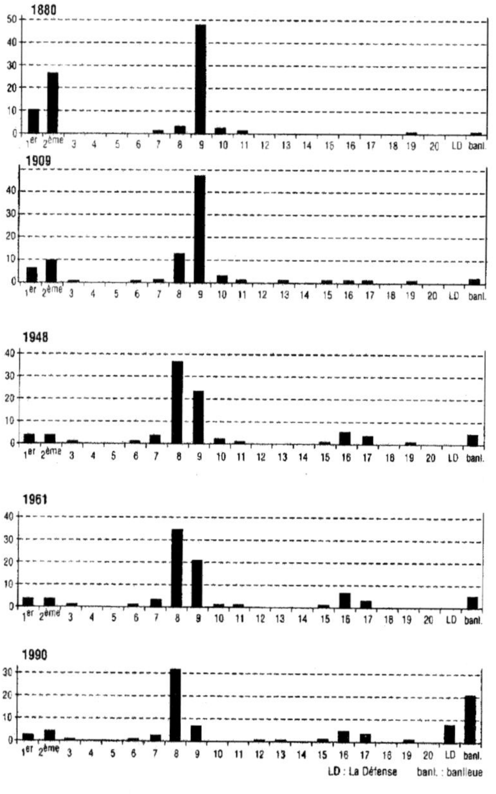

Aber wie Monique und Michel Pinçon zeigen, waren sie durchaus die Vorreiter. Es folgten die Haute Couture, die Juweliere, die Gastronomie und zum Teil auch die »Kulturindustrie«. Heute sind wesentliche Hauptniederlassungen der Industrie und des Dienstleistungssektors und auch der Medien ganz selbstverständlich im VIII. Arrondissement präsent. Die ökonomischen und sozialen Geschicke der Stadt (und auch der Region) werden von hier aus bestimmt. Der letzte Satz ist natürlich sofort wieder zu relativieren, denn die Westausdehnung der Großbürger ist zwar am Stadtrand zum Halten gekommen, das ökonomische Zentrum der Stadt (und des Landes!) ist aber überverdichtet und verliert an Gewicht. Die Champs-Elysées, so sagen einige, verslumen. La Défense, dieses Riesenareal, welches über die Stadtgrenze hinaus nach Westen geschoben wurde, dieses riesige Dienstleistungszentrum mit hunderttausend Arbeitsplätzen und an die 900 Milliarden Gesamtumsatz ist im Begriff, zum neuen Zentrum zu werden – und so sieht es sich auch selbst (s. Abb. 258).

Das »wandernde Zentrum« scheint also an die Peripherie gerückt. Es gibt in jeder Hinsicht keine klare Identifikationslinie mehr in dieser Stadt. Für den einen liegt das Zentrum nach wie vor auf der Cité-Insel, für den anderen bei Châtelet-Les Halles, für wieder andere befindet es sich im goldenen Dreieck an den Champs-Elysées und für noch andere liegt es bei La Défense. Man wird sich vielleicht auf eine Vielheit von Zentren einrichten müssen.

Abbildung 258
Das ausgewanderte Zentrum
Selbstdarstellung von La Défense
aus: Pellerin o.J., 30.

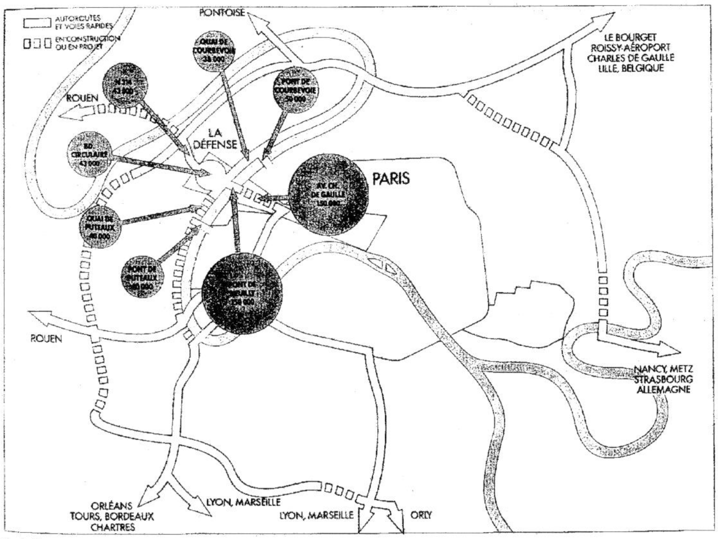

Carte III.5

Wer besitzt Paris?
Eine undurchsichtige Geschichte

Eigentumsverhältnisse waren schon immer undurchsichtige Verhältnisse. Durch Teilung zersplittert, durch Verkauf zerstreut, durch Beleihung entfremdet, durch Erben mühsam zusammengehalten oder Freunden pro forma überlassen sind sie heute, da die Banken mehr und mehr den Besitz kontrollieren, undurchschaubarer denn je.
Dabei könnte man glauben, die Französische Revolution hätte die Verhältnisse ein für allemal geklärt. Die Hälfte der Stadt gehörte im Frankreich des »Ancien Régime« dem Adel oder dem Klerus. Nachdem die Revolution durch die Enteignung eigentlich erst privates Eigentum schuf, hätten jetzt eindeutig bürgerlich-private Verhältnisse herrschen müssen.
Schon 1801, mit Abschluß des Konkordats, gingen jedoch Teile des konfiszierten Besitzes zurück an die alten Besitzer und während der Restauration und vor allem im III. Kaiserreich wurden weitere erhebliche Anteile restituiert. Mit der Trennung von Kirche und Staat 1905 aber fielen »die Kirchtürme« der Stadt (Madeleine, Saint-Sulpice usw.) zuerst an den Staat und dann an die Gemeinde Paris.
Interessanterweise ist es der Kirche aber später, im Zeitraum 1935–1950 gelungen, ihren Besitz zu verdreifachen. Nicht ganz unschuldig war dabei wohl das Vichy-Regime, hatte es doch die religiösen Vereinigungen wieder zugelassen (vgl. de Moncan 1985). Ab 1950 indes ist der Kirchenbesitz im Departement Paris ungeheuer geschrumpft – 1992 gehörten der Kirche nur 328 Gebäude und einige Anteile am gemeinschaftlichen Besitz.
Eine ganz andere und viel gewichtigere Rolle spielte seit der Französischen Revolution natürlich das Bürgertum. Bürger und Kleinbürger begriffen ziemlich schnell, welche neuen Möglichkeiten das private Eigentum bot; noch in den revolutionären Wirren bereicherten sie sich ausgiebig (von einem Maurer wird erzählt, er habe an einem einzigen Tage 7 Pariser Gebäude erworben).
Im 19. Jahrhundert sind die »Rentiers«, die vom Immobilienbesitz lebten, dann zu einer eigenen »Klasse« geworden, mit beträchtlichem politischen Einfluß. Sie besaßen ein oder mehrere Gebäude, die Investition in den Stein lohnte sich.
Louis Chevalier schildert sehr schön so ein Besitzer-

schicksal, wie es auch im 19. Jahrhundert durchaus üblich war; er zeigt indes auch schon sehr genau die Veränderung des Besitzer-Status an:

Der Auvergnat

»Ich habe einen von ihnen gekannt, von dem ich mit einem guten wissenschaftlichen Geist sagen würde, das er für mich der typische Pariser Grundbesitzer aus der Auvergne ist. In Paris einige Jahre vor dem Krieg von 1914 angekommen, war er erst Kellner bei einem Kaffeehausbesitzer, der selbst aus der Auvergne stammte. Er wird dann einige Zeit später selbst Kaffeehausbesitzer, dann, ich weiß selbst nicht auf welche Weise, Verwalter eines Mietwohnhauses, der Besitzer von einem, von zweien, von drei Wohnhäusern, die ihrerseits wiederum weitere kleine Wohnhäuser bekamen. Alte Wohnhäuser. Ein bißchen baufällig waren sie schon, und sie waren verloren, so in der Gegend des Marais. Es waren die einzigen, die für ihn finanziell zu erlangen waren. Nachdem er sie wieder ein bißchen aufgerüstet hatte, baute er sie zu Hotels um, ohne seine Mieterschaft genauer anzuschauen. Wenn eine Reparatur nicht mehr warten konnte, wenn eine Rohrleitung den Geist aufgab, dann hütete er sich wohl, einen Handwerker zu rufen. Er kam selbst mit seiner Werkzeugtasche; wenn das Dach durchlöchert war, halfen ihm dabei seine Frau und sein Sohn und sie kletterten da hinauf, um oben einen Teerverband anzulegen. Das erlaubte ihm, über die Runden zu kommen und sogar sich ein wenig zu bereichern und nach einer Zeitspanne von zwanzig Jahren war es ihm durch diesen Handel am Vorabend des Zweiten Weltkrieges sogar möglich, noch komfortablere Wohnhäuser zu kaufen als andere Besitzer, die weniger schlau waren oder aus einer leichtlebigeren Region kamen; die nämlich waren gezwungen, zu verkaufen. Sie wurden durch die konstante Verarmung an der Gurgel gepackt, durch den Krieg hatte sich die Situation dann noch verschlimmert. Nicht nur brachten die Mietshäuser nichts mehr ein, sondern sie ruinierten auch diejenigen, die sie besaßen. Es gab keine andere Lösung, als aufzugeben (. . .).
Aber es gab keinen Käufer. An wen konnte man sie also verkaufen? (. . .) Man verkaufte sie im allgemeinen an Versicherungsgesellschaften, die sich in diesen Jahren gebildet haben und sich auf diese Weise mit sehr geringen Kosten einen riesigen Immobilienpark zugelegt hatten« (Chevalier 1977, 38/39).

In diesem Fall allerdings verliert der Auvergnat nicht sein Eigentum. Chevalier erzählt nicht ohne Komik, wie der kleine Hausbesitzer sich durch die Hilfe eines großen (auch er ein Auvergnat, natürlich!) aus der Klemme helfen läßt . . .
Es ist die Zeit, wir haben es im Kapitel 3 beschrieben, in der der soziale Wohnungsbau entsteht und gleichzeitig private Baugesellschaften, Banken und Versicherungen beginnen, sich einen Besitzanteil zu erobern. Anders als in Deutschland hat freilich in Frankreich die Steuergesetzgebung und die Mietpreisbindung seit dem Ersten Weltkrieg eine fundamentale Rolle gespielt. Objektfinanzierungen lohnten sich in dieser Zeit im großen ganzen nicht sehr. Als nach 1948 langsam die Mietpreisbindungen fielen, setzte die Spekulation im großen Stil ein. Der sonst eher gemäßigte Chevalier beschreibt die neue auftauchende Klasse der »Promotoren« so:

»Wenn man auch nicht ganz genau weiß, was sie sind, so weiß man wenigstens, so sieht man wenigstens, was sie machen, was sie gemacht haben. Sicher ist, daß es die verhaßtesten Personen unserer Zeit sind. Neben ihnen waren die Steuerpächter, die Mehlspekulanten, die Leuteschinder geliebte Kinder der Pariser. Im Fall einer Revolution würden sie zuerst guillotiniert werden: auf dem Platz des Montparnasse-Turms, dessen Betonfläche das Blut nur schlecht schlucken würde, oder auf der Esplanade von La Défense, wo man zum ersten Mal etwas sehen würde, was das Hingehen lohnte. Die Liste steht schon und jener unter den Promotoren, der zuerst dran wäre, weiß das sehr gut, so sagten schon die Sansculotten (. . .) Möge er mutig sein auf dem Schafott, welches ihn erwartet!« (Chevalier 1977, 41).

Aber weder die großen Spekulanten noch die einzelnen Promotoren, noch irgendwelche Vereinigungen haben das Rennen gewonnen, der gemeinschaftliche Besitz (»la copropriété«) beherrscht heute den Markt. Noch 1935 waren 105 000 von 108 000 Pariser Gebäuden Eigentum von Einzelbesitzern, heute ist weit über die Hälfte der Gebäude in gemeinschaftlichem Besitz. In sehr kurzer Zeit hat sich der Besitz grundsätzlich verändert, ist in andere Hände übergegangen. Der gemeinschaftliche Besitz ist also in diesem Umfang sicher ein neues Phänomen.
Alte Besitz-Aufkäufer waren jedoch außer den oben genannten vor allem der Staat und die Stadt. Schon als Baron Haussmann die Häuser in der Rue de Seine enteignete, legte die Stadt die Hand darauf – die skandalumwitterten »guten Lagen« sind ja neuerdings wieder ins Gespräch geraten, der Minister-

präsident selbst soll sich bedient haben und selbst der Präsident der Republik, Chirac, hatte seine Vorteile wahrgenommen . . .
Wir werden gleich sehen, wie stark inzwischen die öffentlichen Besitzrechte gediehen – und wie verschachtelt sie sind.

Die zersplitterte Besitzlandschaft– ein demokratisches Anzeichen?

»Wer besitzt Frankreich?«, rief Edouard Daladier 1934 auf dem Kongreß der Radikalsozialisten aus; und er antwortete: »Die 200 Familien, die die französische Wirtschaft und Politik beherrschen!«

Diese und andere marxistische Vorstellungen scheinen durch die neuere Strukturentwicklung in der Region und in Paris entkräftet. Die kapitalistische Macht der Familienimperien Rothschild und Hottinger ist dahin; die Schneider gibt es nicht mehr und wenn auch bei Peugeot und Michelin ein gewisses Fortbestehen familiärer Macht überdauerte – ihre Zeit ist vorüber. Die größten Landbesitzer in Frankreich sind die Armee und die Eisenbahn; die größten Immobilienbesitzer in der Region sind die Copropriétaires (Wohnungsbesitzer), der Besitz hat sich nicht konzentriert, sondern ist explodiert und zersplittert. Die entscheidende Frage ist indes sicher, ob damit auch ein Demokratisierungsmoment verbunden war. Diese Frage wollen wir im Auge behalten, wenn wir im folgenden einige Strukturprobleme der Stadt beleuchten.

Abbildung 259
Oberflächen der Stadt Paris intra muros 1989
aus: Economie magazine 57/1990, 16.

	Hektar
Straßen und Wasserwege	2 600
Öffentliche Grünflächen	2 400
Bebaute und sonstige Flächen	5 500
Gesamtfläche	10 500

Bei solchen Oberflächendarstellungen staunt man immer wieder über den hohen Grünflächenanteil von fast 25%. Zieht man jedoch den Bois de Boulogne (825 ha) und den Bois de Vincennes (994 ha) ab – sie liegen beide außerhalb des Stadtgebietes, gehören aber der Gemeinde Paris – so verbleiben 554 Hektar Grünfläche – ein kümmerlicher Rest im Vergleich zu Städten wie Wien oder Berlin.

Abbildung 260
Grund- und Bodenbesitz in der Stadt Paris intra muros 1987
aus: Economie magazine 57/1990, 16

Öffentlich:	
Grünflächen	2 275 ha
Straßen, Wege	2 260 ha
Gebäude	820 ha
Sonstige	1 035 ha
Privat:	
Grünflächen	224 ha
Gebäude	2 420 ha
Sonstige	1 506 ha
Total	10 540 ha
davon öffentlich	6 390 ha
davon privat	4 150 ha

Erstaunen wird zunächst vielleicht, daß ein so hoher Anteil der Stadt durch Grünflächen, Straßen und Wege »verlorengeht«, und weiter wird man sofort registrieren, daß der Anteil der öffentlichen Gebäude mit fast einem Drittel der Gesamtheit der Gebäude erstaunlich hoch ist.
Erst interessant ist aber die Frage, in welcher Weise der Wohnbesitz der Stadt verteilt ist (s. Abb. 261).
An dieser Aufstellung erkennt man, daß die wahren »Miethaie« der Stadt die privaten Einzelbesitzer und die öffentlichen Körperschaften sind. Ihr Anteil ist ungewöhnlich hoch.
Im Vergleich zu anderen Großstädten im Ausland ist zudem der Wohnungsanteil, gemessen an der Gesamtheit der bebauten Flächen, überhaupt erstaunlich hoch:
Es gibt in Paris: 80 Millionen m^2 Wohnungen
15 Millionen m^2 Büros und ca. 15 Millionen m^2 Industrie, Handwerk, Handel, einschließlich der Lagerflächen (Economie magazine 57/1990, 18).
Trotz des Büro-Booms in den letzten Jahren ist dieses Verhältnis annähernd stabil geblieben. Das liegt wahrscheinlich am hohen Anteil des öffentlichen Besitzes und auch an den vielen Copropriétaires.

Abbildung 261
Der Pariser Wohnbestand und seine Besitzer 1989
aus: Economie magazine 57/1990, 17

	Zahl der Wohnungen	Prozent
Private Einzelbesitzer	958 000	73,25
Öffentliche Organe	190 000	14,52
davon		
Staat	(15 000)	
Stadt und ihre Gesellschaften	(145 000)	
Gesellschaften des sozialen Wohnungsbaus	(30 000)	
Diverse Gesellschaften und Vereinigungen	125 000	9,55
Baugesellschaften	35 000	2,67
Insgesamt	1 308 000	100

Der Immobilienbesitz ändert sich im übrigen – zumindest im Departement Paris – nicht sehr (weniger als 4% der Wohnungen wechseln jährlich den Besitzer) und auch Grundstücke werden nicht sehr häufig verkauft. Nachdem die letzten großen Industrieflächen in Paris veräußert worden sind (ca. 22 ha von Citroën im 15. Arrondissement und die 6 ha der Pariser-Groß-Mühle im 13. Arrondissement), bewegt sich noch ein klein wenig in der Region, in Paris aber gar nichts mehr.
Welchen Indikator man also auch nimmt, die Zahl der Gebäude, die Wohnungen, die Flächen oder die Prozente, das Bild bleibt einigermaßen gleich: es dominiert der gemeinschaftliche Besitz »la copropriété« (s. auch Abbildung 262).
Hinter der Statistik verbergen sich allerdings oft sehr vielschichtige Dimensionen. Der Kirche gehört zwar in Paris beispielsweise kein Kirchengebäude mehr, die »Kleinen Schwestern der Armen« (so der Name ihres Ordens) besitzen jedoch gerade in den reichsten Vierteln gut gelegenen Grundbesitz, der an die 27 Milliarden Franc wert sein soll (L'Evénement 481/20.-26.1.1994, 43). Diese Grundstücke befinden sich im sogenannten »kleinen goldenen Hörnchen« (»Cornette d'or«) an den Grenzen des 5.,6.,7. und 14. Arrondissements.
Wie bei vielen privaten Denkmal- und Gebäudebesitzern konnten die Kirchen den Unterhalt kaum mehr bezahlen. Infolgedessen spielte sich ein Prozeß ab, den der Präsident der Bauherren-Kammer so umschreibt:

»Wir machen viele 'deals'mit ihnen (den religiösen Vereinigungen).Wir kaufen einen Teil ihrer Gärten, um dort Wohnungen zu bauen und im Ausgleich dafür erneuern wir in angemessener Weise ihre alten baufälligen Gebäude. Diese Flächen sind nicht mit den staatlichen Schätzen vergleichbar, aber sie sind verfügbar und sehr gut gelegen« (Economie magazine 57/1990, 17).

Die »deals« mit der Gemeinde Paris sind in der Regel nicht transparenter. Im strikten Sinne besitzt Paris nur 1 163 Wohnungen, alles andere sind verzwickte Verschachtelungen, bei denen die Stadt Anteile oder die Mehrheit besitzt. Insgesamt gehören der Stadt aber 49% der gesamten Oberfläche des Stadtgebiets im Schätzwert von 150 Milliarden Francs (Evénement 481/20.-26.1.1994, 39).
Der Mechanismus der Aneignung ist in neuerer Zeit halbwegs klar: durch ihre Vorverkaufsrechte, zum Beispiel bei den Zonen mit Preis-Stop, konnte die Stadt beträchtliche Geschäfte machen.
»Die Stadt kauft zu geringen Preisen und versteht es manchmal, zu hohen Preisen wieder zu verkaufen«, sagt Patrice de Moncan, einer der besten Kenner der Materie (L'Evénement 481/20.-26.1. 1994, 39).
Insgesamt stellt sich die Besitzsituation der Gemeinde in Paris so dar:
Zu den 1 163 Wohnungen, die ganz der Stadtgemeinde gehören, kommen
-78 554 Wohnungen der Opac (ehemals OPHLM), dem klassischen Träger des sozialen Wohnungsbaus;
-21 172 Wohnungen der RIVP, einer Immobilienfirma, die zu 37,5% in Gemeindebesitz ist
-23 536 Wohnungen der Sagi, einer Gesellschaft, in der die Stadt 40% des Kapitals hält
-3 141 Wohnungen von SEC's, d. h. von gemischt privat/städtischen Gesellschaften, in denen die Gemeinde die Mehrheit des Kapitals hält, und
- ca. 5 000 Wohnungen des Sozialamtes, der »assistance publique«, welche an die 50 Krankenhäuser besitzt und die mittelbar zur Stadtgemeinde gehören;
Dies ergibt insgesamt ca. 132 566 Wohnungen (nach: Economie magazine 57/1990, 18).
Während die Stadt Paris ihren Besitz überwiegend im 12.,13.,14., 18. und 19. Arrondissement hat, besitzt der Staat seine Anteile eher im Kernbereich der Stadt. Der staatliche Besitz in der Stadt ist nicht größer, aber prächtiger. Er umfaßt

Abbildung 262
Die Verteilung der bebauten Flächen je Besitzer in Quadratmeter und Prozent 1985
aus: Economie magazine 57/1920, 20

	Quadratmeter	Prozent	Zahl d. Häuser
Gemeinschaftlicher Besitz	49 932 000	50,8%	57 700
Einzelne Personen	18 868 000	18,3%	28 800
Stadt Paris	10 300 000	10,6%	12 400
Institutionen als Investoren	4 465 000	4,5%	3 200
Handelsgesellschaften	7 915 000	8,1%	9 900
Baugesellschaften	5 120 000	5,2%	13 000
Öffentl. Organe	1 305 000	1,3%	2 200
Verschiedenes	911 000	0,9%	613
(Botschaften usw., Religionsgemeinschaften	180 000	0,2%	331
Paris insgesamt	98 268 000	ca.100	119 944

Abbildung 263
Einige staatlichen und städtische Besitzungen in Paris im Überblick (1990)

Stadtbesitz	Staatsbesitz	Senat
Tour Eiffel	Alle anderen Monumente	
Grand Palais	(Elysée-Palast, Nationalversammlung)	
Gärten und Wälder	Außer Tuilerien und Jardin des Plantes	Jardin du Luxembourg
Sorbonne	Alle anderen Universitäten	
Alle Kirchen (vor 1924)	Notre-Dame	
Friedhöfe	Ministerien und Verwaltungsgebäude	
	Krankenhäuser	

1. alle Monumente, wie Panthéon, Triumphbogen, usw.
2. die Verwaltungsgebäude der Ministerien, die Universitäten (außer Sorbonne) und einigen Museen
3. die Standorte der großen öffentlichen Dienste (EDF, SNCF, RATP usw.)

Die Tabelle 263 zeigt die Aufteilung der wichtigsten öffentlichen Einrichtungen.
Die inneren Stadtviertel haben wesentlich weniger Wohnbesitz als die äußeren (das 15. Arrondissement hat mehr Wohnungen als die ersten 5 Arrondissements zusammen); Büros, Boutiquen und Unternehmen sind eher im Kernbereich konzentriert. Seit Jahrzehnten wird das Anwachsen der Büroflächen mit Sorge beobachtet und ebenso ist seit Jahrzehnten bekannt, daß der zunehmenden Wohnungszerstörung im Departement Paris keine entsprechende Zahl von Neubauten gegenübersteht. Das Pariser Atelier für Urbanismus schätzt, daß von 1982 bis 1988 jährlich 4 500 Wohneinheiten gebaut wurden, aber gleichzeitig bis zu 6 000 Einheiten verlorengegangen sind – die neuen Einheiten werden immer größer und ersetzen unter anderem deshalb nicht die alten Wohnungen.

Entgegen einem alten Vorurteil ist Paris übrigens keineswegs von ausländischem Kapital »gefressen« worden. Die deutschen Investoren spielen in Paris eine so geringe Rolle, daß sie in den Statistiken garnicht erst auftauchen. Die traditionellen Anleger, England und Holland, sind neuerdings beträchtlich von Japan überflügelt worden (s. Abb. 264). Im Herzstück der Kapitale, am »triangle d'or«, in der Avenue Montaigne, dort, wo die ausländischen »Haie« massiert auftreten, ist der Anteil vor allem arabischer und japanischer Gesellschafter am Gemeinbesitz mit 20% ziemlich groß, aber in der Runde der Besitzer-Gesellschafter sind das nur 4,8 % (L'Evénement 481/20.-26.1.1994, 43).

Abbildung 264
Ausländische Investoren und der Bürobestand in Paris
aus: Economie magazine 57/1990, 20.

	Überbaute Flächen in Tausend m²	Anteil am Gesamtbestand in Prozent
Japan	160	1,2
England	120	0,9
Holland	40	0,3
Vorderer Orient	40	0,3
Schweden	15	0,11
Andere	25	0,18
Total	160	3

Das abweisende und insbesondere gegen Japan fremdenfeindliche Klima ist wohl vor allem dadurch zustande gekommen, daß die Japaner in übergroße Projekte, wie das Shell-Gebäude in der rue de Berri (mit 40 000 m²) und die Montparnasse-Esplanade (mit 65 000 m²) investiert haben, was beträchtliches Aufsehen erregt hat (Economie magazine 57/1990, 20). Insgesamt ist der ausländische Besitz in Paris aber, wie man sieht, relativ bedeutungslos.

Exkurs zum gemeinschaftlichen Besitz (»la copropriété«)

»Wer immer strebend sich bemüht . . .«

Wie ist die Explosion des gemeinschaftlichen Besitzes in jüngster Zeit in Frankreich und in der Region Parisienne zu erklären? Die Antwort ist im historischen Rückblick leicht zu finden. Dort, wo enge Stadtgrenzen oder geographische Gegebenheiten, wie etwa Alpenlandschaften, die Ausdehnung erschwerten, wo die Immobilienpreise besonders hochschnellten, teilte man sich die ökonomischen Lasten. Als Musterbeispiele für solche Entwicklungen gelten Rennes und Grenoble – Rennes, wo nach dem Brand von 1720 neue ökonomische Verhältnisse entstanden; Grenoble, wo die Befestigungsanlagen den teuren Hochhausbau erzwangen.

So klar diese Gründe auch sind, es scheint für die Herausbildung des gemeinschaftlichen Besitzes auch noch ganz andere zu geben.

Es bedurfte zum Beispiel für diese neue Besitzform der rechtlichen Regelungen, die nicht zufällig erst 1938 von der Volksfrontregierung geschaffen wurden (vgl. dazu und zum Folgenden Haumont/Raymond 1971). Zu jener Zeit wurde der Status des gemeinschaftlichen Besitzes festgelegt; davor dominierte der »ganze Besitz«, d. h. man besaß in der Regel ein oder mehrere Gebäude, aber nicht Gebäudeteile.

Schon das Wort »gemeinschaftlicher Besitz« war im 19. Jahrhundert verpönt, es klang nach Kommunismus und Planwirtschaft. Nach dem Kriege dann, insbesondere nach der Aufgabe der Mietpreisbindung 1948 kamen die finanzpolitischen Hilfen zum Tragen, die Kreditbedingungen für die Eigenheimbeschaffung wurden erleichtert und 1965/66 das Bausparen begünstigt. Zum selben Zeitpunkt ist dann auch der Verkauf von Sozialwohnungen an die Mieter ermöglicht worden, die »accédants à la propriété en HLM«, wie man sie nannte, entstanden – sie fühlten sich oft freilich als »Besitzer 2. Klasse« gegenüber den »Gesamtbesitzern«.

Dies führt zu der wichtigen weiteren Frage, welche Schichten und Klassen eigentlich die Besitzer von gemeinschaftlichem Eigentum repräsentierten und wo die sozialräumlichen Schwerpunkte der Ansiedlung gewesen sind. Man würde es sich zu einfach machen, hier nur als Antwort einzusetzen: Es sind die Freiberufler und leitenden Angestellten, die im Pariser Westen siedeln.

Im Unterschied zu Deutschland – wir haben das angedeutet – ist in Frankreich schon recht früh der Erwerb von Sozialwohnungen in größerem Umfang ermöglicht worden, und dies wurde überwiegend von Arbeitern und Angestellten genutzt. Schon deshalb also muß man bei der Antwort differenzieren; und selbst noch beim gemeinschaftlichen Besitz von Altbauten finden sich sehr gemischte soziale Verhältnisse. Eigentlich ist nur der gemeinschaftliche Besitz von Neubauten eindeutig höheren Schichten zuzuordnen (Haumont/Raymond 1971, 47).

Deutlich erkennbar ist auch der Zusammenhang von Copropriété und Zentralität und eindeutig ist auch die Ost-West-Segregationslinie: hochkonzentriert ist der gemeinschaftliche Besitz im 16. Arrondissement und in einigen westlichen Gemeinden vom Seine-Tal bis zum Tal der Bièvre (Haumont/Raymond 1971, 25).

Am erstaunlichsten an der Entwicklung des gemeinschaftlichen Besitzes ist allerdings, wie schnell und wie vollständig die Besitz-Zersplitterung stattgefunden hat. 1950 teilten sich an die sechstausend Copropriétaires 3,5% der bebauten Fläche; 35 Jahre später sind schon über die Hälfte aller bebauten Flächen Gemeinschaftsbesitz. Das Eigentum, so scheint es, hat sich demokratisiert, denn 90% der Copropriétaires haben nur ein Gebäude. Es gibt in Paris nur noch 5 Personen, denen mehr als 10 Gebäude gehören. Eine absolute Ausnahme ist folglich jene Familie, die das Moulin-Rouge, 4% des 18. Arrondissements, dazu ein Hôtel Particulier am Palais Royal und eines an der Place Vendôme besitzt (Economie magazine 57/1990, 19).

In dieser Hinsicht ist es natürlich interessant, sich anzuschauen, ob die Copropriétaires eigentlich in ihrem Besitz wohnen, oder ob sie ihn vermieten. Man sieht an der nachstehenden Tabelle: der Anteil der vermieteten Eigentumswohnungen ist beträchtlich. Berücksichtigt man, daß auch die Hausbesitzer besonders häufig vermieten, so kann man schon sagen, daß der Wohnbesitz noch in großem Umfang die Erwerbsquelle darstellt.

Die Grundtendenz weist also eindeutig auf zunehmenden gemeinschaftlichen Besitz und läßt sich auch historisch belegen: 1950 machten die Einzelbesitzer von Wohneigentum noch fast 70% aus, 1997 sind es nur noch 21,4%; im selben Zeitraum stiegen die Coproprietaires von 3,4% auf 49,3% an (L'Express, 20.–26.3.97, S. 76)

Andererseits kann man die rasante Entwicklung zum gemeinschaftlichen Besitz gar nicht verstehen, wenn man die veränderten Erwerbsbedingungen nicht sieht: die Erbschafts- und die Vermögenssteuer und auch die Einkommenssteuer haben die »Ware Wohnung« relativ uninteressant gemacht. Viele Erwerbstätige haben sich eingekauft, um wohnen (bleiben) zu können. Die sozialen Kosten waren dabei enorm!

Ein Einwohner von Montrouge erzählt:

»Nämlich . . . um die Wohnung zu kaufen . . . mußte mein Mann Tag und Nacht arbeiten . . . seine Dienstzeit verdoppeln . . . nicht wahr . . . hätte er das nicht gemacht, hätten wir nicht die Wohnung . . . wären wir in irgendeiner Zweizimmerwohnung . . . unter dem Dach, oder auch nicht . . . wir hätten nicht . . . das Ziel erreicht . . . ihm verdanken wir es also . . . genaugenommen . . . niemandem anderen . . . wir bekamen nicht einen Franc Hilfe . . . von außen . . . nichts . . . wir verdanken es seinem Mut . . . seiner . . . guten Gesundheit . . . d. h., daß er seine Arbeitsstunden verdoppelte . . . er hätte auch nur tags arbeiten können . . . und um das Ziel zu erreichen, hat er nachts gearbeitet . . . und er arbeitet immer noch nachts . . . denn sein Tagesgehalt hätte nicht gereicht, um zu unterschreiben« (Haumont/Raymond 1971, 66).

Abbildung 265
Der Wohnbesitz in Paris in Prozent
nach: Audry 1990, 16.

Personen	73,2
davon	
- Gebäudebesitzer	11,2%
- Vermieteter gemeinschaftlicher Besitz (»copropriétaires bailleurs«)	29,7%
- Bewohnter gemeinschaftlicher Besitz (»copropriétaires occupants«)	26,6%
- Leerstehender gemeinschaftlicher Besitz	5,9%
- Institutionen	26,7%

Die sozialen Kosten der Atomisierung des Besitzes

Während sich in Frankreich das gemeinschaftliche Eigentum stärker durchsetzte, hat in Deutschland die »Eigenheim-Ideologie« voll durchgeschlagen; dennoch sind natürlich auch in Deutschland, verstärkt in den 70er und 80er Jahren, als die Mieten explodierten, Eigentumswohnungen gekauft worden. Es zeigte sich jedoch, das die Copropriétaires im Pariser Raum ein besonderes Gewicht haben, was nicht

zuletzt, wie wir sahen, mit einer anderen Finanzpolitik zu tun hat.
Selbst dort, wo die Eigentumsbildung der sozial Schwächeren ermöglicht worden ist, indem ihnen der Kauf von Sozialwohnungen ermöglicht wurde, hat dies – und so war es politisch gewollt– immer nur den oberen Rand der Schwachen erreicht.
Vor allem aber brachte eine solche Politik »diejenigen, die ökonomisch schlecht gerüstet sind, in Schwierigkeiten; für sie bedeutet das Eintauchen in die liberalistische Ökonomie oft, daß sie ertrinken« (Haumont/ Raymond 1971, 46).

Der Strukturwandel der Pariser Region

Die Literatur hat bekanntlich das Bild von Paris beinahe ununterbrochen mystifiziert und in der Regel beschönigt. Zur Beschreibung der ökonomischen Struktur von Paris wurden fast genau so viele Mythen verbreitet.
Zu Zeiten der Kleinbürgerstadt Paris nach 1850 hat man die arbeitende Bevölkerung, die sich bis weit vor die Tore der Stadt türmte, ganz vergessen. Zu Zeiten der Arbeiterstadt Paris, etwa ab 1900, hat man die Arbeiterinnen im Dienstleistungsbereich übersehen. Heute, im Dienstleistungs-Paris, so könnte man sagen, werden zwar nicht die Ausgeschlossenen übersehen, eher schon das Ausmaß der »misère en cravate«, der Misere bei den Dienstleistern selbst. Mit ein wenig Zuspitzung könnte man weiter sagen, daß die neue ökonomische Qualität, die heute wirkt, deswegen nicht wahrgenommen wird, weil man noch zu stark in den Kategorien der industrialisierten Ökonomie befangen ist. Die dreißig glorreichen Jahre nach dem Zweiten Weltkrieg (»les trente glorieuses«) hatten – grob gesprochen – keinen ökonomischen Bruch, sondern eine ökonomische Vorwärtsentwicklung ungeheuren Ausmaßes mit sich gebracht. Nach der Rezession in den 70er und 80er Jahren ist heute indes eine neue Qualität ökonomischen Agierens festzustellen, die viele Urbanisten, Historiker und Ökonomen mit einer Globalisierung der Stadt beschreiben.
Da ist etwa jener kleine Verlag mit vier festen und sechs freien Mitarbeitern in der Ersten Krone von Paris, der Bücher in Auflagen zwischen 1 000 und 3 000 Exemplaren herausbringt ; in einer alten Lagerhalle sind die Büros eingerichtet; beliefert werden ca. 20 Buchhandlungen im Stadtinneren. Die Druckvorlagen freilich werden per Film und Datenautobahn nach Taiwan gesandt, dort wird gedruckt und die Ware importiert.
Größere Unternehmen handeln natürlich – wie wir gleich sehen werden – nach wesentlich komplexeren Gesichtspunkten. Aber das Beispiel zeigt, daß das soziale Band zwischen den Produzenten (in Frankreich und Taiwan) völlig zerrissen ist. Dies ist die neue sozialökonomische Qualität für die städtischen Verhältnisse. Zugleich zeigt das Beispiel: hier geht es nicht nur um den Übergang von einem wirtschaftlichen Sektor zum anderen, vom industrialisierten zum Dienstleistungssektor, sondern um neue sozialräumliche Strukturen überhaupt, die zusammen mit den alten sozialräumlichen Verhältnissen eine schier undurchdringliche Mixtur eingehen.

Abbildung 266
Die ökonomischen Sektoren in der Region Ile-de-France
nach: Atlas des Franciliens 2/1992, 128.

	Industrieunternehmen Anzahl der Unternehmen	Tertiärer Sektor Anzahl der Unternehmen
Paris	34 342	276 974
Kleine Krone	24 990	192 505
Große Krone	20 762	187 042
Ile-de-France (Total)	80 094	565 521

Die Tertiärisierung war in dieser Entwicklung schon seit langem absehbar. Schon 1989 produzierte dieser Sektor drei Viertel des regionalen Mehrwertes, d. h. er stellte 1989 71,4 Prozent des regionalen Mehrwertes dar, während der tertiäre Sektor in der Provinz 61,3 Prozent repräsentierte (dieses und die folgenden Beispiele aus: Atlas des Franciliens 2/1992, 140).
Die große Mehrheit der regionalen Unternehmen, nämlich 82 Prozent, sind aus dem tertiären Sektor. 70 Prozent sind Dienstleistungsunternehmen, 25 Prozent Handelsunternehmen und fünf Prozent Transportunternehmen; dagegen stehen zehn Prozent Industrieunternehmen, die sich vor allem in den nördlichen Arrondissements von Paris und im Nordosten der Vorstadt befinden (freilich sind dort weit mehr Arbeitnehmer pro Unternehmen beschäftigt).

Die besondere Rolle von Paris

Schauen wir uns den Fall von Paris etwas genauer an. Man kann sich die Zersplitterung der ökonomischen Funktionen, die eine soziale Zersplitterung zur Folge hatte, natürlich einfach zentrifugal vorstellen:

Der Weg industrieller Fertigung
Stadt — Vorstadt —Provinz — Ausland

Durch diese nur räumliche Darstellung würde man den sehr komplexen Umstrukturierungsprozeß indes nur sehr eindimensional beschreiben, denn selbstverständlich hat die ökonomische Spezialisierung enorm zugenommen, und es sind neue Zonen der ökonomischen Konzentration entstanden. Insbesondere Leitungsfunktionen der Unternehmen und finanzielle Aktivitäten haben sich weiter massiert. Pierre Beckouche beschreibt die Grundzüge der Veränderung so:

»In 30 Jahren hat sich die Wirtschaft der Pariser Region unter dem Einfluß von vier Phänomenen verändert: industrieller Niedergang der Arbeitervorstädte; Aufstieg der Branchen der Hochtechnologie in den Vororten, wo höhere und leitende Angestellte (cadres) wohnen, grosso modo die westliche Vorstadt; Konzentration der Leitungsfunktionen des produktiven Sektors in derselben westlichen Vorstadt, und folglich ein Hinübergleiten des regionalen Gravitationszentrums im Produktionsystem vom Westen von Paris zum Departement Hauts-de-Seine« (Beckouche in: Le Débat 80/1994, 104).

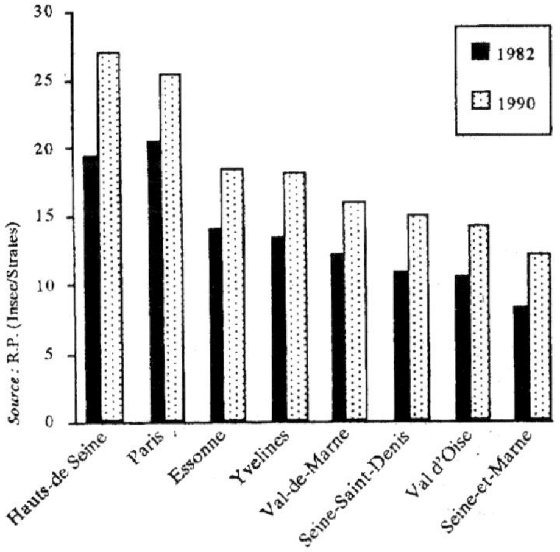

Abbildung 267
Anteil der Ingenieure, leitenden Angestellten, Unternehmer, Beamten und Freiberufler (»professions liberales«) in Prozent.
Beckouche in: Le Débat 80/1994, 105

Abbildung 268
Die Industriebetriebe der Region Ile-de-France
nach: Atlas des Franciliens 2/1992, 142

Departement	Anzahl der Unternehmen	Anteil des Dep. an der Region
Paris	34 342	42,9%
Hauts-de-Seine	9 452	11,8%
Seine-Saint-Denis	8 257	10,3%
Val-de-Marne	7 281	9,1%
Kleine Krone	24 990	31,2%
Seine-et Marne	5 557	6,9%
Yvelines	5 304	6,6%
Essone	4 880	6,1%
Val-d'Oise	5 021	6,3%
Große Krone	20 762	25,9%
Ile-de-France	80 094	100%

Die herausragende Position des Departement Hauts-de-Seine ist heute kaum mehr zu bestreiten (s. Abb. 267 und 268).

Die besondere Position dieses Departements im Westen von Paris wird deutlich, wenn man nicht nur die Berufssparten, sondern auch die Wirtschaftszweige betrachtet. Parachemie und Pharmaindustrie sind mit 72 von 187 Betrieben der Region hier ansässig; von der elektrischen und elektronischen Verarbeitung hält das Departement Hauts-de-Seine 92 von 294 Betrieben (mit über 44 000 Beschäftigten). Im Flugzeug- und Automobilbau teilen sich das Departement Hauts-de-Seine und Yvelines die Hälfte aller Betriebe (vgl. Atlas des Franciliens 2/1992, 144). Es ist schon bezeichnend, daß Paris und die Hauts-de-Seine, flächenmäßig die mit Abstand kleinsten Departements, 52 Prozent aller Unternehmen und 55 Prozent aller Industrieunternehmen der Region und 58 Prozent bzw. 17 Prozent des Bruttoinlandprodukts halten.
In Paris selbst dominiert, historisch gewachsen, die Konsumgüterproduktion (Parfümerie, Bekleidung, Presse und Information usw.), während Ausrüstungsgüter, Nahrung und Genußmittel usw. eher in den sieben anderen Departements liegen.
Wichtig zu sehen ist, wie mittelständisch das gesamte regionale Beschäftigungssystem strukturiert ist: Jedes zweite Unternehmen hat nur einen Arbeitnehmer, d. h. eine große Zahl von Kleinunternehmern sitzt in der Region. 82 Prozent beschäftigen bis zu zehn Arbeitnehmer (Paris 88 Prozent). In Paris sitzen also z. B. die kleinen Konfektionäre, während der Automobilbau natürlich an die Peripherie gegangen ist.
Die Abbildung 268 zeigt sehr gut die Dominanz und das Übergewicht von Paris und des Departements Hauts-de-Seine.
Schauen wir uns die Entwicklung in der Region noch genauer an: viele metallverarbeitende Betriebe haben den Norden und Osten von Paris verlassen; die industrielle Fertigung wanderte in die Provinz oder in die Billiglohnländer (zwischen 1975 und 1987 hat die Region 325 000 industrielle Arbeitsplätze verloren – und 455 000 in tertiären Branchen gewonnen).
Im Westen der Stadt, im Departement Hauts-de-Seine, hat natürlich die langjährige, staatlich geförderte Aufbauarbeit von La Défense zur Verschiebung der ökonomischen Kräfte beigetragen. Hier haben Rhône-Poulenc, Saint-Gobain, Elf-Aquitaine, IBM-Europa usw. ihre Sitze, gute Verkehrsverbindungen laufen durch, Ministerien siedelten hier an; im Nordwesten wird die planerische Verbindung mit der Universität Nanterre angestrebt.
Richtiggehend ausgeblutet sind hingegen in den 70er Jahren die alten Arbeitergemeinden in der Ebene von Saint-Denis, die vom Automobilbau, von der Metallindustrie und der Chemie lebten. Nicht jede industriell geprägte Gemeinde im Norden und Osten wurde freilich zur Brache und zum Sozialfall. Gerade in der Ebene von Saint Denis, wo sich die Gemeinden Saint-Denis, Aubervilliers und Saint-Ouen zusammengeschlossen haben, sind in den 80er Jahren im stadtnahen Bereich Wohnungen entstanden und einige Dienstleistungsbetriebe ansässig geworden (vgl. Antoine Haumont in: Les Annales de la Recherche Urbaine 50/1991, 4f).
Im Gegensatz zu den wirklichen Industriestädten Frankreichs und zu einigen Gemeinden der Großen Krone sind die Industriebrachen in der Kleinen Krone relativ schnell umgewandelt worden. Brachen stellen in der Region ungefähr nur zehn Prozent der insgesamt von der regionalen Industrie eingenommenen Fläche dar, und man zählte 179 Bereiche wirkliche Brache mit 555 Hektar, 92 Bereiche mit potentieller Brache und 486 Hektar Land, zusammen also ca. 1 030 Hektar Fläche (s. dazu Jacques Malesieux in Annales de la Recherche Urbaine 50/1991, 21 und Abb. 269).
Wie undurchsichtig und komplex die Umstrukturierung verläuft, zeigt auch die Schließung der Produktionsstätten des Automobilherstellers Renault in Boulogne-Billancourt im Südwesten von Paris. Die kommunalen und privaten Begierden auf die 80 Hektar große Fläche haben bisher kaum eine konsistente Planung ermöglicht.
Ohne Zweifel verursachte die ökonomische Entflechtung des Zentrums, die hauptsächlich den steigenden Bodenpreisen geschuldet war, dort insgesamt einen Verlust an Arbeitsplätzen. Selbst höhere Dienstleistungen wie Beraterfunktionen folgten oft dem zentrifugalen Schub: So sind Ende der 80er Jahre eine Menge dieser Betriebe aus dem 16. Arrondissement von Paris nach Puteaux, Courbevoie und Clichy gezogen (so Janine Cohen in: Les Annales 50/1991, 42) und bezeichnenderweise hat Renault nach dem Immobilienverkauf in Billancourt sein Planungsbüro in Saint-Quentin-en-Yvelines aufgemacht.

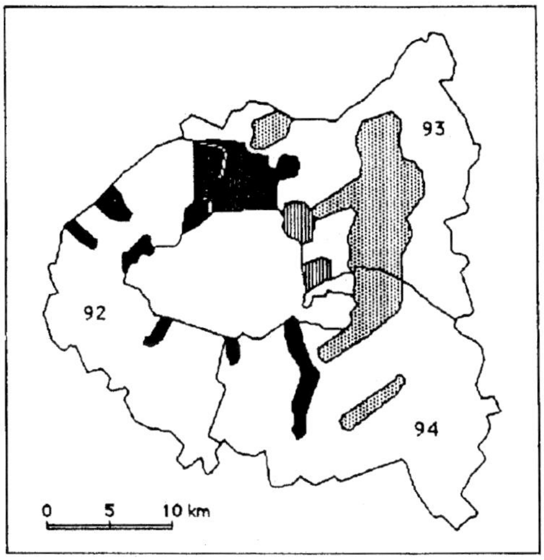

Abbildung 269
Die Industriebrachen in Paris und der Kleinen Krone
aus: Jacques Malesieux, Annales de la Recherche Urbaine 50/1991.

Während Banken und Versicherungen noch zu drei Vierteln auf Paris konzentriert sind, wanderten Baufirmen und Großhandel immer weiter in die Große Krone. In Paris bleiben indes die Hälfte aller Beschäftigten an die Verwaltung und an die Leitungsfunktionen (»gestion«) gebunden.
Es scheint so, als ob insbesondere in den Jahren 1984 bis 1990 die Boden- und Immobilienpreise eine herausragende Rolle bei der Veränderung und Verflechtung der ökonomischen Landschaft gespielt haben (s. Pierre Beckouche in Le Débat 80/1994, 105). Es gab eine explosionsartige Ausbreitung der Büroflächen auch in der Ersten Krone, wo z. T. die alten Fertigungsflächen durch Wohn- und Bürobau ersetzt worden sind. Der Löwenanteil der Teuerung spielte sich wieder im Westen, in den Gemeinden des Departement Hauts-de-Seine ab: Neuilly, Boulogne, Le Vallois, Versailles, Saint-Germain profitierten vom Aufschwung.
Man kann es nicht genug betonen: wenn auch der Blick auf die Boden- und Immobilienpreise einen anderen Eindruck erweckt, die Umstrukturierung in der Pariser Region ist keine bloße Vergrößerung. Es ist, um es mit den Worten von Pierre Beckouche zu sagen, eine sehr »selektive Explosion« (Le Débat 80/1994, 105) und gleichzeitig eine Transformation hin zu größerer Spezialisierung.

Das grobe sozialökonomische Segregationsschema hat sich dabei leicht verdreht, die Fronten verlaufen nun in einer Linie von Nordwesten nach Südosten, wobei die Landschaft viele schwarze Löcher, nämlich die von der Entwicklung ausgeschlossenen Gemeinden, aufweist (s. Abb. 270).
Dabei tauchen immer wieder Brüche und Widersprüche im Segregationsfeld auf. Im Norden und Osten der Stadt haben sich eben doch noch industrielle Fabrikation, Lagerung und Logistik gehalten; Freizeitindustrie ist aufgebaut worden, mit Marne-la-Vallée liegt dort ein gewichtiger Pol, eine »ville nouvelle«, und einiges mehr.
Zusammenfassend wird man also vor jeder totalen und globalisierenden Aussage warnen müssen. Wohl sind einige Trends wie die Spezialisierung, die Delokalisierung und der sektorielle Wandel deutlich auszumachen, die Entwicklung ist jedoch alles andere als einheitlich. Einheitlich ist nur der Ort, wo sich der größte sozialhistorische Wandel abspielen wird: die erste Krone.

Ökonomische Strukturen und sozialräumliche Disparitäten

Die veränderte Struktur der Metropole hat nicht nur ihre Lesbarkeit schwieriger gemacht, wie besonders Intellektuelle gerne beklagen, sondern vor allem ihre Lebbarkeit. Zusammen mit anderen Wirkungsfaktoren ist eine städtische Lebensweise entstanden, bei der die Orte scheinbar ihre soziale Bindungskraft

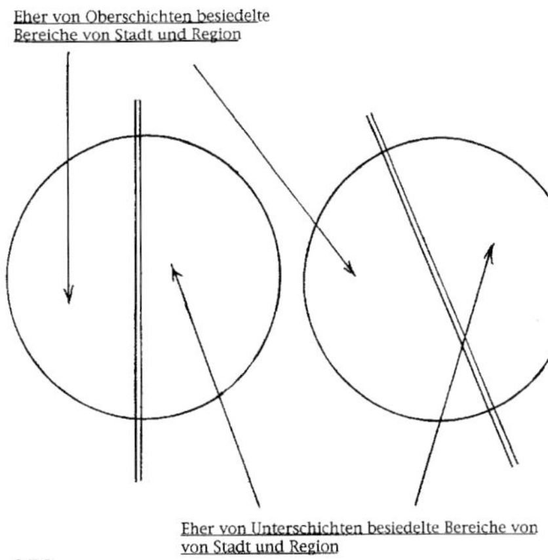

Abbildung 270
Veränderung der west-östlichen Segregationslinie
Grafik: Schüle

verloren haben. Der Jugendliche in Montreuil weiß nichts mehr vom Leben in Marne-la-Vallée nebenan, seine Sozialbeziehungen betreffen das Haus gegenüber oder das Haus im 8. Arrondissement oder das Hochhaus, wo seine Großeltern wohnen oder die Umgebung von seiner Arbeitsstätte in Vitry – falls er denn Arbeit hat.

Die sozioprofessionellen Verhältnisse spiegeln daher vielleicht auch am stärksten die neu entstandene Situation, und am auffälligsten ist in der Region die explosive Zunahme derjenigen Berufsgruppen, die die Franzosen »cadres supérieurs« und »professions liberales« nennen, also leitende Angestellte, Akademiker, verschiedene höhere Freiberufler usw. Zwischen 1982 und 1990 hat sich ihre Zahl in der Region um 293 000 erhöht. Ein Drittel davon schnappte sich Paris und 16 Prozent das Departement Hauts-de-Seine (Beckouche in: Le Débat 80/1994, 103), es ging also die Hälfte des Zuwachses in dieser Berufsgruppe an diese beiden Departements, obwohl sie nur einen sehr geringen Teil der Region ausmachen.

Am Sektor Forschung und Entwicklung kann man den Sachverhalt am besten verdeutlichen. Wohl ist die Dominanz der Ile-de-France nicht mehr ganz so stark wie bis in die 70er Jahre, weil das Rhône-Tal und die Achse nach Spanien aufgeholt haben, dennoch ist das Ungleichgewicht horrend. Es ist umso skandalöser, als es – kurz gesagt – staatlich produziert wurde, und zwar vor allem in den beiden Führungsbranchen Elektronik und Aeronautik, die 1988 allein 83 Prozent der öffentlichen Mittel für Forschung und Entwicklung beanspruchten, wovon wiederum 19 bzw. 42 Prozent militärische Forschung und Entwicklung sind. Diese stellt inzwischen 60 Prozent der industriellen Forschung in der Region! (Pierre Beckouche in: Annales 50/1991, 34).

Abbildung 271
Verteilungen der assoziierten Einheiten auf die Universitäten 1987
aus: Carrez, 1991, 77.

	Einheiten
Departement Paris	310
Region ohne Paris	68
Lyon	60
Aix-en-Provence/Marseille	46
Grenoble	45
Montpellier	42
Toulouse	42
Straßburg	41
Lille	34
Bordeaux	32

Abbildung 272
Personenstand des CNRS im regionalen Vergleich 1988
aus: Carrez 1991, 79.

Ile-de-France	12 979
Rhône Alpes	2 318
Provence/Côte Azur	2 092
Elsaß	1 464
Midi Pyrénées	1 144
Languedoc/Roussillon	1 001
Aquitaine	716
Lorraine	661
Centre	441
Bretagne	302

Obwohl das Süd-Südwest-Dreieck (Grenoble-Lyon-Aix-Marseille-Montpellier-Toulouse) an die 25 Prozent der Forschungsinstitutionen bindet, bleiben 1988 noch immer 52 Prozent des Personals und 49 Prozent der Forschung in der Pariser Region (vgl. ebenda).

Auch innerhalb der Region sind die Forschungs- und

Abbildung 273
Verluste und Gewinn in den sozioprofessionellen Kategorien 1982–1990
nach: Atlas des Franciliens 2/1992, 90.

	Landwirte	Handwerker Unternehmer	Cadres Höhere Angestellte, Freiberufler	Zwischenberufe	Angestellte	Arbeiter
Paris	-76	-1.142	+96 587	+24 531	-65 052	-31 095
Pariser Region	-5 460	+12.265	+293 148	+186 610	-18 719	-49 093

Abbildung 274
Berufstätige Bevölkerung und Arbeitslosigkeit in der Region Ile-de-France 1975-90
aus: Atlas des Franciliens 2/1992, 118.

	1975			1982			1990		
Département	Berufstätige	Arbeitslose	in %	Berufstätige	Arbeitslose	in %	Berufstätige	Arbeitslose	in%
Paris	1 204 675	59 970	5,0	1 105 744	88 996	8,1	1 129 771	106 684	9,4
Hauts-de-Seine	727 805	28 980	4,0	700 036	50 408	7,2	708 121	56 050	7,9
Seine-Saint-Denis	646 950	31 960	4,9	647 968	60 696	9,4	690 510	79 992	11,6
Val-de-Marne	594 005	24 055	4,0	591 628	43 152	7,3	617 510	53 378	8,6
Seine-et-Marne	329 570	12 140	3,7	410 928	29 192	7,1	520 387	40 401	7,8
Yvelines	494 505	15 135	3,1	562 768	34 332	6,1	630 468	40 999	6,5
Essonne	419 820	15 340	3,7	473 808	31 264	6,6	543 662	37 486	6,9
Val-d'Oise	386 475	14 625	3,8	440 296	33 276	7,6	515 156	43 795	8,5
Ile-de France	4 803 805	202 205	4,2	4 933 176	371 316	7,5	5 355 585	458 785	8,6
Provinz	16 971 055	628 665	3,7	18 618 000	1 708 076	9,2	19 756 555	2 273 786	11,5
Gesamt-frankreich	21 774 860	830 870	3,8	23 551 176	2 079 392	8,8	25 112 140	2 732 571	10,9

Entwicklungsstandorte sehr unterschiedlich verteilt, meist sind sie im Südwesten angesiedelt. Die Atomenergie-Behörde sitzt allein mit etwa 7 000 Personen in Fontenay und Saclay, die militärische Forschung ist mit ca. 2 000 Beschäftigten in Châtillon-sous-Bagneux, Meudon und Palaiseau ansässig, und das militärische Forschungszentrum CEA mit 3 000 Personen in Vaujours, Limeil-Brévannes und Bruyères-le-Chatel (Beckouche in: Annales 50/1991, 36). Die private Forschung und Entwicklung der Unternehmen folgt im Grunde der staatlichen Disparität ziemlich genau. Über 20 Prozent sitzen im Süd-Südwest-Dreieck, an die 60 Prozent der französischen Industrieforschung befindet sich in der Pariser Region. Aus deutscher Sicht ist es wichtig zu erkennen, daß nur 27 Prozent der universitären Forschung und Lehre dort versammelt sind, d. h. man muß die viel stärkere Trennung von Forschungs- und Lehrbereich in Frankreich im Auge behalten.
So sind in letzter Zeit verstärkt Anstrengungen gemacht worden, die Forschung des CNRS (Centre National de La Recherche Scientifique) mit den Hochschullaboratorien und -Instituten durch assoziierte Einheiten (»unités associées«) zu verkoppeln. Betrachtet man nun diese Einheiten, so ist das Bild auch dort extrem hierarchisiert (s. Abb. 271).
Wie man es auch dreht und wendet: die »cadres et professions intellectuels supérieurs« wachsen fast überall. An die 38 Prozent von der Gesamtzahl siedeln in der Pariser Region; im Departement Paris bilden sie mit über 30 Prozent schon die stärkste sozioprofessionelle Gruppe. Wobei man allerdings zu berücksichtigen hat, daß die französische Art der Kategorisierung hier manches ambivalente Element enthält, denn es befinden sich z. B. in der vagen Sparte »Zwischenberufe« (»professions intermédiaires«) eine große Anzahl von Angestellten. Aber auch dann, wenn man die Kategorien verfeinert oder die Meßgrenzen verändert und etwa die Gemeinden betrachtet, ändert sich nichts an der Tendenz und an der groben Lokalisierung dieser Gruppen in Paris, im Westen und im Südwesten.
Spiegelbildlich dazu hat sich der untere Rand der Berufsgruppen verändert. Die Region verliert 73 272

Abbildung 275
Gemeinden mit mehr als 2 000 Beschäftigten 1990, wo die Arbeitslosigkeit 13 Prozent oder mehr beträgt.
aus: Atlas des Franciliens 2/1992, 118

Gemeinde	Department	Beschäftigte	Arbeitslose
La Courneuve	93	16 108	16,7
Stains	93	16 040	16,2
Aubervilliers	93	34 969	15,8
Garges-les Gonesse	95	19 735	15,1
Persan	95	5 149	15,1
Montereau-faut-Yonne	77	8 070	14,9
Chanteloup-les-Vignes	78	4 330	14,8
Genevilliers	92	23 637	14,8
Clichy-sous-Bois	93	12 252	14,7
Villetaneuse	93	5 226	14,5
Grigny	91	12 758	14,2
Saint-Denis	93	45 647	14,1
Orly	94	10 438	13,7
Bobigny	93	22 198	13,6
Sarcelles	95	25 710	13,6
Saint-Ouen	93	21 774	13,6
Champagne-sur-Seine	77	2 659	13,0
L'Ile-Saint-Denis	93	3 800	13,0

Arbeitsplätze. Sie verliert sie nur in den unteren Berufsgruppen von Arbeitern, kleinen Angestellten und Landwirten, wobei es das Spezifikum der regionalen Entwicklung ist, daß hier auch mittlere und kleinere Angestellte besonders betroffen sind (Landwirte und Arbeiter verlieren in ganz Frankreich, s. Abb. 273).
Die Profiteure der Entwicklung sind also nicht die mittleren und höheren Berufsgruppen, sondern fast ausschließlich die höheren Dienstleister. Stärker als in Gesamtfrankreich gibt es hier eine strukturelle Polarisierung. Sie wird – wie etwa im Falle der »villes nouvelles« – von der staatlichen Intervention mitbegünstigt und folgt mit vielen lokalen Abweichungen global der alten Ost-West-Segregation.
Betrachtet man nun die Kehrseite der Medaille, die Arbeitslosigkeit, so wird der Eindruck struktureller Ungleichheit noch verstärkt. In 15 Jahren hat sich in der Region die Arbeitslosigkeit verdoppelt: von 202 000 auf 460 000 Arbeitslose (von 4,2 auf 8,6 Prozent), wobei sie mit zunehmender Entfernung größer wird: Bassin Parisien 9,6%, Provinz 11,5%, d. h. dort ist die Arbeitslosigkeit noch größer (s. Abb. 274).
Man macht sich die katastrophale Entwicklung am besten mit einem Blick auf die gerade laufende Entwicklung klar. Danach sind von 100 beschäftigungsfähigen Menschen in der Region 54 mit einem Job ausgestattet und 46 arbeitslos. In der Provinz ist das Verhältnis schon umgekehrt: 41 Jobs auf 59 Arbeitslose.
Die Lokalisierung der Arbeitslosigkeit ist ziemlich eindeutig. Überwiegend betroffen sind der Norden von Paris mit dem 18. und 19. Arrondissement, das Departement Seine-St.-Denis (in welchem fast alle Gemeinden betroffen sind und das die Hälfte aller am stärksten betroffenen Gemeinden stellt, s. Abb. 274) und einige weitere Kommunen in den ehemaligen Industriegebieten entlang der Seine, wie etwa Ivry, Vitry usw.
Die tiefgreifenden materiellen Ungleichheiten sind indes nicht mehr so eindeutig wie früher mit der Ost-West-Segregation oder mit dem Hinweis auf die alten industriellen Zentren zu beschreiben. Schaut man sich z. B. das Durchschnittseinkommen der Haushalte an, so fällt auf, daß die Haushalte im sozialen Wohnungsbau beträchtlich unter dem Durchschnitt liegen; aber nicht nur dies: der Abstand verschlimmert sich zunehmend, und das betrifft 800 000 Haushalte in der Region, und diese liegen nicht nur konzentriert im Nord-Osten der Stadt (Antoine Haumont in: Annales 50/1991, 5).
Wenn man auf der einen Seite das durchschnittliche Steueraufkommen der Gemeinden untersucht, so scheint sich das alte Ost-West-Schema doch zu bestätigen: die 500 armen Gemeinden liegen im Norden und im Südosten, die reichen Gemeinden außerhalb von Paris im Westen.
Das Gesamtbild mehrerer Faktoren verdeutlicht folglich: es gibt eine Ost-West-Segregation und eine interkommunale Segregation, die besonders bei der Infrastrukturversorgung deutlich wird (siehe Pinçon-Charlot u.a. 1986).
Die Höhe der Arbeitslosigkeit steht dabei natürlich nicht in direkter Beziehung zur Entwicklung der Beschäftigung. Gerade in strukturell benachteiligten Departements wie Seine-St. Denis gibt es Gemeinden, wie Tremblay-en-France, Villepinte, Aulnay-sous-Bois und Le Blanc-Mesnil, die 1975–90 zusammen 20 000 Arbeitsplätze gewonnen haben; gewon-

Abbildung 276
Beschäftigungsentwicklung in der Region Ile-de-France 1975–90
aus: Atlas des Franciliens 2/1992, 132.

Departement	1975	1982	1990
Paris	1 918 060	1 807 952	1 815 345
Hauts-de-Seine	737 065	724 992	786 693
Seine-Saint-Denis	469 410	463 400	490 860
Val-de- Marne	433 485	440 520	475 093
Kleine Krone	1 639 960	1 628 912	1 752 646
Seine-et-Marne	250 415	279 232	335 217
Yvelines	374 815	410 309	465 308
Essonne	263 430	311 228	375 615
Val-d'Oise	227 830	267 112	331 843
Große Krone	1 116 490	1 267 880	1 507 983
Ile-de- France	4 674 510	4 704 744	5 075 974

Abbildung 277
Die Beschäftigungssituation in den »Villes nouvelles«, zusammengestellt nach: Atlas des Franciliens 2/1992

	Zahl der Beschäftigten insgesamt	Zuwachs 1975–1990	Anteil derjenigen, die in der Gemeinde wohnen
Marne-la-Vallée	76 010	+ 48 300	33%
Cergy-Pontoise	74 500	+ 44 700	28%
Saint-Quentin-en-Yvelines	57 984	+ 40 400	34%
Evry	45 292	+ 36 100	36%
Melun-Senart	21 084	+ 12 100	25%

nen haben dort auch Bagnolet (+ 4 200), Rosny-sous-Bois (+3 300) und Bobigny (+3 000); daneben gibt es freilich Gemeinden von Pantin bis Noisy-le-Sec, die Zehntausende von Beschäftigten verloren haben, oder auch Orte wie Saint-Ouen, Saint-Denis, La Courneuve und Le Bourget, die zusammen 20 000 Beschäftigte verloren.

Die Entflechtung hat also sehr unterschiedliche Folgen gehabt und dies auch in Departements wie Les Hauts-de-Seine, das zu den bevorzugten gehört. Dem exorbitanten Gewinn der Gemeinden von La Défense (+77 300 Arbeitsplätze 1975-90) stehen z. B. an die 20 000 Arbeitsplatzverluste in Genevilliers, Asnières-sur-Seine, Clichy usw. gegenüber; allein in Boulogne-Billancourt gingen 14 000 Arbeitsplätze verloren.

Die Tendenz der Entwicklung insgesamt ist dennoch relativ eindeutig: Es findet eine Dezentralisierung der Beschäftigung statt. Die Große Krone gewinnt am meisten, nämlich 400 000 Arbeitsplätze; die Kleine Krone gewinnt 110 000 und Paris verliert mehr als 100 000 Arbeitsplätze. Und betrachtet man die Entwicklung über einige Jahre hinweg, so erkennt man eine Tendenz zur Stabilisierung der Verhältnisse in den »drei Kronen«. Das Gewicht der Großen Krone wächst dabei allerdings leicht (s. Abb. 276). Ziemlich eindeutig haben sich im Grunde die großen Pole der Beschäftigungsentwicklung herauskristallisiert. Es sind die »villes nouvelles«, die für sich allein 75 Prozent des Wachstums verbuchen (s. Abb. 277). Es ist weiter ein Bündel von Gemeinden um Massy und Palaiseau (im Südwesten der Stadt), wo ca. 65 000 Arbeitsplätze durch die Forschungszentren, Universitäten und Institute der Hochtechnologie entstanden, sowie einige andere Sektoren um La Défense und Roissy.

Das große Durcheinander (»le chassé-croisé«)

Für eine politische Bewertung der ökonomischen Entwicklung ist natürlich die Frage entscheidend, inwieweit es die Entzerrung den Arbeitnehmern ermöglicht, am Arbeitsort auch zu wohnen. Das Gesamtbild stimmt zunächst pessimistisch und wirft ein bezeichnendes Licht auf die Mobilitätsprobleme im Pariser Raum: nur ca. 23 Prozent der Beschäftigten wohnen in der Gemeinde, in der sie arbeiten. Selbst in Beschäftigungspolen steigt die Zahl nicht über ein Drittel. Nur dann, wenn der Beschäftigungsort außerhalb der Agglomeration liegt, verbessert sich das Verhältnis.

Etwas günstiger liegen die Verhältnisse in den »villes nouvelles«, wie wir eben sahen (s. Abb. 277). Aber hier hat der Zusammenschluß der Gemeinden natürlich die Kontraste gemildert und verdeckt. Ebenso logisch und vorhersehbar ist in den »villes nouvelles« der extrem hohe Beschäftigungsgrad (ca. 70 Prozent) gemessen an der gesamten erwachsenen Bevölkerung über 15 Jahre. Dort hat die rezente Bebauung besonders junge Doppelverdiener massiert, während in ländlichen Sektoren oder in vielen Pariser Stadtbezirken (5., 6., 7., 8., 14., 16., 17.) die Beschäftigungsquote nur bei ca. 50 Prozent liegt.

Ganz allgemein kann man sagen, daß die Dynamik der Entzerrung keineswegs eine Verminderung der Mobilität der Arbeitnehmer zur Folge hatte. Es wäre ja naheliegend, zu denken, daß die Verlegung von Betrieben in Gegenden mit niedrigeren Miet-, Boden- und Immobilienpreisen eine Verbesserung des Verhältnisses Wohnen-Arbeit-Freizeit bringen würde. Das Gegenteil ist der Fall. Für immer mehr Arbeitnehmer nimmt die Mobilität zu, immer mehr Beschäftigte wechseln das Departement.

Anteil der Beschäftigten in der Region, die das Departement wechseln:
1975 = 38,4 Prozent
1982 = 40,7 Prozent
1990 = 43,4 Prozent
(aus: Atlas des Franciliens 2/1992, 151)

Jeden Tag strömt fast eine Million Arbeitnehmer nach Paris hinein und ihr Anteil hat im Laufe der Jahre zugenommen.

Von den Arbeitsplätzen in Paris sind von außerhalb der Peripherie gekommen:

1975 = 52,7 Prozent
1982 = 56,8 Prozent
1990 = 59,1 Prozent
(aus: Atlas des Franciliens 2/1992, 151)

Tendenziell ist die tägliche Wanderung aber eher umgekehrt, also zentrifugal am Wachsen. Wir haben indes schon in Kapitel 4 gesehen, daß die tägliche Migration zwischen den Gemeinden schon immer den Hauptanteil an der Bewegung zwischen Domizil und Arbeitsplatz hatte – sie ist nur kontinuierlich unterbewertet und von den Verkehrsplanern nicht berücksichtigt worden.

Man sollte sich folglich die täglichen Wanderungsbewegungen weder nur zentripetal noch zentrifugal vorstellen. Es ist in der Tat ein »chassé-croisé«, ein Wechselschritt oder ein Durcheinanderfließen der verschiedenen Ströme. Es ist evident, daß für die Unterschichten die Last des täglichen Weges zur Arbeit immer schwerer zu ertragen ist, denn sie müssen die längsten Wege zurücklegen. Je weiter sie vom Zentrum entfernt wohnen, desto länger werden ihre Wege, desto mehr sind sie auf das Auto angewiesen (vgl. Annales 50/1991, 96).

Je tiefer die Schicht, desto stärker gelten die zeitlichen Limits, die im Arbeitsleben einzuhalten sind. Für höhere Dienstleister ist die Entfernung zum Arbeitsplatz kein so großes Problem.

Alarmierend ist, daß die Zahl der Regionalbewohner, die außerhalb der bebauten Agglomeration wohnen, so stark gestiegen ist (vgl. Martine Berger in: Annales 50/1991, 57).

Und ein zusätzlicher Mobilitätsschub kam von der wachsenden Anzahl von Arbeitnehmern außerhalb der Region. 1990 zählte man 259 027 Berufstätige, die in der Region arbeiteten und außerhalb der Region wohnten (vgl. Atlas des Francilien 2/1992, 151). Dabei wirkt übrigens Paris vor allem nach Westen und Norden hin attraktiv, weniger nach Süden, wo die Achse Grenoble-Lyon spürbar ist (s. Abb. 278). Wir haben schon im Kapitel 3 gesehen, welch starker Segregationsfaktor der Wohnsitz ist. Der soziale Wohnungsbau etwa konzentriert sich in bestimmten Zonen, überwiegend in der Ersten Krone, und mit 15 bis 30 Prozent der Mieter im 13., 14., 19.

Abbildung 278
Beschäftigte, die außerhalb der Region wohnen und zur Arbeit in die Region kommen
nach: Atlas des Franciliens 1/1991, 217.

Departement (Wohnort)	Beschäftigte, die in der Pariser Region arbeiten	Prozentsatz der Beschäftigen des Departements
1.Oise	57 645	19,51%
2.Eure-et-Loir	25 290	35,36%
3.Eure	17 666	8,39%
4.Yonne	6 872	5,60%
5.Loiret	13 129	5,44%
6.Aisne	8 576	4,38%
7.Somme	4 148	2,08 %
8.Aube	2 385	2,04%
9.Orne	2 353	2,02%
10.Loir-et-Cher	2 325	1,89%
11.Seine-Maritime	7 849	1,69%
12.Marne	3 714	1,66%

Abbildung 279
Bevölkerung der Region, die außerhalb von Haushalten lebt
nach: Atlas des Franciliens 2/1992, 44.

	Paris	Region Parisienne
Arbeiterwohnheime	16 283	78 122
Studentenheime	10 583	22 963
Altenheime	4 798	41 939
Langfristig Hospitalisierte	2 493	18 243
Relig.Gemeinschaften	4 754	9 319
Beherbergungsdienste	4 049	10 890
Andere Gemeindeuntern.	1 035	6 606
Mobile Wohneinheiten	1 661	22 768
Interne Schüler	1 335	3 339
Militär	1 628	4 286
Gefangene	1 948	13 547
Zusammen	50 666	232 721

und 20. Arrondissement von Paris; der soziale Wohnungsbau ist weit weg vom Zentrum, dort, wo keine Transportwege hinführen und wo keine Beschäftigungspole sind. Der Wohnsitz folgt also nicht strikt der ökonomischen Entzerrung, das heißt, die Haushalte folgen nicht unbedingt der ökonomisch-sozialräumlichen Bewegung. Eine Fülle anderer Gesichtspunkte wie Wohnungsausstattung, Preis, Größe usw. spielen eine Rolle. Ganz entscheidend dabei ist die Infrastruktur und vor allem die Verkehrsanbindung. Entlang der S-Bahn-Linien z. B. verdichten sich entsprechend die Wohnsitze.
Unterschlagen wird übrigens gerne, daß die positive oder negative soziale Markierung ganz bestimmter Wohngebiete vielerorts wenig mit objektiven Gegebenheiten zu tun hat. Sehr oft ist die anfängliche Zuschreibung entscheidend. Einmal stigmatisiert – immer stigmatisiert . . .
Beim Blick auf den Zusammenhang von ökonomischer und sozialer Struktur entgehen einem oft die »Ausgeschlossenen« und »Eingeschlossenen« (s. Abb. 279). Sie sind in den Veröffentlichungen oft unter der Rubrik »Bevölkerung außerhalb der Haushalte« zusammen mit den Bewohnern von Studenten- und Arbeiterwohnheimen versteckt. Insgesamt summiert sich ihre Zahl auf 230 000 Einwohner in der Pariser Region.

Demographie

Die Bevölkerungsbewegungen und die Veränderung der Bevölkerungszahlen können in Paris niemals eindeutig auf die regionalen ökonomischen Veränderungen zurückgeführt werden. Schon immer spielte Zuwanderung aus dem Ausland und den Provinzen eine erhebliche Rolle.
Die französischen Beobachter sehen die Situation derzeit optimistisch, denn die seit den 50er Jahren erfolgte Entleerung von Paris ist gestoppt und die Stadt stabilisiert sich bei ca. zwei Millionen Einwohnern; die Kleine Krone, die durch die Industrialisierung bis in die 80er Jahre auszubluten drohte, hat sich bis zur Volkszählung von 1990 auch wieder gefangen, und die Große Krone hat sogar enorme Zuwächse. Dieses Wachstum ist übrigens nicht bloß der Zuwanderung, sondern ganz erheblich dem natürlichen Wachstum zuzuschreiben, daher die optimistischen Einschätzungen (s. Abb. 280).
Seit Jahrzehnten, um nicht zu sagen seit Jahrhunderten, strömte überwiegend junge Bevölkerung ins Zentrum der Metropole. Sie blieb, wie etwa in der Nachkriegszeit, oft auch dann im Zentrum, wenn die Mietverhältnisse unerträglich wurden. Heute können es sich junge Zuwanderer, und zwar auch

Abbildung 280
Ile-de-France: Die Bevölkerungsbewegung in den acht Departements 1962–90
aus: Atlas des Franciliens 1/1991, 40.

Departement	1962	1968	1975	1982	1990
Paris	2 790 091	2 590 771	2 299 830	2 176 243	2 152 423
Hauts-de-Seine	1 381 805	1 461 619	1 438 930	1 387 039	1 391 658
Seine-Saint-Denis	1 083 724	1 249 606	1 322 127	1 324 304	1 381 197
Val-deMarne	974 962	1 121 319	1 215 713	1 193 655	1 215 538
Seine-et-Marne	524 486	604 340	755 762	887 112	1 078 166
Yvelines	687 827	854 382	1 082 255	1 196 111	1 307 150
Essonne	478 691	673 325	923 063	988 000	1 084 824
Val-d'Oise	548 429	693 269	840 885	920 598	1 049 598
Ile-de-France	8 470 015	9 248 631	9 878 565	10 073 059	10 660 554

die jungen Doppelverdiener, nicht mehr leisten, in der Innenstadt zu wohnen. Sie hat nur touristisch ihren jugendlichen Kosmopolitismus behalten – unter anderem auch deshalb ist der jugendliche Protest in die Vorstadt gewandert.

Die Entzerrung hat im übrigen im Zentrum der Stadt ganz bestimmte sozialstrukturelle Verzerrungen bewirkt: die massiert vermehrten hohen Dienstleister und Akademiker haben nun viel Platz, sie sind alt, zur Hälfte sind es Ein-Personen-Haushalte (Atlas des Franciliens 1/1991, 48). Im Gegensatz dazu ist die Region als Ganzes ein erstaunlich dynamisches Gebilde und – glaubt man den französischen Beobachtern – die jugendlichste Europas. Dies erklärt sich natürlich dadurch, daß die ältere Bevölkerung frühzeitig weg-, die jüngere frühzeitig zuzieht.

Fazit: Alle beschriebenen ökonomischen und sozialstrukturellen Veränderungen weisen in eine Richtung, daß nämlich die nahe Vorstadt umgekrempelt und revolutioniert wird. Der Status der Innenstadt und der Wert der Zentralität verändern sich dadurch grundlegend.

Paris im regionalen und nationalen Zusammenhang – Zugpferd oder Blutsauger?

Warum Paris?

Die Frage, ob Paris in seinem Verhältnis zu den Regionen und zur gesamten Nation eine positive oder eher negative Rolle gespielt hat, ist uralt und bis heute umstritten. Sie hängt natürlich zusammen mit der Entstehung der Hauptstadt des zentralistischen Staates und den administrativen Veränderungen. Wie kam es also zur Hauptstadt Paris?

Darüber haben Historiker seit Henri Pirenne ausführlich geschrieben. Vertrauen kann man indes durchaus einigen multifaktoriellen Annahmen, die Fernand Braudel anführt (Braudel 1989). Es sind zunächst sozialgeographische Argumente: Vorteile des Kalkplateaus im Bassin Parisien, der sich entwickelnde Ackerbau in diesem Raum und der sich aus der Zuwanderung ergebende Bevölkerungsreichtum.

Dann war es auch, so sagt Braudel, die rasche ökonomisch-technologische Entwicklung der Region, also etwa die Entwicklung der Dreifelderwirtschaft, die Erfindung des Pfluges, des Steigbügels, usw. Hinzu kommen zeitlich weit vorherliegende Migrationsbewegungen im mitteleuropäischen Raum und natürlich auch die bekannten und oft genannten ökonomisch-sozialräumlichen Entwicklungsfaktoren, die den Pariser Raum als Durchgangsraum zwischen Flandern und dem Süden begünstigten.

Braudel verweist aber zu Recht darauf, daß man die Entwicklungen keineswegs zu deterministisch betrachten darf. Bis ins hohe Mittelalter hinein war die kontinentale Orientierung der Nation keineswegs ausgemacht. Wie London, hätte Le Havre die nach außen gerichtete Hauptstadt sein können. Auch andere Städte, wie die Krönungsstadt Reims, die Messestadt Troyes, die Loire-Stadt Orléans oder die Markt-Städte Rouen und Senlis hätten bis zu einem

gewissen Zeitpunkt Zentralität beanspruchen können. Schwerlich aber wäre die Dissymmetrie zwischen Nord- und Südfrankreich zu beheben gewesen . . .
Entscheidend war schließlich ganz sicher das politische Votum:

»An diesem Schicksal hatte der Staat einen entscheidenden Anteil; er war die gute Fee, die alles beschleunigt und ermöglicht hat. In Paris, der besonderen und privilegierten Stadt, strömt viel Geld zusammen, wird akkumuliert, findet neue Verwendungen und wird unter hohem Aufwand ausgegeben.
Es ist das ganze – vor allem das politische – Geld des Reiches, das die Erfolge und die Einnahmen der Stadt ausmacht. Auch weiß man in ganz Europa, daß man Wechsel auf Paris ausstellen muß, um in diesem Jahrhundert der Aufklärung an Bargeld zu kommen, ebenso sicher wie in Venedig« (Braudel 1989, 257).

Braudel spricht in diesem Abschnitt vom »exzessiven Parasitismus« von Paris, obwohl er auf derselben Seite gerade die »Zugpferdrolle« der Stadt belegt. Es ist freilich nicht ganz unsinnig, die »materielle Diktatur von Paris« (Braudel 1989, 263) herauszustellen, denn natürlich sahen sich die Städte der Picardie, der Normandie, Lothringens usw. dem Dominanzverhältnis ausgesetzt.
Nicht nur der kleine Kranz der Städte wie Mantes, Montfort, Dreux, Melun, Nemours, Meaux, Provins, Nogent oder Sens waren in eine Lieferantenrolle gedrängt, sondern auch die weiter entfernt liegenden Städte wie Orléans, Troyes, Châlons-sur-Marne, Reims, Compiègne, Amiens, Rouen oder Chartres wuchsen nicht, weil Paris wuchs (s. auch Abbildung 185).

Die politische Hierarchie

Frankreich hat sich besonders früh zum Nationalstaat formiert – vielleicht hat es deshalb besonders strikt eine regionale Kontrolle ausgeübt. Die unsicheren Kantonisten unter der feudalen Elite waren in Versailles besser zu kontrollieren. Die realen königlichen Stellvertreter in den Provinzen waren die Intendanten des Königs. Diese absolutistische Struktur war so früh nirgends – schon gar nicht in Deutschland – zustandegekommen.
Auf die in Versailles versammelten feudalen wie auch auf die sich formierenden bürgerlichen Herrschaftseliten muß die kurze Episode der Französischen Revolution wie ein Trauma gewirkt haben. Mit hellem Entsetzen nahm man wahr, daß einzelne Regionen sich ernsthaft mit dem Gedanken vertraut machten, Paris auf 1/83 seines Einflusses zu reduzieren. Dies zu verhindern, kam Napoléon gerade zur rechten Zeit. Für diese Epoche hat Jean-François Gravier, der überzeugte Anti-Pariser, schon recht: die relative Autonomie der Provinzen war mit dem napoleonischen System der Präfekten dahin (Gravier 1947, 10).
Die Revolution von 1848 und die Einführung des allgemeinen Wahlrechts schuf dann allerdings eine grundlegend neue Situation. Das ländliche Frankreich bekam plötzlich ein ungeheures politisches Gewicht, welches es vorher nicht hatte. Es entstand jene politische Schizophrenie, die bis heute aufrechterhalten wird: die bürgerlichen Eliten (Notabeln) sangen das Lied des ländlichen Frankreich, rührten aber keinen Finger, um an den Fehlwirkungen der Zentralität etwas zu ändern.
Das Verhältnis Paris-Provinz-Nation ist also zuallererst ein politisches, und es ist kein Zufall, daß es sich erst in dem Moment veränderte, als die Hauptstadtbevölkerung für die politischen Klassen keine Bedrohung mehr war.
Aus diesem Blickwinkel stellt der Mai 1968 den Scheitelpunkt der Entwicklung dar: Noch ein letztes mal hatte die Stadtbevölkerung mit der Faust gedroht, freilich gab es keine zentralen, bedrohlichen Räume mehr (Haussmann hatte sich vor ihnen besonders gefürchtet).
Die Revolte hatte diffuse soziale und räumliche Ränder. Der »Mob« (»la pègre«) und mit ihm die bürgerlichen Ängste rutschten in die Vorstadt (vgl. dazu Sansot 1988).
Die politischen Veränderungen hatten ökonomische Hintergründe: Paris ist seit 1968 eindeutig zur höheren Dienstleisterstadt geworden, in der sich zunehmend liberalkonservative und sozialdemokratische Interessen decken ließen. Da die ökonomische Dekonzentration schon seit langem im Gange war, brachte man nach 1981 »mit links« die Dezentralisierungsgesetzgebung durch.

Dezentralisierung, Dekonzentration und das Problem struktureller Ungleichheit

Als im frühen Mittelalter aus Gehöften, Weilern und kleinen Städten die ersten städtischen Knotenpunkte entstanden, bildeten sie selbstverständlich Systeme, die gleichermaßen »gleich« und »ungleich« waren.
Gegenüber den ländlich-agrarischen Systemen war die politische Freiheit dort mitunter größer; zugleich zogen die entstandenen Städte natürlich Ressourcen des Landes ab. Die Freiheit in den Städten hatte ihren Preis. Und unter feudalen Verhältnissen und mit der Zunahme der staatlichen Institutionen, zumal mit dem Ausufern ganzer Beamtenstädte, entstand natürlich im öffentlichen Bewußtsein die Vorstellung von der Stadt als Blutsauger – und die Vorstellung war ja nicht abwegig. Selbst dann, wenn Hungersnöte die Städte plagten, hinderte das verarmte Bauern und chancenlose Landfrauen nicht, ihr Glück in der Stadt zu versuchen . . .
Städte wie Paris sind in ihrer ökonomischen Funktion und in ihren sozialen Zuschreibungen immer ambivalent besetzt gewesen. Es lassen sich hingegen sehr wohl Phasen überproportionaler Begünstigung und Benachteiligung der Metropole ausmachen.
Eine solche Phase der Überbegünstigung war – nach den feudalen Abschöpfungen und Raubzügen im Land – ganz sicher die Zeit des Zweiten Kaiserreiches, die Phase der ersten Stadtumgestaltung von Paris. Doch dann wurde die Stadt über hundert Jahre lang recht schnöde behandelt. Es wurde nicht nur nichts gegen ihre Verwahrlosung getan, vielmehr wurde an zwei deutlich sichtbaren Punkten versucht, die Stadt zu dekonzentrieren – beide Male mit mäßigem Erfolg.
Beim ersten Mal ging es, vor dem Zweiten Weltkrieg, um die kriegsnotwendige Verlagerung von Schlüsselindustrien in den Süden Frankreichs. Man befürchtete, daß bei einem Angriff auf Paris das gesamte kriegswichtige Potential zerstört würde, und man hat deshalb an die 60 Rüstungsbetriebe mit mehr als 10 000 Beschäftigten aus der Region hinausverlagert.
Der zweite Anlauf zur Dekonzentration wurde in den Jahren 1954 bis 1985 unternommen. Wir haben ihn im Kapitel über den Plan beschrieben. Dieser Bremsversuch über eine neue Raumordnung hat – wie wir sahen – die bestehende Dekonzentration bestenfalls verstärkt (s. Abb. 281).
Wie kann man aber in einer Zeit des explodierenden Wachstums von einer Unterbegünstigung oder von einer Deprivilegierung der Stadt sprechen? Ist dies doch die zweite Phase der Stadtumgestaltung und des Ausbaus!? Nun, es gilt zwischen den politisch-staatlichen Steuerungsversuchen und dem »natürlichen«, »wilden« Wachstum der Stadt zu unterscheiden. Und nur von ersterem ist hier die Rede.
Auf die staatliche Intervention bezieht sich auch Bernard Marchands Hauptthese in seinem Paris-Buch, die besagt, man habe nach dem Zweiten Weltkrieg die Stadt 50 Jahre lang im eigenen Sud kochen lassen und erst spät, zu spät, die eigentliche, ökonomische Lokomotiven-Funktion der Hauptstadt anerkannt (Marchand 1993).
Seine Argumente sind nicht abwegig und man kann den Zeitraum sogar ausdehnen und sagen, daß seit dem Ende des Zweiten Kaiserreichs Paris städtebaulich und ökonomisch vernachlässigt worden ist.
Bei solchen Überlegungen darf man nicht außeracht lassen, daß Frankreich im Vergleich zu England oder Deutschland sehr spät seinen »ruralen«, ländlichen Charakter verloren hat:

»Bis zum Beginn des Zweiten Weltkrieges hatte sich das Verhältnis von Stadt- und Landbevölkerung lediglich bei je 50% angeglichen, während in Deutschland zu diesem Zeitpunkt bereits fast 70%, in Großbritannien gar 80% der Bevölkerung in Städten lebten. Aber dieser städtische Vergleich sagt nicht allzuviel. Er läßt einen Hauptunterschied gar nicht erkennen, daß nämlich Verstädte-rung in Frankreich ganz überwiegend »Verpariserung« bedeutete, während in anderen europäischen Ländern eine sehr viel breitere Absorptionsebene vorhanden war« (Pletsch in: Klasen 1987, 40).

Man sieht, es gab in Frankreich guten Grund, gegen den Moloch Paris zu wettern, denn strukturell, aufs ganze Staatsgebiet gesehen, fehlten über eine lange Zeitspanne weitere Entwicklungspole. Heute haben die regionalen Zentren, insbesondere das »Croissant« der Städte Lille, Straßburg, Lyon, Marseille, Toulouse an Bedeutung gewonnen. Das Ungleichgewicht ist relativ gemildert worden.
Ist dies der Dezentralisierung zuzuschreiben, die die Linke seit 1981 initiierte und 1983 durchsetzte? In-

Abbildung 281
Bedingungen für die Industrieansiedlungen in der Region Ile-de-France in den 70er Jahren
aus: Pletsch 1989, 126.

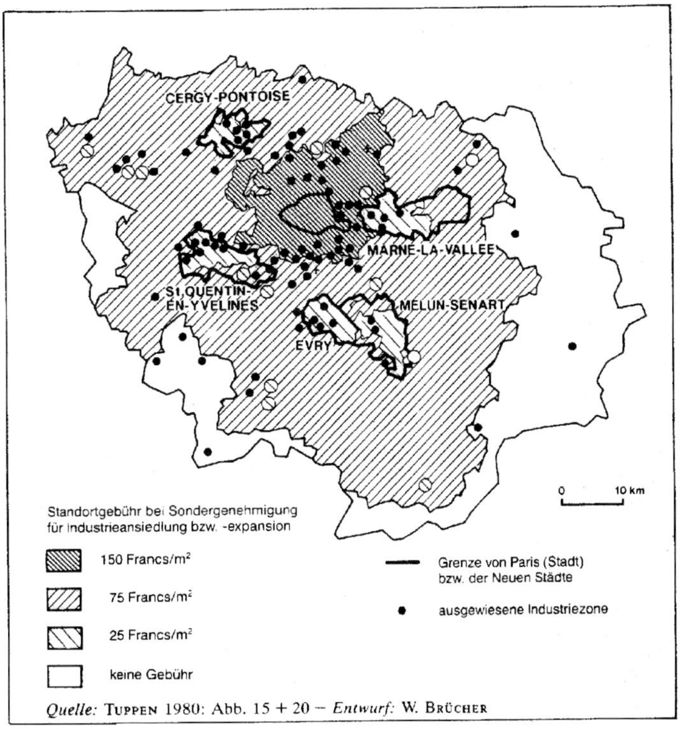

wieweit hat sich durch die Dezentralisierung überhaupt die Stellung von Paris verändert? Welche Rolle spielten dabei die verschiedenen Gebietsgrößen, die Niveaus, die Grenzen, die Gebietskörperschaften?

Die Dezentralisierungsgesetze von 1983

Im Gegensatz zu einem alten Vorurteil scheint nicht Deutschland das Land der »Kleinstaaterei« zu sein, sondern Frankreich. Mit seinen 26 Regionen, 100 Departements und über 36 000 Gemeinden (nach alter Zählung, einschließlich der Stadtgemeinden) ist Frankreich extrem parzelliert und es ist nicht nur auf diese Weise geformt, sondern auch zentral gelenkt worden.
Während viele andere europäische Länder eine föderative administrative Struktur ausgebildet haben, scheint nur noch Griechenland ähnlich zentral organisiert zu sein (s. Abb. 282).
Für Frankreich gilt: Körperschaften wie die französischen Gemeinden sind in der Regel »historisch gewachsen«, sie haben sich im Laufe der Zeit herausgebildet; die Departements hingegen sind politisch-normativ »gesetzt« worden und zwar mit jener egalitären Zielsetzung, die der Französischen Revolution eigen war. Die Regionen schließlich wurden aus politisch-ökonomischen Steuerungsnotwendigkeiten nach dem Zweiten Weltkrieg gebildet und sind also historisch die neuesten Gebilde.
1982 strebte man dann bekanntlich auf den verschiedenen Niveaus eine Neuverteilung der staatlichen Kompetenzen an. Gaston Deferre, mit dessen Namen die Reform oft verbunden wird, sah – grob gesagt – bei der Gemeinde die Lebensgrundversorgung angesiedelt (darunter politisch besonders wichtig: die Baugenehmigungskompetenz), beim Departement lagen vor allem die sozialen Dienste und die Schulversorgung, während die Region Programm- und Koordinierungsaufgaben sowie raumplanerische und wirtschaftliche Entwicklungen kontrollieren sollte (s. Abb. 284).
Man sieht auf einen Blick: dies ist seit den napoleonischen Codices der tiefste Einschnitt in die Steuerungsfunktionen der Gebietskörperschaften, und es wäre eine eigene Untersuchung wert, das Zustandekommen und die Auswirkungen im einzelnen

zu betrachten. Es sind ganz sicher ernstzunehmende Schritte in Richtung auf eine Autonomie und Selbstverwaltung der Organe gewesen. In bestimmten Bereichen hat die Dezentralisierung zweifellos Fortschritte gebracht.
Ein sehr zweischneidiges Schwert war indes die Entscheidung, den Kommunen in ökonomischen und urbanistischen Fragen ein derart gewichtiges Entscheidungsrecht einzuräumen. Wir haben gesehen, wie eklatant ungleich die Gemeinden im Pariser Raum ausgestattet sind.
Hat die neue Autonomie die armen Gemeinden nicht extrem benachteiligt? Früher konnten departementale Ungleichheiten »von oben« recht und schlecht gemildert werden. Heute sind die reichen Gemeinden »Erbhöfe« bestimmter politischer Klassen geworden – und damit der rasanten Korruption ausgesetzt. Die Atomisierung der Verantwortung hat die Anfälligkeiten multipliziert, jedenfalls scheint die Multiplizierung der »pots-de-vin« (Schmiergelder) seit den 80er Jahren gewaltige Formen angenommen zu haben.
Für die nationalen Entscheidungsträger ist die »Decentralisation« sehr oft ein Mittel gewesen, in Zeiten knapper Ressourcen die Finanzen festzuschreiben und die Verantwortung zu delegieren.
Solches Verhalten – die Minimierung von Ressourcen und politischer Verantwortung durch die Selbstverwaltung der Misere ist in fast allen europäischen Ländern bis in den Bildungsbereich hinein üblich geworden und hat in Frankreich sehr wahrscheinlich die Situation in den Vorstädten verschärft. Die politische Machtverteilung und die Einflußnahme wurde damit noch undurchsichtiger und zähflüssiger.
Hinzu kommt, daß auf ökonomischer Ebene die Leitungsfunktionen nicht etwa dezentralisiert, sondern immer noch zentral im Pariser Westen oder bei »La Défense« angesiedelt blieben. Daher weisen manche Beobachter zurecht darauf hin, daß nicht eine Dezentralisierung, sondern eine Dekonzentration in Paris stattgefunden habe: sie sagen, die Leitungsfunktionen hätten sich sogar im Pariser Raum verdichtet, während Fertigung und Vertrieb je nach Opportunität hier oder dort angesiedelt werden konnten (zum Problem vgl. Wolfgang Brücher in: Pletsch 1989, 123 ff).
Genau dies scheint mir die sozialökonomische Klemme zu sein, in der die Pariser Region steckt: die ehemals staatlich zentralen Funktionen werden kommunalisiert und damit für den privaten Zugriff präpa-

Abbildung 283
Standorte der Gemeinden in der Region Ile-de-France mit einem Stadt-Vertrag 1993
aus: Le Débat 80/1994, 199.

Abbildung 282
Die Strukturen der Gebietskörperschaften in einigen europäischen Staaten
nach: Le Monde, Dossiers et documents, 202/1992

Dänemark		14 Grafschaften	275 Gemeinden
Deutschland	16 Länder	329 Landkreise (115 kreisfreie Städte)	14 805 Gemeinden
England		59 Grafschaften	481 Distrikte 10 000 Unterdistrikte
Frankreich	26 Regionen	100 Départements	26 527 Gemeinden
Griechenland	13 Regionen	54 Kreise (Nomoi)	6 034 Gemeinden
Italien	20 Regionen	95 Provinzen	8 074 Gemeinden
Niederlande	12 Provinzen		702 Gemeinden

Abbildung 284
Die Verteilung der Kompetenzen auf die Gebietskörperschaften
nach: Le Monde, Dossiers et documents, 202/1992

	Gemeinde	Departement	Region
Soziale Einrichtungen	Antragsinstanz Freiwillige Leistungen	Soziale Dienste Kindebeihilfe Mutterschutz Gesundheitsschutz	
Ausbildungssektor	Grundschulbildung	Sekundarstufe I (Collèges)	Sekundarstufe II (Lycées)
Städtebau und Raumplanung	Baugenehmigungen Bauleitplanung Bodennutzung		
Straßen, Verkehrswege Transport	Städtische Transporte Gemeindestraßen	Départementale Planung und Häfen Schultransporte	Regionalplanung Direkte und indirekte Raumordnung Wirtschaftsentwicklung Forschungsplanung Fortbildung
Wirtschaft	Direkte und indirekte Hilfen	Direkte und indirekte Hilfen	

riert; die ökonomischen Leitfunktionen hingegen werden zentralisiert, und somit kann eine Kommune gegen die andere ausgespielt werden.

Grenzen

Trotz der rigiden Verwaltungseinteilungen und der straffen personellen Hierarchien hat es interessanterweise immer Ausnahmen von den getroffenen räumlichen Regelungen gegeben. Wie nützlich eine Zusammenarbeit der Gemeinden zur Bewältigung bestimmter Aufgaben sein kann, hatte sich schon bei der Zusammenarbeit im Nebenzentrum von Paris, bei »La Défense« erwiesen. Die Gemeinden Nanterre, Puteaux und Courbevoie haben schon in den 60er Jahren die angenehmen Seiten der Gemeinsamkeit für sich in Anspruch genommen. Später wurde der Gemeindezusammenschluß dann durch den Erfolg der »villes nouvelles« staatlich abgesegnet, und heute denken die politisch Verantwortlichen sogar daran, neben den Regionen eine neue »Länder«-Einteilung zu schaffen (was dem deutschen Modell entspräche).
Was aber würde eine neue Differenzierungsebene bringen? Die Globalisierungstendenzen einerseits und die Miniaturisierungstendenzen andererseits drohen die politisch-ökonomische Stadtlandschaft zu zerreißen. Mir scheint es ziemlich kurzsichtig, auf diese Differenzierungstendenzen mit neuen räumlichen Differenzierungen zu antworten, denn sie laufen auf eine »Selbstverwaltung des Mangels« hinaus:

»Unter Bedingungen fortdauernder Ungleichheit hieße Dezentralisierung Selbstverwaltung der Reichen neben Selbstverwaltung der Armen, ohne daß eine Instanz existierte, die machtvoll genug wäre, von den Reichen zu den Armen umzuverteilen« (Häußermann/Siebel 1987, 244).

Diese Problematik ist von politischer Seite durchaus erkannt worden. So ist das sogenannte »loi Rocard« von 1991 mit der Absicht verabschiedet worden, einen Finanzausgleich zwischen den Gemeinden zu ermöglichen. Die Stadt Paris und ca. 50 Gemeinden wurden veranlaßt, Ausgleichszahlungen an ärmere Gemeiden zu leisten (Marchand 1993, 370). Andere Gemeinden haben sich zusammengeschlossen, um in Zusammenarbeit mit den staatlichen Institutionen in mehrjährigen Entwicklungsprogrammen die besonders schwierigen städtischen Zonen zu sanieren.

Ein Blick auf die Karte jener Gemeinden, die diesen sogenannten »Stadt-Vertrag« mit dem Staat (»contrat de ville«) abgeschlossen haben, zeigt, wie stark diese Möglichkeit in der Region wahrgenommen worden ist, und auch, wo diese Möglichkeit in der Region genutzt wurde: entlang dem Lauf der Seine, entlang der alten Industriestandorte (s. Abb. 283).

Paris und seine nationalen Außenbeziehungen

Do ut des

Ein wenig vereinfachend kann man sagen, daß das alte Wasserkopf-Paradigma, die Vorstellung vom Blutsauger Paris, die Gravier noch heftig verfocht, heute seine Wirksamkeit verloren hat. Den Grund für diesen Image-Wandel kann man darin sehen, daß sich die Überkonzentration in Paris und um Paris herum ein wenig gemildert hat. Der Hauptgrund ist wohl, daß die Geber-Funktionen der Metropole heute im Zeitalter der globalen Verknüpfungen sehr viel stärker gesehen worden sind.

Hinzu kommt, daß maßgebliche Meinungsmacher und wissenschaftliche Institutionen in der Regel in Paris sitzen, und so wird das Hohelied auf Paris von interessierter Seite mitgesungen (das betrifft selbst noch so renommierte Stadtforscher wie Jean Bastié oder Jacqueline Beaujeu-Garnier, deren tendenziell staatstragende Argumentation auf französischer Seite gern unterschlagen wird).

Nun sind Image-Konstruktionen empirisch selten klar zu bestimmen; es gibt indes eine Reihe benennbarer Entwicklungen, die den Image-Wandel beeinflußt haben:

– Das Departement Paris wird nicht mehr unbedingt mit Paris gleichgesetzt. Schon »La Défense« hat den Fokus der Betrachtung verschoben, mehr noch natürlich haben die »villes nouvelles« dazu beigetragen, den Blick vom Zentrum abzuwenden.
– Schon seit langem gibt es Budget-Untersuchungen, die zeigen, daß die Departements der Pariser Region mehr an den Staat zahlen als sie von ihm beziehen (Davezies 1989).
– Schließlich steigt bei den übrigen Regionen und Departements zunehmend das Bewußtsein der Interdependenz. Insbesondere die umliegenden Regionen sehen oft sehr klar auch die Vorteile ihrer Nähe zum Zentrum; immer mehr Beschäftigte der Umlandgebiete fahren in die Region. 1990 etwa arbeiteten 260 000 Personen in der Region Ile-de-France, ohne dort zu wohnen. Aus dem Departement Oise kommen täglich 60 000, aus Eure-et-Loire und Loiret 40 000 usw. (Le Monde, 26.9.1994, IV). So erstaunen die Worte des Präsidenten der Handelskammer des Departements Eure-et-Loire nicht weiter:

> »Wenn die Ile-de-France nicht existieren würde, wäre die Region 'Centre' nicht die 5. Industrieregion Frankreichs, dann hätte sie nicht einen Arbeitslosenanteil, der unter dem nationalen Durschnitt liegt (. . .) Wir müssen unseren Vorstadt-Komplex aufgeben und uns von den Pariser Wurzeln nähren!« (Le Monde 26.9.1994, IV)

Das Pariser Becken (»le bassin parisien«)

Es ist natürlich eine Binsenwahrheit, daß sich die Struktur der Städte im Umland seit dem Mittelalter grundlegend verändert hat. Manche Städte sind sehr alt, manche (wie Le Havre) wurden erst im späten Mittelalter gegründet, manche (wie Creil) erst im 19. Jahrhundert. Manche sind eher verkümmert (wie Châlons-sur-Marne), andere (wie Rouen) bilden heute riesige Agglomerationen.

Dennoch: die Stadtgemeinden außerhalb der Region erreichen nur knapp die Größe eines Pariser Arrondissements und von den umliegenden Departements hat nur eines, das Departement Seine-Maritime, eine Millionenbevölkerung.

Die wichtigste Strukturveränderung liegt indes darin, daß sich das Verhältnis von Paris zu den umliegenden Städten zum steten Vorteil von Paris verändert hat; das Gewicht der im Pariser Becken liegenden Städte nahm ab (wir haben schon im vorigen Abschnitt gesehen, daß Rouen, Tours, Orléans, Troyes usw. ehemals durchaus ernstzunehmende Konkurrenten von Paris gewesen sind).
In Zahlen ausgedrückt: im 13. Jahrhundert zählten 8 Städte des Bassin Parisien zu den 30 größen Städten Frankreichs; heute zählen 9 Städte des Bassin zu den 55 Großstädten Frankreichs mit über 100 000 Einwohnern.
Unvermeidlich führen freilich solche Vergleiche zu den Schwierigkeiten, einen Standort mit seinen »gewachsenen« Einteilungen und Grenzen zu quantifizieren und zu bewerten. Man vergleiche nur einmal die 8 größten Gemeinden und die 22 größten Agglomerationen im Pariser Becken und die Relativität der Aussagen wird deutlich (s. Abbildungen 285 und 286). Man sieht im Vergleich der beiden Tabellen: die Vorstädte von Orléans oder Tours sind größer als das Zentrum. Rouen scheint gar überwiegend aus Vorstädten zu bestehen (380 161 Einwohner der Agglomeration gegenüber 102 723 Einwohner der Gemeinde).
Insgesamt kann man feststellen, daß das Wachstum schon seit einiger Zeit die Grenzen der Region überspringt. War insbesondere in den 70er Jahren das Wachstum noch stark auf die Pariser Vorstädte beschränkt, so beginnen seit 1982 einige Umland-Departements, die Départements der Pariser Region im Wachstum zu übertreffen (s. Abb. 287). Im Departement Oise fahren inzwischen fast 20% der Beschäftigten in die Pariser Region. Nicht immer läßt sich das Wachstum freilich sozialräumlich so eindeutig lokalisieren. Es zeichnet sich jedoch ein Band von umliegenden Départements ab, die besonders begünstigt gewesen zu sein scheinen: Es ist im Norden der Region das Departement Oise, im Westen sind es die Departements Eure und Eure-et-Loire und im Süden das Departement Loiret. Umgekehrt »veröden« einige Departements im Osten und im Südosten. Es ist natürlich kein Zufall, daß die Steil-Aufsteiger-Städte Orléans und Caen im Westen liegen und daß sich 5 der 6 Hitlistenplätze von Wachstumsstädten im Südwesten der Region befinden.

Abbildung 285
Die 8 Gemeinden des Bassin Parisien (außer der Ile-de-France) 1990 mit mehr als 100 000 Einwohnern
aus: Atlas des Franciliens 1/1991, 30.

Stadt	Departement	Bevölkerung (ohne doppelte Zählung)
1. Le Havre	Seine-Maritime	195 854
2. Reims	Marne	180 620
3. Le Mans	Sarthe	145 502
4. Amiens	Somme	131 872
5. Tours	Indre-et-Loire	129 509
6. Caen	Calvados	112 846
7. Orléans	Loiret	105 111
8. Rouen	Seine-Maritime	102 723

Abbildung 286
Die 22 Agglomerationen des Bassin Parisien (außer der Ile-de-France) 1990 mit mehr als 50 000 Einwohnern
aus: Atlas des Franciliens 1/1991, 30.

Stadt	Departement	Einwohner
1. Rouen	Seine-Maritime	380 161
2. Tours	Indre-et-Loire	282 152
3. Le Havre	Seine-Maritime	253 627
4. Orléans	Loiret	243 153
5. Reims	Marne	206 437
6. Caen	Calvados	191 490
7. Le Mans	Sarthe	189 107
8. Amiens	Somme	156 120
9. Troyes	Aube	122 763
10. Creil	Oise	97 119
11. Bourges	Cher	94 731
12. Chartres	Eure-et-Loire	85 933
13. St.Quentin	Aisne	71 113
14.Châteauroux	Indre	67 090
15.Compiègne	Oise	67 057
16.Blois	Loir-et-Cher	65 132
17.Châlons-sur-Marne	Marne	61 452
18. Nevers	Nièvre	58 915
19. Evreux	Eure	57 968
20. Beauvais	Oise	57 704
21. Elbeuf	Seine-Maritime	53 886
22. Montargis	Loiret	52 804

So wie wir aber bei der sozialen Ost-West-Segregation nicht den Westen pauschal als privilegiert darstellen konnten, ist auch hier im einzelnen bei sozialräumlichen Zuschreibungen Vorsicht geboten.
Die Kommunen und Agglomerationen im Umland sind im Wettstreit mit dem Anziehungspol Paris also im letzten Berechnungszeitraum (1982–90) nicht schlecht gefahren.
In diesem sozialgeograpischen Raum, in dem mit fast 20 Millionen Menschen nahezu die Hälfte der Bevölkerung des Festland-Frankreich wohnt und arbeitet, hat sich das Beziehungsverhältnis verbessert.

Die Stadt und die Städte

Im statistik- und umfragenbesessenen Frankreich trifft man immer wieder auf sensationell aufgemachte Berichte über die beste französische Stadt. Selten ist es Paris. Die sonnigste Stadt ist Marseille, die sicherste ist Amiens, die Stadt mit dem größten demographischen Wachstum ist Montpellier usw. Je nach Zeitraum und vor allem je nach Kriterien und Maßstäben verschieben sich die Aussagen – und dies nicht nur bei den feuilletonistischen Berichten, sondern auch bei den seriösen, wissenschaftlichen Untersuchungen.
Wachstum beispielsweise, der beliebteste Maßstab, ist – wie manche nahelegen – fast identisch mit Stadtentwicklung geworden, dabei kann es sehr verschieden gemessen werden: das größte regionale Wachstum an Beschäftigten hat etwa die Region Languedoc-Roussillon, das größte demographische Wachstum hat Montpellier, das größte jährliche, mittlere Wachstum gemessen am Bruttoinlandsprodukt hat Caen. Die größten Wachstumschancen aber soll Paris haben – mit dem größten Anteil an »strategischen«, d. h. zukunftsorientierten, höheren Dienstleistungsarbeitsplätzen (s. Abb. 289).
Oberflächlich betrachtet, d. h. in absoluten Zahlen ausgedrückt, ist die Region Ile-de-France natürlich Spitzenreiter vor allen anderen Regionen: sie hat 5 075 974 Beschäftigte, das sind 23% des gesamten Festland-Frankreich und die Region hat auch zwischen 1975 und 1990 den größten Zuwachs an Beschäftigten aufzuweisen, nämlich 401 464 (s. Abb. 290).
Jedoch in relativen Zahlen ausgedrückt, bezogen auf die Gesamtheit der Beschäftigten, steht die Pariser Region erst an 6. Stelle weit hinter der führenden Region Languedoc-Roussillon, hinter der Provence und Midi-Pyrénées. Nimmt man gar nur die abhängig Beschäftigten, also die große Zahl der Lohn-Arbeits-Verhältnisse, dann steht die Region bezeichnenderweise weit hinten an 13. Stelle, hinter den strukturschwachen Regionen Centre und Korsika.
Obwohl die Pariser Region und ihr engeres Umland durchaus nicht in jeder Hinsicht Spitzenreiter in Frankreich sind, zählen sie zweifellos – auch nach den Einbrüchen in den 70er Jahren – zu den strukturstarken Regionen; die Region hat zwar leicht an Gewicht verloren, aber sie ist doch sehr stabil geblieben.
Eindeutig gewinnt auch der Winkel, der von Lyon übers Mittelmeer nach Toulouse reicht (»le grand Sud-Est«), hinzu kommen das Elsaß und manche Gebiete der Atlantikküste (»la façade atlantique»). Strukturschwache Gebiete sind nach wie vor das Massif Central, der Norden und der Nord-Osten (außer dem Elsaß).
Ganz erhebliche Disparitäten werden sichtbar, wenn man sich die Beschäftigungsquoten in den verschiedenen Regionen anschaut (s. Abb. 291). Die Gründe für diese Unterschiede sind oft sehr undurchsichtig. Die günstigen Werte für Paris scheinen sich aus der hohen Zahl berufstätiger Frauen und aus den besonders jungen Beschäftigten zu ergeben (Rentner und Pensionäre verlassen frühzeitig Paris); umgekehrt akkumulieren einige Süd-Regionen und Korsika eine geringere Zahl weiblicher Berufstätiger und eine ungünstige Altersstruktur.
Sehr aussagekräftig sind indes, zusammengenommen, die vier zentralen Indikatoren Wachstum, demographische Veränderung, Einkommen und Arbeitslosigkeit, die hier für die 25 größten französischen Städte zusammengestellt sind (s. Abb. 292).
Die Liste der Städte bestätigt einerseits die regionalen Gewichte, sie zeigt aber andererseits auch spezifische, strukturelle Verhältnisse an. So etwa verdankt Caen seinen Aufschwung der boomenden Nahrungsmittelindustrie, und die guten Durschnittswerte von Grenoble verweisen auf die spezifischen »strategischen« Vorteile, u. a. auch auf seine geopolitisch günstige Lage. Im Vergleich zu den anderen Regionen Frankreichs bleibt Paris freilich auch in den 90er Jahren ein sehr privilegierter Ort. Die neueren Zah-

Abbildung 287
Das demographische Wachstum in der Pariser Region
und im Umland 1962–1990
aus: Atlas des Franciliens 1/1991, 42.

	Bevölkerung und Bevölkerungswachstum in Prozent					
	1962	1990	62/68	68/75	75/82	82/90
Eure	361 943	513 818	0,97	1,42	1,27	1,33
Oise	481 289	725 603	1,97	1,65	1,25	1,16
Eure-et-Loir	277 394	396 073	1,43	1,50	1,13	1,10
Loiret	389 854	580 612	1,68	1,87	1,27	1,01
Indre-et-Loire	395 206	529 345	1,73	1,28	0,80	0,56
Calvados	480 780	618 478	1,31	1,10	0,71	0,60
Yonne	269 826	323 096	0,82	0,81	0,52	0,48
Loir-et-Cher	250 745	305 937	1,11	0,82	0,62	0,40
Marne	442 043	558 217	1,57	1,28	0,35	0,33
Seine-Maritime	1 035 844	1 223 429	1,22	0,74	0,25	0,31
Sarthe	443 019	513 654	0,70	0,86	0,41	0,22
Aisne	512 597	537 259	0,43	0,21	0,00	0,08
Somme	487 524	547 825	0,81	0,74	0,16	0,07
Cher	293 514	321 559	0,62	0,54	0,17	0,05
Aube	255 099	289 207	0,97	0,75	0,22	-0,00
Orne	280 526	293 204	0,47	0,25	0,09	-0,10
Indre	251 432	237 510	-0,28	0,08	-0,31	-0,29
Nièvre	245 921	233 278	0,12	-0,14	-0,33	-0,34
Bassin Parisien (außer IDF)	7 154 556	8 748 104	1,06	0,93	0,52	-0,46
Paris	2 790 091	2 152 423	-1,23	-1,69	-0,78	-0,14
Hauts-de-Seine	1 381 805	1 391 658	0,94	-0,22	-0,52	-0,04
Seine-Saint-Denis	1 083.724	1 381 197	2,41	0,81	0,02	0,53
Val-de-Marne	974 962	1 215 538	2,36	1,17	-0,26	0,23
Seine-et-Marne	524 486	1 078 166	2,40	3,26	2,30	2,47
Yvelines	687 827	1 307 150	3,69	3,45	1,43	1,12
Essonne	478 691	1 084.824	5,87	4,63	0,97	1,17
Val-d'Oise	548 429	1 049 598	3,99	2,81	1,30	1,65
Ile-de-France	8 470 015	10 660 554	1,48	0,95	0,28	0,71
Bassin parisien	15 624 571	19 408 658	1,29	0,94	0,39	0,60

len aus dem Zeitraum 1982–1992 zeigen, daß das Bruttoinlandsprodukt pro Einwohner um 53,7% höher liegt als im nationalen Durchschnitt. Die Zahlen zeigen auch: Paris schnappt sich nach und nach einen immer größeren Teil der nationalen Ressourcen (Le Monde, 25.8.95, S. 5).

Hauptstadt des 20. Jahrhunderts? Image und Realitäten

»Paris nähert sich dem 21. Jahrhundert und der Öffnung des großen europäischen Marktes in einer Position der Schwäche: in zweihundert Jahren ist seine relative Stellung in Europa und in der Welt beträchtlich zurückgegangen. Wahr ist, daß Frankreich selbst, seit 1900, als es einer der ersten Banquiers der Welt war, Terrain hat aufgeben müssen. Und es steht außer Frage, daß die Feindseligkeit gegen die große Metropole seit Mitte des 19. Jahrhunderts und eine langwährende Politik, die seit 50 Jahren Paris schwächen wollte, eine fundamentale Rolle gespielt haben« (Marchand 1993, 377).

Abbildung 288
Die Liste der Agglomerationen mit den höchsten jährlichen Wachstumsraten im Pariser Becken 1982–1990
nach: Atlas des Franciliens 1/1991, 30.

Orléans	+ 1,23 %
Chartres	+ 1,09 %
Dreux	+ 0,94 %
Compiègne	+ 0,83 %
Blois	+ 0,80 %
Evreux	+ 0,74 %

Abbildung 289
Die strategischen Beschäftigungsverhältnisse in Prozent der aktiv beschäftigten Bevölkerung
aus: Le Nouvel Observateur 1534/31.3.-6.4.1994, 19.

Paris	15,2 %
Grenoble	11,3 %
Montpellier	11,2 %
Toulouse	11,1 %
Lyon	10,1 %
Straßburg	9,6 %
Nantes	8,5 %
Bordeaux	8,4 %
Marseille	8,2 %

Abbildung 290
Beschäftigungszuwachs der Regionen 1975-1990 in Tausend
nach: Atlas des Franciliens 2/1992, 128.

Isle-de-France	401 464 Beschäftigte
Rhône-Alpes	215 366
Provence-Alpes-Côte d'Azur	191 232
Languedoc-Roussillon	115 093

Abbildung 291
Durschnittliche Beschäftigungsquoten der Regionen 1990 (die Quote enthält beschäftigte und arbeitslose Personen, die älter als 15 Jahre sind)
aus: Atlas des Franciliens, 2/1992, 106.

Region	Prozent
Ile-de-France	62,2
Alsace	56,6
Haute-Normandie	56,5
Rhône-Alpes	56,3
Picardie	55,3
Centre	55,0
Champagne-Ardenne	55,0
Basse-Normandie	54,7
Franche-Comté	54,3
Pays de la Loire	54,3
Bourgogne	52,4
Aquitaine	52,2
Auvergne	51,9
Bretagne	51,9
Poitou-Charentes	51,7
Midi-Pyrénées	51,0
Lorraine	51,5
Provence-Alpes Côte d'Azur	51,3
Nord-Pas-de-Calais	50,5
Limousin	49,8
Languedoc-Rousillon	49,0
Corse	47,7
France métropolitaine	54,8

Dies wäre eine Einschätzung der Rolle von Paris und der Région parisienne, die im Wesentlichen den Niedergang als selbstverursacht darzustellen versucht. Andere Beobachter zeichnen ein Bedrohungsszenarium, welches die Veränderungen in Osteuropa und insbesondere das zunehmende Gewicht Deutschlands als Indizien der Gefährdung interpretierten; und wieder andere, u. a. François Mitterrand, haben hervorgehoben, daß kulturelle und ökonomische Impulse, sich gegenseitig bedingend, die Entwicklung der Metropole beeinflussen würden (so auch Marcel Roncayolo in: Débat 80/1994).
Auffallend ist, daß in Frankreich sehr viel ernsthafter und intensiver über die Rolle der Regionen in Europa diskutiert wird, was natürlich mit der ver-

Abbildung 292
Vier Gradmesser für die Einschätzung von 25 französischen Städten
aus: Le Nouvel Observateur, 1531/31.3.-6.4.1994, 10/11.

1. Wachstum Durchnittliches jährliches Wachstum gemessen am BIP		2. Arbeitslosigkeit		3. Bevölkerungswachstum von 1975 bis 1990		4. Einkommen pro Haushalt in Francs	
Caen	2,9	Lyon	9,2	Montpellier	8,13	Paris	130 309
Toulouse	2,8	Paris	9,4	Metz	6,48	Lyon	94 686
Montpellier	2,8	Dijon	10,6	Reims	1,32	Straßburg	86 147
Paris	2,6	Rennes	10,6	Amiens	0,41	Bordeeaux	85 588
Orléans	2,4	Orléans	10,9	Nizza	-0,33	Orléans	85 461
Straßburg	2,4	Besançon	11,1	Rennes	-0,38	Dijon	84 295
Besançon	2,4	Straßburg	11,1	Straßburg	-0,57	Nizza	83 262
Nantes	2,3	Poitiers	11,2	Orléans	-1,01	Nantes	83 054
Grenoble	2,3	Limoges	11,5	Poitiers	-3,00	Rennes	82 528
Lyon	2,3	Grenoble	11,6	Dijon	-3,31	Grenobles	81 739
Saint-Etienne	2,3	Nizza	11,6	Toulouse	-3,69	Toulouse	79 315
Nizza	2,3	Clermont-Ferrand	12,9	Nantes	-4,57	Limoges	78 553
Marseille	2,3	Toulouse	12,9	Besançon	-5,62	Reims	78 553
Rennes	2,1	Metz	13,4	Caen	-5,93	Caen	78 502
Dijon	2,0	Nantes	13,5	Bordeaux	-6,12	Montpellier	77 651
Reims	2,0	Reims	13,5	Paris	-6,70	Besançon	76 803
Amiens	1,9	Rouen	14,3	Limoges	-7,62	Metz	76 340
Poitiers	1,8	Saint-Etienne	14,4	Grenoble	-9,74	Marseille	75 997
Le Havre	1,7	Caen	14,5	Lyon	-9,76	Poitiers	75 923
Rouen	1,7	Bordeaux	15,1	Lille	-10,17	Rouen	75 850
Bordeaux	1,6	Lille	16,0	Saint-Etienne	-10,37	Saint-Etienne	75 492
Lille	1,6	Amiens	16,2	Le Havre	-11,16	Clermont-Ferrand	74 967
Clermont-Ferrand	1,5	Montpellier	16,6	Rennes	-11,86	Amiens	73 372
Metz	1,5	Le Havre	16,8	Marseille	-13,08	Lille	72 095
Limoges	1,4	Marseille	18,5	Clermont-Ferrand	-15,02	Le Havre	70 949

änderten Rolle Frankreichs im europäischen Geschäft zu tun hat. Die langandauernde Debatte erklärt vielleicht auch ein wenig die Identitätskrise, die Frankreich derzeit beherrscht. Ob als Nation oder als Region: Frankreich (und die Pariser Region) betrachten ihr Umfeld immer mehr unter Gesichtspunkten der Konkurrenz.
Das Bedrohungsszenarium verstärkt und die Rolle der Region mitunter zugleich beschönigt haben Untersuchungen, die in der für die französische Forschung eigentümlichen Art Daten und Fakten zusammengetragen haben. So etwa werden von Dominique Lecomte und Vincent Gollain so unterschiedliche Gebilde wie Frankfurt (mit 1,5 Millionen Einwohnern), Randstad (ein Ensemble von Städten mit 6,5 Millionen Einwohnern) und die Region Ile-de-France (mit 10,6 Millionen Einwohnern) verglichen (Cahiers de l'I. A. U. R. I. F. 100/1992).
In der Regel wird nicht berücksichtigt, daß bei Standortentscheidungen von internationalen Unternehmen sehr viel komplexere (Image)-Faktoren im Spiel sind; indes treten im Vergleich der großen regiona-

len Zentren dennoch einige interessante Gesichtspunkte zutage:
- Frankfurt schneidet danach, trotz seiner hoher Kosten, wegen seiner Ausstattung am besten ab;
- Randstad wird bevorzugt, so heißt es, nicht nur wegen der Hafenanlagen, sondern weil die Lebenshaltungskosten gering und die Sprachkenntnisse gut sind;
- South-East-London wird sowohl als Finanzplatz bevorzugt als auch wegen der hohen Anzahl der Firmensitze, die schon am Ort sind;
- Brüssel ist beliebt wegen seiner internationalen Bedeutung und wegen seiner Steuervorteile;
- Mailand und Madrid schließlich sind wegen der geringen Kosten günstige Standorte;

Die Pariser Region liegt in der Rangfolge bei den beiden Autoren mit an der Spitze.

Für die Region sprechen:
– die qualifizierten Arbeitskräfte
– die kulturelle und touristische Umgebung und auch die gute Schulausstattung
– die Hotelausstattung
– die geringe Steuerbelastung
– der hohe Stand von Forschung und Entwicklung

Negativ bewertet werden:
– die Staus im Straßenverkehr
– die hohen Kosten der Telekommunikation und
– die schlechten Fremdsprachenkenntnisse.

Nun bilden solche regionalen Vergleiche nicht nur wegen ihrer vagen Kriterien Anlaß zu Kritik. Sie spiegeln eben das Selbstverständnis der Unternehmen, und in deren Perspektive ist »Lebensqualität« eine zu vernachlässigende Größe (Cahiers de L'I. A. U. R. I. F. 100/1992, 29). Interessant ist gleichwohl, daß pure Rentabilitätsgesichtspunkte bei Standortentscheidungen ausgesprochen selten sind.
Im chaotischen Netz der Entscheidungen zählen offensichtlich harte Daten, wie Lohnkosten, Immobilienpreise, Steuerniveau oder Transportbedingungen ebenso wie weiche Daten, also Sprachkenntnisse, Investitionsklima, zukünftige Entwicklung, Ausbildungsverhältnisse, kulturelles Image usw. – sonst wäre nicht zu erklären, warum Frankfurt in der Studie von Lecomte/Gollain trotz schlechter Rentabilitätsbedingungen von den Investoren am häufigsten an erster Stelle genannt worden ist.

Von außen gesehen erstaunt es allerdings schon, wie einseitig »ökonomistisch–geopolitisch« und bar jeder ökologischen Vernunft französische Beobachter ihre Hauptstadt betrachten. Das trifft auch für den politisch zentralen »Bericht für den Premierminister« zu, den Jean-François Carrez 1991 fertiggestellt hat.
Folgt man diesem Gutachter, so ist Frankreich bei der »Schlacht« um die Internationalisierung ins Hintertreffen geraten. Seiner Meinung nach gilt es im Kampf um die rivalisierenden Städte Stellung zu beziehen (»les villes sont fondamentalement rivales«, Carrez 1991, 72). In gut »darwinistischer Manier« heißt es dort:

»Aus dem Vorausgehenden folgt, daß Europa denjenigen Städten ganz besondere Chancen (. . .) bieten wird, die an einem 'Baum' liegen, dessen 'Stamm' das Rhône-Tal bildet, die 'Äste' Lyon-Paris-Lille und Lyon-Staßburg und die Wurzeln die Mittelmeerküste bis hin nach Barcelona einerseits, und weniger ausgebildet, gegen Nizza und Genua andererseits« (Carrez, 1991, 68; s. auch Abbildung 293).

Carrez bedient sich sehr direkt der neuerdings beliebten geopolitischen Argumente, um zu zeigen, wie gefährdet die Stellung der Metropole ist (zur Kritik der geopolitischen Argumentationen vgl. den ausgezeichneten Artikel von Rudolf Walter in: Die Zeit, 30/21.7.1995).
Betrachtet man den »Halbmond«, das »Croissant« der wichtigen regionalen Zentren, die von London über Brüssel, Frankfurt, Stuttgart, München nach Mailand reichen, so liegt, immer nach Correz, die Ile-de-France außerhalb der Kraftlinien, und nur der Nord-Osten Frankreichs berührt im Grunde diesen Gürtel. Während Brüssel durch seine europäischen Regelungs- und Entscheidungsfunktionen an Bedeutung gewinnt, Berlin sein politisches Gewicht stärkt, während die osteuropäischen Hauptstädte (vor allem Warschau, Budapest und Prag) eine völlig neue Bedeutung gewinnen, sieht Correz das Potential von Paris geschwächt.
Er benennt dann drei kulturpolitische Vorteile, die bei der Befragung der internationalen Unternehmen immer wieder genannt worden sind: die kulturhistorische Rolle von Paris, seine Rolle als Hauptstadt der Francophonie und die Rolle Frankreichs im Nord-Süd-Dialog. Es heißt dann freilich unmiß-

verständlich, daß »die kulturellen Schöpfungen nicht auf der Höhe des historischen, architektonischen, urbanistischen Reichtums, kurz des historischen Erbes von Paris« seien (Correz 1991, 21).
Noch schwerer als kulturelle Einschätzungen wiegen natürlich – in französischen Augen – Außeneinschätzungen, die auf ökonomischen Grundlagen beruhen; immerhin verdanken 24% der Industriebeschäftigten der Region ihren Arbeitsplatz ausländischen Investitionen (Cahiers de L'I. A. U. R. I. F. 100/1992, 9; s. Abb. 294).
Die Abbildung macht deutlich, daß tatsächlich Belgien, Holland und Großbritannien mit ihren Entwicklungszentren sehr hoch eingeschätzt werden. Solche Urteile erstaunen umso mehr, als Frankreich, bzw. Paris einen großen Markt, ein hochqualifiziertes Arbeitskräftepotential und ein ungewöhnlich hohes Niveau in Forschung und Technologie sowie neuerdings auch stabile politisch-soziale Verhältnisse aufweist.
Wie kommt es zu solchen negativen Einschätzungen, wo doch, wie wir gesehen haben, die Region einen rasanten Strukturwandel durchgemacht hat? Gab es nicht einen Modernisierungsprozeß, der – wie Beobachter meinen – nur mit New York vergleichbar gewesen ist, den London hingegen so nicht gekannt hat (vgl. Savitch 1991, 291)?
Für die Region Ile-de-France gilt doch, mehr als für jede andere Region Frankreichs, ja Europas, daß sie mit hohen Dienstleistungen nur so gespickt ist: sie vereinigt 40% der Dienstleistungen für Unternehmen und gar 80% der höheren Dienstleistungsfunktionen für Entscheidungsträger. Je mehr sich die Dienstleistungen im tertiären Sektor von personalen Dienstleistungen entfernen, je höher die Dienstleistungen angesiedelt sind, desto konzentrierter sind sie, desto mehr müßten sie folglich doch dem globalen Zugriff nützlich sein. In der Tabelle in Abbildung 295 veranschaulicht Pierre Bekouche diese Konzentration recht deutlich.
Nimmt man hinzu, daß Paris zusammen mit Tokio und London den einmaligen Vorteil hat, als Hauptstadt sämtliche höheren politisch-administrativen, ökonomischen und sozialen Funktionen zu vereinigen, dann erstaunt es schon, wie wenig »Weltstadt« Paris geblieben ist.
Carrez sieht die Defizite vor allem in der schwerfälligen Administration, in den undurchschaubaren

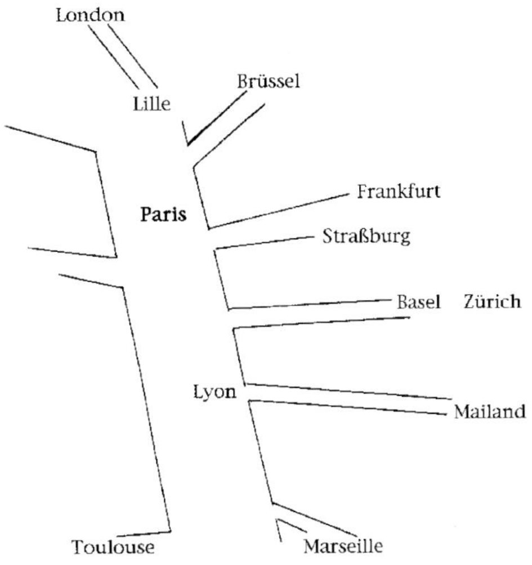

Abbildung 293
Der europäische Baum
Graphik: Schüle

juristischen und steuerrechtlichen Verhältnissen und in der Mittelmäßigkeit der Aufnahmebedingungen, die bisweilen bis zum Fremdenhaß reichen (Carrez 1991, 36f). Es scheint so, als ob die internationalen Bedürfnisse sich an den bornierten nationalen Bedingungen stoßen.
Dies alles mag durchaus sein. Nur scheint mir die Perspektive sehr einseitig auf die gängigen »globalen Funktionen«, auf mutmaßlich wichtige ökonomische Entwicklungen im Dienstleistungsbereich gerichtet. Wie bei vielen anderen Untersuchungen ist die Sicht der Dinge viel zu sehr »von oben«, von den Zentralen oder Metropolen her bestimmt. Globale Netze entwickeln sich aber nicht notwendig über die Mittler der Metropolen (obgleich dies ständig unterstellt wird); eine Konzentration höherer Dienstleistungen allein ist nicht notwendigerweise Anlaß für Investitionen. Es kommt darauf an, welche spezifischen Dienste angeboten werden, und diese lassen sich nur schwer quantifizieren – und ihre Entwicklung ist noch schwerer vorauszusagen. Die ganze Diskussion um die »globale Stadt« hat sich sehr auf die Spitzenindustrien (»industries de pointe«) kapriziert, die Rolle der dazugehörigen Netze, die Wirsamkeit lokaler kleiner und mittelständischer Unternehmen ist vernachlässigt worden. Die ökonomische

Abbildung 294
Vier europäische Staaten und Frankreich bzw. die Région parisienne im Urteil amerikanischer und japanischer Großunternehmen
nach: Correz 1991, 33/34.

	Anzahl der Zentralverwaltungen (in Klammern Zunahme der Unternehmen seit 1984)	Zufriedenheit mit dem Standort	Benennung möglicher Standorte nach 1992
Großbritannien	332 (37)	89%	40%
Belgien	196 (23)	84%	49%
Holland	111 (27)	92%	33%
Bundesrepublik	103 (20)	80%	17%
Frankreich	99 (14)	72%	14%

Abbildung 295
Paris unter den anderen »global cities« der produktiven Dienstleistungen
nach: Le Débat 1994, 167.

	Anteil an der gesamten nationalen Beschäftigung	Gesamtanteil der produktiven Dienstleistungen 1990
Paris-Ile-de-France	23,0% (1990)	37,0%
Tokio-Metropolis (23 Bezirke)	10,2% (1985)	16,9%
London-Greater London	16,6% (1984)	32,6%
New York- (Manhattan, Brooklyn, Queens, Bronx, Staten Islands)	3,7% (1987)	7,6%
Los Angeles-L. A.Country	4,1% (1990)	4,9%

Bewertung der kulturellen Modernisierung ist kaum geklärt (vgl. Hadesbeck 1991). Es mag schon sein, daß Paris hinter Tokio, New York und Los Angeles an vierter Stelle liegt, was sein Produktionsniveau betrifft und sogar an 3. Stelle, was die Produktivität angeht. Es ist aber vielleicht kein Zufall, daß Paris und die Pariser Region in dem Moment, in dem sie sich ökonomisch einigermaßen stabilisierten, ihr kulturelles Image zu verlieren begannen.
Die »Verdienstleistung« hat ihre kulturellen Kosten und diese wiederum schlagen zurück auf die wirtschaftliche Entwicklung, d. h. auch die kulturelle Modernisierungspolitik konnte den Niedergang nicht bremsen. So kann man auch aus dieser Perspektive die großen Städtebauprojekte als Fassaden für das nicht eingehaltene Weltstadtversprechen ansehen.

Gegenüber der Provinz oder gar der dritten Welt (in die Fertigung und Fabrikation zunehmend ausgewandert sind), nimmt die Region Ile-de-France natürlich eine sehr privilegierte Stellung ein; das Privileg wird freilich erkauft durch einen ungeheuren Zwang zur Mobilität, durch ökologische Depravierung, durch hohe Preise und durch eine kulturelle Sterilität, wie sie jede soziale Homogenisierung mit sich bringt.

Epilog

Es gibt eine ganze Reihe von Stadthistorikern, Sozialwissenschaftlern und Philosophen (Dubet, Touraine usw.), die sagen: »Was früher die Fabrik war, ist heute die Vorstadt«, und sie meinen damit eine Veränderung des gesellschaftlichen Systems überhaupt. Mit der Wandlung des industriellen Systems hin zur Dienstleistungsgesellschaft habe ein Paradigmawechsel stattgefunden; nun gehe es nicht mehr um Klassenwidersprüche, also etwa um den Gegensatz von »arm und reich«, heute gehe es um den Zugriff auf Dienstleistungen und Infrastruktur. Deshalb reden solche Autoren auch nicht mehr von »Ausbeutung«, sondern vom »Ausgeschlossen-Sein«; deshalb, so sagen sie, gewinnen kulturell und ästhetische Faktoren – wie etwa die Schule oder die bauliche Umgebung – an Gewicht, dem »kulturellen Kapital« (Bourdieu) wird zunehmendes Gewicht zugestanden.

Unsere Untersuchung der Stadt Paris und seiner Region legt nahe, nicht von einem »Wechsel«, sondern von einer Koexistenz der gesellschaftlichen Modi zu sprechen. Ausbeutung und Ausgeschlossen-Sein existieren nebeneinander. Die Form und die Wirkungen der jeweiligen Modi haben sich allerdings verändert (man denke etwa an den gemeinschaftlichen Besitz, la copropriété).

Die Fronten sind nicht mehr so sichtbar, die auslösenden Kräfte nicht mehr eindeutig identifizierbar, die Einflußmöglichkeiten auf die städtische Umgebung scheinen minimal geworden zu sein (man denke etwa an die Auswirkungen der neuen Gemeinde-Autonomie).

Solche allgemeinen Veränderungen kreuzten sich mit besonderen Entwicklungen in der Region, etwa der exorbitanten Massierung von Arbeit, Wohnen und Verkehr usw.

Zu all dem kommen noch die Probleme der Außenwahrnehmung und der Information. Im bloß touristischen Augenschein ist Paris immer noch die liebenswerte, tolerante, weltoffene Stadt. Die Musealisierung der Innenstadt verstärkt noch einmal den verklärenden Blick, die Stadtarchitektur lädt dazu ein, sich als nostalgischer Flaneur zu gerieren und ein ganzes Heer von Meinungsmachern bestärkt diese Haltung . . .

Ich sehe durchaus die Vorteile einer Lebensweise, die einst auf Kleinräumigkeit in der Großstadt, auf der großen Wohndichte und dem kosmopolitischen Umgang mit Fremden beruhte, nur glaube ich, daß hinter den geläufigen Vorstellungen und Beschreibungen eine Verdrängung ungeheuren Ausmaßes steht und schon immer gestanden hat.

Paris ist eine sehr wohlhabende Stadt, aber die sozialen Kosten dieses Wohlstandes hat niemand sehen wollen (auch nicht Marchand in seinem sonst lesenwerten Buch), bestenfalls rechnete man den Parisern die Größe ihres Beefsteaks vor und diese rein ökonomische Rechnung ist in der Tat einfältig, eine Verdrängung und Verdrehung in der Stadtgeschichtsforschung und in diesem Buch ging es darum, diese herausarbeiten.

Die andere Verdrängung war und ist, daß man »die Klasse mit den Ärmelschonern«, die zunehmend Paris bevölkerte, eigentlich nie genau betrachtet hat, dabei hat sie gerade mit ihren Ärmelschonern ein Stück jener modernen Ellenbogengesellschaft ausgemacht, die egoistisch und narzistisch (bisweilen durchaus bellizistisch) auftritt. Nicht einmal das Leid der »armen Reichen« ist aufgefallen . . .

Die französische politische Elite aller Lager hat beide Verdrängungen mitgemacht und ihr noch eine dritte hinzugefügt: Obwohl sie genau wußte, daß man die zukünftige gesellschaftliche Entwicklung mit herkömmlichen Mitteln nicht würde bewältigen können (daß etwa die Arbeitslosigkeit strukturell unvermeidlich wachsen würde), haben sie weiter Wachstumsideologien verbreitet. Weder sie noch die Stadtplaner noch das Heer der Berater und Forscher haben realistische Konzepte zur Heilung der Wunden zwischen Stadt und Vorstadt entwickelt. Daß ausländische Beobachter dem Mythos Paris erliegen, ist vielleicht verständlich. Der nationalistische Zweckoptimismus vieler französischer Berichterstatter und Forscher ist aber kaum zu begreifen, und zwar nicht einmal so sehr wegen der ökologischen Risiken, die bei der Umgestaltung der Stadt in Kauf genommen werden, sondern eben wegen des fortdauernden Wachstums-Wahns, der die Prognosen durchzieht.

Ein konstruktiver Gedanke zum Umbau der Arbeitsgesellschaft ist, von wenigen Ausnahmen (etwa Gorz) abgesehen, nirgends zu erkennen. Der Umbau und das Umdenken ist aber die Voraussetzung für eine »neue Urbanität« etwa im Sinne Feldtkellers (Feldtkeller 1995). Die Prosperität der Stadt hat lange über die wunden Seiten hinweggetäuscht, das soziale Elend wurde erst verleugnet und dann ausgelagert, und schließlich wurde ihm eine Krawatte umgebunden. Das Buch will durch seine sozialgeschichtliche Sicht auf diese Ghettoisierung hinweisen, es will aber auch die Bedingungen für einen urbanen Kosmopolitismus offenlegen.

Literaturverzeichnis

AAM/ Hazan, La Goutte d'Or, Faubourg de Paris, Hazan, Paris 1988.
Agulhon, Maurice, Marianne au pouvoir, Bild und Symbol im republikanischen Kontext, 1880-1914, Flammarion, Paris 1989.
Actes de la recherche en sciences sociales (insbesondere 99/1994).
Agence des espaces verts: Une priorité régionale: La ceinture verte de la métropole parisienne, IAURIF, Paris 1987.
Amar, Laure: Parks und Plätze in Paris, München 1986.
Annales de la Recherche Urbaine (insbesondere Nr.5/1991 und 54/1993).
APUR (Atelier Parisien d'Urbanisme): Paris 1954-1982. Données statistiques Paris et Arrondissements, Paris 1984.
-, Schéma d'objectifs pour l'aménagement de la couronne de Paris, Paris 1988.
-, Le parc de logements de Paris, Paris 1989.
-, La propriété des logements à Paris, Paris 1990.
-, Le recensement de 1990 à Paris. L'évolution de la population. Les caractéristiques démographiques et sociales, Paris 1991.
Aragon, Louis, Le Paysan de Paris, Gallimard, Paris 1926/1988.
-, Die Viertel der Reichen, Kindler, München 1963.
Arbeitsgruppe Pariser Kommune, Pariser Kommune 1871, Neue Gesellschaft für bildende Kunst, Berlin 1971.
Architectures capitales, Paris 1979–1989. Les grands projets de l'Etat, Electa Moniteur, Paris, 1989.
Archives Nationales (u.a.), Paris 1789–1799. Les lieux de la Révolution, C.R.D.P., Paris 1990.
Ariès, Philippe, Histoire de la population française, Seuil, Paris 1971.
Ariès, Philippe/Duby, Georges, Histoire de la vie privée, Seuil, Paris 1987.
Association pour l'information municipale/Ville de Paris, Un Port de Plaisance en plein Paris, Mai 1982.
Ästhetik u. Kommunikation: Mythos Berlin, Zur Wahrnehmungsgeschichte einer industriellen Metropole, Berlin 1987.
Augé, Marc, Ein Ethnologe in der Metro, Qumran/Campus, Frankfurt/New York 1988.
Auto-Défense: Défense de Paris, Les éditions ouvrières, Paris 1973.
Avery, Desmond, Civilisations de la Courneuve. Images brisées d'une cité, L'Harmattan, Paris 1987.
Babelon, Pierre, Nouvelle Histoire de Paris. Paris au XVIe siècle, Hachette, Paris 1986.
Bailhé, Claude/Saviste, Alain, Paris au temps des marchands de coco, Milan, Toulouse 1989.
Ballain, René, u.a., Sites urbains en mutations, L'Harmattan, Paris 1990.
Bastié, Jean, La croissance de la banlieue parisienne, PUF, Paris 1964.
-, Capital immobilier et marché immobilier parisien, in: Annales de Géographie 69, Paris 1960, 225-250.
-, Paris und seine Umgebung, Hirt, Kiel 1980.
-, Géographie du Grand Paris, Masson, Paris 1984.
Bastié, Jean/ Dezert, B., L'espace urbain, Masson, Paris 1980.
Baudrillard, Jean, Kool Killer oder Der Aufstand der Zeichen, Merve, Berlin 1978.
Beaudouin, François, Paris/Seine, Nathan, Paris 1989.
Beaujeu-Garnier, Jacqueline, Paris et de la région parisienne, Berger-Levrault, Paris 1972.
-, (Hrsg.), Atlas et géographie de Paris et la région d'Ile-de-France, Flammarion, Paris 1977.
-, La France des villes: le Bassin parisien, La documentation française, Paris 1978.
-, Nouvelle Histoire de Paris. Paris: Hasard ou prédestination? Hachette, Paris 1993.
Beaujeu-Garnier, Jacqueline /Bastié, Jean, Atlas de Paris et de la Région Parisienne, Préface de Paul Delouvrier, Berger-Levrault, Paris 1967.
Beaumont-Maillet, Laure, L'eau à Paris, Hazan, Paris 1991.
-, Atget Paris, Hazan, Paris 1992.
Begag, Azouz, Le gone du Chaâba, Seuil, Paris 1986.
Bellet, Roger, Paris au XIXe siècle. Aspects d'un mythe littéraire, PUF-Lyon, Paris 1984.
Benevolo, Leonardo, Die Geschichte der Stadt, Campus, Frankfurt 1983.
Béhar, Jean-Claude, La Défense, L'avant-garde en miroirs, Autrement, Série France Nr.7, Paris 1992.
Benjamin, Walter, Gesammelte Schriften: Das Passagenwerk, Suhrkamp, Frankfurt 1974.
Benoit, Philippe, u.a.: Paris 1995 – le grand desserrement. Enquête sur 11 millions de Franciliens, Romillat, Paris 1993.
Benrath, Henry, Paris, Scientia, Zürich 1939.
Benveniste, Annie, L'université cachée, Centre Georges Pompidou, Paris 1991.
Berger, Martine/Cathérine Rhein (Hrsg.): L'Ile-de-France et la recherche urbaine; Strates CNRS- Univ. Paris I, Paris 1992.
Bergeron, Louis, (Hrsg.), Paris. Genèse d'un paysage, Picard, Paris 1989.
Berliner Topographien, Mythos Berlin Concept. Ausstellung zur 750-Jahrfeier Berlins, Ästhetik und Kommunikation, Berlin 1988.
Bernard, Jean-Pierre, Paris rouge 1944–1964. Les communistes français dans la capitale, Champ Vallon, Seyssel 1991.
Berna, Marianne/Bill Akwa Betote, Paris wie die Wilden. Afrika - seine Musik- ihre Metropole, Zürich 1992.
Bernier, Jean-Pierre, La libération de Paris, C. Lavauzelle, Paris/Limoges 1984.
Berrouet, Laurence/Lauredon, Gilles, Métiers oubliés de Paris, Parigramme, Paris 1994.
Bertrand, Michel-Jean, Pratique de la ville, Masson, Paris 1978.
-, Architecture de l'habitat urbain. La maison, le quartier, la ville, Dunod, Paris 1980.
-, L'espace vécu des Parisiens, APUR, Paris 1988.
Besset, Maurice, Neue französische Architektur, Stuttgart 1967.
Borgé, Jacques/Viasuoff, Nicolas, Archives de Paris, Ed. M.Trinckvel, Paris 1993.
Borowsky, Kay, Pariser Traum. Nerval/Beaudelaire/Mallarmé Verlaine/Rimbaud, Heliopolis, Tübingen 1984.
Bourdet, Claude: A qui appartient Paris? Seuil, Paris 1972.
Bourdieu, Pierre, La misère du monde, Seuil, Paris 1993.
Boussard, Jacques, Nouvelle Histoire de Paris. De la fin du siège de 885–886 à la mort de Philippe Auguste, Hachette, Paris 1974.
Bouvier, Pierre, Technologie, Travail, Transports, Les transports parisiens de masse 1900–1985, Klincksieck, Paris 1988.
Braibant, Charles, Histoire de la Tour Eiffel, Plon, Paris 1964.
Brand, Elisabeth, Les institutions des grandes villes en Angleterre, en France et en République Fédérale d'Allemagne, Straßburg 1982, Diss.
Braudel, Fernand, Frankreich. Bd 1: Raum und Geschichte Klett-Cotta, Stuttgart 1989.
Brunet, Jean-Paul, Saint-Denis la Rouge, Presses de la fondation nationale de Sciences Politiques, Paris 1983.
Burckhardt, Martin, Metamorphosen von Raum und Zeit. Eine Geschichte der Wahrnehmung, Campus, Frankfurt 1994.
Butler, Rémy/Noisette, Patrick, De la cité ouvrière au grand ensemble. La politique capitaliste du logement social 1815–1975, Maspero, Paris 1977.
Cabanne, Pierre, Paris vous regarde, Bordas, Paris 1988.
Cabaud, Michel, Paris et les Parisiens sous le Second Empire, Belfond, Poitiers 1982.

Les Cahiers de l'IAURIF (Institut d'Aménagement et d'Urbanisme de la Région d'Ile-de-France : Nr. 87/ 88.Thema: »Les villes nouvelles«, Paris, Janvier 1989.
-, Nr.93, (Thema: Wohnen), Paris Juni 1990.
-, Nr.100, (Thema: Europa), Paris 1992.
-, Nr.108, (Thema: Plan), Paris 1994
Les Cahiers du CREPIF, Nr.23, Le sous-sol de Paris et de L'Ile de France, Paris 1988.
Capdevielle, Jacques, Le fétichisme du patrimoine, Presses de la fondation nationale des sciences politiques, Paris 1986.
Carco, René-Jacques-Francis, Envoûtement de Paris, Nathan, Paris 1988.
Carmona, Michel, Le Grand Paris, 2 Bde, Manuskript, Paris 1979.
Caron, François, u.a. (Mairie de Paris): Paris et ses réseaux: Naissance d'un mode de vie urbain XIXe –XXe siècles, Hôtel d'Angoulême-Lamoignon, Paris 1990.
Carrez, Jean-François, Le développement des fonctions tertiaires internationales à Paris et dans les métropoles régionales; Rapport au Premier ministre, La documentation française, Paris 1991.
Cars, Jean de/Caracalla Jean-Paul, La tour Eiffel; Un siècle d'audace et de génie, Denoël, Paris 1989.
Castells, Manuel, u.a.: La rénovation urbaine à Paris. Structure urbaine et logique de classe, Mouton, Paris 1973.
Castells, Manuel, Die kapitalistische Stadt, VSA , Berlin 1977.
-, The City and the Grassroots. A crosscultural Theory of urban social movements, Edward Arnold, London 1983.
Cazelles, Raymond, Nouvelle Histoire de Paris. De la fin du règne de Philippe-Auguste à la mort de Charles V, 1223–1380, Hachette, Paris 1972.
Cendrars, Blaise/Léger, Fernand, Paris ma ville, Hirmer, München 1989.
Centre National d'Art et de Culture G. Pompidou, Paris - Berlin 1900–1933, Paris 1978.
-, Paris - Paris (1937–1957), Prestel, München 1981.
-, Images et imaginaires d'architecture, Paris 1984.
Centre National de Documentation Pédagogique, Les grands travaux à Paris, Direction de la Documentation, Paris 1992.
Cetekk, Claude, Nous avons bâti Paris, Inter-livres, Paris,1987.
Chagniot, Jean. Nouvelle Histoire de Paris.Paris au XVIIIe siècle. Hachette, Paris 1988.
Champigneulle, Bernard, Paris (Reiseführer), Prestel, München 1985.
-, Paris de Napoléon à nos jours, Hachette, Paris 1969.
Chardon, Bertrand, Gouverner les villes géantes. Paris, Londres, New-York, Paris 1983.
Charlet, Gérard, L'Opéra de la Bastille: Genèse et réalisation; Moniteur, Paris 1989.
Chaslin, François, Les Paris de François Mitterrand, Gallimard, Paris 1985.
Chastel, André, u.a.: La belle histoire de Paris, Olivier Perrin, Paris 1964.
Chaunu, Pierre, La mort à Paris, Fayard, Paris 1984.
Chauviré, Yan, Atlas démographique et social d'Ile-de-France, Strates C.N.R.S., Paris o. J.
Chevalier, Louis, Formation de la population parisienne au XIXe siècle, PUF, Paris 1950.
-, Les fondements économiques et sociaux de l'histoire politique dans la région parisienne 1848–1870, Diss., Paris 1950.
-, Classes laborieuses et classes dangereuses à Paris pendant la première moitié du XIXe siècle, Plon, Paris 1958.
-, Les Parisiens, Hachette, Paris 1967.
-, L'Assassinat de Paris, Calmann- Lévy, Paris 1977.
-, Histoires de la nuit parisienne, Fayard, Paris 1982.
Chombart de Lauwe, Paul-Henri, Paris et l'agglomération parisienne, PUF, Paris 1952.
Christ, Yvan, Les nouvelles métamorphoses de Paris, Ballard, Paris 1976.
Clerc, Paul, Grands ensembles, banlieues nouvelles. Enquête démographique et psycho-sociologique, PUF, Paris 1967.
CNRS/Caisse nationale des monuments, De Lutèce à Paris; L'île et les deux rives, CNRS, Paris 1992.
Cohen, Jean-Louis/ Lortie, André, Des fortifs aux périfs,Picard, Paris 1991.
Coing, Henri, Rénovation urbaine et changement social, Les éditions ouvrières, Paris 1966.
Coppolain, Jean, Toulouse. Etude de géographie urbaine, Privat - Didier, Toulouse 1954.
Cornu, Marcel, La conquête de Paris, Mercure de France, Paris 1972.
Cottereau, Alain, Les débuts de la planification urbaine dans l'agglomération parisienne, in: Sociologie du travail 12, Paris 1970; 362-392.
Couperie, Pierre, Paris au fil du temps. Atlas historique d'urbanisme et d'architecture, Paris 1960.
Courthion, Pierre, Paris – Geschichte einer Weltstadt, Bertelsmann, Paris o. J.
-, Utrillo und der Montmartre, Fabbri-Schuler, München 1974.
Coutin, André, Huit siècles de violence au Quartier latin, Stock, Paris 1969.
Cronin, Vincent, Paris im Aufbruch. Kultur, Politik und Gesellschaft. 1900–1914, List, Stuttgart 1989.
Czasny, K., Vergleich der Wohnungspolitik in sechs europäischen Staaten. Unter Berücksichtigung der Wohnbedürfnisse sozial Schwacher, Wien 1988.
Dansette, Adrien, Histoire de la libération de Paris, Fayard, Paris 1946 (1966).
Davezies, Louis, La Redistribution interdépartementale des revenues induite par le budget de l'Etat, Univ. de Paris XII, Paris 1989.
Daumas, Maurice/ Payen, Jacques, Evolution de la géographie industrielle de Paris et de sa proche banlieue au XIXe siècle, Cons. Nat. des Arts et Métiers, Paris1976.
Le Débat, Nr.80 /1994, Thema: Le nouveau Paris.
Derrida, Jacques, Generationen einer Stadt. Erinnerung, Prophetie, Verantwortlichkeiten; in: Lettre Internationale 18 ,1992.
Deutsche Bauzeitung,Thema: Frankreich. 2,1989.
Dibie, Pascal, Wie man sich bettet. Die Kulturgeschichte des Schlafzimmers, Klett-Cotta, Stuttgart 1989.
Dietz, Albert, u.a.: Das andere Paris – oder Paris und seine „villes nouvelles", in: Baumeister 82 (1985), Nr. 5., 56-63.
Dion, Roger, Paris dans les récits historiques et légendaires du IXe au XIIe siècle, Arrault, Tours 1949.
Doisneau, Robert/ Cavanna, Les doigts pleins d'encre, Hoëbeke, Paris 1989.
Donnat, Olivier/Cogereau, Denis, Les pratiques culturelles des Français 1973–1989, La Découverte, La Documentation française, Paris 1990.
Doublet, Maurice, Paris en procès, Hachette, Paris,1976.
Douchet, Jean/ Nadeau, Gilles, Paris Cinéma. Une ville vue par le cinéma de 1895 à nos jours, Edition du May, Paris 1988 89
Dougier, Henry, Paris mode d'emploi, Autrement/Seuil, Paris 1984.
Du Camp, Maxime, Les convulsions de Paris ...; Hachette, Paris 1878–1880.
Dubech, Lucien/D'Espezel, Pierre, Histoire de Paris, Payot, Paris 1926.
Dubet, François, La galère: jeunes en survie, Fayard, Paris 1987.
Dubet, François, /Lapeyronnie, Didier, Les quartiers d'exil, Seuil, Paris 1992.
-, Aspekte der Städtebaukrise in Frankreich, in: Frankreich Jahrbuch 1993, 83-97.
Duby, Georges/Wallon, Armand, Histoire de la France rurale, Seuil, Paris 1975/76.
Duby, Georges/Aguhlon, Maurice: Histoire de la France urbaine, Seuil, Paris 1983.
Duby, Georges, L'Histoire de Paris par la peinture, Belfond, Paris 1989.
Dulaure, Jacques-Antoine, Histoire physique, civile et morale de Paris depuis les premiers temps historiques jusqu'à nos jours, Guillaume, Paris 1821–1825.

Dumoutier, Michel, Sur les pas des Templiers à Paris et en Ile-de-France, Copernic, Paris 1979.
Dunckelmann, Henning, Planungs- und Architektursoziologie. Grundlagen + Materialien, Berlin 1984.
Dupaquier, J., u.a.: Paroisses et communes de France, C.N.R.S., Paris 1974.
Dupreux, Georges, Atlas historique de l'urbanisation de la France 1811–1975, C.N.R.S., Paris 1981.
Duplay, Claire et Michel, Méthode illustrée de création architecturale, Moniteur, Paris 1985.
Dupuis, Georges/ Guédon, Marie-José, Droit administratif, Armand Colin, Paris 1991.
Durin, Jacques, Drancy 1941/1944, GM, Paris 1988.
Eleb, Monique/Delabarre Anne, L'invention de l'habitation moderne. Paris 1880-1914, AAM/Hazan, Paris 1995.
Eschbeck, Katharina, Das Geheimnis der 6. Etage. Zur Kulturgeschichte der „chambre de bonne", Magisterarbeit, Tübingen 1990.
Espaces et sociétés, Nr. 62/63. Thema: Espace public et complexité sociale, Privat, Toulouse 1992.
»Esprit«, Nr.169 /1991, Thema: La France des banlieues.
Etienne, Marcel, Le statut de Paris, Berger-Levrault, Paris 1975.
Eveno, Claude, (Hrsg): Paris perdu, quarante ans de bouleversements de la ville, Ed. Carré, Paris 1991.
Evenson, Norma, Paris: A Century of change 1878–1978, Yale University Press, New Haven - London 1979.
Evers, Hans-Jürgen, u.a. (Hrsg.): The Future of the Metropolis, Berlin - London - Paris - New-York, Berlin 1986.
Faraut, François, u. a.: Le peuplement urbain français; aspects historiques. Schéma général d'aménagement de la France, Belin, Paris 1973.
Farge, Arlette, Vivre dans la rue à Paris au XVIIIe siècle,Gallimard, Paris 1979.
-, La vie fragile. Violence, pouvoirs et solidarités à Paris au XVIIIe siècle, Hachette, Paris 1986.
Favier, Jean, Paris au XVe siècle, Hachette, Paris 1974
-, Deux mille ans d'histoire, Fayard, Paris 1997
Felix, Maurice, Le Régime administratif et financier de la ville de Paris et du département de la Seine, 2 Bde., La documentation française, Paris 1957.
Fermiguier, André, La bataille de Paris. Des Halles à la Pyramide. Chronique d'Urbanisme, Gallimard , Paris 1991.
Fessy, Georges, L'Institut du monde arabe, Ed. du Demi-cercle, Paris 1989.
Fils, Alexander, Das Centre Pompidou in Paris; Idee - Baugeschichte - Funktion, Heinz Moos, München 1980.
Flamand, Jean-Paul, Loger le peuple, La Découverte, Paris 1989.
Fortier, Bruno, Ein Stadtatlas Pariser Spuren, Berlin 1984.
Fortin, Jean-Patrick, Les »envois« de Banlieue 89. Ville sans croissance, in: AMC 6 1984, 48-57.
Foucault, Michel, (Hrsg.): Politiques de l'habitat 1800–1850, Corda, Paris 1977.
Fourcaut, Annie, Bobigny – banlieue rouge, Presses de la fondation nationale des sciences politiques, Paris 1986.
-, Un siècle de banlieue parisienne 1859-1964, L'Harmattan, Paris 1988.
Fournel, Victor, Les rues du vieux Paris. Galerie populaire et pittoresque, Firmin-Didot, Paris 1879.
-, Le vieux Paris. Fêtes, jeux et spectacles, Ed. Marcel Valtat, Paris 1979.
Franc, Robert, Le scandale de Paris, Grasset, Paris 1971.
Francastel, Pierre, L'urbanisme de Paris et l'Europe 1600–1680, Klincksieck, Paris 1969.
Friedrichs, Jürgen, (Hrsg), Stadtentwicklungen in kapitalistischen und sozialistischen Ländern, Rowohlt, Hamburg,1978.
Gaillard, Jeanne, Paris, la ville 1852/1870, Thèse, Paris,1976.
Gaillard, Marc, Du Madeleine – Bastille à Météor. Histoire des Transports Parisiens, Ed. Martelle, Amiens 1991.
-, Histoire des Transports parisiens de Blaise Pascal à nos jours, Horwath, St.-Etienne 1987.
Gaudin, Jean-Pierre, L'aménagement de la société: politiques, savoirs, représentations sociales, la production de l'espace aux 19e et 20e siècles, Anthropos, Paris 1979.
-, Technopolis. Crises urbaines et innovations municipales, PUF, Paris 1989.
Gautrard, Jean-Claude, Paris des Photographes, Contrejour/ Booking International, Paris 1989.
Garrigues, Georges, Les Districts parisiens pendant la Révolution française, Ed. Spes, Paris, o. J.
George, Pierre, Etudes sur la banlieue de Paris, Armand Colin, Paris,1950.
-, u.a.: La Région parisienne, Armand Colin, Paris,1964.
-, France – a Geographical Study, Robertson, London,1973.
Gérard, Alice, u.a., Villes et sociétés urbaines au 19e siècle. France, Grande-Bretagne, Etats-Unis, Allemagne, Autriche, Armand Colin, Paris 1992.
Geremek, Bronislaw, Les marginaux parisiens aux XIVe et XVe siècles, Flammarion, Paris 1992.
Giedion, Siegfried, Die Herrschaft der Mechanisierung, EVA, Frankfurt 1982.
Godard, Francis, La Rénovation urbaine à Paris. Structure urbaine et logique de classe, Mouton, Paris/La Haye 1973.
Gosling, Nigel, Paris 1900 –1914. Aufbruch der Künste in die Moderne, München 1978.
Goy, Claude-François, Rapport sur l'insurrection de Belleville en juin 1848, Belleville o. J.
Goytisolo, Juan, Landschaften nach der Schlacht, Suhrkamp, Frankfurt 1990.
Gravier, Jean-François, Paris et le désert français, Le Portulan, Paris 1947.
Green, Julien, Paris, DTV, München 1989.
Griotteray Alain, L'Etat contre Paris, Hachette, Paris 1962.
Guerrand, Roger-Henri, Mémoires du métro, La table ronde, Paris 1961.
-, L'aventure du métropolitain, La Découverte, Paris 1986.
-, Propriétaires et locataires 1850-1914, Quintette, Paris 1987.
-, Les origines du logement social en France au dix-neuvième siècle, Les éditions ouvrières, Paris 1987.
-, Moeurs citadines, Quai Voltaire, Paris 1992.
Guillon, Michelle/ Leonetti, Isabelle T., Le Triangle de Choisy, L'Harmattan, Paris 1986.
-, Etrangers et immigrés en Ile-de-France. Synthèse des travaux, Thèse: Univ. Paris I, Paris 1992.
Günther, Herbert, Deutsche Dichter erleben Paris, Neske, Pfullingen 1979.
Häußermann, Hartmut/Siebel, Walter, Die neue Urbanität, Ed.Suhrkamp, Frankfurt 1987.
Halbwachs, Maurice, Les expropriations et le prix des terrains à Paris, 1860-1900, Cornély, Paris 1909.
Hardellet, André, Paris, ses poètes, ses chansons, Seghers, Paris 1977.
Harten, Hans Christian, Transformation und Utopie des Raumes in der Französischen Revolution, Vieweg, Braunschweig 1994.
Hausser, Elisabeth, Paris au jour le jour. Les évènements vus par la presse 1900–1914, Ed. de Minuit, Paris 1968.
Haussmann, Georges-Eugène, Mémoires du Baron Haussmann, Paris 1979.
Hénard, Eugène, Etude sur la transformation de Paris, L'équerre, Paris 1982.
Hillairet, Jacques, L'île de la Cité, Ed. de Minuit, Paris 1969.
Hobsbawn, Eric, Revolution und Revolte, Suhrkamp, Frankfurt 1977.
Hoffbauer, Hubert Théodore Joseph, Paris à travers les âges, Tschon, Paris 1978.
Hofmann, Werner, Hrsg. Pariser Leben. Toulouse-Lautrec und seine Welt, Hamburger Kunsthalle, Hamburg 1986.
Hohenberg, Paul M./Lees, Lynn Hollen, La formation de l'Europe urbaine 1000–1950, PUF, Paris 1992.
Holitscher, Arthur, Der Narrenführer durch Paris - London, Fischer, Frankfurt 1986.
Hugo, Victor, Notre-Dame von Paris, Insel, Frankfurt 1977.

Huysmans, Joris-Karl, Croquis Parisiens, Plon, Paris o. J.
I.A.U.R.I.F, La région d'Ile-de-France en bref, Paris 1977.
-, Données sociales. Ile-de-France, I.N.S.E.E. Direction, Paris 1989.
-, La France et ses régions, Paris 199o.
I.A.U.R.I.F/ I.N.S.E.E., Atlas des Franciliens, Paris 1991/93.
I.N.S.E.E., Données sociales. Ile-de-France. INSEE-Direction, Paris 1989.
Imbeck, Klaus/Luider, Emile, La Villette – Spielend durch die Wissenschaft, GEO Nr 1, Jan. 1990, 104-118.
Italiaander, Rolf, Pariser Cocktail, Zsolnay , Hamburg 1963.
Jacquemet, Gérard, Belleville au XIXe siècle. Du faubourg à la ville, Ecole des Hautes Etudes en Sciences Sociales, Paris 1984.
Jakoby, Ruth/Baasner, Frank, Paris 1789, Baden-Baden, 1988.
Jaumond, Claude/Pinel, Marie-Hélène, La première ville nouvelle Sarcelles, Mercure de France, Paris, 1974.
Jean-Marie s. **APUR**
Jelloun, Tahar Ben, La réclusion solitaire, Denoël, Paris 1976.
Jenger, Jean, Orsay – de la gare au musée, Moniteur, Paris 1986.
Juin, Hubert, (Hrsg.), Le livre de Paris 1900, Ed.Trinckvel, Paris 1994.
Kampmeyer-Käding, Margret, Paris unter dem zweiten Kaiserreich. Das Bild der Stadt in Presse zwischen Literatur und populärer Graphik, Hitzeroth, Marburg 1989.
Kaspi, André/Marès, Antoine, Le Paris des étrangers depuis un siècle, Imprimerie nationale, Paris 1989.
Kepel, Gilles, Les banlieues de l'Islam, Seuil, Paris 1991.
Kimpel, Dieter, Paris. Führer durch die Stadtgeschichte, Hirmer, München 1982.
Klasen, Jürgen, u.a., Hrsg. Der städtische Raum in Frankreich, Eckert-Institut, Braunschweig 1987.
Klüver, Billy / Martin, Julie, Kikis Paris, Wohltat, Köln, 1989.
Knipping, Franz/Weisenfeld, Ernst, Eine ungewöhnliche Geschichte; Deutschland-Frankreich seit 1870, Europa Union, Bonn 1988.
Koch (de), Charles Paul, La grande ville, nouveau tableau de Paris comique, critique et philosophique, Paris 1842.
Kolboom, Ingo, u.a. Zwischen Fahrrad und Fließband – Absolut modern sein. Culture technique in Frankreich 1889–1937, Elefanten Press, Berlin 1986.
Kostof, Spiro, Das Gesicht der Stadt. Geschichte städtischer Vielfalt, Campus, Frankfurt 1992.
-, Die Anatomie der Stadt, Campus, Frankfurt 1993.
Laborie, Jean-Paul, Les petites villes, CNRS, Toulouse 1979.
Labedolière (Gigault de la), Emile, Le nouveau Paris. Histoire de ses 20 arrondissements, SACELP, Paris 1986.
Lachaise, Claude, Topographie médicale de Paris, Paris 1822.
Lacombe, Paul, Bibliographie parisienne. Tableaux de moeurs 1600-1880, Paris 1887.
Lagrange, Bruno et Michel-Pierre, Guide de Paris, Ouest France, Rennes 1983.
Lakota, Anne-Marie/ Mihelli, Christian, L'Ile-de-France. Un nouveau territoire, La Documentation française, Paris 1989.
Lanzmann, Jacques, Paris des années 30, Nathan, Paris 1987.
Larousse, L'Histoire quotidienne des Français, Paris 1989.
Laurentin, André, L'image du centre; le Marais à Paris, CSU, Paris 1974.
Lavedan, Pierre, Nouvelle histoire de Paris. Histoire de l'urbanisme à Paris, Hachette, Paris 1975.
Le Clerc, Marcel, Paris de la Préhistoire à nos jours, Bordessoules, Saint Jean d'Angely 1985.
Lécolle, Michel, u.a.: Données sociales Ile-de-France 1989, I.N.S.E.E., Paris 1989.
Ledrut, Raymond, Sociologie urbaine, PUF, Paris 1968.
-, L'espace social de la ville, Anthropos, Paris 1968.
-, Les images de la ville, Anthropos, Paris 1973.
Lefèbvre, Henri, Le droit à la ville, Anthropos, Paris 1968.
-, La révolution urbaine, Gallimard, Paris 1970.
Lefeuvre, Charles, Les anciennes maisons de Paris. Histoire de Paris depuis les Gaulois jusqu'à nos jours, H. Nicolle, Paris 1957–1964.
Lefrançois, Philippe, Paris à travers les siècles, Calmann-Lévy, Paris 1948.
Lequin, Yves, (Hrsg.), Histoire des Français; XIXe-XXe siècle, Colin, Paris 1983-84.
Lemoine, Bertrand/Rivoirard, Philippe, Paris, L'architecture des années trente, Lyon-Paris 1987.
Leonetti, Iabelle Taboada, Les Immigrés des beaux quartiers, CIEMI L'Harmattan, Paris 1987.
Léri, Jean-Marc, Le Louvre 118–1989; du palais au musée national, Tallandier, Paris 1989.
L'Homme, Jean, La grande bourgeoisie au pouvoir 1830-1880, PUF, Paris 1960.
Liehr, Günther, Anders Reisen. Paris, Hamburg 1990.
-, Anders Reisen. Südfrankreich, Hamburg 1990.
Lissarrague, Jacques, u. a.: La Cité des sciences et de l'industrie. Paris-La Villette, Electa, Milan/Paris 1988.
Lojkine, Jean, La politique urbaine dans la Région Parisienne 1945-1971, Mouton, Paris 1971.
Lottman, Herbert R., The Left Bank. Writers, Artists, and Politics From The Popular Front To The World War, Houghton Wifflin Company, Boston 1982.
Lortie, André, (Hrsg.), Paris s'exporte. Architecture modèle ou modèles d'architecture, Ed. du Pavillon de l'Arsenal/Picard, Paris 1995.
Loyer, François, Paris XIXe siècle, l'immeuble et la rue, Hazan, Paris 1987.
Lucan, Jacques, Eau et gaz á tous les étages. Paris 100 ans de logement, Picard, Paris 1992.
Lynch, Kevin, Das Bild der Stadt, München 1968.
Maier, Jörg/Wackermann, Gabriel, Frankreich, ein regional- geographischer Überblick, Wissenschaftliche Buchgesellschaft, Darmstadt 1990.
Maltête, René, Paris des rues et des chansons, Pont Royal, Paris 1960.
Mantoy, J.-C-/Pelegrin, D., Paris, mon amour. Guide des fous de Paris, Télérama, Paris o. J.
Marrey, Bernard/Chemetov, Paul, Familièrement inconnues architectures, Paris 1848–1914, Dunod, Paris 1975.
Martin, Hervé, Moderne Architektur – Paris 1900–1990, Sammlung Reise+Architektur, Kammerer und Unverzagt, Hamburg/Berlin 1990.
Maspero, François, Les passagers du Roissy-Express, Seuil, Paris 1990.
Maurois, André, Frauen in Paris, Hamburg 1958.
Mazoyer, Louis, La vie parisienne à travers les âges, Société continentale, Paris 1966.
Mc Clure, Bert / Régnier, Bruno, Promenades d'architecture à Paris, La Découverte, Paris 1989.
Mellot, Philippe:,Paris sens dessus-dessous. Marville et Nader Photographes 1852-1870, V et O, Paris 1991.
Mendras, Henri, Sociologie de la campagne française, PUF, Paris 1971.
Mercier, Louis-Sébastien, Paris am Vorabend der Revolution. Entdeckung einer Weltstadt, Amadis, Karlsruhe o. J.
Merian, Kelb, Themenheft: Paris; Dezember 1983.
Merlin, Pierre, Vivre à Paris 198, Hachette, Paris 1971.
Merriman, John M., French Cities In The Nineteenth Century, Hutchison, London 1982.
Michel, Henri, Paris Allemand, Albin Michel, Paris 1981.
Michelin, Paris und Sehenswertes in seiner Umgebung, Michelin, Paris 1968.
Mignot, Claude, Architektur des 19. Jahrhunderts, DVA, Stuttgart 1989.
Ministère de la culture, u.a. Les grands travaux, Moniteur, Paris 1989.
Moles, Abraham André/Rohmer, Elisabeth, Micropsychologie et vie quotidienne, Denoel, Paris 1976.
Mollat, Michel, L'Histoire de Paris et de l'Ile-de-France, Privat, Toulouse 1971.
Moncan, Patrice de, A qui appartient Paris?, SEESAM, Paris 1985.

Moncan, Patrice de/Mahout, Christian, Le Paris du baron Haussmann. Paris sous le second Empire, SEESAM-RCI, Paris 1991.
Monneret, Jean, Hrsg. Paris à l'Unanimité. De Lutèce au XXe siècle, Société des artistes indépendants, Paris 1988.
Moreau, Jacques, Administration régionale, locale et municipale, Dalloz, Paris 1978.
Morgenroth, Julia, Großsiedlungen in der Ile-de-France; Erneuerungspolitik 1977 bis 1993. Arbeitshefte des Inst. für Stadt- und Raumplanung, TU- Berlin, Berlin 1994.
Mounier, François, La convocation aux Etats Généraux de 1789 à Paris et dans la généralité de Paris extra-muros, Dactylo-Sorbonne, Paris 1977.
Mousnier, Roland, La stratification sociale à Paris aux XVIIe et XVIIIe siècles, L'échantillon de 1634, 1635, 1636, A. Padone, Paris 1976.
Mumford, Lewis, The City in History, London 1961.
Musée Carnavalet Paris romantique (Katalog), Paris 1957.
-, Paris, vu par les maîtres de Corot à Utrillo, Paris 1961.
-, Les Grands Boulevards, Paris 1985.
-, Paris et le daguerréotype, Paris 1989.
-, Atget, Intérieurs parisiens, Paris 1992.
-, Atget, Les voitures d'Atget, Paris 1992.
-, Les ponts de Paris, Paris 1994.
Museum Villa Stuck, Hector Guimard. Architektur in Paris um 1900, München 1975.
Nebel, Jürgen, Die Region Paris. Materialen zu einer Unterrichtseinheit. In: Geographie im Unterricht, 2/1977, 111-119 und 151-159.
Neumann, Wolfgang/Uterwedde, Henrik, Soziale und stadtdtrukturelle Wirkungen der Wohnungs- und Städtebaupolitik am Beispiel der Großsiedlungen, DVA, Stuttgart 1993.
Noin, Daniel, Atlas des Parisiens, Masson, Paris 1984.
Noiriel, Gérard, Le creuset français; Histoire de l'immigration, XIXe-XXe siècles, Seuil, Paris 1988.
Nora, Pierre, Les lieux de mémoire, Gallimard, Paris 1984-86.
Ogrizek, Doré, Paris, Frankreich und Provinzen, Odé, Paris o.J.
Olson, Donald J., Die Stadt als Kunstwerk. London, Paris/Wien, Campus, Frankfurt 1988.
Oster, Daniel/Goulehot, Jean, La vie parisienne, Sand/Conti, Paris 1989.
Papst, Sigfried, Paris. Ein Führer zu Menschen, Ereignissen und Schauplätzen, Umschau, Frankfurt 1989.
Parent-Duchâtelet, Alexandre, La Prostitution à Paris au XIXe siècle, Seuil, Paris 1981.
Paris aux cent villages Chambre des Députés, Paris Octobre 1981.
Paris aux cent villages Montmartre, Paris Octobre 1982.
Paris Projet Nr.1 : Aménagement -Urbanisme -Avenir, Paris Juillet 1969.
-, Nr.8: Le Forum des Halles (u.a.), Paris 1972.
-, Nr. 10/11: L'avenir de Paris, Paris1974.
-, Nr.13/14: Le Règlement du P.O.S. et le paysage de Paris, Paris 1975.
-, Nr.18 : La remise en valeur des Bois de Boulogne et de Vincennes. L'aménagement des anciens abattoirs de Vaugirard, Paris 1978.
-, Nr.19/20: Schéma directeur d'aménagement et d'urbanisme de la Ville de Paris (S.D.A.U.) ,Paris 1980.
-, Nr.21/22: Politique nouvelle de la rénovation urbaine, Paris 1982.
-, Nr.27/28 : L'Aménagement de l'Est de Paris, Paris 1987.
Parisis, Jean-Louis, Paroles de locataires 1919-1989, Lafitte, Paris 1989.
Passant, Raymond, Banlieue de banlieue, Ramsay, Paris 1986.
Pecker, André, La Médecine à Paris du XIIIe au XXe siècle, Hervas, Paris 1990.
Pelegrin, Dominique, Paris, mon amour, Télérama-Nouvelle édition, Paris 1987.
Perrault, Gilles, Paris sous l'occupation, Belford, Paris 1987.
Perrin, André, Eine Kindheit in Paris, Stahlberg, Karlsruhe 1958.
Pétonnet, Colette, Espaces habités, Galilée, Paris 1982.
Pinçon, Michel, Les Immigrés et les H.L.M., C.S.U., Paris 1981.
Pinçon, Michel/Pinçon-Charlot, Monique, Dans les beaux quartiers, Seuil, Paris 1989.
-, Quartiers bourgeois, Quartiers d'affaires, Payot, Paris 1992.
Pinon, Pierre, Les Traversées de Paris. Deux siècles de révolutions dans la ville, Moniteur, Paris 1989.
Pinson, Daniel, Des banlieues et des villes, Ed.Ouvrières,Paris 1992.
Pitte, Jean-Robert, Hrsg : Paris–histoire d'une ville, Hachette, Paris 1993
Pletsch, Alfred, Paris im Wandel, Diesterweg, Frankfurt 1989.
Poète, Marcel, Une vie de Cité, Picard, Paris 1925.
Pontich (de), Henri, Administration de la ville de Paris,Guillaumin et Cie, Paris 1884.
Préteceille, Edmond, Mutations urbaines et politiques locales, CSU, Paris 1988.
Préteceille, Edmond, La ségrégation spatiale dans les grandes villes, Documentation française, Paris 1992.
Prigge, Walter, Sozialer Wohnungsbau im internationalen Vergleich, Vervuert, Frankfurt 1988.
Pruss-Kaddatz, Ulla, Wortergreifung. Zur Entstehung einer Arbeiterkultur in Frankreich, Suhrkamp, Frankfurt 1982.
Queneau, Raymond, Stilübungen, Suhrkamp, Frankfurt 1964.
-, Zazie in der Metro, Suhrkamp, Frankfurt 1975.
Raymond, Henri/Haumont, Antoine, L'Habitat pavillonaire, CRU, Paris 1966.
-, La copropriété, CRU, Paris 1971.
Reinhard, Marcel, Nouvelle histoire de Paris. La Révolution, 1789–1799, Hachette, Paris 1971.
Remy, Jean/Voyé, Liliane, La ville et l'urbanisation, Duculot, Gembloux 1974.
Retel, Jacques Olivier, Eléments d'une histoire du peuple de Paris au XIXe siècle, CSU, Paris 1978.
Rétif de la Bretonne, Nicolas Edme, Le paysan perverti, L'Age d'homme, Paris 1977.
-, Les nuits de Paris, Ed. d'aujourd'hui, Paris 1978.
Rieger, Dietmar, (Hrsg.), La chanson française et son histoire, Narr, Tübingen 1988.
Rihs, Charles, La commune de Paris (1871); Sa structure et ses doctrines, Seuil, Paris 1973.
Robert, Jean Notre métro, Imprimerie de l'Indre, Paris 1983.
Roblin, Marcel, Quand Paris était à la campagne, Picard, Paris 1985.
Roche, Daniel, The People of Paris. An Essay in Popular Culture in the 18th Century, Berg, Hamburg 1987.
Roncayolo, Marcel, La ville et ses territoires, Gallimard, Paris 1982.
Ronis, Willy/Orlan, Pierre Marc, Belleville - Ménilmontant, Arthaud, Paris 1954.
Ronis, Willy, Photos, Photo Poche, Paris 1991
Russel, John, Paris, Albin Michel, Paris 1984.
Rouleau, Bernard, Villages et faubourgs de l'ancien Paris, Seuil, Paris 1985.
Roux, Simone, La maison dans l'histoire, A. Michel , Paris 1976.
Roy, Claude/Crispini, Nicolas, Paris, passé et présent sous le même angle, Unicorne, Genève 1991.
Rudder de, Véronique/Guillon, Michelle, Autochtones et immigrés en quartier populaire, L'Harmattan, Paris 1987.
Saalman, Howard, Haussmann: Paris Transformed, Braziller, New-York 1971.
Saint-Victor de, J.-M.-B., Tableau historique et pittoresque de Paris depuis les Gaulois jusqu'à nos jours, H. Nicolle, Paris 1808–1811.
Saka, Pierre, La chanson française à travers ses succès, Larousse, Paris 1988.
Salins de, Geneviève-Dominique, Une approche ethnographique de la communication. Rencontres en milieu parisien, Hattier, Paris 1988.
Sansot, Pierre, Poétique de la ville, MK, Paris 1988.
-, Les gens de peu, PUF, Paris 1991.
Le Sauvage, Spécial élections,1.3.1977.

Savitch, Harold, Post-industrial Cities. Politics and Meaning in New-York, Paris and London, Princeton University Press, Princeton 1991.
Sauvigny de, Guillaume de Bertier, La Restauration 1815–1830, Hachette, Paris 1977.
Schakmundès, Jean-Jacques, L'histoire et la vie de la Tour Eiffel, Berger-Levrault, Paris 1987.
Schifres, Alain, Les Parisiens, Lattès, Paris 1990.
Schivelbusch, Wolfgang, Geschichte der Eisenbahnreise. Zur Industrialisierung von Raum und Zeit im 19. Jahrhundert, Hanser, München 1977
Schlör, Joachim, Nachts in der großen Stadt, Artemis, München 1991.
Schreiber, Hermann, 6x Paris, Piper, München 1981.
Schulte, Michael, Hrsg. Paris war unsere Geliebte, Piper, München 1989.
Schwarz, Karl, Die Zukunft der Metropolen. Paris, London, New-York, Berlin, Berlin 1984.
Secrétariat d'Etat auprès du Premier Ministre chargé de l'envi-ronnement et de la prévention des risques technologiques et naturels majeurs (Lalonde): Données économiques de l'environnement, édition 1989, La documentation française, Paris 1989.
-, Etat de l'environnement, La documentation française, Paris 1990.
Seigel, Gerrold, Paris Bohème. Culture et politique en marges de la vie bourgeoise 1830–1930, Gallimard, Paris 1991.
Senneville, Gérard de, La Défense, le pouvoir et l'argent, Michel, Paris 1991.
Sennett, Richard, Verfall und Ende des öffentlichen Lebens, Fischer, Frankfurt 1986.
-, Fleisch und Stein, Der Körper und die Stadt in der westlichen Zivilisation, Berlin-Verlag, Berlin 1995.
Sert, Misia, Pariser Erinnerungen, Suhrkamp, Frankfurt 1980.
Sieburg, Friedrich, Unsere schönsten Jahre - Ein Leben mit Paris, Rowohlt, Hamburg 1950.
Simond, Charles, Paris de 1800 à 1900 (La vie parisienne à travers le XIXe siècle), Plon/Nourrit, Paris 1900.
Soucy, Claude, Aspects symboliques des centres de ville, C.S.U., Paris 1969.
-, L'image du centre dans quatre romans contemporains, CSU, Paris 1971.
Sowa, Günter, Die Wohnungsfrage in Paris 1853–1959, Centaurus, Pfaffenheim 1991.
Sparwasser, Reinhard, Zentralismus, Dezentralisation, Regionalismus und Föderalismus in Frankreich, Duncker und Humblot, Berlin 1986.
Starobinski, Jean, L'invention de la liberté 1700–1789, Skira, Genf 1964.
Steinberg, Jean, Les villes nouvelles d'Ile-de-France, Masson, Paris 1981.
Stierle, Karlheinz, Der Mythos von Paris; Zeichen und Bewußtsein der Stadt, Hanser, München 1993.
Stührenberg, Michael, Tatort Paris, Geo Nr. 10, 1990.
Sue, Roger, Temps et ordre social, PUF, Paris 1994.
Sutcliffe, Anthony, The Autumn of Central Paris (1850–1970), Arnold, London 1970.
-, Metropolis, 1890-1940, Alexandrine press book, London 1984.
Szarkowski, John/Hambourg, Maria Morris, Eugène Atget 1857–1927, Prestel, München 1989.
Sztokman, Nicole, Paris et ses banlieues, La Documentation Française, Paris 1988.
Tabard, Nicole/Aldeghi, Lisa, Développement social des quartiers. Les sites concernés et leurs caractéristiques socio-économiques, Credoc, Paris 1988.
Tessier, Yvan, Paris - Art libre dans la ville, Herscher, Paris 1991.
Thézy, Marie de, Marville – Paris, Hazan, Paris 1994.
Thompson, Ian B., The Paris Bassin, Oxford 1974.
Topalov, Christian, Le logement en France. Histoire d'une marchandise, Presses de la fondation nationale des sciences politiques, Paris 1987.
Tournier, Michel, La Goutte d'Or, Gallimard, Paris 1986.
Troller, Georg Stefan, u.a.: Paris, dtv , München 1981.
Tulard, Jean, Nouvelle Histoire de Paris. La Révolution, Hachette, Paris 1989.
Tulard, Jean, Almanach de Paris, Encyclopedia Universalis, Paris 199.
-, Paris et son administration 1780–1830, Ville de Paris, Paris 1976.
Urbanisme, 226/227 1988 , 40-133. Thema: Stadtbilder.
Le Vasistas, Nr. 112, Journal de Paris (Projektbeispiel), Gießen, 1986/87.
Vaujour, Jean, Le plus grand Paris, PUF, Paris 1970.
Vayssière, Bruno, Reconstruction Déconstruction, Picard, Paris 1988.
Verpraet, Georges, Paris - Capitale souterraine, Plon, Paris 1964.
Vernand, P., u.a. INSEE : La France et ses régions, Imprimerie nationale, Paris 1990.
Villefosse (Héron de), René, Nouvelle Histoire de Paris. Solennités, Fêtes et Réjouissances parisiennes, Hachette, Paris 1980.
Volpe, Evelyne, Côté banlieue, Récits du bord des villes, Paris 1994.
Vovelle, Michel, Paris et la Révolution, Publication de la Sorbonne, Paris 1989.
Walsh, Hanck, Urban Government and The Paris Region, Praeger, New-York 1968.
Warnod, André, Les bals de Paris, Ed. G. Crès et Cie.,Paris 1922.
Wickert, Ulrich, Und Gott schuf Paris, Hoffmann und Campe, Hamburg 1993.
Wiedemann, Conrad, Rom, Paris, London. Erfahrung und Selbsterfahrung deutscher Schriftsteller und Künstler in den fremden Metropolen, Metzler, Stuttgart 1988.
Wieviorka, Michel, L'espace du racisme, Seuil, Paris 1991.
-, Racisme et modernité, La Découverte, Paris 1992.
Willms, Johannes, Paris- Hauptstadt Europas 1789–1914, Beck, München 1988.
Witte, Karsten, Hrsg., Paris. Deutsche Republikaner reisen, Insel, Frankfurt 1980.
Wittkop, Gabrielle/Wittkop, Justus Franz, Paris. Histoire illustrée, Atlantis, Paris 1978.
Wittkop, Justus Franz, Der Boulevard, Classen, Zürich/Stuttgart 1965.
Wodon, Quentin, Logement, le droit des exclus, Ed. ouvrières, Paris 1992.
Ziegesar, Hans von, Reise Textbuch Paris, Winkler, München 1974.

**Für Kristof,
Max & Moritz**

Vorwort

Viele glauben, wissenschaftlich sei nur, was so kompliziert ausgedrückt wird, dass man selbst einfachste Sachverhalte nicht mehr versteht und den Text dreimal lesen muss – das ist sicher eine Kunst, aber nicht unbedingt wissenschaftlich.

Viele scheinen darüber hinaus zu glauben, die deutsche Sprache sei unwissenschaftlich, gar provinziell. Erst die Verwendung von Fremdwörtern und Anglizismen in skrupelloser Reihenfolge würde wissenschaftliche Weihen verleihen.

Diejenigen, die in ihren Aussagen keine Botschaft haben, müssen wohl auf „kunstvolle" Sätze mit vielen Fremdwörtern und Anglizismen zurückgreifen. Alle anderen können Deutsch reden und schreiben, Fremdwörter und Anglizismen werden zum Salz in der Suppe.

Apropos Deutsch vs. Englisch

Englischer Humor gilt als Gütesiegel (zurecht) für guten Humor. Deutsch dagegen hat ein wenig den Ruf einer Beamtensprache (ein jeder bilde sich seine Meinung dazu). Das Büchlein „Immobiliendeutsch" macht es sich leicht: Wir reduzieren die Anzahl der Anglizismen und erhöhen gleichzeitig den Anteil an gutem, wenn Sie so wollen, englischem Humor.

Denn, Obacht, „Immobiliendeutsch" möchte in erster Linie unterhalten! Es ist eine Publikation für/aus der Immobilienwirtschaft. Aber: Selbst groß rumtönen von wegen Amerikanismen und dann „powered by IMMOBILIEN MANAGER"-und damit die volle Unterstützung dieses „staubtrockenen" Fachmagazins.

Bei der Lektüre wünschen wir Ihnen außergewöhnlich viel Vergnügen. Schön wäre, wenn durch unseren bescheidenen publizistischen Beitrag mehr Freude in unser tägliches Tun einziehen würde.

Unser Dank gilt Gerrit Ernst und Hans Joachim Oeker, der eine Absolvent, der andere Student des Studiengangs Immobilienwirtschaft und -management an der Hochschule für Angewandte Wissenschaft und Kunst (HAWK) in Holzminden. Beide haben viele kreative Anregungen gegeben. Die Illustrationen stammen von Philipp Banken, ebenfalls Student der HAWK in Holzminden, auch ihm gilt unser Dank.

Wie bei so vielen Dingen, so ist auch Immobiliendeutsch das Ergebnis vieler mitdenkender Köpfe. Beispielhaft sollen genannt werden: Roswitha Peters, die sich mit unseren PISA-Schwächen rumgeschlagen hat und Ralf A. Niggemann, der das Titelbild zur Verfügung gestellt hat.

Holzminden und Köln, im Oktober 2006

Dr.-Ing. Jürgen Erbach

Olaf Hütten
Leitung Marketing
IMMOBILIEN MANAGER

A

1-a-Lage

Zumeist teuere Repräsentationslage, die sich jeder wünscht, sich aber kaum einer leisten kann und die stets ein rein subjektives Qualitätsmerkmal darstellt, dem sich Makler mit großem Enthusiasmus widmen. 1-a-Lagen beflügeln die Immobilienphantasie in neue Dimensionen.

Abbruch

Manchmal letzte Möglichkeit: Der ultimative Zeitpunkt, an dem der Zahn der Zeit ein letztes Mal zubeißt oder die Tatsache, dass ein ursprüngliches Nutzungskonzept überholt ist. In kurzlebigen Zeiten kann dieser Zeitpunkt früher kommen als einem lieb ist (insbesondere dann, wenn der Stichtag der Lastenfreiheit der Immobilie noch nicht erreicht ist. Einige Immobilien zeichnen sich durch Hartnäckigkeit aus, so dass sich so manch einer beim Abbruch im wahrsten Sinne des Wortes die Zähne ausbeißen kann.
→ „Warmer Abriss", „Denkmalschutz", „Bürgerinitiative" und „zufälliger Untergang"

Abbruchkosten

Je massiver das abzureißende Gebäude, umso mehr könnte man glauben, es handele sich um die Kosten, um ein neues Gebäude zu errichten, da die ökologische Entsorgung astronomische Kosten verursacht. Will man dem Abbruchunternehmer nachweisen, dass es eigentlich gar nicht so viel Aufwand war, hat man ein Problem: Das Beweisobjekt ist ja leider nicht mehr da!

Abfindung

Entschädigung für Verlust; manchmal fällt den Abzufindenden erst bei Ansprache ein, wie sehr sie an etwas hängen (Abfindung für Mietverhältnis, etc.). Alle freuen sich: Diejenigen, welche die Abfindung bekommen ebenso wie die, die sie geben – denn jetzt ist sich der Geber sicher, dass der Empfänger auch wirklich verschwindet.

Abgabenordnung

Leitfaden des Finanzamtes für Folterung mit detaillierter Anleitung, wie die Folterung am wirkungsvollsten angewandt wird (Durchführungsverordnung).

Abgeschlossenheit

Nachweis, dass Sondereigentumseinheiten autarke Einheiten sind. Irrglaube getreu dem Motto „In meinen eigenen vier Wänden kann ich tun und lassen, was ich will" all das zu tun, was man bei Nachbars widerlich fände. Ermöglicht immer kleinere Einheiten. Je kleinteiliger ein Immobilienprojekt strukturiert werden kann, um so größer die Gewinnspannen für Initiatoren und Vertriebe.

Ablöse

Kommunale Wegelagerei, bei der ein Lösegeld dafür bezahlt wird, um Parkplätze in innerstädtischen Verdichtungsräumen nicht bauen zu müssen, die – wenn sie gebaut würden – meistens auch unbezahlbar wären und die dann von diesem Geld von der Kommune an anderer Stelle (hoffentlich) errichtet werden. Viele werden diese Parkplätze nutzen und auch noch Gebühren dafür bezahlen – nur Sie und Ihre Kunden nicht.

Abnahme

Der Auftraggeber nimmt das, was er bestellt hat, entgegen. Nach erfolgter Abnahme ist alles anders: Jetzt muss der Auftraggeber beweisen, dass der Unternehmer Schrott gebaut hat oder er es so nicht bestellt hat.

Abschreibung

Manchmal sind sie realer als der Steuerberater einem gesagt hat. Leider kann man nicht alles, was man abschreiben kann, auch steuerlich abschreiben – so ungerecht ist die Welt.

Absetzung für Abnutzung (AfA)

Siehe Abschreibung. Bei Immobilien rein fiktive Werte. Manche Immobilien sind so gebaut, dass sie sich direkt absetzen, andere werden mehrere Jahrhunderte und Kriege überstehen. Nur Grundstücke sind ein Wirtschaftsgut, das sich nie abnutzt – oder?

Abstandsflächen

Baurechtliches Instrument, um Gebäude möglichst weit voneinander entfernt platzieren zu müssen und so die Grundstückskosten zu erhöhen. Wichtig, damit man sich nicht zu dicht auf den Pelz rückt – so beispielsweise auch bei Parkplätzen für Geübte und weniger Geübte.

Abwägungsgebot

Notargument, um sich dann dennoch über Gesetze hinweg setzen zu können.

Achsmaß

Ändert sich immer wieder und sichert so Architekten und Innenausstattern eine stabile Auftragslage.
→ „Büro", „Hotel"

Agglomeration

Wenn Kommunen „peu à peu" Handelsflächen genehmigen und sich dann wundern, dass andere Investoren mit der Begründung, es seien defacto Einkaufszentren entstanden, ebenfalls Handelsgenehmigungen einfordern.

Akquisition

Höchste Form der immobilienwirtschaftlichen Kunst. Es geht schlicht umschrieben ums Anschaffen gehen. Wer in der Schule schon beim Schleimen übte, hat jetzt die Chance, seine Erfahrung gewinnbringend für sich anzuwenden. Der echte Akquisiteur zeichnet sich dadurch aus, dass für ihn die Objekte der Begierde weniger spannend sind als der Akquisitionsvorgang als solcher. So ist erklärlich, warum ein echter Akquisiteur immer den inneren Drang verspürt zu akquirieren und sich dabei auch selten auf Immobilien beschränkt. Deshalb der gute Rat: Rette sich wer kann.

Allfinanzstrategie

Vermögensanlagestrategie, bei der dem Kunden der Eindruck vermittelt wird, man kümmere sich um ihn so, dass er bestens umsorgt ist. Jeder neue Kundenberater vergisst über die Optimierung des Kundennutzens aber auch nicht, seine eigenen Provisionsansprüche zu optimieren. Aus Sicht der Berater daher also auch die „Allprovisionsstrategie".

Allgemeine Geschäftsbedingungen (AGB)

Das übliche Kleingedruckte, bei dem man sich wundert, dass ein Bungalow geliefert wurde (zumindest lässt das die Rechnung vermuten), obgleich nur ein Gartenhäuschen bestellt war.

Altbauten

Ist wie mit schönen alten Damen: Je älter sie werden, umso mehr muss man sie spachteln. Manchmal allerdings auch wie bei altem Whisky.

Altenbetreuung

Megatrend, der -angesichts der Alterspyramide- neue Chancen für alte und neue Immobilien birgt.

Altengerechtes Wohnen

Wenn Bürokraten und andere vermeintlich im Kopf jung Gebliebene besser als alte Menschen selbst wissen, wie diese am besten wohnen könnten und sollten. Der schwierige Spagat zwischen Integration und Isolation von alten Menschen in Immobilien im Kampf gegen die Natur – dem Altern.

Altenpflegeheim

Erstens: Orte, an denen Angehörige für viel Geld ihre engsten Angehörigen besser versorgt wissen als zu Hause. Zweitens: Nach Heimmindestbauverordnung ein Flur mit abgehenden Schlaf- und Liegestätten. Drittens: Späte Revanche der Kinder. Aus dem „Wenn Du nicht lieb bist, musst du ins Bett" der Eltern wird jetzt „Wenn Du nicht lieb bist, kommst du ins Heim" der Kinder.

Altlasten

Hinterlassenschaften aus naher oder ferner Vergangenheit, meistens im Boden; oft bunt und übel riechend und nicht gerade wertsteigernd. - Da, wo sich alle Hoffnungen, die sich mit „Ich bin auf Öl gestoßen" ins Gegenteil verkehren.

Altlastenerkundung

Versuch, Abweichungen von natürlicher Bodenzusammensetzung zu ermitteln, um das Ergebnis in einem dicken Handbuch mit einer Liste chemischer Stoffe, die man kaum aussprechen kann, aufzuführen. Würde dieses Handbuch veröffentlich, müsste es eigentlich die Evakuierung ganzer Stadtteile zur Folge haben. Zum Glück sind die Handbücher kaum lesbar. → „Eloxidkarbonpolyetylparfinoide"

Altlastenkataster

Übersichtskarte, um zu wissen, welche Gebiete man als Projektentwickler am besten weiträumig umfährt; es sei denn, die öffentliche Hand hat oder wird den Mist auf Kosten des Steuerzahlers, getreu dem Motto „Gewinne privatisieren, Verluste sozialisieren", beseitigen.

Altstadt

Kern einer gewachsenen Stadt, die entweder voller Liebhaberobjekte oder dem Gegenteil steht.

Amtlich vereidigter Sachverständiger

Berufsgruppe, die man offensichtlich erst einen Eid schwören lassen muss, damit sie die Wahrheit (welche?) ans Tageslicht bringen.

Amtshaftung

Rein theoretischer Fall, in dem man eine öffentliche Stelle für Fehler haftbar machen könnte, was man wegen der befürchteten Rache tunlichst lassen sollte und wahrscheinlich eh keine Chance hätte.

Andienungsrecht

Recht eines Eigentümers endlich etwas loszuwerden, was er schon lange loswerden wollte. Späte Rache am Verkäufer (siehe auch Mietgarantie). Sollte die Immobilie sich aber doch gut entwickelt haben und noch Potentiale haben, dann freuen Sie sich: Recht heißt nicht Pflicht.

Anerkannte Regel der Bautechnik

Falls man in den umfangreichen Regelungswerken der Bauwirtschaft doch etwas vergessen hat, kann man sich einfach darauf berufen, wie man es immer schon (falsch) gemacht hat.

Anfechtung

„Was interessiert mich mein Geschwätz von gestern" oder wenn man von sich selbst sagt, dass das, was man mal glaubte zu wollen oder zu wissen und über das man infolgedessen einen Vertrag geschlossen hat, nicht das ist, was man wirklich wollte oder wusste.

Angebot

Wenn einer einem anderen zu bestimmten Konditionen etwas verkaufen oder eine Dienstleistung erbringen will. Grundlage für ausgiebige Verhandlungen, bei denen sich alle Verhandlungspartner wie Pfauen aufblähen, um –wie üblich- stundenlang über Unwichtiges zu diskutieren, um schließlich in den letzten 5 Minuten kurz vor der Erschöpfungsgrenze die wirklich wichtigen Fragen im Eilverfahren durchzuwinken.

Ankaufsverpflichtung

Wenn man was haben wollen muss.

Annahme

Bei der Eheschließung das „Ja-Wort".

Anschaffungskosten

Kosten um etwas anzuschaffen, um es gleich wieder scheibchenweise abschreiben zu können.

Annuität

Das, was die Bank für Zins und Tilgung jährlich bekommt. Der Darlehensgeber muss praktischer Weise immer gleich bleibend hohe Beträge an die Bank zahlen. Mit fortschreitender Zeit wird – zur Wahrung der nachhaltigen Geschäftsbeziehung zum Darlehensnehmer – die Tilgung immer höher und damit der Verdienst der Bank immer geringer.

Anschaffungsnebenkosten

Wenn Sie schon Geld in Immobilien anlegen wollen, dann ist Ihnen dank vielschichtiger Anschaffungsnebenkosten schon jetzt gewiss, dass viele andere Ihre Freude teilen. Der Herr Notar, der Makler und das Finanzamt schicken persönliche Briefe – Rechnungen und Gebührenbescheide.

Anteilseigentümer

Wenn einem von einer Immobilie nur eine Türklinke oder sogar eine ganze Wohnung gehört. Abstrakter Eigentumsbegriff um abzugrenzen, was einem gehört und/oder wofür man zahlen muss, um es nutzen zu dürfen und dennoch keine alleinigen Rechte daran hat. Perfektion bei geschlossenen Fonds; Perfektion pur bei offenen Fonds.

Appartmenthotel

Wenn man statt einem Hotelzimmer für längere Aufenthalte ein Appartment anmietet, das die Vorteile des Serviceangebotes eines Hotels mit der Möglichkeit der Selbstversorgung kombiniert. Diese Wohnform wird oft auch gleich noch mit lebendem Inventar angeboten. Bei Urlaubsappartments tolle Möglichkeit, Kosten zu sparen – Ihr Partner kocht doch gerne, oder?

Arbeitsgemeinschaft

Alternative zu verbotenen Preisabsprachen.

Architekten

Berufsgruppe, die am liebsten mit dem Geld anderer Leute baut. Im Flugzeug und auch ansonsten an der schwarzen Kleidung zu erkennen. Übrigens, was nicht Architektur ist, ist Kunst und was nicht Kunst ist, ist dem viel zu niedrigen Baukostenbudget geschuldet. Je mehr Ihr Architekt von Ihrem Geld verbraten hat, um so stärker wird er belohnt.

Architektenbindung

In diesem Fall kommt man an ein Projekt nur heran, wenn man denjenigen mitnimmt, der ungeachtet Ihrer Nutzungsvorstellung am besten weiß, wie Ihr Geld unter die Leute zu bringen ist.

Aufbaufinanzierung

Das Geld, was man braucht, um auf einem Grundstück auch was zu bauen.

Auflassung

Jetzt haben Sie es schwarz auf weiß: Sie sind Eigentümer!

Auflassungsvormerkung

Jetzt haben Sie es schwarz auf weiß: Sie können Eigentümer werden!

Auflösende Bedingung

Wasch mich, aber mach mich nicht nass: Tritt die Bedingung nicht ein, so löst sich der Vertrag, der allerdings schon Rechtskraft erwirkt hat, auf. Der Makler beansprucht aber schon einmal seine Courtage. – Holen Sie sich die mal wieder, wenn sich ihr Vertrag in Luft aufgelöst hat. Abstraktionen auf zwischenmenschliche Beziehungen sind nicht gewollt und geradezu nicht beabsichtigt.

Auflösung von Mietverträgen

Erhebliches (entgeltlich zu lösendes) Problem, wenn dem Mieter (meist erstaunlich plötzlich) einfällt, dass er im Mietgegenstand eigentlich seinen Lebensabend verbringen wollte.

Aufmaß

Tag der Erkenntnis, ob Flächenberechnung und Pläne mit dem Gebäude übereinstimmen. Überraschung, wie wenig oder wie viel gebaut wurde. Kurioserweise messen Vermieter und Mieter mit einem herkömmlichen Metermass und kommen, genau wie die später eingeschalteten Gutachter beider Seiten, zu einem höchst unterschiedlichen Ergebnis. Ergo: Für den einen gibt es lange, für den anderen kurze Meter.

Aufschiebende Bedingung

Ohne den Eintritt der Bedingung erhält der Vertrag keine Rechtskraft. Charmante Art auf dem Fahrersitz zu sitzen, ohne dass es auf den ersten Blick so aussieht. Wer kann schon von Ihnen verlangen, ohne Not zu sagen, wohin Sie steuern.

Aufteilungsplan

Will sagen, was Ihnen ganz und gar nicht oder was Ihnen nur gemeinschaftlich gehört, wenn Sie eine Eigentumswohnung erworben haben.

Aufzinsungsfaktor

Faktor, um zu ermitteln, wie viel Geld Sie hätten, wenn Sie das Geld, was Sie nicht haben, mit einem Zinssatz, der dann zusammen mit dem Anlagezeitraum den mathematischen Aufzinsungsfaktor ergibt, kapitalisiert wird. Ihr Interesse ist ein hoher Zinssatz, während ihr Verhandlungspartner der Meinung ist, dass Banken keinen Guthabenzins gewähren.

Ausführungsplan

Plan im Maßstab 1:50 oder noch größer, der die Wahrheit ans Licht bringt, weil bei Detailzeichnungen offensichtlich wird, ob die im Maßstab 1:100 gezeichnete Glasfassade nur aus sektoralen Glaselementen besteht, die einen runden Eindruck entstehen lassen oder ob jedes Glaselement tatsächlich rund ist und Sie sich jetzt dringend um die Kosten kümmern sollten. Letzte Rettung: Pläne in die Tonne werfen! Und wenn Sie die Baukosten solcher Glasfassaden nicht hinwegraffen, die Betriebs- und Unterhaltungskosten werden es!

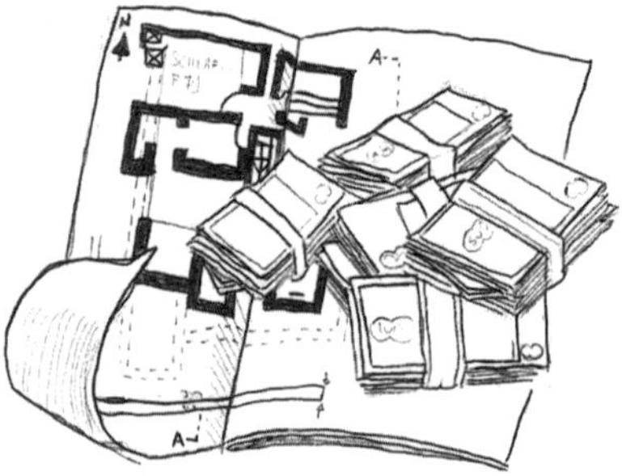

Ausgleichsbetrag

Die öffentliche Hand investiert, um Ihren Immobilienwert zu steigern. Die Ihnen fiktiv in die linke Tasche gesteckte Wertsteigerung wird Ihnen dann aber sofort real aus der rechten Tasche wieder heraus gezogen.

Auslandsimmobilieninvestitionen

Okkasionen, die Inländer ihren eigenen Verwandten nicht „gönnen" und deshalb lieber ausländischen Investoren anbieten. Je weiter weg der ausländische Investor von seiner zukünftigen Immobilie seinen Geschäftssitz hat, umso besser (Warum wohl?). Warum verkaufen Briten Deutschen ihre Büroimmobilien mit

1000 Pfund Jahresmiete zu horrenden Preisen? – Damit andere Briten in ein paar Jahren für billiges Geld die Immobilie zurück erwerben können.
→ „holländisches Modell“

Ausnahmen und Befreiungen

Keine Regel ohne Ausnahme. Man muss nur jemanden kennen, der sich bei dem Vorschriftenwust auskennt und die richtigen Tipps auf Lager hat.

Ausschreibung

Einholen von Angeboten für Bauleistungen oder der Versuch nachzuweisen, dass man einen Vertragspartner nach objektiven Kriterien gefunden hat. Da nahezu alle Verfahren nach dem Muster des jeweiligen Auslobenden gestrickt sind, lassen nahezu alle Ausschreibungen begründete Vermutungen auf den potentiellen Gewinner zu. Besonders ausgeklügeltes System in Köln, um sich nach der rheinischen Lebensweisheit „Wir kennen uns, wir helfen uns“ trotz Ausschreibung Geschäfte zuzuschanzen.

Außenanlagen

So wichtig wie die Immobilie selbst. Manche Außenanlagen lassen erkennen, dass Immobilieneigentümer für Außenanlagen nichts übrig haben, während man bei anderen Immobilien den Eindruck hat, die Bewohner würden außen wohnen und nicht in der Immobilie. Manche wundern sich zunächst, wie teuer so ein paar Pflänzchen sein können, und dass die dann auch noch etwa so schnell wachsen wie die Folge- und Pflegekosten, die damit verbunden sind.

Außenbereich

Planungsrechtliches Vakuum, dessen Nutzbarkeit in hohem Maße von der Tagesform der Mitarbeiter der Planungsabteilung abhängig ist. Ist das Bauvorhaben in der Pampa oder doch noch am Ortsrand? Praktisch heißt das: Hier braucht der Briefträger zum Verteilen der Post zwei Minuten länger.

Ausschüttung

Suggeriert Fondszeichnern und Fachpresse, dass alles in Ordnung ist, auch wenn die Ausschüttung schon länger/gerade noch aus der Liquiditätsreserve stammt, die mit den Zeichnereinlagen geschaffen wurde.

Ausweglose Situationen

Eine Maus wird von einer Katze verfolgt. Mit letzter Kraft rettet sich die Maus in einen Kuhstall. Leider handelt es sich aber um einen sehr modernen Kuhstall mit Edelstahl und allem modernen Schnickschnack. Keine Möglichkeit sich zu verstecken. Die Maus sieht nur eine Möglichkeit sich zu verstecken. Schnell springt sie unter eine Kuh, die gerade scheißt, und lässt sich vom Kuhfladen bedecken. Nur das Schwänzchen schaut raus. Leider sieht die Katze das und zieht die Maus am Schwänzchen aus dem Kuhfladen und frisst die Maus.

Drei Lehren:

1. Nicht jeder, der dich bescheißt, trachtet dir nach dem Leben
2. Nicht jeder, der dich aus der Scheiße zieht, rettet dir das Leben
3. Wenn du schon in der Scheiße steckst, dann zieh wenigstens den Schwanz ein.

Auto

Arbeitsplatz vieler Immobilienleute, insbesondere der Projektentwickler. Für Projektentwickler, denen der Außendienst zu mühsam ist, empfiehlt es sich Verkehrsgeräusche auf Band als Telefonnebengeräusche abspielen zu lassen. Fazit: Je immobiler das Wirtschaftsgut, um so mobiler die Akteure, die mit diesem Wirtschaftsgut umgehen.

Autohof

Ort, an dem der Deutschen liebstes Kind die Nummer 1 ist. Nebenbei werden auch Dienstleistungen für die Autofahrer angeboten. Für Immobilienkollegen meist der Ort, wo man mit Anzug und Mobiltelefon noch was gilt und sich mitunter auffälligen Solidaritätsbekundungen mit den Brummifahrern um die beliebte deutsche Autohof-Knackwurst mit Brötchen und Senf schart.

B

Backdoor Approach

„Durch die Hintertür" - wenn man von einem möglichen Verkaufserlös alle Aufwandspositionen abzieht und man sich wundert, wie viel einem ein Grundstückseigentümer zahlen muss, damit man ihm sein Grundstück abkauft.

Banker

Leute mit vermeintlich hoher Immobilienkompetenz. Aus Sicht von Immobilienleuten sind sie umso kompetenter, je mehr Geld sie schnell für die Immobilienengagements ausspucken.

Barwert

Der Wert, der übrig bleibt, wenn man alle Verpflichtungen runterrechnet und so tut, als ob Zahlungen nicht gestern oder morgen erfolgten oder erfolgen, sondern heute. Man kann das alles sehr genau rechnen. Wichtig ist leider nur, dass man die richtigen Annahmen treffen muss und nicht dem Irrglauben unterliegt, man könnte das viele Geld tatsächlich tagesfällig liquidieren.

Basel II

Vorschriften, die in Basel entwickelt wurden, damit Banken einen Vorwand haben, beim Verleihen von Geld für Immobilienprojekte noch tiefer in die Tasche der Kreditnehmer greifen zu können und die ordentlichen Kreditprüfungen in der Vor-Basel-II-Zeit auf neue Grundlagen stellen, um sich noch weniger mit der zu finanzierenden Immobilie auseinandersetzen zu müssen. Lässt sich auf eine einfache Formel bringen:

Weniger Risiko für die Bank durch immer höheren Eigenkapitaleinsatz der Kreditnehmer.

Bauantrag

Einholung einer Genehmigung, damit man das bauen kann, was Nutzer und Geldgeber im Rahmen der öffentlich-rechtlichen Vorschriften geplant haben. In akribischer Feinarbeit bearbeiten Bauaufsichtsamtsmitarbeiter diese Pläne, bis sie am Ende nur noch grün sind und Sie, als derjenige, der das alles bezahlen soll, rot im Gesicht werden.

Bauaufsicht

Leute, von denen früher einige wie geschmiert arbeiteten und sich heute hinter Paragraphen verschanzen, von denen sie auch nicht genau wissen, ob es sie gibt.

Bauangebot

Erst mal dem Bauherrn den Mund so wässrig machen, dass man den Bauauftrag bekommt und sich dabei Hintertürchen so aufzuhalten, dass man den Bauherrn dann in aller Ruhe über den Tisch ziehen kann.

Bauauftrag

Bekommt man nur, wenn man sich professionell verrechnet.
→ „Ausschreibung“

Baubeschreibung

Mitunter wichtiger als der Mietvertrag. Textdokument mit der Absicht, ein Bauwerk in Worte zu fassen, um spätestens bei Endabnahme festzustellen, dass die ausführende Baufirma wohl doch nur die Bildzeitung auf der Baustelle zur Verfügung hatte.

Baubetreuer

Jemand, der einem zur Seite steht, um das scheinbare Chaos auf der Baustelle zu beherrschen. Gleichzeitig hat er mindestens ein Psychologiestudium absolviert, verfügt über ein Nervenkostüm, das ihn in die Lage versetzt mit kolumbianische Rebellen zu verhandeln und spricht wie versteht fließend mehrere ost- und südeuropäische Sprachen und Dialekte.

Baudenkmal

Entweder heiße Liebe oder kaltes Geldgrab. Auf jeden Fall wird das Baudenkmal Sie mit Haut und Haaren in Beschlag nehmen. Sie brauchen viel Phantasie. Die hilft Ihnen sich vorzustellen, was man aus verfaulten, mit Holzwürmern durchsetzen Holzbalken und Stroh-Lehm-Gemischen alles machen kann. – Die Hoffnung stirbt zuletzt.

Baueinstellung (auch Baustopp)

Erst einmal „Rien ne va plus". Dann hektische Geschäftigkeit. Jetzt gilt es, schnell wieder Herr des Verfahrens zu werden und eine Kette von Folgereaktionen beherzt im Griff zu halten. Das Motto der nächsten Tage: „Retten, was zu retten ist!"

Bauerwartungsland

Möglichkeit unglaublicher Attraktivitätssteigerung von Bauerskindern bei Dreingabe als Mitgift.

Baugebiete

Wohnsoziotop für meist junge Familien mit der Ausprägung von Wohnkasernen aus Einfamilienhäusern, wie man sie auf der ganzen Welt findet.

Baugenehmigung

Die Hoffnung, dass mit Erhalt der Baugenehmigung die meisten Hürden geschafft seien und der Bau nun endlich beginnen kann. Gleichzeitig der erste Schock, wie teuer so eine Baugenehmigung sein kann. Weitere Anschläge auf Ihre Gesundheit werden folgen.

Baugesetzbuch

Rahmen des Bundesgesetzgebers, damit die Länder und Kommunen nicht über Tische und Bänke springen. Bei Nichtbeachtung wird man Sie freundlich aber bestimmt auf die Existenz desselben, das für gewissenhafte Beamte den Rang der Bibel einnimmt, erinnern.

Baugrund

„Black box" mit vielen Überraschungen, wenn man sie öffnet. Solche Überraschungen können Bomben, Ölfässer, Grundwasser, Torflinsen aber auch blauäugige Feuersalamander oder gemeine Feldmäuse sein. Meistens ist es zu spät, um die Baugrube wieder zuzuschütten und ein Konzept ohne Keller und Untergeschoss zu entwickeln.

Baugrundrisiko

Die Risiken, wenn man die „black box" öffnet und alle Kalkulationen von einer Sekunde zur anderen zu Makulatur werden können.

Baugrundverhältnisse

Alle Faktoren, die die Tragfähigkeit beeinflussen, Grundwasserstand, Altlasten, Kampfmittelfunde. Tipp: Eine Begehung mit der Wünschelrute bringt die Wahrheit kaum an die Oberfläche. Die Kosten, die Sie durch den Einsatz der Wünschelrute sparen, werden Sie vielfach drauflegen müssen. Manch einer ahnt hinterher, dass sich ein Baugrundgutachten doch gelohnt hätte.

Bauhandwerkersicherung

Möglichkeit eines Handwerkers, sich gegen zahlungsunwillige Bauherren zu wehren und diese zu piesacken, indem er in das Grundbuch seines Auftraggebers „einzieht".

Bauherr

Der, dem man auf der Baustelle so lange den Eindruck gibt, dass er der wichtigste ist, wie man an sein Wichtigstes ran will.

Bauherrenmodell

Raffiniertes Modell, damit Menschen, die unbedingt ihr Geld in Immobilien anlegen wollen, möglichst viele steuerliche Vorteile haben können, indem sie gemeinsam mit anderen eine Immobilie erstellen und die Bauherreneigenschaft innehaben. Initiatoren helfen den Bauherren gegen die Entrichtung eines geringen

Entgelts, damit diese sich trotz Bauherreneigenschaft den lästigen Gang auf die Baustelle sparen können.

Baukonjunktur

Immer etwas schneller als Bauherren: Gute Preise gibt es, wenn es den Firmen schlecht geht. Dann besteht aber die Gefahr, dass man mit einem anderen Unternehmen zu Ende bauen muss. Schlechte Preise gibt es, wenn der Markt der Anbieter sich bereinigt hat und die Überlebenden für sich gute Preise anbieten. In der Regel schneller Abstieg und langsamer Aufstieg.

Baukosten

Die Kosten, die man aufwenden muss, damit eine Immobilie entsteht. In der gesamten Bauphase sorgen die Baukosten immer wieder für Überraschungen, leider meistens unliebsame. Die meisten Überraschungen lauern, wenn es um die Bodenverhältnisse geht. Da wird Ihr Geld vergraben. Greifen Sie beherzt zum Scheckbuch! Schließlich baut man nur einmal! Wir alle haben schon einmal Lehr- oder doch nur Leergeld bezahlt.

Baukostenzuschuss

Die Frage ist, wer wem was zuschießt und am Ende warum? Vermieter, um Mieter in seine Immobilie zu locken oder Mieter, die sich in einer Immobilie so richtig einnisten wollen?

Bauland

Grundstücksfläche auf der Sie meinen, sich so richtig austoben zu können, bevor Sie sich den Bebauungsplan genauer angesehen haben.

Baulanderschließung

Auf dem Plan sieht es gut aus, während der Bauphase sieht es wüst aus, wenn es fertig ist, sieht man kaum was und das Konto ist leer. Hat man was falsch gemacht, werden die Fehler unter der Erde versteckt.

Baulandpolitik

Kommunales Instrument nach der Methode „Gut ist, was uns nützt" werden aus Äckern Bauland. Wer glaubt, Kommunen würden dieses Bauland besonders günstig an Mann oder Frau oder Familien abgeben, der irrt. – Die Spekulanten sitzen in den Rathäusern.

Baulast

Wenn Ihr Grundstücksnachbar bereit ist, Verpflichtungen, die Sie auf Ihrem eigenen Grundstück nicht erfüllen können, auf seinem Grundstück nachzuweisen und deshalb meist für eine aus seiner Sicht angemessene Gegenleistung sogar beim Amt ein Papier zur Eintragung dieser Baulast unterschreibt z.B. für Abstandsflächen, Überschreitung der Grundflächen- oder Geschossflächenzahl, etc.. Mindestens ein Partner mehr an Bord, den man in Schach halten muss.

Baulastenverzeichnis

Bei Kommunen geführtes Verzeichnis, aus dem Sie ersehen können, warum Ihnen Ihr Nachbar eigentlich dankbar sein müsste.

Bauleitplanung

Kommunale Auslegung einschlägiger Gesetze und Verordnungen, um Grundstücksnutzungen im Einklang mit dem Baugesetzbuch vorzubereiten und in geordnete Bahnen zu leiten. Dem unsachkundigen Bürger erscheinen die geordneten Bahnen manchmal ziemlich ungeordnet.

Baulinie

Wenn Sie glauben, Sie dürften sich auf Ihrem Grundstück ausbreiten wie Sie wollen, dann irren Sie: Linie, auf der man bauen muss.

Bauliche Nutzung

Ärgerlich ist, wenn Sie zwar niemand daran hindert, etwas zu bauen, Sie aber wohl daran hindert, dass Sie das Gebäude jetzt auch nach Ihren Vorstellungen nutzen wollen.

Baulücke

Es hat seine vielfältigen Gründe, warum jahrzehntelang konsequent um ein Grundstück herum gebaut wurde (Besitzverhältnisse, Kaufpreisforderung, Bodenverhältnisse,...). Aber dennoch: Bauland ist knapp, da muss noch der letzte Quadratmeter herhalten.

Baugrenze

Im Gegensatz zur Baulinie hat der Bauherr einen kleinen Freiraum zur Selbstverwirklichung: Grenze bis zu der man maximal bauen darf.

Baumarkt

Einzelhandelsimmobilie, die spannende Verhältnisse zwischen Investitionsaufwand und zu erzielenden Mieten bietet.

Baumassenzahl

Vorgabe des Bebauungsplans, in dem das Volumen eines möglichen Baukörpers festgeschrieben wird, um ein weiteres Instrument zur Reglementierung des Bauens zu haben.

Baumaßnahme

Der steinige, aber lehrreiche Weg, bis Sie endlich Ihren Traum von Ihrer Immobilie verwirklicht haben. Bei der zweiten Baumaßnahme soll alles anders und besser werden. Profis kapitulieren ab der vierten Baumaßnahme.

Baumschutz

Wenn Sie bauen wollen, lernen Sie viel über Bäume, die Sie für Gestrüpp hielten und anderes Grünzeug, von deren Einmaligkeit Sie mit viel Aufwand überzeugt werden müssen. Am Ende sind Sie freiwillig bereit, ein Vielfaches an Bäumen zu pflanzen, damit der eine Baum, der mitten in Ihrem zukünftigen Wohnzimmer stehen würde, dann doch gefällt werden darf.

Baunutzungsverordnung

Sammlung von Vorschriften, wo Sie als Unbedarfter überlegen, wer sich so etwas ausdenken kann. Sie vermuten zunächst, es handele sich um ein Arbeitsbeschaffungsprogramm für Beamte und Dienstleister, die Ihnen helfen, sich durch die Baunutzungsverordnung durchzuwurschteln. Nach einer gewissen Zeit geben Sie es auf, die Vorschriften zu verstehen, sondern ergeben sich dem Schicksal.

Baurecht

Der Laie hat den Eindruck von unvereinbaren, objektiven Rechtstatbeständen. Von diesem Eindruck rückt er spätestens nach seinem ersten Bauprojekt ab und kommt zum Schluss, es gehe um seinen objektiven Eindruck von Rechtstatbeständen, die jeder Fachmann subjektiv so interpretiert, wie es der Interessenlage am besten entspricht, der als letztes beim obersten Entscheider vorgesprochen hat oder dessen Anwalt die besseren Argumente zu haben scheint.

Baureifmachung

Alle Maßnahmen, die dazu führen, dass aus dem Grundstück, auf dem heute noch Paläste stehen, die schon seit Jahrhunderten keine Farbe gesehen haben oder Parkanlagen, die mehr an einen südamerikanischen Dschungel erinnern, eine Fläche zu machen, auf der unter dem kreativitätssteigernden Einfluss geistiger Getränke zumindest vor Ihrem geistigen Auge Ihr Haus entsteht.

Bauträger

Firmen, die sich professionell damit beschäftigen, Ihnen die Last der Bauherreneigenschaft abzunehmen. Um das Fernweh der Bauträger einzudämmen, wurde die Makler- und Bauträgerverordnung erfunden, denn nicht alle Hauskunden freuen sich über Postkarten ihres Bauträgers aus dem sonnigen Süden, die zudem von ihren Raten bezahlt wurden, während sie selbst auf Handwerker zur Mängelbeseitigung warten.

Bauträgermaßnahme

Objekt der Last, das Ihnen der Bauträger abnimmt.

Bauunternehmer

Unternehmer, die Bauten erstellen und Sprachgenies sein müssen, um die babylonische Sprachvielfalt ihrer Arbeiter verstehen zu können.

Bauvertrag

Vertrag, bei dessen Unterzeichnung Sie meinen, dass Sie am Ziel sind und der Realisierung Ihres Bauprojektes nichts im Wege stehe. Gleichzeitig Vertrag, von dem Sie bei Fertigstellung Ihres Bauprojektes überrascht sind, wie unterschiedlich man ihn interpretieren kann und was ein Richter noch so alles liest, was da für Sie augenscheinlich gar nicht drin steht.

Bauvorbescheid

Amtliches Dokument, das Sie so lange in Sicherheit wiegt, wie Sie mit keinem vom Amt über Ihren konkreten Bauantrag gesprochen haben.

Bauweise

Die kühnen Vorstellungen eines Stadtplaners, was Sie meinen sollten, was schön ist und in die Umgebung passt. Der Stadtplaner entscheidet, wie dicht Sie

Ihrem Nachbarn auf die Pelle rücken. Wand an Wand, dann liegt eine geschlossene Bauweise vor. Soll der Bauabstand eingehalten werden, können Sie mit dem Fernglas am nachbarlichen Familienleben teilnehmen.

Bauwesenversicherung

Versicherung, die Schäden schon während der Bauzeit absichert. Wie immer empfiehlt sich das Studium des Kleingedruckten. Nur, was fest verbunden ist, und so weiter....

Bauwirtschaft

Wirtschaftszweig, der sich mit allem beschäftigt, was der Mensch zur Realisierung und Erhaltung eines Bauwerkes heute alles so braucht. Damit am Bau nicht alles so trocken zugeht, gehen die Akteure dann auch schon mal gerne einfach nur in die Wirtschaft.

Bearbeitungsgebühr

Bankhonorar für eine Kreditbearbeitung. Schon der Begriff „Gebühr" soll etwas Unumstößliches, Nichtverhandelbares suggerieren. Entgelt für Auftragserteilung. Das sollte Schule machen!

Bebaute Fläche

Die Fläche, für die Sie zukünftig wegen der Versiegelung bei den Abwassergebühren herangezogen werden und Sie sich wundern, wie groß sie ist.

Bebauungsplan

Kommunales Planwerk aus dem Sie ersehen können, was, wie viel, wie hoch usw. Sie auf Ihrem Grundstück bauen dürfen. Auf den ersten Blick sind Sie von den vielen Farben und Zeichen beeindruckt. Auf den zweiten Blick wundern Sie sich, dass man teilweise ganze Hefte braucht, um die Farben und Zeichen deuten zu können.

Befreiung

Vorschriftenmäßig erfasste Ausnahmetatbestände von der Regel.

Beherbergungsbetriebe

Alle Immobilien, in denen Gäste sich kurz- bis langfristig einmieten können und dabei Serviceleistungen in unterschiedlicher Intensität und Vielfalt abrufen können.

Behinderungsanzeige

Mitteilung an den Bauherren, dass es teuerer wird und/ oder die Bauzeit nicht zu halten ist und der Bauherr schuld ist.

Belastungsvollmacht

Möglichkeit, sich in einem fremden Grundbuch austoben zu dürfen.

Belegenheitsprinzip

Unabhängig von Ihrem Aufenthaltsort: Besteuert wird da, wo die Immobilie ist. Sie können viel nach Monaco mitnehmen, aber Ihre Premium-Immobilien an der Düsseldorfer Kö oder der Hamburger Binnenalster, die bleiben leider zu Hause.

Beleihungswert

Wert Ihrer Immobilie aus Sicht der finanzierenden Bank, bei dem Sie als Kunde nicht wissen, ob Sie lachen oder weinen sollen.

Bemessungsgrundlage

Abrechnungsbasis, die, wenn private Partner untereinander verhandeln, i.d.R. fair ausfällt; Abrechnungsbasis, die, wenn öffentliche Partner die Basis definieren, i.d.R. immer zu Ungunsten desjenigen, der zahlen soll.

Berechnungsverordnung

Vorordnung damit jeder weiß, was wie berechnet werden sollte. Nach deren Lektüre sind Sie verwirrter als vor der Lektüre.

Besitzer

Besitzer ist der, der den Schlüssel hat. Manchmal auch ohne Einwilligung des Eigentümers. Dann ist es bei immobilen Gegenständen eine Besetzung, bei mobilen Gegenständen mitunter Diebstahl.

Besondere Leistungen

Öffnungsklausel in der HOAI, um dem Bauherrn noch einmal zu verdeutlichen, warum der Bauherr seinen Architekten beauftragte und dass, besondere Leistungen selbstverständlich auch besonders zu honorieren sind.

Bestandsschutz

Wenn Sie sich darauf berufen, dass alles schon immer so war und man Sie in Ruhe lassen soll.

Betongold

Wenn alles um Sie herum vergänglich ist, aber Immobilien wie Felsen in der Brandung der Vergänglichkeit trotzen und Sie den Eindruck haben, dass Kies, Sand und Zement im richtigen Mischungsverhältnis das einzige sei, was überhaupt noch einen Wert darstelle.

Betreiber

Der- oder diejenigen, die auf einer Fläche in einer Immobilie den Nutzen umsetzen, den das Baurecht und der Mietvertrag vorsehen und der damit hoffentlich so viel Geld verdient, dass er immer seine Miete zahlen könnte und das auch tut.

Betreiberverpflichtung

Verpflichtung eines Mieters eine Mietfläche immer am Netz zu halten. Geht ein Mieter eigentlich nur ein, wenn er entweder vor Kraft strotz - oder das Gegenteil.

Betreutes Wohnen

Wenn den Bewohnern beim Wohnen (und Leben) geholfen wird. Manche meinen, da liegt die Zukunft. Aber keiner weiß, wie man den hohen Pflegestandard langfristig finanzieren soll.

Betriebsaufspaltung

Schizophrenie bei Unternehmen, um den Verkauf von Betriebsimmobilien zu ermöglichen und die daraus resultierenden Steuerfolgen zu mindern.

Betriebskosten

Kosten, von denen Ihr Vermieter sagt, dass Sie deren Höhe über den Verbrauch mehr oder weniger selbst bestimmen könnten. Wenn Sie die Betriebskostenabrechnung in Händen halten, sind Sie sich sicher, dass Sie das Mietobjekt eigentlich nicht kaufen wollten.

Betriebsunterbrechung

Wenn zu einem Bauschaden auch noch die Regressforderungen des Mieters hinzukommen.

Beweislast

Vor Gericht und auf hoher See ist man in Gottes Hand.

Beweissicherungsverfahren

Letzte Chance, zu dokumentieren, dass ein Handwerker Schrott gebaut hat, bevor dessen Werk zusammenfällt oder Sie schnellstmöglich mit einem anderen Handwerker eine neue Erfahrung machen wollen. Empfiehlt sich bei innerstädtischem Bauen vor Baubeginn in den Nachbarhäusern durchzuführen, damit Sie nicht irgendwann die gesamte vernachlässigte Instandhaltung dieser Häuser bezahlen müssen.

Bewertungsverfahren

Die traditionellen „hausbackenen" deutschen Bewertungsverfahren (Ertrags-, Sachwert-, Vergleichswertverfahren) sollen jetzt durch professionelle angloamerikanische Methoden ersetzt werden, die durch mathematische Verfahren bändigen wollen, was sich kaum bändigen lässt.

Bewirtschaftungskosten

Fängt bei der Instandhaltung an und hört bei Verwaltungskosten und Abschreibung auf.

Bilanzen

Bei Bauträgern Selbstbetrug für sich und die Banken: Mit viel Mühe stellen hoch bezahlte Leute Zahlen so zusammen, dass die Möglichkeit der Interpretation optimiert wird.

Boardinghaus

Mehr Service, kürzere Mietlaufzeit als beim Appartmenthaus, weniger Service, längere Laufzeit als ein Hotel.

Bodenrichtwert

Erhebung über erzielte Verkaufspreise, die in dynamischen Märkten nur Datenmaterial für Geschichtsbücher liefern.

Bodensanierung

Der Versuch, Boden in die Waschmaschine zu stecken.
→ „Altlasten"

Bonität

Alles das, was Banker meinen, das es nicht ist: Geld und Vermögenswerte und wohlklingende Namen und/oder Kompetenz. Schönwetterkapitäne sind längst davon gesegelt, bevor der große Sturm kommt - das Beleihungsobjekt bleibt, der Banker auch. Wenn der Banker Ihnen in die Taschen gucken will. Aber Vorsicht! Wenn nichts in den Taschen ist, steckt der Banker auch nichts rein. Ist die Tasche voll, bringt er das Fass zum Überlaufen.

BRAGO heute RVG (Rechtsanwaltsvergütungsgesetz)

Was die HOAI für den Architekten, war die BRAGO für Ihren Anwalt.

Branchenmix

Mischung verschiedener Branchen, so dass Besuchern einer Immobilie nicht langweilig wird. Dann gelungen, wenn das Bummeln Spaß macht und ein möglichst geringer Teil an die örtliche Kunstgalerie zwecks großflächiger Präsentation von Werken in verdecktem Leerstand zur Verfügung steht.

Brandschutz

Sinnvolle Maßnahmen zum Schutz von Leib und Leben, damit der Fall, gegen den Sie sich umfassend versichert haben, nicht eintritt oder möglichst wenig Schaden entsteht. Zeitweilig gewinnt man bei den Anforderungen der Brandschutzdienststellen, Feuerwehren und der Brandschutzsachverständigen jedoch den Eindruck, hier werde neben dem Schutz gegen regelmäßig auftretende Feuerstürme gleichzeitig auch noch atomaren, biologischen und chemischen Gefahren vorgebeugt. Jede Kommune und jedes Bundesland hat seine eigenen Vorstellung von dem, wie man Sie vor Feuer schützen will.

Bruchteilsgemeinschaft

Wenn es fürs eigene Heim mit den eigenen vier Wänden nicht reicht, dann ermöglichen Bruchteilsgemeinschaften doch wenigstens im Prozentbereich an einer Immobilie beteiligt zu sein. Ideale Form des Immobilieneigentums für alle Berufsvertreter mit viel Freizeit, also Lehrer, die sich gebeten und ungebeten allen noch so kleinen Problemen widmen können.

Bruttogeschossfläche (BGF)

Gebäudeaußenmasse multipliziert mit der Geschossanzahl. Alles das, was der Bauherr bezahlen muss. Was darauf folgt, bezieht sich auf den Ertrag einer Immobilie und ist stets nur eine geringere Teilmenge dieser Fläche.

Bruttokaltmiete

Bemessungsgrundlage für den Verkauf gewerblicher Immobilien. Aus Sicht der Mieter: Nur die halbe Wahrheit.

Business Improvement Districts (BID)

Zusammenschluss von Immobilieneigentümern in einem abgegrenzten Stadtbereich, um mehr oder weniger freiwillig eine zweite Grundsteuer zur Finanzierung von attraktivitätssteigernden Maßnahmen zu erheben, die den Immobilieneigentümern vorher auch nicht eingefallen sind, sonst hätten diese es schon getan.

Bürgerinitiative

Wenn man Bürger so gereizt hat, dass sie endlich mal den Allerwertesten heben, um mal zu artikulieren, was sie nicht wollen – in der nächsten Stufe sagen Sie dann (hoffentlich), was sie wollen.

Bürgschaft

Unüberlegte Handlung desjenigen, der eine Bürgschaft unterschreibt.

Büro der Zukunft

Visionen, die die Rechnung ohne den Faktor Mensch machen. Möglichst viele produktive Menschen auf möglichst wenig Raum. Der Mitarbeiter der Zukunft: Kein Platzbedarf weder für sich noch für seine Unterlagen. – Kann man Mitarbeiter eigentlich auch stapeln?

Bürofläche

Fläche, für die ein Büronutzer Miete zahlen soll und die auf verschiedene Arten berechnet werden kann. Wunder der Flächenvernichtung, wenn ein Bürogebäude, das vorher an einen Nutzer vermietet war, jetzt an viele Einzelmieter vermietet werden muss.

Büroimmobilie

Immobilienart, die wie keine andere die Phantasie institutioneller Immobilieninvestoren anregt, da sie die Mieten für Büroflächen entgegen der Realität immer nur steigen sehen.- Wo verbringen Sie eigentlich mehr Zeit: im Büro, zu Hause oder auf der Straße?

Büromarkt

Markt für Büroimmobilien, der einem Normalsterblichen für immer undurchschaubar bleibt. Akteure sind hoch bezahlte Immobilienleute, die unter Mitwirkung von ebenso hoch bezahlten Bankern Lotterie spielen und Kribbeln verspüren, wenn die richtigen Zeitpunkte fürs Ein- oder Aussteigen erahnt werden. Wer zu früh kommt oder zu spät geht, den holen die Walküren ab.

Bundesaufsichtsamt für das Finanzwesen (BaFin)

Kontrollinstanz, die den kleinen Mann vor den großen Haien schützen soll. Aber die Haie sind schneller...

C *

Cap Rate

Wenn es nach oben oder unten Auffangnetze gibt und dafür eine Risikoprämie verlangt wird.

Cash-Flow

Zahlungsein- und –ausgänge eines Projektes. Wichtig sind Höhe und Zeitpunkt der Zahlungen sowie die Regel, dass wirklich **alle** Zahlungen des Gesamtprojektes zu berücksichtigen sind. Der Cash-Flow berücksichtigt nur reale Zugänge und Abgänge in Ihrer Geldbörse und trägt daher wesentlich mehr Wahrheit als etwa Buch- oder gar Steuergewinne. Man unterscheidet u.a. zwischen versprochenem (da hat sich also einer „versprochen"), geplantem, erhofftem, befürchtetem und tatsächlich eingetretenem Cash-Flow. Diese Varianten weichen zumeist erheblich voneinander ab. – Die Frage nur, zu wessen Leidwesen?

Center Manager

Dompteur von Einkaufszentren.

Chartered Surveyor

Alle Berufsgruppen, die meinen, von Immobilien so richtig Ahnung zu haben. Staunen und Verehrung deutscher Immobilienprovinzheinis gegenüber denen, die die Immobilienwirtschaft erfunden haben.

* Da in der deutschen Sprache kaum Wörter mit „C" anfangen, folgen jetzt einige unvermeidliche Angloamerikanismen.

City-Handel

Die Vielfalt des innerstädtischen Handels steht in einer komplizierten Dreierbeziehung mit der grünen Wiese und deren Standortvorteilen und dem virtuellen Verkaufsraum „e-commerce". Wegen der uneinheitlichen Interessen der Einzelhändler und Immobilieneigentümer immer im strukturellen Nachteil. Nobelpreisverdächtig ist der, der die Gesetzmäßigkeiten des Innenstadthandels und seiner Akteure entdeckt.

City-Lagen

Ödland rund ums Rathaus und den Kirchturm. Nur mit Beschilderung zu finden.

City-Marketing

Der Versuch, viele kleine Einzelhändler in einer Organisation zusammen zu fassen, damit sie sich so verhalten, wie ihre Kollegen in großen Einkaufscentern, um mit diesen mithalten zu können.

City-Report

Momentaufnahme, die zeigen soll, was in einer Stadt geht – oder auch nicht

Controlling

1. Statisch: Wenn man sich morgens vergewissert, ob Mieter noch die Bonität des Vorabends haben.
2. Dynamisch: Wenn die Geschäftsleitung dem Aufsichtsrat aus den mittags gewonnenen Zahlen das Ergebnis für den übernächsten Vormittag herleitet.

3. Realistisch: Übernächtigte Mitarbeiter, die mittels zusammengeschusterter Tabellenblätter und Tortendiagramme den Farblaserdrucker blockieren.

Corporate Real Estate

Optimierung der betriebseigenen Grundstücke eines Unternehmens, was mitunter darin endet, dass die Shareholder eines Unternehmens das Stammgeschäft einstampfen, um nur noch „in Immobilien zu machen", weil man wie die Ruhrkohle AG erkennt, dass man mit Kohle weniger Kohle als mit Immobilen machen kann.

Courtage

Honorar für legale Kuppelei, dessen Einforderung jedoch regelmäßig in einer blutigen Nachweisauseinandersetzung endet.

D

Dachgeschoß

Ausbaureserve unterm Dach oder Möglichkeit preiswert Wohnfläche zu schaffen, die sich für teueres Geld verhökern lässt; ist oft komplizierter als es aussieht.

Damnum oder Disagio

Zinsen, die man im Voraus zahlt, um vorne möglichst einen zusätzlichen Steuerhebel zu generieren.

Deckungsbeitrag

Der Projektüberschuss, der zur Deckung der gemeinen Unternehmensaufwendungen und für Wagnis und Gewinn dienen soll, der aufgrund eines riesigen Wasserkopfes manchmal schmilzt wie das Eis in der Sonne.

Denkmalschutz

Wenn Kulturgut von Kommunen und Landeskonservatoren geschützt werden soll, aber die zuständigen Behörden es mitunter so übertreiben, dass selbst hohe steuerliche Vorteile nicht dazu führen, dass Kapital angezogen, sondern abgeschreckt wird.

Desk-Sharing

Ein Arbeitsplatz für viele – die Stunde der Sitzpläne. Von 8 Uhr bis 8.30 Uhr Müller, von 8.30 Uhr bis 9 Uhr Schmitz und so weiter.

Developer

Hört sich doch irgendwie professioneller an, als der schnöde deutsche Begriff „Projektentwickler", oder? – Streitet sich mit Vorliebe um ungelegte Eier und reagiert auf die Potentiale eines noch nicht gesicherten Grundstückes wie ein Anthroposoph auf terrestrische Strahlung.

Dienstbarkeiten

Rechtliche Verpflichtungen von herrschenden und dienenden Grundstücken.

DIN Normen

Die nationale Normungsorganisation ist ein historisches Zeugnis deutscher Perfektion; regeln Sinnvolles und Unnötiges. Jetzt kommen zu allem Überdruss noch europäische Normen dazu!

Discounted-Cash-flow-Methode

Auf- und Abzinsung aller Zahlungsströme auf den Investitionszeitpunkt, um so eine ungezähmte Immobilie wenigstens zahlenmäßig in den Griff zu bekommen und so einen Immobilienwert zu ermitteln. Rechnen lässt es sich, aber nicht zählen.

Discountmärkte/Fachdiscounter

Einzelhandelsbetriebsformen, die sich wie Krebsgeschwüre in den Städten ausbreiten und zu kleinen Monstern mutieren, weil die Verkaufsflächen immer größer werden und damit den klassischen Vertriebsformen mächtig einheizen.

Dominoeffekt

Die Kunst Verträge so abzuschließen, dass sie in der Projektentwicklungsphase, die noch von Unsicherheit hinsichtlich der Projektrealisierung gekennzeichnet ist, zwar wirksam sind, aber noch unter Vorbehalten stehen, die nur der Projektentwickler durch sein aktives Handeln letztlich abarbeiten kann und zu einer gewünschten Kettenreaktion führen sollen. Was aber, wenn die Kettenreaktion außer Kontrolle gerät?

Doppelbesteuerungsabkommen

Ein Schnaps auf die üblichen Steuervorteile bei Auslandsimmobilieninvestitionen oben drauf.

Drittverwendung

Zauberwort, von dem jeder ahnt, was es ist, jeder dann glaubt zu wissen, was es ist, wenn eine Abschlussvermietung gelungen ist und derjenige weiß, was es ist, dem eine Anschlussvermietung nicht gelingt. Keiner weiß, warum es Drittverwendung heißt, wo es doch um die Anschlussvermietung nach dem ersten Mietvertrag geht. Aber man muss nicht alles verstehen.

Duldungsanspruch

Wenn man hinnehmen muss, was gut für einen ist, was man selbst vielleicht nicht so sieht z.B. wenn ein Hauseigentümer Modernisierungsmaßnahmen durchführen will und die Modernisierungskosten später auf die Mieter umlegt.

Due Dilligence

Viel Geld für einen Haufen Papier (der bekanntlich geduldig sein soll) dafür ausgeben, was andere aus ihrem Bauch heraus schon vorher wussten. So hat man eine anscheinend objektive Begründung für das, was man tun oder nicht tun will.

Durchgriffshaftung

Wenn es jemanden erwischt, den man eigentlich vor Risiken abschirmen wollte. Wenn Gläubiger ihre (letzte) Chance nutzen, wenn es bei dem eigentlichen Schuldner nichts zu holen gibt, der Gläubiger sich aber noch an die zweite oder gar dritte Reihe erinnert.

E

Effektivzins

Die „reine“ Wahrheit, was denn zinsmäßig wirklich angesagt ist?

Eigenbedarf

Wenn ein Vermieter es einmal so gut haben möchte wie sein Mieter.

Eigenheimförderung

Staatliche Förderung der eigen genutzten Immobilie, um so die Eigentumsquote zu beflügeln. Bei Wegfall ist mit einer Minderung des Marktwertes aller Wohnimmobilien um die Höhe der Eigenheimzulage zu rechnen.

Eigenheimzulage

Staatliche Förderung, die alle Jahre wieder abgeschafft wird, um es dann doch nicht zu werden. Gibt es sie jetzt eigentlich noch oder nicht?

Eigenkapitalvermittlungsprovision

Geboren, um möglichst viele weiche Kosten zu produzieren, die zu hohen harten steuerlichen Verlusten führen sollen.

Eigenleistung

Muskelhypothek, die die Fehler anderer mit Raufaser überklebt oder Teppichboden abdeckt und Gewährleistungsansprüche gleich mit begräbt. Wohl dem, der zwei rechte Hände hat. Aber der Tag hat nur 24 Stunden. Wenn das nicht reicht, kann man die Nacht noch dazu nehmen.

Eigenmittel

In Basel II – Zeiten Lieblingswort Ihres Bankers. Immer 20 Prozent. Egal, ob vom hohen oder niedrigen Kreditauslauf. Orientieren sich Erwerbsinteressenten im Verwertungsfall auch daran?

Eigentümergrundschuld

Möglichkeit, Immobilien finanziert zu bekommen, mit denen Banken öffentlich nichts zu tun haben wollen. Z.B. hoch ertragreiche Immobilien des ältesten Gewerbes der Welt.

Einheitsarchitektenvertrag

Der Versuch eine unbeschreibliche, einzigartige architektonische Leistung auf Papier in Worten statt in Strichen und Linien zu fassen.

Einheitspreisvertrag

Wenn jedes Sand- und jedes Kieskorn gezählt werden muss, um die Bauleistung abzurechnen.

Einheitswert

Niedriger Immobilienwert, der Grundlage für die Besteuerung im Erbschaftsfall ist, so dass etliche

Immobilien dafür sorgen, dass Erblasser über lange Zeiträume in guter Erinnerung bleiben.

Einheitswertermittlung

Kompliziertes Rechenverfahren, um eine Immobilie niedrig zu rechnen.

Einkaufszentrum

Künstlich geschaffene Einzelhandelslandschaft, die alle gewachsenen Einzelhandelsagglomerationen bei weitem in den Schatten stellt. Aber auch hektargroße Parkplätze können nicht das Ambiente einer Altstadt ersetzen.

Einkünfte aus Vermietung und Verpachtung

Der Begriff täuscht: In Wahrheit geht es um Verluste aus Vermietung und Verpachtung. Am Ende aller Tage sollten es dann aber doch Gewinne sein, sonst wird es steuerliche Liebhaberei und die Liebe kann bekanntermaßen teuer werden.

Einzelhandelsbetrieb, großflächiger

Wenn eine Verkaufsfläche größer als 700 qm ist. Mit viel Phantasie werden aus Verkaufsflächen Nebenflächen. Zufälligerweise fallen Wände um und aus Nebenflächen werden doch Verkaufsflächen. Sortimentsbeschränkungen interessieren plötzlich niemanden mehr. Zufälligerweise entsteht um die Ecke der dringend benötigte Verkehrskreisel. Woher das Geld dafür, das im kommunalen Haushalt jedenfalls nicht eingestellt war, kam, ahnt jeder. Böse ist, wer Böses dabei denkt.

Einzelhandelsimmobilie

Angesichts starker Umbrüche im Einzelhandel möglicherweise ein ultimatives Abenteuer für Immobilienbesitzer.

Einzelvergabe

Für Menschen, die Spaß daran haben Koordinationsaufgaben im Baustellenchaos zu übernehmen und Schnittstellenprobleme wie ein Magnet anzuziehen. Wenn Sie Spaß dran haben, warum werden Sie nicht Generalunter- oder Generalübernehmer? Lastet Sie die Projektentwicklung nicht aus?

Einzugsgebiet

Man nehme eine Landkarte und trage Radien auf, die Entfernungen in Fahrminuten symbolisieren. Dann addiere man unter Negation topographischer Verhältnisse andere Einzugsgebiete, die das zu untersuchende Einzugsgebiet beeinflussen und/oder anderen Einflussfaktoren, die Menschen, die in den Radien leben.

Eloxidkarbonpolyetylparfinoide

Kann man das essen?
→ „Altlastenerkundung"

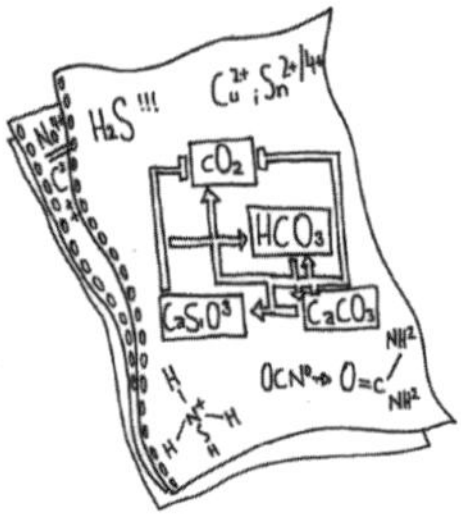

Emission

Je nach Gefühlslage stinkt es oder es riecht nach Arbeit.

Entertainmentcenter

Glück bringende Immobilie, die Anfang der Neunziger neues Glück über die Branche bringen sollte; das Glück dauerte nur kurz.

Entwicklungsbedingte Werterhöhung

Fiktiver Maßstab, um den Erfolg einer Entwicklungsmaßnahme zu bewerten. Den dürfen die Immobilieneigentümer dann als Beitrag auch real abdrücken.

Entwicklungsmaßnahme

Ausgewiesenes Stadtquartier, das mit einer PPP-Gesellschaft aufgemotzt werden soll. Die positive Nachricht ist, dass es Leute gibt, die meinen, dass man aus den Schmuddelecken noch was machen kann. Die negative Nachricht ist, nur wenige Leute glauben daran.

Entwurf

Geniale Zeichnung eines Architekten, die nur er versteht, aber Sie bezahlen sollen. Je weniger gerade Striche, umso mehr Vorsicht beim Nachfragen von Details wie Achsmaßen oder BGF / NGF Verhältnissen, da dies die ihm innewohnende Ruhe, die weitere Zusammenarbeit und die spätere gütliche Ablösung stören könnte.

Erbbaurecht

Vertragskonstellation, bei der – je nach Fragestellung- alle meinen, dass sie Eigentümer sind oder auch nicht.

Erbbauzins

„Miete“ für ein Grundstück, das Sie solange „mieten“ können, wie Sie angesichts des medizinischen Fortschritts und anderer lebensverlängernder Maßnahmen jetzt auch erleben können.

Erbengemeinschaft

Späte Rache eines Erblassers: Viele (die schon zu Lebzeiten des Erblassers nicht miteinander auskamen), die nun alles gemeinschaftlich erben. Bei Ankaufsverhandlungen mit einer Erbengemeinschaft muss man in einigen Fällen erst einmal einen Psychologiekurs mitmachen, um die unaufgearbeiteten anderen Baustellen der Erben in den Griff zu bekommen, um ans Grundstück zu kommen. Chance, alle aufgestauten Familienkonflikte schlagartig zur Entladung zu bringen und beim Geld hört bekanntlich die Freundschaft und der Familienfriede auf.

Erfahrung

Das ist das, was manche Leute nach missglückten Immobilienanlagen gewonnen haben. Die neue Art der Bescheidenheit: Wer Erfahrung hat, hält die Schnauze, die anderen reißen sie auf.

Erfolgshonorar

Standard bei Projektentwicklern und Maklern. Wenn`s nicht klappt, gibt`s nix, wenn`s klappt, reichlich. Wenn einige andere Berufsgruppen auch nur Erfolgshonorare bekämen, würden sie verhungern.

Erschließung

Wenn man ein Grundstück nicht nur sehen kann, sondern auch noch bequem erreichen kann und es an die Zivilisation angeschlossen ist. Ansonsten im wahrsten Sinne des Wortes eine Insel, die inmitten dichter Bebauung maximal als Hubschrauberlandeplatz verwertet werden kann.

Erschließungsbeitrag

Obolus, um sich zivilisiert von Scheiße zu befreien; trockenen Fußes hinzukommen; Gas, Wasser, Strom zu haben.

Erschließungsvertrag

Regelt, wer was wie erschließt. Da viele Kommunen unter Finanzkuratel stehen, wird Ihnen wohl nichts anderes übrig bleiben, als nebenbei noch ein bisschen in Tiefbau zu machen.

Erschließung (Äußere/Innere)

Wege-, Ver- und Entsorgungssysteme so, dass auch die hinterste Ecke eines Grundstückes an die Zivilisation angeschlossen ist.

Ertragswert

Wenn die Mieten einer Immobilie das Maß aller Dinge sind. Grundlage sollen nachhaltig erzielbare Mieten sein. In mancher Leerstandsfläche gibt es aber leider nur Nachhall statt Nachhaltigkeit.

Erwerber

Auch Käufer; meistens im ersten Moment euphorisch, mitunter legt sich das mit der Zeit.

Exit

Wenn man ein entwickeltes Immobilienprojekt oder die fertig gestellte Immobilie an die Frau oder den Mann bringt.

Expansionsleiter

Verantwortlich für die Anmietungen. Vor einigen Jahrzehnten war die Frau des Expansionsleiters wichtiger – zumindest auf dem Papier.

Expo Real

Alljährlicher Münchener Jahrmarkt der Eitelkeiten für all diejenigen, die sich Cannes nicht leisten können oder wollen. Das große Stelldichein der Immobilienbranche. Man lobt sich gegenseitig, wenn es sonst schon keiner tut.

F

Fachmarktzentren

Die geballte Ansammlung von Preiswertanbietern. Hohe Mieten bei geringen Investitionskosten, wobei sich der Schwerpunkt eindeutig auf Markt und weniger auf Fach gesetzt werden muss. Oase der Einzelhandelskompetenz i.d.R. auf der grünen Wiese. Hier rechnet man nicht mit Service, ist dann umso positiver überrascht, wenn ein Verkäufer mit einem redet.

Fachgeschäft

Langsam aussterbende Form des Einzelhandels, obwohl alle nach Service schreien, ihn aber nicht bezahlen wollen und das einzig störende für den Fachverkäufer nur der Kunde ist.

Facility Management

Hilfestellung für alle, die sich nicht zutrauen, das Chaos selbst zu beherrschen. Moderne Form des Hausmeisters. Jetzt mit angehängtem Wasserkopf.

Factory Outlet

Einkaufszentren auf der grünen Wiese, in denen angeblich nur Markenwaren verkauft werden, die out sind. Managementimmobilie, da die Zusammensetzung der Mieterstruktur immer wieder neu aktiv gesteuert werden muss, um so das Markenmikado, „Wer zuerst zittert, fliegt raus", richtig zu spielen.

Ferienzentrum

Betreiberimmobilie, wo man Feriengäste betüddelt, so dass die gar nicht merken, wie viel Geld sie ausgeben.

Fertighaus

Inzwischen weit weg vom Pappmascheehaus. Individuelle Häuser aus Normteilen, die vorgefertigt werden. Sie können bei Kaufvertragsunterzeichnung schon einmal das Bier fürs Richtfest kaltstellen. Wenn Sie zu lange Richtfest feiern, stehen schon die Möbelwagen vor der Tür. Geht also schneller, ist jedoch auch nicht billiger als „Stein auf Stein".

Finanzierung

Wenn Sie nix haben, gibt die Bank Ihnen auch nix. Wenn Sie viel haben, dann gibt es richtig Kohle.

Fixkosten

Kostenblock, den man nur langsam in den Griff bekommt und der einen langsam strangulieren kann. Um die Fixkosten zu decken kommt mancher in die Verlockung Projekte zu bearbeiten, die man eigentlich lieber der Konkurrenz zur Selbststrangulation überlassen sollte.

Flächenmanagement

Ziel ist es, das Optimum aus einer Fläche rauszuholen – komisch, was man heute alles so managen kann. Akribische Verwaltungstätigkeit, die darauf abzielt aus einer definierten Fläche mittels komplexer, bausteinartiger Verschiebung von Nutzern, die ihrerseits ein meist kontraproduktives Eigenleben führen, zum Ziel einer Flächenoptimierung zu gelangen.

Flächennutzungsplan

Der Flächennutzungsplan umfasst ein Gemeindegebiet und bereitet die Erstellung von Bebauungsplänen vor. Ein Flächennutzungsplan ist ein Blick in die Zukunft. Dieser hat bisher besonders kommunalpolitisch nachhaltig agierenden Landwirten und Spekulanten zu einem entspannten und erfüllten Leben verholfen.

Flächenproduktivität

Beschreibt, wie viel Umsatz auf einer Fläche generiert werden kann. Je nach Einzelhandelsbranchen abfragbare Kennwerte über den durchschnittlichen Umsatz pro qm Verkaufsfläche. Da die Umsatzerwartung wiederum Grundlage für die Miete ist, sollten Projektentwickler im Vorfeld ihrer Mietvertragsverhandlungen bei ihrem potentiellen Mieter einkaufen, was das Zeug hält.

Flächenrecycling

Aus alt mach neu: Wenn man alte Flächen aufpeppt. Meist durch detaillierte Förderprogramme motivierte Wieder-Inwertsetzung einer Fläche, die einer neuen Nutzung zugeführt werden soll. Je nach Qualität des Nutzungskonzeptes spricht man von Down- oder Upcyceln der Fläche.

Flächenumnutzung

Nutzungsänderung, bei der die Bauaufsicht mitspricht und sich der Bauherr wundert, was für komische Vorschriften man so ausgraben kann, wo doch vorher alles in bester Ordnung war.

Flexibilität

Die Kunst, es Frauen gleich zu tun und mehrere Aufgaben gleichzeitig zu bewältigen. Besonders bei Projektentwicklern geforderte Eigenschaft, um sich immer neuen Herausforderungen manchmal so schnell anzupassen, dass die Anpassung vor der eigentlichen neuen Herausforderung gegeben ist.

Fördergebiet

Präferenzzone in den neuen Bundesländern, ursprünglich zur Schaffung von blühenden Landschaften angedacht. In diesen konnte man ungeniert Immobilienwerte ohne Rücksicht auf Nutzungen abschreiben, so dass auf Teufel komm raus in Immobilien investiert wurde und die Abschreibungen mitgenommen wurden. In fast allen Fällen haben Bauträger und Investoren die Vorteile der Sonderabschreibung in den Fördergebieten auf die Kaufpreise draufgerechnet und sich selbst in die Tasche gesteckt und so das Abschreibungsvolumen noch einmal erhöht. Heute wissen viele der Endinvestoren, dass Steuervorteile nicht alles sind.

Folgekosten

Wer A gesagt hat, muss auch B sagen! Immobilien muss man instand halten, putzen, heizen usw. usw..

Fonds, geschlossene

Anlageform, wo man in ehrenwerter Gesellschaft sehenden Auges den Versuch unternimmt, die staatliche Rente durch eine Immobilienrente aufzubessern ohne Möglichkeit, Fehler wieder gut zu machen. Es ist leichter sich scheiden zu lassen, als aus einem geschlossenen Fonds auszusteigen.

Fonds, offene

Anlageform, wo man auch schon mit kleineren Beträgen Eigentümer von ganz großen Immobilien werden kann.

Food-Courts

Große Fressscheune mit mehreren internationalen Köstlichkeiten, die von unterschiedlich verkleidetem Fachpersonal am Tresen angereicht werden.

Formbedürftigkeit

Wegen der Tragweite bestimmter Geschäfte verlangt der Gesetzgeber, dass bestimmte Geschäfte nur vor einem Notar verhandelt werden, damit dieser als Unparteiischer die Tragweite des Geschäftes erläutert und man wenigstens sehenden Auges ins Verderben rennt.

Forschungspark

Akkumulation intelligenter Menschen, die in einer Immobilie kreativ arbeiten. Da deren Bonität, aufgrund der Endlichkeit deren Ideenvielfalt für einen langfristigen Mietvertrag aber sehr endlich sein dürfte, ist eine solche Immobilie nur mit einem öffentlichen Partner realisierbar.

Franchise-Vertrag

Wenn ein kluger Kopf eine gute Idee hat, die sich auch super vermarkten lässt und der kluge Kopf andere (Franchisenehmer) mit an den Trog lässt (wahrscheinlich, weil ihm selbst die Umsetzung seiner Ideen nicht soviel Spaß macht), in dem sie sein Konzept einheitlich umsetzen dürfen und für den gemeinsamen, einheitlichen Marktantritt ein Almosen bezahlen. Leider sind die Franchisenehmer auch nur von begrenzter Bonität, so dass Finanzierungsherausforderungen vorprogrammiert sind.

Freestander

Solitärgebäude. Häufig im Zusammenhang mit Systemgastronomieprojekten verwandter Begriff (Mc Donalds, Burger King, Kentucky, etc.). Problematisch ist häufig die Tatsache, dass Ertrags- und Substanzwert stark auseinander klaffen (hohe Mieten bei geringen Bauinvestitionen).

Freizeitimmobilien

Mal haben wir zu viele Menschen, die dann früher in Rente gehen sollen und angeblich nicht wissen, wohin mit ihrer Freizeit, dann wiederum ist es genau umgekehrt und die Menschen sollen, weil sie älter werden und weil zu wenig junge nachkommen, länger arbeiten. Und so geht das rein in die Kartoffeln und raus aus den Kartoffeln. Aus Wagemut und Verzweiflung (Was soll man sonst für Projekte entwickeln?) entstehen dann Betonburgen für Millionen Menschen und Euros.

Fremdmittel

Das Ziel aller Immobilienleute: Am liebsten mit dem Geld Fremder mit Immobilien zu jonglieren.

Fristen

Knapp verfehlt ist auch verfehlt. Deshalb: Fristen gut verfolgen! Zeitlimits, um danach wenigstens die Peitsche schwingen zu dürfen.

Frontdoor Approach

Gegenüberstellung von Aufwands- und Ertragspositionen, um zu schauen, was denn so rauskommt. Eine Kalkulation, die auf der Basis einer bestimmten Nutzung den möglichen Grundstückswert ermittelt und durch deren Eingangsgrößen wie Miete, Flächenprogramm und Baukosten mühelos Gebotsspannen für das Grundstück von mehreren tausend Prozenten möglich sind.

Fungibilität

→ „Drittverwendungsfähigkeit“

Funktionsfläche

Fläche, die man braucht, wie z.B. einen Heizungsraum. Aber Miete will man auch für diese Flächen, denn Bilder hängen auch nicht an Siemens-Lufthaken.

G

Garantie

Gut für den, der in den Genuss von Garantien kommt, schlecht für den Garanten, es sei denn, er hat für seine Garantieübernahme eine entsprechende Risikoprämie kalkuliert und vergütet bekommen – aber wann hat man das schon.

Gartencenter

Super Relation zwischen Investitionsaufwand und Miete. Hier wachsen Werte in den / dem grünen Bereich.

Gastronomie

Gastronomische Nutzungen ergänzen häufig andere Nutzungen. Problemtisch allerdings: Entweder hat man einen Mieter, der ist so stockseriös, dass er seine Miete zahlen würde, wenn er denn könnte (aber weil er immer so sorgenvoll wie ein Banker dreinschaut, tun sich das zu häufig zu wenige Gäste an) oder man hat einen Mieter in dessen Laden geht die Post ab (und der Chef lebt auf großem Fuß), und der Mieter zahlt seine Miete auch nicht, obwohl er eigentlich können müsste. Dumm gelaufen. – Hat nichts mit Liquidität zu tun – auch wenn es hier um flüssige Mittel geht.

Gated Community

Besonders gesicherte Wohnenklave, die – wenn auch in mitteleuropäischen Breiten eher weniger verbreitet – teils einer mittelalterlichen Festung gleicht oder diesen Eindruck von innen wie von außen zu vermitteln versucht. Diese ist sicher solange der innere Burgfriede erhalten bleibt.

Gebäudeversicherung

Krankenversicherung des Hauses. Droht ein Verlust von Vermögenswerten durch einen Schadensfall am Gebäude, so bleiben die Eigentümer im Falle des Abschlusses der Gebäudeversicherung besonnen und sparen sich ihr Temperament für die nahenden Differenzen mit dem Versicherungsunternehmen auf.

Gefängnis

Beliebte PPP-Projekte. Unter dem Aspekt der Nachhaltigkeit des Bedarfs an Verwahranstalten kann eine konstante Größe angenommen werden. Da gelegentlich die mit dem Bau- oder der Finanzierung Beteiligten auch später Insassen der Gefängnisse sind, sollte sich ein rein privates Engagement aktuell noch ausschließen. Im privaten Bereich siehe auch Gated Community.

Gemeinnützige Wohnungsbaugesellschaften

Mit staatlichen Subventionen wurden beachtliche Immobilienvermögen aufgebaut, die heute ungeahnte stille Reserven bergen (glaubt das anglo-amerikanische Fondskapital).

Gemeinschaftsaufgabe

Alle Aufgaben, die mit Defiziten arbeiten und deshalb sozialisiert sind.

Gemeinschaftseigentum

Grundstück und zentrale Einrichtungen und Bauteile, die den Körper und das zentrale Nervensystem einer Immobilie darstellen, die allen Teileigentümern nur gemeinsam gehören und um die sie sich gemeinsam kümmern müssen (das kostet auch was). All das an einer Immobilie, das –wenn man es wegnehmen würde- dazu führen würde, dass die Immobilie eigentlich nicht da wäre.

Generalübernehmer

Nimmt dem Bauherrn neben den Planungsleistungen, dem Baumangement und dem Baukostenrisiko mittels Generalübernehmerhonorar auch als wesentliche Leistung dessen Schnittstellenprobleme ab.

Generalunternehmer

Unternehmer, der dem Bauherrn alle Bauaufgaben abnimmt, i.d.R. selbst den Rohbau erstellt und alle anderen Gewerke selbst fremd vergibt und so alle Schnittstellen zwischen den Gewerken abnimmt. Zu ängstlich, um auch noch die Schnittstelle zwischen Planung, Baugenehmigung und Baurealisierung zu schließen.

Gesamtschuldnerische Haftung

Einladung für die einen, den großen Max zu spielen, weil es andere gibt, die die Zeche zahlen müssen.
→ „Gesellschaft bürgerlichen Rechts"

Geschäftsgrundlage

Beliebtes Institut, um in letzter Möglichkeit den Rettungsfallschirm zu aktivieren auf dem steht, dass alles einmal ganz anders vereinbart worden war. Viel Glück vor Gericht.

Geschossflächenzahl (GFZ)

Kennzahl, die den Anteil der Geschossfläche in ein Verhältnis zur Grundstücksfläche setzt und die so mit der Ausnutzbarkeit der Liegenschaft den Wert bestimmt. Diese planungsrechtliche Schallmauer lohnt es nur im Ausnahmefall zu durchbrechen, ansonsten geht der Trend aktuell dazu, weit unterhalb des Zulässigen zu bauen – oder es sein zu lassen.

Gesellschaft bürgerlichen Rechts (GbR)

Jeder für alle, alle für jeden – Nachteil nur: Die Entscheidung, wer für wen, liegt nicht bei Ihnen, sondern bei den Gläubigern der GbR.

Gesellschaft für immobilienwirtschaftliche Forschung (Gif)

Wieder einer mehr, der versucht Ordnung ins Immobilienchaos zu bringen.

Gesellschaft für Konsumforschung (GfK)

Führendes Marktforschungsinstitut, das besser als die Konsumenten weiß, was die wollen. Wird nur von den Japanern übertroffen: Die wussten schon in den 80-er Jahren –weit bevor Konsumenten es selbst wussten- was die für Autos oder Walkmen haben wollten.

Gesellschaft mit beschränkter Haftung (GmbH)

Juristische Person, der es nur so gut geht, wie es seine „Eltern" wollen. Möglichkeit mitzuspielen ohne fürchten zu müssen, dass man alles verspielt.

Gesellschaftsvertrag

Wie beim Ehevertrag: In guten Zeiten verhandelt und unterschrieben, in schlechten Zeiten weiß man dann, was man falsch gemacht oder nicht bedacht hat.

Gewährleistungsbürgschaft

Ist das Papierstück, das man in Händen hält, wenn schon erste Gewährleistungsansprüche entstanden sind und der Unternehmer längst nicht mehr auf der Nicht-mehr-Baustelle ist.

Gewerbebetrieb

1) Baurechtlich weit gefasster Begriff. Angesichts immer größerer Empfindlichkeit werden Gewerbebetriebe schon beim kleinsten Grund als störend empfunden und werden vertrieben.
2) Unter steuerlichen Aspekten: Entscheidende Nachteile gegenüber Einkunftsart Vermietung und Verpachtung.

Gewerbegebiet

Lückenhaftes Konglomerat an unterschiedlichsten Gewerbebetrieben, die nach zähen Verhandlungen mit dem örtlichen Wirtschaftsförderer einen Flecken Land erstanden haben, auf dem sie tun und lassen können, was sie wollen. Hier stehen hinter architektonisch aufwändig gestalteten Fronten meist monotone Produktionshallen, in denen die harte Realität des deutschen Mittelstandes richtig Geld verdient (oder auch nicht).

Gewerbepark

Professionell geführtes Konglomerat an unterschiedlichsten Gewerbebetrieben, das sich vom gewöhnlichen Gewerbegebiet neben dem Engagement vom Institutionellen im Wesentlichen darin unterscheidet, dass ungenutzte Lücken als aufwändige Grünzonen gestaltet werden.

Gewerbesteuer

Alle wollen die Gewerbesteuer längst abgeschafft haben, aber erstaunlicherweise gibt es die Gewerbesteuer immer noch. Das kommunale Selbstbestimmungsrecht für die Gewerbesteuer hört da auf, wo eine Kommune, um ihren Standort im Wettbewerb positionieren zu können, ganz auf die Gewerbesteuer verzichten will.

Gewerblicher Grundstückshandel

Gedacht, um Spekulationen mit Immobilien einzudämmen. Tatsächlich greift der Staat völlig ungeniert zu, wenn man mehr als drei Immobilien in weniger als 10 Jahren Spekulationsfrist „dreht".

Gewerblicher Zwischenmieter

Wenn Vermieter und Mieter noch jemanden zwischen sich lassen, damit man Vater Staat nicht zu viel Mehrwertsteuer abdrücken muss.

Gewinn

Er lässt sich rechnen, aber nicht immer zählen.

Gewinnerzielungsabsicht

Die von Finanzbehörden nicht nachvollziehbare Unterstellung, ein Wirtschaftssubjekt würde vernünftigerweise nur in Immobilien investieren, wenn nicht wenigstens irgendwann -und sei es nach Jahrzehnten- dieses Wirtschaftssubjekt mit seiner Immobilieninvestition auch einmal Geld verdienen will. Perfiderweise ist das Steuersystem aber so aufgebaut, dass Verlustmaximierung belohnt wird – und so verhalten sich dann auch viele Steuer„zahler".

Gläubiger

Leute, die an die Zahlungswilligkeit und –fähigkeit derjenigen glauben, denen sie Geld geliehen haben. Der Unterschied im Gegensatz zum Schuldner besteht hauptsächlich darin, dass Gläubiger schon einmal auf ihren Forderungen sitzen bleiben und ihre Forderungen dann nur noch unter traurigen Erfahrungen verbuchen können. Hingegen hat man noch nie von einem Schuldner gehört, der auf seinen Schulden sitzen geblieben ist und deshalb traurig war.

GmbH & Co. KG

Nicht Fisch, nicht Fleisch: Die Vorteile der GmbH als Komplementärin, deren begrenztes Haftungsvolumen kombiniert mit den steuerlichen Vorteilen einer KG. Möglichkeit, Vorteile verschiedener Gesellschaftsformen optimal zu nutzen, ohne auch noch ein schlechtes Gewissen haben zu müssen.

Golfplatz

Ort, an dem angeblich die meisten und größten Immobiliendeals ausgehandelt werden. Ort, an dem man glaubt, auch ohne Einblick in die Geldbörse seines Gegenübers, sich von diesem ein Bild machen zu können, indem man sich sein Golfequipment anschaut.

Gründer- und Innovationszentren

Öffentlich geförderte Zentren zur Vermietung von Mietflächen (ggf. eigens für diesen Zweck errichtet) an Leute, die nichts außer ihrem Kopf, dem was drin ist (mitunter nicht wenig) und Mut haben und die sobald sie auch noch was auf dem Konto haben, was den Vermieter beruhigen könnte, ausziehen.

Grünordnungsplan

Der Versuch zu ordnen, dem man seiner Natur nach eigentlich seinen freien Lauf lassen soll. – Deutsches Ordnungsphänomen. Glücklicherweise können Bäume auch keine Pläne lesen und sind dazu bisher auch noch nicht verpflichtet worden.

Grundbuch

Wichtiger als die Immobilien selbst? Verstaubte Bücher mit spannendem Inhalt – wenn man sie lesen kann. Alle Grundstücke werden genauestens erfasst. – Aufgrund ihrer normativen Wirkung sind Grundbücher genau genommen die wertvollsten Bücher der Welt.

Grundbuchauszug

Was man schwarz auf weiß getrost nach Hause tragen kann (da man Grundstücke und Immobilien doch leider nicht mit nach Hause nehmen kann) um zu dokumentieren, dass man Eigentümer ist. Aus diesem Grunde empfiehlt es sich dringend, Grundbuchauszüge stets in Restaurants, Partys oder anderen öffentlichen Veranstaltungen mitzuführen. Am besten kommt Ihr Understatement allerdings, wenn Abteilung III lastenfrei ist, worauf Sie selbstverständlich diskret hinweisen sollten.

Grunderwerbsnebenkosten

Hat`s die Kuh gekostet, dann kann es auch noch das Glas Milch kosten.
→ „Transaktionskosten"

Grunderwerbsteuer

3,5% vom Transaktionsvolumen (i.d.R. der Kaufpreis). Animiert Steuerberater und Juristen zu immer neuen

Vertragskonstellationen, um diese Grundstücksmehrwertsteuer in Beraterhonorare zu verwandeln.

Grundflächenzahl (GRZ)

Verhältnis bebauter Fläche zur Grundstücksfläche. Unter ökologischen Gesichtspunkten umso optimaler je geringer. Leider muss man Gebäude gründen. Wann endlich können Statiker und Bauleute Gebäude auch an Siemens-Lufthaken aufhängen?

Grundpfandrechte

Wenn Grundstücke und Immobilien von Banken und anderen Gläubigern für vorhandene oder gefühlte Forderungen (Grundschuld, Hypothek, Rentenschuld) als Geisel genommen werden, um den Geiselnehmern die Verwertung der Geisel zu ermöglichen.

Grundschuld

Begründete Geiselnahme. Für das Geld, das man einem schuldet, bietet man mehr oder weniger freiwillig seine Immobilie als Geisel an.

Grundstück

Abgetrenntes Stück Erde, das, mag es noch so klein sein, ungeahnte Phantasien freisetzen kann.

Grundstück minus Abbruch

Tilgung eines Objektes so, dass nach Auslauf des ersten regulären Mietverhältnisses die Darlehensvaluta dem Grundstückswert abzüglich eventueller Abbruchkosten entspricht und man die Immobilie und/oder die Bank so halbwegs auf die sichere Seite rettet.

Grundstücksgleiche Rechte

So als ob.

Grundstücksrecht

Alle Rechte, die man an Grundstücken und Immobilien erwerben kann.

Grundstückssicherung

Verträge, so, dass der Grundstücksverkäufer muss und Sie können.

Grundstücksverträge

Verträge, die sich mit dem Transfer von Grundstücken oder mit den Einschränkungen und Rechten zugunsten oder gegen ein Grundstück befassen. Das Grundstück bleibt da, wo es ist, aber der, dem es gehört oder andere, die irgendwas mit dem Grundstück zu tun haben, die wechseln.

Grundstückswert

Vorweg gestellt: Der Wert eines Grundstücks lässt sich nicht objektiv bestimmen. Dem steht das subjektive Empfinden eines Grundstücksverkäufers gegenüber, dass er Eigentümer einer einzigartigen und damit besonders wertvollen Bodenfläche sei, während Kaufbewerber ihm seine Vorstellung kaputt zu reden versuchen, indem sie von Bebauungs- und Nutzungsmöglichkeiten, Beeinträchtigungen, grundstücksbezogenen Aufwendungen wie topgraphischen Besonderheiten, Gründungsverhältnissen, Grundwasserverhältnissen, Bodenverunreinigungen (Altlasten, Kampfmittel,...), besonderen Aufwendungen für Baureifmachung und Erschließungsaufwendungen sprechen, die Kaufbewerber anführen, um möglichst wenig zahlen zu wollen, um am Ende, insbesondere dann, wenn es mehrere Kaufinteressenten gibt, doch tief in die Tasche zu greifen.

Grundwasserspiegel

Wenn der Grundwasserspiegel hoch ist und man das nicht eingeplant hat, kann es sein, dass einem das Wasser bis zum Hals steht.

Gutachten

Schriftliche Zusammenfassung dessen, was am Ende geschickt die Interessen des Auftraggebers auf den Punkt bringt. Wer fragt, der führt - wer bestellt, sagt auch, wo es lang geht.

Gutachterausschuss

Gremium, das alle Kauftransaktionen in einem Marktgebiet und in einer Periode auswertet, um so Schlüsse daraus ziehen zu können, die in wenig dynamischen Märkten tatsächlich Hinweise auf Grundstücks- und Immobilienwerte geben.

H

Haftung

Sollte man möglichst vermeiden, denn selten gibt es ein Entkommen. Zum Trost: Es gibt schlimmeres – z.B., wenn man in Haft kommt. Meidet der Bauträger wie der Teufel das Weihwasser. Trösten Sie sich, es gibt verschiedene Abstufungen der Haftbarmachung und es dauert meist längere Zeit, bis Sie mit der letzten Konsequenz, der Haft selber, konfrontiert werden. Bis dato sind die Besitztümer an Ihren Ehepartner verschoben und die Geschäftsführung an das älteste Kind übertragen worden. Sie stehen somit als völlig mittellos dar.

Halbfertige Arbeiten

Zum Bilanzstichtag nicht endabgerechnete Leistungen. Bilanzposition, die einem ermöglicht, aus Gewinn Verlust und aus Verlust Gewinn zu machen.

Handelsfläche

Fläche, auf der man ungeniert Waren an die Frau oder den Mann bringen kann. Für Menschen im Kaufrausch das zweite Zuhause.

Handelsimmobilie

Alle Immobilien, in denen man Waren umschlägt. Da manche Handel als Aufforderung zum Handeln verstehen, werden Kreditkartenkonten in dem Maße belastet, wie Handelsimmobilien ihrer Handelswaren entlastet werden.

Handelsregister

Sagt manchmal mehr über Immobilieneigentum aus, als das Grundbuch.

Hauptnutzfläche (HNF)

Die Fläche, die ein Nutzer eigentlich braucht, aber irgendwie muss man da ja auch hinkommen.

Hausverwalter

Menschen und Firmen, die einem Immobilieneigentümer die Last seines Eigentums möglichst abnehmen wollen. In ihnen arbeiten bemerkenswerte Menschen, denen es immer wieder gelingt, 1001 Meinungen unter einen Hut zu bringen.

Heimfallrecht

Bislang bei Vertragsabschluß unwichtig, da diejenigen, die es verhandeln, den Heimfall nicht erleben. Durch medizinischen Fortschritt steigt die Wahrscheinlichkeit, jetzt den Heimfall doch noch höchstpersönlich zu erleben.

Heimwerkermarkt

Handelsfläche für alles, was Leute, die keine zwei linken Hände haben, so brauchen können. Was Mode- und Schuhboutiquen für die Frau, ist der Heimwerkermarkt für den Mann.

Herausforderung

Jeden Tag aufs Neue Unmögliches versuchen. Positive Darstellung für ein Problem. – It`s not a problem, it`s a challenge!

Holländisches Modell

Perfektionierte Methode, ausländischen Investoren Immobilien teuer zu verkaufen, um sie wenige Jahre später für Bruchteile des ursprünglichen Kaufpreises zurück zu erwerben.

Honorar

Entgelt für sehr unterschiedliche Dienstleistungen. Da die Leistungserbringung häufig kein direkt sichtbares Ergebnis hat, korreliert der Aufwand der Leistung mit dem Honorar.

Honorarordnung für Architekten und Ingenieure (HOAI)

Neben dem Michelin das wichtigste Buch der Architekten. Regelt, wie man das, was man in den Fressscheunen, die man mit Hilfe des Michelin findet, verzehrt, auch bezahlen kann. Manche schielen dann auf teuere Autos, Möbel oder Reisen.

Hotelimmobilie

Managementimmobilie, die sich für den rechnet, der die Hotelimmobilie in der siebten Zwangsversteigung erworben hat. In ihr sorgt ein Organisationskomitee, das versucht, einen Bienenschwarm in Schach zu halten und von der seltenen Gabe des Sehens und schnellen Vergessens gesegnet ist, für einen reibungslosen Ablauf oder ein rasches Ende.

Hypothek

Bei dieser Art der Geiselnahme wird das Subjekt jeweils stückchenweise freigegeben, ohne dass es jemandem besonders weh tut.

I

Image

Wenn der Schein das Handeln bestimmt, um nicht zu verlieren, was man vielleicht schon längst verloren hat.

Immission

Sammelbegriff für Geräusche und Gerüche, die aufgenommen werden und die irgendwie als lästig empfunden werden. Was früher nach Arbeit duftete, dann nach Arbeit roch und schließlich nach Arbeit stinkt. Gegner von Immissionen fehlt zumeist die Abstraktionsfähigkeit, dass diese Immissionen mit dem allgemeinen Konsum in Verbindung gebracht werden müssen.

Immobilie

Das Objekt der Begierde (Einmalig, standortgebunden,.......). Gebäude, die unzertrennlich mit einem Grundstück verbunden sind. Was ist dann eigentlich das amerikanische „mobile home", das man sich quasi auf dem Sattelschlepper unterm Arm überall mitnehmen kann? Als unzertrennliche Bestandteile können Grundstück und Gebäude unter diesem Begriff subsumiert werden. Eine dichte Gemengelage an Begriffen rankt sich um diese dritte Haut des Menschen, die ihrerseits viel über deren Wert und Wertschätzung beschreiben: Schloss, Palast, Domizil, Heim, Behausung, Bleibe, Hütte, Unterschlupf, Obdach, Baracke, Reihenmittelhaus. Je nachdem, wie die Interessenlage ist: Ihr Finanzamt sieht in Ihrer Immobilie das Schloss, Ihre Bank die Baracke.
Bei gesellschaftlichen Anlässen oder im Freundeskreis verzichtet der Immobilienprofi auf zu umschweifende Ausführungen zu diesem Allgemeinthema – sicher ein

Ausdruck dessen, dass sich der Begriff nur schwerlich auf den Punkt bringen lässt.

Immobilienan(ein)sichten

Es kommt immer auf die Sichtweise und die Interessenlage an.....

Immobilienbeschaffung

Mit dem Immobilienstaubsauger zu Einheitseinkaufkurs über die Republik fliegen und Pfeile mit kleinen Fähnchen mit der Aufschrift „Haben wollen" auf die Projekte werfen. Entweder hat man Kontakte, Kontakte und noch einmal Kontakte oder man hat Geld, dann wollen alle Kontakt zu einem haben – jedenfalls so lange, bis die anderen das Geld haben.

Immobilienfonds

Zusammenschluss mehrer Investoren, um gemeinsam Immobilien zu erwerben, die jeder einzelne sich ansonsten nicht leisten könnte oder nicht kaufen würde. Diese Gefahrengemeinschaft auf hoher Immobiliensee segelt mit Kurs auf optimierte Steuerersparnis. Dabei wird sie von mehreren Beratern und Anwälten sowie deren Familienangehörigen, die im Kleingedruckten des Fondsprospektes als Komplementäre, Verwaltungsratsmitglieder oder Prüfungsbeiräte verpflichtet werden, auf Kurs gehalten.

Immobilienleasing

Rechtliche und steuerliche Konstruktion, um Nutzung und Eigentum zu optimieren. Kuhhandel, bei dem Investoren und Nutzer möglichst viel Spaß haben.

Immobilienmagnat

Alles dick: Dickes Alter, dicker Bauch, dickes Auto.

Immobilienmanagement

Regieanweisung für einzelne oder mehrere Immobilien. Wörtlich übersetzt Gebäudeverwaltung, inhaltlich ebenfalls Gebäudeverwaltung. Aber im Zuge des up-grading der Immobilienbranche wurde aus „Gebäudeverwaltung" „Immobilienmanagement". So hofft man durch die Amerikanisierung der Begriffe auch amerikanische Professionalität zu entleihen?

Immobilienmarketing

Alle Maßnahmen und Ideen, um für die selbst noch so hässlichste Immobilie einen Investor zu finden. Die Kunst so lange zu suchen, bis man irgendwas Positives gefunden hat, das man nach dem Motto „Aus einer Mücke einen Elefanten machen" breit walzt. Denn schließlich, da wo viel Schatten ist, muss auch zumindest ein wenig Sonne sein.

Immobilienmarkt

Da ein Markt im ökonomischen Sinne nach bestimmten Regeln und Leitmustern funktioniert, stellt diese

Vokabel zunächst ein Paradoxon dar. Es gibt keinen Marktplatz, keine konstanten Marktteilnehmer, keine replizierbaren Produkte, keinen Im- oder Export und keine ernst zu nehmende Marktforschung. Damit könnte eigentlich hinreichend bestätigt sein, dass ein Immobilienmarkt nicht existiert. Trotzdem, es spricht auch einiges dafür... Eins ist jedenfalls sicher: Beim Immobilienmarkt handelt es sich um einen Markt, der schwerer zu erklären ist, als der für Gebrauchtwagen oder Vieh.

Immobilienvertrieb

Die Welt lebt vom Verkauf. Deshalb haben Vertriebe mitunter mehr Freude als Initiatoren und die eigentlichen Risikoträger. Schlechtere Vertriebe vertreiben nur eins: Sich die Zeit.

Immobilienwirtschaft

Alle Wirtschaftssubjekte, die sich mit allem beschäftigen, was man nicht vom Fleck bekommt.

Indexierung

Wenn sich Vermieter freuen, dass es Inflation gibt – weil Wertsicherungsklauseln in Mietverträgen Anlass für Mietsteigerungen geben. Andererseits hat der Gesetzgeber dem Vermieter auch die Möglichkeit gegeben Inflation zu schüren.
→ „Staffelmietvertrag“

Industriegebiet

Ansammlung von Industrieunternehmen. Da, wo es früher rauchte, stank und krachte und was es heute nicht mehr tut, weil so viele Bauauflagen gemacht wurden, dass es nicht mehr raucht, stinkt und kracht.

Dafür raucht, stinkt und kracht es dann häufiger da, wo die Bauauflagen nicht oder weniger restriktiv gemacht werden, nämlich im Ausland – einige Millionen Arbeitslose bedauern das mitunter.

Industriepark

Der Versuch, etwas Natur in einer ansonsten ganz und gar unnatürliche Umgebung zuzulassen.
→ „Gewerbepark"

Inflation

Wenn man immer mehr Geld ausgibt und immer weniger dafür bekommt. Phänomen, von dem Immobilien verschont bleiben. Das jedenfalls sagen die herrschende Lehrmeinung und unparteiische Dritte, wie Hypothekenbanken, Fondsverwalter und diejenigen, die fest daran glauben, dass es bei der Verschiebung von Vermögenswerten im globalen Dorf feste Größen gibt.

Informationsmanagement

Die Kunst, die richtigen Informationen zum richtigen Zeitpunkt aus zuverlässiger Quelle zu erhalten. Man muss nicht immer alles wissen, aber man sollte wie in den einschlägigen TV-Quizsendungen wissen, wen man anrufen sollte.

Infrastruktur

Alle Einrichtungen, die einen Standort lebenswert machen. Der Mensch hat sich im Laufe der Evolution vom Tiersein verabschiedet, weil er sich gegenüber der Natur bei den Vorkehrungen für den Nestbau unflätig benommen hatte. Er bezog Höhlen, Pyramiden und Plattenbausiedlungen, wobei die Segnungen der

Zivilisation im Wesentlichen durch ein leistungsfähiges, gemeinschaftlich aufgebautes „Nervensystem" der Ver- und Entsorgung möglich wurde.

Initiator

Ehrfürchtiger Begriff für diejenigen, die als erstes ihre Köpfe heraus stecken und von denen man hofft, dass sie das, was sie versprechen, halten können. Menschen, die sich auf den einschlägigen Managementseminaren –wenn sie es denn überhaupt nötig hätten, solche zu besuchen- darum reißen als Erste barfuß durchs Feuer laufen zu dürfen.

Insolvenz

Alles alle und kaum eine Chance, es ändern zu können. Kurz vorher wundern sich Ehefrau und/oder Freundin über die neue Aufmerksamkeit des Ehemanns/Freundes und häufige Termine beim Anwalt und Notar. Wenn dann alles, was noch irgendwie was wert war, Frau oder Freundin gehört, bedeutet die nachfolgende Zuneigung pure Liebe....

Innenbereich

Verdichtungsbereich in einer Kommune, wo man Botschaften noch über den Zaun rufen könnte.

Innerstädtischer Verkehr

Ameisenhaufen. Aus der Nähe betrachtet ohne Gesetzmäßigkeit, vom Mond aus betrachtet ähnelt es dem Verhalten der Lemminge.

Instandhaltung

Aufwendungen, um eine Immobilie immer so in Schuss zu halten, dass Eigentümer Freude an ihrer Immobilie haben. Eine der schwierigsten Schnittstellen zwischen Mieter und Vermieter – bietet aber garantiert Anlass, hin und wieder miteinander zu kommunizieren. So eine Art Inspektion für Immobilien.

Institutioneller Anleger

Große und anonyme Marktteilnehmer, die mit vollen Taschen durch die Welt laufen und auf Einkaufstour sind. Ihre Stärke liegt in der Allokation von liquiden Mitteln. Sobald die Kriegskasse gefüllt ist, beweisen diese gelegentlich aber auch, dass sie mit der ‚Lokation' von Mitteln ihre Schwierigkeiten haben.

Intelligente Gebäude

Der Versuchung erlegen, man könnte tote Steine dazu bringen, die Wünsche der Nutzer zu erahnen und zu erfüllen. Häuser für die Bill Gates' dieser Welt.

Interdisziplinär

Die Kunst, fachübergreifend in einem Team zusammen zu arbeiten ohne im Chaos verschiedener Sichtweisen und Interessen zu versinken. Die Hoffnung, viele Köche verdürben nicht den Brei. Aber man hat zumindest immer einen, dem man bei Misslingen die Schuld in die Schuhe schieben kann.

Investmentbanker

Potente Geschäftsleute, die mit Wertpapierhandel der Immobilienbranche mal so richtig gezeigt haben, wie man ohne hohes Risiko, bei geringer Kapitalbindung und hoher Marge Geld macht oder verliert. Erkennbar an Nobelanzug, Nobeluhr und Jetlag.

Investitionshemmnisse

So eine Art Verstopfung: Man will, kann aber nicht und bedauert dies in der Regel sehr lange.

Investitionssicherheit

Wenn ein Investor die Hoffnung hat, dass seine Investition nicht verdunstet. Dabei passen „Investition" und „Sicherheit" so gut zusammen, wie Vanilleeis und Senf: Wo investiert wird, da hat auch das Risiko ein Zuhause.

Investor

Leute, von denen man behauptet, sie hätten Geld. Manche kennen zwar nur welche, die Geld haben, können aber den nachhaltigen Eindruck

erwecken, als ob sie der Herr und nicht bloß der Hund vom Herrchen wären.

Investor-Developer

Jemand, der von seiner eigenen Projektentwicklung so überzeugt ist, dass er sich auch vom fertigen Produkt nicht trennen kann.

Irrtum

Wenn man eine Vorstellung von etwas hatte. Von anderen, die eventuell wichtiger sind als man selbst aber davon überzeugt wird oder werden muss, dass diese eine andere Vorstellung von der gleichen Sache hatten.

Iterativ

Heilloses Durcheinander im Projektentwicklungsprozess, der an und für sich schon mehr an schwarze Magie als an strukturierte Methodik erinnert, das den Eindruck erweckt, als ob die Handelnden nicht wüssten, wo es lang geht.

J

Jahresabschluss

Mit dem Jahresabschluss soll Erfolg oder Misserfolg eines Unternehmens dokumentiert werden. Mitunter erfolgt der Jahresabschluss aufgrund immer komplizierterer Regelungen alles andere als zum Jahresabschluss. Gerade bei immobilienvermögensverwaltenden Unternehmen dokumentiert sich der Erfolg der Gesellschaft in ihrem Misserfolg.

Joint Venture

Treffen sich ein Huhn und ein Schwein auf der Straße. Fragt das Huhn das Schwein „Sag, Schwein, die Menschen machen da gerade etwas Hochmodernes und Spannendes. Hast Du Interesse daran, dass wir das auch ausprobieren?" Das Schwein hat Interesse. „Aber um was geht es?" Das Huhn: „Die Menschen nennen es Joint Venture. – Das geht ganz einfach. Ich erkläre Dir, was wir machen könnten. Von mir kommt das Ei, von dir der Schinken. Das Ganze nennen wir „Ham and Eggs." – Und wenn sie nicht gestorben sind, dann leben sie noch heute....

→ „Public Private Partnership" als besondere Form des Joint Ventures

Juristen

Menschen, denen man im Verlauf von mehreren Semestern Studium beibrachte, dass aus juristischer Sicht alles so oder auch anders oder auch ganz anders gesehen werden kann und die in Folge dessen bei Vertragsabschluss auch schon immer die Auslegung des gerade verhandelten Vertrages und den möglichen Rechtstreit über mehrere Instanzen im Blick haben. Von der Gebührenordnung ganz zu schweigen.

K

Kalkulation

Gegenüberstellung von Aufwand und Ertrag mit diversen Zwischenpositionen und der Hoffnung verbunden, dass man alle Positionen in der branchenüblichen Elastizität bewertet und sich somit nicht verrechnet hat.

Kapitalanlage

Die Hoffnung für eine Investition eine dem Risiko angemessene Rendite zu erhalten. Die Hoffnung, den ultimativen Lebenstraum verwirken zu können: Andere für sich arbeiten lassen, während man selbst in der Sonne brät. Im konkreten Fall geht es darum, dass Geld, bevorzugt das anderer Leute, arbeitet und Sie frei nach Karl Marx vom Mehrwert leben – und das nicht zu schlecht.

Kapitalausstattung

Warum fährt ein Projektentwickler keine Straßenbahn? – Dann müsste er bar bezahlen. In der Regel ist das Kapital eines Projektentwicklers identisch mit seinen zahlreichen verfolgenswerten Projektansätzen. Die Wahrheit ist, dass Projektentwickler in der Regel alles Geld in neuen Projekten am Arbeiten haben (verdient wird schließlich erst, wenn ein Projekt erfolgreich verkauft werden konnte), er aber einen kennt, der über genügend Geld verfügt. Letzter ist dann ein ominöser Investor.

Kapitalbindung

Immobilienleute haben ihr Vermögen in Immobilien, die – das sagt das Wort - nicht schnell verfügbar und damit zu Geld zu machen sind. Deshalb ist eine der größten Gefahren der Immobilienleute, dass sie den Tod des reichen Mannes sterben.

Kapitalrisiko

Die Gefahr, dass Kapital auch verdunsten kann. Der Trost: Kapital ist nie weg, es ist nur bei jemand anderem. Endlich mal zwei Wörter, die zusammen passen: Hat man nämlich Kapital, hat man auch immer das Risiko, es gleich wieder zu verlieren.

Kappungsgrenze

Risikofreudigkeit gehört zum Geschäft. Wer unterwegs die Hosen voll hat, der kann sich in die Hände von risikofreudigeren Playern geben, die mit oder gegen den Trend spekulieren und ihm Risiken abnehmen. So kann man beispielsweise sein Zinsanschlussrisiko nach oben begrenzen. Grundsätzlich bedenklich. Wollen Sie jetzt mit den Wölfen der Immobilienbranche heulen, oder nicht. Wenn Sie Angst haben, Sie könnten auf der Straße überfahren werden, dann sollten Sie zu Hause bleiben.

Kataster

Amtliches Verzeichnis, in dem Grundstücke sortiert und gelistet sind. Diese umfangreichen und teils antiquierten Akten sind in einer Behörde beheimatet, deren Aufgabe es ist, die Aktenlage und die Natur irgendwie in Einklang zu bringen.

Kaufhaus

Einzelhandelsimmobilie, in der man rundum versorgt wird, ohne dass man das Haus verlassen muss: 200 Tante-Emma-Läden unter einem Dach.

Kaufkraft

Wie viel Sie auf den Kopf hauen können, wenn Sie nur wollten. Zum Leidwesen des Einzelhandels halten sich die Deutschen jetzt schon erstaunlich lange zurück.

Kaufkraftkennziffer

Kennziffer, die angibt, wo das Geld eigentlich am lockersten sitzen müsste – hier handelt es sich halt nur um eine Kennziffer, aber nicht um das, was man sich gemeinhin von der Kaufkraft erwünscht. Übrigens, wer genau hinschaut: Ein Wohnortwechsel in die Regionen mit hoher Kaufkraft bedeutet nicht unweigerlich, dass Sie jetzt auch über höhere Kaufkraft verfügen und damit sozial aufgestiegen sind. Sie sind jetzt einfach nur dichter an den Brotkrummen der Reichen dran.

Kaufmännisches Bestätigungsschreiben

Zweischneidiges Schwert, das nach der Aufmerksamkeit des Verfassers und des Empfängers verlangt: Der Griff zum Diktiergerät kann somit gefährlich werden. Der Vollkaufmann operiert in der allgemeinen Gefechtslage des Tagesgeschäftes, während hingegen der Empfänger in der allgemeinen Gefechtslage des Tagesgeschäftes diese Nachricht schnell unterschätzt und so zunächst widerspruchslos akzeptiert, was sich im Nachhinein als großer Fehler erweisen kann.

Kennzahlen

Versuch, in Kürze einen Sachverhalt mittels Zahlen auf den Kern zu reduzieren.

Kickback

Wenn man zu anderen ohne eigentlichen Grund großzügig ist, weil man sicher weiß, dass es so wie es in den Wald hineinschallt, auch wieder herausschallt. Der Deal läuft dann wie geschmiert.

Kino

Wo auch die Scheinwelt der Filme nicht darüber hinwegtäuschen kann, dass man in großen, fensterlosen Sälen nicht alle verschiedenen anderen Nutzungen unterbringen kann. Aber was tut man nicht alles, um die Beine von Halle Barry in vier Meter Länge oder das Lächeln von Brad Pitt auf acht Meter Breite bewundern zu können.

Kleinreparaturklausel

Wenn der Vermieter nicht mit Krimskrams belästigt werden will. Aus Sicht des Vermieters mutieren auch größere Reparaturen zu Kleinreparaturen – es sind dann eben große Kleinreparaturen, aber eben Kleinreparaturen und damit Sache des Mieters.

Klinik

Immobilie, die für eine Nutzung und i.d.R. auf einen Betreiber zugeschnitten ist, so dass Klinken Investitionen für die öffentliche Hand sind, es sei denn, diese ist bereit, einen ziemlich langen Mietvertrag abzuschließen.

Kommanditgesellschaft

Wunderbare Spielwiese, die Immobilienanlegern überhaupt erst eröffnet, beim Reality Monopoly mitspielen zu können und Steuervorteile generieren zu können ohne dabei eingeseift zu werden – sieht man von den Komplementären ab.

Kommanditist

Trittbrettfahrer (siehe auch Komplementär)

Kommunales Immobilienleasing

Der Versuch sich selbst und seine Dienstaufsichtsbehörde zu täuschen.

Komplementär

Der Blödmann, der für alles seinen Kopf hinhält, damit andere ihr Steuervergnügen haben.

Konkurrenzschutzklausel

Der Wunsch in einem Wettbewerbssystem eine windstille Ecke zu sichern.

Konstruktionsfläche (KF)

Fläche, die man braucht, damit alles hält und das Haus stehen bleibt, wie z.B. Wände oder Stützen.

Konversion

Der Versuch, Gettos aufzulösen: Aus Kasernen werden Wohnoasen, aus Häfen Medienhäfen.

Kosten, harte

Harte Kosten, wie Baukosten, die gegen Abschreibungsbemühungen längeren Widerstand leisten, als weiche Kosten, wie beispielsweise Vertriebskosten.

Kostenmanagement

Der Versuch, den Stier bei den Hörnern zu packen. Ein Eldorado für arbeitslose Schwaben, da diese auch ohne Qualifikation aus ihrer Natur heraus das einzig Richtige tun: SPAREN!

Kostenmiete

Die Einladung, alle Kosten für eine Immobilieninvestition Erträgen (die der Höhe nach begrenzt werden) gegenüber zu stellen, dass eine vorgegebene Verzinsung (ggf. unter Zuschuss öffentlicher Mittel, um „unrentierliche" Kosten abzudecken) für das eingesetzte Kapital erreicht wird, ohne sich zu wundern, dass die Rechnung immer gerade so hinkommt und die Kosten mit der Zeit immer so steigen, wie man mehr Zuschuss oder Miete bekommen soll.

Kostenschätzung

In einem frühen Projektstadium und Interessenlage der Versuch, eine Idee über mögliche Aufwandspositionen zu wagen. Am Ende hat der eine sich „ver"-schätzt und der andere zahlt die Zeche.

Kostensicherheit

Vage Hoffnung, dass es bei dem bleibt, was Ihnen Fachleute an Kostenrahmen vorher definitiv und abschließend vorgestellt haben. Unmögliche Wortkombination. Das Einzige, was an Kosten sicher ist, ist, dass sie entstehen werden.

Kostenüberwachung

Das Bemühen, wenigstens zu wissen, wann, warum und um wie viel man sein Kostenbudget überschritten hat.

→ „Kostenmanagement"

Kosten, weiche

Kosten, welche von Initiatoren möglichst aufgebläht werden, da sie sofort steuerlich abzugsfähig sind. Zunächst freuen sich alle, die in den Genuss des Abschreibungspotentials gekommen sind. Sollte sich dann später herausstellen, dass über die weichen Kosten auch droht, dass noch die Investitionen abgeschrieben werden müssen, dann bieten die weichen Kosten heftigen Anlass zum Streit.

L

Lärmschutz

Wenn man trotz erheblicher Lärmbelästigungen an einem Standort von diesem trotzdem so überzeugt ist, dass man eine Immobilie errichtet oder erwirbt und jetzt versucht durch geeignete Maßnahmen die Lärmbelästigungen zu minimieren (Ohropax).

Lage, Lage, Lage

Zauberwort der Immobilienwirtschaft, das angesichts höherer Mobilität und besserer Informations- und Kommunikationstechnologien immer mehr an Zauber verliert.

Landesbauordnung

Folterinstrument für Bauwillige.

Landesplanung

Der Versuch, auf Landesebene geordnete Entwicklungen einzuleiten. Leider hat jedes Land so seine eigene Vorstellung von Ordnung. An den Kommunal- oder Landesgrenzen prallen dann diese unterschiedlichen

Vorstellungen aufeinander. Mitunter multipliziert mit (-1). So kommen kuriose Standorte für Fachmarktzentren oder Windparks zustande. Was du nicht willst, das man dir tu', das füg auch keinem anderen zu.

Landschaftsschutzgebiet

Grüne Flecken auf der Landkarte, schwarze Löcher für Immobilienleute. Gebiete, die über Nacht entstehen können und aus Bauland wertlose Grünflächen machen, und das alles nur, weil eine längst ausgestorben geglaubte Lurchart genüsslich ihr Morgenbad in einer Baupfütze verbringt.

Leasing

Wenn man was haben will, aber dann doch irgendwie nicht. Wenn man etwas unbedingt haben möchte, das Geld dafür nicht hat und lernt, dass man das Etwas nur bekommt, wenn man es sich eigentlich zweimal leisten könnte. Sinnvoll, weil kluge Leute in Finanzministerien Leasingraten irgendwie anders behandeln.

Lebensabschnittsimmobilie

Die Einsicht, dass heute eine Immobilie sich irgendwann überlebt haben könnte und dass es auch eine Immobilie danach geben kann, die anders, aber nicht unbedingt schlechter, sein kann.

Lebensabschnittsnutzung

Die weitere Einsicht, dass auch Nutzungen von endlicher Natur sein können und deshalb eine Fläche auch mit anderen Nutzungen belegbar sein sollte.

Lebensmittel-SB-Markt

Klassisches Immobilienanlageprodukt für Einzelanleger oder Private-Placements, das zunehmend in Verruf gerät, weil die Betreiber die Flächenanforderungen schneller wechseln, als andere ihre Unterwäsche, die Mietvertragslaufzeiten nicht so sind, dass die Immobilie am Ende entschuldet ist und Banker diesen Umstand inzwischen auch mitbekommen haben.

Lebensversicherungsfinanzierung

Wenn man Risikovorsorge und Finanzierung kombinieren will und bei Vermietung und Verpachtung vom Staat bislang noch das großzügige Geschenk bekam, dass die Erträge aus der Lebensversicherung steuerfrei waren und deshalb die Zinsbelastung immer gleichbleibend hoch ist, während die Tilgung über die Lebensversicherung dargestellt wird. Keine Sorge: Statistisch gesehen konnte bisher kein Zusammenhang zwischen der Sterberate der versicherten Person und der Tatsache, dass der hinterbliebene Partner nach kürzester Zeit mit einem neuen Partner in Ihrem Haus zusammen lebt, nachgewiesen werden.

Leerstand

Für Optimisten: Chancenflächen. Für Pessimisten: Manchmal ein Fass ohne Boden. Nicht zu verwechseln mit „stand mal leer". Hier ist immer noch niemand drin!

Leerstandsrate

Gibt Auskunft darüber, wie viele andere Ihr Schicksal teilen.

Leerstandskosten

Wunder, dass nichts nicht nichts kostet.

Leistungsbeschreibung

Bemühen etwas Einmaliges und Komplexes zu beschreiben. Wer jetzt vermutet, es handele sich beim Ergebnis um einen spannenden Roman oder Krimi, der vertut sich gewaltig!

Leverage Effekt

Wenn Zinsen fürs Fremdkapital niedriger sind als die Erwartungen für die Verzinsung des Eigenkapitals, scheint es sinnvoll, mehr Fremdkapital als üblich einzudecken und so durch die Zinsdifferenz zusätzlichen Nutzen zu generieren.

Liquidität

Dieser Begriff, der regelmäßig mit Flüssigkeiten in Assoziation gebracht wird, gibt Unternehmern Auskunft über die ultimative und existenzielle Wasserstandsmeldung der im Unternehmen sofort verfügbaren Geldmittel. Keine flüssigen Mittel, also ‚Flasche leer', bedeutet eigentlich, dass dem Unternehmer das sprichwörtliche Nass bis zur Oberkante Unterlippe steht.

Logistikimmobilie

Immobilie, in der Waren aller Art mehr oder weniger lange aufbewahrt werden, um sie dann an die Frau oder den Mann zu bringen. Neues Wort für Zwischenlager.

M

Magnet-Mieter

Magneten ziehen an. Ein Mieter also, der so anziehend ist, dass Kunden und damit andere Mieter unbedingt hin wollen, um dann, wenn sie da sind, festzustellen, dass sie auch noch mal da und dort bei anderen Mietern reinschauen könnten.

Makler- und Bauträgerverordnung (MaBV)

Diese Kundenschutzverordnung stellt sicher, dass auch unsolide wirkende Bauträger mit den Vermögenswerten anderer Geld verdienen dürfen. Sie stellt den Versuch dar, einen Goldfisch im Haifischbecken überleben zu lassen.

Makler

Professioneller Kuppler, der wie eine Windboe über die Vertragspartner kommt und ebenso schwer zu fassen ist – genau wie seine Rechnung!

Maklerhonorar

Seit Bestehen des Berufs konstant: Immer 3 Prozent (zuzüglich Mehrwertsteuer).

Makrostandort

Die Kommune, in der ein Zielgrundstück oder eine Zielimmobile liegen.

Managementvertrag

Vertrag eines Betreibers, nach dem Motto „Wasch mich, aber mach mich nicht nass“.

Marktanalyse

Eine Momentaufnahme, die Chancen und Risiken eines Marktes hoffentlich unbeeinflusst aufdecken soll. Je nach Einstellung von Blende, Tageslichteinfall und Bewegungsintensität des Researchsubjektes entstehen auch schon mal leicht verwackelte Bilder.

Mediapark

Ansammlung von Mietern aus der Medienbranche, die mindestens so schillernd wie Immobilienleute sind.

Medizinisches Versorgungszentrum

Wenn Immobilienleute Medizinern erklären, wie man heute mit mehreren Arztpraxen in einer am besten Geld verdienen kann.

Mietausfallrisiko

Kalkulatorischer Beruhigungsansatz, der ein mögliches Leerstandsrisiko in Zahlen fassen soll, der je nach Flächenbedingungen und Leerstandszeit hinten und vorne nicht reicht. Narkotische Wirkung auf eine, mit hohen Risiken und auf vagen Annahmen basierende, Kalkulation.

Mietdauer

Meistens: Dauer vom Einzug bis Auszug. Ist abhängig von der Tatsache, ob und inwieweit eine Mietfläche für eine Nutzung und einen Nutzer maßgeschneidert ist.

Mietereinbauten

Mögliches Sicherungsgut für das Vermieterpfandrecht.
→ leider aber auch „Zerschlagungswert"

Mieterhöhung

Der unerfüllte Wunsch eines Wohnungsvermieters endlich mal mehr Miete bekommen zu können, ggf. durch Appell an das soziale Gewissen eines Mieters.

Mietermix

Kombination möglichst unterschiedlicher Mieter zugunsten einer bunten Mischung. Die Zusammenstellung von verschiedenen Charakteren in einer Immobilie, z.B. innerhalb eines Wohnhauses, eines Einkaufszentrums oder einer Haftanstalt soll bewirken, dass diese sich irgendwie alle positiv beeinflussen. Jetzt sucht der Eigentümer möglichst rasch einen Käufer, der ihm abnimmt, dass diese Mischung aus verschiedenen Mietern nicht zufällig, sondern geradezu beabsichtigt ist und seine Professionalität zeigt. Alles von langer, ruhiger Hand geplant....Toll, was?

Mietgarantie

Rache am Verkäufer.
→ „Andienungsrecht"

Mietrecht

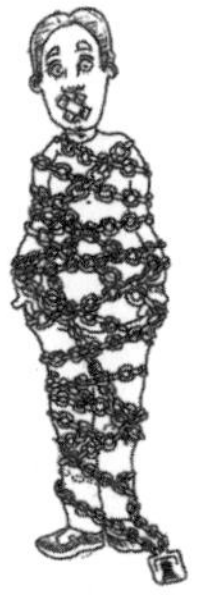

Versuch des Gesetzgebers, Vermieter in Ketten zu legen und Peitschen an Mieter zu verteilen.

Mietsicherheit

Dient der Absicherung des Mietvertrages. Die Höhe ist daher abhängig von der Mieterbonität. Es gibt Mieter, die meinen, sie hätten die Bonität der Bank von England, die sich aber schon auf den Schlips getreten fühlen, wenn Sie das Wort Sicherheit nur in den Mund nehmen. Die Globalisierung lehrt aber leider, dass Bonitäten heute nur noch sehr relativ sind. Böse Fallen lauern bei Mieterinsolvenz: Insolvenzverwalter kündigt Mietvertrag. Jetzt haben Sie nur noch Anspruch auf Schadensersatz. Falls Ihre Mietsicherheit aus einer Bürgschaft besteht: Deckt das Ihre Mietbürgschaft auch ab?

Mietvertrag

Für einen Projektentwickler **das** Objekt der Begierde. Für den Mieter das immer viel zu enge Korsett.

Mietzins

Output zäher Verhandlungen weil Input für Verkaufsfaktor.

Mikrostandort

Beschreibung mit Papier, Bild, Wort, ersetzt nie Termin vor Ort. Deshalb: Alles, was ich sehe, rieche und höre, wenn ich auf einem Standort stehe.

Minderung

Kürzung der Gegenleistung, weil irgendwas nicht so ist, wie Sie dachten, dass man es Ihnen so versprochen hat.

Mipim (Cannes)

Alljährlicher internationaler Jahrmarkt der Eitelkeiten

Mischgebiet

Planungsrechtlicher Hut für ein Sammelsurium verschiedener Nutzungen: Gebäuden in historisch gewachsenen Strukturen werden nun nachträglich ihre Plätze zugewiesen.

Multifunktionale Zentren

Leipziger Allerlei à la Immobiliennutzungen.

Multiplexkino

Ansammlung von mindestens 7 Sälen, in denen sich mehrere hundert, manchmal auch tausend, mehr oder weniger intelligente Menschen für mehrere Stunden im Dunkeln einsperren lassen, um gebannt nach vorne zu schauen und dafür auch noch bezahlen.

Musical-Theater

Eine Immobilie, die man auch als Immobilienakteur gerne aufsucht, ohne dass man immer alles haben muss.

N

Nachbarrecht

Was Sie schützt, aber immer dann ärgern kann, wenn Ihr Nachbar vergisst, dass Nachbarschaft auf Gegenseitigkeit beruht. Gleiches Recht für alle – übrigens dank föderaler Strukturen in jedem Bundesland höchst unterschiedlich.

Nachbarschaftseinspruch

Methode, seinen Nachbarn in spe frühzeitig so richtig kennen zu lernen.

Nachbesserungsklausel

Wenn man lieber hinten großzügig was abgibt, wenn man schon weiß, dass man auch was mehr in der Tasche hat, als vorher vorsichtig kalkuliert. Besser als vorne schon die Hosen runter zu lassen und dann im Regen steht.

Nachfrist

Geduld beweisen, obwohl einem gar nicht danach zumute ist.

Nachmieter

Freikauf mit Hilfe Dritter.

Nachweismakler

His best friend is his fax.

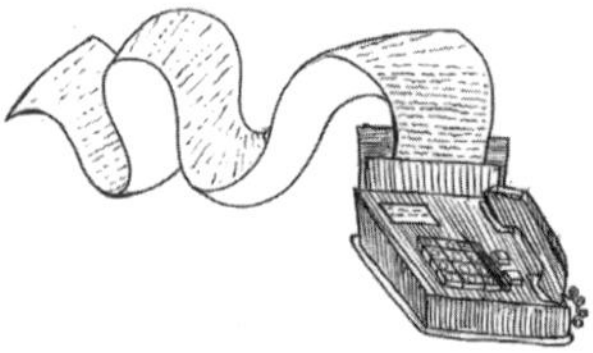

Naturschutz

Wenn der blauäugige Feuersalamander zusammen mit der gemeinen Feldmaus darüber entscheidet, ob Sie Millionen in Immobilien investieren oder nicht. Schwingen Sie beim Thema Naturschutz ruhig mal die Keule mit der Arbeitsplatzschaffung, das regt Kommunalpolitiker und Naturschützer zu intensiver Kommunikation an und verschafft diesen beiden Tierchen Zeit, sich auf den nächsten Flecken Bauerwartungsland zurückzuziehen.

Nebenkosten

Günstige Nebenkosten lassen sich leider nicht verkaufen.

Nebenkostenabrechnung

Die Wahrheit über die zweite Miete schwarz auf weiß.

Nebenkostenpauschale

Irgendeiner hat das Nachsehen, meistens der Vermieter, weil der Mieter jetzt meint, man könne heizen was das Zeug hält und er brauche viel frische Luft, so dass alle Fenster trotz lausiger Kälte sperrangelweit auf sind.

Nebenkostenvorauszahlung

Anzahlungen, damit Mieter sich bei Vorlage der Endabrechnung nicht so erschrecken, wie viel sie noch nachzahlen müssen. Zuerst kommt die Vorauszahlung, dann das dicke Ende in Form der Nachzahlung.

Nebennutzfläche (NNF)

Fläche, die neben oder um die Hauptnutzfläche herum ist.

Nettogrundfläche (NGF)

Alles das, was ein Bauherr meint, vermieten zu können (inkl. Heizraum, Kellerflur usw.).

Nicht unwesentlich

Wenn man im Juristendeutsch nicht mehr weiter weiß.

Niedrigenergiehaus

Der Versuch, ein Haus so zu bauen, dass es möglichst einer Kugel entspricht und nach früheren Vorstellungen keine Fenster haben sollte. Bei letzterem ist man heute weiter: Fenster zur Sonneneinstrahlung (wenn sie denn scheint) nach Süden sollen vorteilhaft sein – schon damit aus dem Niedrigenergie- nicht ein Niedrigverkaufszahlenhaus wird.

Non Performance Loans

Wenn Banker an was glaubten (deshalb heißen sie manchmal auch Gläubiger), was jetzt nicht mehr da sein soll, fangen sie an, auch daraus ein Geschäft zu machen. Nur für wen? An den Kunden denkt keiner! Lieber kungelt man mit Mitbewerbern, als dass man dem Kunden seine Darlehen (zumindest teilweise) schenkt, wie man das mit dem Mitbewerber arrangiert.

Normenkontrollverfahren

Wenn man auf hoher Ebene überprüfen lässt, ob Ämter über ihre eigenen Verfahrensvorschriften gestolpert sind.

Notar

Menschen, denen es Genuss zu bereiten scheint, knochentrockene und staubige Texte zu entwerfen und für teueres Geld vorzulesen. Man unterscheidet rechts- und linksrheinische Notare. Die rechtsrheinischen Notare sind nur Notare, die anderen können auch neben ihrem Notariat eine Anwaltskanzlei betreiben, um so einer Partei vom Kollegen aus der Sozietät bei der Auslegung des Vertrages helfen zu lassen. Amtspersonen, von denen nur einmal pro fünf Jahre ein Notar mit Treuhandmillionen durchbrennt.

Notarielle Beurkundung

Die staatlich verordnete Hilfestellung, dass für den Fall, dass Sie nicht lesen können, eine Amtsperson an die Seite gestellt bekommen, die durch ihr Auftreten und Umfeldgestaltung Ehrfurcht ausstrahlt, Ihnen vorliest, was er oder Sie meinen zu wollen und Ihnen erklärt, was Sie sowieso nicht verstehen können und Ihnen dafür ein staatlich festgelegte Gebühr berechnet. – Übrigens: Wenn Sie nicht selbst lesen können, wie sind Sie dann an soviel Vermögen gekommen, dass Sie einen Notar brauchen?

Nutzfläche(NF)

Die Fläche, die ein Mieter betreten kann und wofür er bezahlen sollte.

Nutzungsänderung

Baugenehmigungspflichtiger Vorgang. Zukünftig mehr Regel als Ausnahme: Wundern Sie sich also nicht, wenn aus der Kirche um die Ecke eine Disco wird. Übrigens: Auch eine Wiederinbetriebnahme nach langjährigem Leerstand ist eine Nutzungsänderung!

Nutzungskonzeption

Phantasie und Kreativität gepaart mit einer (hoffentlich) realistischen Einschätzung, was auf einem Grundstück machbar und vermarktbar ist.

Nutzungsuntersagung

Böse Falle. Gegenteil einer 100-prozentigen Zusage.

O

Objektanalyse

Je nach Interessenlage gnadenlose oder gnädige Analyse dessen, was man sieht oder was man vor allen Dingen auch nicht sieht (Mieter).

Objektüberwachung

Auch Bauleitung genannt. Die Möglichkeit des Architekten zu schauen, dass sein Kunstwerk nicht ruiniert wird und gesetzliche Anspruchsgrundlage, dafür auch noch ein Entgelt zu bekommen. Ohne Bauleitung: Alles, was man falsch machen kann, wird auch falsch gemacht.

Öffentliche Ausschreibung

Der Versuch der öffentlichen Hand, durch Aufforderung möglichst vieler Anbieter, möglichst gute d.h. niedrige Preise zu erhalten und der bemerkenswerten Feststellung, dass aus unerfindlichen Gründen die öffentliche Hand tatsächlich möglichst gute Preise allerdings für die Anbieter angeboten bekommt. Trotzdem: Auch bei öffentlichen Bauvorhaben gibt es Handwerkerinsolvenzen. Was machen die falsch?

Öffentliche Mittel

Staatliche Zuwendungen und Zuschüsse, die unrentierliche Investitionen, die kein vernünftiger Mensch tätigen würde, abdecken, so dass vernünftige Menschen unvernünftig werden. Solidaritätsbeitrag für Projekte.

Öffentlichkeitsarbeit

Öffentlichkeitsarbeit nimmt angesichts hoher Aufmerksamkeit für Bau- und Immobilienprojekte einen immer wichtigeren Stellenwert ein. Die Wichtigkeit erfährt man leider immer erst, wenn man der Öffentlichkeitsarbeit zu wenig oder keine Aufmerksamkeit geschenkt hat – dann in der Regel direkt aus der Presse.

Ökologie

Die Gewissheit, dass man nicht ungestraft in Gleichgewichte eingreifen kann und Natur unwiederbringlich ist. Für Immobilienleute eine Herausforderung, die sie häufiger nicht annehmen, als dass sie sie annehmen.

Off-balance-sheet-Financing

Wenn eine Bank etwas finanziert, ohne dass es in der Bilanz weh tut. Gemeinsam landet man mit gleichen Playern unter gleichen Bedingungen auf einer anderen Insel.

Opportunität

Wenn man manchmal besser im Bett geblieben wäre, also gar nichts gemacht hätte oder etwas anderes getan hätte als das, was man getan hat oder andere das hätte tun lassen sollen, was offensichtlich gerade schief gelaufen ist.

Optimismus

Zwei Frösche, der Optimisten-Frosch und der Pessimisten-Frosch, fallen in einen großen Eimer mit Milch, aus dem es kein Entrinnen gibt. Beide strampeln, um sich über Wasser zu halten. Aber alles Strampeln scheint sinnlos. Der Pessimisten-Frosch ergibt sich in sein Schicksal. „Wenn ich schon ertrinken muss, dann soll es wenigstens schnell gehen!" – sagt`s, hört auf zu strampeln, versinkt und ertrinkt. Der Optimisten-Frosch denkt sich „Wer weiß, was noch passiert" und strampelt weiter. Durch sein Strampeln wird langsam aus der Milch Quark, die Oberfläche wird hart und so gelingt es ihm, aus dem Eimer zu springen. Und wenn er nicht gestorben ist, dann lebt er noch heute....

Option

Wenn man könnte, wenn man wollte.

Optionsgebühr

Zusätzlicher Aufwand während der Projektentwicklungsphase zu all den anderen Tätigkeiten, die dazu führen sollen, den Grundstückskaufpreis, der Gegenstand des Optionsvertrages ist, zu rechtfertigen und damit neben dem Wertzuwachs durch den Veredelungsprozess des Projektentwicklers auch noch eine Verzinsung eines vermeintlichen

Grundstückswertes in einer Zwischenphase, in der das Grundstück keinen Nutzen darstellt, dem Grundstückseigentümer zukommen zu lassen.

Optionszeit

Harte Arbeitszeit für den Projektentwickler: Countdown.

Outsourcing

Wenn sich Ihr Arbeitgeber nicht mehr traut, aber Sie und Ihre Kollegen sich trauen sollen. Beliebte Form bei steigenden Fixkosten, sich neben lästiger Arbeitsverhältnisse auch der damit verbundenen Kosten zu entledigen und unfruchtbare Akquisitionsleistungen auf breite und engagierte Schultern zu verteilen. I.d.R. Folgeerscheinung einer verfehlten Akquisitionspolitik.

P

Pacht

So was Ähnliches wie Miete. Allerdings darf ein Pächter auch Nutzen oder Frucht ziehen – jetzt klüger? Nun gut – Äcker, Fischteiche oder Kneipen werden verpachtet, da aus den ihnen innewohnenden immobilen Eigenschaften Ertrag gezogen werden kann. Die Nutzungsüberlassung von fruchtbarem Boden oder Kneipentresen und Schankraum sind somit nicht nur, was das nutznießende Publikum angeht, sondern auch hinsichtlich deren Rechtsnatur, verwandt.

Parkplätze und -häuser

Spezialimmobilien, in denen für Stunden oder Teile davon am Münzautomaten oder jetzt auch per Handy der Deutschen liebstes Kind untergestellt werden kann. Für Amerikaner Indikator für Umsatz, für Deutsche Städte meist theoretisch bestimmte Größe, da die meisten Parkplätze noch in Planung sind, d.h. in Form von Ablösebeträgen auf den Konten der Städte schlummern. In manchen Großstädten nähern sich die Gebühren dem Rückkaufswert des Autos.

Passagen

Aneinanderreihung von vielen kleinen Läden (bevorzugt Boutiquen) an einer gemeinsamen Mall. Etliche Passagen fangen im Nirwana an, enden im Nirwana, also im Nichts, und so sieht auch nach kurzer Zeit der Weg dorthin aus.

Pauschalhonorar

Wenn man darauf hofft, dass sich der jeweils andere, nämlich Auftraggeber oder Auftragnehmer, verrechnet.

Performance

Versprechen, dass das, was nicht unmittelbar in der Kasse klingelt, später umso heftiger klingelt.

Pessimismus

→ „Optimismus"

Plan

Die Sprache der Architekten, die andere Projektbeteiligte nicht immer verstehen oder anders als andere verstehen.

Planreife

Wenn ein Bebauungsplan nach langer Zeit ein Stadium erreicht hat, dass das, was er vorsieht, vom Markt nicht mehr nachgefragt wird.

Planungshoheit der Gemeinde

Recht der Kommunen, selbst bestimmen zu dürfen, wie es in einer Kommune aussehen soll, darf, muss. Dieser Umstand gibt Bauausschüssen und Kommunalplanern Selbstwertgefühl, Existenzberechtigung und stets Anlässe und Foren, um zu beweisen, dass es für Investoren und Entwickler keine Sicherheit auf dieser Welt gibt.

Plattenbauten

Verpönter anderer Begriff für Fertigteilbauweise, dereinst Standardbauweise der ehemaligen DDR und auf Sylt. Mittlerweile haben sich diese, da auch nach Jahren noch de- und montierbar zum Exportschlager in

Moskauer Vororte entwickelt. Ihre Zukunftsperspektive ist zunehmend terminiert von Überkapazitäten und Abrissprogrammen von Stadtumbau Ost.

Portfoliomethode

Versuch nach heuristisch ersonnenen Bestimmungsfaktoren verschiedene Immobilien so zu mixen, dass man hofft, sich generell keine Sorgen machen zu müssen. Diesem Gemengeertrag entnimmt der Anleger geringe Renditen und der Verwalter aufgrund der Komplexität hohe Verwaltungskosten.

Präsentationen

Vorstellung, bei der man mit vielen Power-Point Folien entweder kaschiert, dass man selbst keine Ahnung hat oder dem Gegenüber die eigene Großmutter verkaufen will.

Primärforschung

Wenn man die direkt befragt, die es angeht. Ganz unverblümter Blick in die Seele des Souveräns. Da manche Befragten nicht die Wahrheit sagen, muss gelegentlich ein Korrekturfaktor in das Ergebnis eingebaut werden. Ein weiterer Korrekturfaktor ist notwendig, um zu berücksichtigen, dass ggf. einige Aussagen durch die Begrenztheit der Stichprobe überrepräsentiert sind, und der letzte Korrekturfaktor ist erforderlich, um in das Ergebnis der Primärforschung näher an die gewünschten Werte des Auftraggebers zu rücken.

Privatisierung

Die Gewissheit, dass das, was die öffentliche Hand macht, von Privaten immer preiswerter gemacht werden kann, ohne dass man weiß, warum. Oder Verkauf von Tafelsilber, um sich leisten zu können, andere, defizitäre Sachen nicht zu privatisieren.

Private Placements

Professionelle Umschreibung von professionell agierenden Anlageberatern, die zur Wiederentdeckung einer Anlageklasse ein verstaubtes Produkt immens aufgepäppelt und so in den Fokus der privaten Anlegerschaft gerückt haben.

Privilegierte Vorhaben

Was –wie einige meinen- allen oder vielen nützt und am Ende dann doch nur ganz wenigen (Privilegierten) nützt.

Probleme

→ „Herausforderungen"

Prognoserechnung

Hellsehen:

1. Es kommt immer anders
2. als man denkt.

Projekt

Gedankliche Fiktion eines Projektentwicklers, wenn er ein Grundstück sieht. Sammelbegriff zunächst für ein großes Gedankengebäude bestehend aus der Spekulation über Mögliches und Machbares. Mit einem Projekt oder einem Projektansatz tut sich zunächst eine riesige Informationslücke auf, über die kein anderer als ein Projektentwickler so freimütig und selbstsicher debattiert. Die Lehrmeinung spricht bei einem Projekt von geschlossenen Prozessen. Ein Projekt im immobilienökonomischen Sinne ist allerdings eher eine Never-ending-story, weil Folgeaktivitäten, Drittverwendungen oder Mitnahmeeffekte direkt die nächsten Ansätze speisen.

Projektentwickler

Immobilienaktivist, der aus –auch ihm unbekannten Gründen- manchmal zum Ziel kommt. Ein „Alles-ein-bisschen-Könner".

Projektentwicklung

Spannender Prozess, den man nur mit Selbstdoping und niedriger Frustrationsgrenze durchsteht. Ganz viele Bälle gleichzeitig in der Luft zu halten und nicht der Versuchung zu erliegen, die Hände zum Gebet zu falten, um göttliche Hilfestellung zu erflehen.

Projektfinanzierung

Eine Projektfinanzierung liegt dann vor, wenn sich die Projektwertigkeit erst aus dem Projekt selbst ergibt. Also eigentlich ist ein Grundstück gar nicht so viel wert, wie man bezahlen soll. Aber dadurch, dass einige interessante Projektverträge (i.d.R. Mietverträge) vorliegen, soll das alles ganz anders aussehen.

Projektmanagement

Der Versuch alles auf einmal zu überblicken.

Projektstart

Point of no return.

Projektsteuerung

Delegierbare Bauherrenaufgaben, wenn der Bauherr nicht kann, nicht will oder später einen Schuldigen braucht.

Prospekthaftung

Die letzte Hoffnung eines Zeichners in einem Rundumschlag zu retten, was zu retten ist – erster Anlass einen Prospekt aufmerksam zu lesen.

Provisionsanspruch

Quod erat demonstrandum!

Public Private Partnership

Mogelpackung mit vermeintlicher Win-win-Situation für alle Beteiligten. In Amerika erfolgreiches Modell von Bürgersinn, da Amerikaner auch ein anderes Verhältnis zu ihrem Staat haben. Infolgedessen in Deutschland ein Modell, bei dem langweiligerweise ein Finanzierungspartner durch einen anderen ausgetauscht wird. Einer für alle und alle für einen mit Erfolg für jeden.

Q

Quartier

Ecke in einer Stadt, die irgendwie ein eigenes Flair ausstrahlt. In Köln heißt das „Veedel".

R

Rangwirkung

Wichtig ist nicht nur das, was irgendwo steht, sondern auch in welcher Rangfolge es eingetragen wurde, damit man nicht mit dem Ofenrohr durchs Gebirge schaut – nicht nur bei Grundbüchern.

Räumungsklage

Wenn Vermieter die Hoffnung haben, ein Gericht sehe ein, dass ein Mieter ausziehen muss und der Vermieter 5 Minuten nach Urteilsverkündung lernt, was eine Einweisungsverfügung ist oder wie teuer es ist, einem Mieter, der ohnehin die Miete nicht bezahlen konnte, beim Umzug „zu helfen" und/oder nach Auszug die Wohnung wieder in einen vermietbaren Zustand zu bringen.

Raumordnung

Gut gemeinte staatliche Eingriffe, um Krebsgeschwüre zu verhindern, die manchmal aber weit über das Ziel hinaus schießen.

Raumordnungsverfahren

Weg zu einer Raumordnung oder dem, was einige davon halten, bei dem möglichst viele einbezogen werden, um den Eindruck zu erwecken, dass es eigentlich ihr Werk sei.

Real-Estate-Investment-Trusts (Reit)

Anlageform mit frei handelbaren Anteilsscheinen, bei denen hohe Dividenden und Kursgewinne mit

Immobilien erwartet werden, obwohl Immobilien nur genau dann hohe Renditen und Gewinne abwerfen, wenn sie mit höheren Risiken verbunden sind.

Rechnung

Aufforderung oder Bitte, den Auftragnehmer, Dienstleister oder Lieferanten nicht zu vergessen. Das bittere oder süße Ende eines Auftrages.

Rechtsanwälte

Berufsgruppe, die es geschafft hat, aus dem Deutschen eine neue Sprache (Rechtsdeutsch) zu entwickeln, die nur Richter oder Gleichgesinnte wirklich verstehen. Auch eine Art, sich zu Monopolisten zu machen. Profis, die bei ihren Ratschlägen schon an das Honorar denken, das sich mit den Auslegungsmöglichkeiten ihrer Ratschläge verdienen lassen wird.

Rechtsanwaltsvergütungsgesetz (RVG)

→ „BRAGO“

Rechtsschutz

Verständlicher Wunsch, sich in Zeiten, in denen alles auf juristische Ebene gezogen wird, jemanden an seiner Seite zu haben, der einem Anwalts- und Gerichtskosten abnimmt. Aber wer hilft einem gegen die Rechtsschutzversicherung?

Renditesicherheit

Wenn die Mietvertragskalkulation durch Mietverträge abgesichert ist und unvermietete Flächen nicht mit Hoffnungswerten angesetzt wurden, das aber ohnehin egal ist, weil die Lage- und anderen Flächenrahmenbedingungen so sind, dass die Vermietung unsicher ist.

Rehabilitationseinrichtungen

Im Gegensatz zum Krankenhausaufenthalt darf ein Patient in einer Rehabilitationseinrichtung auch seine Koffer auspacken, weil hier seine Unterbringung nicht so teuer ist wie im Krankenhaus. Daher als Betreiberimmobilie im Gesundheitssektor, wo das Geld locker sitzt (wer will schon an der Gesundheit sparen) durchaus attraktiv.

Rentabilität

Verhältnis von tatsächlichem Aufwand zu tatsächlichem Ertrag.

Rentenpapiere

Safety first: Mögliche Anlageform für Riesterrente.

Residualverfahren

Wenn man das Pferd von hinten aufzäumt. Erst mal schauen, was man an Erträgen hat, um von diesen die Investitionskosten abzuziehen, um so zu ermitteln, was einem ein Grundstück wert sein könnte.

Return on Investment (ROI)

Wann man (hoffentlich) sein eingesetztes Kapital rein rechnerisch wieder zurückbekommt.

Revitalisierung

Wie der Name schon sagt: Wiederbelebung von was, was vorher tot war und manchmal hinterher auch: Tote Steine, die allerdings in der Vorstellungskraft von Immobilienleuten manchmal ziemlich lebendig sind und die Phantasie ungemein anregen können.

Risiko

Überraschend eintretende Ereignisse oder Faktoren, die Ihnen alles verderben können. Zartbesaitete bekommen Stress und Gänsehaut. Immobilienwirte und insbesondere Projektentwickler müssen abgehärtet sein, sonst haben sie den falschen Beruf.

Risiko-Chancen-Kalkül

Die Überraschung, dass Risiken mit Chancen und umgekehrt korrespondieren oder anders ausgedrückt. Je mehr Chancen man Ihnen verspricht, umso größer ist die Gefahr, dass man sich versprochen hat - No risk, no fun. Joggen auf dem Drahtseil.

Risikomanagement

Der Versuch, Unbeherrschbares halbwegs zu beherrschen.

Rohbauland

Plattes Land, das gebändigt werden soll. Was für den Schriftsteller ein weißes Blatt, ist für den Projektentwickler das Rohbauland.

Rücklage

Vorsorge für Unvorhergesehenes oder Unbedachtes.

S

Sachverständiger

Fachleute, die Ihnen hinterher sagen, was man Ihnen hätte auch vorher sagen können, um Fehler zu vermeiden.

Sale and Lease Back

Wenn ein Nutzer auf die Idee kommt, dass die eigen genutzte Immobilie nicht unbedingt in seinem Eigentum sein muss und er statt dessen durch den Verkauf gerne Liquidität schaffen möchte, aber leider nicht auszuschließen ist, dass durch überzogene Mieten besonders hohe Liquidität geschaffen werden muss, da es dem Verkäufer und zukünftigen Leasingnehmer doch nicht so gut ist, wie man sich das als Leasinggeber wünscht.

SB-Warenhaus

Verkaufsmaschinen, wo man alles, was man auch in der Innenstadt bekommen könnte, viel billiger haben kann, wenn man denn das „DrumHerum" übersieht.

Schadensersatz

Sauerer Apfel in den man beißen muss, wenn man Fehler macht.
→ „Mietsicherheit"

Schikanierstreifen

Wenn man das Glück hat, eine noch so kleine Scholle Land zu haben, die ein anderer unbedingt haben muss, da er sonst sein gesamtes, schönes, großes Projekt in den Wind schreiben kann.

Schließungsgebühr

Weiche Kosten, um sicher zu stellen, dass alle mit an Bord sind.

Schlussrechnung

Vorstellung der ausführenden Unternehmen, was sie alles gemacht und bezahlt haben wollen. Sollte eigentlich das Ende eines Auftrages sein, ist aber häufig der Anfang von Streitereien.

Schlusszahlung

Aus den Augen, aus dem Sinn.

Schönheitsreparaturen

Wenn Mieter oder vom Mieter beauftragte Personen/ Firmen den Pinsel schwingen, damit die Mietsache immer „schön" aussieht, also eine Reparatur, die nicht repariert, sondern nur „schön" macht.

Schriftformerfordernis

In Zeiten, wo der Handschlag (außer dem goldenen) nichts mehr gilt, nicht wegzudenken, da ansonsten jede Vereinbarung in Schall und Rauch aufgeht. Wenn Mietvertragspartner ihre Nähkunst unter Beweis stellen müssen.

Schwarzbau

Wenn man entweder nicht „wusste", dass man für die Baumaßnahme eines „bescheidenen" Einfamilienhauses oder so ähnlich eine Baugenehmigung beantragen muss und/oder aus Kostengesichtspunkten nicht das Bauunternehmen Weiss & Freitag (so heißen die doch?), sondern statt dessen deren Schwesterunternehmung Schwarz & Samstag mit der Durchführung des Bauvorhabens beauftragte. Wehe, wehe, wenn ich auf das Ende sehe. - Gute Grundlage für die Verkäuflichkeit einer Immobilie.

Schwellenhaushalt

Der uneigennützige Wunsch, immer mehr Menschen dabei helfen zu dürfen, den Traum von den eigenen vier Wänden zu erfüllen.

Sekundärforschung

Wenn man Leute befragt, die wissen müssten, was andere wissen oder meinen.

Selbständiges Beweisverfahren

Tatsachenerhebung, damit für einen späteren Rechtsstreit nichts verloren geht.

Selbstkostenrechnung

Die Kosten, die man selbst in Rechnung gestellt bekommen hat.

Seniorenheim

Immobilie, in der sich alte Menschen sicher und geborgen fühlen sollen. Häufig Abstellgleis für alte Menschen, um das Gewissen der Angehörigen zu beruhigen, dass man sich hier viel besser als zu Hause um die Familienangehörigen kümmern könne.

Seniorenresidenz

Die noble Ausführung eines Seniorenheims für wirklich gut Betuchte, die wissen, dass sie so viel auf der hohen Kante haben, dass es bis zum Lebensende reicht und man schließlich ein Leben lang hart gearbeitet hat, um sich einen angenehmen Lebensabend leisten zu können.

Sensitivitätsanalyse

Wenn man theoretisch austestet, bei welchen Einflussfaktoren wie viel Spaß verloren geht .

Service-Developer

Wenn man das, was man macht, als Dienstleister macht, weil man es auf eigene Rechnung entweder noch nicht oder nicht mehr machen kann.

Servicewohnen

Wohnen plus: Gegen geringes Entgelt bekommen Sie geholfen.

Shopping-Center

→ „Einkaufszentren"

Sicherheiten

Wie sicher Sicherheiten sind, weiß man leider erst, wenn man auf sie zurückgreifen will.

Smart Shopper

Konsumenten, die in einem Laden besonders sparsam einkaufen, um in einem anderen Laden ein Vielfaches des Eingesparten auf den Kopf zu hauen.

Sonderabschreibung

Staatliches Lenkungsinstrument, um all die Fehler bei Stadtentwicklungen, die in den alten Bundesländern begangen wurden, in den neuen Bundesländern noch einmal zu machen.

Sondergebiet

Da, wo man sich staatlich reglementiert austoben darf.

Sozialer Wohnungsbau

Ursprünglich staatliches Instrument, damit niemand unter der Brücke schlafen muss. Heute Möglichkeit für Besserverdienende, in den Genuss preiswerten Wohnraums zu kommen und die im Eigentum befindlichen frei finanzierten Wohnungen marktgerecht vermieten zu können. Möglichkeit für gemeinnützige Wohnungsbaugesellschaften, mit staatlicher Unterstützung große Immobilienvermögen aufzubauen. Alternative für Architekten und andere Baudienstleister, sich selbst Arbeit und Vermögen zu schaffen.

Sozialimmobilie

Immobilien, wo gebündelt wird, was der Einzelne, die Familie und die Gesellschaft sich überfordert fühlt.

Spaß- und Erlebnisbäder

Großer Swimmingpool für jedermann. Wenn die Investition für die öffentliche Hand bei Vorlage der letzten Betriebsergebnisse und Instandhaltungs- und Instandsetzungskosten immer wieder zum Erlebnis wird, ohne dass Spaß aufkommt.

Spekulationsgeschäft

Wenn Immobilienakteure die Realität mit „Monopoly spielen" verwechseln.

Spielhallen

Vergnügungsstätten, die keine Kommune haben will, aber deren Einnahmen ebenso willkommen sind, wie die aus dem Lotteriegeschäft oder von Spielcasinos.

Sportanlagen

Alle Anlagen, Einrichtungen und Immobilien, die der körperlichen Ertüchtigung dienen. Aber leider sind die meisten Immobilienleute so fürchterlich unsportlich.

Staatsanwälte

Ankläger des Staates. Menschen, die für Immobilienleute immer wichtiger werden.

Städtebaulicher Vertrag

Verträge, bei denen geregelt wird, was eigentlich öffentlich umgesetzt werden müsste und um privatschriftlich zu regeln, was man sich öffentlich-rechtlich nicht traut.

Stadtmarketing

Zusammenschluss von Menschen, die versuchen, eine Stadt wie ein großes Einkaufszentrum zu managen, indem sie sich freikaufen und Aufgaben delegieren. Erfolgreiche Stadtmarketingvereine stehen im ständigen Spannungsfeld, sich selbst überflüssig zu machen, weil ihre Aktivitäten darauf abzielen, andere, nämlich Bürger, Einzelhändler oder Immobilieneigentümer zu aktivieren.

Staffelmiete

Miete, die sich unabhängig von Inflation zu bestimmten Zeitpunkten erhöht. Da im Falle des Verkaufs einer Immobilie das Anfangsmietaufkommen zugrunde gelegt wird, empfiehlt es sich für den Projektentwickler einen Baukostenzuschuss an den Mieter zu zahlen und von Anfang an die hohe Miete zu vereinbaren. Das Ganze macht natürlich nur Sinn, wenn der Mieter über entsprechende Bonität verfügt. Ansonsten empfiehlt es sich den Baukostenzuschuss abzusichern.

Standortanalyse

Bin mal vorbei gefahren und hatte keine Zeit auszusteigen, sieht gut aus.

Standortqualität

Alles, was einen Standort ausmacht - oder auch nicht.

Stellplätze

Kriegsentscheidend für den Erfolg einer Immobilie, da sie die Erreichbarkeit für Nutzer, Besucher und Kunden sichert und der Realisierung mit hohen Investitionskosten bei gleichzeitig sehr begrenzten Einnahmemöglichkeiten verbunden ist, so dass die Herstellungskosten der Stellplätze häufig die wirtschaftliche Tragfähigkeit einer Immobilie entscheidet.

Steuerberater

Der Berufszweig ist vergleichbar mit Eingeborenen, die einem den Weg aus dem Dschungel weisen sollen. Bleibt nur zu hoffen, dass der Eingeborene das Ziel auch wirklich kennt und die gleiche Sprache spricht. Böse Zungen behaupten, die meisten Steuerberater kennen sich besser mit der Gebührenordnung aus, als mit der einschlägigen Steuergesetzgebung. Die Gebührenordnung soll auch einfacher und verständlicher sein.

Steuerliche Liebhaberei

Fehlende Gewinnerzielungsabsicht, die beispielsweise Fondszeichner bei Insolvenz seines Fonds doppelt trifft. Neben seiner verlorenen Einlage darf er alle erhaltenen Steuervorteile an den Fiskus zurückerstatten.

Steuerspartrieb

Zumindest im Dezember stärker als der Sexualtrieb.

Steuerliche Vergünstigungen

Staatliche Zückerchen, die man sich dann, wenn man sie eigentlich nicht mehr braucht, nicht mehr traut wegzunehmen.

Streitverkündung

Wenn man meint, man müsse direkt mit mehreren einen Streit anfangen und Mehrfrontenkriege liebt oder man weiß, dass man Schuld ist, aber versucht, andere mit hinein zu ziehen.

Strohmann

→ „Treuhänder“

Synergie-Effekte

Hoffnung, dass 1 + 1 nicht 2, sondern 3 oder mehr ist.

T

Tankstelle

Immobilien mit hoher Verkehrsgunst mit hoher Ertragskraft und geringem Substanzwert und der hohen Chance auf Öl zu stoßen (leider handelt es sich um begrenzte und nicht wirklich verwertbare Vorkommen). Angesichts der Rohstoffverknappung und der damit einhergehenden Preisschraube bald nur noch in Kombination mit Banken oder Polizeistationen. Wer will Ihnen zumuten, mit so viel Barem rumzulaufen.

Team

Wenn einer alle über den Tisch zieht und er seinen „Partnern" die entstehende Reibungsenergie als Nestwärme verkauft. Vergleichbar mit Fußballmannschaft. Nur, dass es bei den Teams in der Wirtschaft nur Kapitäne gibt (daher kommt wohl auch der Begriff „Wirtschaftskapitän").

Technologieparks/Technologiezentren

Sonderform des Industrieparks mit der Ausrichtung auf technologieorientierte Unternehmen.

Teilabnahme

Schnell sich noch einmal vergewissern, dass alles in Ordnung ist, bevor nichts mehr zu sehen sein wird.

Teileigentum

Ein Stück oder Stückchen oder Krümmel vom großen Kuchen.

Teilungserklärung

Ehevertrag für gemeinsames Immobilieneigentum. Bis dass der Tod Euch scheidet…?

Teilungsgenehmigung

Genehmigung zum Abschluss eines Ehevertrages für gemeinsames Immobilieneigentum.

Teilwertabschreibung

Außergewöhnliche Wertberichtigung, wenn es in einer Immobilie im übertragenen Sinn „reinregnet" und der Regen nicht aufhören will.

Telefon

Gab es für Immobilienleute eigentlich schon ein Leben vor Erfindung des Telefons?

Timesharing

Beschränkung einer Immobiliennutzung nicht nur auf wenige Quadratmeter, sondern auch noch auf bestimmte Zeiten. So können Initiatoren möglichst noch mehr abzocken, indem man das zu vertreibende Objekt immer kleiner und immer teurer macht, so dass am Ende eigentlich alles fast nur noch Vertriebskosten sind.

Trader Developer

Projektentwickler, der Projekte für Investoren aufbereitet.

Träger öffentlicher Belange

Alle, die meinen, Ihre Daseinsberechtigung dadurch unter Beweis stellen zu müssen, indem sie überall mitreden und mitteilen, warum was nicht geht.

Transaktionskosten

Alle Aufwendungen, die damit verbunden sind, dass etwas auf legalem Weg von einer Tasche in eine andere Tasche gelangt.

Treuhänder

Wenn man selbst nicht kann oder will und deshalb einen anderen vorschiebt. Wem hält er denn die Treue?

Triple Net

Ein Triple-Net-Mietvertrag soll vorliegen, wenn der Mieter alle Nebenkosten seines Mietobjektes außer Instandhaltung an Dach und Fach übernimmt.

U

Übergabe

Risikoübergang und Mietzahlungsbeginn (Endlich hört die Zwischenfinanzierungsphase auf).

Umlegung

Alle Zutaten, die einzeln nicht so schmackhaft sind, in einen großen Topf werfen, um die neu entstandene Mischung, die schmackhafter sein soll, dann neu zu verteilen.

Umsatzsteuer

Bei Gewerbeimmobilien dann, wenn man Nutzer hat, die selbst zur Mehrwertsteuer/Umsatzsteuer optieren können, egal. Ansonsten also im Wohnungsbau und bei öffentlichen Nutzern, Ärzten, Banken und Versicherungen ist die Mehrwertsteuer/Umsatzsteuer Aufwandsposition.

Umsatzsteueroption

Immer dann, wenn man Mehrwertsteuer/Umsatzsteuer erst einmal bezahlen und vorfinanzieren muss, aber wieder bekommt.

Untervermietung

Wenn man aus einem Mietverhältnis raus will, aber nicht kann und durch eine Untervermietung den eigenen Schaden begrenzen will.

Umweltverträglichkeitsprüfung

Wenn man den blauäugigen Feuersalamander und die gemeine Feldmaus befragt, ob sie vielleicht freundlicherweise umziehen würden.

V

Veränderungssperre

Schnellschussbombe der öffentlichen Hand, um zu verhindern, was nicht sein darf.

Veräußerungsgewinn

Worauf man mit jahrelanger Geduld wartete, um endlich unterm Strich auf seine Kosten zu kommen. Am Ende stellt man dann fest, was alles von Risiken und Unvorsehbarem aufgefressen wurde. Das sieht Papa Staat aber alles ganz anders und langt auch noch einmal zu. Und was bleibt dann?

Verdeckte Gewinnausschüttung

Schachzug des Finanzamtes, um Sie immer wieder aufs Neue in Staunen zu versetzen, indem Finanzbeamte Geschäftsvorfälle kreativ so bewerten, als ob Sie Bares aus der Firma genommen hätten. Leider können Sie das Bare weder zählen noch rechnen. Der Finanzbeamte meint es wenigstens rechnen zu können – und Sie zweifeln an Ihren Kenntnissen in den Grundrechenarten.

Verdingungsordnung für Bauleistungen

Umfangreiches Regelwerk zu Vergabearten, den Verhaltensregeln zwischen Auftraggeber (insbesondere öffentlichen Auftraggebern) und Auftragnehmern und technischen Vorschriften.

Vergnügungsstätten

Keiner geht hin, sind aber immer voll.

Verjährung

Wenn man zu lange gewartet hat oder sich zu spät erinnert hat, da war doch noch was....

Verkaufsfläche (VF)

Alle Flächen, die ein Kunde betreten kann (sagt die mfi).

Verkehrsanbindung

Dabei interessiert eigentlich nur, wie kommt einer hin. Wie kommt einer weg, ist egal.

Verkehrsfläche

Die Fläche, um irgendwo hinzukommen.

Verkehrssicherungspflicht

Die Verpflichtung Sorge dafür zu tragen, dass Flächen, die öffentlich zugänglich sind, auch in einem Zustand sind, dass sie gefahrlos zugänglich sind, verbunden mit der Sorge, irgendwann einmal nicht rechtzeitig Schnee zu räumen oder Salz gegen Glatteis zu streuen.

Verkehrswert

Der Wert, den eine Immobilie erzielt, wenn man sie dem Markt überlässt.

Vermittlungsmakler

Jemand, der sich für den Austausch von Adressen teuer honorieren lässt und vielleicht mal bei Verkaufsverhandlungen dabeisaß.

Verluste

Steuerlich oder real ist die Frage. Manchmal sind steuerliche Verluste aber leider auch reale Verluste.

Verluste aus Vermietung und Verpachtung

Kurioserweise der Traum aller schlaflosen Nächte von Vermietern und Immobilieneigentümern.

Vermarktung

Was an den Mann bringen: Kommt der Markt nicht zum Objekt, muss das Objekt eben auf den Markt.

Vermietungsgarantiegebühr

Weiche Kosten, um für etwas, was ein Kapitalanleger selbstverständlich erwartet, weil er sonst meistens gar nicht auf die Idee kommt, zu investieren, nämlich die Immobilien zu vermieten und daraus Rendite zu erzielen, Entgelt zu kassieren.

Vermietungsstand

Für Projektentwickler sind Flächen schon vermietet, wenn ein potentieller Mieter die Anmietung jedenfalls nicht ausgeschlossen hat.

Vermögenssteuer

Strafgebühr für einige dafür, dass sie nicht ein Mofa oder Motorrad in jungen Jahren gekauft haben, sondern gespart haben und heute, jedenfalls nach Wüstenrot, im Gegensatz zu den Sandkastenrockern, in den eigenen vier Wänden leben.

Vermögensverwalter

Macht besonders Spaß, wenn es Anderleuts' Vermögen ist. Manchmal wird das immer kleiner und das eigene immer größer. Aber was macht das schon den Leuten aus, die so große Vermögen haben, dass sie sich entweder nicht mehr selbst drum kümmern wollen oder können.

Versicherungsgesellschaften

Dompteure von Risiken und Wölfe im Schafspelz, die Ihre Schäfchen bewachen. Gute Freunde, so lange nichts passiert. Wenn was passiert, zücken sie das Kleingedruckte. Bei Abschluss einer Versicherung immer gleich eine Rechtschutzversicherung (bei einer anderen Versicherung) mit abschließen. Dann können die sich wenigstens selbst kannibalisieren. Aber wer schützt mich eigentlich vor meiner Rechtsschutz? Die Hälfte der Mitarbeiter sind Verkaufsmitarbeiter, die andere Hälfte der Mitarbeiter beschäftigt sich mit der Abwehr von Ansprüchen.

Vertragsbündelungstheorie

Argumentation der Finanzbehörden, um waghalsige Vertragskonstruktionen so auseinander zu nehmen, dass Immobilienerwerber Grunderwerbsteuer auf Grunderwerb und Immobilieninvestition zahlen müssen.

Vertragsbedingungen

Die im Vertrag stehen, die kennen Sie – aber die anderen...

Vertragserfüllung

Eigentlich selbstverständlich, dass man das, was man unterschrieben hat, auch umsetzt.

Vertragsschluss

Jetzt wird es ernst: Bitte stellen Sie das Rauchen ein und stellen Sie Ihren Sitz in eine senkrechte Position, denn jetzt geht es los.

Vertragsstrafe

Welcher Teufel hat Sie denn geritten, so eine Klausel zu unterschreiben? Nur halb so schlimm, wenn der, der sie zahlen müsste, ohnehin nichts hat.

Vertretung

Wenn man sich selbst nicht traut, aber einen anderen davon überzeugt, dass es nicht weh tut. Problematisch, wenn der Entsandte sich als Herr oder sogar noch herrischer als der Herr aufspielt.

Vertriebler

Überzeugungskünstler, dem es gelingt, anderen Menschen immer wieder eine rosarote Brille aufzusetzen. Welche Tönung die Brille hat, hängt von der Höhe der Provision des Brillenherstellers ab und nicht, ob die Sehschärfe die richtige ist. Im Gegenteil, es ist günstiger, die Opfer sehen nichts scharf. Berufsgruppe, die, ohne großes Risiko einzugehen, mehr verdient, als die, die den Kopf hinhalten.

Vertriebscracks

Heute haben die Vertriebscracks die Erfahrung und der Kunde das Geld, morgen ist es umgekehrt. Kurioserweise haben Vertriebscracks, obwohl sie einen Haufen Kohle verdienen, nie Geld.

Vollgeschoß

Geschossfläche, die Mindestanforderungen erfüllen muss, so dass sich beispielsweise auch Riesen nicht den Kopf stoßen.

Vorhabenbezogener Bebauungsplan

Vereinfachter Bebauungsplan, der sich an dem orientiert, was der Bauherr bauen will. In schnelllebigen Zeiten ist nur leider der Wunsch des Bauherrn zu Beginn der Planungen nicht immer identisch mit dem, was er dann, wenn der Vorhaben- und Erschließungsplan rechtskräftig ist, auch realisieren will.

Vormerkung

Halbe Strecke zum Immobilieneigentum. Signal für Dritte, dass derjenige, der zu spät kommt, unverrichteter Dinge nach Hause gehen muss.
→ „Auflassungsvormerkung“

Vorsprung

Zwei Wanderer im kanadischen Wald: Plötzlich hören sie hinter sich einen hungrigen Bären brummen. Beide bekommen es mit der Angst zu tun und fangen an zu laufen. Der Bär verfolgt sie. Plötzlich stoppt der eine der beiden Wanderer, packt seinen Rucksack und holt Turnschuhe heraus, die er schnell anzieht. Der andere dreht sich um und fragt erschrocken, was das denn solle, der Bär sei doch in jedem Fall schneller als er. Darauf erwidert der, der sich seine Turnschuhe anzieht: „Darauf kommt es gar nicht an. Ich muss nur schneller als Du sein!“.

Vorsteuer

→ „Umsatzsteuer oder Mehrwertsteuer“

W

Währungsrisiken

Währungsrisiken spielen beispielsweise dann eine Rolle, wenn ein Vermieter seine Miete in einer Währung bekommt, aber seine Zinsen in einer anderen Währung zahlt und die Schere der Währungskurse in die falsche Richtung aufgeht. So locken Finanzierungen im japanischen Yen (Zins bei Null plus Margenaufschlag der hiesigen Banken). Aber die Kursentwicklung.... Wenn ich ans Ende denke.

Warenhaus

Konsumtempel oder Verkaufsmaschine. Das innerstädtische Warenhaus kämpft ums Überleben, während die preisaggressiven SB-Warenhäuser auf der grünen Wiese sich großer Beliebtheit erfreuen.

Warmer Abriss

Kostengünstige Möglichkeit, sich von einer Immobilie zu Lasten seiner Versicherung zu trennen, bei der leider immer auch in Kauf genommen wird, dass Gefahr für Leib und Leben anderer besteht.

Wasserschutzgebiet

Auflagen ohne Ende, wenn überhaupt ein Stein auf den anderen gesetzt werden darf.

Wegerecht

Recht, um über Nachbars Grundstück zum eigenen zu gelangen. Also gut stellen. Das Wegerecht wird als Dienstbarkeit ins Grundbuch eingetragen. Alte Wegerechte haben sich die Hinteranlieger ersessen.

Wegfall der Geschäftsgrundlage

Rettung, um sich von hoffnungslosen Verträgen zu befreien, wenn einem sonst nichts mehr einfällt.

Weiterbildung

Wer sich in der Immobilienbranche nicht ständig weiterbildet, fällt zurück. Also immer schön rudern, um im Zeitstrom mitschwimmen zu können.

Werbegemeinschaft

Gemeinsamer Werbeauftritt und Öffnungszeiten – nie erreichtes Ziel in gewachsenen Innenstädten, gewünschter Standard in Einkaufszentren.

Werbungskosten

Wunderbare Erfindung des Steuerrechts, die den Steuerpflichtigen alles das ermöglichen, was sie brauchen, um eine Immobilie zu erwerben oder um die Einnahmen zu sichern oder zu erhalten. Das regt die Phantasie manches Initiators an, um möglichst viele dieser Werbungskosten zu produzieren. Vordergründig dient es, um dem Steuerspartrieb der Erwerber entgegenzukommen. So ganz nebenbei machen sich ein Haufen Leute ihre eigenen Taschen voll. Die Abschreibungen der einen sind die Einnahmen der anderen. Böse ist, wer böses dabei denkt. Übrigens: Die Werbungskosten muss die Wertentwicklung der Immobilie auch erst einmal „aufholen".

Werterhaltung

Investitionen, damit technische und wirtschaftliche Wertminderung und Gebrauch nicht ihr Vermögen langsam aber sicher auffressen. Man spricht dann auch von Substanzverzehr. Immer nur Rausziehen geht zwar, aber nicht allzu lange.

Wertermittlung

Der Versuch, durch unterschiedlichste Verfahren zu ermitteln, was denn eine Immobilie wert sei. Die Mathematik spielt eine zunehmend größere Rolle. Alle Rechnungen sind nur so gut wie die Annahmen, die allerdings (leider, oder zum Glück) immer noch von Menschen getroffen werden, die, wenn sie tatsächlich Zahlungsströme auf so lange Zeiträume wie die Nutzungsdauer einer Immobilie prognostizieren könnten, mit dieser Gabe sicher woanders mehr Geld verdienen könnten. Doch die Einmaligkeit der Immobilie schlägt häufig den kompliziertesten Verfahren ein Schnäppchen. In einigen Märkten erinnert die Preisfindung dann eher an das Pilotenspiel, als an objektive Preisfindungsprozesse.

Wertsicherungsklausel

Anpassungsklausel bei Miet- oder Erbbaurechtsverträgen mit langen Laufzeiten, die Welt nicht von der Inflation zu entkoppeln. Anlass für viele Prospektherausgeber, viel Hoffnung in Prognoserechnungen einfließen zu lassen.

Widerspruch

Mittel, um sich gegen unliebsame Bescheide oder z.B. Auflagen in der Baugenehmigung zu wehren. Beliebtes Instrument für Berufsquerulanten.

Wirtschaftliches Eigentum

Da geht es um die spannende Frage, wem eine Immobilie steuerlich zuzurechnen ist.

Wohneigentumsquote

Da ist Deutschland Entwicklungsland. In ganz Europa gibt es kein Land, in dem die Bürger so wenig Wohneigentum haben wie in Deutschland. Die steuerliche Förderung des Wohnungsbaus führt dazu, dass man besser selbst zur Miete wohnt und seine Wohnungen vermietet. Besonders drastische Ausmaße hat diese Steuerpolitik in Kombination mit einer sehr vorteilhaften Subventionspolitik in Berlin angenommen.

Wohnfläche

Gewiefte Bauträger halten die Wohnfläche nicht für das Maß aller Dinge, sondern die Zimmerzahl und die Möglichkeit auf wenigen Quadratmetern bei gleicher Zimmerzahl trotzdem eine Wohnung organisieren zu können. Für Männer Wohn- und Schlafzimmer. Für Frauen Bad und Küche.

Wohngebiet

Siedlungsgebiete mit ausschließlich Wohnimmobilien (Reines Wohngebiet) bis hin zu Siedlungsformen mit überwiegendem Anteil an Wohnimmobilien (Allgemeines Wohngebiet).

Wohngeld

Geld vom Staat, damit der Wohnungsmarkt nie zum Wohnungsmarkt werden kann.

Wohnungsbau

Alles, was damit zu tun hat, Menschen neben der eigentlichen Haut und der Kleidung eine dritte Haut zu verpassen.

Wohnungseigentumsförderung

Alle Maßnahmen, die Menschen zusätzlich animieren, in die eigenen vier Wände zu ziehen.

Wohnungsgemeinnützigkeit

Schaffung von Trägern, denen es Spaß machen muss, Wohnungen aus öffentlichem Interesse zu bauen und zu vermieten.

Wohnungsgenossenschaften

Selbsthilfeorganisation, um für die Genossen angemessenen Wohnraum zu verträglichen Mieten überlassen zu können.

Wohnungsmarkt

Was –wie andere Länder mitunter zeigen- ohne staatliche Eingriffe gut oder sogar besser funktioniert.

Wohnungspolitik

Der Drang von Politikern, sich überall einzumischen und sich nicht mehr zurückzuziehen und damit marktferne Oasen zu schaffen.

Wohnungswirtschaft

Alles, was irgendwie mit Wohnungen zu tun haben könnte. Wobei –streng genommen- Wirtschaften der knappe Umgang mit knappen Ressourcen sein soll – Wohnungsknappheit ?!!

XYZ

Zahlungsplan

Übersicht über Zahlungen zu bestimmten Ereignissen. Die Ereignisse können feste Termine sein oder wie bei Bauleistungsverträgen, Leistungsstände. Kritisch wird es immer dann, wenn sich Zahlungen von Ereignissen/ Leistungen entkoppeln. Dann könnte der Zahlende mit dem Ofenrohr durchs Gebirge schauen.

Zahnärzte

Früher beliebte Zielgruppe für Immobilienvertriebsleute.

Zebragesellschaften

Ehe zwischen Kapitalgesellschaften und anpackbaren Leuten für die sich der Steuergesetzgeber Besonderes hat einfallen lassen.

Zeitmanagement

Der Versuch, sich selbst zu disziplinieren, indem man eine seiner wichtigsten Ressourcen unter Kuratel nimmt.

Zeitmietvertrag

Ehe auf Zeit, die vor Ablauf nicht geschieden werden kann.

Zeitpunkt der Anschaffung

Ab jetzt läuft die Steueruhr!

Zeitpunkt der Herstellung

Auch jetzt läuft die Steueruhr.

Zentralität (Einzelhandelszentralität)

Die Zentralität gibt an, wie viel die Menschen in einem Marktgebiet im Verhältnis zu dem ausgeben, was sie faktisch ausgeben könnten.

Zentralörtliches System

Kunstgebilde, wer was wo kauft.

Zentrenrelevante Sortimente

Alle Sortimente, die Einzelhändler, die im Stadtrat vertreten sind, verkaufen.

Zerschlagungswert

Was ist etwas wert, wenn ich es rausreiße und kaputt mache. Wie viel Geld bekomme ich noch für Schrott?

Zinsänderungsrisiko

Das Risiko, am Ende der Zinsbindungsfrist dumm aus der Wäsche zu schauen, weil man die Zinsbindungsfrist falsch gewählt hat und aktuell höhere Zinsen eindecken muss.

Zufahrt

Nur sehen können ist zu wenig, man muss auch hin können.

Zugesicherte Eigenschaften

Einige Eigenschaften sollte man sich schon zusichern lassen, sonst bekommt man ein unerschlossenes Haus ohne Fenster und Haustür.

Zusatzfinanzierung

Bitte um Extra-Geld, weil die geplanten Mittel mal wieder schneller aufgebraucht waren, als man „ach das kommt schon hin" sagen kann. Dumm gelaufen. Ohne neue, zusätzliche Ertragspotentiale werden Banken in Basel-II-Zeiten kaum den Safe aufmachen, außer es droht noch schlimmeres Ungemach.

Zuwendungen

Auch Menschen in der Immobilienbranche brauchen etwas „Zärtlichkeit".

Zwangsversteigerung

Jetzt bekommen die Banken schwarz auf weiß, was die Immobilie im Verwertungsfall wirklich wert ist – der Eigentümer auch. Aber der Eigentümer dürfte dann ohnehin ein Stadium erreicht haben, in dem es ihm egal ist. Im ersten Termin gibt es noch Hoffnung, dass jemand deutlich über 70% des gutachterlich festgestellten Verkehrswertes hinaus steigert. Im zweiten Termin sind dann nur noch Schnäppchenjäger unterwegs. Warum trifft man da so viele Banker?

Zwangsvollstreckung

Vorbote der Zwangsvollstreckung ist, wenn sich ein Gläubiger eine vollstreckbare Urkunde oder Titel ausfertigen lässt. Dann wissen Sie, dass bald Besuch vom Gerichtsvollzieher kommt. Der pfändet dann alles, was nicht niet- und nagelfest ist.

Zweckentfremdung

Wenn Sie Ihr neues Fertighaus einfach in der Hoffnung in den Rhein werfen, es wäre ein Hausboot und sich wundern, wenn es untergeht.

Zwischenfinanzierung

Die Finanzierungsphase, in der Sie nur Geld rauspowern, ohne welches zu bekommen.

Zwischenfinanzierungskosten

Gerne unterschätzt. Solange ein Immobilien*projekt* ein Immobilien*projekt* und kein Immobilien*objekt* ist, tickt die Zwischenfinanzierungszinsuhr erbarmungslos.

Zwischennutzung

Die Hoffnung, für die Zeit bis zur besseren Zeit jemanden zu finden, der einem eine halbwegs anständige Miete oder eine geringe Miete oder die

Betriebskosten oder einen Teil der Betriebskosten oder....zahlt. Mindestens jedoch keine Umbauten für die kostenfreie Nutzung verlangt.

Zinsfuß, interner

Kalkulatorischer Zinssatz, der die Vorteilhaftigkeit der Investition zeigt – oder auch nicht.

Zweikontenmodell

Modell bei Wohnungsbauträgermaßnahmen, um die Volumen künstlich aufzublähen, indem ein Ausgabenkonto und ein gesondertes Guthabenkonto für Käuferzahlungen geführt werden.

Immobilienprofis im Porträt

Jürgen Erbach

☒ wohnt zur Miete ☒ wohnt im Eigentum

BILD: ERBACH

Die Immobilienbranche erinnert an welches Tier?
An ein Chamäleon.

Kamen Sie zufällig zur Immobilienbranche?
So zufällig, wie das möglich ist, wenn man auf dem elterlichen Bauhof mit Legosteinen groß wird.

Ihr Lieblingsgericht?
Steak (englisch), oder Tatar mit Salat.

Was wären Sie heute, wenn nicht Immobilienprofi?
Eventmanager.

Ihr letzter Besuch im Theater, Kino, Konzert, Stadion ...?
Das kommt zu kurz! Zum Glück gibt es für Auto-Vielfahrer Hörbücher, etwa Max Frischs „Andorra" und Bölls „Ansichten eines Clowns".

Welche berufliche Entscheidung würden Sie gerne revidieren?
Falschen Leuten vertraut zu haben, was sich leider immer erst zu spät herausstellt(e).

Ihre Lieblingsimmobilie?
All diejenigen Immobilien, die von Menschen angenommen werden – egal ob „architektonische Schlichtheit" oder „wirtschaftliche Schönheit".

Ihr erster Vermieter? Ihr erster Immobilienkauf?
Der schwierigste, den man sich vorstellen kann: der eigene Vater.

Können Sie sich vorstellen, für eine gewisse Zeit in die Politik zu gehen?
Das habe ich schon hinter mir: während meines Studiums im AStA der RWTH Aachen und zwei Jahre als Bundesschatzmeister des RCDS.

Womit beschäftigen Sie sich gerade besonders intensiv?
Aktivierung von Bürgerengagement zur Verteidigung der Innenstädte gegen Uniformität und Langeweile (zum Beispiel: www.pro-wetzlar.de). Buchentwurf „Immobiliendeutsch" (Immobilien einmal anders).

Haben Sie einmal eine Nacht im Gefängnis verbracht?
Fast, bei einer Reise im diktatorischen Chile.

Auf einer Party schon mal wegen der Vorurteile über die Immobilienbranche geärgert?
Vorurteile?

Was tun Sie in ausweglos erscheinenden Situationen?
Lage auf niedrigem Niveau stabilisieren, warten, bis eine Idee kommt. Wenn keine kommt, so lange Fahrrad fahren, bis eine kommt.

Wen würden Sie gerne einmal treffen?
Die Geschwister Scholl oder Anne Frank.

Was soll auf Ihrem Grabstein stehen?
„Am Ende einer langen Reise: Unruhig mein Herz, bis es in dir ruht, Herr."

„Eifel-Haus"

Zeichnung von Jürgen Erbach

Prof. Dr.-Ing. Jürgen Erbach ist am Mittelrhein aufgewachsen. 1961 wurde er in Boppard geboren und hat 1980 in Bad Honnef die Abiturprüfung bestanden. Das Studium des Bauingenieurwesens an der RWTH Aachen beendete er 1989, wobei seine Studentenzeit auch drei Jahre zeitraubendes politisches Engagement einschloss. Erbach war wissenschaftliche Hilfskraft an der Hochschule, angestellter Projektentwickler, Niederlassungsleiter, Prokurist und Geschäftsleitungsmitglied. Seit 1997 ist er Dr.-Ing. und geschäftsführender Gesellschafter der IPEM Projektentwicklungs- und -management GmbH sowie eines Ingenieurbüros, auch Aufsichtsratsmandate und diverse Ehrenämter sind ihm nicht fremd. Seit fast genau sechs Jahren hat Erbach eine immobilienwirtschaftliche Professur an der Hochschule in Holzminden inne. Er lebt seit 19 Jahren mit seinem Lebensgefährten zusammen und weist ausdrücklich darauf hin, dass es „außerdem" noch die vierbeinigen Mitbewohner Max und Moritz gibt.

„Der clevere Professor…"; Rheinische Post, 16.10.2002 „Von Ratingen lässt sich die Welt erobern"

„Der umtriebige Professor….", Immobilienzeitung, 25.8.2005, „Wetzlar am Scheideweg"

…„kreativer Kopf…", Sonntagmorgen Magazin, 13.11.2005, „Jetzt auch Sweatshirts"

„…der Projektentwickler und Wissenschaftler Erbach…", Jens Friedemann, Frankfurter Allgemeine Sonntagszeitung, 18.12.2005

„Jürgen Erbach hat Ideen. Pfiffige und überraschende. Auch verrückte. Die Innenstadt der mittelhessischen Stadt Wetzlar hat er so aus dem Dornröschenschlaf geweckt….Jürgen Erbach kämpft mit Einfallsreichtum gegen Verödungstendenzen in Städten. Er gilt als einer der renomiertesten Stadtentwickler Deutschlands….", Neue Westfälische, 6.4.2006